12소선지서 연구

찰스 리 화인버그 지음

엄성옥 옮김

12소선지서 연구
The Minor Prophets

개정판 발행	2013년 10월 15일
지은이	찰스 리 파인버그
옮긴이	엄성옥
발행처	은성출판사
등록	1974년 12월 9일 제9-66호
	© 1987, 2013년 은성출판사
주소	서울시 강동구 성내동 538-9
전화	070) 8274-4404
팩스	02)477-4405
홈페이지	http://www.eunsungpub.co.kr
전자우편	esp4404@hotmail.com

Printed in Korea
ISBN : 978-89-7236-410-8 33230

THE MINOR PROPHETS

by

Charles Lee Feinburg

| 목 차 |

| Contents |

서문

원래 미국 유대인 선교부American Board of Missions to the Jews;1948-1952에서 발행했던 이 훌륭한 소선지서 연구 시리즈를 단행본으로 발행하기로 무디출판사가 결정한 사실은 전 영어권 세계의 성경학도들에게 환영받을 일이며, 또한 이러한 조처에 대해 감사하게 생각하리라고 생각된다. 찰스 화인버그 박사는 성경을 사랑하는 평신도들을 가르치는 데 탁월한 재능을 지니고 있어서 이 책에서 그 능력을 충분히 발휘하고 있다. 일찍이 그가 받은 랍비 교육에서 얻은 깊이 있는 히브리 성경 지식과 아울러 헬라어 신약에 대한 통달함의 덕택으로 성경을 원어로 깊이 있게 연구할 수 있는 능력을 갖추게 되었다.

성실한 학자인 그는 반세대주의적 교파의 다른 성경학자들의 견해를 통달하고 있으며, 자신이 세대주의적 입장을 취하고 있음에도 불구하고 그들의 견해를 언제나 공정하게 다루는 데 세심한 주의를 기울이고 있다. 따라서 전천년설주의의 입장을 취하는 거의 모든 독자들이 그의 강해에서 유익과 풍성함을 (비록 세부적인 사항에 있어서는 불일치하는 견해가 있다 할지라도) 발견할 수 있을 것이라고 믿는다.

12소선지자들이 하나님으로부터 메시지를 받았던 역사적 상황과 문화적인 구조에 관련된 내용들에 있어서 아무리 해박한 성경학자들일지라도 이 자료에 대한 화인버그 박사의 해석에 잘못이 있다고 생각할 수는 없을 것이다.

저자는 언어학, 역사, 성경신학에 있어서의 실력뿐만 아니라 그러한 내용들을 명쾌하게 독자들에게 전달하는 기술에 대해서도 능통하다. 그의 글들은 명쾌하고 분명하며, 또한 성경의 메시지를 단순하면서도 설득력이 있는 방법으로 전하여 주기 때문에, 독자들은 그 의미를 쉽게 파악하고 진심으로 공감을 느끼게 된다. 해석상의 난제나 논란이 되는 문제들(예를 들면, 호세아의 아내 고멜의 부도덕과 호세아와 그녀와 결혼에 대한 윤리문제)까지도 일반 독자들이 쉽게 이해할 수 있는 언어로 만족스럽고도 설득력 있게 다루고 있다. 그러한 문제들을 충분히, 그리고 간략하게 다루는 그의 재능은 참으로 놀랍다.

화인버그 박사는 문장을 간략하고 명쾌하게 구사할 뿐 아니라 독자들의 영적 성장에 따뜻한 관심을 나타내고 있다. 그는 강해를 해나가는 중에 권면의 단계로까지 나아가는데, 계시된 하나님의 뜻을 참 믿음과 사랑을 가지고 받아들이라고 강력하게 권면하면서 그들의 삶이 완전히 변화되기를 추구한다.

화인버그 박사는 소선지서들에 대해 논쟁의 대상이 되고 있는 쟁점들을 해결해 나아가는 데 있어서 훌륭한 균형 감각을 나타내고 있다. 예를 들면, 요엘 1장에서 그는 다음과 같이 언급한다: “본장을 오로지 메뚜기 재앙으로만 다루는 입장을 취하는 사람이 있다. 또 다른 사람들은 그 구절들이 전적으로 미래에 속한 것으로 강력하게 주장하고 있다. 이 두 견해는 모두 극단적이다. 실제적으로 볼 때, 요엘은 메뚜기 재앙 후 그 땅의 상황에서 출발하여 장래에 임하게 될 두려운 여호와의 날을 묘사해 나아가고 있다."

한 예를 들어보자. 오순절에 베드로가 사도행전 2장 16-20절에서 인용한 요엘 2장에 있는 구절과 관련시켜서, 그는 다음과 같이 해석했다.

> "우리는 예언의 일부분만 성취되었다는 의미라는 주장은 받아들일 수 없다. 만일 그렇게 되면 성경 예언을 통해서 재앙을 이루는 것이 되기 때문이다. 가장 좋은 주장은 다음과 같다. 즉 베드로가 그 당시에 일어나고 있었던 사건들의 증언으로서 요엘의 예언을 사용한 것이지 결코 이 예언의 완전한 성취를 의미한 것은 아니라는 것이다. 간단히 말해서 베드로는 그 당시 일어나는 사건들 속에서 하나님께서 요엘이 예언한 모든 것을 완전히 성취하시리라는 증언을 본 것이다. 그러므로 요엘의 예언은 예현豫現되었을 뿐이지, 그것이 아직까지는(성령이 부르심에 대해서 구약이 가르치고 있는 것처럼) 완전히 성취된 것은 아니다."

어떤 이는 그것을 약간 다르게 해석하여 요엘의 예언의 일부분은 오순절에 성취되었고, 나머지 부분은 마지막 날에 성취될 것으로 남아 있다고 주장한다. 그러나 화인버그 박사는 예현된prefilled이라는 단어를 사용함으로써 그의 견해와 이들의 견해 사이의 간격을 극소화시킨다.

본인은 예언서들 중에서 가장 난해한 책 중의 하나인 스가랴서에 대한 그의 책Charles Lee Feinberg, *God Remembers* Wheaton, Ill.:Van Kampen, 1950을 평신도 저녁 성경학교 수업 시간에 사용하여 학생들에게 매우 큰 유익을 주었다. 선지자의 환상들 중에 흥미를 끄는 상징들에 대한 그의 해석은 명쾌하고도 설득력이 있으며, 그가 개인적으로 의견을 달리하고 있는 견해에 대해서도 정중한 태도를 취하고 있다. 본서는 12선지서 전체를 간략하게 살펴보므로, 다소 짧은 논문의 형태를 취하고 있다.

글리슨 L. 아처 / 트리니티 복음주의 신학교

저자 서문

시대를 통하여 문자적인 어리석음을 범하고 있는 것들 중에 하나가 구약의 마지막 12권의 책들에게 통상적인 이름, 즉 소선지서라는 이름을 붙인 것이다. 이는 이 책들이 덜 중요한 책들이라는 인상을 받게 되기 때문이다. 보다 좋은 이름을 붙이자면 랍비들이 붙인 대로 "12서"*Twelve*라고 하는 것이 더 좋을 것이다. 히브리어 구약성경은 예언서들을 전기前記 예언서(여호수아, 사사기, 사무엘서, 열왕기서)와 후기後記 예언서(이사야, 예레미야, 에스겔, 12서)로 나누었다. 12선지서는 예부터 이사야서, 예레미야서, 에스겔서와 비교해 볼 때 비교적 적은 분량이므로 소선지서라고 알려져 왔다. 이 책들은 한 권이라도 빠져 분실되지 않게 하기 위해서 원래는 한 권으로 묶여졌었다.

소선지서들의 저자들은 B.C 9세기경으로부터 5세기에 이르기까지 살면서 사역을 하고 저술을 하였다. 그들의 주요 메시지는 메시야, 이스라엘, 열국들, 지상의 하나님 나라에 관한 예언적인 성문서들이라는 뛰어난 주제를 담고 있다. 그들의 활동시기는 앗수르 제국과 바벨론 제국의 시대 및 포로된 후 여러 세기 동안의 기간에 속한다. 그러나 이 예언서들이 역사적인 순서를 따라서 정확하게 배열되어 있지는 않다.

본 주석서 안에 포함되어 있는 내용은 처음에 미국 유대인 선교부의 총무인 고故 조셉 호프만 콘Joseph Hoffman Cohn 박사의 격려로 전 5권(1947–1952)으로 출간되었다. 본서의 초판이 출판된 후, 15년 이상 많은 칭송을 들어온 것을 하나님께 감사드린다. 콘Cohn 박사의 후계자요, 선교부 회장인 대니얼 푹스Daniel Fuchs 박사의 제안으로 본 연구서가 한 권으로 출판되었다.

열 두 선지자에 관한 방대한 문헌은 유럽의 언어나, 근동 아시아 지방의 언어로는 출판되지 않았다. 이 강해서들은 영어를 모국어로 사용하고 있는 평신도들을 위해서 의도적으로 쓰였기 때문이다. 본서의 모든 논문서들은 히브리 원어를 기초로 해서 쓰였다.

이 책이 출판되기까지 도움을 주고 협력해 주신 무디출판사의 직원들에게 감사드린다. 본인은 본서가 하나님의 영광을 나타내고 유대인들과 이방인들과 믿음의 권속들에게 진리가 보급되도록 하나님께 위탁하는 바이다.

찰스 리 화인버그

탈봇 신학교 셈어과 / 구약학 교수 명예학장

제1장

호세아(Ⅰ): 이스라엘을 향한 하나님의 사랑

인물

호세아서는 그 자체가 선지자의 생활과 사역에 대한 유일한 증언 자료이다. 성경에서 호세아, 여호수아, 예수로 나타난 그의 이름은 "구원"을 의미한다. 그는 유다 왕국의 이사야, 미가 선지자와 동시대 인물이다(호 1:1; 사 1:1; 미 1:1 참조). 이사야, 미가 등 두 선지자들의 사역은 남쪽 유다 왕국에 대한 것이었으며, 호세아의 사역은 느밧의 아들 여로보암에 의해서 설립된 북쪽 이스라엘 왕국에 대한 것이었다.

호세아 선지자는 유다에서 웃시야, 요담, 아하스, 히스기야가 통치하고 이스라엘에서는 요아스의 아들 여로보암 2세가 통치하던 시대에 활동하였다. 연대를 비교해 보면, 호세아가 여로보암 2세보다 훨씬 더 오래 살았음이 드러난다. 그러나 그가 웃시야의 통치 원년부터 히스기야의 통치 말기까지 약 1세기 동안 사역하였다고 생각할 필요는 없다. 요담의 통치 기간은 문둥병자였던 그의 부왕 웃시야의 통치 기간과 중복되어 있다는 것을 명심해야 한다. 즉 그는 웃시야의 질병으로 인하여 어쩔 수 없이 함께 통치하였던 것이다(왕하 15:5). 호세아 선지자는 아마도 반 세기 이상을 예언한 것 같은데, 어떤 사람은 70년 혹은 80년 동안 예언하였다고 주장하고 있다.

가정생활

호세아의 가정생활에 대해서는 다른 어떤 선지자의 생활보다도 자세하게 묘사되어 있다. 왜냐하면 그의 가정생활 안에 이스라엘 백성에 대한 하나님의 메시지가 담겨 있기 때문이다. 호세아의 아내와 그의 자녀들 모두가 이스라엘, 유다, 그리고 장차 올 통일된 국가에 대한 예언이요 상징이다. 이사야가 "보라 나와 및 여호와께서 내게 주신 자녀들이 이스라엘 중에 징조와 예표가 되었나니 이는 시온 산에 계신 만군의 여호와께로 말미암은 것이니라"(사 8:18)고 말한 바와 같이, 호세아도 동일한 말을 할 자격을 갖추고 있다. 이제까지 이러한 사실이 간과되어 왔기 때문에 기록된 내용들을 상징화함으로 말미암아 호세아서가 전하고자 하는 메시지의 호소력이 감소되고 말았다. 호세아서의 메시지는 사실적이다. 왜냐하면 기록된 행위들은 선지자 자신이 생활하며 겪은 일이기 때문이다.

그의 메시지

호세아 1~3장은 선지자 자신의 가정생활을 묘사하는 내용으로서 독특한 부분이다. 4~14장에는 예언적인 담화가 제시되어 있다. 아모스는 이스라엘을 하나님에게로 돌이키기 위해서 회개를 촉구하였다. 반면에 호세아는 사랑을 전파하였다. 아모스는 가까이 접근할 수 없는 하나님의 공의를 드러내었고, 호세아는 하나님의 끝없는 사랑을 보여주었다. 호세아 선지자는 여호와께서는 사랑의 심령을 지니신 하나님이심을 나타낸다. 누군가가 매우 적절하게 말하기를, "그는 최초의 은혜의 선지자요, 이스라엘 최초의 복음전도자이다"라고 하였다. 누가가 탕자의 비유를 말한 것처럼, 호세아는 탕부蕩婦를 묘사하고 있다. 하나님의 계시가 주어진 어느 곳에서도 호세아 2장 14–16절, 6장 1–4절, 11장 1–4절, 8절, 9절, 14장 4–8절에 나타난 것보다 더 아름다운 사랑의 말씀들을 찾아볼 수 없을 것이다.

시대적 배경

선지자의 메시지를 바로 이해하려면, 선지자가 활동하던 당시의 시대적 배경을 연구해야 한다. 호세아는 물질적으로 풍요한 시대에 살았다. 웃시야 왕은 통치 기간 중 계속해서 전쟁에 승리를 거두었고, 국내에서는 건축 사업이 활발하였으며 요새가 증가하였고 농업이 발달하였다(대하 26장 참조).

그의 대를 이은 왕들도 웃시야만큼은 못되었지만 역시 나라를 융성케 하였다. 또한 북왕국 이스라엘의 여로보암 2세는 솔로몬 왕국이 분단된 이래 그 어느 때보다도 더 넓은 영토를 차지하였고(왕하 14:25), 솔로몬 당시에 이미 빼앗겼던 다메섹까지도 합병하였다(왕상 11:24).

하나님께서 부요하게 하셨음에도 불구하고, 백성들은 내적 실체를 외적인 형식으로 대치시켰다(사 1장, 58장). 그들은 온갖 형태의 죄를 범했다. 그들은 도덕적으로나 영적으로 크게 부패되어 가고 있었다. 호세아는 동시대의 다른 선지자들과 마찬가지로 이러한 저급한 영적 상태를 신랄하게 꾸짖었다(신 32:15).

서론적인 말씀

호세아 1~3장은 전체 메시지의 요약이며 그 성격상 서론적인 말씀이다. 호세아의 예언은 그 연대를 기록하는 데에서부터 시작된다. 그가 이스라엘 왕국에 속한 선지자이면서도 그의 메시지 여러 곳에서 유다 왕들의 이름을 언급하는데, 그 이유는 하나님의 약속이 다윗 계열 안에 자리 잡고 있기 때문이다.

하나님으로부터 선지자에게 주어진 첫 번째 말씀은 나중에 창기가 될 한 여인과 결혼하라는 명령이었다. 선지자에 대한 하나님의 이러한 명령은 지금까지 많은 논란과 반대를 야기시켜 왔다. 만약 이것이 사실 그대로라면, 하나님은 호세아에게 죄악된 행위라고는 말할 수 없겠지만 꼴 사나운 행동을 하라고 명령하신 것이다. 그러나 이런 식으로 논증해서는 안 된다. 선지자가 후일 창기가 된 여인, 정확히 말해서 간음하는 여인이 되고만 여인과 결혼하였다고 해서 선지자 자신도 더럽게 되는 것은 아니다. 왜냐하면 그녀의 모든 죄는 결혼한 후에 범해졌기 때문이다. 기록된 사실들이 하나님과 이스라엘 사이에 내재하고 있는 관계를 지적하고 있는 것으로 이해될 때에 한해서, 본 선지서의 의미를 완전히 파악할 수 있다.

다시 말하자면 하나님이 이스라엘을 택하시고 그를 결혼 계약의 관계, 즉 하나님 자신과 가장 복된 관계를 갖게 하셨으나, 그러한 상태에서 이스라엘은 창기와 같은 행위를 저질렀던 것이다. 이스라엘의 죄는 여호와로부터 떠난 데에 있는 것으로 풀이된다. 매춘 또는 간음이 가장 혐오스럽고 극악한 부정不貞 행위인 것같이, 영적 매춘 행위(성경에서는 수 차례에 걸쳐서 육신적인 행위가 영적 영역으로 전환되곤 한다)도 하나님에 대한 영적인 배신으로 인하여 나타난다. 하나님은 아브라함과 영원한 언약을 맺으셨고, 자기 백성들과도 동일한 관계를 맺기 원하셨다. 하나님은 자기 백성들이 하나님과 계약을 맺었음을 기억하기를 기대하셨다. 그러나 그들은 그렇게 하지 않았으므로, 하나님은 자신에 대한 그들의 배신을 선지자의 가정생활을 통하여 묘사하신다(시 73:27).

성구사전에는 육체적인 매춘 행위가 몇 번이나 영적인 매춘 행위로 전환되어 있는지 나타나 있다. 하나님의 메시지들이 이러한 비유법으로 얼마나 많이 사용되었는가를 알아보는 것도 도움이 될 것이다.

필자가 말하고자 하는 것은 선지자의 마음이 자기 아내의 부끄러운 행위로 말미암아 얼마나 상처를 받았겠으며 이스라엘이 하나님을 향해서 저지른 행위는 얼마나 더 큰 상처를 내었겠는가 하는 점이다. 고멜의 자녀들을 "음란한 자식들"이라고 한 것은 그들이 호세아의 자녀들이 아니었기 때문은 아니다. 그들은 호세아가 결혼 후에 정상적으로 낳은 자녀인데 그들의 이름을 "음란한 자식들"이라고 붙인 것은 그들의 어머니가 결혼생활에 있어서 부정했기 때문이었다.

호세아의 가정에서 일어난 이 사건들이 사실이고 역사적인 일이지만 그 어머니는 이스라엘 민족 전체를 나타내고, 그 자녀들은 국민 개개인을 상징한다.

상징으로서의 자녀들

"여호와께서 처음 호세아에게 말씀하실 때 여호와께서 호세아에게 이르시되 너는 가서 음란한 여자를 맞이하여 음란한 자식들을 낳으라 이 나라가 여호와를 떠나 크게 음란함이니라 하시니 이에 그가 가서 디블라임의 딸 고멜을 맞이하였더니 고멜이 임신하여 아들을 낳으매 여호와께서 호세아에게 이르시되 그의 이름을 이스르엘이라 하라 조금 후에 내가 이스르엘의 피를 예후의 집에 갚으며 이스라엘 족속의 나라를 폐할 것임이니라"(호 1:2-4).

선지자와 디블라임의 딸 고멜 사이에 태어난 첫 번째 아이는 아들이었다. 하나님은 그 이름을 이스르엘이라 부르라고 명령하셨다. 왜냐하면 조금 후에 하나님께서 이스르엘의 피를 예후의 집에 갚으며, 이스라엘 족속의 나라를 폐할 것이기 때문이었다. 하나님은 이 이름을 통하여 무엇을 나타내시는가? 이스르엘의 길고도 슬픈 역사는 우유부단하고 심약한 아합왕과 사악한 모략가인 그의 아내 이세벨 시대로 거슬러 올라간다(왕상 21장). 아합의 궁 가까이에 포도원을 가지고 있었던 이스르엘 사람 나봇은 그의 조상의 유산을 빼앗으려는 이세벨의 간교한 음모로 인하여 살해당하였다. 이러한 잔학한 행위로 인하여 하나님은 아합, 이세벨, 그리고 그 후손들에게 임할 심판을 선포하셨다. 이 심판은 나봇이 살해당했던 바로 그 장소에서 그들에게 임할 것이었다. 제일 먼저 아합 왕에 대한 심판이 길르앗 라못에서 전쟁이 있을 때 시행되었고(왕상 22장), 그 다음으로 님시의 손자 여호사밧의 아들 예후를 통하여 이세벨과 여호람에 대한 심판이 시행되었다(왕하 9장).

예후는 아합의 집에 대한 하나님의 심판의 도구였다. 그러나 그는 비열한 살인 행위를 저지르고서 왕좌에 올랐던 것이다(왕하 9:14 이하). 사실 그의 행위는 칭찬을 받았다(왕하 10:30). 왜냐하면 착실히 철저하게 시행하였기 때문이다. 그러나 그 후의 사건들은 예후의 생활 속에 자만과 야망이 있었음을 보여준다. 호세아 선지자의 선포는 바로 이 점을 지적하고 있다. 왜냐하면 여로보암 2세의 통치는 예후의 집의 통치였기 때문이다. 하나님은 그 집이 우상 숭배에 빠졌기 때문에 그 집을 심판하실 뿐만 아니라, 또한 하나님으로부터 떠난 형편없는 행위 때문에 온 이스라엘 나라를 멸하신다.

차이가 있는 구별

잠시 눈을 돌려, 여기에 나타나 있는 하나님의 원대한 통치 원리를 살펴보기로 하자. 예후가 비록 아합과 그 왕가를 징계하기 위한 하나님의 도구였지만, 하나님은 예후의 마음이 바르지 않을 뿐만 아니라, 또한 하나님의 마음에 반대가 되는 개인적인 야망을 가지고 있었기 때문에 그도 심판하셨다. 여기서 우리는 이스라엘과 땅 위의 열국들에 대한 교훈을 배울 수 있지 않을까? 하나님은 이스라엘이 애굽에 포로 될 것을 예언하셨다. 그것은 야곱의 자손에 대한 징계였다. 왜냐하면 그들이 축복의 땅을 떠났기 때문이었다. 그럼에도 불구하고 하나님은 자기 백성을 압박한 일로 인하여 애굽인들을 심판하셨던 것이다.

하박국서를 읽어 보면, 이스라엘의 모든 죄악을 인하여 하나님의 심판이 무르익게 되었다고 했으며, 하나님께서 바벨론인들을 심판의 도구로 사용하실 것이라고 예언하였다. 그러나 하박국 선지자는 이 예언과 동시에 이스라엘의 대적들에게 임할 하나님의 진노를 보여준다. 왜냐하면 그들이 하나님의 뜻대로 행하지 않고 자기들의 마음대로 사악하게 행하였기 때문이다. 히틀러, 또는 누구라도 이기적인 동기를 가지고 하나님의 백성을 압제하고서 스스로 하나님의 도구라고 주장하여 하나님으로부터 오는 상급을 기대할 수는 없다. 하나님은 내적 진실을 요구하신다. 이스라엘뿐만 아니라 다른 사람들 심령 속에서도 그것을 요구하신다. 우리가 하나님의 은혜로 자신의 심령과 손을 죄 없이 깨끗하게 하지 않고서 다른 사람들을 징계하고 책망하는 하나님의 도구가 된다는 것은 무척 두려운 일이다. 이제까지 어떤 국가나 개인도 이 일을 제대로 행하지 못하였다. 그러므로 가장 안전하고 지혜로운 길은 어떠한 상황이나 환경에서도 이스라엘에게 잔인하게 손을 대지 않는 것이다.

예언의 성취

그 당시에는 북왕국이 번영하고 있었고, 또 겉으로 보기에 모든 것이 잘 되어가는 것처럼 보였지만, 호세아는 1장 5절에서 예후 왕조의 종말과 이스르엘 골짜기에서 북왕국이 멸망할 것을 예고하였다.

> "그 날에 내가 이스르엘 골짜기에서 이스라엘의 활을 꺾으리라 하시니라"(호 1:5).

이러한 사건들은 예언된 지 40년 후에 일어났다(왕하 15:8-12; 18장). 이스르엘 골짜기는 팔레스타인 중부에 있는 에스드라엘론Esdraelon 대평원을 말한다. 호세아는 이 예언이 벧-아벨Beth-arbel에서 있었던 살만에셀의 승리로 성취되는 것을 보기까지 살았다. 이것은 사마리아의 함락 전에 하나님께서 주신 무서운 최후의 권고였다.

> "그러므로 너희 백성 중에 요란함이 일어나며 네 산성들이 다 무너지되 살만이 전쟁의 날에 벧아벨을 무너뜨린 것같이 될 것이라 그 때에 어머니와 자식이 함께 부서졌도다"(호 10:14).

긍휼히 여김을 받지 못함

호세아와 고멜의 둘째 아이(딸)는 로루하마, 즉 "긍휼히 여김을 받지 못한 자"라고 불렸다. 이 히브리 원어는 깊은 사랑과 긍휼을 나타낸다. 북왕국, 즉 이스라엘의 날은 끝나고 징계는 피할 수 없게 되었다. 그들은 심판을 받기에 이르렀고, 그 날은 급속도로 빨리 다가오고 있었다. 그러나 하나님은 유다에 대한 진노가 같은 때에 임하지 않을 것이라고 약속하신다. 하나님은 그들에게 아직은 긍휼을 베푸셔서 어떤 인간 대리자에 의해서 구원을 받게 하지 않으시고 오직 하나님의 능력에 의해서만 구원을 받게 하셨다. B.C 8세기 말경 예루살렘 앞에서 산헤립이 패할 때, 18만 5천 명이 하룻밤에 여호와의 사자에 의해서 죽임을 당했다(왕하 19장; 사 37장). 이것은 이 예언의 영광스러운 성취였다. 모든 선지자들의 예언들은 이스라엘의 미래의 완전한 구속(육신적)과 구원(영적)에 대한 약속으로 인하여 빛을 발하고 있다.

내 백성이 아니다.

"고멜이 로루하마를 젖뗀 후에 또 임신하여 아들을 낳으매 여호와께서 이르시되 그의 이름을 로암미라 하라 너희는 내 백성이 아니요 나는 너희 하나님이 되지 아니할 것임이니라"(호 1:8-9).

로루하마를 젖뗀 후(동양에서는 출생한 지 2, 3년 후에 젖을 뗀다), 선지자의 아내는 임신하여 둘째 아들 로암미를 낳았다. 하나님은 로암미를 통해서 이스라엘이 자기 백성이 아니며 그분이 더 이상 그들의 하나님이 아니라고 말씀하신다. 어떻게 이런 일이 있을 수 있을까? 하나님은 아브라함과 맺으신 무조건적인 언약을 폐기하셨는가? 바울은 로마서 11장 1절에서 이스라엘을 여전히 "자기 백성(하나님의 백성)"이라고 부르고 있지 않은가?(롬 11:1).

이스라엘이 무엇을 행할지라도, 아브라함과 맺은 언약은 확고하고 분명하게 서 있다는 사실을 우리가 깨닫는다면 이 어려운 문제는 해결될 것이다. 이것은 대체로 무조건적인 언약이다. 이것이 아브라함의 자손을 언제나 하나님의 택하신 백성으로 만들어준다. 그러나 이것은 그들이 하나님께 순종하고 그 뜻을 따라 생활하여야만 그들의 삶 속에서 실제로 실현될 수 있다. 그들이 주의 길을 떠나서 하나님의 징계를 당하게 될 때, 그들은 모든 점에서 로암미, 즉 "내 백성이 아니다"로 나타나게 된다. 그들이 장래에 그리스도를 통해서 하나님께로 돌아오게 되면 그들은 이제까지 항상 하나님의 뜻 안에 존재해 왔고, 앞으로 그리스도를 통하여 하나님에게로 돌아와 하나님의 뜻 안에 존재하게 될 것이다.

이와 같은 원리는 이스라엘 백성이든 이방인이든 오늘날 그리스도를 믿는 신자들을 다루시는 데서도 나타난다. 그리스도에 대한 신앙과 갈보리에서 성취된 그의 사역을 통해서 유대인이든 이방인이든 누구나 하나님의 성령으로 말미암아 거듭나 영생을 얻는다. 그러나 하나님의 자녀가 세상으로부터 전혀 분리가 안 된 상태에서 살고, 하나님의 아버지와 같은 돌보심에 대해서 아무것도 알지 못하고, 하나님의 마음과 친교를 나누는 축복을 전혀 누리지 못할 수도 있다.

이러한 이유 때문에 바울 사도는 고린도 교인들에게 하나님께서 그들의 아버지가 되시고 그들은 그의 자녀들이 될 수 있도록 세상으로부터 분리하라고 권면한다(고후 6:14-18).

그런데 기독교인이 되었다는 것은 이미 그렇게 된 것이 아닌가? 그렇다. 그러나 바울은 그들이 하나님의 면전에 실제로 서 있다는 사실을 매일의 경험 안에서 깨닫기를 원했다. 이 상황은 바로 이스라엘의 경우와 매우 흡사하다. 본인은 바로 이 점을 크게 강조하는 바이다. 왜냐하면 하나님과 이스라엘의 생명력 있는 관계에 있어서 바로 이 점이 너무나 잘못 알려져 왔기 때문이다. 간단히 말해서 이스라엘은 자신이 하나님에 대해 가지고 있는 특권을 (고멜과 똑같이) 소홀히 여겼기 때문에, 특권과 축복을 누리지 못하리라는 것이다. 족장들에게 주신 축복과 약속들은 결코 폐기되지 않는다. 왜냐하면 이스라엘이 비록 이방인들로 인하여 "복음으로 하면 원수 된 자"(롬 11:28-29)라도, 그들은 그 조상들 덕택에 사랑을 받는 민족이기 때문이다.

축복의 약속

"그러나 이스라엘 자손의 수가 바닷가의 모래같이 되어서 헤아릴 수도 없고 셀 수도 없을 것이며 전에 그들에게 이르기를 너희는 내 백성이 아니라 한 그 곳에서 그들에게 이르기를 너희는 살아 계신 하나님의 아들들이라 할 것이라 이에 유다 자손과 이스라엘 자손이 함께 모여 한 우두머리를 세우고 그 땅에서부터 올라오리니 이스르엘의 날이 클 것임이로다 너희 형제에게는 암미라 하고 너희 자매에게는 루하마라 하라"(호 1:10~2:1).

모든 선지자들이 이스라엘의 심판과 아울러 장차 그들이 받을 축복을 예언한 것과 같이, 호세아도 이 어두운 운명과 함께 큰 위로의 말씀을 준다. 호세아 1장 10절에서 2장 1절까지에서 선지자는 이스라엘이 받을 다섯 가지 큰 축복들을 예언한다: (1) 국가의 수적 증가(호 1:10a); (2) 국가적인 회심(호 1:10b); (3) 국가의 재결합(호 1:11a); (4) 국가적 지도력(호 1:11b); (5) 국가의 회복(호 2:1). 유럽에서 있었던 나치 범죄자들의 이스라엘에 대한 말할 수 없이 참혹했던 대량 학살을 생각해 볼 때 국가적인 수적 증가에 대한 약속은 실로 영광스러운 소망인 것이다.

이 말씀들은 아브라함에게 많은 후손이 주어질 것이라는 축복의 말씀을 기억하게 한다. 그뿐만 아니라 그들은 하나님의 은혜로 말미암아 살아 계신 하나님의 아들들로서 유대인들과 이방인들 모두가 함께 은혜 안에서 있기 때문에 그들 모두가 구원받는다고 언급되어 있다. 분리된 왕국의 재결합은 자기 백성들에 대한 하나님의 회복된 은총을 나타낼 것이다(겔 37:15-23). 그들을 다스릴 분은 다윗의 자손이며, 그들이 신뢰할 영광스러운 메시야 왕일 것이다(호 3:5; 렘 23:1-5; 겔 3:4, 23; 37:15).

그 땅에서부터 올라온다는 것은 그들에게 결정적인 승리를 안겨줄 전쟁을 위해서 그들이 에스드라엘론으로 올라온다는 것으로 해석되어 왔다. 그러나 이것은 엄숙한 명절을 지키기 위해 땅의 모든 곳으로부터 백성들이 올라올 것을 예언한 것으로 보는 편이 더 좋을 것이다(사 2:1-4; 슥 14장). 이스라엘 백성을 변론하기 위해서 메시야가 감람 산 위에 설 그 날에, 하나님이 그리스도 안에서 대적을 영원히 물리쳐 버리실 것이므로 "이스르엘의 날은 클 것이다." 그 후에 그들은 암미(내 백성)와 루하마(긍휼히 여김을 받음)가 될 것이다. 그러므로 모든 새 이름들이 이제 축복받은 이름으로 다시 나타난다.

불순종으로 인한 병

호세아 2장 2-13절에서 많은 죄 때문에 이스라엘 위에 임할 심판에 관한 하나님의 선포를 말하고 있다. 하나님은 이스라엘이 자기 백성이 아니라고 말씀하신다. 바로 이것이 아골 골짜기이다. 호세아 2장의 후반부(14-23)에서는 순종에 따르는 회복의 축복이 나타난다. 하나님은 이스라엘이 자기 것이라고 다시 선포하신다. 이것이 "소망의 문"(호 2:15)이다.

호세아 2장 2절의 사람들은 선지자의 자녀들이 아니라 이스라엘 백성이다: "너희 어머니와 논쟁하고 논쟁하라 그는 내 아내가 아니요 나는 그의 남편이 아니라 그가 그의 얼굴에서 음란을 제하게 하고 그 유방 사이에서 음행을 제하게 하라." 이스라엘 전체는 어머니로 묘사되고, 국민 개개인은 그 자녀로 나타난다. 이렇게 구별한 목적은 그 어미를 그 죄악된 행위로 인하여 비난을 받게 하고 그녀의 계속된 부정을 단념시키기 위한 것이다.

전 구절에 흐르는 신체적인 묘사를 통하여 여호와께 대한 이스라엘의 영적 변절의 극악성과 흉악성을 분명하게 나타낸다. 그의 부정의 뻔뻔스러움이 "그의 얼굴에서 음란을…"이란 문구에 묘사되어 있다. 하나님은 결코 죄를 덮어주지 않으신다. 이것이 바로 고대나 현대의 모든 서적들과 다른 성경의 독특한 면이다. 그것 속에 포함된 인물이 누구든지 간에 죄는 결코 참작되거나 변명되지 않는다.

그러므로 이스라엘은 영적 행음과 간음으로 인해 쓰디쓴 고통과 말라 죽는 병Blight의 고통을 받아야 한다. 이 경고는 그가 모든 생활과 세상의 모든 소유를 박탈당할 것이라는 뜻이다. 이 모든 것이 벌거벗음(겔 16:4), 광야같이 됨, 마른 땅같이 됨, 목말라 죽음이라는 표현으로 묘사되었다. 여기서 우리는 북왕국을 포로로 잡아갈 앗수르의 침략에 대한 암시를 보게 되지만, 아직 구체적으로 묘사되지는 않았다.

부정의 수치

이스라엘은 뻔뻔스러운 창기처럼 떡과 물(음식물)과 양털과 삼(의복)과 기름과 술들(사치품들)을 얻기 위하여 "연애하는 자들"(이방인들이 예배하는 우상들)을 따르겠다고 공공연하게 선포하였다. 이스라엘의 번영은 하나님의 은혜로운 사랑의 표시였는데, 그들은 이것을 자기들이 섬기고 있었던 무가치한 신들 덕분으로 생각하였던 것이다. 선지자는 하나님의 이름으로 호통을 친다.

> "곡식과 새 포도주와 기름은 내가 그에게 준 것이요 그들이 바알을 위하여 쓴 은과 금도 내가 그에게 더하여 준 것이거늘 그가 알지 못하도다"(호 2:8).

호세아 2장 5절에 나타나는 "나의"에 대한 강조를 주시하라. 이스라엘은 이 같은 하나님의 하사품을 당연히 자기가 소유할 것으로 생각했다.

> "그들의 어머니는 음행하였고 그들을 임신했던 자는 부끄러운 일을 행하였나니 이는 그가 이르기를 나는 나를 사랑하는 자들을 따르리니 그들이 내 떡과 내 물과 내 양털과 내 삼과 내 기름과 내 술들을 내게 준다 하였음이라"(호 2:5).

그러나 호세아 2장 9절의 "그러므로 내가 내 곡식을 그것이 익을 계절에 도로 찾으며 내가 내 새 포도주를 그것이 맛 들 시기에 도로 찾으며 또 그들의 벌거벗은 몸을 가릴 내 양털과 내 삼을 빼앗으리라"에서 그것들이 하나님의 것으로 나타나는데, 하나님은 계속 되풀이하여 "나의"라고 말씀하신다. 이와 비슷한 표현이 예레미야 44장 15-23절에 나타난다. 여기서도 이스라엘은 하나님의 은혜의 산물을 헛된 우상 숭배의 결과로 돌리고 있다. 우상 숭배는 아주 어리석은 행위이다. 그러한 우상 숭배는 마음을 너무도 흐리고 어둡게 하여서 하나님이 주신 은혜를 무익하고 헛된 것으로 여기게 한다(롬 1장 참조).

하나님의 징벌

이스라엘의 영적 생활 속에서 곪아가고 있는 이 암으로 인하여 하나님은 사방에서 그를 에워싸고 그(녀)를 간부姦夫들로부터 격리되게 하실 것이다. 그는 힘을 다해서 연애하는 자들을 따라갈지라도 그들을 발견하지 못할 것이다. 실망이 너무도 커서 그는 자기의 진실한 본 남편에게로 돌아가기를 원할 것이다. 그는 곡식과 새 포도주와 양털과 삼을 빼앗길 것이다. 즉, 물질적인 불황이 운명적으로 닥칠 것이다. 하나님은 그 수치를 연애하는 자들의 눈앞에 드러내실 것이다. 그리고 더 나아가서 모든 기쁨과 즐거움, 즉 절기, 월삭, 안식일, 그리고 모든 거룩한 집회들을 그에게서 폐지하실 것이다. 이때에 하나님을 영화롭게 하지 않고 우상을 섬기는 일이 최고도에 달하게 된다.

> "내가 그의 모든 희락과 절기와 월삭과 안식일과 모든 명절을 폐하겠고 그가 전에 이르기를 이것은 나를 사랑하는 자들이 내게 준 값이라 하던 그 포도나무와 무화과나무를 거칠게 하여 수풀이 되게 하며 들짐승들에게 먹게 하리라 그가 귀고리와 패물로 장식하고 그가 사랑하는 자를 따라가서 나를 잊어버리고 향을 살라 바알들을 섬긴 시일대로 내가 그에게 벌을 주리라 여호와의 말씀이니라"(호 2:11-13).

하나님의 것들에 대한 이러한 모독으로 인하여 주님은 그 땅을 숲과 같이 못 쓰게 만들고, 들짐승들로 하여금 그들을 대적하게 하실 것이다. 이스라엘이 하나님을 잊고 바알들을 섬긴 시일을 따라서 그에게 갚아 주실 것이다. 그러므로 선지자는 생생하고도 명백한 언어로 이스라엘의 불순종의 결과로 저주와 말라 죽는 병, 즉 벌거벗음, 폐허, 배고픔, 목마름, 부끄러움, 슬픔, 고독, 비참함이 그의 것이 될 것이라고 묘사한다.

순종의 축복들

호세아는 또다시 계시된 하나님의 뜻에 이스라엘이 순종할 때 예비된 미래의 축복과 영광들을 제시하면서 이 예언을 마친다. 그 날에 하나님은 이스라엘을 광야로 이끌고 가서 홀로 그 마음에 위로의 말씀을 하실 것이다. 이러한 하나님과의 직접적인 대면으로 인하여 이스라엘의 아골 골짜기, 곧 괴로움의 골짜기는 소망의 문으로 바뀔 것이다.

> "그러므로 보라 내가 그를 타일러 거친 들로 데리고 가서 말로 위로하고 거기서 비로소 그의 포도원을 그에게 주고 아골 골짜기로 소망의 문을 삼아 주리니 그가 거기서 응대하기를 어렸을 때와 애굽 땅에서 올라오던 날과 같이 하리라"(호 2:14-15).

아골 골짜기에 대한 언급은 과거 이스라엘 역사에 있었던 사건들을 묘사하면서 호세아가 자주 사용한 표현들 중의 하나이다. 이 단어는 우리로 하여금 여호수아의 시대에 이스라엘이 가나안 땅으로 들어가던 때의 사건을 생각나게 해준다. 그들의 믿음으로 말미암아 여호와께서는 여리고와의 전쟁에서 그들에게 영광스러운 승리를 안겨 주셨다. 그러나 인간은 하나님께서 엄중하게 금하셨던 바 그 성의 저주받은 전리품을 취했다. 아간이 저지른 이 죄로 인하여 이스라엘은 아이에서 참패를 당했다. 여호와께서는 아간과 그의 집을 찾아내어 돌로 쳐 죽인 후 아이에 대해서 승리의 개선을 하게 하셨다. 그러므로 아간의 죄는 아이를 패주시켜 그 땅의 문을 열어 놓음으로써 축복으로 변화되었다. 여호수아 7장 24-26절과 이사야 65장 10절을 보면, 아골 골짜기가 짐승의 떼가 평안히 누울 장소가 되었다고 하였다. 이와 같이 이스라엘이 죄를 자백하고 진리 안에서 그 죄를 떠날 때에 그곳에 회복이 있을 것이다. 그렇게 되면, 아골 골짜기는 소망의 문으로 변화된다. 여호와께서는 병충해로 고생했던 그 세월들을 회복시켜 주실 것이다. 바알림Baalim이라는 이름조차도(바알의 우상들) 이스라엘에서 제거될 것이다. 그들은 하나님을 이쉬(나의 남편)라고 부를 것이며, 바알리Baali("나의 주 또는 나의 주인")라고 부르지 않을 것이다. 첫째로 애정이 함축되어 있고, 통치는 이차적인 것으로 함축되어 있다. 더욱이 바알Baal이란 단어는 악을 함축하고 있으며, 바알 숭배 죄를 함축하기 때문에 그 단어 자체도 없어져야만 한다.

증가된 자비

여호와께로 돌아올 때에 이스라엘은 모든 피조물이 자기에게 복종하는 것을 볼 것이다. 들짐승들과 공중의 새들과 땅의 기는 것들이 하나님의 제재를 받고, 이스라엘은 그 결과로 안전하게 거할 것이다. 활, 칼, 그리고 전쟁은 사라질 것이다. 미가 선지자가 예언한 바와 같이 모든 사람이 자기 포도나무와 자기 무화과나무 아래 앉을 것이며, 아무도 그들을 두렵게 할 자가 없을 것이다(미 4:4).

그 중에도 가장 좋은 것은 이스라엘이 새로운 관계를 갖게 되리라는 것이다. 새로운 결혼 서약이 있을 것이다. 하나님은 이스라엘이 자기와 혼인할 것이라고 삼중적으로 이스라엘에게 말씀하신다: (1) 영원히; (2) 공의와 정의와 은총과 긍휼히 여김으로; (3) 진실함으로(정통 이스라엘 백성은 결혼식 때에 왼손 가운데 손가락에 가락지를 끼우면서 호세아 2장 19절과 20절을 암송한다).

"내가 네게 장가 들어 영원히 살되 공의와 정의와 은총과 긍휼히 여김으로 네게 장가 들며 진실함으로 네게 장가 들리니 네가 여호와를 알리라"(호 2:19-20).

혼인을 표현하기 위해서 사용된 단어 'aras("처녀를 구하다"는 뜻)는 죄의 오염을 씻으시는 하나님의 크신 은총을 가리킨다. 이스라엘이 더 이상 창기나 음부淫婦로 나타나지 않고 더럽혀지지 않은 처녀로 나타난다는 점에 주의하여야 한다. 그는 전혀 죄를 범하지 않았던 자로 나타난다. 이 사실을, 모든 결점이 있음에도 불구하고 그 교회를 정결한 처녀라고 한 고린도후서 11장 2절과 비교해 보라. 이스라엘에 대한 독특한 언급이 민수기 23장 21절과 신명기 32장 15절의 은혜로운 말씀 안에 나타난다(여수룬은 축소형으로 "작고 옳은 자"를 의미한다).

그 후에 땅은 열매를 내고 다시 번영할 것이다. 이 사실이 21절과 22절에 의인화되어 나타나는데, 땅으로 하여금 곡식과 새 포도주와 기름을 내게 하는 비를 내려 부어 달라고 하늘이 여호와께 구하는 것으로 나타난다. 하나님은 응답하실 것이고, 이스라엘은 여호와의 뿌린 바 이스르엘이 될 것이다(미 5:7; 사 37:31 참조). 마지막으로 주신 약속은 로루하마가 루하마가 되고, 로암미가 암미가 된다는 것이다. 이것으로 일련의 예언이 완성된다.

모든 저주가 그치게 되었을 뿐만 아니라 그것이 축복으로 변화된다. 이스라엘에 대한 축복을 요약해 보면 다음과 같다: (1) 위로-14절; (2) 땅의 소출15, 21, 22절; (3) 우상의 제거17절(슥 13:2); (4) 자연이 가졌던 영광의 회복—18절(사 35장); (5) 그 땅에서의 안전18절; (6)하나님의 회복된 은총 속에 있는 여호와의 자비23절; (7)국가적 회심19, 20, 23절. 진실로 아골 골짜기가 소망의 문이 될 것이다.

제2장

호세아(Ⅱ): 예언의 중요성

호세아 3장은 히브리 원어로는 불과 81개의 단어 밖에 안 되지만, 하나님의 전체의 계시 중에서 가장 위대한 예언적 선포의 위치를 차지한다. *Multum In Parvo*(작지만 내용이 풍부한, 즉 농축된)이란 표현이 이 경우에 해당될 것이다. 선지자는 기술적이고도 간결한 표현으로 하나님의 성령을 통하여 이스라엘 역사의 전모를 우리에게 보여준다. 호세아 3장 4절은 예언과 성경의 신적 기원에 대한 가장 확실한 증언의 하나일 것이다.

호세아 3장은 로마서 11장에 비교되어 왔다. 왜냐하면 로마서 11장과 마찬가지로, 여기에서도 하나님께서 자기의 선민 이스라엘을 향한 과거 · 현재 · 미래의 계획과 섭리를 밝혀 보여주기 때문이다. 제3장 전체를 인용하고 싶지만 지면 관계상 인용하지 못한다. 그러나 독자가 이 책을 읽을 때 성경을 펴 놓고 읽기를 바란다. 본 절節과 필적할 만한 문구나 구절은 전혀 없다고 말할 수 있다.

이스라엘의 과거

"여호와께서 내게 이르시되 이스라엘 자손이 다른 신을 섬기고 건포도 과자를 즐길지라도 여호와가 그들을 사랑하나니 너는 또 가서 타인의 사랑을 받아 음녀가 된 그 여자를 사랑하라 하시기로 내가 은 열다섯 개와 보리 한 호멜 반으로 나를 위하여 그를 사고 그에게 이르기를 너는 많은 날 동안 나와 함께 지내고 음행하지 말며 다른 남자를 따르지 말라 나도 네게 그리하리라 하였노라"(호 3:1-3).

호세아 3장 1-3절에는 선지자의 생활 속에 실제로 있었던 행동이 기록된다. 4절과 5절에 사건의 의도와 취지가 분명히 제시되어 있다. 2장 전체를 통하여 호세아의 가정에 있는 고멜의 모습이 모든 이스라엘에 대한 경고와 축복의 메시지 속에 퍼져 있다. 이제 선지자는 본서의 첫 부분에서 제시하여 왔던 개인적이고 사적인 관계로 되돌아온다. 하나님은 선지자에게 직접적으로 지시하여 남편의 사랑을 받았으나 음부가 된 그 여자를 다시 사랑하라고 명령하신다. 이것은 특별히 이스라엘을 향한 하나님의 끝없는 사랑을 묘사한다. 그러나 선지자의 아내라는 고상한 위치에 올라가 그의 열렬한 사랑을 받은 고멜은 스스로 너무도 비참하게 전락하였으므로 마치 노예시장에서 사오듯이 그녀를 다시 사와야만 하게 되었다. 그리고 그녀의 몸값은 얼마나 싼 값인가! 다시 사왔을 때, 그녀는 다시 다른 남자의 아내가 되어서는 안 된다는 엄중한 요구를 받았으며, 선지자는 그녀에게 전과 동일한 지위를 맡길 것이다. 이 모든 것이 이스라엘과 하나님의 관계의 축소판이므로, 우리는 이러한 행동들을 역사적 사건들에다가 직접 적용할 수 있다. 세 가지 독특한 면이 떠오르게 된다. 첫째 이스라엘과의 관계, 둘째 이스라엘의 부정, 셋째 이스라엘을 향한 하나님의 사랑.

이스라엘과의 관계

구약성경을 살펴보면 일찍이 하나님께서 기꺼이, 그리고 효과적으로 이스라엘과 계약 관계를 맺으셨다는 사실을 깨닫게 된다. 하나님은 애굽에서 이스라엘을 구속해 내어 그들과 계약 관계를 맺으심으로써 그 민족을 하나님께로 인도하셨다(출 4:22; 암 3:1-2).

그 관계는 내적이고 신성하고 파기할 수 없는 것이었다. 이러한 관계가 선지자와 고멜 사이의 결혼을 통하여 정확하게 묘사된다. 하나님은 이스라엘과 계약을 맺으신 그 때를 결코 잊지 않으셨다. 예레미야서에 기록되기를 "네 청년 때의 인애와 네 신혼 때의 사랑을 기억하노니 곧 씨 뿌리지 못하는 땅, 그 광야에서 나를 따랐음이니라"(렘 2:2) 하였다. 하나님께서 여기서 말씀하시고자 하는 것이 무엇인지, 그리고 주께서 나타내시고 있는 놀라운 은혜가 어떤 것인지 당신은 알겠는가? 이스라엘이 애굽에서 쓰라린 노예 생활을 하였다는 사실과 광야를 지나는 동안에 배반하였던 사실들은 언급되어 있지 않다. 여기에 묘사된 장면은 하나님께서 이스라엘의 사랑, 곧 약혼 때의 사랑을 기뻐하며, 이스라엘이 광야를 지나가야 한다고 해도 여호와와 함께 동행할 것이라고 생각하고 계시다. 여호와의 눈은 사랑으로 인하여 모든 이차적인 장면을 치워버리고 오직 이스라엘이 자기 것이 되었다는 영광스러운 사실에만 관심을 쏟고 계시다.

이스라엘의 부정

선지자의 아내는 음부가 되었다. 이 얼마나 수치스럽고 부끄러우며, 얼마나 선지자의 예민한 심장에 고통의 불을 질러 놓는 일인가? 그러나 더욱 나쁜 것은 여호와의 아내가 다른 신들과 사귀고 건포도 떡을 즐긴 것이다. 건포도 떡은 하늘의 여신을 경배하는 의식의 일부분으로 설명되어 있다. 그 당시의 공공연한 우상 숭배를 말해 주고 있다. 하나님의 목전에 얼마나 부끄럽고도 노골적인 추문이었는지 선지자의 생활에 나타난 인간적인 차원에서 어렴풋이 비교해 볼 수 있다.

> "자식들은 나무를 줍고 아버지들은 불을 피우며 부녀들은 가루를 반죽하여 하늘의 여왕을 위하여 과자를 만들며 그들이 또 다른 신들에게 전제를 부음으로 나의 노를 일으키느니라"(렘 7:18).

이것이 얼마나 심각한 것인지는 그 여인을 속량하기 위하여 지불된 값에서 분명하게 드러난다. 은 15개였다. 출애굽기 21장 32절에 의하면 일반 노예의 값이 은 30개였다. 그런데 그 여인은 일반 노예의 절반 가격 수준으로 전락한 것이다. 보리 한 호멜 반은 그가 지극히 무가치하다는 것을 말해 주는데, 왜냐하면 이것은 짐승들의 음식이었기 때문이다. 인간이 하나님으로부터 변절하면 이렇게 전적으로 타락하고 파멸하게 된다. 변절은 높으신 하나님께 대한 반역죄만큼이나 큰 죄이다.

이스라엘을 향한 하나님의 사랑

하나님은 절대로 자신이 감당할 수 없는 일을 호세아에게 분부하지 않으셨다. 하나님은 선지자에게 "타인에게 연애를 받아 음부 된 그 여인을" 사랑하라고 명령하셨다. 이스라엘을 향한 하나님의 사랑은 시간의 제약을 받지 않는다. 그것은 무한하고 영원하다. 고멜이 타인에게 연애를 받았다고 하였는데, 이것은 간부姦夫의 사랑을 의미하지 않는다. 표준 개역성경 RSV의 난외주에는 이 단어를 남편이라고 번역하였는데, 아마도 이것이 가장 바른 표현일 것이다. 이 단어는 고멜을 치료하는 남편의 부드러운 손길을 나타내는 것으로서, 그녀가 더욱 자신의 행위를 용서할 수 없음을 의미한다.

호세아 3장 1절에서 "사랑(연애)"이란 단어가 네 번이나 사용되고 있는 것을 주시하라(즐긴다는 말도 "사랑"이란 말로 표현되어 있다). 본 절은 수학적인 조화를 이루고 있다. 즉 비록 이스라엘이 하나님보다 우상들을 사랑하였어도 이스라엘을 향한 하나님의 사랑은 항상 있었던 것처럼, 고멜이 합법적인 남편보다도 타인을 사랑하였지만 고멜에 대한 호세아의 사랑도 여전하다는 것이다. 고멜이 선지자의 사랑을 여전히 받고 있는 것처럼, 이스라엘도 하나님의 사랑을 받고 있는 것이다. 이스라엘은 하나님의 손바닥에 새겨져 있으며(사 49:14-16), 여호와의 눈동자이다(슥 2:8). 그리고 자기 백성들이 수세기 동안 불순종한 이후에 가서도 하나님은 자기가 예루살렘을 선택하였다는 매우 설득력 있는 답변을 함으로써 사탄을 정죄할 수 있으셨다.

이스라엘의 현재

고멜의 과거나 이스라엘의 과거는 전혀 영광을 받을 만한 것이 아니지만, 이야기는 아직 끝나지 않았다. 이스라엘의 현재 상태는 호세아 3장 4절에 묘사되어 있다. 이것은 이스라엘이 하나님의 기름 부음 받은 자(그리스도)를 택하지 않고, 가이사로 하여금 자기들을 통치하도록 선택한 이후 현재까지의 상태이다. 이 문장은 조목조목 정확하게 묘사되어서 우리로 하여금 이 말씀을 하신 분이 하나님, 즉 처음부터 끝까지 시종을 알고 계신 분임을 깨닫게 된다.

> "이스라엘 자손들이 많은 날 동안 왕도 없고 지도자도 없고 제사도 없고 주상도 없고 에봇도 없고 드라빔도 없이 지내다가"(호 3:4).

본 절은 앵글로-이스라엘주의Anglo-Israelism와 같은 허황스러운 것이 거짓임을 단적으로 증명하고 있다. 여기에 제시된 상황들은 영국에는 해당되지 않는 상황이며, 그러한 의미로 교묘하게 꿰어 맞출 수도 없다. 이 상황은 변칙적이다. 즉 그것은 모든 범주들을 무시하고 있다. 역사철학에 불타는 열정을 가졌던 독일의 대철학자 헤겔Hegel이 이스라엘의 역사에 대하여 다음과 같이 말한 것도 무리는 아니다: "그것은 나에게 모호하고도 풀기 어려운 수수께끼이다. 나는 그것을 이해할 수가 없다. 그것은 우리의 어떠한 범주와도 조화되지 않는다. 그것은 수수께끼이다."

고멜이 이전의 애인들과 교제하지 않으면서도 결혼 생활에 충실하지 않았던 것처럼(참으로 이상한 상태임), 오늘날 이스라엘도 역시 우상을 숭배하지 않으면서도 하나님을 기쁘시게 하는 예배를 통하여 하나님과의 교제를 즐기지 않는 묘한 상태에 있다.

없고-없고-없고

"이스라엘 자손들아 여호와의 말씀을 들으라 여호와께서 이 땅 주민과 논쟁하시나니 이 땅에는 진실도 없고 인애도 없고 하나님을 아는 지식도 없고"(호 4:1).

이 많은 날 동안(이 많은 날은 고멜의 많은 날에 부합된다) 이스라엘은 왕도 없고 지도자도 제사도 없고 주상도 없고 에봇도 없고 드라빔도 없이 지낸다. 이 말은 무엇을 의미하는가?

첫째로, 그 국가는 행정적인 국가 조직이 없이 지내게 된다. 그들에게 왕도 없고 지도자도 없게 될 것이다. 바벨론 포로 후, 유다 왕 시드기야가 죽은 다음에는 이스라엘 백성들 중에 왕이 없어지고 말았다(하스모니안 왕조는 포로 전 왕조와 같은 종류의 왕조가 아니다). 그러나 그들은 스알디엘의 아들 스룹바벨과 같이 족보가 분명한 왕족을 모시고 있기는 하였다. 유대인의 왕으로 오신 메시야의 죽음 이후 오늘날까지 이스라엘은 왕도 없고 지도자도 없이 지내고 있다. 누군가 다음과 같이 말한 바 있다: "그들 국가의 어느 누구도 그들을 한 데 모을 만한 능력이 없었으며 왕이 될 만한 능력도 없었다."

둘째로, 그들은 하나님이 정하신 제사도 없이 지내게 될 것이다. 그들의 성전이 있던 땅을 잃게 됨으로 성전도 없게 된다. 대제사장이 누구인지 확인할 만한 족보가 없어짐으로 대제사장도 없게 된다. 반차班次대로 그것을 시행할 제사장들이 구성되어 있지 않을 뿐만 아니라, 예수 그리스도께서 한 번에 희생제사를 드려 완성하셨으므로 제사도 없게 된다. 그들의 종교 의식 속에 희생제물의 피가 없을 것이므로 속죄도 없게 된다.

셋째로, 아마 모든 것들 중에 가장 주목할 만한 현상으로서 그들에게서 우상 숭배도 없어질 것이다. 이스라엘이 하나님에 대한 참된 제사를 드리다가 거듭 우상 숭배를 하는 방향으로 돌아섰다면, 참된 예배가 없어졌을 때에는 더욱 분명히 우상에게로 돌아설 것이라고 생각하는 것이 당연하다. 그러나 실상은 그렇지 않다. 선지자는 인간적인 생각에서 이야기를 하는 것이 아니라 하나님의 계시를 통하여 말하고 있다. 호세아는 이스라엘이 종교의 중심지와 종교 의식이 없이 지내게 되어도, 그들이 우상 숭배로 돌아가지 않을 것이라고 말하고 있다. 수 세기 동안 흩어져 있는 동안에도 이스라엘은 주상柱像; 오벨리스크이나 드라빔을 가지지 않으리라는 것이다. 비록 이스라엘이 구체적인 국가의 특색, 즉 왕과 지도자 및 국토 등을 잃어버리고 또한 희생제사나 에봇과 같은 종교적인 형식까지도 잃어 버렸으나, 놀라운 것은 이스라엘이 존속하고 있다는 사실이다! 탐욕이 가득하고 우유부단했던 발람은 다음과 같은 의외의 말을 했었다: “내가 바위 위에서 그들을 보며 작은 산에서 그들을 바라보니 이 백성은 홀로 살 것이라 그를 여러 민족 중의 하나로 여기지 않으리로다”(민 23:9).

이스라엘의 미래

이 이야기가 여기에서 끝난다고 생각하는 사람들이 있다. 그것이 이스라엘에 대한 종말이라는 것이다. 만약 그렇다면, 성경은 조금도 의지할 수 없는 나쁘고도 무가치한 것으로서 우리는 성경을 내던져 버리는 편이 나을 것이다. 이러한 상태가 이스라엘의 종말이라면, 왜 호세아는 여기에서 예언을 끝마치지 않았는가? 왜 그는 우리로 하여금 이스라엘에 미래가 있음을 믿도록 가르치고 있는가?

그가 그렇게 한 것은 당연한 일이다. 왜냐하면 업신여김을 받고 비난받고 추방당한 하나님의 백성 이스라엘에게 희망찬 미래가 있기 때문이다. 여기에서 시간에 대하여 세 가지로 언급한 사실을 주시하라. “많은 날”, “장래에”, “이후에”는 예언서의 다른 부분에서와 마찬가지로 여기서도 매우 중요한 의미를 지니고 있다.

이스라엘의 미래에 관한 세 가지 요소가 나타나 있다. 돌아와서,구하고, 경외함으로 나아가리라는 것이다. 호세아 3장 1절은 이스라엘이 다른 신들에게로 돌아선 것을 말해 주었지만, 5절에서는 그가 참되신 하나님께로 돌아서리라는 것을 말해 준다(신 4:30, 31, 30:1). 오직 하나님의 은혜를 통하여 여호와 하나님을 구할 것이다. 호세아 5장 15절에 있는 중요한 진리를 주목하라.

> “그들이 그 죄를 뉘우치고 내 얼굴을 구하기까지 내가 내 곳으로 돌아가리라 그들이 고난받을 때에 나를 간절히 구하리라”(호 5:15).

그 구하는 것이란 하나님과 그의 외아들 우리 주 예수 그리스도이신 “그들의 왕 다윗”에 대한 것이다. 이에 대한 놀라운 언급이 있는데 요나단의 탈굼Targum of Jonathan은 “이것이 메시야 왕이다”라고 하였다(렘 30:9; 겔

34:23, 37:23). 그들은 경외함으로 하나님의 축복과 구원으로 나아갈 것이다. 이스라엘을 향한 하나님의 사랑이 어찌 다른 방법으로 나타나겠는가? 호세아의 사랑이 고멜의 사랑보다 더 오래 지속되었던 것같이, 하나님의 사랑은 이스라엘의 사랑보다 더 오래 지속된다. 하나님께서 이스라엘을 향한 거룩한 사랑을 널리 비추사 그들로 하나님을 알게 하도록 하시기를 기원한다. 기쁨과 존경심과 두려움이 합쳐진 태도로서 이사야 60장 5절을 참조하라.

예언의 제2부

호세아 4장은 4~14장의 도입 부분으로서 선지자의 메시지의 요약을 담고 있다. 이 부분에서는 1, 2, 3장에서 가정 내의 사건들을 묘사하면서 대략적으로 제시했던 사건들을 상세하고도 생생하게 제시한다. 단락을 구분한다는 것은 쉬운 일이 아니다. 왜냐하면 그것들은 도덕적으로 타락하고, 정치적으로 부패하고, 영적으로 파멸한 이스라엘 국가에 대해서 하나님이 제기하신 하나의 장황한 고소장의 형태로 이루어져 있기 때문이다. 그 출발점에서 우리는 "들으라"(이것은 호세아 5장 1절에서 반복된다)며 주의를 이끄는 말에 접하게 된다. 호세아는 북쪽 이스라엘 국가에 대해 특별한 강조를 두면서, 전체 국가를 상대로 예언을 하고 있다. 호세아 4장에서부터 14장에 이르기까지 에브라임(즉 이스라엘. 에브라임은 북쪽 이스라엘에 속한 지파들 중에 인구가 가장 조밀한 지파였으므로 이렇게 불린 것이다)이란 말이 얼마나 자주 반복되어 나오는가를 보라.

고소장의 내용

호세아 4장은 이사야 1장의 예언과 동일한 성격의 예언이다. 이사야서와 같이 여기에서도 우리는 하나님께서 자기 백성들의 죄악상들을 고발하신 것을 본다. 일반 법정의 절차와 같이 "귀를 기울이라 여호와께서 말씀하시기를"(사 1:2)이라고 주의를 환기시키는 말씀을 한 다음, 그들의 죄목에 대한 상세한 고발이 뒤를 잇는다. 하나님은 자기 백성을 고발하고 그들과 쟁변하신다. 그 땅에는 진실도 없고, 인애도 없고, 하나님을 아는 지식도 없고, 오직 저주와 속임수와 살인과 도둑질과 간음과 피흘림이 있을 뿐이다.

이 백성이 십계명을 얼마나 많이 위반하였는지가 여기에 나타나 있음을 주시하라. 하나님에 대한 배반은 필연적으로 하나님의 심판을 몰고 왔으며, 그래서 그 땅은 번민하고 슬퍼한다. 들짐승과 공중의 새들과 바다의 고기들까지도 그로 인하여 하나님께서 싫어하시는 바가 되었다. 인간의 죄는 차원이 낮은 피조물까지도 황폐시키는 일을 하였던 것이다. 오늘날 전쟁으로 인하여 찢겨진 세계에도 마찬가지 현상이 나타나지 않는가? 인간은 자기 자신을 파괴시키는 일에 있어서 뿐만 아니라 자기와 관련된 것들을 파괴시키는 일에 있어서도 커다란 능력을 가지고 있다.

본문에서 백성들의 죄를 고발하고 있는 분이 인간이 아니라 하나님이심을 기억해야 한다. 하나님은 모든 문제의 해결이 자기의 손에 달려 있으므로 아무도 간섭하지 말라고 경고하신다. 이 백성들에게는 이러한 경고가 필요하다. 왜냐하면 그들은 오래 전부터 제사장들과의 다툼에 숙달되어 있었기 때문이다. 이것은 계시된 하나님의 뜻에 대한 그들의 불복종의 표시이다. 왜냐하면 그들은 하나님께서 임명하신 백성의 교사들과 싸우는 지극히 교만한 태도를 보였기 때문이다. 신명기에서 그러한 행동의 심각성을 보여준다.

> "사람이 만일 무법하게 행하고 네 하나님 여호와 앞에 서서 섬기는 제사장이나 재판장에게 듣지 아니하거든 그 사람을 죽여 이스라엘 중에서 악을 제하여 버리라"(신 17:12).

그러나 이 고소는 백성, 제사장, 선지자 등 누구에게나 해당된다. 선지자와 제사장은 수치스러운 본보기가 되었다. 그들은 술 취하고 육욕적이었고 하나님과 그분이 주신 말씀들을 거절하였으며, 제사의 형식만을 사랑하였고 신령한 것은 없었다. 심판의 말씀이 명백하게 나타나 있다.

> "너는 낮에 넘어지겠고 너와 함께 있는 선지자는 밤에 넘어지리라 내가 네 어머니를 멸하리라 내 백성이 지식이 없으므로 망하는도다"(호 4:5-6).

지식의 결핍

> "내 백성이 지식이 없으므로 망하는도다 네가 지식을 버렸으니 나도 너를 버려 내 제사장이 되지 못하게 할 것이요 네가 네 하나님의 율법을 잊었으니 나도 네 자녀들을 잊어버리리라"(호 4:6).

문제의 원인이 하나님을 아는 지식의 결핍으로 선포된다. 그들은 이미 자기들에게 주어진 지식을 거절하였기 때문이었다. 이 죄목의 경우, 하나님의 백성들을 잘못 인도한 제사장과 교사들이 원흉이다. 이스라엘은 하나님의 지식과 뜻을 거절함으로써 더 이상 제사장의 직분을 수행하지 못하게 되었고, 그래서 그들은 고귀한 지위에서 쫓겨났다. 하나님은 잠시 동안 그들을 제사장직 소명에서 물러나 앉게 하셨으나, 그 지위는 스가랴 3장의 예언의 말씀과 같이 장래에 회복될 것이다(출 19:6). 부요하지 못하였기 때문에 이 모든 백성들이 변절한 것은 아니다. 오히려 번영은 그것이 필연적으로 가져와야만 했던 결과의 반대 현상을 가져왔다. 그들은 자손이 증가될수록 더욱 하나님께 대해서 범죄하였다. 결과적으로 그들이 가졌던 영광이 변하여 욕이 될 것이다.

백성이나 제사장이나

> "장차는 백성이나 제사장이나 동일함이라 내가 그들의 행실대로 벌하며 그들의 행위대로 갚으리라"(호 4:9).

당시의 제사장들에 대한 호세아의 책망은 극히 혹심하다. 제사장들은 백성들의 죄 속에서 즐거워하였으며, 마음으로 백성들의 죄악을 선동하였다. 왜냐하면 그들의 죄로 인하여 자기들에게 벌과금과 속죄제물을 내게 함으로써 수익을 올렸기 때문이다. 그들은 이스라엘 백성의 계속되는 죄로 인하여 안정된 수익을 얻었다. 제사장과 백성은 똑같이 나빴다. 서로가 정확하게 일치하였다.

> "내 백성이 나무에게 묻고 그 막대기는 그들에게 고하나니 이는 그들이 음란한 마음에 미혹되어 하나님을 버리고 음행하였음이니라"(호

4:12).

백성들도 제사장들만큼 범죄하였으므로 그만큼 책망을 들어야 했다. 제사장들은 백성들의 생활 방식을 따라 그들처럼 살았고, 백성들은 교사들의 불경건한 행위를 관찰하고서 그것을 자기들의 행실을 결정하고 따르면서 즐기는 하나의 모범으로 삼았다. 제사장들은 부패하고 오도誤導된 백성들에게서 수확물을 거둬들였다. 모두가 똑같이 자기들의 행위에 대한 벌을 받게 되었다. 그들이 가진 것이 그들에게 만족을 주지 못할 것이며, 수가 더 증가되지도 못할 것이다(학 1:5-6).

도덕적 타락의 깊이

하나님에 대한 지식을 가지려는 욕망이 없었던 백성들은 온갖 도덕적 불결 행위를 행하는 데에 몰두하였다. 로마서 1장에 기록된 바 이방 국가들에게 닥친 것과 같은 상태이다. 생명이 없는 의식에 종사하는 것은 궁극적으로 백성을 우상 숭배와 모든 불결한 행실로 몰고 간다. 모든 무감각한 우상과 함께 그들의 나무나 막대기는 그들의 신탁이 되고, 계획의 원천이 되었다. 무분별과 죄악된 영이 그들 속에 자리 잡았다.

가나안 족속의 영혼을 파멸시켰던 추행(그것으로 인하여 그들이 멸종하게 되었다는 하나님의 두려운 저주의 선포가 있었다)이 하나님께서 지극히 사랑하셨던 백성들이 일상적으로 실천하는 일이 되었다. 그들은 그것들에 대해서 거룩한 질투심을 가지고 통렬히 비판하지 않고, 오히려 그것들의 불건전한 행습들을 따라갔다. 이러한 우상 숭배 의식들은 모두 육체적인 음란 행위와 연결되어 있다. 이러한 타락은 암세포처럼 퍼져 나가서 이스라엘의 여성들이 타락하게 되었다. 그 결과 국가의 붕괴와 파멸을 피할 수 없게 되었다.

하나님에 대한 변절은 언제나 땅 위의 가장 신성한 관계에 대한 변절로 나타난다. 생활 속에서 하나님을 공경하지 않는 인간은 잘 살아 나가기를 기대할 수 없다.

> "그들이 산 꼭대기에서 제사를 드리며 작은 산 위에서 분향하되 참나무와 버드나무와 상수리나무 아래에서 하니 이는 그 나무 그늘이 좋음이라 이러므로 너희 딸들은 음행하며 너희 며느리들은 간음을 행하는도다 너희 딸들이 음행하며 너희 며느리들이 간음하여도 내가 벌하지 아니하리니 이는 남자들도 창기와 함께 나가며 음부와 함께 희생을 드림이니라 깨닫지 못하는 백성은 망하리라 이스라엘아 너는 음행하여도 유다는 죄를 범하지 못하게 할 것이라"(호 4:13-15).

하나님으로부터의 변절은 한 국가의 사회생활과 가정생활 안에 재앙을 몰고 온다. 이러한 상황에 대해서 이사야도 역시 통렬히 책망하였다.

> "여호와께서 또 말씀하시되 시온의 딸들이 교만하여 늘인 목, 정을 통하는 눈으로 다니며 아기작거려 걸으며 발로는 쟁쟁한 소리를 낸다 하시도다. 그러므로 주께서 시온의 딸들의 정수리에 딱지가 생기게 하시며, 여호와께서 그들의 하체가 드러나게 하시리라. 주께서 그 날에 … 썩은 냄새가 향기를 대신하고 노끈이 띠를 대신하고 대머리가 숱한 머리털을 대신하고 굵은 베 옷이 화려한 옷을 대신하고 수치스러운 흔적

이 아름다움을 대신할 것이며 너희의 장정은 칼에, 너희의 용사는 전란에 망할 것이며 그 성문은 슬퍼하며 곡할 것이요 시온은 황폐하여 땅에 앉으리라" (사 3:16-26).

에브라임이 우상과 연합함

호세아 4장 1-14절에서 선지자는 전체 국가를 꾸짖어 왔다. 이제 그는 잠시 유다에 대한 특별한 말을 전하는 데로 방향 전환을 하고 있다. 추측컨대 남쪽 왕국으로 다윗 왕조의 중심이 되는 유다는, 북쪽에 있는 이스라엘보다는 하나님께 더 충성한 것으로 보인다. 유다는 이스라엘의 악한 길을 따르지 말라는 강력한 권고를 받는다. 길갈벧아웬에서 벌이는 이스라엘의 우상 숭배 축제에 유다는 나아가지 말아야 한다.

"너희는 길갈로 가지 말며 벧아웬으로 올라가지 말며 여호와의 사심을 두고 맹세하지 말지어다" (호 4:15).

길갈과 벧아웬은 열 지파의 두드러진 성소였다. 길갈은 엘리사 시대에 선지자들의 학교가 있었던 자리였다(왕하 2:1; 4:38). 그러나 호세아는 자기의 예언에서 그곳을 우상 숭배의 장소라고 말하고 있다(호 9:15; 12:11). 의미심장한 이유 때문에 벧엘보다는 벧엘의 동편 도시인 벧아웬이 뽑혔다. 선지자는 백성들이 벧엘(하나님의 집)을 아웬(공허의 집)으로 바꾸었다고 폭로한다. 하나님은 유다에게 "피하라" 고 말씀하신다. 유다는 하나님을 욕되게 하는 이스라엘의 행실로부터 스스로 분리하라는 경고를 받는데, 그곳에서 그들은 여호와의 이름으로 맹세를 하고 또한 우상을 섬김으로 종교를 혼합시켰었다.

이스라엘이 고집 센 암소처럼 버티고 경고를 받지 않았기 때문에, 선지자는 유다에게 주의하라고 더욱 열심히 말한다. 선지자가 이스라엘에 붙인 명칭은 결코 거짓으로 아첨하는 말이 아니다. 그는 에브라임을 어리석은 비둘기(호 7:11)와 뒤집지 않은 전병(호 7:8)이라고 부른다.

> "에브라임이 여러 민족 가운데에 혼합되니 그는 곧 뒤집지 않은 전병이로다…에브라임은 어리석은 비둘기같이 지혜가 없어서 애굽을 향하여 부르짖으며 앗수르로 가는도다"(호 7:8, 11).

고집스럽고도 움직이려 하지 않는 암소는 경건하게 자제하기를 싫어하는 그들의 태도를 분명하게 나타낸다. 그래서 하나님은 넓은 장소에서 양같이 먹이시리라는 것이다.

> "이스라엘은 완강한 암소처럼 완강하니 이제 여호와께서 어린 양을 넓은 들에서 먹임같이 그들을 먹이시겠느냐"(호 4:16).

"어린 양을 넓은 들에서 먹임같이…"라는 구절은 종종 하나님께서 그들로 하여금 자신이 원하는 것을 가지도록 허용하시리라는 것을 의미한다고 이해되어 왔다. 하나님은 그들이 순종하지 않는 성질대로 하도록 고삐를 풀어 주실 것이라는 것이다. 그들은 이제 넓은 초장에 있는 양같이, 그러한 분산이 그들 자신의 파멸을 불러올 것인지를 알지 못한 채 돌아다닐 수 있을 것이다. 그러나 이와 같은 해석은 하나님께서 양을 먹이심같이 그들을 먹이려 하신다는 사실에 맞지 않는다.

또 다른 해석 방법은, 그 문구를 하나의 풍자로 이해하는 것이다. 즉 만일 이스라엘이 그렇게도 완강하다면 하나님은 그들을 양같이 먹이실 것이다. 그렇게 하지 않으실까? 이것이 보다 호소력 있는 해석이다. 가장 좋은 해결 방법은 마지막 문구를 질문 형태로 읽는 것이다. 즉 "이스라엘이 그렇게 완강하다면 이제 여호와께서 어떻게 어린 양을 넓은 들에서 먹임같이 그들을 먹이시겠느냐?" 이사야 30장 23절에서 이 표현법이 징계의 의미가 아니라 좋은 의미로 사용되어 있다.

에브라임이 하나님을 따르는 데서 얼마나 멀리 떨어져 나아갔는지는 "에브라임이 우상과 연합하였으니 버려 두라!"는, 선지자의 마음이 찢기는 듯한 부르짖음에 분명하게 드러나 있다. 에브라임은 너무나 우상들과 긴밀하게 연합되었으므로 그들로부터 단절되지 않을 것이다. "연합하였다"에 해당하는 단어는 주문呪文으로 묶여 있다는 표현이다. 북왕국은 마치 주문에 홀린듯이 우상에게 빠지고 마법에 붙잡혀서, 결국은 스스로 그곳에서 빠져 나올 수 없게 되었다. 그가 자기 자신을 헛된 우상에게 완전히 내주어 우상과 연합하였으므로 심판밖에 남아 있는 것이 없다는 것이다. 이제 그는 그 대가를 받음으로써 자기 행실에 대한 충분한 괴로움을 받아야 한다.

"에브라임이 우상과 연합하였으니 버려 두라"(호 4:17).

"버려 두라." 이것은 불경건이 이스라엘에게 가져다 준 극단적인 결과이다. 오랫 동안 자기를 즐겁게 해주었던 쾌락은 결국 극단적으로 혐오스러운 것이 될 것이다. 그들의 술과 주연은 맛없고 못쓰게 될 것이다. 백성의 대변자이기 때문에 "방백들"이라고 불린 국가의 지도자들은 사회의 낮은 층에 속하는 민중들과 똑같이 타락하였다. 부도덕한 행위에 참여하게 하는 우상 숭배의 악영향은 낮은 계급에까지 확산되었다. 그 결과는 무엇인가? 머지않아 앗수르인의 징계의 태풍이 우상과 백성, 선지자, 제사장, 지도자들을 휩쓸어 갈 것이다.

제3장

호세아(Ⅲ): 에브라임은 내가 알고

호세아의 예언 중에서 5~6장은 에브라임과 유다의 죄와 반역이 그들에게 가져다 준 황폐와 파멸을 생생하게 전달해 준다. 하나님의 백성의 죄악의 잔이 넘쳐흘렀기에, 하나님의 종은 여러 가지 방법으로 꾸짖고 책망하고 권면한다. 하나님은 운명의 시간이 오기 전에 사랑의 간청을 함으로써 자기 백성을 되찾으시려 한다. 호세아 1~4장과 마찬가지로 지금 우리가 살피고 있는 구절들은 호세아가 하나님의 말씀을 선포하였던 그 당시부터 이스라엘 백성이 하나님께로 돌아와 순종하며 자기에게 향한 하나님의 은총을 아는 진리 안에 거할 그 날까지에 걸친 이스라엘의 역사 전반을 보여준다.

호세아는 제사장들, 백성, 그리고 왕족들에게 세 번에 걸쳐 "들으라" 고 권면한다. 하나님의 심판은 그들 모두를 향한 것이다. 악행과 마찬가지로 우상 숭배의 죄도 역시 높은 자나 낮은 자 모두를 물들게 하였다. 하나님 백성들의 재판장으로 선출된 사람들이 하나님의 진리와 뜻에 불충실함으로써 이제는 오히려 하나님의 심판을 받게 되었다.

그 땅의 동편에 있는 미스바와 서쪽에 있는 다볼은 백성들이 우상을 숭배하도록 유혹을 받았던 언덕으로서, 올무와 덫을 치는 장소가 되었다. 간단히 말해서, 지도자들은 백성들이 여호와께 예배하는 일에서 유혹을 받아 다른 길로 나아가는 일을 막기는커녕, 오히려 그들에게 덫을 놓아 함정에 빠뜨리는 사냥꾼들처럼 행하였다. 그들은 하나님께 반항하는 일에 온 정열을 쏟아 완전히 난폭하게 되었다. 하나님께서 사자들을 통해서 반복하여 경고하고 꾸짖었음에도 불구하고 그들은 이 모든 일을 행하였다.

> "에브라임은 내가 알고 이스라엘은 내게 숨기지 못하나니 에브라임아 이제 네가 음행하였고 이스라엘이 더러워졌느니라"(호 5:3).

에브라임이 혹시 여호와께서 자기들을 보고 있지 않고 자기들의 길을 주시하지도 않고 있다고 생각할까 하여, 여호와께서 그에게 "에브라임은 내가 알고"라고 상기시키신다. 모든 것은 우리를 돌보시는 분 앞에 적나라하게 드러난다. 그는 다른 사람들에게 자신의 더러움을 숨기고 싶을 것이며, 자기 자신까지도 속이고 싶을 것이다. 그러나 하나님은 친히 그의 타락의 실상과 정도를 알고 있다고 상기시키신다.

하나님께서 떠나심

이스라엘 백성의 불경스러운 관습은 제멋대로 그 악한 세력을 뻗쳐서 그들은 여호와께로 돌아서지 못하게 될 것이다. 이스라엘 백성들의 악습이란 물론 불경스런 관습에 사로잡힌 것이다. 술 취하고 무감각한 정신과 아울러 영적으로 타락하고 음란한 마음이 이 백성에게서 자리 잡고 있었다. 그들은 영적으로 어두워졌기 때문에 여호와를 알지 못하고 있다.

> "그들의 행위가 그들로 자기 하나님에게 돌아가지 못하게 하나니 이는 음란한 마음이 그 속에 있어 여호와를 알지 못하는 까닭이라"(호 5:4).

호세아 5장 3절과 4절의 대조를 주의하라. 즉 하나님은 에브라임을 알고 계시지만 에브라임은 하나님을 알지 못하고 있다고 말씀하신다. 하나님은 마음을 깊이 살피시고 주께로 돌아오라고 경고하고 계시지만, 이스라엘은 참지 못할 정도로 교만해졌다. 교만은 항상 좋지 않은 것이며, 다른 잘못들을 감추려 한다. 그러나 그 땅의 풍요로 인하여 솟아 오른 이스라엘의 교만은 국가적인 쇠퇴와 파멸의 시기에 있는 백성들에게 불리한 증언을 할 것이다. 교만은 언제나 멸망에 앞서 나타나며, 그래서 에브라임과 유다는 멸망으로 나아가게 되었다.

이제 그들은 노예처럼 두려움에 떨면서 양 떼와 소떼를 끌고 하나님께 희생제사를 드리기 위해 여호와를 구한다. 그러나 하나님은 그들의 심령의 참된 상태를 아시므로, 그들이 찾지 못하도록 숨으실 것이다. 여호와께서 그들로부터 떠나신 것이다. 여호와께서는 그들의 외적 행위와 예전禮典에 만족하시지 않고, 그들의 내면에서 가장 중요한 것을 찾고자 하신다. 하나님은 그들의 내면에서 진실과 성실을 찾으려 하신다.

그들은 자기들의 죄의 극악성을 전혀 깨닫지 못하였다. 그들은 여호와를 배신하여(이것은 하나님과 이스라엘 백성 사이의 결혼 약정 중의 하나이다) 행동했으며, 그들이 양육한 세대도 하나님을 알지 못했다. 그러므로 배신은 그들 가운데서 영속하고, 가장 고상한 의미에서 여호와 경외하는 것을 알지 못하였다. 머지않아 그들과 그들의 소유물들에게 멸망과 징계가 임할 것이다.

대적의 침입

마침내 하나님께서 예고하신 심판이 백성들에게 임한다. 앗수르의 침입이 백성들의 눈앞에 제시된다. 적의 군대의 내습이 나라를 지키라고 외치고 전국에 비상소집 경보를 내는 말 안에서 공포되어 있다.

그것은 역시 남쪽 왕국의 땅으로서 북왕국과 인접해 있는 베냐민 지파까지도 위협할 것이다. 기브아, 라마, 벧아웬은 모두 베냐민 지파의 도시들이다. "베냐민아 네 뒤를 좇는다!" 라는 옛 함성이 일어날 것이다. 대적들은 에브라임의 왕국을 말끔히 쓸어버리고 남쪽 지파들까지도 위협할 것이다. 이것은 "벌하는 날" 이며, 그들에게 계속해서 경고하여 온 징계이다.

이것은 경우에 따라서 돌이킬 수도 있는 위협 정도의 사건이 아니다. 하나님은 앞으로 어떤 일이 그들에게 닥칠는지 분명히 알게 하셨다. 이제는 심판을 지연시킬 소망이 전혀 없다. 왜냐하면 백성들은 전혀 회개의 기미를 보이지 않고 있기 때문이다.

북왕국의 형제들과 비교해 볼 때 유다의 방백들도 그들에 못지않았다. 그들은 그 땅에서 가장 일반적인 도둑들—즉 경계표를 옮기는 자들—의 수준에까지 스스로 낮아졌다. 다른 사람들의 권리 따위는 아랑곳하지도 않았다. 나봇에 대한 아합의 잔인 무도한 행위는 그것이 처음 시행되어 목적을 성취한 이래 줄곧 반복하여 자행되었다. 이에 대한 하나님의 진노가 홍수같이 그들에게 퍼부어질 것이다. 에브라임과 그 다스리는 집은 하나님의 심판에 의하여 학대를 받고 압제를 당할 것이다. 왜냐하면 그가 인간의 명령, 즉 이스라엘로 하여금 단과 벧엘에서 금송아지를 숭배하라는 여로보암의 명령에 순종하였기 때문이다.

심판 때에 하나님은 에브라임에게는 좀같이, 유다에게는 썩이는 것같이 될 것이다. 두 왕국은 산산조각이 되어 스스로 더 이상 버틸 수 없게 될 것이다. 그들은 이처럼 절박한 시기에 하나님을 의지하지 않고 인간을 의지하였다. 어리석게도 그들은, 그들의 권익에는 전혀 관심이 없을 뿐만 아니라 결국 에브라임을 포로로 붙잡아갈, 하나님의 손에 들려 있는 최종적 채찍인 앗수르의 왕에게로 돌이켰던 것이다.

물론 유다에게도 잘못이 없지 않았다. 그도 역시 앗수르라는 강대국의 도움을 구하였다. 누군가의 의견에 따르면, 앗수르는 여기서 별명으로 불리고 있다(사 7:17-19). 앗수르 군주나 다른 어떤 인간 대리자의 팔이라고 할지라도 하나님의 백성의 상처를 고칠 수 없을 것이다. 왜냐하면 하나님이 친히 아무도 대항할 수 없는 사나운 사자같이 그들을 찢고 탈취하실 것이기 때문이다. 하나님께서 탈취하실 때에는 누구도 그에게 저항을 하거나 그의 손으로부터 건져낼 수 없다(시 50:22).

오라, 우리가 여호와께로 돌아가자

이렇게 고통을 받고 있는 백성들의 장래에 위로가 될 말이나 밝은 소망은 없는가? 여호와의 손은 치료가 없이 상처만 내시는가? 하나님은 확신에 찬 축복의 말씀을 주신다. 하나님은 자기 백성이 과오를 깨닫고 전심으로 주를 바라볼 때까지 돌아가 기다리시겠다고 말씀하신다. 그들은 고난을 받을 때에 하나님을 간절히 찾을 것이다.

> "그들이 그 죄를 뉘우치고 내 얼굴을 구하기까지 내가 내 곳으로 돌아가리라 그들이 고난 받을 때에 나를 간절히 구하리라"(호 5:15).

이 말씀들은 무엇을 의미하는가? 지금까지 이 말씀을 젊은 사자가 노략물을 가지고 그의 굴로 들어가는 것같이, 하나님께서도 자신과 자신의 은총을 백성들에게서 거두실 것이라는 뜻으로 이해하여 왔다. 만일 이 예언이 이것만을 의미한다면, 호세아 5장 15절 하반절은 거의 의미가 없어지고 만다. 이 구절은 과거 포로 시대에 하나님께서 자기 백성에게서 보호와 은총을 거두어 가시고, 또 추방 당하여 고난을 당하는 동안 경건한 자들이(예를 들면 다니엘, 에스라, 느헤미야) 하나님을 구한 것으로 이해될 수 있다.

호세아가 예언자적 정신을 가지고 이스라엘의 먼 훗날까지 바라보고 있다는 것을 깨달을 때에, 호세아의 예언은 보다 능력 있는 것이 될 것이다. 그는 에브라임이 앗수르에 포로로 붙잡혀 가는 것과 유다가 바벨론에 잡혀 가는 것을 넘어서서 나중에는 이스라엘 전 민족이 하나님과 자기 백성 사이의 관계가 정상화될 때까지 전 세계에 흩어질 것을 바라본다.

때가 차서 하나님께서 아들을 자기 백성에게 보내셨으나 백성들은 그 아들을 받아들이지 않았다. 그들은 그를 왕으로 모시지 않고 가이사를 택하였다. 그러므로 주님은 자기의 본 위치로 돌아가셨다. 그를 위하여 준비되어 있었던 자리는 아버지의 오른쪽이었다(시 110:1). 그곳에서 복되신 다윗의 아들이요 이스라엘의 의로우신 왕께서는 이스라엘이 주를 거절하고 로마인들에게 그를 넘겨준 잘못을 깨달을 때까지 기다리신다. 그 때에 그들은 인간의 계획과 인간의 치료 방법을 구하지 않고 주의 얼굴을 구할 것이다. 야곱의 환난의 날, 곧 재난의 때에 그는 전심으로 여호와를 구할 것이다(렘 30:7).

이 짧은 구절은 주님의 첫 번째 강림으로부터 재림의 때, 즉 주의 이름으로 오시는 그를 환영할 때가 이르기까지 이스라엘의 역사에 있을 사건들을 아주 잘 묘사하고 있다. 그것은 스가랴가 예언한 바 하나님께서 은총과 간구하는 심령을 부어 주리니, 그들이 찌른 바 그를 바라보고 자기 국가의 재앙과 이스라엘의 목자에 대한 배은망덕을 인하여 애통하게 될 때를 말한다(슥 12:10-14).

여기에는 이스라엘의 돌아옴에 대한 사실이 언급되었을 뿐만 아니라, 호세아 6장 첫머리에는 그 때에 그들이 할 말이 기록되어 있다. 장章의 구별이 부적당하다. 왜냐하면 호세아 6장 1절과 5장 15절은 나뉠 수 없이 서로 긴밀하게 연결되어 있기 때문이다.

> "오라 우리가 여호와께로 돌아가자 여호와께서 우리를 찢으셨으나 도로 낫게 하실 것이요 우리를 치셨으나 싸매어 주실 것임이라"(호 6:1).

이제 그들은 그렇게도 처절하게 상처를 주신 분이 누구이며, 그들을 치료할 수 있는 분이 또한 누구인지를 깨닫는다. 장면은 하나님께서 자기 백성에 대해서 격분하고 있는 사자로 묘사되어 있는 앞 장으로부터 연결되어 있다. 인간은 상처를 내고 찢고 때릴 수는 있다. 그러나 그에게는 싸매고 치료할 수 있는 힘이 없다. 이 일은 하나님만이 하실 수 있는 것으로, 하나님은 그것을 "제 삼일에" 신속히 행하실 것이다. 그 때에 국가의 맥박은 고동칠 것이며, 그들은 하나님 앞에서 살 것이다.

에스겔 37장의 대 예언이 여기에 적절하다. 그곳을 보면, 이스라엘은 골짜기에 있는 마른 뼈로 묘사되어 있다. 그들은 국가적으로 죽어 있고, 외관상으로는 소망이 없어 보였다. 그러나 전능하신 하나님의 말씀으로 말미암아 뼈와 뼈가 서로 맞추어지고, 뼈에 힘줄이 생기고, 뼈와 근육 위에 가죽이 덮히고, 몸 속으로 생기가 불어 넣어졌다. 그 결과 지극히 큰 군대가 되었고, 세계적인 공동묘지가 되살아 생기를 얻게 되었다. 그것은 죽은 자 가운데서 다시 사는 것이 될 것이다(롬 11:15).

> "여호와께서 이틀 후에 우리를 살리시며 셋째 날에 우리를 일으키시리니 우리가 그의 앞에서 살리라 그러므로 우리가 여호와를 알자 힘써 여호와를 알자 그의 나타나심은 새벽 빛같이 어김없나니 비와 같이, 땅을 적시는 늦은 비와 같이 우리에게 임하시리라 하니라" (호 6:2-3).

생명이 있는 곳에 성장이 있다. 이스라엘은 하나님을 알 뿐만 아니라 재난과 마음의 고통의 어두운 밤이 지나간 후에 아침이 오듯이, 하나님께서 그들에게 나아가신 것을 따라 그들이 하나님을 아는 지식도 더욱더 성장하여 충만히 알게 될 것이다. 그 후에 하나님은 더 이상 좀이나 썩이는 것이나 사자같이 되지 않을 것이며, 철을 따라 열매를 맺게 하고 소성케 하고 축복을 주는 비같이 되실 것이다.

계속되는 사랑의 간청

앞에서는 이스라엘의 미래의 축복과 회복의 모습을 살펴보았다. 그러나 호세아는 그 당시의 긴급한 영적 기근에게로 눈을 돌려야 했다. 하나님은 그 백성들의 마음을 자기에게로 돌이키게 하기 위하여 축복과 경고를 하셨던 것인데, 이제 그들을 위해 그 이상 무엇을 더 할 수 있겠느냐고 에브라임과 유다에게 사랑스럽게 물으신다. 그들의 심령이 혹시 하나님을 향하여 기울어진다고 해도 그것은 단지 지나가는 순간일 뿐이요, 아침 해뜰 때의 이슬같이 곧 사라지고 만다. 그들의 선을 행하려는 희망은 얕아서 오래 지속되지 못한다. 이러한 이유로 인하여 하나님은 사자들을 보내어 그들을 베고 죽이겠다는 준엄한 경고를 하신다. 실제로 심판이 닥쳐올 때에 누가 그 심판을 보낸 것인지 분명히 알게 될 것이다.

> "에브라임아 내가 네게 어떻게 하랴 유다야 내가 네게 어떻게 하랴 너희의 인애가 아침 구름이나 쉬 없어지는 이슬 같도다"(호 6: 4).

희생제사와 번제가 그들의 필요를 충족시켜 준다고 상상할 필요가 없다. 자연인은 곤경에 처해 슬픔을 느끼게 되면, 으레 외적인 형식들과 의식에 의존함으로써 치료 방법을 강구한다. 그는 자기가 상상해낸 치료법을 부지런히 추구한다. 그러나 사무엘이 사울에게 분명히 말했듯이, 하나님은 외적인 형식보다는 심령의 경건과 하나님 자신에 대한 지식을 더 기뻐하신다(삼상 15:22).

어떤 사람들은—이사야 1:11-20; 미가 6:6-8; 예레미야 7:21-26 및 다른 절을 인용하여—하나님이 결코 이스라엘 백성들 가운데서 제사 제도를 원치 않으셨다는 결론을 추론하기도 한다. 그러나 이것은 분명히 소견이 좁은 견해다. 왜냐하면 모세 오경에 분명히 나타나 있듯이, 하나님께서 친히 이스라엘 백성들 가운데 율법 제도를 세우셨기 때문이다. 하나님은 습관적으로 제물을 드리는 제사가 아니라, 그보다 더 깊은 것을 요구하신다. 실체를 외적인 형식으로 대체하는 일은 쉽다. 하나님은 무엇보다도 믿음을 요구하셨다. 그러나 그들은 그 반대로 언약의 파괴자들, 피흘리는 자들, 범죄자들로 나타났다. 그들의 제사장들은 강도들처럼 길에서 살인자들의 모임에 스스로 가담함으로써 모든 범죄의 한계를 넘어섰다. 이러한 일을 저지름에 있어서 유다도 죄가 없지 않았으므로 유다의 징계도 익어가고 있었다.

내가 네게 어떻게 하랴?

하나님은 부드러운 어조로 에브라임과 유다에게 "내가 네게 어떻게 하랴?"고 물으신다. 그분은 많은 축복의 증언을 주신 후에야 그렇게 물으셨다. 오늘날 우리가 이스라엘에 대하여 생각할 때에, "내가 그들을 위하여 무엇을 하였는가?"라고 스스로 묻는 것은 적당치 못하다. 우리 양심은 우리가 그들의 영혼에 대하여 무관심하였다고 책망하고 있지 않는가? 하나님께서 그 당시에는 심판의 목적을 가지시고 그들로부터 떠나가셨지만, 오늘날과 같은 은혜의 시대에는 자기를 청하는 모든 사람에게 가까이 가신다고 호세아는 묘사하고 있다. "누구든지 주를 부르는 자는 구원을 얻으리라"는 이 약속은 아직도 변함이 없다. 지금은 이스라엘과 세계를 향한 은혜의 시대이다. 원컨대 해가 지기 전에 이스라엘 백성들이 우리의 기도와 관심을 통하여 그리스도 안에 있는 생명의 메시지를 듣게 하옵소서!

죄의 깊이

호세아 6장에는 이스라엘의 영적 질병들을 치료하기 원하시는 하나님의 열망이 선포되어 있다. 그러나 7장에는 그러한 수고가 결국은 백성들의 죄로 말미암아 계속 수포로 돌아갔다는 사실이 기록되어 있다. 이스라엘을 구원하시려는 거듭된 노력들이 그들의 죄를 증가시켜 주는 것으로 끝날 따름이었다. 아무리 애써 찾아보아도 자기 백성들 가운데서 회개를 발견할 수가 없으셨다. 그들이 책망받은 죄는 우상 숭배였다.

> "내가 이스라엘을 치료하려 할 때에 에브라임의 죄와 사마리아의 악이 드러나도다 그들은 거짓을 행하며 안으로 들어가 도둑질하고 밖으로 떼 지어 노략질하며 내가 모든 악을 기억하였음을 그들이 마음에 생각하지 아니하거니와 이제 그들의 행위가 그들을 에워싸고 내 얼굴 앞에 있도다"(호 7:1–2).

모든 이스라엘이 범죄를 하였지만, 에브라임과 사마리아로 지적된 북왕국이 특별히 지적된다. 하나님에 대한 불신앙과 변절은 결과적으로 사람들에 대한 포악한 위협으로 나타났다. 도둑은 집 안으로 들어가 도둑질하고, 밖에서 떼지어 노략질을 일삼았다. 인간들이 하나님에게서 돌이켜서 스스로의 멸망으로 무턱대고 돌진해 나아갈 때에 모든 사회 구조는 흔들린다. 이스라엘은 회복될 가망이 전혀 없어지고 말았다.

무엇보다도 더 큰 비극은 하나님께서 그들의 모든 행위를 낱낱이 세고 계신다는 사실을 깨닫지 못하는 것이다. 그들의 잘못된 행위들이 그들을 에워쌌다. 그들이 무의식적으로 범하는 모든 죄들까지도 하나님 목전에 적나라하게 드러나 있었다. 지상에서의 은밀한 죄가 하늘에서는 공개된 추문이라는 것은 이에 적절한 표현이다. 우리의 은밀한 죄들은 하나님의 얼굴 빛 가운데 놓여 있다: "주께서 우리의 죄악을 주의 앞에 놓으시며 우리의 은밀한 죄를 주의 얼굴 빛 가운데에 두셨사오니"(시 90:8). 선지자의 예언 한 자 한 자는 이러한 상황을 보다 생생하고도 원색적으로 묘사한다. 통치자들은 백성의 불의 속에서 참된 즐거움을 찾았다. 그들은 서로 죄를 장려했다. 권력 있는 사람에게 인정된 것이 모두 대중의 삶의 규범이 되었다. 왕들과 방백들 모두가 백성의 불의한 행위에서 쾌락을 찾음으로써 자기들의 고상한 지위를 오용하고 그 가치를 떨어뜨렸다. 이러한 상황에서 하나님의 심판의 손이 어떻게 그냥 머물러 있을 수 있겠는가?

폭발된 악

이스라엘의 죄악은 이 정도에서 끝나지 않았다. 호세아는 이스라엘이 지은 죄를 극단적으로 폭로함으로써 마음을 구역질나게 한다. 선지자는 단번에 모든 백성을 간음자들이라고 고발한다. 히브리어의 원어가 나타내는 바와 같이, 그들은 습관적으로 범죄하였다.

"그들은 다 간음하는 자라 과자 만드는 자에 의해 달궈진 화덕과 같도다. 그가 반죽을 뭉침으로 발효되기까지만 불 일으키기를 그칠 뿐이니라… 그들이 가까이 올 때에 그들의 마음은 간교하여 화덕 같으니 그들의 분노는 밤새도록 자고 아침에 피우는 불꽃 같도다. 그들이 다 화덕같이 뜨거워져서 그 재판장들을 삼키며, 그들의 왕들을 다 엎드러지게 하며, 그들 중에는 내게 부르짖는 자가 하나도 없도다"(호 7:4-7).

여기에 나열된 죄는 하나님에게서 변절해 나간 영적 변절죄가 아니다. 화덕이 보여주는 모습처럼 도덕적인 영역에서의 간음죄이다. 그들은 금지된 야망과 욕망으로 가득 차 있었다. 그들은 마치 빵 굽는 자가 반죽을 하여 그 반죽한 것을 발효시키는 작업이 끝날 때까지만 불을 꺼놓는 달구어진 화덕과 같았다. 그들의 악한 욕망은 외모로는 고상하고도 평온한 형태를 갖추고 있었지만 이미 피어올라서 음란한 행위를 터뜨릴 기회만 기다리고 있었다. 왕의 생일인지 대관식 날인지는 모르지만 "왕의 날"까지도 방탕과 폭음의 축제가 되었다. 방백들은 술로 인하여 병이 났고, 왕은 어릿광대 역할을 하였다. 자제력이나 체면도 사라져 버렸다. 그들의 마음은 마르지 않는 수원지같이 계속하여 죄를 축적하고 있었다. 여기 "화덕"이란 말에 삼중적인 언급을 주시하라.

죄의 결과는 그것을 처음 선동했던 사람에게 되돌아왔다. 즉, 재판장들과 왕들은 자신의 본보기와 지원 하에 풀린 악의 영향으로 말미암아 이성을 잃었다. 선지자는 그들의 모든 왕들이 타락했다고 선언한다. 특히 그는 스가랴, 살룸, 므나헴, 브가히야, 베가를 죽인 자들에 대해서 언급한다. 북왕국은 하나님의 뜻 안에서 세워지지 않았으므로 그 역사가 안정되지 못하고 탄탄하지 못했다. 얼마나 많은 왕들이 살해되었는지 기록을 읽고 살펴보라. 북왕국은 솔로몬 왕국의 붕괴 이후 앗수르의 포로가 될 때까지 아홉 번이나 왕이 바뀌었다. 그러나 그들 중에서 하나님을 의지한 사람은 아무도 없었다. 에브라임을 다스리는 통치자들 중에 믿음이 있는 왕은 하나도 없었다. 이 얼마나 엄청난 고소장인가!

뒤집지 않은 전병

> "에브라임이 여러 민족 가운데에 혼합되니 그는 곧 뒤집지 않은 전병이로다"(호 7:8).

호세아가 에브라임을 묘사한 것은 특이한 것으로서 전혀 그들을 칭찬하는 말이 아니다. 무엇보다도 에브라임은 하나님께서 이스라엘 백성들의 마음속에 끊임 없이 깨우쳐 주셨던 분리의 대 원리를 잊고 있었다(출 34:12-16). 그들은 주변의 이방 민족들 속에 스스로 섞여 살았다. 하나님은 언제나 혼합을 책망하신다(신 22:10-11; 혼합된 군중에 대해서 출 16장; 민 11장; 고후 6:17-18을 참조).

호세아 선지자는 혼합된 모습을 묘사하면서 에브라임을 일컬어 뒤집지 않은 전병이라고 부른다. 전병은 후라이팬에 구운 둥그스름한 전煎의 일종이다. 동방의 각계 각층에서, 특히 신속한 식사를 필요로 하는 지역에서 전병을 주로 뜨거운 돌 위에 구웠다. 전병을 구울 때에는 뒤집는 것이 중요하다. 만약 제대로 뒤집지 못하면 전병은 한 편이 새까맣게 타고, 다른 편은 덜 익거나 설익는다. 이스라엘의 경우 외모로는 훌륭하게 보이지만 내적으로는 하나님의 것들을 무시함으로써 그 자체가 설익어 있었다.

우리에게도 뒤집지 않은 전병과 같이 될 수 있는 요소들이 있다. 우리에게 많은 교리가 있지만 실천이 거의 없으며, 신조는 많지만 행위가 거의 없고, 믿음을 가졌다 하면서도 전혀 실행하지 않으며, 이론은 많지만 실제 행위는 거의 없고, 정통을 부르짖으나 정통적인 행위는 거의 없을 수도 있다.

우리는 모든 예언적인 말씀과 사경회를 통하여 이스라엘에 대해 많은 것을 알고 있지만, 그들의 구원을 위한 선교적 노력과 은사들을 전혀 베풀지 않을 수도 있다. 당신이 원조하고 지원하는 많은 선교사들이 세계 이방 국가들에서 일하고 있으나, 이스라엘 백성들 가운데서 일하는 선교사들이 없다는 것이 곧 뒤집지 않은 전병이라는 사실을 모르는가? 뒤집지 않아서 익지 않은 전병과 같다는 책망을 듣고 싶지 않다면, 우리는 이방인은 물론이요 유대인에게도 선교 활동을 해야 한다.

불쌍한 에브라임은 그렇게 슬픈 곤경에 처해 있으면서도 아직 깨닫지 못하고 있다. 죄는 인간을 무감각하게 만든다. 이방인들이 그 땅의 모든 좋은 것들을 삼켜 버릴 것임에도 불구하고 에브라임은 깨닫지 못하고 있었다. 실제로 수리아와 앗수르의 왕들은 그 땅에서 공물을 바치라고 강요하였다. 닥쳐올 멸망의 징조가 있었으나 그들은 자기들이 처한 상황이 얼마나 심각한지를 깨닫지 못하였다. 쇠퇴와 타락이 그곳에 있었지만, 그들의 눈에는 그것들이 들어오지 않았다. 에브라임은 마치 여호와의 신이 떠난 것과 자신의 곤경을 깨닫지 못했던 삼손 같다. 그 모든 상황에 처해 있으면서도 에브라임은 도저히 꺾을 수 없는 교만을 가지고 있었다. 그의 마음은 자만심으로 가득 차 있었으므로, 그에게 감화를 주기는 어려웠다. 그는 믿음으로 하나님께 돌아선다는 것을 생각조차 못하고 있었다.

어리석은 비둘기

"에브라임은 어리석은 비둘기같이 지혜가 없어서 애굽을 향하여 부르짖으며 앗수르로 가는도다"(호 7:11).

호세아는 에브라임이 죄악 속에 있는 모습을 묘사하기 위해서 자연으로부터 또 다른 예를 도입한다. 그는 지혜 없는(문자적으로는 정신 없는) 어리석은 비둘기 같았다. 동양의 속담에 "비둘기보다 더 단순한 동물은 없다"라는 말이 있다. 어리석은 비둘기는 정처 없이 배회하면서 아무 손짓이나 부르는 소리에 귀를 기울인다. 이런 비둘기는 보호자에 대한 애정을 가지고 있지 않다. 에브라임은 두 강대국인 애굽과 앗수르 사이에서 이쪽 저쪽으로 뛰어다녔다. 그 목적은 두 강대국 사이에 낀 약소 국가가 "힘의 균형"을 유지하기 위해서 두 나라를 서로 싸우게 하여 어부지리를 얻으려는 것이었다. 그러나 그들 중 어느 국가도 에브라임을 염두에 두지 않고 있었으며, 결국 이스라엘을 도울 수 없었다. 이처럼 하나님의 백성들은 온갖 인간적인 도구들을 의지하였고, 하나님을 무시하고 멸시하였다.

그럼에도 불구하고 하나님은 이스라엘이 어리석은 길로 계속 나아가는 것을 허락하고 싶지 않으셨다. 하나님은 그에게 그물을 쳐서 공중의 새들처럼 떨어뜨리시겠다고 경고하신다.

이 내용을 어떻게 이해해야 할 것인가? 어떤 사람은 생각하기를, 하나님께서 그 백성을 너무도 사랑하시기 때문에 그로 하여금 가지 못하게 하려고 그 위에 그물을 치시는 것으로 이해하였다. 하나님께서 이스라엘을 사랑하신다는 것은 본서에서 뿐만 아니라 성경 전체에서 분명히 가르치고 있는 사실이다. 그러나 하나님의 사랑이 자기 백성들에 대한 징계를 배제하는 것은 아니다. 하나님은 자기의 사랑을 보여주시고 금보다도 더 정결하게 하기 위하여 실제로 그 백성들을 과거에도 징계하셨고, 지금도 징계하고 계시다. 호세아 7장 12절 하반절은 하나님의 그물을 그 위에 내려 침이 징계라는 사실을 보여준다.

> "그들이 갈 때에 내가 나의 그물을 그 위에 쳐서 공중의 새처럼 떨어뜨리고 전에 그 회중에 들려준 대로 그들을 징계하리라"(호 7:12).

하나님은 그의 길을 포위해서 그를 떨어뜨리실 것이다. 이것은 이스라엘 백성들이 줄곧 들어왔던 말씀인지라 그들에게 새로운 원리는 아니었다. 불순종 뒤에 오는 징계는 모세와 선지자들과 호세아 자신에 의해서 반복하여 선포되었던 사실이다. 여기서 우리는 첫 번째 예언의 비애를 보게 된다(호세아에게 있어서 또 하나의 비애는 9:12에 나타난다).

> "혹 그들이 자식을 기를지라도 내가 그 자식을 없이하여 한 사람도 남기지 아니할 것이라 내가 그들을 떠나는 때에는 그들에게 화가 미치리로다"(호 9:12).

그들이 하나님을 떠나 방황하는 일은 결국 그들의 멸망으로 끝난다. 여호와께서 그들을 구원하려 하셨을 때, 그들은 마치 하나님께서 그들을 구원하실 수도 없고 구원하시지도 않을 것처럼 하나님을 거슬러 거짓을 말하였다. 인간이 자기를 구원하시려는 하나님의 사랑의 수고에 대해서 어떻게 보답을 할 수 있겠는가?

속이는 활

"그들은 돌아오나 높으신 자에게로 돌아오지 아니하니 속이는 활과 같으며 그들의 지도자들은 그 혀의 거친 말로 말미암아 칼에 엎드러지리니 이것이 애굽 땅에서 조롱거리가 되리라"(호 7:16).

백성들은 두려운 징계 속에 있으면서도 그들의 유일한 의지가 되시는 하나님께 기도하지 않고, 침상에서 슬피 부르짖었다. 그들의 부르짖음은 그들의 회개와 믿음을 나타내는 것이 아니다. 그들이 부르짖는 것은 하나님의 징계로 인한 고통 때문이지, 그들이 악한 길로 갔음을 인하여 슬퍼하는 것이 아니었다. 괴로움이 그들의 마음을 온통 사로잡았을 뿐이요, 하나님 앞에서 자기들의 죄의 흉악함으로 인한 괴로움은 없었다. 그들이 함께 모인 것도 하나님의 영광을 위해서가 아니라, 곡식과 새 포도주에서 이익을 얻을 수 있을까 해서였다. 그들은 우주의 도덕적 통치자이신 하나님께 반역하는 데 열심이었다. 그들은 하나님으로부터 주어진 힘을 하나님을 대항하는 데 사용하였다. 그들이 변하지 않았다는 것이 아니라 하나님을 향하여 변화되지 않았다는 것이다.

그들은 속이는 활이었다. 아무리 목표물을 잘 조준하였어도 그들은 언제나 과녁에서 빗나갔다. 그들은 절대로 자기들이 목표로 하는 참 목표를 맞출 수 없었다. 하나님께로 돌아오지 않는 한 그들은 하나님의 손에 의해서 더 큰 징계를 받게 될 뿐이었다. 그들은 자기들이 의지하였던 그(애굽)에 의해서 조롱거리가 되었다. 그들의 혀를 경솔하게 사용하였으므로 다른 사람들, 즉 대적들의 혀도 그들을 대항하여 사용되어질 것이다.

오! 에브라임아

하나님께서 에브라임에 대해서 하신 비유의 말, 즉 뒤집지 않은 전병, 어리석은 비둘기, 속이는 활 등은 얼마나 분명하고도 신랄한 표현인가! 하나님은 자기의 말씀을 듣지 않는 백성들에게서 이미 그 모든 보호의 손길을 끊으셨는가? 이 엄연한 사실에 대해 추호도 의심의 여지가 없지 않는가? 하나님의 상하신 마음의 메아리인 듯, 호세아는 "에브라임이여 내가 어찌 너를 놓겠느냐"(호 11:8)라고 구슬프게 부르짖는다. 하나님은 그들을 결코 포기하지 않으시며 앞으로도 포기하지 않으실 것이다. 하나님은 지금까지도 그들을 위하여 죽으신 주 예수 그리스도, 우리 구세주에게로 그들을 이끄시기 위해서 사랑의 사자들을 보내신다.

두려운 경고

지금까지(호 1~7장) 호세아는 온갖 이스라엘의 죄를 여러 가지 방법으로 계속 심하게 꾸짖어 왔다. 호세아 8장에서는 너무나도 성급하게 빨리 치닫고 있는 멸망의 두려운 구덩이에서 빠져 나오라고 애원하고 경고함으로써 그 목적을 성취하려 하고 있다. 본장에서의 강조점은 하나님의 율법의 명령을 계속적으로 범한 것에 있다. 이처럼 계속되는 악행은 파멸시키는 하나님의 심판을 초래할 뿐이다.

> "나팔을 네 입에 댈지어다 원수가 독수리처럼 여호와의 집에 덮치리니 이는 그들이 내 언약을 어기며 내 율법을 범함이로다"(호 8:1).

호세아는 갑자기 문체를 바꾸어서 두 개의 짧고도 분명한 말씀 "나팔을 네 입에 댈지어다," "원수가 독수리처럼 여호와의 집에 덮치리니"라는 말씀으로 본장을 시작한다. 파수꾼은 적군의 침입을 백성에게 알리기 위해 나팔을 입에 댄다. 재난은 독수리가 공격해 나가듯이 빠르고도 급작스럽게 엄습해 올 것이며, 그 대상은 여호와의 집, 곧 이스라엘 온 백성일 것이다(호 9:8-15; 슥 9:8 참조).

본장은 여기에 예언된 바 심판이 임박한 다섯 가지 이유를 구체적으로 제시한다: (1) 언약 위반과 하나님의 율법을 범함(1절); (2) 하나님의 지도 없이 왕들과 방백들을 세움(4절); (3) 우상 숭배(4-6절); (4) 앗수르에게 도움을 청한 죄(9절); (5) 우상 숭배를 하게 하고 죄를 짓게 하는 제단들(11절). 인간은 하나님의 언약과 율법을 소홀히 여길 수 있다. 그러나 하나님은 이에 대한 위반을 가장 불쾌하게 여기신다. 여호와는 언약을 지키시는 하나님이시며, 백성들에게 완전한 복종을 요구하실 수 있는 분이다. 그들이 하나님께 복종하기를 지긋지긋하게 생각하였으나, 하나님은 자기의 의로운 요구들을 바꾸실 수 없으셨다.

그들은 재난 속에서 자기들이 알고 있는 하나님께 부르짖었지만, 그것은 사랑과 진실이 결여된 것이었다. 그들은 자기들이 하나님에 대한 지식을 가지고 있다고 변명하였으나, 사실상 그분을 알지 못하고 있었다. 오늘날 얼마나 많은 교회들이 그와 똑같이 행동하고 있는가?(사 29:13;마 7:21-22). 그리고 신앙선언이란 것이 얼마나 액면 그대로의 가치를 지니고 있는가? 헛된 고백이 하나님께 소용이 없다는 것을 인간들이 언제 깨닫게 될른지…. 이스라엘이 괴로움의 날에 하나님을 아노라고 부르짖었지만, 하나님은 이스라엘이 선을 버렸으므로 원수가 저를 따를 것이라고 말씀하신다. 호세아 8장 2절에는 하나님 면전에서의 이스라엘의 탄원이 나오지만, 8장 3절에는 이스라엘의 실상이 제시되며, 아울러 그에 대한 하나님의 징계도 기록되어 있다.

"그들이 장차 내게 부르짖기를 나의 하나님이여 우리 이스라엘이 주를 아나이다 하리라 이스라엘이 이미 선을 버렸으니 원수가 그를 따를 것이라"(호 8:2-3).

폭발하는 죄

"사마리아여 네 송아지는 버려졌느니라 내 진노가 무리를 향하여 타오르나니 그들이 어느 때에야 무죄하겠느냐 이것은 이스라엘에서 나고 장인이 만든 것이라 참 신이 아니니 사마리아의 송아지가 산산조각이 나리라"(호 8:5-6).

북왕국의 죄의 뿌리는 하나님의 허락 없이 왕들과 방백들을 세운 죄였다. 하나님은 그것에 찬성하지 않으셨고, 명령하지도 않으셨으며, 승인하지도 않으셨다. 솔로몬 왕국의 붕괴가 하나님의 선지자 아히야에 의해서 느밧의 아들 여로보암에게 전달된 것은 사실이다(왕상 11:30 이하). 그러나 이것은 하나님께서 그것을 허락하신 것을 의미하지 않는다. 국가에서 교통 위반에 관한 법률을 제정한다고 해서 그것이 위반 사실을 인정하는 것은 아니다. 마찬가지로 이스라엘 왕국에서는 수많은 왕권 찬탈과 살인들이 있었다(호 7:7 비교). 분명히 이것은 하나님께서 원하시는 바가 아니었다. 그 뒤를 이어 일어난 우상 숭배 역시 하나님께서 기뻐하시는 바가 아니었다.

하나의 죄는 또 다른 죄를 부른다. 그가 다윗 왕조로부터 떨어져 나간 것이 얼마나 커다란 우상 숭배를 몰고 왔는지 주의해 보라. 하나님은 아브라함에게 주신 언약과 다윗에게 왕위에 오를 자가 그 집에서 끊어지지 않을 것이라고 하신 자신의 언약을 잊을 수 없으셨다. 왜냐하면 이 두 언약은 불가분리의 관계에 있기 때문이다. 하나님은 이중 어느 언약이라도 무시하는 데 대해서 분노를 느끼셨다. 따라서 우상 숭배는 그들의 파멸의 원인이 된다. 시내산에서 주셨던 첫 번째의 계명을 그들이 어겼으므로, 이제는 하나님의 심판이 그들을 기다리고 있을 따름이었다. 그들은 금과 은으로 자기들을 넘어뜨릴 우상을 만들었다. 죄 중에서 가장 저주스러운 죄는 우상 숭배이다. 요한1서에 나타나 있는 사도의 마지막 권면이 바로 우상 숭배에서 멀리하라는 권면이었다.

"자녀들아 너희 자신을 지켜 우상에게서 멀리하라"(요일 5:21).

하나님께서 탐욕을 우상 숭배로 간주하신다는 사실을 깨달을 때, 우리는 하나님께서 경고하신 것에 대해서 얼마나 실제적으로 유혹을 받고 있는지를 보다 분명하게 알 수 있다.

"그러므로 땅에 있는 지체를 죽이라 곧 음란과 부정과 사욕과 악한 정욕과 탐심이니 탐심은 우상 숭배니라"(골 3:5).

사마리아는 온 이스라엘로 소개되어 있고, 사마리아의 송아지 숭배로 인하여 그들에 대한 하나님의 진노의 불길이 타오르게 되었다고 말하고 있다. 호세아는 그들이 무죄하다 함을 얻을 때까지 얼마나 그 기간이 길겠으며, 그들이 무죄하다고 인정받을 수 있기까지 그 기간이 얼마나 길 것인지를 날카롭고 담대하게 묻는다. 이는 그들에게 우상 숭배의 오염으로 더럽히지 않으시는 여호와 앞에서 경건하게 행할 수 있는 힘이 없었기 때문이었다. 우상은 인간의 수공물手工物일 뿐 참 하나님이 아니다. 송아지 숭배는 인간으로부터 시작된 것이지 하나님께로서 시작된 것이 아니다.

호세아와 동시대 인물이었던 이사야 선지자는 그의 예언서에서 우상 숭배가 얼마나 어리석은 일인가를 고도로 발달된 표현 기법과 풍자로써 보여주었다(사 44:9-20). 그들은 참되시고 살아 계시고 사랑이 많으시고 의로우신 하나님을 그러한 저급한 것으로 대치시켰다. 이러한 극악한 죄를 범한 자들은 쓰라린 괴로움과 쌓인 하나님의 진노의 심판을 받아야 한다. 그러므로 그들은 바람을 심고 광풍을 거두어 들였다. 추수의 법칙은 뒤집을 수 없다. 심은 대로 거두어야 한다. 그들은 통일(균등) 법칙도 뒤집을 수 없다. 무분별하고 무정하고 헛되고 공허한 예배의 바람을 심었으므로, 같은 것을 거두어야 한다. 또한 번식의 법칙도 폐기할 수 없다. 그들이 단지 바람을 뿌렸지만 그 바람은 광풍을 일으켜서 하나님과 율법에 대한 그들의 반항적인 것들을 휩쓸어갈 것이다(사 10:12). 그 결과 그들은 전혀 이삭을 얻지 못하고, 모든 그들의 기대와 희망은 수포로 돌아가 버릴 것이다. 어느 곳에도 결실이 없을 것이다. 혹시 결실이 있다고 해도, 그것마저도 침략해 들어오는 군대가 휩쓸어 버릴 것이다. 앗수르(호세아 8장 7절에는 이방 사람이라고 묘사됨)의 그림자가 이미 그들의 좁은 길목에 드리워져 있었다.

이스라엘은 이미 삼켜졌은즉

"이스라엘은 이미 삼켜졌은즉 이제 여러 나라 가운데에 있는 것이 즐겨 쓰지 아니하는 그릇 같도다"(호 8:8).

하나님은 자기 이름을 영화롭게 하고 그 이름이 찬양받게 하기 위해서 지상의 열국들 중에서 이스라엘을 택하셨으며, 이스라엘이 스스로 세상에서부터 분리하기를 바라셨다. 그러나 이스라엘은 이러한 하나님의 계획을 따르지 못하고 열국에 혼합됨으로써 그들에게 삼켜졌다. 그들은 존재의 이유를 잃어버렸다. 그리하여 그는 아무도 사용하지 않는 도구가 되고 말았다. 너무나 철저하게 붕괴되고 크게 타락하였으므로, 이스라엘은 하나님의 마음에 기쁨을 주지 못한 것은 물론 열국들에게까지도 전혀 쓸모가 없이 되어버렸다. 우리와 우리의 생명을 위해 계시된 하나님의 뜻을 계속적으로 거역하는 것이야말로 가장 우리를 도덕적으로 타락하게 하고 무가치하게 한다.

계속적인 경고를 받고 있음에도 불구하고, 이스라엘은 완고하고 고집센 나귀처럼 도움을 얻고 동맹을 맺기 위해서 앗수르로 갔다. 이것은 므나헴이 자기 왕좌를 지탱하기 위하여 앗수르 왕 불에게로 갔을 때 저지른 어리석음이다. 이러한 불순종으로 인하여 이스라엘은 강대국 앗수르에게 공물을 바치는 입장이 되었다(호 5:13; 7:11; 왕하 15:19).

이스라엘이 하나님으로부터 오는 도움을 구하지 아니하고 자기 스스로 도움을 얻기 위하여 사방으로 돌아다니는 모습은 얼마나 서글픈가. 이스라엘의 모든 역사가 이러했다. 이스라엘은 세상의 많은 이웃 국가들에 충성을 맹세하였으나, 결국은 홀로 처해 있는 것이다(민 23:9).

호세아의 생활 안에 나타난 디블라임의 딸 고멜과 같이, 에브라임은 연애하는 자들을 값 주고 샀다. 이스라엘은 자기의 유익을 위해서 연애자들을 자기 편으로 끌어들였지만, 그들은 이스라엘이 열망하였던 도움을 주지 못했고 오히려 이스라엘에 대한 하나님의 심판의 도구가 되었다. 이스라엘이 그들로부터 얻은 결과란 단지 앗수르 통치에 아첨하던 방백들 위에 군림하게 된 앗수르 왕의 무거운 멍에와 공물로 인한 쇠잔과 신음뿐이다. 우리는 앗수르인의 비문碑文에서, 다니엘 2장 37절에서 하나님에 의해 임명되어진 느부갓네살처럼, 자기들의 왕이 왕중 왕이었다고 자랑하는 내용을 읽어볼 수 있다. 이스라엘의 모든 수확이 삼켜졌을 것이라고 한 것보다 더 좋지 않은 사실은, 이스라엘 국가 자체가 삼킴을 당할 것이라는 위협과 경고이다(이것은 문자적으로 해석하면 이미 성취되었다).

잊힌 하나님

에브라임은 분명히 명시된 하나님의 명령(신명기 12:5-6, 13-14을 자세히 읽어보라)을 정면으로 위반하여 그 온 땅에 제단을 더욱 많이 쌓았고, 그 제단으로 말미암아 그들은 더욱더 죄를 짓게 되었다. 죄는 종종 그 자체가 징계가 된다(사 1:31 비교). 그들을 인도할 율법이 없고 교훈이 없어서 이렇게 행했던 것은 아니다. 그들은 이미 그들의 종교 생활의 근거가 되는 여호와의 법 · 의식 · 판단을 가지고 있었다. 그럼에도 불구하고 그들은 이것을 마치 자기에게 전혀 적용할 수 없는 것, 즉 관계 없는 것으로 여겼다. 그들은 여호와께 제사를 드릴 때에도 희생제사의 고기를 얼마나 얻을 수 있을까 하는 데에만 마음을 두고 있었다. 제사장 엘리의 아들들같이

(삼상 2:12-17), 그들은 오직 자신의 만족에만 관심을 가지고 있었다.

> "만군의 여호와의 말씀이 내게 임하여 이르시되 온 땅의 백성과 제사장들에게 이르라 너희가 칠십 년 동안 다섯째 달과 일곱째 달에 금식하고 애통하였거니와 그 금식이 나를 위하여, 나를 위하여 한 것이냐" (슥 7:4-5).

하나님은 이러한 제사들을 기쁘게 받으실 수가 없었다. 하나님이 자신에게 접근할 수 있게 하려고 정하신 방법을 그들이 악용하였으므로, 하나님은 백성의 죄의 값을 그들에게 갚으셔야 했다. 애굽으로 다시 가리라고 한 경고는 사실 그대로 들어맞았다. 이는 주전 722년경 앗수르인들이 북왕국을 쳐들어 왔을 때, 그들을 피하기 위하여 애굽으로 도망하였기 때문이다. 유다 왕국도 같은 상황에 처하게 되었으니, 그들은 선지자 예레미야와 함께 애굽으로 내려가게 되었다(렘 42~44장을 보라).

호세아의 본장과 다른 장들을 읽으면서, 우리는 스스로에게 계속 질문을 하게 된다. "이 모든 일이 왜 일어났는가? 왜? 왜?" 그 대답은 간단하다. 이스라엘이 자기의 창조주를 잊었기 때문이다. 어떻게 이 일이 가능할 수 있는가? 그들은 매우 오랫동안 스스로의 길을 걸어왔으며 철저하게 하나님을 기억하지 않았기 때문에 결국에는 자기들의 창조주이신 하나님을 잊어버렸던 것이다. 그들에게 있어서 하나님은 존재하시지 않는 것과 같았다. 그들의 생각 속에는 하나님이 없었다. 이것이 가능한 일인가? 끔찍하게도 이것은 가능할 뿐만 아니라 사실이다. 하나님 안에 도움과 희망의 유일한 원천이 있음을 무시하고, 육체를 의지하여 우상의 전각을 세우고 요새화된 도시를 세우는 일은 얼마나 슬픈 일인가? 이 점에 있어서 이스라엘과 유다는 모두 한 통속이었다. 산헤립의 침입으로 인하여 예루살렘을 제외한 성읍들과 왕궁들은 불에 삼킨 바 되었다(왕하 18:13 이하).

"이스라엘아, 기뻐 뛰놀지 말라"

호세아 9장은 범죄하고 불순종하는 백성들에 대한 여호와의 책망뿐만 아니라 다가올 최종적 심판에 대한 구체적인 묘사로 가득 차 있다. 그 심판의 요소들은 (1) 기쁨의 사라짐(1, 2절); (2) 그들의 땅에서부터의 추방(3-6절); (3) 영적 통찰력의 사라짐(7-9절); (4) 감퇴되는 출산율(10-16절); (5) 버려짐(17절) 등이다.

하나님으로부터 벗어난 영혼은 기뻐할 수 없으므로 호세아 선지자는 이스라엘에게 이방 사람들처럼 기뻐 뛰놀지 말라고 명령한다. 9장1절의 하반절이 분명하게 암시하고 있는 바와 같이, 이는 타작마당에서의 기쁨을 말한다. 그 당시 이스라엘은 하나님이 주신 번영과 사치의 시기를 향유하면서도, 그것을 주신 자를 전혀 생각하지 않고 그 은전만을 즐거워하고 있었다.

> "이스라엘아 너는 이방 사람처럼 기뻐 뛰놀지 말라 네가 음행하여 네 하나님을 떠나고 각 타작마당에서 음행의 값을 좋아하였느니라"(호 9:1).

여기 말한 "값"이란 간부姦夫가 연애하는 자에게 준 창기의 값으로서, 여기서는 우상 숭배자들이 무감각한 우상에게 준 값을 말한다.

이스라엘은 자신에게 주어진 소출들을 제멋대로 각 타작마당에서 우상에게 드렸다. 하나님은 남용되는 축복들을 도로 거두어 가신다. 알곡을 내고 포도주의 소출이 되던 땅은 이스라엘의 예상을 완전히 뒤엎어 그들을 실망케 할 것이다. 그들은 포로가 되고 여호와의 땅에 계속 거하지 못하게 됨으로써 추수를 잃어버릴 것이다(신 30:17-19). 그들이 하나님의 뜻에 대항하여 옛 대적에게 도움을 요청하였으므로 그들은 애굽으로 돌아가게 될 것이다. 이스라엘은 추방과 버림을 당함으로써 자신이 원치 않는 그곳으로 되돌려 보내질 것이다.

어떤 이들은 이 구절에서 말한 애굽이 예언 전체를 통하여 하나님의 진노의 막대기인 앗수르를 상징하는 것으로 생각하였는데(호 5:13; 10:6, 14), 호세아 11장 5절에 이스라엘이 애굽으로 돌아가지 못하고 앗수르 사람이 그 임금이 될 것이라는 본문에 비추어서 그렇게 해석하기도 한다. 그러나 신명기 28장 68절과 호세아 8장 13절을 비교해 보라. 더욱이 그는 앗수르에서 깨끗하지 못한 음식을 먹을 것이다. 이것은 다니엘 1장 8절에 나오는 다니엘과 대조가 된다. 이스라엘은 하나님의 뜻을 거역하고 본국에서 우상의 제전에 참여하여 음식을 먹음으로써 이 일을 행해 왔다.

이제 어쩔 수 없는 운명과 강압으로 인하여, 그는 이국 땅에서 자기 생명을 유지하기 위하여 더러운 음식을 먹게 될 것이다. 전에는 자진하여 고의적으로 하나님의 율법을 범하였지만, 이제는 그를 둘러싸고 있는 이방 민족들과 같은 수준의 방법에 의하여 강제적으로 매일같이 율법을 범하지 않으면 안 되게 되었다.

"타작마당이나 술틀이 그들을 기르지 못할 것이며 새 포도주도 떨어질 것이요"(호 9:2).

포도주 전제도 역시 중단될 것이다. 포도주는 번제와 관련하여 부어졌었다(출 29:38-41; 민 28:3-9). 이것은 상번제이면서도 안식일마다 드리는 것이었다. 민수기 15장 8-10절에 의하면, 그것은 화목제와 연관되어 있었다. 호세아는 그들의 모든 공적인 제사가 그칠 것이라고 예언하고 있다(호 3:4). 하나님께서 자신에게 접근할 수 있는 수단으로 정해 주신 제사가 결핍될 것이며, 그로 인하여 백성들 자신도 하나님께서 기뻐하시는 바가 되지 못할 것이다.

이스라엘이 아직까지도 그리스도의 희생을 통하여 오는 하나님과의 화해를 믿음으로 받아들이지 않고 있기 때문에 하나님을 기쁘시게 하지 못하는 것이 바로 오늘날 이스라엘의 상태이다(롬 10:1-4). 그들은 그 땅 밖에서 하나님께 희생제사를 드리려고 애쓰겠지만, 그것은 하나님께 받아들여지지 않을 뿐만 아니라 거상居喪 입은 자의 빵과 같이 오염과 더러워짐의 원천이 될 것이었다. 상喪을 당한 장막이나 집에 있었던 모든 것은 칠일 동안 부정하였다(민 19:14). 이스라엘은 그러한 종류의 희생제물을 자신의 욕망을 위하여 사용할 것이므로, 그것은 여호와께 받아들여지지 않을 것이다.

"너희가 무엇을 하겠느냐"

"그들은 여호와의 땅에 거주하지 못하며 에브라임은 애굽으로 다시 가고 앗수르에서 더러운 것을 먹을 것이니라"(호 9:3).

열국 중에 흩어지고 자기가 사랑하던 땅에서 추방당한 상태에서 명절일과 여호와의 절기를 맞이할 때, 이스라엘은 무엇을 할 것인지 종잡을 수 없을 것이다. 절기들은 이스라엘에 대한 하나님의 선하신 행적들을 기념하는 축제일이었다. 그러나 하나님께 제사를 드리지 않아 하나님께서 축복을 거두어 가셨기 때문에, 그것은 깊은 비탄과 슬픔의 절기가 될 것이다(호 2:11 비교).

그들은 앗수르에 의한 멸망을 피하기 위하여 애굽으로 도망하였다. 그러나 이 애굽으로 인하여 그들은 더욱 분명한 멸망을 맞게 되었다. 애굽은 온 백성을 모아서 한꺼번에 장사 지낼 것이다. 아무도 그곳에서 도망하지 못할 것이다. 그 당시 멤피스Memphis는 애굽의 수도였으며, 또한 애굽인들에게 인기 있는 매장지였다. 찔레와 가시덩굴에 대한 언급은 이스라엘의 완전한 멸망을 더욱 잘 묘사해 준다. 거짓 선지자들은 심판과 보응의 날이 결코 오지 않을 것이라고 말하였지만, 그 날들은 피할 수 없이 냉혹하게 불가항력적으로 임할 것이다. 이제 이스라엘은 이전에 믿음으로 받아들이지 않았던 사실을 직접 경험하게 될 것이다.

불신앙의 사람들은 참 선지자와 여호와의 종을 어리석은 자라고 불렀고, 성령의 사람(예언을 하기 위하여 성령을 소유하고 있는 사람)을 미친 자라고 불렀다. 우리 주 예수님의 경우에도 마찬가지였다(요한복음 10:20. 그리스도를 연고 없이 미워하였다는 사실에 대해서는 요한복음 15:25을 보라). 이스라엘의 재앙의 근본 원인은 그들의 많은 죄악과 하나님께 대한 극도의 증오심이었다. 그들은 첫째로는 불신앙으로 하나님을 경시하였고, 둘째로는 (하나님의 뜻이 그들에게 나타날 때) 하나님께 불순종하였고, 마지막으로 (하나님께서 그들을 징계하시고 심판하실 때) 하나님을 혐오하였다.

호세아 9장 8절은 매우 난해한 구절이다: "에브라임은 나의 하나님과 함께 한 파수꾼이며 선지자는 모든 길에 친 새 잡는 자의 그물과 같고 그의 하나님의 전에는 원한이 있도다." 아마도 에브라임이 하나님과 함께하는 파수꾼이었다는 의미일 것이다. 그것은 온 국가가 하나님과 교제하고 그의 뜻을 따름으로써 하나님의 도움과 지지를 받았다는 뜻이다. 이와 같이 하나님께서 그를 열국들을 지키는 파수꾼으로 만드셨지만, 죄로 인하여 하나님의 사업을 돕기는커녕 새 잡는 자의 그물처럼 되어버렸다.

여기에서 지적된 선지자는 특히 하나님의 백성을 속인 거짓 선지자이며, 하나님의 집에서 매우 미워함을 받는 것의 상징이다. 그들은 극도로 타락하였다.

기브아의 날에 대한 언급은 죄의 비참한 성격을 백성에게 가르치기 위해서 인용한 것으로서 이스라엘의 과거 역사에 있었던 많은 사건들 중의 하나이다. 호세아는 이스라엘 국가에 큰 영적 부패의 시기를 몰고 왔던 사건, 즉 베냐민 지파가 레위인의 첩을 폭행하여 난동을 일으켰던 때를 지적하고 있다. 그때 6백 명을 제외한 모든 베냐민 지파 사람들이 죽임을 당했다. 오랫동안 참아 오시던 하나님은 경고하셨던 심판을 에브라임에게 내리신 것이다.

광야에서 포도를 만남같이

"옛적에 내가 이스라엘을 만나기를 광야에서 포도를 만남같이 하였으며 너희 조상들을 보기를 무화과나무에서 처음 맺힌 첫 열매를 봄같이 하였거늘 그들이 바알브올에 가서 부끄러운 우상에게 몸을 드림으로 저희가 사랑하는 우상같이 가증하여졌도다"(호 9:10).

자주 그러했듯이 심판과 무서운 저주를 예언하는 장면의 한복판에서, 하나님의 부드러운 마음은 이스라엘의 초기 역사로 거슬러 올라간다(렘 2:1-3). 여호와께서는 광야에서 포도를 만난 것처럼 이스라엘을 처음 발견하셨던 때를 기억하신다. 광야의 포도가 그 발견한 자에게 기쁨이 되듯이 이스라엘도 역시 하나님에게 기쁨이 되었었다. 또한 그들은 처음 맺은 무화과 열매 같았다. 그 열매의 신선함과 오랫동안 소출이 없어서 맛보지 못했으므로 그 달콤한 맛은 세상이 다 알 정도였다(사 28:4).

하나님은 이스라엘을 "주의 눈에 기쁘고 풍성한 것"이라고 말씀하신다. 그러나 그들은 곧 스스로 타락했고, 하나님의 선물들까지도 부패시켰다. 그 당시 하나님의 보호하심에 대하여 알아보려면 신명기 32장 10절을 보라. 그들이 어떻게 스스로 타락하게 되었는가? 그들은 바알브올에 가서 우상에게 몸을 드림으로 가증하여졌다. 이것은 발람이 이스라엘을 저주하지 못하게 되자 그들을 어떻게 하면 망하게 할 수 있는지 그 계략을 발락에게 가르쳐 주었던 바 이스라엘을 넘어지게 한 거침돌이었다(민 25:1-5 비교). 백성들은 스스로 성별하여 하나님에게 몸을 드리지 않고, 우상 숭배와 더불어 부도덕하고 감각적인 쾌락의 행위를 하는 바알브올의 수치스러운 행위에 몸을 드린 것이다. 그 결과 그들은 자신이 섬기던 우상들과 마찬가지로 여호와께 미움 받는 자가 되었다(시 115:8). 누군가가 인간을 가리켜 잘 표현해 주었다. 인간은 자기 자신의 형상과 모양을 따라 자기의 악한 정욕으로 자기의 신god을 만들고, 그러고 하나님의 형상이 아닌 자신의 악한 형상을 따라 행한다. 그러므로 에브라임의 영광은 새같이 날아갔다.

고대의 다른 저자들과는 달리 호세아는 국가적인 부도덕과 부패의 결과를 인구의 감소에서 찾아보고 있다. 하나님께서 명예, 영광, 그들의 특별한 지위를 빼앗아 가실 것이다. 창성함이란 뜻을 지니고 있는 에브라임의 이름(창 41:52, 48:19)은 더 이상 그들의 영광이 되지 못할 것이다. 왜냐하면 하나님께서 임신과 출산과 어린아이들을 거두어 가실 것이기 때문이다.

호세아 9장 12절에 모든 출산이 완전히 중지된다는 뜻이 아님을 알 수 있다. 약간의 어린아이들을 기를 것이지만 아이들의 수가 급격히 감소될 것임을 알 수 있다(신 28:58-62). 그들의 화禍와 재앙들의 절정은 하나님께서 그들을 떠나가시는 사건이다. 에브라임이 거하는 곳은 아름다웠다(사 28:1). 하나님은 그를 두로와 같이 영광스럽게 만드실 것이었다. 그러나 그가 부요하게 되고 그의 지위가 올라가 선망의 대상이 된다고 할지라도 자식은 없어질 것이다.

"무엇을 주시려 하나이까?"

> "여호와여 그들에게 주소서 무엇을 주시려 하나이까 아이 배지 못하는 태와 젖 없는 유방을 주시옵소서"(호 9:14).

너무나 많은 재앙이 이스라엘 백성의 자녀들을 기다리고 있었으므로, 선지자는 그들에게 더 큰 슬픔을 주지 않기 위하여 자녀가 없게 되기를 구하지 않을 수 없다.

길갈Gilgal은 그들의 드러난 악의 중심지가 되었다. 하나님께서 여러 가지로 복 주셨던 장소가 우상 숭배의 무대로 바뀌었다. "내가 그들을 미워하였노라"는 표현은 하나님의 미워하심의 정도를 나타낸다. 그들을 하나님의 집으로부터 쫓아내심으로써 하나님은 그들을 그 땅에서 완전히 추방시키신다(집에 대해서 호세아 8:1을 참조하라).

> "그들의 모든 악이 길갈에 있으므로 내가 거기에서 그들을 미워하였노라 그들의 행위가 악하므로 내 집에서 그들을 쫓아내고 다시는 사랑하지 아니하리라 그들의 지도자들은 다 반역한 자니라"(호 9:15).

"다시는 사랑하지 아니하리라"는 말씀은 일정 기간 동안에만 이루어질 국가적인 심판일 뿐 개인들에게 베푸는 자비를 배제하지는 않는다. 하나님은 그들을 징계하신 후에 다시 그들을 완전한 교제 속으로 이끌어 들이실 것이다. 호세아 선지자는 "기쁘게 그들을 사랑하리라"(호 14:4)고 예언한다. 그러나 당시의 모든 방백들과 통치자들은 느밧의 아들 여로보암의 길을 따름으로써 자기들에 대한 하나님의 진노의 수문을 활짝 열었다.

> "에브라임은 매를 맞아 그 뿌리가 말라 열매를 맺지 못하나니 비록 아이를 낳을지라도 내가 그 사랑하는 태의 열매를 죽이리라"(호 9:16).

에브라임은 나무와 같이 베임을 당하게 된다. 뿌리가 말라 버렸다는 것은 장차 열매 맺을 가망이 전혀 없어졌음을 의미한다. 그들의 후손이 끊어질 뿐만 아니라, 그들 자신들도 여호와의 말씀을 듣지 않았음을 인하여 여러 나라 가운데에 떠도는 자들이 되리라고 예언되어 있다(17절).

"그들이 듣지 아니하므로 내 하나님이 그들을 버리시리니 그들이 여러 나라 가운데에 떠도는 자가 되리라"(호 9:17).

당신에게 무슨 상관이 있는가?

이스라엘의 노래와 찬양들이 단조短調로 되어 있음을 볼 때, 기뻐 뛰놀지 말라고 하신 명령이 얼마나 강력한 것이었는지를 충분히 느끼리라고 생각된다. 하나님을 기쁘시게 하지 못하고서 어떻게 그들이 기뻐할 수 있는가? 하나님께 접근하도록 정해 주신 길을 찾지 못하고 있는 그들이 어찌 기뻐할 수 있는가? 메시야의 충만하고 성취된 희생제사에 대해 듣지도 못하고 있는 그들이 어찌 기뻐할 수 있는가? 하나님의 백성 이스라엘의 곤경이 우리에게 상관이 없는가?

제4장

호세아(Ⅳ): 증가된 제단들

호세아 선지자는 마치 노련하고도 경험이 풍부한 의사처럼 이스라엘의 죄, 즉 우상 숭배의 심장부를 면밀히 살핀다. 선지자는 하나님의 백성을 묘사하기 위해서 또다시 자연으로부터 하나의 보기를 채택하여 사용한다. 이스라엘은 무성한 포도나무이다. 흠정역 성경에는 "공허한 포도나무"라고 번역되어 있다. 두 가지 번역이 모두 옳다고 볼 수 있다. 그 뜻은 그 포도나무가 풍성한 열매를 쏟아내는 무성한 나무라는 뜻이다.

외적으로 보기에 이스라엘은 요아스와 여로보암 2세의 통치하에서 부유하고 번영하였으며 부족함이 없었다(포도나무 비유에 대해서는 시편 80편 8절 이하, 이사야 5장 1-7절을 보라. 여기서 이미 사용된 실례를 가지고 설명하고 있다. 그리고 예레미야 2장 21절, 에스겔 17장 6절도 보라). 그러나 하나님께서 그들을 번영하게 하실수록 그들은 하나님이 주신 하사품(열매)을 우상의 제단에 바치면서 우상을 찬양하는 데 남용하였다(호 8:11). 그들은 하나님으로부터 온 모든 축복을 우상에게 영광을 돌리고 우상을 숭배하는 데 사용하였다. 그들의 실패와 죄의 뿌리는 그들의 마음이 나뉘어 있었다는 것이다.

심령이 둘로 나뉘어 둘 사이에서 머뭇거리고 있는 것은, 엘리야가 전심으로 하나님을 섬기라고 부르짖었던 시대와 상황이 똑같았다(왕상 18:21). 오늘날 우리 시대의 교회에서도 이러한 권면이 지극히 중요하다는 것은 말할 필요도 없다. 우리도 시편 기자처럼 "여호와여 주의 도를 내게 가르치소서 내가 주의 진리에 행하오리니 일심으로 주의 이름을 경외하게 하소서"(시 86:11)라고 기도할 필요가 있다.

하나님에 대한 영적 변절의 결과로, 이스라엘은 죄인으로 판명되었고 그들의 제단들과 주상들은 하나님의 심판의 손에 의하여 쓸어버림을 당하였다. 그것은 매우 분명한 경고였다. 왜냐하면 "깨치다"라는 단어는 사실상 "목을 부러뜨리다"를 의미하기 때문이다. 징계의 한 복판에 있는 불쌍한 백성들은 그들의 왕을 잃어버림으로써 실망과 낙담의 애가哀歌를 중얼거릴 것이다. 그들에게 왕이 없게 될 것인데, 이는 그 왕이 멸절될 것이기 때문이다(호 10:7, 15을 주의해 보라). 그들이 자신의 재앙의 원인을 전혀 모르지는 않는 것 같다. 그들 스스로가 자기들이 여호와를 경외하지 않고 순종하지 않았기 때문에 그 일이 자기들 위에 닥치게 되었다는 것을 인정할 것이다. 그들은 하늘의 왕을 버렸기 때문에 땅의 왕도 빼앗긴 것이다.

그러나 더 깊이 반성한 그들은 다음과 같은 결론에 이르게 된다. "하나님이 우리를 대적하시니 왕이 우리를 위하여 무엇을 하리요?" 이제 그들은 전능하시고 주권자이신 하나님께 대항하면 어떤 인간의 책략이나 인격도 유용하지 못하다는 것을 깨닫고 있다.

떠나간 영광

그들의 잘못 중에는 언어 사용의 잘못(즉 단순한 말이나 말을 많이 하는 것)도 있었다. 이것은 오늘날 우리가 무수한 책, 잡지, 공개 토론회, 라디오, 텔레비전 등을 통해 다양한 새 소식, 학식, 견해 등에 접하는 것과 같은 상황이다. 말하고 또 말하고, 끝 없이 말을 한다. 그러나 하나님이나 국가간에 헛된 말을 하면, 그 말은 비참한 결과를 낳는다.

이스라엘은 계약을 맺을 때에 거짓 맹세를 하였다. 이것은 애굽 왕 소와 화친하기 위해서 살만에셀과의 약속을 깨뜨려 버린 사건을 가리킨다(왕하 17:4). 그가 모든 행위로 불의와 범죄를 저지름으로써 정의와 재판이 왜곡되었다(암 5:7; 6:12). 그 결과는 밭이랑에 돋는 독한 인진과 같은 것이었다.

> "그들이 두 마음을 품었으니 이제 벌을 받을 것이라 하나님이 그 제단을 쳐서 깨뜨리시며 그 주상을 허시리라"(호 10:2).

선지자는 다시 한 번 우상 숭배라고 하는, 산산이 부서뜨리고 모두를 파멸시켜 버리는 죄에게로 눈을 돌린다. 사마리아의 주민들은 자기들이 만든 우상들을 의존함으로 안전히 거하기는커녕 오히려 그 우상으로 인하여 두려워할 것이다. 송아지들은 벧엘을 비웃는 말로써 대치된 벧아웬과 연관되어 있다(호 4:15). 그들은 자기들이 만든 우상으로부터 도움은 얻지 못하고 오히려 그 우상으로 인하여 두려워하게 되었다. 호세아는 그들을 하나님의 백성이라고 부르지 않고 송아지의 백성이라고 부른다. 그리고 그들의 제사장들을 지극히 높으신 하나님의 제사장들이라고 하지 않고 송아지의 제사장들이라고 말한다.

제사장들은 포로로 잡혀갈 때에 무엇보다도 우상들을 잃어버린 것을 슬퍼할 것이다. 왜냐하면 그들은 그것들을 섬김으로 얻은 곡식을 무엇보다도 좋아하였기 때문이다. 여기서 언급된 우상의 영광은 분명히 우상 숭배를 말한다. 영광은 진실로 에브라임에게서 떠나갈 것이며, "이가봇"이란 글이 북왕국 위에 크게 기록될 것이다.

우상들은 열 지파를 멸망시킬 징계를 피하게 해주지 못할 것이다. 그들이 앗수르에 포로로 잡혀가게 된 것이 바로 이 우상들이 쓸모없고 아무 도움이 되지 못한다는 증언이 된다(사 46:1-2: 이 구절은 고난과 포로 때에 우상이 전혀 쓸모가 없고 오히려 짐이 된다는 것을 말하고 있다).

하나님의 심판이 이스라엘 위에 무겁게 내리누를 때, 이스라엘 느밧의 아들 여로보암이 유다로부터 왕국을 분리하고 특별히 송아지 숭배를 하도록 유도하였던 도모를 부끄러워할 것이다.

우상들은 도울 힘이 없으며 백성과 제사장들도 역시 그렇다. 그렇다면 백성을 방어할 강한 군대를 가진 왕은 어떠한가? 사마리아의 왕은 물 위의 거품, 또는 기껏해야 마른 가지나 밀짚처럼 멸망할 것이다. 그는 가볍고 속이 텅 비고 쓸모 없는 것이 될 것이다. 그처럼 앗수르로 휩쓸려간 사람은 북왕국의 호세아 왕이었다.

우상의 산당들—이스라엘의 죄된 아웬의 산당들은 파괴될 것이다. 가시와 찔레에 대한 언급은 그 땅의 황폐된 모습과 우상 숭배의 죄가 중단된 모습을 묘사하고 있다. 국가의 생명이 다하고, 그들이 의지했던 대상물(우상)이 없어지고, 왕을 잃어버려 국가의 조직이 해체되었으므로 백성들은 깊은 절망에 빠졌다. 그리하여 그들은 죽음보다 더 고통스러운 이 상태에서 벗어날 길을 찾았다. 그들은 산더러 우리를 가리라 하고 작은 산더러 우리 위에 무너지라고 소리친다. 불신앙적인 삶이 얼마나 비참하게 그 종말을 맞이하는가! 이것은 큰 환난과 진노의 날에 사람들이 마음속에 느낄 절망을 묘사하여 주는 것이기도 하다(눅 23:30; 계 6:16).

모든 죄가 그러하듯 우상 숭배도 그 안에 이스라엘의 파멸의 씨앗들을 길렀던 것이다. 살아 계신 하나님으로부터 돌이켜서 무감각한 우상 숭배에로 떠나간 것은 분명하고도 두려운 대 종말을 당하려고 노력하는 것과 같다. 살아 계신 하나님의 손 안에 놓이는 것은 언제나 두려운 일이다. 왜냐하면 하나님은 자기의 거룩과 의를 옹호함에 있어서 소멸시키는 불이시기 때문이다.

다시 기억한 바 된 기브아

"이스라엘아 네가 기브아 시대로부터 범죄하더니 지금까지 죄를 짓는구나 그러니 범죄한 자손들에 대한 전쟁이 어찌 기브아에서 일어나지 않겠느냐"(호 10:9).

이 구절에서 또다시 기브아의 범죄의 날이 제시된다(호 5:8; 9:9을 보라). 사사기에 보면 베냐민 지파가 가장 나쁜 범죄자들로 기록되어 있지만, 사실은 베냐민 지파뿐만 아니라 모든 이스라엘 백성이 죄인들이었다. 왜냐하면 처음에 모든 지파들이 베냐민 지파와의 싸움에서 패했기 때문이다. 어떻든 간에 베냐민 지파의 죄는 이스라엘 전체 백성의 죄의 전형典型이며, 그래서 호세아는 그것에 대해서 언급하는 것이다. 비록 두 번이나 패하기는 하였으나 백성들은 하나님의 의로운 율법을 옹호하고 나섰으며, 그래서 그들은 베냐민 지파에 대항하였던 것이다.

그들이 세속적으로 죄악 안에 서 있었다고는 볼 수 없고, 오히려 남은 지파들은 자기들의 위치를 지킴으로 그 당시에 멸망을 당하지 않았다고 보아야 한다. 범죄한 자손들과 대항하는 전쟁이 그때 그들에게는 닥치지 않았으나, 이제는 그것이 밀어닥칠 것이다. 하나님께서 그 때는 그들을 용서하여 주셨지만, 이제는 용서하시지 않을 것이다.

하나님께서 기브온의 자녀들을 심판하신 기브아 전쟁은 계속적으로 범죄하는 전체 북왕국에 대한 철저한 심판의 징표이다. 하나님은 자기의 의를 입증하시려고 그 당시의 불신앙적인 사람들에게 징계를 내리셨다. 모든 지파들이 베냐민 지파에 대항하기 위하여 함께 모였던 것처럼 열국, 즉 이방의 침략자들도 역시 북쪽 열 지파에 대항하기 위하여 모일 것이다.

그 원인은 그들이 두 가지 죄에 해당되기 때문이었다. 어떤 사람은 이 두 가지 죄를 "생수의 근원이 되시는 여호와를 버린 것과 물을 저축하지 못할 터진 웅덩이를 스스로 판 것"(렘 2:13 참조)이라고 한다. 그러나 그 문맥에서 우상 숭배라는 가증한 죄를 반복하여 지적한 것을 보아 그것은 벧엘과 단에 있는 두 송아지라는 것을 알 수 있다.

과거 이스라엘은 훈련된 암송아지처럼 기꺼이 수고를 하였었다. 곡식 밟기는 쟁기질이나 써레질보다 더 쉬웠다. 송아지는 타작을 하면서 마음껏 먹는 것이 허락되었다(신 25:4). 그 결과 살이 찐 이스라엘은 주인을 발로 찬 것이다(신 32:15 비교).

우리는 이제까지 이스라엘이 번영하였고, 그 결과 제멋대로 행한 모습을 살펴보았다. 곡식을 밟아 떠는 일은 어느 모로 보든지 기쁜 일이다. 그러나 쟁기질을 하고 써레질을 해야 하는 한층 더 어려운 일이 에브라임의 임무가 될 것이었다. 왜냐하면 이제 멍에가 그 목에 놓일 것이기 때문이다. 그들의 목에 멍에가 놓일 뿐만 아니라 그들 위에 사람, 즉 앗수르 침략자들이 올라 탈 것이다.

> "에브라임은 마치 길들인 암소 같아서 곡식 밟기를 좋아하나 내가 그의 아름다운 목에 멍에를 메우고 에브라임 위에 사람을 태우리니 유다가 밭을 갈고 야곱이 흙덩이를 깨뜨리리라"(호 10:11).

호세아는 앞에서 하나님께서 이스라엘의 앞 길에 그물을 쳐 놓으시고 그들을 에워싸실 것이라고 그들에게 경고를 하였었다. 이것은 같은 내용에 대한 또 다른 확언이다.

그러나 북왕국만이 이 심판을 당하지는 않을 것이라고 하신다. 유다도 죄 없다고 할 수 없으므로 그들에게도 심판은 다가올 것이다. 쌍방이 모두 하나님의 심판을 나누어 받을 것이다. 이 같은 사실이 밭을 갈고 흙덩이를 깨뜨리는 것으로 묘사되어 있다. 죄는 우리를 자유롭게 하는 것이 아니라 오히려 자유로운 사람을 가두고 제한하며, 궁극적으로는 그 자유를 강탈한다는 진리를 호세아는 그들과 우리들에게 명쾌하게 제시하고 있다.

어떤 씨를 뿌릴 것인가?

이제 호세아 10장에서 유일하게 하나님으로부터 나온 말씀이 이스라엘 백성들을 악한 길에서 돌이키라고 설득하고 있다. 그들은 돌아와서 심판을 피하라는 권면을 받고 있다. 세 가지로 지적된 간청 속에서 그들은 자기를 위하여 의를 심고, 하나님의 은혜의 분량에 따라 긍휼을 거두고, 우상과 죄악된 행위를 버리는 것으로써 묵은 땅을 기경하라는 권면을 받는다.

> "너희가 자기를 위하여 공의를 심고 인애를 거두라 너희 묵은 땅을 기경하라 지금이 곧 여호와를 찾을 때니 마침내 여호와께서 오사 공의를 비처럼 너희에게 내리시리라"(호 10:12).

그들은 지금까지 하나님의 뜻과는 정반대의 씨를 뿌렸으며, 그로 인해 하나님의 분노와 꾸짖음, 그리고 심판만을 거둬들여 왔다. 그러나 이제는 하나님의 영광을 위하여 심고, 영적인 장애물을 치워 버림으로써 하나님의 축복과 번영과 기쁨의 풍성한 수확물을 거둬들일 수 있게 하라는 권면을 받고 있다. 이미 하나님께서 그들에게 오셔서 의를 가르치실 수 있도록 여호와를 찾고 우상을 버려야 할 때가 되었다.

흠정역KJV과 미국 표준역ASV은 호세아 10장 12절 하반절을 불충분하게 번역하였다. 비록 이 문구가 어린 암소에게 멍에를 메우고 밭을 갈고 씨를 뿌리고 써레질을 하고 거둬들이는 장면과 어울리는 것처럼 보이기는 하지만, 하나님께서 오셔서 "공의를 비처럼 너희에게 내리시리라"는 것은 아니다. 이 히브리어 단어가 "비"로 번역되는 경우는 드물며, 대부분은 "가르침" 으로 번역된다. 또한 그 문장의 나머지 부분의 영역英譯도 적절하게 되어 있지 않다.

"여호와께서 임하심" 이란 하나님의 백성들에게 하나님에 대해 가르치고, 그들로 하여금 현세적 구원과 영적인 구원을 다 얻게 하기 위해서 축복 중에 메시야가 오실 것이라는 약속이다.

하나님의 방법을 따라 심으라는 명령은 백성들이 이제껏 악을 경작하고 죄를 거두었었다는 사실 때문에 더 필요한 것이다. 그들은 악을 경작하고 죄를 거두는 수고를 하였다. 그들은 죄를 거둘 때에 추수의 법칙에 대한 진리, 즉 사람이 심은 대로 거둔다는 진리를 또다시 경험하여 알게 된 것이다.

실로 그들은 거짓의 열매를 먹고 있었다. 그들은 행위로 말미암아 자기들이 원하던 바 이스라엘 왕국의 부와 번영을 증진시키기보다는 오히려 몰락과 극단적인 황폐를 낳았을 뿐이었다. 그들은 거짓된 것을 숭배한 결과 쓰디쓴 결과를 맛보게 되었다. 그 이유는 그들이 하나님의 길을 의지하지 않고 자기들의 길을 의지하였기 때문이었다. 사람을 믿으며 혈육으로 그 권력을 삼는 사람들에게 하나님의 저주가 선고된 것이다(렘 17:5).

인간의 마음이란 얼마나 쉽게 전능하신 하나님의 팔이 아닌 육신적인 의지의 대상에게 기울어지는지 모른다. 그러나 전쟁이 일어날 때에 에브라임의 힘센 용사들조차 그들에게 아무런 도움이 되지 못할 것이다. 그들을 하나로 연합해 주는 통일체가 없었으므로 선지자는 그들을 "백성" 이라고 하지 않고 "백성들"(우리말 성경에는 단수로 되어 있음—역자 주)이라고 부르고 있다. 살만Shalman이 전쟁에서 벧아벨Beth-arbel을 멸망시킨 것처럼, 그들의 모든 산성은 무너질 것이다.

“그러므로 너희 백성 중에 요란함이 일어나며 네 산성들이 다 무너지되 살만이 전쟁의 날에 벧아벨을 무너뜨린 것같이 될 것이라 그 때에 어머니와 자식이 함께 부서졌도다 너희의 큰 악으로 말미암아 벧엘이 이같이 너희에게 행하리니 이스라엘 왕이 새벽에 정녕 망하리로다” (호 10:14–15).

살만은 우리가 알고 있는 살만에셀Shalmaneser의 단축형이다(왕하 17:3 이하). 살만에셀은 앗수르의 복합형 이름이며, 디글랏빌레셀이나 살레셀과 같이 공통으로 쓰인 부분인 “에셀”이 생략되어 있다. 역사는 살만에셀에 의한 벧아벨의 멸망에 관한 정보를 전해주지 않는다. 그러나 호세아서의 기사는 분명한 진실이다.

호세아 10장 14절에 언급되어 있는 벧아벨은 헬라인들이 아벨라Arbela라고 불렀던 갈릴리 지방의 도시이다. 여기서 우리는 호세아서 예언의 성취를 보게 된다(호 1:5). 살만에셀에 의한 파괴의 극단적 잔인성과 야만성과 질적으로 비슷한 파멸이 이스라엘을 기다리고 있다. 선지자는 그 전쟁의 날에 어미와 자식이 함께 부서졌다고 선포하고 있다. 이 심판의 시행은 수리아인들(왕하 8:12), 앗수르인들(호 10:14; 13:16), 메데인들(사 13:16), 바벨론인들(시 137:8–9)이 맡아서 하였다.

벧엘에 있는 송아지는 그 큰 악(원문대로 하면 “악 중의 악”이다)으로 인하여 에브라임에게 임하는 하나님의 심판의 원인이 될 것이다. 새벽에 급히, 그리고 돌이킬 여유도 없이 이스라엘 왕은 멸절되고, 이스라엘 왕국도 그와 같이 될 것이다. 호세아 왕이 죽은 이후로 북왕국은 다윗 계열에서 나온 왕을 갖지 못하게 될 것이다. 앗수르의 포로가 됨과 동시에 군주 제도는 열 지파 가운데서 완전히 사라질 것이다.

그 이후 북왕국의 왕좌는 오늘날까지 회복되지 못하였고, 앞으로도 절대로 회복되지 못할 것이다. 이 모든 재난은 이스라엘이 스스로 자초한 것이다. 이러한 파국을 가져오게 한 자는 궁극적으로 하나님도 아니요, 앗수르인도 아니며, 죄를 범한 벧엘 자신이다.

내가 이스라엘을 사랑하였거늘

호세아 1~10장에서 강조하고 있는 것은 이스라엘 백성의 불순종과 그 결과로 나타난 피할 수 없는 심판이며(비록 오는 시대에 이스라엘의 회개한 자와 남은 자를 기다리고 있는 축복과 영광에 대한 세부 사항들을 담고 있기는 하지만), 마지막 11~14장에 두드러지게 나타난 요소는 하나님의 사랑이다.

어떤 사람들은, 이 예언서에 나타난 서로 엇갈리는 말씀을 근거로 하여 하나님 백성들의 무가치성과 죄악감을 드러내는 것은 선지자의 말이고, 사랑의 짐을 지고 있는 것은 하나님의 말씀이라고 주장한다. 그러나 이러한 주장은 타당한 것이라고 할 수 없다. 왜냐하면 여호와께서는 일인칭 또는 삼인칭으로 말씀하시기 때문이다.

하나님은 이스라엘 국가를 향한 자신의 무한한 사랑을 말씀하시면서, 이스라엘이 애굽의 노예라는 불 같은 시련을 통과하여 국가로서의 형태를 갖추었을 때부터 사랑을 가지고 있었다고 말씀하신다. 이스라엘의 초기 역사 때부터 하나님은 그들을 사랑하셨던 것이다. 그리고 성경 어디에서도 하나님께서 이 사랑을 변명하기 위해 설명하시거나, 또는 그 사랑을 변호하시는 것을 읽어볼 수 없다. 그분은 끝 없는 사랑으로 지극히 사랑하시며, 또한 사랑하시기 때문에 사랑하시는 것이다.

> "이스라엘이 어렸을 때에 내가 사랑하여 내 아들을 애굽에서 불러냈거늘 선지자들이 그들을 부를수록 그들은 점점 멀리하고 바알들에게 제사하며 아로새긴 우상 앞에서 분향하였느니라 그러나 내가 에브라임에게 걸음을 가르치고 내 팔로 안았음에도 내가 그들을 고치는 줄을 그들은 알지 못하였도다"(호 11:1-3).

이 사랑이 하나님으로 하여금 자기 백성을 애굽의 종살이에서 해방시키게 만든 동기이다. 그들은 자식이라고 불렸을 뿐만 아니라 "내 아들"이라고도 불렸다(출 4:22). 이것은 절대로 깨뜨릴 수 없는 언약의 관계를 나타내고 있다. 그들은 지금도 조상들을 인하여 하나님의 사랑을 입고 있다(롬 11:28).

신약으로 눈을 돌려 보면, 우리는 이 구절이 마태복음 2장 15절에서 주 예수 그리스도에 대하여 인용되었음을 발견할 것이다. 누가 잘못되었는가? 호세아인가, 아니면 마태인가? 둘 다 잘못되지 않았다. 왜냐하면 양자가 다 같은 영Spirit을 따라서 우리에게 올바른 기록을 전해 주고 있기 때문이다. 호세아는 이스라엘을 "내 아들"이라고 부르고 있으며, 마태는 주 예수님을 "내 아들"이라고 부르고 있다. 이에 대한 해답은 그리스도께서 친히 자기 백성과 자기를 일치시켜서 주의 위치를 그들의 위치로, 주의 관계를 그들의 관계로 일치시키셨다는 놀라운 사실에서 찾을 수 있다.

비록 복합된 형태이기는 하지만 적어도 한 번 이상, 이스라엘과 메시야가 함께 나타난다. 예를 들어 이사야 49장 3절을 읽어 보자. 그 구절에서 제2의 종의 노래가 시작되어 53장에서 그 절정에 이르는 노래를 제시해 주고 있다. 이사야는 분명히 메시야에 관해 말해 오다가, 그를 이스라엘이라고 부르고 있다. 우리는 메시야와 이스라엘이 우리 하나님 여호와 안에 있는 생명의 집단 속에 불가분리의 관계로 영원히 묶여 있다는 것을 기억해야 한다.

하나님께서 이스라엘을 이러한 관계 속으로 이끌어 들이셨기 때문에 이스라엘은 더욱더 하나님께 헌신하고 복종하여야 할 것이라고 생각할 수 있다. 그러나 슬프게도 그와는 정반대의 상태가 되어버렸다. 여호와께로부터 온 선지자들과 사자들이 하나님의 백성에게 의와 축복의 길로 나아가라고 요구할수록 그들은 하나님의 진리로부터 점점 멀어져 갔다.

슬픈 일은 하나님의 마음을 은혜롭게 부어준 것에 대해서 인간은 언제나 이런 방식으로 대한다는 것이다. 이스라엘은 선지자들의 호소로부터 떠나 더 좋은 사물이나 인격이 아닌 무감각한 바알림과 조각한 우상에게로 갔다. 그러나 인간의 공적이나 선에 근거를 두지 않는 하나님의 사랑은 불순종한 자기의 백성을 계속 뒤쫓아 갔다. 세상의 부모들이 자기 자식이 불순종한다고 해서 그를 버리지 않는 것처럼, 하나님께서도 역시 우상 숭배의 죄가 인간의 마음으로 이해할 수 없을 정도로 슬픈 일이지만 그들을 버리지 않으실 것이다.

어떤 자녀도 자신의 부모에게 이스라엘이 하나님께 대항한 것과 같이 대항하여 범죄하지는 않을 것이다. 여호와께서는 에브라임에게 걸음마를 가르치셨다. 마치 아버지가 자식에게 걸음마를 가르칠 때에 자식이 비틀거리고 서투른 것을 참아 인내하듯이 하나님께서도 친절하게, 그리고 열심히 이스라엘에게 길을 걷는 방법을 가르쳐 주셨다. 어린아이가 이 최초의 어려운 일을 하다가 지치면 아버지는 재빨리 알아채고 그 아이를 다시 안아준다.

이러한 장면은 이스라엘이 하나님의 지극한 사랑의 돌보심을 받는 일과 완전히 일치한다. 그러나 여호와께서 그들을 고치셨던 것을 그들은 전혀 알지 못했다. 자신의 사랑이 인식되지도 못하고 보답받지도 못한다면 얼마나 힘이 들겠는가?

최근 나는 택사스 주 산 안토니오San Antonio에서 사역을 하였다. 어느 날 예배 후에 어느 젊은 엄마가 큰 아이를 안고 비틀거리며 교회 앞으로 나아왔다. 그 아이는 당시 네 살이었으나 아무것도 할 줄 몰랐다. 심지어 스스로 음식을 떠 먹지도 못했다. 거의 삼키지도 못했다. 그 어머니는 매일 그 아이에게 음식을 먹이기 위해서 여섯 시간이나 소비해야 했다.

자기의 사랑에 대해 전혀 반응을 할 수 없었던 아들의 소아마비로 인하여 그 어머니의 마음이 얼마나 상했는지는 더 말할 필요도 없을 것이다. 그러나 그녀는 참 기독교인의 순종의 정신으로 더욱 하나님을 의지하도록 하나님께로 가까이 이끌어주는 이 짐을 인해서 하나님께 감사하였던 것이다.

"그러나 내가 그들을 고치는 줄을 그들이 알지 못하였도다"라는 말씀은 얼마나 비통한 말인가? 이스라엘 백성은 광야를 가면서 불평하는 동안 그들의 아버지가 그들의 치료자, 즉 "여호와 라파"(출 15:26)이심을 깨닫지 못하였다. 하나님께서 그들에게 베푸신 치료는(신 1:31) 모세가 자기 백성들에 대해 큰 사랑을 가지고 베풀었던 사랑보다 훨씬 더 큰 것이었다(민

11:12).

"내가 사람의 줄 곧 사랑의 줄로 그들을 이끌었고 그들에게 대하여 그 목에서 멍에를 벗기는 자같이 되었으며 그들 앞에 먹을 것을 두었노라"(호 11:4).

하나님의 사랑에 대해서 성경에 나타난 가장 아름다운 표현 중의 하나가 호세아 11장 4절에서 발견된다. 하나님은 사람의 줄, 곧 사랑의 줄로 그들을 이끄셨다. 하나님은 황소처럼 줄로 끌고 가시는 것이 아니라, 부모가 자식을 인도하기 위해 사용하는 줄을 사용하여 그들을 자신에게로 인도하시는 것이다. 그들이 하나님께 대항하고 고집스레 말을 듣지 않더라도, 하나님은 그들을 짐승처럼 몰지 않으시고 사랑의 줄로 이끄셨던 것이다. 하나님은 사랑보다 더 큰 힘이 없음을 아시고 이 가장 좋은 방법을 기꺼이 사용하셨다.

일찍이 영웅 나폴레옹은 세인트 헬레나 섬에서 버트란드Bertrand 장군에게 다음과 같이 말했다고 한다: "들어보시오, 버트란드. 나는 인간들을 알고 있소. 그리고 예수 그리스도는 인간이 아니라는 것도 말하겠소. …그에 관한 모든 기사들이 나를 놀라게 하였소. 그의 영은 나를 위압하고 있소. 그리고 그의 의지는 나를 혼란시키고 있소. 그분과 비교될 만한 존재는 이 세상 어디에도 없소. 그는 진실로 스스로 존재하시는 분이오. …그의 탄생과 그의 삶의 역사와 그의 가르침의 깊이…그의 복음…그의 제국, 세대를 가로질러 나아가는 개선의 행진—이 모든 것이 나에게는 놀랍고도 풀 수 없는 신비요. …내가 가까이 가서 세밀하게 검토해 보아도 모든 것이 나보다 위요, 그는 나를 사로잡는 위대함으로 채워져 있소. 알렉산더, 시저, 샤를르 대제, 그리고 심지어 나 자신까지도 제국을 세웠소. 그러나 우리가 세운 제국의 기초는 무엇이오? 그것은 힘이었소. 예수 그리스도께서만 홀로 사랑 위에 자기의 제국을 건설하셨소. 그래서 지금 이 시대에도 수백만의 사람들이 그분을 위해 기꺼이 죽으려 하는 것이오."

하나님의 사랑, 사랑의 힘은 측량할 수가 없다. 신랑이 신부에게 사랑을 속삭이듯, 하나님께서도 사랑의 줄로 계속하여 이스라엘을 자기 품으로 이끌어 들이신다. 더구나 하나님은 그들의 짐을 덜어 주시고, 그들에게 영양을 공급하여 주는 원천이 되셨다.

멍에를 벗겨 주는 것은 주인이 자기의 가축을 돌보는 모습을 묘사하고 있다. 가축이 하루 종일 일을 하고 저녁에 집에 돌아오면, 주인은 먹이를 주기 위해 그 멍에를 벗기고 재갈을 풀어준다.

이 모든 것은 이스라엘 백성을 애굽의 노예생활에서 해방시키고, 광야에서 먹이신 하나님의 돌보심을 묘사하고 있다. 그들이 "하나님께서 광야에서 식탁을 준비하실 수가 있으랴?" 하고 불신앙적인 질문을 하였음에도 불구하고, 하나님은 그 일을 하셨다.

심판의 채찍 앗수르

"그들은 애굽 땅으로 되돌아 가지 못하겠거늘 내게 돌아오기를 싫어하니 앗수르 사람이 그 임금이 될 것이라 칼이 그들의 성읍들을 치며 빗장을 깨뜨려 없이하리니 이는 그들의 계책으로 말미암음이니라"(호 11:5-6).

하나님의 사랑은 무한하시다. 그러나 사랑이 무한하시다고 해서 결코 죄를 간과하거나 가볍게 취급하지는 않는다. 하나님께 있어서 죄는 언제나 무섭고도 심각한 골칫거리다. 하나님은 절대로 죄과를 참작하시거나 죄와 타협하지 않으신다. 하나님의 목적은 죄의 뿌리와 가지를 근절시키는 것이다. 그러므로 이스라엘은 앗수르인의 침략을 받아야만 한다.

그 민족이 애굽으로 돌아가지 못할 것이라는 선포는 호세아 8장 13절과 9장 3절 등의 구절과 상반되는 것으로 보인다. 그러나 호세아 11장 5절에서 애굽은 포로의 땅의 전형으로 제시된 것으로서 "애굽에서의 노예 생활과 같은 상태"란 뜻이다. 그들은 언제나 앗수르에 대항할 도움을 얻기 위해서 애굽으로 돌아가곤 하였다(호 7:11). 그 실례로 그들은 므나헴 왕 이후 줄곧 조공을 바쳤던(왕하 15:19) 앗수르에 대항하여 반란을 일으킨 후에 애굽 왕 소So에게 호소하러 갔었다(왕하 17:4). 그러나 그들은 앗수르에 포로로 잡히게 될 것이므로 애굽에 내려갈 수 없게 될 것이었다.

호세아 선지자는 백성들이 의지하고 기대하였던 애굽에 돌아가지 못하고, 오히려 그들이 원치 않았던 앗수르 왕이 그들을 지배할 것이라고 분명히 말하고 있다. 그들이 하나님을 자기의 왕으로 모시기를 원치 않았으므로 앗수르인을 왕으로 섬기게 될 것이었다. 그들이 여호와께로 돌아오기를 거절하였기 때문에 칼이 그들의 온 성읍을 치며 불사르며 멸망시키게 된 것이다.

그들 자신의 계책으로 인하여 이러한 어려운 형편에 이르게 된 것이다. 그들의 악하고도 잘못된 계책은 그들을 구원하기는커녕 오히려 그들의 멸망의 원인이 되었다.

그 백성의 영적 상태도 일시적이거나 우발적인 현상이 아니었다. 그들은 하나님을 완전히 배반하였다. 문자 그대로 해석하자면, "그들은 하나님을 배반하는 일에 매달려 있었다." 그들은 배교하는 일에 몰두해 있었으므로 하나님의 종들이 높으신 자에게로(호 7:16) 돌아오라고 아무리 외쳐도 하나님을 찬양하러 일어나는 자가 하나도 없었다.

"내가 어찌 너를 놓겠느냐?"

> "에브라임이여 내가 어찌 너를 놓겠느냐 이스라엘이여 내가 어찌 너를 버리겠느냐 내가 어찌 너를 아드마같이 놓겠느냐 어찌 너를 스보임같이 두겠느냐 내 마음이 내 속에서 돌이키어 나의 긍휼이 온전히 불붙듯 하도다"(호 11:8).

하나님께 대한 배반 행위는 하나님의 의로우신 진노와 정죄의 심판을 초래할 것임에 틀림없다. 그러나 하나님은 결코 심판을 기뻐하지 않으시고 이상하게도 자비와 사랑을 베푸신다. 참으로 이스라엘은 벌을 받아 마땅하다. 그러나 하나님의 사랑을 아울러 고려해야만 한다. 그러므로 하나님은 자신의 가장 깊은 내면으로부터 나오는 부르짖음으로 "에브라임이여 내가 어찌 너를 놓겠느냐 이스라엘이여 내가 어찌 너를 버리겠느냐?"(호 11:8 상반절)라고 하신다.

이 구절은 호세아서 중에서 가장 위대한 구절이라고 알려져 왔다. 이러한 명예로운 평판을 받을 만하다. 하나님께서 초기로부터, 즉 어린아이 시절부터 그들을 사랑하셨다면 여러 세기 동안 은혜롭게 돌보신 후에 그들에 대한 하나님의 사랑은 얼마나 더 크겠는가! 그들이 반역을 하였다고 할지라도 하나님은 그들을 놓으실 수가 없는 것이다. 그분의 사랑은 이제 연민으로 나타난다. 왜냐하면 타락한 상태에 있기 때문에 그들은 더욱 하나님의 사랑을 필요로 하기 때문이다. 우리 자녀들이 장성할수록 더욱더 우리 마음속에 얽혀 중요한 위치를 차지하는 것처럼, 에브라임은 하나님의 마음 안에 얽혀 있었던 것이다.

하나님은 소돔과 고모라와 함께 완전히 멸절되었던 평지의 악한 도시 아드마와 스보임(신 29:23)에게 행하셨던 것처럼 에브라임을 완전히 버리실 수가 없었다.

실제로 하나님은 에브라임도 역시 이 도시들처럼 악해서 가장 맹렬한 진노를 받아 마땅하지만, 자신의 사랑이 그들을 향해 타오르고 있다고 말씀하신다. 그러나 하나님께서 그들을 버리시지는 않는다고 할지라도, 그들의 불순종에 대해서는 징계하신다는 것을 잊어서는 안 된다.

사무엘 루터포드Samuel Rutherford의 유명한 찬송가 중에 다음과 같은 구절이 있다: "오 그리스도는 깊고도 달콤한 사랑의 샘일세."

이스라엘을 생각할 때 하나님의 사랑과 긍휼은 타오른다. 하나님은 맹렬한 진노를 발하지 아니하겠다고 결심하신다. 즉 자비가 심판을 몰아낸 것이다. 에브라임은 평지의 도시들이 피할 수 없었던 파멸과 같은 파멸을 당하지는 않을 것이다. 여호와는 사람이 아니요 하나님이시기 때문에 사람처럼 맹렬하게 노를 발하지 않으실 것이다. 하나님은 소돔의 날과 같이 대적자로서 그 성에 임하시지는 않을 것이다.

하나님의 자비가 그렇게도 현저하게 드러나는 원인은 하나님의 백성들 중에 있는 남은 자 때문이다. 그들은 여호와를 구하고 따를 것이다(호 3:4–5). 역사상 가장 어두웠던 시대에 있어서도 온 민족이 완전히 배교하였던 것은 아니었다. 그들 중에 언제나 남은 자가 있었다. 이러한 경건한 사람들을 위하여 하나님은 사자같이 포효하시며 흩어진 자들을 그 흩어진 곳으로부터 불러 모으실 것이다. 하나님은 근엄하고 권위 있는 음성으로 방황하는 자들을 부르실 것이다. 부름을 받은 그들은 희망에 차서 떨며 올 것이다. 그들의 발원하는 장소는 특히 애굽과 앗수르를 비롯한 서쪽 지방이 될 것이다.

이 일은 앗수르나 바벨론 포로 시대에 실현된 것이 아니라, 로마인들에 의해서 흩어진 이래 실현되어 왔다. 그러므로 이것은 이사야 선지자가 확언하였던 바 모든 세계로부터 다시 모을 것이라는 예언(사 11:11)의 성취를 의미한다. 여호와로 말미암아 본국에 자리를 잡고 다시는 그 뿌리가 뽑히지 않게 되기 위해서, 그들은 이처럼 여러 곳에서부터 비둘기와 같이 신속히 날아올 것이다. 이제 그들은 더 이상 어리석은 비둘기가 아니다.

> "에브라임은 어리석은 비둘기같이 지혜가 없어서 애굽을 향하여 부르짖으며 앗수르로 가는도다"(호 11:11).

에브라임은 거짓으로, 유다는 정함이 없도다.

> "에브라임은 거짓으로, 이스라엘 족속은 속임수로 나를 에워쌌고 유다는 하나님 곧 신실하시고 거룩하신 자에게 대하여 정함이 없도다" (호 11:12).

히브리어 원전에는 호세아 11장 12절이 12장 1절로 되어 있다. 그러나 이 구절은 호세아 11장의 마지막 절에 위치하는 것이 더 좋은 것 같다. 이 구절에서 선지자는 에브라임의 현재 상태가 앞 구절들에서 묘사된 바와 같은 상태가 아니라고 알려 주려 한다. 실제로 에브라임은 도처에서 거짓을, 특히 우상 숭배를 쌓고 있었다. 사랑과 신실함으로 여호와를 섬기지 않고, 거짓으로 여호와를 에워싸고 있었다.

이것이 에브라임의 상태였지만 유다는 달랐다. 유다의 멸망은 이스라엘보다는 늦었다. 그들은 적어도 외적으로는 신실하여 하나님의 임명을 받은 다윗 계열의 왕을 모시고 있었고, 제사에 있어서도 아론 혈통의 제사장직을 유지하고 있었다. "아직"(yet, 우리말 성경에는 이 단어가 생략되어 있다. 역자 주)이란 단어는 유다가 조만간 배교에 깊이 빠져 하나님으로부터 돌아서게 되겠으나, 현재로서는 에브라임의 상태와 대조를 보이고 있다는 뜻이다.

바람을 먹으며

호세아 11장 마지막 절에서 호세아는 에브라임이 여호와를 위선과 속임으로 에워쌌다고 책망하였다. "에브라임은 거짓으로, 이스라엘 족속은 속임수로 나를 에워쌌고 유다는 하나님 곧 신실하시고 거룩하신 자에게 대하여 정함이 없도다"(호 11:12).이스라엘이 인간들과 맺은 언약까지도 깨뜨리고 배신했다고 지적한다. 우리 인간의 역사를 살펴보면, 하나님께 대한 태도가 인간을 향한 태도를 결정하여 왔다.

> "에브라임은 바람을 먹으며 동풍을 따라가서 종일토록 거짓과 포학을 더하여 앗수르와 계약을 맺고 기름을 애굽에 보내도다"(호 12:1).

에브라임은 바람을 먹으며, 아무리 관대하게 말한다고 할지라도 너무나 빈약한 음식인 동풍을 따라갔었다. 바람을 먹었다는 것은 이익이 없는 공허하고 헛된 것을 추구했다는 것에 대한 생생한 표현이다. 동풍이란 팔레스타인의 동편 사막으로부터 불어오는 열풍으로서 건조하고 뜨겁고 황량한 바람이다.

북쪽 지파들은 계속해서 앗수르와 애굽과 거짓 계약을 맺었기 때문에 결국은 망하게 되었다. 그들은 언제나 한 강대국과 다른 강대국을 맞붙어 싸우게 하여 어부지리를 얻으려 하였다. 이것은 과거에서부터 오늘날에 이르기까지 정치라는 게임에서 사용되고 있는 방법이다. 오늘날 "힘의 균형"이라고 불리는 그럴듯한 상태를 유지하기 위해서 그들은 앗수르와 언약을 맺었고(호 5:13, 7:11), 그 후에는 또 애굽에 도움을 요청하였다(왕하 17:4; 사 30:6; 57:9). 팔레스타인의 기름은 유명해서 두로에 수출하였었다(신 8:8; 겔 27:17). 이제 그들은 기울어져가는 이스라엘 왕국을 건져낼 수 있을까 하여 원조를 얻기 위해 애굽으로 기름을 보냈다.

유다도 그 일에 있어서 죄가 없지 않았다. 여호와께서는 그에게도 보응하고자 하셨다(호 4:1; 미 6:2). 유다는 아하스의 통치 기간에 우상 숭배에 빠졌다(왕하 16:3; 16:10-16). 그러므로 하나님의 심판이 본문에서 야곱이라는 이름으로 불린 국가 전체에 임하는 것이다.

하나님과 힘을 겨룬 야곱

"야곱은 모태에서 그의 형의 발뒤꿈치를 잡았고 또 힘으로는 하나님과 겨루되 천사와 겨루어 이기고 울며 그에게 간구하였으며 하나님은 벧엘에서 그를 만나셨고 거기에서 우리에게 말씀하셨나니 여호와는 만군의 하나님이시라 여호와는 그를 기억하게 하는 이름이니라"(호 12:3-5).

창세기에 기록된 바 선한 것이 있었다고 말할 수 없는 야곱의 생애를 생각해 본 사람은 호세아서에서 하나님이 이 유명한 족장의 이름과 자신을 연결시켜서 "야곱의 하나님"이라고 한 것을 이해하기 어려울 것이다. 그러나 야곱의 생활 전체를 통해서 우리는 그가 일생 동안 영적인 축복 받기를 추구했다는 것을 쉽게 알아볼 수 있다. 그는 정해지기 전, 또는 육신으로 태어나기 전부터 하나님의 성령의 선물들과 영적인 삶을 추구했었다. 이것은 누구나 부인할 수 없는 사실이다. 에브라임은 야곱의 경험에 대해 다시 생각하라는 권면을 받는다.

여기서 에브라임과 야곱의 현저한 차이점이 나타난다. 야곱은 약한 중에서도, 비틀거리면서도 언제나 여호와의 은혜를 추구했다. 그러나 에브라임은 전혀 여호와의 길을 구하지 아니했다. 야곱은 어머니의 태 속에 있을 때에도 장자의 축복을 구했으며(창 25:22-26), 장년이 되었을 때에도 축복을 받기 위해서 여호와의 천사와 밤새도록 씨름을 하여 축복을 얻었다(창 32:24-32).

야곱의 능력은 그가 자신의 연약함, 즉 자기의 환도뼈가 위골된 것을 인식한 데에서 비롯되었다(고후 12:9-10). 더 이상 씨름을 할 수 없게 되었을 때, 야곱은 눈물과 간구로 호소하여 하나님을 설복하게 되었으며, 결국 하나님과 겨루어 이겼다는 "이스라엘"이라는 귀한 이름을 얻게 되었다. 눈물은 창세기에 언급되어 있지 않으나 간구라는 말은 언급되어 있다. 여기에서 호세아가 전하고 싶은 내용은 야곱이 어머니의 태중에서부터 하나님의 축복을 구하여 왔기 때문에 장년에 하나님에게서 그 축복을 받았다는 사실이다.

호세아 시대의 야곱의 후손들은 그 조상 야곱과 얼마나 달랐는가! 야곱은 하나님과 겨루어 이기었으나 그들은 우상에게 지배를 당했다.

하나님은 벧엘에서 야곱을 발견하셨으니 첫 번째는 아람으로 여행을 떠날 때였고(창 28:11-19), 두 번째는 돌아올 때였다(창 35:1). 그런데 그들은 바로 그 장소를 우상 숭배의 장소로 바꾸었던 것이다. 야곱이 자기 가족 중에서 모든 우상을 깨끗케 하였던 거룩한 곳, 벧엘에서(창 35장) 그들은 더러운 예식과 의식을 행하였다.

과거 야곱에게 은혜를 베푸셨던 하나님은 변함 없이 신의를 지키신다는 뜻의 "여호와"I AM라는 이름에 나타난 속성으로 인하여 호세아 시대에 살고 있었던 그의 자손에게까지 은혜를 베푸신 것이다. "여호와"란 하나님의 기념 칭호로서 세상의 모든 무가치한 신들로부터 그를 구분하여 주는 칭호이다(시 135:13; 시 42:8 참조).

그러므로 그들은 자기들의 위대한 조상을 대하셨던 하나님의 태도와 그 베푸신 은혜를 기억하여 하나님께로 돌아와서, 이웃에게는 인애와 정의의 의무를 다하고 하나님에 대하여서는 하나님을 바라보는 의무를 다하라는 권면을 받는다. 이 명령은 미가 6장 8절에 있는 것과 같다.

가나안 족속 에브라임

"그는 상인이라 손에 거짓 저울을 가지고 속이기를 좋아하는도다"(호 12:7).

갑작스럽게도 선지자는 당시의 상인들에게 "가나안인"이라는 별명을 붙이고 있다. 흠정역KJV에서 "상고"商賈라고 번역되었고 미국 표준역에서 "상인"이라고 번역된 단어는 히브리어로 "가나안"Canaan이란 단어이다.

가나안인이나 베니게인들은 당시의 대상大商이었다(사 23:11; 겔 17:4). 그들은 욕심이 많고 속임수를 쓰기로 이름난 사람들이었다. 헬라의 대 시인 호머Homer도 베니게인들을 가리켜 "돈을 사랑하는 자들"이라고 표현하였다. 호세아는 에브라임을 그들에게 비유하고 있다. 그는 속이는 저울(비밀스런 사기)을 사용하고 압박하는 일(돌발적으로 일어난 폭력)을 즐겨 하였다. 그러므로 그는 모세를 통하여 주신 하나님의 분명한 계명들을 계속 범하고 있었다(레 19:36; 신 25:13-16).

에브라임은 자기의 잘못을 깨닫고 있었는가? 그래서 그는 개심하였는가? 그렇지 않다. 그 반대로 그들이 불신앙적인 생활 속에서 번영할수록 하나님과 자기들의 관계가 잘 되어 가고 있다고 생각하였다. 에브라임은 자기의 번영 자체가 나쁜 것이 없다는 증언이고, 선지자들인 그들의 죄를 비난하는 잘못을 저지르고 있다고 판단했다.

전도서에서는 바른 진리에 대하여 말하기를, "악한 일에 관한 징벌이 속히 실행되지 아니하므로 인생들이 악을 행하는 데에 마음이 담대하도다"(전 8:11)라고 했다. 에브라임은 자기들은 죄가 없다고 믿었다. 그들은 아무도 자기들 속에서 죄라고 딱지를 붙일 만한 불의를 발견할 수 없을 것이라고 자랑하였다.

단순히 자신이 여호와께 대하여 외적으로 부유하다는 사실 때문에 우리는 쉽게 하나님께서 우리를 참으로 기뻐하고 계시다고 느끼는 것이다. 그러나 부유함으로는 충분하지 못하다. 우리를 회개하도록 인도하고 그 앞에서 우리의 길을 다시 생각해 보도록 인도하는 것은 하나님의 선하심 때문이 아닌가? 에브라임은 아무도 자기 속에서 죄를 발견할 수 없다고 확신하였으나, 하나님 앞에는 모든 것이 드러나고 숨기지 못하는 것이다.

증가된 자비

하나님은 이제까지 전혀 교제한 적이 없었던 백성들과 이제 비로소 교제하시는 것이 아니었다. 이들은 하나님께서 애굽과 그들의 우상에게 대심판을 내리시고, 애굽 땅에서 이끌어내어 홍해를 말리시고, 낮에는 구름기둥으로 밤에는 불기둥으로 인도하시고, 광야를 가는 동안에는 하늘로부터 만나를 내리시고 바위로부터 물을 내어 마시게 하신 바로 그 백성들이었다. 하나님은 자비에 자비를, 그리고 은혜에 은혜를 그들 위에 부으셨던 것이다.

> "에브라임이 말하기를 나는 실로 부자라 내가 재물을 얻었는데 내가 수고한 모든 것 중에서 죄라 할 만한 불의를 내게서 찾아 낼 자 없으리라 하거니와 네가 애굽 땅에 있을 때부터 나는 네 하나님 여호와니라 내가 너로 다시 장막에 거주하게 하기를 명절날에 하던 것 같게 하리라"(호 12:8-9).

그렇게도 은혜로우신 하나님께 그들이 어찌 그렇게 행할 수 있었단 말인가? 그러나 하나님은 자신의 불변하시는 속성을 그들에게 나타내시려는 듯, 다시 그들로 하여금 명절에 하던 것처럼 장막에 거하게 하실 것이라고 말씀하신다.

이 "장막에 거한다"는 단어는 성경 해석자들마다 서로 다르게 해석하고 있다. 하나님께서 에브라임의 상업이 번창하지 못하게 하여 다시 유목민 생활로 돌아가게 하시거나, 또는 하나님께서 그들을 심판하셔서 주택을 잃게 하실 것을 예언하고 있다고 이해하는 사람들이 있다. 다른 사람들은 생각하기를, 장막에 거하게 한다는 것은 위협이 아니라 이스라엘을 애굽 땅 밖으로 이끌어내신 자비의 또 다른 표현이라고 해석하기도 한다. 하나님은 그들을 버리지 않고 오히려 더 큰 은혜를 베푸실 것이라는 뜻이다.

물론 후자의 견해가 옳다. 우리는 명절일, 즉 유월절, 칠칠절, 초막절이 모두 기쁨의 절기였다는 것을 기억해야 한다(신 16:13–17). 장막에 거하는 절기는 특별히 기쁜 절기였다. 왜냐하면 곡식의 추수가 끝나서 하나님의 돌보심이 모두에게 명백하게 드러나기 때문이다. 이 예언은 바벨론으로부터의 귀환에서 부분적으로 성취되었다(느 8:17).

장차 이스라엘이 참으로, 그리고 충만한 초막절의 기쁨 속으로 들어갈 미래가 남아 있다(슥 14:16–19; 계 7:15–17). 우리가 범죄하고 있는 에브라임의 거만한 죄악성에 대한 구절에 뒤이어 이와 같은 약속들을 읽어볼 수 있다는 것은 하나님의 은혜를 얼마나 잘 나타내주는 것인가.

더구나 하나님은 과거에 자기 사랑의 다른 표들을 보여주셨다. 그분은 자기 백성을 부르기 위해서 자기 메시지를 선지자들에게 주셨다. 그들은 이것을 통하여 저버렸던 여호와에게로 돌이켰어야 했다. 또한 여호와께서는 그의 종들에게 환상과 비유들을 주셔서 하나님의 메시지를 쉽게 깨닫고 순종하게 하셨다. 하나님은 그들의 마음을 깨우칠 모든 방법을 총동원하셨다. 하나님은 자기 백성을 되찾으시려고 여러 가지 방법을 사용하신다. 호세아서를 통해서 하나님은 호세아의 가정생활에 나타난 유사한 상황에서 출발하여 꾸짖고, 다가올 심판을 예고하고, 그들 중에 있는 경건한 사람들에게 축복과 기쁨의 약속을 해줌으로써 자기 백성을 돌아오게 하려고 애쓰신다.

이 여러 가지 방법들 중 어느 하나를 통해서든, 그들은 자기들을 향한 하나님의 뜻을 잘 발견했어야 했다. 그러나 그들은 자기의 뜻대로 행하는 데에만 몰두해 있었다.

에브라임의 살인죄

> "길르앗은 불의한 것이냐 과연 그러하다 그들은 거짓되도다 길갈에서는 무리가 수송아지로 제사를 드리며 그 제단은 밭이랑에 쌓인 돌무더기 같도다"(호 12:11).

호세아 12장 11절에서 선지자는 직접적인 질문을 함으로써 문제의 핵심에 접근하고 있다. "길르앗은 불의한 것이냐?" 이 질문에는 이미 대답이 나타나 있다. 길르앗은 우상 숭배로 만연되어 아주 거짓되었다. 여기서 가리키는 것은 요단 강 건너편 땅의 대표격이 되는 미스베 길르앗(호 6:8; 삿 11:29) 지방을 말한다.

그러나 요단 강 서쪽 지역의 전형적인 도시인 길갈도 마찬가지 상태였다. 이는 그들이 이방신들에게 수송아지를 제물로 드렸기 때문이었다. 그들의 제단을 무엇에 비유할 수 있겠는가? 그것들은 마치 밭에서 골라내어 밭이랑에 쌓아 놓은 무수한 돌무더기와 같아서 열매도 없고 해롭고 불쾌한 것이었다(길갈에 있는 우상의 전각에 대하여서 호세아 4:15과 9:15을 보라).

"야곱이 아람의 들로 도망하였으며 이스라엘이 아내를 얻기 위하여 사람을 섬기며 아내를 얻기 위하여 양을 쳤고 여호와께서는 한 선지자로 이스라엘을 애굽에서 인도하여 내셨고 이스라엘이 한 선지자로 보호받았거늘 에브라임이 격노하게 함이 극심하였으니 그의 주께서 그의 피로 그의 위에 머물러 있게 하시며 그의 수치를 그에게 돌리시리라" (호 12:12-14).

선지자는 또다시 그들의 조상 야곱의 삶을 통해서 그들을 책망하려 한다. 야곱은 아람으로 도망을 가야 했었다. 그곳은 메소포타미아라고 불리는 지방으로서 티그리스와 유프라테스 강 사이에 있는 지역이다. 그는 도망자였으며 억압을 받는 사람이었고 고된 일을 해야 했다. 그러나 이 모든 역경 중에서도 그는 여호와께 대한 신앙을 굳게 지켰다(어떤 사람은 야곱이 도망한 것은 그의 형 에서처럼 우상 숭배하는 이방 여인과 결혼하게 될 것을 피하기 위해서였다고 하기도 한다. 그러나 원문에는 그러한 사상이 들어 있지 않다).

선지자는 하나의 본보기로서 야곱을 제시하고 있다. 야곱은 어려울 때에 여호와를 의지했다. 아내를 얻기 위한 봉사에 대한 언급은 라반이 야곱을 속였다는 사실을 기억하게 한다. 이러한 환경에서도 야곱의 하나님 신앙은 흔들리지 아니했다. 그러나 그의 후손인 이스라엘은 어떠하였는가? 하나님은 전무 후무한 방법을 사용하여 그들을 애굽에서 이끌어 내셨다. 그러나 그러한 속박에서 구원을 받은 당신(독자가 유대인들임을 기억하라)은 주를 따르지 않고 있다.

하나님의 백성들로 하여금 감사하는 마음을 갖게 하기 위하여 이와 같이 여러 가지로 그들을 보호하여 주셨지만, 그들은 오히려 하나님을 더욱 격노케 하였다. 히브리 원전에는 하나님으로 하여금 통렬히 진노케 하였다고 되어 있다. 이로 인하여 그들은 반드시 심판을 받을 것이다. 하나님은 에브라임에게서 그 피흘림을 제거하지 않으시고 그 벌을 다 받을 때까지 그 위에 머무르게 하실 것이다. 하나님은 그들의 우상 숭배를 징벌하실 것이다. 우상 숭배에 대한 징계로 하나님은 그들을 심판하실 것이다.

그러나 여호와는 아직도 "그의 주께서" his Lord라고 불리고 있다. 하나님은 에브라임을 몹시 상하게 치셨으나 버리시지는 않을 것이다.

에브라임의 거듭된 우상 숭배

> "에브라임이 말을 하면 사람들이 떨었도다 그가 이스라엘 중에서 자기를 높이더니 바알로 말미암아 범죄하므로 망하였거늘 이제도 그들은 더욱 범죄하여 그 은으로 자기를 위하여 우상을 부어 만들되 자기의 정교함을 따라 우상을 만들었으며 그것은 다 은장색이 만든 것이거늘 그들은 그것에 대하여 말하기를 제사를 드리는 자는 송아지와 입을 맞출 것이라 하도다"(호 13:1-2).

호세아 12장 마지막 절은 내용상 13장과 연결되어 있다. 선지자는 에브라임이 그 민족 중에서 영광을 받았던 지난날을 상기시키고 있다. 그가 말을 하면 모든 사람이 떨었었다. 백성들은 그의 능력과 위세를 존경하였었다. 열두 지파의 역사를 읽어 보면, 누구나 에브라임의 위치가 얼마나 뛰어났었는지 깨닫게 될 것이다. 그들은 진실로 이스라엘 가운데서 칭송을 받았고, 삼가 두려움의 대상이 되었다. 그러나 아합의 통치 때(왕상 16:31), 스스로 바알을 숭배함으로써 그들은 망하였다. 그 세력은 꺾어지고 깨뜨려졌다. 그들은 영적으로 죽었으며, 그 결과 정치적으로도 기울어졌던 것이다.

그 악영향이 점점 커져서 에브라임은 자기를 위하여 수많은 우상들을 고안하여 만들었다. 온갖 재간과 기술을 총동원하여 인간의 수공물手工物에 지나지 않은 무가치한 형상을 만드는 데 힘을 기울였다. 우상을 만드는 자들은 헛된 우상을 경배하려고 희생 제사를 드리는 사람들에게 용기를 불어넣었다. 우상의 손, 발, 무릎, 어깨 등에 입맞춤을 하는 것이 동양에서는 존경의 행위였다. 이러한 존경의 행위는 자연의 대상물에게나(그것을 향하여 손으로 입맞춤을 하였다) 하나님에게까지도 드려졌다. 열왕기상 19장 18절(우상들), 시편 2편 12절(하나님의 아들), 욥기 31장 26-27절(자연의 대상)을 비교해 보라.

> "이러므로 그들은 아침 구름 같으며 쉬 사라지는 이슬 같으며 타작마당에서 광풍에 날리는 쭉정이 같으며 굴뚝에서 나가는 연기 같으리라" (호 13:3).

그러한 덧없는 피조물을 우상으로 예배함으로써 에브라임도 역시 사라져 버릴 운명에 처하게 되었다. 그는 아침 구름, 이슬, 쭉정이, 굴뚝의 연기로 비유되었다. 이 모든 것들은 하나의 공통적인 특성과 성질을 가지고 있으니, 곧 무상하다는 것이다. 아침의 구름은 영원히 가득 차 있을 것같이 보지만 날이 밝아오기 전에 사라져 버린다. 동양에서 많이 내리는 이슬은 태양의 뜨거운 광선 때문에 한 시간도 못 가서 사라져 버린다. 타작마당에서 키질을 할 때, 쭉정이는 소용돌이 바람에 의해서 타작마당으로부터 일순간에 날아가 버린다. 쭉정이와 알곡을 공중에서 아래로 떨어뜨리면 알곡은 마당에 떨어지지만 쭉정이는 날아간다(시 1:4). 소용돌이쳐 올라와 흩어지는 연기는 알맹이나 몸체를 가지고 있지 않아서 금방 흩어져 버린다. 이처럼 덧없는 것이 에브라임이었으며, 그의 파멸의 원인은 우상 숭배였다.

하나님의 경고

"그러나 애굽 땅에 있을 때부터 나는 네 하나님 여호와라 나 밖에 네가 다른 신을 알지 말 것이라 나 외에는 구원자가 없느니라"(호 13:4).

에브라임은 하나님에 대한 지식을 충분히 가지고 있었다. 여호와께서 그들을 애굽의 노예생활에서 해방시켜 주었다는 사실을 알고 있었다.

그 당시 하나님은 유대인들에게 자기 외에 다른 신을 두지 말라고 분명히 명령하셨다. 오직 하나님만이 그들의 구세주라는 것이다(사 45:21). 하나님은 지루한 광야의 여행길에서 그들을 돌보아 주셨고, 그들이 필요로 하는 것들을 공급하여 주셨다. 여호와를 떠날 이유가 없었건만 그들은 여호와의 사랑을 흠뻑 받자마자 마음이 교만해져서 살아 계신 하나님을 잊어 버렸다. 이전에도, 그리고 그 이후에도 그래왔던 것처럼 번영은 교만,

그리고 여호와와 그의 선하심에 대한 기억상실증을 몰고 왔다.

> "내가 광야 마른 땅에서 너를 알았거늘 그들이 먹여 준 대로 배가 불렀고 배가 부르니 그들의 마음이 교만하여 이로 말미암아 나를 잊었느니라 그러므로 내가 그들에게 사자 같고 길가에서 기다리는 표범 같으니라"(호 13:5-7).

그들은 하나님을 잊을 수 있었으나, 하나님은 그들을 잊지 않으셨고 또 그들이 하나님의 은혜를 배반하였던 사실도 잊지 않고 계신다. 하나님은 그들에게 사자나 표범이나 곰이나 들짐승처럼 되실 것이다. 호세아는 이미 하나님께서 자기 백성에게 사자같이 되실 것이라고 예언한 바 있다(호 5:14). 하나님은 웅크리고 있는 표범처럼 그들을 갑자기 덮치기 위해서 길가에서 지켜보고 계실 것이다. 또한 새끼를 잃은 곰같이 그들을 대하실 것이다. 새끼 잃은 어미 곰은 참으로 난폭하게 공격한다(비교: 삼하 17:8).

본문에서 우리는 호세아 시대가 지나고 오랜 후에 다니엘서 7장에서 언급되는 네 가지 짐승들을 보게 된다. 그들이 범죄하였던 바로 그곳에서 하나님은 암사자처럼 그들을 삼켜 버릴 것이다. 그는 심장을 꿰뚫기 위해 그들의 염통꺼풀을 찢을 것이다. 이 경고는 매우 분명하며 여호와의 길을 마음으로 즐거이 순종하는 것만을 요구하고 있다.

화禍와 축복

이스라엘의 멸망은 백성들이 자기들의 유일한 도움이 되시는 여호와께 대항한 사실에서 비롯되었다. 물론 그들은 왕과 방백들이 자기들에게 큰 이익이 되리라고 생각하였다. 호세아 13장 10절에 "…네 모든 성읍에서 너를 구원할 자 곧 네 왕이 이제 어디 있으며 네 재판장들이 어디 있느냐"고 하신다. 하나님은 왕과 재판장들이 그들을 기다리고 있는 재앙으로부터 어떻게 구원할 수 있느냐고 그들에게 물으신다. 그들은 자기들에게 아무런 도움을 줄 수 없는 인간들에게 집요하게 달라붙고 있었으며, 자기들에게 유일한 도움이 되시는 여호와를 저버렸다.

백성들이 왕을 달라고 구하였다는 것은 사무엘 당시 국가 전체의 요구였다는 것을 가리키고 있다(삼상 8:4-9). 하나님은 그들의 요구에 답하여 분노함으로 그들에게 왕을 주셨고, 진노함으로 그를 폐하셨다. 이 말은 이스라엘 내의 군주제에 대한 간략하고 훌륭한 묘사이다. 이 언급은 사울을 두고 한 말씀일 뿐만 아니라(삼상 15:22-23, 16:1), 여로보암 왕조를 두고 한 말이기도 하다(왕상 15:25-27; 왕하 15:30).

에브라임의 불의는 봉함되었고 그 죄는 저장이 되었다. 논고論考는 끝났고 증언은 모두 갖추어졌다. 하나님의 보응은 확실하게 되었다.

호세아는 다음과 같이 대담하고도 생생하게 묘사한다. 이스라엘이 회개의 고통으로 말미암아 구원받을 수 있게 되었는데 그 구원의 시간을 연기함으로 말미암아 재난을 초래해서는 안 된다는 것이다. 해산하는 여인의 어려움과 고통은 급작스럽고도 격렬하다. 만약 이 진통이 그 목적을 성취하지 못한다면, 사산死産으로 끝이 난다. 마찬가지로 죄인이 하나님의 채찍을 맞아 회개를 이루지 못하면 결국 망하고 만다.

호세아 13장 13절 "해산하는 여인의 어려움이 그에게 임하리라 그는 지혜 없는 자식이로다 해산할 때가 되어도 그가 나오지 못하느니라"고 한다. 여기서 이스라엘은 갑자기 진통이 임한 어머니로 비유되어 있다. 그리고 자기의 탄생으로 말미암아 자신의 생명 및 그 어머니에게 안도감을 주는 어린아이에 비유되어 있다. 어떤 사람은 호세아 13장 14절에 나오는 연속되는 질문, "내가 그들을 스올의 권세에서 속량하며 사망에서 구속하리니, 사망아 네 재앙이 어디 있느냐? 스올아 네 멸망이 어디 있느냐? 뉘우침이 내 눈 앞에서 숨으리라"는 여호와의 경고의 연속으로 이해하였으나, 대다수의 사람들은 영광스러운 약속으로 이해한다. 우리는 이 구절을 후자의 의미로 이해하며 이 문장의 문맥의 흐름을 다음과 같이 생각한다. 즉 호세아는 이제까지 쉽사리 죽지 않는 다는 상황을 말해주고 있다.

이제 여호와께서는 사망 자체의 사망을 약속하고 계신다. 심판의 말씀의 한 복판으로부터 은혜가 빛을 발하고 있다. 여호와께서는 사자, 곰, 또는 사나운 들짐승으로 나타나실 것이라고 경고하셨지만, 여호와를 의지하는 자에게는 음부와 사망으로부터 그들을 건지실 구속자로 나타나실 것이다. 하나님은 파멸을 선포하신 가운데서도 자비와 구속이라는 미래의 약속을 주신다.

호세아 13장 14절에 연속 질문하는 표현한 것은 아주 훌륭한 표현 방법이다. 신약성경에서 이 구절을 하나의 약속으로 인용하면서 강조하기 위하여 질문 형식을 취한다.

> "사망아 너의 승리가 어디 있느냐 사망아 네가 쏘는 것이 어디 있느냐"(고전 15:55).

여호와께서 뉘우침이 자기의 눈앞에서 숨으리라고 말씀하신 것은 그가 회개한 자의 마음속을 주시하지 않을 것이라는 뜻으로 말씀하신 것이 아니다. 이러한 견해는 성경 전체의 가르침에 위배된다. 이것은 하나님께서 바로 앞에서 약속하신 것을 뉘우치지 않기로 결심하셨다는 뜻이다. 은혜 안에 있는 이러한 의도에 대해서 하나님은 결코 뉘우치지 않으실 것이다. 이러한 뉘우침은 하나님의 의도와 거리가 멀기 때문이다. 하나님은 이스라엘이 하나님 앞으로 돌아오게 하기 위하여 이스라엘에게 약속하신 것을 이루시려는 의도를 바꾸지 않겠다고 선언하신다.

마지막 심판

"그가 비록 형제 중에서 결실하나 동풍이 오리니 곧 광야에서 일어나는 여호와의 바람이라 그의 근원이 마르며 그의 샘이 마르고 그 쌓아 둔 바 모든 보배의 그릇이 약탈되리로다"(호 13:15).

호세아 13장 15절에서 시들게 하는 동풍이 과실에게 불어닥친다는 말은 여호와의 징계의 막대기인 앗수르인이 에브라임의 결실에도 불구하고 그에게 임박할 것을 말한다. 앗수르 왕 살만에셀은 여기에 동풍의 모습으로 나타나 있다. 결실이라는 어휘에는 숨은 뜻이 있다. 그것이 바로 에브라임의 이름의 뜻이다. 뜨겁고도 마르게 하는 바람은 샘과 샘의 근원을 마르게 하고, 대적은 국가의 모든 보물을 약탈해 갈 것이다. 호세아 13장은 사마리아가 그 지은 죄에 대해서 부으시는 하나님의 보복을 충분히 당할 것이라는 엄중한 선포로 막을 내린다. 인간들 사이의 반역이 묵인되지 않듯이, 하나님께 대한 반역도 묵인할 수 없는 것이다. 무자비한 앗수르인은 어린아이이든 여인이든 아이 밴 여인이든 개의치 않고 죽일 것이다(호 10:14; 왕하 15:16; 사 13:16; 암 1:13).

간절히 기다린 회개

> "사마리아가 그들의 하나님을 배반하였으므로 형벌을 당하여 칼에 엎드러질 것이요 그 어린아이는 부서뜨려지며 아이 밴 여인은 배가 갈라지리라"(호 13:16).

호세아서 마지막 장은 전체 예언 중에서 가장 아름다운 부분이며, 일련의 예언적인 말씀에 어울리는 끝맺음을 하고 있다. 이 장은 2장에 담겨 있는 진리들을 다시 생각하게 해준다. 책망과 위협의 커다란 소용돌이가 이스라엘에 휘몰아쳐 왔다. 특히 호세아 13장 16절에 있는 마지막 단어는 그 전형적인 예인데, 이 말씀은 원문에 호세아 14장 1절로 되어 있다. 이제 하나님은 은혜 안에서 부드럽게 말씀하신다. 마침내 위협의 구름 사이로 은혜가 빛나는 것이다.

> "이스라엘아 네 하나님 여호와께로 돌아오라 네가 불의함으로 말미암아 엎드러졌느니라"(호 14:1).

모든 선지자들이 주로 하는 권면이 여기서 다시 한 번 반복되고 있다. "오 이스라엘아 네 하나님 여호와께로 돌아오라"는 간청은 자기 백성으로 하여금 돌아오되 지체하지 말라는 하나님의 간절한 갈망을 표현하고 있다. 그들은 자신의 죄로 인해서 멸망하였으나 이제 그들 앞에 새로운 날이 기다리고 있다는 것이다. 그들은 말씀을 가지고, 희생제물이나 선물들이 아닌 참된 회개를 가지고 여호와께로 돌아오라는 권면을 받고 있다. 하나님은 회개와 기도와 고백의 말을 원하신다.

"너는 말씀을 가지고 여호와께로 돌아와서 아뢰기를 모든 불의를 제거하시고 선한 바를 받으소서 우리가 수송아지를 대신하여 입술의 열매를 주께 드리리이다 우리가 앗수르의 구원을 의지하지 아니하며 말을 타지 아니하며 다시는 우리의 손으로 만든 것을 향하여 너희는 우리의 신이라 하지 아니하오리니 이는 고아가 주로 말미암아 긍휼을 얻음이니이다 할지니라"(호 14:2-3).

그들은 이렇게 하나님께로 돌아와서, 여호와께서 그들의 모든 죄를 사해 주시고 그들의 마음의 회개를 받아 주시기를 구하는 것이다. 제단 위에 바친 수송아지들이 아니라, 그들의 입술로부터 나오는 찬양이 하나님께서 가장 받으심직한 제물이 될 것이다(시 69:30-31; 히 13:15). 그 때에 백성들은 모든 소망과 의지를 여호와께 둘 것이다. 비록 그들이 여러 번 앗수르의 도움을 구하였으나, 앞으로는 앗수르가 자기들에게 아무런 도움이 되지 못하리라는 것을 인식할 것이다. 뿐만 아니라 그들은 말馬이 그들의 안전에 아무런 도움이 되지 못한다는 것도 알게 되어 기병대를 구하려고 애굽으로 내려가지 않을 것이다(비교: 신 17:16). 그리고 자기들의 수공물에 지나지 않은 우상을 의지하지도 않을 것이다. 그들은 앗수르 안에서도, 애굽 안에서도, 우상 안에서도 긍휼을 발견하지 못하고 오직 자비가 풍성하시고, 사랑이 많으시며, 고아와 버려진 자와 궁핍한 자에게 긍휼을 베푸시는 주 하나님 안에서 긍휼을 발견할 것이다.

말로 다할 수 없는 축복

"내가 그들의 반역을 고치고 기쁘게 그들을 사랑하리니 나의 진노가 그에게서 떠났음이니라"(호 14:4).

호세아 14장 4절은 하나님께로부터 오는 한없이 많은 약속들을 내포하고 있다. 하나님은 반복해서 "내가 하리라…하리라…하리라" 고 말씀하신다. 주님은 무엇보다도 먼저 그들의 패역을 고치시겠다고 약속하신다. 패역한 사람들은(호 11:7) 상처를 입고 나서야 그러한 상태에서 빠져 나온다. 그들은 깊은 상처를 입는다. 하나님은 이제 그들의 위대한 영적 치료자, 즉 여호와 라파가 되실 것을 약속하신다. 그분은 그들에게 원인이 있어서가 아니요, 또한 그들에게 장점이나 단점이 있어서가 아니라 자신의 필요 때문에 그들을 즐거이 사랑하실 것이다. 감사하게도 그의 사랑의 수문水門들이 열려서 그 사랑이 그들을 사로잡을 것이다. 주의 진노가 더 이상 그들에게 임할 필요가 없게 될 것이다. 하나님은 이스라엘에게 땅의 소산의 풍성을 의미하는 풍부한 이슬을 상기시켜 주시고, 하나님이 그 이슬 같이 되실 것이라고 말씀하신다.

이것은 호세아서에 나타난 이슬에 대한 세 번째 언급이다. 호세아 6장 4절에서는 나타났다가 곧 사라져 버린 이스라엘의 선을 가리킨다. 호세아 13장 3절에서는 앗수르인의 침입으로 곧 사라져 버릴 북왕국 전체의 일시적인 특성을 가리킨다. 호세아 14장 5절에서는 하나님의 백성들로 하여금 하나님께 과실을 맺게 해주는 것, 이스라엘의 삶을 활기차게 하고 열매를 맺게 하는 하나님의 능력을 가리킨다. 그들은 아래로는 뿌리를 내릴 것이요, 위로는 열매를 맺어서 그 열매로 온 땅의 지면을 채울 것이다.

그 때에 이스라엘은 순결하고 번식력이 강한 백합화같이 피어날 것이다. 백합화는 가장 번식력이 강한 식물 중의 하나이다. 하나의 뿌리가 50

개의 구근球根까지 생산해 낼 수 있다고 한다. 그것들은 스스로 번식할 수는 있지만 뿌리를 깊이 내리지 못하면 곧 말라 죽는다. 그러나 이스라엘은 그 뿌리를 레바논의 백향목같이 내릴 것이다. 레바논의 백향목은 튼튼함과 내구성으로 유명하다. 당시 레바논의 백향목은 오늘날 지브랄타Gibraltar의 바위처럼 유명하였다.

이스라엘은 백합화와 같이 순결하고, 백향목과 같이 튼튼하고, 또 항상 푸르름을 간직하는 감람나무와 같이 과실이 풍성하고 아름다울 것이라고 말씀하신다. 이스라엘의 향기는 나무들을 잘 심고 잘 가꾼 땅의 향기 같을 것이다. 그 당시 향기로운 식물과 꽃들을 가지고 있던 레바논만이 여호와의 백성의 향기를 나타내는 데 비유될 수 있었다. 여호와의 그늘 아래 거하는 자, 그 안에 숨는 자들(비교: 사 4:6)은 본국으로 돌아와서 곡식과 포도나무처럼 열매를 맺을 것이다. 그들은 더 이상 들포도를 맺지 않을 것이요(사 5:2), 그들의 향기는 레바논의 포도주와 같을 것이다. 레바논의 포도는 오얏나무 열매와 그 크기가 비슷하다.

> "땅을 파서 돌을 제하고 극상품 포도나무를 심었도다 그 중에 망대를 세웠고 또 그 안에 술틀을 팠도다 좋은 포도 맺기를 바랐더니 들포도를 맺었도다"(사 5:2).

전에 우상에 연합되어 봉함되었던 에브라임이 더 이상 우상과 상관하지 않을 것이다. 그들은 이미 하나님께 굴복하고 응답하였기 때문에 우상을 영원히 내던져 버릴 것이다. 그들은 이제 여호와 하나님만 전적으로 바라볼 것이다. 에브라임은 푸른 잣나무처럼(어떤 사람이 생각한 것처럼, 이 표현이 하나님 자신을 가리킨다고 할 수는 없다) 하나님께 열매를 맺을 것이다. 이제 하나님을 위한 열매가 이스라엘에게서 발견될 것이다. 과거의 모든 열매는 에브라임 자신만을 위한 것이었다. 호세아 10장 1절에 있는 "그 열매"를 주시하라. 에브라임에게서 믿음의 열매가 나타날 것이다.

> "이스라엘은 열매 맺는 무성한 포도나무라 그 열매가 많을수록 제단을 많게 하며 그 땅이 번영할수록 주상을 아름답게 하도다"(호 10:1).

끝맺는 말

호세아 14장 9절 "누가 지혜가 있어 이런 일을 깨달으며 누가 총명이 있어 이런 일을 알겠느냐 여호와의 도는 정직하니 의인은 그 길로 다니거니와 그러나 죄인은 그 길에 걸려 넘어지리라"는 구절은 전체 예언을 종결짓는 말씀이다. 여호와께 지혜 있는 사람과 여호와 앞에 총명이 있는 사람들은 이 말씀을 이해할 것이다. 여호와의 모든 도를 바로 깨달을 것이다. 의인은 그 도에 행하기를 즐거워하지만, 죄인은 그 도로 인하여 멸망에 이르게 될 것이다. 모든 예언은 경건하게 사는 사람들로 하여금 하나님의 뜻 안에서 행하도록 설득하는 데에 그 목적이 있다. 태양이 밀랍은 녹이지만 진흙은 단단하게 말리듯이, 예언이 항상 이 목적을 이루지는 못한다. 여호와의 도를 배우려고 심령을 복종시켜 그것을 부지런히 따르며 다른 사람들에게 가르치는 일은 얼마나 복된 일인가! 계시된 하나님의 도에서 즐거움을 발견하지 못하는 죄인은 하나님의 의도가 심판날에 자기를 정죄하려는 데 있다고 느낄 것이다.

"내가 기쁘게 그들을 사랑하리라."

"내가 그들의 반역을 고치고 기쁘게 그들을 사랑하리니 나의 진노가 그에게서 떠났음이니라"(호 14:4).

이 후렴 구절은 하나님의 자녀들의 마음속에서 얼마나 낭낭히 울리고 있는가! 하나님은 이스라엘을 이제까지 사랑해 오셨다. 지금도 그들을 사랑하고 계시며, 앞으로도 즐거이 그들을 사랑하실 것이다. 은혜 안에서 주의 모든 약속들이 그들에게 성취될 것이다. 그러나 이스라엘 국가를 향한 미래의 약속들이 지금 이스라엘 백성 개개인에게 유익을 주지는 못한다.

이방인들이 구원을 얻지 못하듯이 그들도 구원을 얻지 못하고 있다. 그들이 구원을 얻으려면 지금 주 예수 그리스도를 메시야로 받아들여야 한다. 그것은 순종의 선한 길이요, 또한 말로 다할 수 없는 축복의 좁은 길이다.

제5장

요엘: 주님의 날

메뚜기 재앙과 여호와의 날

인물과 시대적 배경

구약에 등장하는 많은 인물들에게 붙여져 있는 요엘이라는 이름은 "여호와는 하나님이시다"를 뜻한다. 극소수의 사람들은 이 선지자가 사무엘 선지자의 아들(삼상 8:2 비교)이었다고 주장하였다. 그러나 성경에 의하면, 선지자 요엘은 브두엘의 아들이었음이 분명하다. 브두엘에 관하여는 거의 알려져 있지 않다. 선지자 호세아의 생활은 세밀하게 묘사되었음에 반하여, 요엘의 개인적인 경력은 전혀 알려져 있지 않다. 그의 예언을 통하여 우리는 그가 유다의 선지자였다는 것과 아마도 예루살렘에서 예언하였을 것이라는 것을 알 수 있다. 요엘 1장 9절, 13절, 14절, 2장 15절에 나타난 예루살렘의 지성소에 관한 언급을 주시하라.

요엘은 아마도 소선지자들 중 가장 초기의 선지자 중 한 사람이었을 것이다. 아모스 1장 2절에 요엘 3장 16절을 인용한 것과 아모스 9장 13절에서 요엘 3장 18절을 인용한 사실을 비교해 보라. 아모스와 호세아가 책망하였던 죄들이 요엘서에서는 언급되지 않았으며, 또한 우상 숭배의 죄도 전혀 언급하고 있지 않다.

요엘서를 연구하는 학자들 사이에는 본서의 첫 부분이 문자 그대로 메뚜기 재앙을 가리키는지, 또는 풍유적으로, 즉 미래에 있을 심판의 상징으로 이해해야 할 것인지에 대해 의견의 차이가 있다. 이것은 문자 그대로 이해해야 한다. 실제로 메뚜기 재앙이 그 땅을 황폐화시켰었다. 선지자가 풍유를 사용하고 있다는 느낌은 요엘서 본문 어느 곳에서도 느낄 수 없다. 메뚜기 떼에 대한 예언에서 묘사된 장면은 여러 가지 면에서 실제와 다름없다. 그 행동 방식이 바로 메뚜기 떼의 그것이며, 또한 그것들이 끼친 피해 상황도 글자 그대로 똑 같다. 밭에 있는 식물들의 사라짐, 땅 속에 있는 수목의 뿌리까지 그 껍질을 갉아 먹는 것, 태양을 어둡게 하는 수많은 무리, 군대와 같이 잘 짜인 행진, 그들이 하늘을 날 때 들리는 바람 같은 소리, 그리고 그들이 갉아 먹을 때 나는 소리 등이 실제와 지극히 흡사하게 표현되어 있다.

이런 일이 있었느냐?

"브두엘의 아들 요엘에게 임한 여호와의 말씀이라 늙은 자들아 너희는 이것을 들을지어다 땅의 모든 주민들아 너희는 귀를 기울일지어다 너희의 날에나 너희 조상들의 날에 이런 일이 있었느냐"(욜 1:1-2).

예언은 하나님의 계시와 그것을 받는 자에 대한 간결한 언급으로 시작된다. 이 표제 구절과 이사야서나 호세아서의 표제 구절의 차이점을 자세히 알아보려면 이 표제 구절들을 비교해 볼 필요가 있다. 이러한 이유로 요엘의 사역 활동 기간에 대해서 독단적으로 말할 수 없는 것이다.

선지자는 특별히 늙은이들을 불러서 그들의 시대에 있어서나, 또는 조상들의 시대에 이처럼 많은 메뚜기 떼들이 땅을 황폐시킨 재앙이 있었는지 기억해 보라고 권면한다. 선지자 시대의 어떤 사람들의 기억 속에도 이 심판과 필적할 만한 사건은 없었을 것이다. 아직 한 번도 들어보지 못한 특수한 멸망이었기 때문에 그 재앙에 관한 말씀은 대대로 전해 내려오게 되었다. 그리하여 이 유례가 없는 재앙의 특성이 우리에게까지 생생하게 전달된 것이다. 이와 같은 사건은 전에 결코 일어난 적이 없었다.

> "팥중이가 남긴 것을 메뚜기가 먹고 메뚜기가 남긴 것을 느치가 먹고 느치가 남긴 것을 황충이 먹었도다"(욜 1:4).

요엘 1장 4절에 나타난 네 개의 명칭들은 문자적으로 팥중이, 메뚜기, 느치, 황충을 말한다. 이것들은 네 종류의 메뚜기를 의미하거나, 또는 하나의 메뚜기의 네 단계 성장을 의미하는 것으로 이해되었다(흠정역과 미국 표준역 성경이 이 히브리어를 똑같이 번역한 것을 주시하라). 그러나 두 가지 견해가 모두 주장할 만하지 못하다. 왜냐하면 선지자가 메뚜기*'arbeh*라는 일반적인 단어를 사용하였으며, 그 후에 세 개의 동등한 시적 표현을 사용했기 때문이다.

선지자가 나타내고자 하는 뜻은 다음과 같다. 즉 한 떼가 먹고 남긴 것을 다른 떼가 먹어 치우는 계속적인 메뚜기 떼의 침입을 말하는 것이다. 예레미야 15장 3절과 에스겔 14장 21절에 있는 심판의 사건 안에 나타난 숫자 "4"를 주시하라. 어떤 히브리인 주석가들은 다니엘 2장과 7장에 나오는 네 제국과 본문의 네 종류의 명칭을 연관시키려 하였다. 이 예언서에 기록된 것을 풍유적으로 해석하는 것은 타당하지 못하다. 예언의 말씀들이 문자적으로 내포하고 있는 뜻을 깨닫기 위해서 우리는 요엘 1장4절을 출애굽기 10장 2절, 6절과 신명기 28장 38-42절에 비교해 볼 필요가 있다.

메뚜기들은 "굶주림의 화신"이라고 불렸다. 그것들은 거의 90마일 이상의 면적에 있는 푸른 풀들과 잎사귀들을 모조리 갉아 먹어 치움으로써 땅을 마치 불에 탄 것처럼 만들어 버린 것으로 알려져 있다. 메뚜기들은 마치 "땅을 태우는 정책"을 가지고 있는 것처럼 보인다. 요엘의 재난에 대한 묘사는 메뚜기 재앙에 대한 여러 설명으로 확인되었다.

두려운 재앙

"취하는 자들아 너희는 깨어 울지어다 포도주를 마시는 자들아 너희는 울지어다 이는 단 포도주가 너희 입에서 끊어졌음이니"(욜 1:5).

요엘은 1잘 5절에서 포도주에 취하여 정신을 차리지 못하고 있는 사람들을 불러서 깨어 일어나라고 한다. 그 땅에서의 술 취함에 대해서 이사야 5장 11절, 22-23절; 24장 7-9절; 28장 7-8절, 그리고 아모스 6장 1-6절을 비교하라. 노래와 귀에 거슬리는 웃음으로 특징을 이루고 있는 취한 자들은 그들의 단 포도주가 메뚜기 재앙으로 끊어졌음을 인하여 울어야 할 것이다. 요엘 1장에는 다음과 같은 여러 계층의 사람들의 슬픔이 기록되어 있다: (1) 술 취한 자들(욜 1:5); (2) 처녀로 묘사된 이스라엘 국가(욜

1:8); (3) 제사장들(욜 1:9); (4) 땅(욜 1:10); (5) 농부들과 포도원을 다스리는 자들(욜 1:11).

메뚜기들이 침입해 오는 국가의 모습으로 묘사된 것은 그들의 엄청난 수효와 완전히 황폐케 하는 피해 때문이다. 메뚜기들이 국가에 비유된 것이 그 재앙이 사실이 아니라는 추론의 이유는 되지 못한다. 잠언 30장 25-27절에 개미와 메뚜기가 다스리는 왕이 없어도 지혜롭게 행하는 국가로 묘사되어 있다.

메뚜기의 이를 사자와 암사자의 이에 비유하였다. 왜냐하면 메뚜기의 두 어금니는 사자와 암사자의 송곳니와 톱날처럼 날카롭기 때문이다. 메뚜기와 사자는 모두 매우 큰 피해를 준다.

> "황충들의 모양은 전쟁을 위하여 준비한 말들 같고 그 머리에 금 같은 관 비슷한 것을 썼으며 그 얼굴은 사람의 얼굴 같고 또 여자의 머리털 같은 머리털이 있고 그 이빨은 사자의 이빨 같으며"(계 9:7-8).

그 황폐함의 정도는 포도나무, 무화과나무와 그 모든 가지들에 관한 표현에 분명히 나타나 있다. 나무 껍질들은 말갛게 벗겨지고 가지들은 하얗게 시들어 버렸다. 그리고 이 모든 황폐함이 하나님께서 "나의 포도나무요 나의 무화과나무"라고 부르시는 하나님 자신의 땅에 대해서 시행되어진다.

만물이 황무해짐

요엘 1장 1-7절에서, 선지자는 일반적인 표현으로 광범위한 재앙의 영역을 언급했었다. 이제 그는 세부적인 사항들을 들추어 가며 묘사하고 있다. 묘사의 정확성에 대해서는 문제 삼을 필요도 없을 정도이다. 약혼한 남편을 잃은 젊은 처녀로 묘사된 하나님의 백성 이스라엘은 그들에게 임한 재난으로 인하여 애곡하라는 권면을 받고 있다.

이처럼 슬프게 애곡해야 하는 이유는 무엇인가? 그것은 여호와의 전에 제사가 끊어졌기 때문이다(밭의 곡식에 의존하고 있는 소제와 포도나무의 소산에 의존하고 있는 전제가 끊어졌기 때문이다). 하나님의 집에서의 예배까지도 황폐함의 영향을 받게 되었다. 생활의 모든 영역에 영향을 미칠 수 있는 죄의 황폐시키는 힘은 얼마나 놀라운가? 영적, 종교적인 분야에 이처럼 큰 재앙이 닥쳤던 일은 없었을 것이다. 이 구절은 실제로 하나님과 백성들 사이에 맺은 언약을 옆으로 밀어내 놓은 것을 의미한다. 본인이 그것의 폐지라고 말하지 않고 그 언약 관계를 옆으로 밀어 놓았다고 말한 것을 명심하기 바란다.

그러므로 여호와의 제사장들이 슬퍼하는 것은 당연한 것이다. 황폐는 모든 영역에 미쳤다. 밭, 곡식, 포도나무, 감람나무, 밀, 보리, 무화과, 석류나무, 대추나무, 사과나무 등 모든 나무들이 메뚜기 재앙의 결과로 말라 죽게 된 것이다. 곡식과 포도주의 수확이 없게 되었으므로 모든 기쁨도 사라져 버렸다(곡식과 포도주를 추수하는 즐거움에 대해서 이사야 9:3 및 시편 4:7을 보라).

파멸과 황폐를 묘사하는 단어를 모아서 사용함으로써 상황의 심각성을 우리에게 생생하게 전해 주고 있다. “끊어졌고”(욜 1:9), “밭이 황무하고 토지가 마르니 곡식이 떨어지며 새 포도주가 말랐고 기름이 다하였도다”(욜 1:10), “다 없어졌음이로다”(욜 1:11), “시들었고, 말랐으며, 다 시들었으니"(욜 1:12) 등이다. 요엘이 기록한 것은 평범한 메뚜기 재앙이 아니었다.

단식을 선포하고 성회를 열라.

하나님의 성령께서는 선지자를 통하여 하나님의 백성으로 하여금 회개와 축복의 길로 돌아오라고 가르치신다. 백성들의 신앙생활이 중단되었음을 인하여 제사장들이 슬퍼하고 있었으나(욜 1:9), 여호와께서는 그들에게 굵은 베로 동이고 슬피 욺으로써 회개하는 마음으로 여호와께 돌아오고 있음을 나타내라고 요청하신다.

하나님께서 심판하기를 즐기시기 때문에 그 땅에 메뚜기 재앙을 내리신 것은 아니다. 하나님은 인간들을 괴롭히기를 원치 않으신다. 하나님은 그들을 징계하심으로써—때로는 혹심하지만 언제나 목적이 있다—죄의 길과 파멸의 구덩이로부터 돌이키게 하신다. 하나님은 징계하시는 순간까지도 그들의 하나님이 되신다.

> "제사장들아 너희는 굵은 베로 동이고 슬피 울지어다 제단에 수종드는 자들아 너희는 울지어다 내 하나님께 수종드는 자들아 너희는 와서 굵은 베 옷을 입고 밤이 새도록 누울지어다 이는 소제와 전제를 너희 하나님의 성전에 드리지 못함이로다"(욜 1:13).

여기서 "내 하나님"이라고 언급한 후에 "너희 하나님"이라고 한 것을 주시하라. 이스라엘의 영적 지도자들은 금식일을 정하고 성회를 선포하여 그 땅의 모든 주민들을 모으고, 특히 장로들을 표본으로 세워서 여호와께 부르짖어 그의 치료하시는 은혜를 구하여야 하는 것이다. 심판과 재앙이 공적인 것이었으므로 겸비함과 회개도 역시 공적인 것이 되어야 한다. 하나님은 기도를 기뻐하시고, 마음에 긍휼이 크시며, 자기 백성들의 간구를 열심히 들으신다.

여호와의 날에 대한 징조

재앙이 실제로 임하고, 또 선지자가 그 재앙으로 인한 파멸을 슬퍼하였지만 문자적인 의미에서의 재앙 자체는 하나님의 본 의도를 다 드러낸 것이 아니다. 그것은 다가오는 여호와의 큰 날을 앞질러 지적한다(욜 1:15; 2:1, 11, 31; 3:14). 여호와의 날은 예언서들 안에 너무나 불안스럽게 다가오므로, 그것을 정의해 보고 하나님의 말씀 안에 나타난 다른 날들과의 관계를 살펴보기로 하겠다.

고린도전서 4장 3절에서 바울은 "사람의 날"(Man's day, AVS)에 대해 말하였다. 여기서 "날"이란 우리가 살고 있는 날을 가리키는 것으로서 인간의 땅을 지배하고 통치하는 때를 가리킨다. 이러한 법칙을 나타내기 위해서 하나님께서 느부갓네살 왕의 꿈에 한 인간의 형상을 보여주셨던 것이다(단 2장). 이 날은 결국 교회가 관심을 가지고 있는 기쁜 "그리스도의 날"과 함께 그 종말을 맞게 될 것이다(빌 1:6).

이 기쁨 후에 "여호와의 날"이 시작될 것이다. 그것은 이 땅의 대 환난기와 다니엘 9장 27절의 한 이레, 그리고 예루살렘에서 다윗의 왕좌에 앉아 이스라엘을 다스릴 메시야의 통치시대를 포함할 것이다(암 5:18; 습 1:14~2:2; 사 2:1-21). 여호와의 날의 끝에 "하나님의 날"이 시작될 것이다. 그 날에는 물질이 뜨거운 불에 녹아지고 새 하늘과 새 땅이 나타날 것이다. 이 날은 하나님께서 만유의 주로서 만유 안에 계시는 영원까지 계속된다(고전 15:28).

나는 이 중대한 날들에 대해서 의도적으로 상세히 다루었다. 이는 요엘서의 예언의 주제가 바로 여호와의 날이기 때문이다. 이러한 진리를 염두에 둔다면, 메뚜기 재앙이 어떻게 다가오는 여호와의 날에 대한 징조와 예시로 나타나는지를 쉽게 깨달을 수 있다. 요엘은 경고하면서 그 날을 바르게 고찰하고 있다. 그 당시 임하였던 심판은 미래의 두려운 심판의 날을 분명히 밝혀주고 있다.

요엘 1장 15절의 "멸망"과 "전능자"란 단어는 하나의 언어유희이다. 이 단어들은 히브리 원어로는 "shod"와 "shaddai"이다. 땅이 괴로워할 뿐만 아니라 짐승들, 가축, 양 떼도 함께 괴로워한다. 동물들도 인간들과 함께 괴로움을 당하고 있는데, 특히 재앙과 더불어 온 가뭄으로 인하여 괴로워한다. 가뭄으로 시냇물은 말랐고, 메뚜기들이 미처 갉아 먹지 못하고 남겨놓은 목초지도 마치 불사른 것처럼 말라버렸다. 동물들 기도할 수 없다. 그래서 요엘은 이러한 위태로운 상황 안에서 여호와를 향한 자신의 소원을 말함으로써 모든 것들을 대표하여 중재 간구를 한다(욜 1:14).

만민에게 하나님의 성령이 내리리라

여호와의 날

요엘 선지자는 본 예언서 1장에서 메뚜기 재앙으로 인한 파멸 때문에 재앙에 대한 불안감으로 가득 차 있는 당시의 사람들로 하여금 하나님께로부터 오는 더 무서운 심판의 순간을 맞지 않도록 회개하게 하려고 하였으며, 2장에서도 역시 계속해서 같은 목적으로 말씀을 전하고 있다. 요엘 2장을 단순히 메뚜기 재앙으로만 다루려는 견해를 가진 사람들이 있고, 어떤 사람들은 이것이 전적으로 미래에 되어질 일이라고 강경하게 주장하고 있다. 이 견해들은 둘 다 극단적이다. 사실상 요엘은 메뚜기 재앙으로 인한 황폐 후 그 땅에서 있었던 상황에서 출발하여 미래의 사건이지만 임박해 있는 두려운 여호와의 날을 묘사하는 데로 나아가고 있다.

"경고의 나팔을 불라."

"시온에서 나팔을 불며 나의 거룩한 산에서 경고의 소리를 질러 이 땅 주민들로 다 떨게 할지니 이는 여호와의 날이 이르게 됨이니라 이제 임박하였으니"(욜 2:1).

특별한 일이 있을 때 나팔을 부는 것은 이스라엘 백성들 중에 있는 제사장들의 의무였다(민 10:1-2, 9). 여호와께서는 하나님의 거룩한 산, 즉 하나님의 지성소와 예배의 중심지가 있는 곳에서 경고의 나팔을 불라고 그들에게 요청하신다. 그 이유는 무엇인가? 그들을 위협하고 있는 재난은 무엇인가? 여호와의 날이 임박하였기 때문이다.

여기서 우리는 요엘 1장 15절에 있는 예고를 보다 상세하게 설명한 것을 보게 된다. 메뚜기 재앙은 임박한 여호와의 날에 이스라엘에게 닥칠 사건을 분명히 나타내고 있다. 이제 요엘은 이 심판의 날이 왜 그렇게도 두려운 것인지를 설명한다. 이 날은 어둡고 캄캄한 날이요, 빽빽한 구름이 끼인 날이다. 성경에서 어둠은 환난과 고통을 상징한다(사 8:22, 60:2; 렘

13:16; 암 5:18; 습 1:15-16). 그러한 묘사는 메뚜기 떼가 빽빽하여 태양의 빛을 가림으로써 일어나는 현상을 가장 적합하게 표현한 것이다.

> "곧 어둡고 캄캄한 날이요 짙은 구름이 덮인 날이라 새벽 빛이 산 꼭대기에 덮인 것과 같으니 이는 많고 강한 백성이 이르렀음이라 이와 같은 것이 옛날에도 없었고 이후에도 대대에 없으리로다"(욜 2:2).

어떤 사람들은 빛과 어둠은 분명한 대조를 이루고 있으므로, "새벽 빛이 산꼭대기에 덮인 것"이란 문구를 방금 언급한 어둠을 가리키는 것으로 생각하기가 어려우며, 따라서 새벽 빛에 대한 비유는 다음에 이어지는 "많고 강한 백성"이란 문구와 함께 취급되어야 한다고 생각하였다. 그러나 이러한 설명은 전혀 불필요한 것이다. 이 비유의 요점은 다음과 같다. 새벽 빛이 갑자기 넓게 퍼지듯이, 여호와의 날의 어둠도 그와 같이 되리라는 것이다.

많고 강한 백성이 무엇을 암시하는지는 요엘 2장 2절 하반절의 "이와 같은 것이 옛날에도 없었고 이후에도 대대에 없으리로다"라는 문장에서 분명히 깨달을 수 있을 것이다.

여기서 평범한 재앙이나 혹은 메뚜기 재앙같이 특수한 재앙이라도 그것이 이 예언의 최종적이고 궁극적인 성취가 아니라는 것을 증명할 수 있다. 하나님의 성령께서는 선지자 요엘을 통하여서 장차 하나님의 백성에게 미증유의 대적이 나타나 메뚜기 재앙이 가했던 것보다 훨씬 더 큰 황폐함을 가할 것을 지적하고 계시다. 이 대적은 누구인가? 요엘서를 연구하는 많은 학자들의 의견을 따르자면, 이 대적은 미래의 앗수르 군대, 즉 마지막 날에 있을 북방 강대국으로 여겨진다(사 10장, 단 11장 참조).

파멸의 행진

"불이 그들의 앞을 사르며 불꽃이 그들의 뒤를 태우니 그들의 예전의 땅은 에덴 동산 같았으나 그들의 나중의 땅은 황폐한 들 같으니 그것을 피한 자가 없도다"(욜 2:3).

요엘 2장 3절의 기록은 가뭄과 메뚜기 떼가 그 땅에 끼친 피해를 직접 목격한 것처럼 묘사하고 있다. 가뭄은 그을린 자국만 남겨 놓은 소멸하는 불과 같았으며, 메뚜기들이 습격하기 전에는 에덴 동산과 같았던 그 땅이 메뚜기로 인하여 황무한 들로 변하게 되었다. 아무도 그 황폐케 하는 재해로부터 피하지 못하였다.

"그의 모양은 말 같고 그 달리는 것은 기병 같으며 그들이 산 꼭대기에서 뛰는 소리는 병거 소리와도 같고 불꽃이 검불을 사르는 소리와도 같으며 강한 군사가 줄을 벌이고 싸우는 것 같으니 그 앞에서 백성들이 질리고, 무리의 낯빛이 하얘졌도다"(욜 2:4-6).

요엘 2장 4절에서는 행진해 나아가는 메뚜기들에 대해 정확한 묘사를 하고 있는데, 이는 문학적으로 우수한 표현이다. 메뚜기들은 처음에 말에 비유되고 있다. 사실상 메뚜기의 머리는 말의 머리와 닮았다. 그래서 이탈리아인들은 메뚜기를 작은말Cavalette이라고 부르며, 독일인들은 풀말Heupferde, hay horses이라고 부른다. 그것들은 생김새가 말과 비슷할 뿐 아니라 군마처럼 빨리 달리기도 한다(욥 39:20). 그것들이 산꼭대기에서 뛰는 소리는 전차들이 달리는 소리와 같고, 불이 마른 나무의 그루터기를 태워 삼키는 것 같고, 강한 군사가 항오行伍를 벌이고 싸우는 것 같았다.

하늘을 나는 메뚜기들의 날개 소리와 뒷다리 소리는 모든 사람의 마음을 공포로 몰아넣는다. 이 심판은 온 국민들의 기억 속에 오랫동안 남아 있을 것이다. 메뚜기들은 힘센 용사같이 지칠 줄 모르고 달린다. 그들은 행진하는 군대처럼 떼를 지어 질서정연하게 나아간다(잠 30:27). 그들은 장벽을 기어 오르는 데 명수이며, 마치 지도자의 지휘를 따르는 것처럼 대열을 이탈하지 않는다(욜 2:7). 한 마리도 자기 위치에서 이탈하지 않는다. 그들이 공격할 때는 모두가 소동하고 혼란하게 된다. 하늘까지도 그 하늘 공간을 가로질러 날아가는 수많은 메뚜기 떼로 인해 어두워진다. 글자 그대로 파멸이 행진해 들어가고 있다. 이는 메뚜기들이 도둑떼처럼 삼킬 것을 찾아다니기 때문이다. 그러나 이와 같이 위급한 상황 안에서 하나님은 역사하신다. 그는 자기의 거대한 메뚜기 군대 앞에서 목소리(뇌성)를 발하신다. 그것들은 힘 있고 수효가 많기 때문에 실제적인 의미에서 하나님의 군대이다. 모하메드의 율법 중 한 조목에는 "너희는 메뚜기들을 죽이지 말라. 이는 그들이 전능하신 하나님의 군대이기 때문이다"라고 기록되어 있다. 하나님의 명령은 도구들에 의해서 시행되어진다.

이 심판이 너무나 가혹한 것이어서 인간이 도저히 견딜 수 없다면, 장차 여호와의 날에 그리스도를 거부하고 하나님께 영광을 돌리지 않는 세계에 하나님의 크신 진노가 떨어질 때에 인간이 어떻게 견디어 낼 수 있겠는가! 여기에서 역사를 통하여 인간을 다루시는 하나님의 역사役事의 대원리를 발견할 수 있다. 즉 하나님은 반드시 크게 경고하신 후에 징계를 가하시는 데, 그 징계의 목적은 더욱 가혹한 하나님의 진노의 심판으로부터 인간을 구해 내려는 것이다. 메뚜기 재앙은 가혹하다. 그러나 여호와의 날이라고 알려진 때에 다가올 파멸과는 비교할 수조차 없다. 하나님은 "작은 것으로부터 보다 큰 교훈을 배우며 경고를 받으라"고 말씀하신다.

내게로 돌아오라

> "여호와의 말씀에 너희는 이제라도 금식하고 울며 애통하고 마음을 다하여 내게로 돌아오라 하셨나니 너희는 옷을 찢지 말고 마음을 찢고 너희 하나님 여호와께로 돌아올지어다"(욜 2:12-13).

하나님께서 그들에게 주신 은혜는 얼마나 놀라운가! 뒤늦게라도 회개하고 여호와께로 돌아올 수 있고, 그렇게 함으로써 더 큰 환난을 피할 수 있는 것이다. 하나님은 금식하여 마음을 찢고 마음을 다하여 하나님께로 돌아오라고 하신다. 외면적인 형식을 취하다 보면 참 진리를 잃거나, 또는 외적인 것으로 대체하기 쉽다. 그러므로 하나님은 그들에게 옷을 찢지 말고 마음을 찢으라고 권면하셨다.

크게 슬픈 일이 생겼을 때 옷을 찢는 예는 초기의 성경에 기록되어 있다(창 37:29, 34; 또한 삼상 4:12; 왕상 21:27; 사 37:2를 보라). 그것은 애통하는 자의 마음이 깨지고 찢어졌다는 것을 의미했다. 그러나 종종 진정한 마음이 없이 다만 외적인 표시만으로 그치는 일이 있었으므로 하나님은 선지자를 통하여 참되고 진실한 마음의 회개를 요청하시는 것이다.

하나님 앞에서의 그러한 모든 행위는 하나님의 놀라운 속성에 기초를 둔 것이다. 왜냐하면 하나님은 말로 표현할 수 없을 만큼 은혜로우시며 기꺼이 용서하시는 분이기 때문이다. 하나님은 언제나 멸망보다는 축복을, 징계보다는 용서를, 때려서 상처를 입히기보다는 사랑으로 설득하기를 즐겨하신다. 그러므로 하나님의 백성이 하나님 앞에서 겸손해질 때 하나님의 진노가 사랑으로 돌아설 가능성은 언제나 있다. 하나님은 악인의 죽음을 기뻐하지 않으시고, 오히려 그가 악한 길에서 떠나 살기를 원하신다(요나 3:9에 있는 니느웨 백성의 예를 살펴보라). 그들이 진정으로 회개하면 하나님은 그들에게 풍성한 수확을 회복시켜 주실 것이다. 밭과 포도원의 수확에 의존해야 하는 소제와 전제가 과거에는 가뭄과 재앙으로 인하여 끊어졌으나 이제 회개한 이스라엘에게 회복될 것이다(욜 1:9, 13, 16).

성회를 선포하라

> "너희는 시온에서 나팔을 불어 거룩한 금식일을 정하고 성회를 소집하라"(욜 2:15).

요엘 2장 15절에서 다시 제사장들은 시온에서 나팔을 불라는 요청을 받는다. 첫 번째 나팔(욜 2:1; 민 10:5)은 경고의 소리였다. 두 번째 나팔(욜 2:15; 민 10:10)은 이스라엘 백성을 여호와의 성막 앞으로 모으는 소집 나팔이었다. 이 성회에는 장로들과 소아와 젖 먹는 자를 모으며, 일반적으로 모든 공적인 의무가 면제되는(신 20:7; 24:5) 신랑과 신부까지도 모두 모여야 한다. 모두가 범죄했으므로 모두가 하나님 앞에서 스스로 겸손해야 한다. 전체 공동체의 이익을 위해서 개인적이고 사사로운 즐거움은 희생시켜야 하는 것이다.

> "여호와를 섬기는 제사장들은 낭실과 제단 사이에서 울며 이르기를 여호와여 주의 백성을 불쌍히 여기소서 주의 기업을 욕되게 하여 나라들로 그들을 관할하지 못하게 하옵소서 어찌하여 이방인으로 그들의 하나님이 어디 있느냐 말하게 하겠나이까 할지어다"(욜 2:17).

하나님의 사역자들인 제사장들은 자기의 올바른 책임을 감당하여야 하며, 백성들을 하나님께 인도하여 회개하여 부르짖게 해야 한다. 선지자 요엘은 친히 "여호와여 주의 백성을 불쌍히 여기소서 주의 기업을 욕되게 하여 나라들로 그들을 관할하지 못하게 하옵소서"라고 간구하라고 일러 준다.

당신은 이 말씀에 함축된 축복들을 깨달을 수 있는가? 그러한 마음의 태도는 자기 백성을 위하시는 하나님의 전능하신 팔을 있는 그대로 드러내 준다. 오늘날 마른 뼈 같은 이스라엘 백성들도 이같이 하나님께로 돌아오게 하기 위해 살아 계신 하나님의 교회가 모두 깨어 일어나 기도해야 한다. 이 땅의 종말의 때가 될 때, 이스라엘은 이같이 회심하여 하나님께로 돌아올 것이다. 사도 시대에 이스라엘 백성 중에서 나온 사람들이 하나님의 메시지를 가지고 세계를 뒤집어엎었다고 기록되어 있다. 오늘날도 이스라엘 백성 중에서 나온 불타는 복음 전도자들은 자기의 뜻에 따라서 이 같은 하나님의 능력을 가질 수 있다.

이 땅의 열국들은 외관상으로 볼 때 아무런 징계를 받지 않은 채 너무나 오랫동안 이스라엘을 짓밟았다. 하나님께서 하늘을 가르지 아니하시고 그들이 볼 수 있게 임하지 않으시므로 하나님을 무시하는 열국들의 마음은 더욱 완악해져서 이스라엘을 계속 억압하였고 "그들의 하나님이 어디 있느냐"라고 외쳤다.

그러나 하나님의 예언의 시계에는 머지않아 이스라엘이 슬프게 방황하던 데에서 회개하고 살아 계신 하나님에게로 돌아오는 시간이 반드시 있을 것이다. 그 때에 하나님은 자신의 기업을 황폐시켜 버리고 눈동자처럼 아끼는 백성들에게 많은 상처를 입혔던 열국들에 대해 보복하실 것이다. 그 때에 그들은 하나님이 자기 백성들에게 전혀 도움을 주지 못하고, 또한 스스로 이스라엘과 맺었던 계약 관계도 전혀 기억하지 않는 분이라고 전능하신 하나님을 조롱하였던 것에 대한 보응을 받게 될 것이다.

하나님께서 기도를 들어주시다.

"그 때에 여호와께서 자기의 땅을 극진히 사랑하시어 그의 백성을 불쌍히 여기실 것이라"(욜 2:18).

아무리 가냘픈 회개의 부르짖음이라도 하나님의 귀에는 빠짐없이 들린다. 기도를 들으신 하나님은 자기 백성들을 위한 열심과 질투심을 발휘하여 그들에게 아낌없이 복을 주실 것이다. 하나님은 그 땅의 상처들을 기억하시고 그들을 치료하실 것이다. 자기 백성의 슬픔을 기억하시고 그들을 자비롭게 위로해 주실 것이다. 그들의 죄로 인하여 오랫동안 말라버렸던 곡식과 새 포도주와 기름을 돌려주실 것이다. 그 땅은 소산을 내고 그들은 흡족하게 될 것이다. 하나님은 그들로 하여금 나라들 가운데에서 욕을 당하지 않게 하시고 나라들의 머리로 삼으실 것이다.

여호와의 날의 끝에 여호와께서는 북쪽 군대, 즉 침략해 들어오는 앗수르의 군대를 완전히 패주시키실 것이다(메뚜기들을 북쪽 군대라고 할 수는 없다). 메마르고 적막한 땅은 아라비아를 나타내며 동해는 사해, 서해는 지중해를 나타낸다. 간단히 말해서 군대가 분산되어서 완전히 전멸될 것이다. 이 모든 일이 대적들에게 임할 것인데, 그 이유는 그들이 스스로 교만하여 높아졌기 때문이다(앗수르인의 교만에 대해서는 나훔서와 스가랴 10:11을 보라).

즐거움과 회복

앗수르 대적들이 큰 일을 도모할 수도 있겠지만, 그러나 여호와께서는 자기 백성을 위한 큰 일을 정확하게 성취하실 것이다. 지치고 슬퍼하고 울던 땅과 백성들의 슬픔이 변하여 기쁨이 될 것이다.

> "땅이여 두려워하지 말고 기뻐하며 즐거워할지어다 여호와께서 큰 일을 행하셨음이로다"(욜 2:21).

요엘은 무엇보다 먼저 땅에게 기뻐하며 즐거워하라고 권면한다(욜 2:21). 그 땅의 황무한 상태는 1장에서 생생하게 묘사되었다(욜 1:17, 19). 그 다음으로는 들짐승들에게 두려워하지 말라고 하였다. 이는 이제 들의 풀이 싹을 내고 나무와 포도나무가 열매를 맺을 것이기 때문이다. 이전에 그것들은 물과 먹이의 결핍으로 인하여 헐떡거렸었다(욜 1:18-20). 마지막으로, 요엘의 예언은 절정에 달하여 시온의 자녀들은 여호와로 인하여 기뻐하라고 명령한다(욜 1:16을 주시하라). 먼저 물질적인 축복이 주어지고, 그 다음에 영적 축복이 더하여질 것이다. 하나님께서 이른 비와 늦은 비를 적당하게 내려주셔서 가뭄이 완전히 해갈될 것이다.

최근 몇 년 동안 팔레스타인에 비가 점점 많이 내리고 있다는 사실은 하나님의 말씀을 연구하는 사람들에게 대단히 흥미 있는 일이다. 그러나 이 예언의 완전한 성취는 장차 이스라엘이 여호와께로 돌아올 때에 이루어질 것이다. 이제 비가 충분히 내리게 되었으므로 밀과 포도주와 기름을 풍성히 수확하게 될 것이다.

메뚜기 재앙을 통하여 잃어 버렸던 것들이 회복될 뿐만 아니라 오히려 더 풍성해질 것이다. 메뚜기 재앙으로 인하여 비참했던 시절은 새로운 수확의 풍성함으로 인하여 잊힐 것이다. 메뚜기 재앙은 여러 해 동안 계속되지 않았으나, 그로 인한 황무함은 여러 해 동안 계속되었다. 메뚜기들은 하나님께서 친히 보내신 거대한 하나님의 군대였다.

이스라엘이 하나님과 화목된 지금, 거기에는 하나님이 주신 풍성한 수확의 즐거움이 있을 것이며, 그들은 만족을 얻을 것이다. 이스라엘 백성은 하나님의 이름을 찬송할 것이며, 다시는 수치를 당하지 않을 것이다. 그들은 영원히 수치를 당하지 않을 것이다.

하나님께서 선포하신 진리를 충분히 강조하기 위해서 요엘 2장 26절과 27절이 같은 문구로 끝을 맺고 있다. 이 문구가 26절에서는 물질적인 유익에 대해서 사용되었고, 27절에서는 영적인 유익에 대해서 사용되었다. 하나님은 이 모든 회복의 성취를 보증하시는 유일무이한 분이다.

영원히 수치를 당하지 아니하리로다.

"너희는 먹되 풍족히 먹고 너희에게 놀라운 일을 행하신 너희 하나님 여호와의 이름을 찬송할 것이라 내 백성이 영원히 수치를 당하지 아니하리로다 그런즉 내가 이스라엘 가운데에 있어 너희 하나님 여호와가 되고 다른 이가 없는 줄을 너희가 알 것이라 내 백성이 영원히 수치를 당하지 아니하리로다"(욜 2: 26-27).

이스라엘 가운데 계시는 축복의 하나님. 이것은 이스라엘과 하나님의 관계(교제)의 목표이다. 자신의 아들을 그들의 메시야로, 그리고 죄에서 구원할 구주로 내주심도 바로 이 목적을 위한 하나님의 섭리이다. 우리가 어찌 그들에게 구세주이신 주님에 대한 소식을 전파하지 않고 무심하게 방관할 수 있는가? 전파하는 자가 없는데 어찌 복음을 들을 수 있는가? 그들이 그리스도의 복음의 메시지를 듣고 믿지 못하고 있는데 어찌 하나님께서 이스라엘의 구속받은 심령들로부터 합당한 찬양을 받으실 수 있는가? 하나님의 모든 계획 안에는 우리가 맡아야 할 자리, 진정한 자리가 있다. 우리가 그것을 빨리 깨닫고 순종하게 되기를 바란다.

내 영을 만민에게 부어 주리라

히브리 성경에는요엘 2장 28-32절이 3장으로 독립되어 있다(공동번역 성경에도 요엘 2:28-32이 독립되어 3장으로 되어 있다: 역자 주). 그리고 히브리 성경의 4장은 영역 성경에서 3장으로 되어 있다(사 2:2; 행 2:17). 요엘 2장 28-32절은 매우 중요한 진리를 발표하는 바, 그 형태에 있어서 독립된 장으로 분리해도 이견을 표할 사람은 없을 것이다. 슬프게도 이처럼 중요한 구절이(사도행전 2장에 기록된 인용문도 함께) 크게 잘못 이해되어서 이 예언이 원래 의도하지 않았던 것을 가르치게 되었다.

이 구절이 가리키는 시간을 주목하라. 여기에 기록된 사건들은 "그 후에"라고 표현된 때를 기준으로 연대순으로 배열되어 있다. 이때는 어느 때를 의미하는가? 이 말은 호세아 3장 5절에 나타나는 "마지막 날에" 라는 말과 연결되어 있다.

요엘은 이스라엘에 대한 마지막 날, 즉 최후 심판의 기간과 거기에 뒤따르는 메시야 통치를 포괄하는 기간을 말하고 있다(사 2:2; 행 2:17). 그 때에 하나님은 자기의 신神, 복된 성령을 모든 육체에 부어 주실 것이다.

여기에는 다음과 같은 몇 가지 진리가 내포되어 있다: (1) 이것은 비가 내리는 모습에서 유추하여 표현한 것이다(욜 2:23); (2) 부어 준다는 것은 성령이 위로부터 내려옴을 드러낸다; (3) 성령은 풍성하게 주어진다.

성령을 부어 주는 일이 모든 육체 위에 행해진다. 이 일은 그 특성과 범위에 있어 보편적일 것이다. 그러나 이것이 이스라엘에 대해 보편적임을 의미하는가, 또는 온 인류에 대해 보편적임을 의미하는가?

이 구절을 연구하는 주석가들은 완전히 양분되어 자기의 주장만을 고집하고 있다. 그러나 이 문맥과 구약성경의 다른 부분들에 있는 예언의 가르침으로 판단하건대, 분명히 온 이스라엘이 포함된다는 것을 부인하는 사람은 없을 것이다. 연령(젊은이와 늙은이), 성별(자녀), 지위(남종과 여종)의 차이가 이 성령의 은사에 방해나 장애가 될 수 없을 것이다.

구약성경에는 예언의 은사가 종에게 주어졌다는 기록이 없다. 그러나 마지막 날에 모세가 즐겨 바라던 일(민 11:29)이 실현될 것이다. 여기서 말하는 꿈, 이상異像, 예언은 민수기 12장 6절에 언급된 세 가지 형식들이다. 요엘 2장 29절이 28절에 기록된 것과 동일한 진리—"내 영을 부어 주리라"—를 반복하고 있음을 주목하라. 시간에 대한 언급도 반복되고 있다.

"그 후에 내가 내 영을 만민에게 부어 주리니 너희 자녀들이 장래 일을 말할 것이며 너희 늙은이는 꿈을 꾸며 너희 젊은이는 이상을 볼 것이며 그 때에 내가 또 내 영을 남종과 여종에게 부어 줄 것이며"(욜 2:28-29).

이것이 이스라엘에게 하나님의 영을 부어 주는 일에 대해 구약 예언서에 처음으로 언급된 것이라고 생각해서는 안 된다(사 32:15, 44:3-4; 겔 36:27-28, 37:14, 39:29; 슥 12:10). 이것은 그 날에 불신자들에게 진노와 심판이 임할 것을 의미한다.

"내가 이적을 하늘과 땅에 베풀리니 곧 피와 불과 연기 기둥이라 여호와의 크고 두려운 날이 이르기 전에 해가 어두워지고 달이 핏빛같이 변하려니와"(욜 2:30-31).

하나님께서 하늘과 땅에 큰 변화를 일으키실 것이다. 해와 달이 그 영향을 받을 것이며, 피와 불과(출 7:17, 9:24), 연기 기둥(출 19:18)이 나타날 것이다. 그 날은 크고 두려운 여호와의 날이 될 것이다.

"누구든지 여호와의 이름을 부르는 자는 구원을 얻으리니 이는 나 여호와의 말대로 시온 산과 예루살렘에서 피할 자가 있을 것임이요 남은 자 중에 나 여호와의 부름을 받을 자가 있을 것임이니라"(욜 2:32).

그러나 영을 부어 주는 일은 구원이라는 결과를 가져올 것이다. 육체의 구속을 위해 하나님께 부르짖는 사람들을 하나님은 영적 구원으로 인도하실 것이다. 부름이라는 말이 이중적으로 쓰임을 주시하라: (1) 하나님을 부름(이것은 구원을 의미한다. 롬 10:13을 보라) (2) 그들을 부르시는 하나님. 하나님은 남은 자들이 있을 것이며(욥 17; 슥 14"1-5 비교), 이들이 온 세상에 축복이 될 것이라고 예고하였다.

예언의 성취

이 시점에서 요엘의 예언이 사도행전 2장에서 성취된 것인지 생각해 보는 것은 적절한 일이다. 먼저 이 두 구절 간에 아무런 연관도 없다고 말하는 것이 옳지 않다는 사실을 분명히 해야 한다. 베드로는 분명히 요엘의 예언을 언급하고 있다고 말하였다. 그러나 이러한 사실이 예언의 성취를 나타낸다고 볼 수는 없다. 사도행전 2장 16절에는 예언이 성취되었음을 나타내는 관습적 표현이 완전히 결여되어 있다. 게다가 요엘의 예언 중 많은 것이, 사도행전 2장 19-20절에 인용된 것조차도, 그 당시에 이루어지지 않았다고 말할 수 있다. 우리는 결코 예언의 어느 한 부분만이 성취되게 되어 있었다는 입장을 취할 수 없다. 만일 그렇게 되면 성경의 예언이 파괴되기 때문이다. 하나님은 예고하시고 그 예고하신 바를 그대로 행하실 수 있으시다. 따라서 베드로는 요엘의 예언이 성취되었다는 것이 아니라 그 당시에 일어나고 있던 일에 대한 하나의 예증으로서 이 예언을 사용했다고 보는 것이 가장 좋은 견해인 듯하다. 간단히 말해서 베드로는 그 당시의 사건들 속에서 하나님께서 요엘이 예언한 모든 것을 완전히 이루시려는 증언을 본 것이다. 그 당시 요엘의 예언은 아직 이루어지지 않고 있었다. 그것은 언젠가는(영을 부어 준다는 구약성경의 구절들이 보여주는 바와 같이) 이루어질 것이다.

민족들에 심판이 내리리라

구약성경의 어느 선지서도 요엘 3장에 기록된 것보다 종말에 대해 더 중요한 계시를 갖고 있지 않다. 우리에게 이러한 일들이 일어날 정확한 시기를 알게 하시는 하나님은 얼마나 은혜로우신가! 그러한 일들이 하나님께서 친히 유다와 예루살렘의 포로들을 돌아오게 하실 때 일어날 것이다. 이스라엘이 그 땅으로 돌아오는 일은 하나님께서 전능하신 능력으로 행하시기 전에는 결코 완전히 이루어지지 못할 것이다(렘 23:1-8).

이스라엘을 그 땅으로 다시 모으시는 때에, 하나님은 민족들을 여호사밧 골짜기로 모아 심판하실 것이다. 요엘은 분명히 역대하 20장의 역사적 설화를 염두에 두고 있다. 전승에 의하면 이 심판은 기드론 골짜기에서 시행된다고 하였다. 이 전승은 기껏해야 유세비우스 시대(주후 4세기) 이후의 것이기는 하나 이것을 옳다고 보는 사람들이 있다. 이곳은 예루살렘 안에 있었거나 그 근처에 있었음이 확실하다. 하나님께서 만국을 심판하시기 위해 모으시는 방법이 요엘 3장 9-12절에 언급되어 있다(슥 12:1-3, 9; 14:2-4; 사 29:1-8).

"너희는 모든 민족에게 이렇게 널리 선포할지어다 너희는 전쟁을 준비하고 용사를 격려하고 병사로 다 가까이 나아와서 올라오게 할지어다 너희는 보습을 쳐서 칼을 만들지어다 낫을 쳐서 창을 만들지어다 약한 자도 이르기를 나는 강하다 할지어다 사면의 민족들아 너희는 속히 와서 모일지어다 여호와여 주의 용사들로 그리로 내려오게 하옵소서" (욜 3:9-11).

이 심판의 근거는 매우 특색이 있다. 열국들은 하나님의 백성이요 기업인 이스라엘 때문에 심판받을 것이다. 마태복음 25장 31-46절을 주의 깊게 읽고 "내 형제들"이라는 말에 주목하라. 이 두 구절은 동일한 심판을 다루고 있다. 예수 그리스도께서 감람 산에서의 놀라운 담화를 마치실 때 이 구절을 염두에 두셨음이 분명하다.

열방들의 큰 죄는—야곱의 환난 때(렘 30:7), 모든 국가가 이에 포함될 것이다—이스라엘을 거슬러 행한 것이다. 하나님의 기업, 그리고 하나님께서 택해 심으신 백성들에게 강포한 손을 얹음으로써 얼마나 크게 하나님의 진노를 일으켰는지 열방은 조금도 깨닫지 못하고 있다. 하나님께서 그와 같은 것을 항상 보고만 계시지 않을 것이다. 요엘은 계수計數의 날이 왔음을 보여준다. 이는 이스라엘이 열방 중에 흩어졌고 그 땅은 나뉘었기 때문이다. 또 그들이 매우 비천한 욕망—축배와 방탕의 밤—에 빠져 있었기 때문이다. 역사가 요세푸스는, 로마 전쟁 때에 적들이 유대인들 중에서 "가장 크고 아름다운 사람들은 뽑아 승리의 기념물로 남겨 두고, 나머지 무리 중 17세 이상의 사람들은 굴레를 채워서 애굽의 광산들로 보내고… 17세 이하의 사람들은 노예로 팔았다"고 기록하였다(*The War of the Jews* 제6권, 제9장 제2부와 *Antiquities* 제12권 제7장 제3부, 마카베오상 3:41; 마카베오하 8:11, 25을 보라). 이 같은 모욕과 그보다 더한 일들이 오늘 우리 세대에서 하나님의 백성에게 행해지고 있다. 그러나 아직도 종말은 오지 않았다. 하나님은 이들에게 심판을 내리실 것인가? 심판을 내리실 것이라고 확신하라.

하나님의 징벌

> "두로와 시돈과 블레셋 사방아 너희가 나와 무슨 상관이 있느냐 너희가 내게 보복하겠느냐 만일 내게 보복하면 너희가 보복하는 것을 내가 신속히 너희 머리에 돌리리니"(욜 3:4).

요엘 3장 4절에서 하나님은 요엘을 통해 베니게 온 땅을 대표하는 두로와 시돈에게 말씀하신다. 그들은 자신들이 다른 모든 나라들과 다르게 취급될 수 있다고 생각하는가? 그들은 하나님의 백성 안에 임재해 계신 하나님께 해를 끼쳤음을 깨닫지 못하는가? 하나님은 자기 백성에게 행해진 모든 비참한 일들을 하나님 자신께 행해진 것으로 간주하신다. 만일 사람들이 하나님을 겨누어 칠 수 있다고 생각한다면, 하나님은 하나님의 징벌이 재빠르게 그들을 엄습하여 압도할 것임을 보여주실 것이다. 하나님은 영원히 침묵을 지키시지는 않으신다.

선지자 요엘은 여호람 시대에 블레셋인들과 아랍인들에 의해 자행된 유다와 예루살렘에 대한 약탈을 회상하고 있다(대하 21:16-17). 하나님은 멀리 팔려갔던 자들을 하나님의 대적인 동시에 그들의 적들인 자들에게 심판을 내리기 위해 사용하실 것이다. 과거에 쾌락과 이익을 위해 유다의 자녀들이 팔려갔듯이, 대적들의 자녀들이 이스라엘 백성의 손에 팔리고, 이스라엘 백성들은 그들을 다시 먼 나라들의 손에 팔아넘길 것이다. 이스라엘에 대해 대적들이 계획하였던 운명이 신실하지 못한 그들에게 되돌아갈 것이다.

군대를 소집하라.

"너희는 모든 민족에게 이렇게 널리 선포할지어다 너희는 전쟁을 준비하고 용사를 격려하고 병사로 다 가까이 나아와서 올라오게 할지어다"(욜 3:9).

요엘 3장 9절에서 하나님은 모든 민족에게 전쟁을 준비하라고 요구하신다. 이것은 하나님께서 그들에게 합당한 심판을 내리시는 방법이다. "준비하라"는 말은 문자 그대로는 "거룩하게 하다," 즉 희생제사와 적절한 의식과 예식으로 거룩하게 하라는 뜻이다(삼상 7:8-9; 렘 6:4). 이 전쟁은 마지막 전쟁이 될 것이다. 모든 민족은 그 종말을 위해서 모든 병력을 완전히 모으고 이동하라는 뜻이다. 완전 무장을 하고 오라는 뜻이다. 필요한 무기가 부족하지 않게 하기 위해서 평화적 목적으로 쓰이는 모든 도구들—보습과 낫—을 쳐서 칼과 창으로 만들라고 한다. 이 같은 일의 예고편이라고 할 제2차 세계대전 당시의 "폐품 수거 운동"scrap drives을 우리는 쉽게 잊지 못할 것이다.

하나님의 백성을 멸하려는 욕망이 너무도 강렬해서 약한 자들까지도 스스로 강한 듯한 환상에 빠질 것이다. 얼마나 많은 민족들이 모일 것인가! 민족들은 함께 연합하여 전대미문의 동맹을 이룰 것이다(시 2:1-3). 요엘은 자기 앞에 펼쳐진 환상의 장면을 보던 도중에 하나님의 용사들이(하나님의 군대)—3:9의 "용사들"과는 구별이 된다—내려오기를 기도한다.

이 예언의 전체적인 주제가 요엘 3장 12절에 요약되어 있다: "민족들은 일어나서 여호사밧 골짜기로 올라올지어다 내가 거기에 앉아서 사면의 민족들을 다 심판하리로다." 민족들은 이스라엘에 대해 크게 분노한 모습으로 표현되어 있다. 그들의 목표는 여호사밧 골짜기이다. 이 골짜기의 이름이 "여호와께서 심판하시다"라는 뜻을 가진 것은 얼마나 적절한 일인가! 그들은(민족들) 복 되신 이스라엘의 왕, 모든 세대에 걸친 보호자, 지극히 어둡고 암울한 시기의 그들의 옹호자, 민족들이 이스라엘을 거슬러 지은 축적된 죄를 영원히 심판하시기 위해 심판대에 앉으실 주 예수 그리스도를 거기서 만나게 될 것이다. 그 날은 두려운 날이며, 민족들은 태양을 하늘에서 빛나지 못하게 할 수 없는 것같이 그 날을 쉽게 피할 수 없을 것이다.

요엘 3장 12절에서 하나님은 민족들에게 명령하셨고, 요엘 3장 13절에서는 하나님의 심판 대행자들에게 명하신다. 심판이 추수와 포도 수확이라는 두 가지 상징으로 묘사된다. 곡식이 무르익었고 포도주 틀과 포도주 독이 넘쳐 흐른다. 이것이 의미하는 바가 분명한 언어로 기록되어 있다: "그들의 악이 큼이로다"(욜 3:13).

이 심판은 이사야 63장 1절과 특히 요한계시록 14장 14-20절에 언급되어 있다. 하나님의 용사들이 결정적인 최후의 전쟁에서 민족들의 용사들과 싸울 때 그 충격은 무시무시할 것이다. 그 전쟁의 결과는 분명하다. 이미 앞에 분명히 기록된 바와 같이 민족들의 피가 그 땅의 흙을 적실 것이다. 너무 늦기 전에 민족들이 하나님의 백성, 유대인들에 관한 가르침을 깨닫지 못하는 것은 말할 수 없이 슬픈 일이다. 이것이 하나님의 변덕이 아니라 민족들의 사악함이 극에 달하였기 때문임을 명심하라.

심판의 골짜기에 모인 허다한 무리들

> "사람이 많음이여, 심판의 골짜기에 사람이 많음이여, 심판의 골짜기에 여호와의 날이 가까움이로다"(욜 3:14).

요엘 3장 14절의 이야기는 매우 중요하기 때문에 좀 더 상세히 이야기해야 한다. 요엘은 민족들이 수없이 많은 무리를 이루어 하나님께서 판결하시는(그들이 판결하는 것이 아니다) 골짜기에 모이는 것을 보았다. "많음이여"라는 말이 거듭되는 것은 그들의 수효가 얼마나 많은지를 나타내기 위함이다. 시야에 들어오는 것은 온통 땅의 민족들의 용사들이 인산인해를 이루어 정렬해 있는 광경이다.

심판 골짜기란 여호사밧 골짜기를 더욱 분명하게 정의한 것이다. 그곳에서 위대하신 하나님의 아들이 파도 소리같이 우렁찬 음성으로 판결의 말을—"내 아버지의 축복받은 자여, 오라" 혹은 "저주받은 자여, 떠나라"—하실 것이다. 하늘과 땅이 이 심판의 위력을 느끼고, 하나님께서도 친히 사자처럼 일어나실 것이다.

진실로 유다 지파의 사자가 시온과 예루살렘으로부터 소리를 발하실 것이다. 그 때에 피조물들은 하나님 백성의 피난처시요 이스라엘 자손들의 산성이 되시는 하나님의 소리를 반향反響할 것이다. 하나님께서 시온에 거하시고, 모든 것이 하나님의 백성에 대해 거룩한 것이 될 것이다(시 132:13-14 비교). 어느 이방인들도 더 이상 그 가운데로 통행하여 이스라엘을 약탈하거나 멸하거나 더럽히지 못할 것이다. 만일 이방인들이 온다면, 그것은 만군의 하나님께 예배하기 위함이다(슥 8:20-23).

유다에 축복을 내리리라.

그러나 민족들에 대한 심판은 결코 그 자체로서 끝나는 것이 아니다. 하나님은 그 심판을 통해 하나님의 백성 이스라엘에게 복을 주려 하신다. 요엘은 이제 짓밟혀온 하나님의 백성들에 대한 약속의 말로 끝맺는다. 산과 작은 산들까지도, 즉 산과 작은 산들인 가장 비생산적인 땅까지도 풍성하게 번성할 것이다. 물도 충분하게 공급될 것이다. 영원한 샘이 필요한 모든 물을 공급할 것이다. 요단 강 건너 모압과 이스라엘의 국경에 위치한 싯딤 골짜기는 메마른 땅으로 유명한 곳이었으나 이곳에도 물이 잘 흐르게 될 것이다.

이스라엘의 모든 대적들을 대표하는 애굽과 에돔(욜 3:2, 11, 12의 "모든"이라는 말로써 알 수 있다)은 영원히 황무지가 될 것이다. 그러나 유다와 예루살렘은 영원히 거할 것이다. 하나님의 백성은 살아남을 것이며, 하나님께서 민족들을 심판하심으로써 하나님의 백성이 박해를 당할 때 흘린 피를 깨끗이 씻어 주실 것이다.

> "그러나 애굽은 황무지가 되겠고 에돔은 황무한 들이 되리니 이는 그들이 유다 자손에게 포악을 행하여 무죄한 피를 그 땅에서 흘렸음이니라 유다는 영원히 있겠고 예루살렘은 대대로 있으리라 내가 전에는 그들의 피흘림 당한 것을 갚아 주지 아니하였거니와 이제는 갚아 주리니 이는 여호와께서 시온에 거하심이니라"(욜 3:19-21).

여호와의 날은 언제 임하는가?

하나님의 말씀 안에 기록되어 있는 이 놀라운 계시의 말씀을 묵상할 때에, 우리는 이 여호와의 날이 언제 임할까 하는 질문을 하게 된다. 여호와의 날이 임할 때가 그리 멀지 않았다.

제6장

아모스: 하나님의 공의

민족들에 대한 계시

하나님의 사자

아모스라는 이름은 구약성경 중 아모스서 이외에는 나타나지 않는다. 아모스는 남왕국 유다의 드고아에서 태어났다. 그는 선지자의 아들도 아니었고(암 7:14-15), 나면서부터 선지자가 된 것도 아니었다(렘 1:5 비교). 그는 목동, 양치기, 뽕나무 재배자였다. 그는 지위나 부나 영향력이 있는 가문의 출신이 아니었으며, 예루살렘 남동쪽 12마일, 베들레헴 남쪽 6마일 되는 곳에 있는 드고아라는 험준한 지역에서 열심히 목축 생활을 하던 사람이었다. 아름답고 풍성한 그의 비유와 상징들은 그의 전원생활로부터 유래된 것이다. 아모스서는 아름다운 표현과 고결한 사상으로 특징지어진다.

그는 호세아와 동시대인으로서 유다 출신이었지만 하나님의 뜻에 따라 북왕국 이스라엘의 종교 중심지인 벧엘에서 예언 활동을 하였다. 호세아가 심판의 한가운데 나타나 있는 하나님의 사랑을 강조한 것에 반하여, 아모스는 죄인들에 대한 하나님의 위엄과 타협할 줄 모르는 공의를 외쳤다. 그의 예언의 메시지와 환상들은(마지막 것은 제외하고) 본질적으로 위협적이다. 그는 백성들이 도덕적으로 타락하고, 특히 하나님을 배반하고 우상을 숭배하는 것에 대해 예언을 하였다.

아모스의 활동 시기

> "유다 왕 웃시야의 시대 곧 이스라엘 왕 요아스의 아들 여로보암의 시대 지진 전 이년에 드고아 목자 중 아모스가 이스라엘에 대하여 이상으로 받은 말씀이라"(암 1:1).

유다의 웃시야와 이스라엘의 여로보암 2세가 통치하던 시대는 대단한 번영을 누리던 시대였다. 북왕국으로서는 가장 번영했던 시기였다. 여로보암 2세의 통치 하에서 이스라엘의 세력은 절정에 달했다. 이 시기는 대단한 부, 사치, 교만, 육체적 안일, 가난한 자들에 대한 압제, 도덕적 부패, 형식적 예배의 시기였다. 백성들의 도덕적, 영적 타락은 엄청난 것이었다.

아모스는 하나님의 징계를 예고했으나 하나님의 채찍으로 사용될 이방 침략자인 앗수르의 이름을 거론하지는 않았다. 아모스 1장 1절에 웃시야가 언급되었지만, 이 예언이 특별히 목적하는 대상은 이스라엘임이 분명하다.

이 메시지는 지진이 있기 2년 전에 전해진 것이다. 팔레스타인에서는 종종 지진이 발생하였으나, 이 지진은 거의 2세기 이상이 지난 후 스가랴에 의해 언급되는 것으로 보아(슥 14:4-5) 매우 강한 지진이었음이 틀림없다. 역사가 요세푸스는 이 지진이 웃시야가 제사장의 직무를 수행하려 했을 때(대하 26:16-23) 일어났다고 주장하나, 이에 대해 아무런 근거도 없고 이 사건의 시기를 파악하는 데 아무 도움이 되지 않는다. 자연 속에 발생한 이 무서운 재앙의 시기를 확인할 수 있는 방법은 없다. 이 재앙은 언젠가는 그들에게 닥칠 심판에 대한 하나의 경고의 표시였다.

여호와께서 시온에서부터 부르짖으시니

> "그가 이르되 여호와께서 시온에서부터 부르짖으시며 예루살렘에서부터 소리를 내시리니 목자의 초장이 마르고 갈멜 산 꼭대기가 마르리로다"(암 1:2).

아모스는 하나님이 시온에서부터 사자처럼 부르짖으신다고 선포함으로써 그의 메시지를 요엘의 메시지와 직접 관련시킨다(욜 3:16 비교). 여기에서 하나님의 부르짖음은 이스라엘에 대한 것이다. 요엘서에서는 이스라엘을 위하여 그들의 대적들에 대해 부르짖으셨다. 사자는 부르짖으면서 먹이를 덮친다. 바야흐로 이스라엘에게 심판이 임하게 된 것이다. 남쪽의 목자의 초장과 북쪽의 갈멜 산 꼭대기가 언급되어 온 나라가 심판받을 것을 나타낸다. 갈멜은 지중해 연안에 위치한 큰 갑岬으로 초장, 감람나무밭, 포도밭이 풍성했다(사 35:2). 이 갈멜이 마른다면, 다른 곳은 얼마나 황폐하였겠는가! 마른다는 것은 가뭄뿐만 아니라 전반적인 파멸을 의미한다.

수리아에 임할 심판

"여호와께서 이와 같이 말씀하시되 다메섹의 서너 가지 죄로 말미암아 내가 그 벌을 돌이키지 아니하리니 이는 그들이 철 타작기로 타작하듯 길르앗을 압박하였음이라"(암 1:3).

선지자 이사야, 예레미야, 그리고 에스겔은 이방나라들에 대해서 예언했다. 그들은 먼저 하나님의 백성 이스라엘에 대한 책망 뒤에, 그들에 대한 계시를 언급하였다. 아모스는 이 순서를 뒤바꾸고 있는데, 우리는 조만간 이것이 지혜로운 배열이라는 것을 알게 될 것이다.

심판은 먼저 수리아의 수도 다메섹에 내릴 것이다. 다른 예언적 구절들을 통하여 아는 바와 같이, 민족들을 대표해서 선정된 나라들은 이스라엘을 현저하게 압제한 나라들이다. 이스라엘과 관련된 나라들(에돔, 암몬, 모압)은 마지막에 언급되어 절정을 이룬다. 심판이 선포될 때마다 나타나는(의도적으로 일치시킨 듯한 인상을 준다) "서너 가지 죄로 말미암아"라는 표현은 정확한 숫자를 염두에 둔 표현이 아니다. 이 국가들은 세 가지나 네 가지 죄 때문에 재앙을 받고 있는 것이 아니라 셀 수 없이 많은 죄 때문에 재앙을 받는 것이다. 이 표현은 죄악이 가득 찼기 때문에 진노가 악인들에게 떨어져야 함을 의미한다. 이제 징계를 피할 수 없게 되었다. 그것은 불가피한 것이며 돌이킬 수 없는 것이다.

수리아인들은 어떻게 하나님의 백성 이스라엘에 대해 죄악의 잔을 채웠는가? 그들은 철 타작기로 길르앗을 타작했다. 길르앗은 르우벤, 갓, 므낫세 반 지파에 속한 요단 동쪽의 땅으로서 특히 북쪽 수리아의 공격을 받기 쉬운 지역이었다. 여기에 언급된 잔인한 행위—철 도리깨로 몸을 찢고 짓이기는 일—는 예후와 여호아하스가 통치하던 이스라엘을 압제한 수리아의 왕 다메섹의 하사엘에 의해 저질러졌다(왕하 10:32, 33; 13:3-7).

선지자들은 하나님 말씀의 역사적 사건들을 다루는 영감을 받은 해설가들이었다. 징계는 불로, 전쟁과 파멸의 불로 묘사된다(렘 49:27). 하사엘과 벤하닷은 이스라엘을 가장 참혹하게 압제한 왕들이었다. 여기 언급된 벤하닷은 그 이름을 가진 두 수리아인을 모두 의미할 수도 있으나, 하사엘에 의해 살해된 벤하닷(왕하 8:7, 15)보다는 하사엘의 아들(왕하 13:3)일 것이다.

> "내가 하사엘의 집에 불을 보내리니 벤하닷의 궁궐들을 사르리라 내가 다메섹의 빗장을 꺾으며 아웬 골짜기에서 그 주민들을 끊으며 벧에덴에서 규 잡은 자를 끊으리니 아람 백성이 사로잡혀 기르에 이르리라 여호와께서 말씀하셨느니라" (암 1:4-5).

"빗장을 꺾는다"는 것은 성문을 부수고 포위군들이 입성하는 것을 의미한다. 아웬 골짜기는 아마 레바논과 안티리바누스 사이에 있는 오늘날의 베카일 것이며, 그 중에 헬리오폴리스(바알벡)가 가장 중요한 성읍이었다. 벧에덴은 하란 근처의 지역이며, 기르는 같은 이름을 가진 강의 둑에 있는 앗수르의 한 지방이다. 여기에 예고된 심판은 수리아인들을 기르로 몰아낸 앗수르 사람 디글랏 빌레셀에 의해 이루어졌다(왕하 16:9). 이와 같이 수리아는 이스라엘에 대한 그들의 잔혹한 행위 때문에 재앙을 맞게 되어 있었는데, 그 재앙은 특히 다메섹에 떨어질 것이었다. 이 유명한 성읍에 대해 아랍인들은 다음과 같이 말해왔다: "만약 지구상에 에덴동산이 있다면 그것은 다메섹일 것이다. 그리고 만약 에덴동산이 하늘에 있다면, 다메섹은 지구상에 있는 에덴동산일 것이다."

블레셋의 파멸

"여호와께서 이와 같이 말씀하시되 가사의 서너 가지 죄로 말미암아 내가 그 벌을 돌이키지 아니하리니 이는 그들이 모든 사로잡은 자를 끌어 에돔에 넘겼음이라"(암 1:6).

아모스 1장에서 가사라는 말은 블레셋 전체를 의미한다. 이것은 아모스 1장 8절에 있는 아스돗, 아스글론, 에그론에 대한 언급에서 분명히 알 수 있다.

"내가 또 아스돗에서 그 주민들과 아스글론에서 규를 잡은 자를 끊고 또 손을 돌이켜 에그론을 치리니 블레셋의 남아 있는 자가 멸망하리라 주 여호와께서 말씀하셨느니라"(암 1:8).

블레셋의 다섯 도시에 대한 언급에서 갓이 빠진 것은 아마 그 성읍이 이미 웃시야 왕에 의해 파괴되었기 때문일 것이다(대하 26:6). 블레셋인들의 죄는 그들이 이스라엘을 사로잡아 하나도 남기지 않고 이스라엘의 철천지 원수라 할 수 있는 에돔에게 넘겨 준 일이다. 일부 전쟁 포로만 유배시킨 것이 아니라 전 지역 주민들의 완전한 국외 추방을 의미한다. 이것이 상업적인 목적 때문이었다고 보는 사람들도 있다.

"여호와께서 이와 같이 말씀하시되 두로의 서너 가지 죄로 말미암아 내가 그 벌을 돌이키지 아니하리니 이는 그들이 그 형제의 계약을 기억하지 아니하고 모든 사로잡은 자를 에돔에 넘겼음이라"(암 1:9).

이 구절을 요엘 3장과 비교하면, 이 일이 다음과 같이 이루어졌음을 알게 된다. 블레셋인들이 포로 중 일부를 에돔인들에게 팔았고 나머지는 베니게인들에게 팔았는데, 베니게인들은 그들을 다시 헬라인들에게 팔았다. 그 당시에도 지금처럼 하나님의 백성을 가지고 장사하는 일이 이스라엘의 대적들에게 매우 이익이 되었던 것 같다.

여기에 어떠한 역사적 사건이 암시되고 있는가? 블레셋인들이 유다의 저지대와 남쪽을 침범했던 아하스 왕의 통치 시기에 이같이 잔인한 일들이 일어났다는 주장이 있다(대하 28:18). 그러나 아모스가 여호람 통치 때 발생한 블레셋의 유다 침범을 말하고 있을 가능성이 크다(대하 21:6). 블레셋 주민의 대량 학살이 이러한 만행에 대한 하나님의 응답이 될 것이다. 하나님의 손을 에그론으로 돌린다는 것은 동일한 심판으로 다시 그들을 찾아가심을 말한다.

베니게인들에 대한 진노

"내가 두로 성에 불을 보내리니 그 궁궐들을 사르리라"(암 1:10).

두로에 대한 예언은 베니게 전체에 대한 예언이다. 이들의 죄는 블레셋인들의 죄—전쟁 포로들을 노예로 파는 일—와 같은 것이었다. 베니게인들은 매우 상업적인 백성으로서, 분명히 전쟁 포로들을 여러 나라에 팔았을 것이다. 포로들은 이스라엘이 수리아의 하사엘과 벤하닷과 싸울 때 잡혀 갔고, 베니게인들은 이들에게서 그 포로들을 얻을 수 있었던 것이다.

이러한 일들은 두로 사람들에 의해 자행되었기 때문에 더욱 비참했다. 왜냐하면 두로 왕 히람과 이스라엘 왕 다윗, 솔로몬 사이에는 오래 지속된 형제의 언약이 있었기 때문이다(삼하 5:11; 왕상 5:2-6, 15-18; 9:11-14). 게다가 이스라엘이나 유다 왕은 전혀 베니게를 대적하여 전쟁을 일으키지 않았다. 아모스 1장 10절에 선포된 심판은 두로의 여러 지역이 느부갓네살이 지휘하는 갈대아인들에 의해 불탈 때 이루어졌다.

암몬에 대한 심판

> "여호와께서 이와 같이 말씀하시되 암몬 자손의 서너 가지 죄로 말미암아 내가 그 벌을 돌이키지 아니하리니 이는 그들이 자기 지경을 넓히고자 하여 길르앗의 아이 밴 여인의 배를 갈랐음이니라"(암 1:13).

역시 이스라엘과 혈연관계가 있는 암몬인들은 나하스의 지휘 아래 길르앗 야베스를 공격했었다(삼상 11:1 비교). 그들도 갈대아인들과 연합하여 유다를 침범하고 약탈했다(왕하 24:2). 그러나 아모스 1장 13절에 언급된 잔혹 행위는 구약성경의 역사적 기사에 언급되어 있지 않다. 이러한 일들은 영토 확장을 목적으로 하여 수행되었다. 그것은 독일인들이 말하는 바 생활공간Lebensraum의 확장을 위한 새로운, 그러나 무척 오래된 멸절의 부르짖음이다.

형세가 뒤바뀌어 암몬이 외국 침략자들의 목표가 될 것이다. 헬라인들이 애굽의 프톨레미 필라델푸스의 이름을 따서 필라델피아라 불렀고 지금은 암만이라고 불리는 수도 랍바(신 3:11)가 침략을 받고 포로로 잡혀갈 것이다(렘 49:3). 아모스 1장과 같이, 이스라엘의 하나님이 한 부족의 하나님, 혹은 민족의 하나님이라고 주장하는 것은 참으로 큰 논쟁거리가 된다. 성경이 언제나 주장하는 바와 같이 하나님은 세상의 하나님이시다.

이스라엘에 손대지 말라!

아모스 1장에서는 훌륭한 웅변으로 하나님의 눈동자인 이스라엘을 건드려 다치게 하는 데 포함된 위험에 대해 말하고 있다. 하나님은 그들을 위하여 왕들뿐만 아니라(시 105:14) 국가들도 책망하시는데, 이러한 사실은 아모스 1장에 기록된 하나님의 말씀이 충분히 증명하고 있다. 아모스 1장에 기록되어 있는 하나님의 말씀은 아브라함의 자손을 저주하는 자를 저주하시겠다는 하나님의 약속에 대한 자체의 증명을 포함하고 있음이 분명하지 않은가? 본장은 여기에 추가할 수 있는 다른 구절들과 더불어 하나님께서 하신 모든 말씀을 실행하는 하나님의 신실하심에 대한 놀라운 주석이다. 이 약속의 다른 부분도 역시 진실됨을 기억하라. 하나님은 아브라함의 자손을 축복하는 자들을 축복하신다.

이스라엘의 죄들

모압을 향한 하나님의 진노

"여호와께서 이와 같이 말씀하시되 모압의 서너 가지 죄로 말미암아 내가 그 벌을 돌이키지 아니하리니 이는 그가 에돔 왕의 뼈를 불살라 재를 만들었음이라 내가 모압에 불을 보내리니 그리욧 궁궐들을 사르리라 모압이 요란함과 외침과 나팔 소리 중에서 죽을 것이라 내가 그 중에서 재판장을 멸하며 지도자들을 그와 함께 죽이리라 여호와께서 말씀하시니라"(암 2:1-3).

아모스 2장에서도 1장에서 시작된 민족들에 대한 진노의 말씀이 계속된다. 아모스 2장 1-3절에는 모압에 대한 하나님의 진노가 기록되어 있다. 이 민족의 죄는 에돔 왕의 뼈를 불살라 재灰를 만드는 데에서 절정을 이룬다. 죽은 자들에게까지 복수를 했던 것이다. 그것은 죽어도 그치지 않는 복수의 정신을 드러낸다.

이 일이 구약성경의 역사서에는 기록되어 있지 않다. 이 사건은 이스라엘의 여호람, 유다의 여호사밧, 그리고 에돔 왕이 모압인들과 전쟁을 하던 때에 일어났다고 생각되어 왔는데, 그럴 가능성이 높다고 본다(왕하 3:26-27). 이에 대한 한없는 진노의 표시로서 하나님은 파멸의 불이라는 재앙을 모압에 내리신다. 모압의 유명한 성읍인 그리욧의 궁궐이 불에 탈 것이다(사 15:1; 렘 48:24, 41, 45). 느부갓네살 왕이 모압을 완전히 정복하여 재판장과 방백들의 목이 잘리고 소동, 아우성, 나팔 소리 중에서 모압의 멸망은 이루어졌다. 그때 이후로 모압은 더 이상 국가로서 존재하지 못하였다.

유다의 죄

"여호와께서 이와 같이 말씀하시되 유다의 서너 가지 죄로 말미암아 내가 그 벌을 돌이키지 아니하리니 이는 그들이 여호와의 율법을 멸시하며 그 율례를 지키지 아니하고 그의 조상들이 따라가던 거짓 것에 미혹되었음이라 내가 유다에 불을 보내리니 예루살렘의 궁궐들을 사르리라"(암 2:4-5).

민족들은 자연법, 양심, 본성적 감정을 거스른 죄들 때문에 벌을 받지만, 유다와 이스라엘은 계시된 하나님의 뜻을 거슬렀기 때문에 재앙을 당한다(롬 2:12, 14, 15). 아모스 2장 4-5절은 유다에 대한 것이고, 아모스서의 나머지 부분은 모두 이스라엘에 대한 것이다. 하나님은 편파적인 분이 아니다. 따라서 하나님의 백성이라 할지라도 죄를 지었을 때는 심판을 받아야 한다.

일련의 예언은 하나님의 백성들에 관한 것으로 끝나게 되어 있었다. 그들은 이방 나라들이 결코 갖지 못했던 것—모세의 십계명 속에 있는 하나님의 율법—을 가지고 있었다. 그러나 율법에 주의를 기울이지 않고 그것을 던져 버려 그 안에 주어진 의로운 율례들을 지키는 데 완전히 실패했다. 그들은 거짓말, 헛된 우상 등에 미혹되어 있었다. 이러한 것들은 그들을 더욱더 하나님께서 택하신 길에서 벗어나게 했다(시 40:4; 렘 16:19-20).

나쁜 본보기는 그 영향이 오래 지속된다. 아모스 시대 사람들의 조상들도 동일하게 무가치한 우상들을 섬겼다. 이전 세대들도 동일한 죄들을 범했다. 그 때마다 매 번 선포되는 심판은 불의 심판이었다(암 1:4, 7, 10, 12, 14; 2:2, 5). 예루살렘의 궁전들은 주전 586년 느부갓네살의 군대가 이 성읍을 탈취했을 때 불에 삼켜졌다.

이스라엘의 범죄

> "여호와께서 이와 같이 말씀하시되 이스라엘의 서너 가지 죄로 말미암아 내가 그 벌을 돌이키지 아니하리니 이는 그들이 은을 받고 의인을 팔며 신 한 켤레를 받고 가난한 자를 팔며"(암 2:6).

아모스 2장 6절에는 이스라엘의 가증한 죄악들이 상세히 제시된다. 이스라엘이 그 영적 타락의 심각성을 깨닫고 진실로 회개하여 자신이 그렇게도 거역하였던 하나님께로 돌아온다 할지라도 하나님은 이스라엘의 타락과 죄를 그냥 묵과하시지 않는다. 성경은 가난한 자들을 압제하거나 조롱한 사람은 그 창조자를 비난하는 것이며(잠 14:31; 17:5), 하나님은 분명히 가난하고 의로운 자들의 억울함을 신원하여 주신다고 말한다.

이스라엘의 불의한 재판자들은 만족을 모르는 탐욕 때문에 뇌물을 받고 의인들은 정죄하였다. 이것은 신명기 16장 19절과 다른 구절에 기록된 분명한 금지령을 범하는 것이었다. 당시에는 지극히 보잘 것 없는 것, 신 한 켤레로 재판자를 매수할 수 있었다. "은으로 힘없는 자를 사며 신 한 켤레로 가난한 자를 사며 찌꺼기 밀을 팔자 하는도다"(암 8:6). 가난한 자들을 멸시하는 죄가 이 예언서에 여러 번 언급되어 있다(암 2:6, 7; 5:11; 8:6).

신실하지 못한 자들은 심지어 가난한 자들의 머리에 있는 티끌도 탐냈다고 기록되어 있다. 이것은 무엇을 나타내는가? 아모스 2장 7절 중 이 부분에 대해서 여러 가지 해설이 있다. 악인들이 가난한 자들을 압제하여 영락零落시켰기 때문에 가난한 자들이 애통하며 머리에 티끌을 뿌렸다는 의견이 있었다. 이처럼 재를 뿌려 슬픔을 나타내는 관습은 동방에 널리 퍼져 있었다(삼하 1:2; 욥 2:12).

또 하나의 견해는 신실하지 못한 자들이 가난한 자들을 흙 먼지 속에서 발로 짓밟았다는 것이다. 또는 채권자들이 가난한 자들이 애통하며 그들의 머리에 티끌을 뿌리는 것까지도 아까워했다고 생각하는 사람들도 있다. 아마 첫 번째 주장이 가장 옳은 것 같다. 즉 불의한 자들은 가난한 자들을 비탄의 심연으로 빠뜨리고서야 만족하였던 것이다. 그리고 겸손한 자들은 감히 그들의 정당한 문제를 제기하고 주장하지 못했기 때문에 이용당하고 그들의 주장은 악용되었다(사 10:2 비교).

그들의 탐욕에는 방종한 색욕이 뒤따랐다. 아버지와 아들이 같은 여인에게—아마 아스다롯 여신과 같은 우상의 제단에 관련된 신전 창녀였을 것이다—갔다. 하나님에게서 영적으로 멀어지면 반드시 도덕적인 타락이 뒤따른다. 고의적이든 아니든, 그 결과로 하나님의 거룩한 이름이 더러워진다. 하나님께서 자기 백성의 사악한 행위로 말미암아 수치를 당하시는 것이다.

> "이 일로 말미암아 여호와의 원수가 크게 비방할 거리를 얻게 하였으니 당신이 낳은 아이가 반드시 죽으리이다 하고"(삼하 12:14).

우리가 이 사악한 세상에서 그리스도의 이름으로 하나님의 자녀가 되었기 때문에 하나님은 우리에게 불의에서 떠나라고 권면하신다. 우리는 우리를 구원하신 은혜를 은혜롭게 하거나, 또는 수치스럽게 한다.

> "그러나 하나님의 견고한 터는 섰으니 인침이 있어 일렀으되 주께서 자기 백성을 아신다 하며 또 주의 이름을 부르는 자마다 불의에서 떠

날지어다 하였느니라"(딤후 2:19).

그러나 아모스가 이것으로 북왕국 이스라엘의 죄인들에 대한 책망을 끝낸 것이 아니다. 그는 가장 큰 책망을 남겨 두었다가 이 예언의 절정, 즉 마지막에 선포하려 한다.

> "힘 없는 자의 머리를 티끌 먼지 속에 발로 밟고 연약한 자의 길을 굽게 하며 아버지와 아들이 한 젊은 여인에게 다녀서 내 거룩한 이름을 더럽히며 모든 제단 옆에서 전당 잡은 옷 위에 누우며 그들의 신전에서 벌금으로 얻은 포도주를 마심이니라"(암 2:7-8).

악인들은 모든 제단 곁에 담보로 빼앗은 옷을 깔고 누웠다. 언급된 옷은 겉옷을 의미한다. 출애굽기 22장 25-27절과 신명기 24장 12-13절에는 가난한 자들의 겉옷을 해지기 전에 돌려주어 그들이 추운 밤에 그것을 덮고 잘 수 있게 하라고 명했다. 그들은 그 옷을 돌려주지 않았을 뿐만 아니라 그 옷을 깔고, 그것도 우상의 신전 안에 누웠다. 아모스 2장 8절의 "모든 제단"은 우상의 신전이라고 여겨진다. 이것이 팔레스타인에 있는 하나님의 성전을 의미할 수는 없기 때문이다.

이러한 죄(혹은 이와 결합된 몇 가지 죄들)의 비열한 성격은 생각해 볼수록 더욱 커진다. 빛을 아는 사람이 죄를 저질렀을 때, 그들은 종종 하나님을 전혀 모르는 사람들보다도 더 극단으로 치닫는다. 빛을 거절하면 결과적으로 항상 더 어두운 밤을 맞게 된다. 이 술 취한 자들이 그들의 신(하나님이 아니다)을 위한 우상 숭배의 외설스런 축제 때 마시는 포도주는 불의한 세금으로 벌어들인 돈으로 사온 것들이다. 그들의 압제는 가혹했고, 따라서 그들은 무한히 의롭고 거룩하신 하나님의 손에 의한 심판을 향하여 질주하고 있었다.

이스라엘에게 베푸셨던 하나님의 자비

하나님에 대한 그들의 배은망덕을 밝히기 위해서, 아모스는 하나님의 손으로 이스라엘에게 베푸셨던 자비하신 은혜를 몇 가지 열거한다. 이스라엘에 대한 하나님의 은혜는 그 자체가 이스라엘의 죄에 대한 고발이 된다. 이스라엘이 하나님을 거역하였음에도 하나님은 아모리 사람들을 그들 앞에서 멸하셨다(수 24:8).

> "내가 아모리 사람을 그들 앞에서 멸하였나니 그 키는 백향목 높이와 같고 강하기는 상수리나무 같으나 내가 그 위의 열매와 그 아래의 뿌리를 진멸하였느니라"(암 2:9).

아모리 족속은 가나안 땅에 거하는 모든 족속 중에서 가장 강한 민족이었으며, 아모스 2장 9절에서는 아마 모든 가나안 족속들을 대표하는 것 같다(아모리 족속이 모든 민족들을 대표로 쓰였던 예는 창세기 15:16, 48:22; 신명기 1:20; 여호수아 7:7에서 볼 수 있다). 그들에 대한 묘사는—그 키는 백향목 높이와 같고 강하기는 상수리나무와 같다—생생하며, 신앙이 없는 정탐꾼들의 보고가 그들의 외모에 관한 한 옳았음을 나타내준다(민 13:22, 32, 33). 그들의 문제는 신실한 갈렙이나 여호수아와는 달리 하나님의 능력을 믿지 않았다는 사실이었다. 적들의 키가 장대했지만 하나님은 그들의 열매와 뿌리를 모두 완전히 멸하셨다(겔 17:9; 말 4:1).

> "내가 너희를 애굽 땅에서 이끌어 내어 사십 년 동안 광야에서 인도하고 아모리 사람의 땅을 너희가 차지하게 하였고 또 너희 아들 중에서 선지자를, 너희 청년 중에서 나실인을 일으켰나니 이스라엘 자손들아 과연 그렇지 아니하냐 이는 여호와의 말씀이니라"(암 2:10-11).

게다가 그 땅에서 적을 멸망시키신 일 이전에 하나님의 사랑으로 애굽의 속박으로부터 그 민족을 해방시키신 일과 그들을 거친 광야에서 40년 동안 보호하신 일이 있었다(시 44:3). 이러한 자비로운 은혜의 절정으로 하나님은 그 땅에 거할 때 그들의 아들들 중에서 하나님의 뜻이 담긴 메시지를 백성들에게 전할 사람들, 즉 선지자들을 임명하셨고, 젊은 사람들 중에 나실인을 일으키셨다(민 6장). 하나님은 그들에게 진리와 하나님의 뜻을 가르치고 그 민족이 순결하고 거룩한 삶을 유지하게 하기 위해 이 모든 일을 행하셨다.

나실인의 서원은 자유의사에 따르는 것이었으나 서원을 하고자 하는 욕망과 충동은 하나님으로부터 왔기 때문에 하나님께서 그들을 세우셨다고 말하는 것이다. 당시에 젊은 나실인들을 통해서 하나님은 이스라엘에게 하나님께 대한 순결함과 온전한 헌신이라는 특별한 본보기를 주신 것이다.

> "또 너희 아들 중에서 선지자를, 너희 청년 중에서 나실인을 일으켰나니 이스라엘 자손들아 과연 그렇지 아니하냐 이는 여호와의 말씀이니

라"(암 2:11).

이제 아모스는 다시 본론으로 돌아와서 단도직입적으로 묻는다. "과연 그렇지 아니하냐?" "감히 이러한 사실들을 부정하거나 논박하려 하느냐?"

이스라엘은 하나님의 이러한 자비를 기뻐하고 하나님께 감사의 예배를 드렸는가? 하나님의 말씀은 황폐하게 하는 답변을 준다. 그들은 나실인을 유혹하여 거룩한 서원을 깨뜨리고 신실하지 못한 사람이 되게 했으며, 선지자들이 하나님의 메시지를 전하는 것을 금하였다. 아모스 7장 12-14절(아모스 자신이 바로 이 일을 경험했다)과 예레미야 11장 21절을 비교해 보라. 이보다 더 큰 뻔뻔스러움과 반항이 있을 수 있겠는가? 아니다. 따라서 아모스는 재앙의 때를 예고한다.

피할 수 없는 심판

"보라 곡식 단을 가득히 실은 수레가 흙을 누름같이 내가 너희를 누르리니 빨리 달음박질하는 자도 도망할 수 없으며 강한 자도 자기 힘을 낼 수 없으며 용사도 자기 목숨을 구할 수 없으며 활을 가진 자도 설 수 없으며 발이 빠른 자도 피할 수 없으며 말 타는 자도 자기 목숨을 구할 수 없고"(암 2:13-15).

아모스 2장 13-15절이 어떤 파괴적인 지진을 말한다는 의견도 있다. 그러나 아모스 2장의 나머지 부분에 기록된 이야기에서 분명해지는 바와 같이 그 재앙은 전쟁일 것이다. 구약성경이든 신약성경이든 모든 구절들이 우리 번역본들에 나타난 것처럼 쉽게 번역되어지는 것은 아니다. 히브리 원문의 아모스 2장 13절은 "곡식 단을 가득히 실은 수레" 처럼 하나님께서 이스라엘을 누르신다는 의미인가? 그렇지 않으면 그와 같이 눌려지는 분이 하나님이신가? 후자의 의미로서 ASV의 난외주를 보라. 물론 전자의 의미로 보아야 한다. 후자는 하나님에 대한 말할 수 없을 만큼 흉칙한 묘사가 되기 때문이다.

"보라 곡식 단을 가득히 실은 수레가 흙을 누름같이 내가 너희를 누르리니"(암 2:13)라는 말씀은 이스라엘이 하나님으로부터 떠나 온갖 죄를 범하고 있음을 의미한다. 이스라엘은 그 방종한 삶에 제제나 제한을 가하지 않았고, 거기에 순종하지도 않았다. 이제 하나님께서 이스라엘을 그 자리에 짓누르실 것이다. 하나님께서 이스라엘을 에워싸시기 때문에 그들은 도망하지 못할 것이다. 빨리 달리는 자들, 강한 자들, 힘 있는 용사들이 하나님의 심판 앞에서 무력해질 것이다. 도피, 군대, 원조 등이 필요한 때에 이들에게 미치지 못할 것이다. 훈련된 궁수, 보병, 기병(우연히도 이 모든 것은 재앙이 전쟁임을 나타낸다)들의 용맹함도 이 재앙에는 아무 소용이 없을 것이다. 용사들 중에서 가장 용감한 자들도 겨우 자기 목숨이나 건질 수 있을 것이다. 간단히 말해서 범죄한 하나님의 백성에 대한 하나님의 심판을 수행하기 위해 앗수르 군대가 쳐들어 올 때, 아무도 그들을 피하지 못할 것이다. 하나님의 진노의 심판이 임하는 두려운 날에 그것을 피할 사람은 아무도 없는 것이다.

"과연 그렇지 아니하냐?"

아모스 2장 예언의 중심 메시지는 다음과 같다. 즉 이스라엘이 하나님께서 거듭 베푸신 은혜와 축복을 무시하고 거절하였으므로 하나님의 심판을 돌이킬 수 없게 되었다. 이것은 오늘날에도 적용되는 진실이다. 오늘날을 은혜의 날, 은혜의 시대라고 부를 수 있을 것이다. 자비로우신 하나님께서 이스라엘 백성들과 구원받기 위해 주 예수 그리스도를 믿으려 하는 전 세계 사람들에게 영원한 생명과 영광을 주신다는 분명한 근거가 있기 때문이다. 하나님께서 주시는 이 은혜를 벗어나는 자에게는 절망적인 죽음만이 있을 뿐이다.

특권과 책임

이스라엘을 택하신 하나님

> "이스라엘 자손들아 여호와께서 너희에 대하여 이르시는 이 말씀을 들으라 애굽 땅에서 인도하여 올리신 모든 족속에 대하여 이르시기를" (암 3:1).

아모스는 호세아 선지자와 마찬가지로 완전히는 아니지만 주로 북왕국 이스라엘에 대해 예언하였다. 아모스 3장은 "이 말씀을 들으라"는 외침으로 시작된다(같은 표현으로 암 4:1, 5:1, 3:13). 에브라임이 특별히 주목되고 있으나 하나님께서 애굽에서부터 인도하여 낸 모든 족속, 즉 온 이스라엘이 아모스 3장 예언의 대상이다.

유다와 이스라엘이 다 들어야 하는 매우 중요한 메시지는 무엇인가? 하나님은 땅의 모든 족속 중에(아모스 3장 1절에 언급한 족속과 상반된 뜻) 오직 하나님의 백성 이스라엘만을 알았다고 말씀하신다. 이 구절에서 그들을 알았다는 것은 하나님 자신의 목적을 위해 그들을 택하여 성별하셨다는 뜻이다. 하나님께서 그들을 자기 백성으로 삼고 그 증언으로서 특별한 은혜를 주셨다("알았다"의 의미에 대해서 시편 1:6, 144:3; 요한복음 10:14을, 이스라엘을 특별히 선택하신 것에 대해서는 출애굽기 19:5; 신명기 4:20, 7:6; 시편 147:19-20을 보라).

우리는 선지자 아모스가 하나님께서 이스라엘을 택하셨기 때문에 그들의 잘못과 죄를 눈 감아 주실 것이라고 선포하기를 기대할 수도 있을 것이다. 하나님을 알지 못하고 믿지 못하는 사람들은 종종 자기 백성 이스라엘에 대한 하나님의 편파적인 처사에 대해 하나님을 비난한다. 마치 하나님께서 이스라엘 백성은 그 누가 범죄하더라도 그 가혹한 성품을 억제하셔서 심판하지 않는 것처럼. 하나님은 이 같은 인간의 추론과는 반대되는 말씀을 하신다. 하나님은 이스라엘을 자신과의 친밀한 관계로 인도하셨기 때문에 보다 분명하게 이스라엘의 모든 죄악에 대하여 보응하실 것이다.

> "내가 땅의 모든 족속 가운데 너희만을 알았나니 그러므로 내가 너희 모든 죄악을 너희에게 보응하리라 하셨나니"(암 3:2).

성경 어디에도 이보다 더 힘차고 근본적인 원칙은 선포되어 있지 않다. 선지자는 징벌이 은혜에 비례한다고 말하고 있다. 많은 은혜를 받은 사람에게 많은 것을 기대하는 것이다. 심판은 하나님의 집에서부터 시작된다(벧전 4:17). 우리가 하나님과 더 친밀한 관계에 들어갈수록 더 많은 충성이 요구된다. 다른 신자들의 방종함이 우리의 기준이 될 수는 없다.

선지자 아모스는 백성에게 하나님께서 그들을 선택하신 것은 그들의 사악함을 덮어 감추어 주려는 것이 아니라고 강하게 주장한다. 하나님께서 신약 시대의 교회를 택하셔서 이 은혜의 시대에 하나님의 축복의 통로를 만드셨다고 해서 우리의 사악함이 드러날 때 하나님께서 그 사악함을 심판하시지 않는 것은 아니다. 사도행전 5장 1-11절에 있는 아나니아와 삽비라의 경우를 보라. 빛 되신 하나님께 범죄한 하늘의 천사들은 결코 구속을 받지 못한다(벧후 2:4; 유 6). 하나님께 가까이 가는 축복도 크지만, 그 빛에 일치하여 살아가야 하는 책임 또한 크다.

죄에는 심판이 따른다.

> "두 사람이 뜻이 같지 않은데 어찌 동행하겠으며 사자가 움킨 것이 없는데 어찌 수풀에서 부르짖겠으며 젊은 사자가 잡은 것이 없는데 어찌 굴에서 소리를 내겠느냐 덫을 땅에 놓지 않았는데 새가 어찌 거기 치이겠으며 잡힌 것이 없는데 덫이 어찌 땅에서 튀겠느냐 성읍에서 나팔이 울리는데 백성이 어찌 두려워하지 아니하겠으며 여호와의 행하심이 없는데 재앙이 어찌 성읍에 임하겠느냐 주 여호와께서는 자기의 비밀을 그 종 선지자들에게 보이지 아니하시고는 결코 행하심이 없으시리라 사자가 부르짖은즉 누가 두려워하지 아니하겠느냐 주 여호와께서 말씀하신즉 누가 예언하지 아니하겠느냐"(암 3:3-8).

아모스 3장 3-8절에서 선지자 아모스는 그 시대 사람들에게 임할 하나님의 심판을 선포할 권리가 자신에게 있음을 주장한다. 여기에 계속되는 일곱 가지 질문의 목적은 백성에게 선지자의 예언과 그 시대에 발생한 사건의 관계를 보여주는 데 있다. 자연계에서 발생하는 모든 일은 결코 우연히, 혹은 어쩌다가 발생하는 것이 아니다. 마찬가지로 하나님의 행위의 영역에 있어서도 모든 결과에는 항상 원인이 있다.

아모스 3장 3절에 기록된 첫 질문은 "두 사람이 뜻이 같지 않은데 어찌 동행하겠느냐?" 이다. 두 사람이 함께 걷는 것을 볼 때, 우리는 당연히 그들이 미리 어떤 약속을 했고 한 마음을 가지고 있다고 생각한다. "함께 걷는다" 라는 것은 결과이고, "미리 약속이 되어 있다" 는 것은 원인이라고 할 수 있다. 이것을 이스라엘의 영적 상태에 비유해서 생각해 보면, 하나님은 이스라엘이 죄 중에 행하는데 어떻게 이스라엘과 함께 걷고 이스라엘에게 호의를 보이겠느냐고 물으시는 것이다. 언젠가 뜻이 합하였기 때문에 하나님께서 이스라엘과 동행하신 일이 있었지만(렘 3:14), 지금은 하나님의 길과 이스라엘의 길이 너무도 달라 그 사이에 서로 사귐이 있을 수 없다는 것이다.

둘째 질문은 "사자가 움킨 것이 없는데 어찌 수풀에서 부르짖겠느냐?" (암 3:4 상반절)이다. 아모스는 사자의 습성을 잘 알고 있었고, 사자가 부르짖는 것은 곧 먹이를 잡았다는 것을 의미한다고 생각했다. 마찬가지로 하나님께서 경고하시는 것은 오직 벌을 준비하고 계실 때뿐이다(욜 3:16; 암 1:2). 동일한 생각이 "주검이 있는 곳에는 독수리들이 모일 것이니라" (마 24:28)는 비유에도 나타난다.

앞의 질문과 연결되는 질문으로 "늙은 사자가 먹이를 잡지 못했다면, (굴에 남아 있는) 젊은 사자가 어찌 그 굴에서 소리치겠느냐?" 라는 것이다. 실제로 늙은 사자가 먹이를 가지고 가까이 오면 젊은 사자는 흥분을 한다. 여기에 함축된 진리는 다음과 같다. 즉 이스라엘이 심판받을 만하지 않고 심판을 불러일으키지 않았다면, 선지자가 이스라엘에 대해 외치지 않았을 것이라는 의미이다. 선지자의 위협적인 예고는 하나의 결과이며, 그 원인은 그 민족의 죄 많은 상태이다.

다음 질문은 매우 신랄하다: "덫을 땅에 놓지 않았는데 새가 어찌 거기 치이겠으며 잡힌 것이 없는데 덫이 어찌 땅에서 튀겠느냐"(암 3:5). 그러므로 하나님의 심판의 도구는 그 대상물을 이미 찾아낸 것이다. 그들이 죄의 길로 행했기 때문이다. 아모스 3장 5절의 첫 부분과 둘째 부분은 동일한 내용의 질문을 표현만 달리한 것이다. 따라서 두 질문은 모두 죄를 짓고 있는 이스라엘을 염두에 둔 질문으로서, 그에 대한 대답도 동일하다.

> "성읍에서 나팔이 울리는데 백성이 어찌 두려워하지 아니하겠으며 여호와의 행하심이 없는데 재앙이 어찌 성읍에 임하겠느냐"(암 3:6).

언젠가는 그 땅에 전쟁 나팔 소리가 울려 퍼지리라는 암시가 다음 질문에 들어 있다. "성읍에서 나팔이 울리는데 백성이 어찌 두려워하지 않겠느냐?" 이스라엘 백성은 전쟁 나팔뿐만 아니라(민 10:9, 욜 2:1), 절기의 모임을 위한 나팔 소리에도(민 10:2, 7; 욜 2:15) 익숙해 있었다. 전쟁을 알리는 경보가 울렸을 때 두려움과 불길한 예감으로 가득 차지 않을 사람이 어디에 있겠는가? 아모스가 하나님의 심판의 도구가 빠르게 접근하고 있다는 경보를 울리고 있는 이때, 이스라엘 백성 중 그 누가 두려워하지 않겠는가?

일련의 질문 중 마지막 질문에 대해서는 잘못된 해석이 있다. 그러한 해석을 따르면 하나님이 악의 원인, 즉 도덕적 악의 원인이라고 가르치게 된다. 그러나 그러한 주장은 성경의 모든 가르침과 어긋난다(약 1:13, 17). 질문의 내용은 다음과 같다. 즉 성읍을 휩쓰는 모든 재앙은 하나님께서 내리신다는 것이다. 문제는(다른 경우에서와 마찬가지로) 악Evil이라는 말이 그 용법에 따라 한 가지 이상의 의미를 지니고 있음을 인식하지 못했기 때문에 일어나는 것이다. 여기서 "악"은 도덕적 악이 아니라 재앙을 뜻한다(창 19:19, 44:34; 출 32:14; 사 45:7; 겔 7:5). 간단히 말해, 하나님은 인간의 죄 때문에 인간에게 시련과 재앙을 내리시는 것이다.

> "주 여호와께서는 자기의 비밀을 그 종 선지자들에게 보이지 아니하시고는 결코 행하심이 없으시리라"(암 3:7).

하나님은 자신이 행할 일의 비밀을 자기의 종인 선지자들에게 계시하신다. 그런 까닭에 선지자들은 하나님의 정신과 목적을 전달할 수 있는 것이다. 하나님은 노아에게 홍수에 대해 경고하셨다. 아브라함에게 소돔과 고모라의 멸망에 대해 말씀하셨다(창 18:17; 요 15:15). 요셉에게도 7년 간의 기근에 대해 미리 알려주셨다. 이와 같이 이스라엘 전 역사를 통해 하나님은 대대로 그 종들에게 이 같은 능력을 주셨다. 예수께서도 사도들에게 닥쳐 올 예루살렘의 멸망에 대해 경고하셨다(눅 21:20-24).

> "사자가 부르짖은즉 누가 두려워하지 아니하겠느냐 주 여호와께서 말씀하신즉 누가 예언하지 아니하겠느냐"(암 3:8).

사자가 부르짖으면 거기에 공포가 따르는 것과 같이, 여호와 하나님은 예언을 통하여 말씀하신다. 선지자는 예언하지 않을 수 없다. 백성들이 그의 메시지에 어떻게 반응하든지 그는 오직 하나님께 순종해야만 한다. 모든 하나님의 선지자들이 그러했듯이, 아모스도 하나님께서 강권적으로 강요하셨기 때문에 예언했다. 선지자에게 있어서 이보다 확실한 권위가 있겠는가? 자신이 전하는 메시지에 대한 권위를 전능하신 하나님으로부터 친히 부여받았기 때문에 이보다 더 확실한 권위는 있을 수 없는 것이다.

사마리아의 압제

> "아스돗의 궁궐들과 애굽 땅의 궁궐들에 선포하여 이르기를 너희는 사마리아 산들에 모여 그 성 중에서 얼마나 큰 요란함과 학대함이 있나 보라 하라"(암 3:9).

아모스 3장 9절에서 하나님은 이 말을 아스돗과 애굽의 궁궐에 널리 전하라고 친히 선지자들에게 말씀하신다. 동양에서는 평평한 지붕 위에 모이는 것이 관습이기도 했으며, 또한 지붕 특히 궁궐의 높은 지붕에서 외침으로써 알려야 할 소식을 온 땅에 전할 수 있었다.

민족들은 사마리아의 산들에 모여 그 성읍에서 일어나는 소동과 압제를 보라는 명령을 받는다. 여기에서 아스돗은 블레셋 전체를 대표한다. 사마리아는 산 위에 세워졌고(왕상 16:24) 그 성읍 주위에는 다른 산들이 있었다. 사마리아를 둘러싼 이 산 위에서는 성 안에서 일어나고 있는 일들을 볼 수 있었다. 우상 숭배에 빠진 이교도 국가들이 이스라엘을 비난할진대, 의로우신 하나님은 얼마나 더하시겠는가?

"자기 궁궐에서 포학과 겁탈을 쌓는 자들이 바른 일 행할 줄을 모르느니라 여호와의 말씀이니라 그러므로 주 여호와께서 이와 같이 말씀하시되 이 땅 사면에 대적이 있어 네 힘을 쇠하게 하며 네 궁궐을 약탈하리라"(암 3:10-11).

가난한 자들을 학대하였기 때문에 큰 폭동들이 일어났다(사 5:7). 이러한 일들 중에서 슬픈 것은 백성들이 더 이상 의를 행할 줄 모른다는 것이다.

그들은 죄로 인하여 분별력을 잃었다(렘 4:22). 너무 오랫동안 선을 행하지 않았으므로 그 일에 서툴러진 것이다. 죄는 실제로 우리의 판단력을 흐리게 한다. 이것은 하나님의 영에 의해 눈을 뜨게 된 모든 사람들이 아는 사실이다.

사마리아의 궁궐들은 폭력과 약탈로 얻은 것들로(잠 10:2) 가득했다. 이제 갑작스럽고도 생생한 말로 심판이 선포된다. "이 땅 사면에 대적이 있다." 예언 도중에 갑자기 이러한 말을 함으로써 돌발성에 대한 개념이 생기게 하고, 그 위협을 한층 더 생생하게 선포한다. 약탈물을 쌓아 두었던 바로 그 궁궐들이(암 3:10) 이번에는 약탈을 당할 것이다. 인간의 죄는 그에 따르는 벌을 수반한다. 이 모든 경고가 성취된 것이 열왕기하 17장 5절에 기록되어 있다.

하나님은 진노하시는 중에도 자비를 베푸셔서 사마리아에서 편하게 살고 있는 모든 사람들 중에서 약간의 남은 자들—이 절에서는 두 다리나 귀 조각으로 비유되었다—을 파멸로부터 구하신다. 이것은 양의 지극히 보잘 것 없는 부분이라도 사자로부터 구하려는 목자의 양에 대한 사랑을 나타낸다. 이스라엘의 수도 사마리아에서 사치와 방종 안에 살고 있던 사람들 중에(암 6:1, 4) 이처럼 적은 무리만 남게 될 것이다. 소파나 긴 의자의 모퉁이는 가장 안락한 곳으로 영예로운 자리이다. 비싼 재료로 만들어진 비단 방석에 대한 언급은 무절제한 방종에 대한 묘사를 더하여 준다.

> "여호와께서 이와 같이 말씀하시되 목자가 사자 입에서 양의 두 다리나 귀 조각을 건져냄과 같이 사마리아에서 침상 모서리에나 걸상의 방석에 앉은 이스라엘 자손도 건져냄을 입으리라"(암 3:12).

아모스 3장 12절의 마지막 부분을 "다메섹의 침상에서"라고 해석할 수도 있다. 원문에 Damask라고 쓰인 이 낱말이 다메섹의 비단, 혹은 다메섹 성읍을 의미할 수도 있기 때문이다. 따라서 이 다메섹이라는 이름을 사마리아와 동일하게 생각할 수도 있다. 그러면 북쪽 지파들의 백성이 어떻게 다메섹으로 갔었는가? 열왕기하 14장 28절에 나타난 대로 이 성읍은 앗수르가 침공하였을 때 이미 여로보암 2세에게 정복되어 이스라엘의 손에 들어가 있었다는 의견이 있다. 이 성읍이 북왕국에게 정복된 후 아마 많은 북쪽 지파 사람들이 그곳으로 이주해 간 것 같다.

> "주 여호와 만군의 하나님의 말씀이니라 너희는 듣고 야곱의 족속에게 증언하라"(암 3:13).

아모스 3장 9절에 언급되었던 사람들이 3장 13절에서도 야곱의 족속, 열두 지파 모두에게 증언하라고 불리고 있다. 선포의 장엄성과 그 성취의 확실성을 나타내기 위해 여러 가지 하나님의 명칭을 열거하고 있음을 주목하라. 그들의 도피처로 생각되던 벧엘의 제단들이 먼저 하나님의 재앙을 받을 것이다. 여기서는 황금 송아지를 염두에 두고 있다(왕상 12:32, 13:2). 아모스도 호세아처럼 모든 재앙의 원인을 그들이 하나님을 떠나 우상을 숭배한 데서 찾고 있다.

> "내가 이스라엘의 모든 죄를 보응하는 날에 벧엘의 제단들을 벌하여 그 제단의 뿔들을 꺾어 땅에 떨어뜨리고 겨울 궁과 여름 궁을 치리니 상아 궁들이 파괴되며 큰 궁들이 무너지리라 여호와의 말씀이니라" (암 3:14-15).

우상들이 베어지는 것과 함께 그들의 개인적인 가정생활도 파괴될 것이다. (왕족뿐만 아니라 귀족과 부유한 자들의) 겨울집과 여름집들이 다른 많은 집들과 함께 슬픈 종말을 맞을 것이다. 벽 · 문 · 상아로 장식된 천장 등 호사스럽게 장식된 집들도 다른 것과 동일한 운명에 처할 것이다(아합의 상아 궁에 대해서 열왕기상 22:39; 시편 45:8을 참조하라). 번영이 남용되고 오용되어 결과적으로 회복할 수 없는 손실을 가져올 수밖에 없었다.

오, 이스라엘아 예비하라!

"너희 바산의 암소들아"

"사마리아의 산에 있는 바산의 암소들아 이 말을 들으라 너희는 힘 없는 자를 학대하며 가난한 자를 압제하며 가장에게 이르기를 술을 가져다가 우리로 마시게 하라 하는도다"(암 4:1).

아모스 4장도 3장과 같이 "들으라"는 동일한 외침으로 시작된다. 이 예언은 바산의 암소들에게 외친 것이다. 바산은 헬몬 산과 길르앗 산지 사이에 있는 요단 강 동편 지역이다. 이 지역의 초장이 풍성하였기 때문에 바산의 암소들은 살지고 튼튼한 것으로 유명했다(신 32:14; 시 22:12; 겔 39:18).

이 구절을 연구하는 사람들은 이것이 암소라는 여성형으로 쓰였지만 선지자가 의미하는 것은 사마리아의 귀족들이라고 생각한다. 그들에게 여성형이 사용된 것은 단지 그 땅의 귀족정치의 나약함을 나타내기 위함이라고 주장한다. 그러나 많은 사람들의 의견을 따르면, 이 구절은 수도 사마리아의 사치하고 방종한 여인들을 의미한다고 한다. 이러한 어법은 성경의 다른 예언서에서도 찾아볼 수 있다(사 3:16-26; 32:9-13). 여성의 품위가 퇴락하는 땅에는 머지않아 하나님의 심판이 임한다. 선지자 아모스 시대의 사마리아가 그러했다.

여인들은 사치한 일들을 즐기기 위해 가난한 자들을 압제하고 능멸했다. 여기에 사용된 표현은 그것이 습관적인 행동이었음을 보여준다. 그들은 주인, 즉 남편들(창 18:12)을 계속 부추겨 술 취하는 환락과 방탕한 일에 필요한 것들을 가져오게 했다. 압제와 우상 숭배가 보조를 맞춰 서로 협력하여 행해지는 것을 보라(암 4:4). 그들이 하나님의 뜻을 멸시하고 그 이름을 더럽혔기 때문에 포로생활을 하게 되리라고 하나님은 자기의 거룩하심을 두고(하나님은 자신보다 더 큰 것을 두고 맹세할 수 없기 때문에) 맹세하신다. 이들의 추방은 갈고리로 고기를 잡는 어부의 비유를 통해 나타난다. 그들에게 도움이 될 것이 없고 온전히 탈취자의 손에 매달리게 될 것이다. 포로들은 정복자들에 의해 코에 갈고리가 꿰인 채 끌려갔다(왕하 19:28; 대하 33:11; 렘 16:16; 합 1:15).

> "주 여호와께서 자기의 거룩함을 두고 맹세하시되 때가 너희에게 이를지라 사람이 갈고리로 너희를 끌어 가며 낚시로 너희의 남은 자들도 그리하리라"(암 4:2).

아모스 4장 2절에 언급된 "남은 자들"이란 아모스 시대 사람들의 후손이 아니라 갈고리로 잡혀가는 일을 모면한 사람들을 의미한다. 이 성읍이 포위되자 소떼처럼 몰린 여인들은 무너진 성벽 틈으로 빠져나가려 한다. 적에 의해 어느 구석으로도 돌아가지 못하게 되었으므로 그 성읍을 엄습한 공포와 죽음을 벗어나려고 무작정 앞을 다투어 나가려 하는 것이다.

> "너희가 성 무너진 데를 통하여 각기 앞으로 바로 나가서 하르몬에 던져지리라 여호와의 말씀이니라"(암 4:3).

아모스 4장 3절의 뒷 부분은 매우 모호한 것 같다. 문제는 구약성경의 어느 곳에서도 나오지 않는 단어(히브리어로 *haharmonah*)가 사용된 사실에서 비롯된다. 이로 인하여 이 구절에 대한 여러 다양한 견해들이 개진된다. 이 히브리 말의 번역으로 "림몬의 상," "하닷림몬," "아르메니아의 산지," "모나Monah의 산지," "궁궐" 등이 주장되었다. 이 모든 주장들은 뒷받침하는 증언이 충분하지 못하므로 이 점에 관한 한 독단론을 피하는 것이 좋을 것이다. 아마 여기서 의미하는 바는 적들로부터 쉽게 도망치기 위해 잠시 필요한 도피처가 되리라고 기대하는 땅이나 지역에 그들의 몸을 의탁했다는 뜻일 것이다. 이 이상은 설명할 수 없고, 단지 최근의 성경 지도에는 하르몬이라는 지역에 대해 아무것도 나타나 있지 않다는 사실만 첨언한다. 그러나 선지자의 생각은 분명히 나타나 있다. 즉 쾌락을 좋아하고 가난한 자들을 압제하는 사마리아의 무감각한 여인들이 갖게 될 분깃은 그 땅에서의 추방밖에 없다는 사실이다.

방향이 잘못된 열심

"너희는 벧엘에 가서 범죄하며 길갈에 가서 죄를 더하며 아침마다 너희 희생을, 삼일마다 너희 십일조를 드리며"(암 4:4).

아모스 4장 4절에서 선지자 아모스는 장엄한 선포로부터 통렬하고 씁쓸한 풍자로 돌아선다. 그는 여인들뿐만 아니라 왕국 전체를 불러 벧엘에 가서 범죄하고 길갈에 가서 범죄를 더하라고 외친다. 표면상으로 보아도 이것은 풍자적인 표현임이 분명하다. 성경의 어느 곳에서도 하나님은 죄를 조장하거나 장려하는 분으로 자신을 계시하지 않으셨기 때문이다.

벧엘과 길갈이 특별히 언급된 것은 이 성읍들이 이스라엘의 가장 성스러운 기억을 담고 있는 장소들을 더럽혔기 때문이다(창 35장; 수 5:1-9). 아모스 4장 4-5절은 백성들이 우상을 숭배하면서도 모세의 율법에 규정된 사항들을 지키는 데 주의를 기울였음을 나타내 준다. 그들은 율법이 명한 대로(민 28:3-4) 매일 아침 희생제물을 가져왔다. 그들은 송아지를 숭배하는 죄를 지으면서도 율법에 기록된 문자에 집착했다. 하나님은 그들을 우상 숭배에 빠지게 버려두셨다.

또 그들은 3년마다 십일조를 드렸는데(개역성경에는 삼일마다로 기록되어 있다—역자 주), 이것도 역시 율법의 규정에 일치하는 것이었다(신 14:28, 26:12).

> "누룩 넣은 것을 불살라 수은제로 드리며 낙헌제를 소리내어 선포하려무나 이스라엘 자손들아 이것이 너희가 기뻐하는 바니라 주 여호와의 말씀이니라"(암 4:5).

누룩 넣은 것으로 낙헌제를 드리라는 권고가 모세의 율법 규정에 어긋난다고 생각하는 사람들이 있다. 그러나 레위기의 율법을 연구해 보면, 여기에 명령된 대로 소제가 음식물로 된 제물 위에 드려졌음(레 2:1, 2, 8)과 낙헌제에 누룩 넣은 떡을 바치라고 명령되어 있음(레 7:12-13)을 알 수 있다. 지금까지 언급된 것들은 그들이 유별나게도 세심하게 예배에 관한 세부 규칙을 실천하고 있었음을 보여준다. 자유의지에 따라 제물을 바치고 선포하는 것(마 6:2)은 그들의 예배에 자신의 의지가 들어있음을 느끼게 해준다. 왜냐하면 그런 일이 그들의 "기뻐하는 바"라고 분명히 기록되었기 때문이다. 그들은 궁극적으로 하나님이 아니라 자신들을 기쁘게 하려 했다(슥 7:5, 6).

그러나 이러한 결점들은 거의 강조되지 않고 있다. 이 구절들은 모든 것이 외적으로는 질서정연하게 율법에 따라 행해지고 있으나, 그렇게 하는 중에 그들이 범죄를 더하고 있었음을 전하려고 한다. 그 이유는 무엇인가? 그들은 율법을 지키는 동시에 품격을 떨어뜨리는 온갖 형태의 우상 숭배에 몰두했기 때문이다. 하나님은 두 마음을 가지고 두 가지 의견 사이를 오락가락하는 것을 기뻐하지 않으신다. 하나님은 유일하신 하나님이시며, 자기 외에 누구에게도 예배드리는 것을 허락하지 않으신다. 이와 같이 예배는 형식을 갖춰서 드리고 있으나 그들의 마음이 온전히 하나님을 향하지 않았기 때문에 그들은 죄를 짓고 있는 것이었다(겔 20:39; 마 23:32).

하나님의 징계를 멸시한 이스라엘

하나님께 드리는 예물이 하나님을 기쁘시게 하지 못했기 때문에, 하나님은 이에 대한 보응으로 그들을 징계하신다. 아모스 4장 6-11절에 기록된 일련의 징계는 이스라엘의 완악함과 범죄함뿐만 아니라 끊임없고 다함이 없는 하나님의 사랑을 드러내 준다. 그것은 사랑하는 사람을 포기하지 않으려는 사랑이다. 그리고 징계를 내리는 것은 더 큰 징계를 막기 위함이다. 그러나 모든 징계의 끝에는 하나님께서 행하신 모든 일에도 불구하고 그들이 하나님께 돌아오지 않았다는 말이 기록되어 있다. 아모스 4장 6절, 8절, 9절, 10절, 11절에 "너희가 내게로 돌아오지 아니하였느니라. 여호와의 말씀이니라"는 말이 반복되어 있음을 주목하라. 이와 같은 말씀이 이사야 9장 13절; 예레미야 5장 3절; 호세아 7장 10절에도 기록되어 있다.

아모스서에서 이 말씀이 반복되는 것은 이스라엘이 계속 완고하고 완악하게 반항함을 나타낸다. 첫째 재앙은 치아의 청결함과 식량의 결핍으로 생생하게 묘사된 기근이었다. 그들로 하여금 정신을 차리게 하고 그들의 영성을 바로 잡아 주기 위해 하나님은 물질적 필수품들을 빼앗아 가신 것이다. 구약의 역사서를 보면, 이에 대한 역사적 증언을 쉽게 찾아볼 수 있다. 하나님은 이러한 일을 여러 번 행하셨기 때문이다. 그 한 예가 열왕기하 8장 1절에 기록되어 있다. 그들은 기근을 당하고도 회개하고 믿음으로 하나님을 찾지 않았다.

두 번째 재앙은 가뭄이었다. 하나님은 추수하기 전 3개월 동안 비를 내리지 않으셨다. 이것은 재난이었다. 봄의 늦은 비는 옥수수와 곡물의 성장에 결정적으로 영향을 주어 풍성한 수확을 거둘 수 있게 한다. 이 가뭄은 이스라엘 전 지역에 보편적으로 발생한 것이 아니었다. 어느 성읍에는 비가 오고 어느 성읍에는 오지 않았다. 이것은 이 가뭄이 우연한 일이 아니라 하나님의 주권적 행위와 선택에 의한 것임을 나타내 준다. 가뭄을 당한 성읍의 주민들은 먼 곳까지 가서 생활을 유지하는 데 필요한 물을 가져와야 했다.

> "내가 곡식을 마르게 하는 재앙과 깜부기 재앙으로 너희를 쳤으며 팥중이로 너희의 많은 동산과 포도원과 무화과나무와 감람나무를 다 먹게 하였으나 너희가 내게로 돌아오지 아니하였느니라 여호와의 말씀이니라"(암 4:9).

다음 재앙은 곡식을 마르게 하는 재앙風災과 깜부기 재앙으로서, 신명기 28장 22절에 예고된 바 하나님의 율법을 불순종한 데 대한 심판이었다. 곡식을 마르게 하는 재앙은 건조한 사막으로부터 불어오는 동풍의 결과이다(창 41:6). 습기가 아니라 극심한 가뭄 때문에 생기는 깜부기로 인해 이삭은 여물지 못하고 누렇게 되었다.

일련의 재앙의 절정으로서 메뚜기 떼가 포도원, 무화과, 감람나무들을 먹어버렸다(신 28:39-40 비교). 물질적인 기준에서 볼 때 도저히 살 수 없었다. 그럼에도 불구하고 회개하지 않는 심령들에게 임할 최후 심판의 결과에 관해 요한계시록 16장 21절을 보라. 아모스는 이런 모든 재앙에도 불구하고 그들이 하나님께로 돌아가지 않았음을 거듭 슬프게 이야기하고 있다. 옛날 바로처럼 그들은 마음을 더욱 굳게 하여 하나님의 간청을 거부했다.

> "내가 너희 중에 전염병 보내기를 애굽에서 한 것처럼 하였으며 칼로 너희 청년들을 죽였으며 너희 말들을 노략하게 하며 너희 진영의 악취로 코를 찌르게 하였으나 너희가 내게로 돌아오지 아니하였느니라 여호와의 말씀이니라"(암 4:10).

다음으로 애굽에서 일어난 것과 같은 재앙이 그들에게 임했다(신 28:27, 60). 그 나라의 훌륭한 청년들은 오래 지속되고 반복되는 전쟁으로 죽어갔다. 그들이 뽐내던 말들이 약탈당했다. 전쟁터에서 죽어간 사람들의 수가 엄청나 매장하지 못한 시체들의 악취가 공중에 가득했다. 이번만은 확실히 하나님께로 돌아와야만 했으나, 성경에는 그들이 계속 완악한 마음으로 하나님께 불순종했다고 기록되어 있다.

> "내가 너희 중의 성읍 무너뜨리기를 하나님인 내가 소돔과 고모라를 무너뜨림같이 하였으므로 너희가 불붙는 가운데서 빼낸 나무 조각같이 되었으나 너희가 내게로 돌아오지 아니하였느니라 여호와의 말씀이니라"(암 4:11).

아모스는 하나님께서 사악한 소돔과 고모라를 무너뜨리신 것과 비견할 수 있는 파멸과 황폐화를 그들이 겪었다고 회상한다. 이것이 아모스 1장 1절의 지진을 말한다고 생각하는 사람이 있으나, 지금까지 알려져 있는 자료로는 분명히 결정하기에 충분하지 못하다. 아마 이것은 앞에 언급된 모든 재앙들의 요약일 것이다(사 1:9 비교). 하나님의 손에 의한 형벌은 매우 견디기 어려운 것이어서 이스라엘 백성들은 완전한 파멸을 간신히 모면하였다(슥 3:2; 고전 3:15).

다섯째로, 즉 마지막으로 아모스는 그래도 백성들이 하나님께로 돌아오려 하지 않았다고 말하였다.

다가올 재앙

> "그러므로 이스라엘아 내가 이와 같이 네게 행하리라 내가 이것을 네게 행하리니 이스라엘아 네 하나님 만나기를 준비하라"(암 4:12).

아모스 4장 12절에서 선지자는 하나님과 하나님의 뜻을 그처럼 거역하여 얻게 되는 결과를 이스라엘에게 선포하려 한다. 이전의 모든 징계에도 불구하고 그들은 회개와 믿음의 결실을 맺지 않았기 때문에, 하나님은 "그러므로 이스라엘아 내가 이와 같이 네게 행하리라"고 말씀하신다. 그러나 그 심판이 어떤 것인지는 전혀 언급하지 않고 있다. 다가올 재앙의 불확실성 때문에, 그리고 심판의 양상이 확실히 정해지지 않았으므로 "심판"에 대한 공포와 두려움은 한층 더하게 된다. 하나님의 섭리인 경고에 대해 주의를 기울이지 않았기 때문에 그들은 이제 하나님을 대면하여 만나야 하는 것이다. 그것은 하나님의 심판을 통한 간접적인 것이 아니라 하나님과 인간이 일대일로 만나는 직접적인 일이 될 것이다.

하나님 만나기를 예비하라는 것은 화해의 목적이 아니라 하나님을 적으로서 맞아야 함을 의미한다고 이해하는 해설가들도 있다. 물론 이러한 뜻도 있을 수 있으나, 보다 바람직한 설명은 아모스가 그들에게 최후의 마지막 경고를 하고 있다는 것이다. 그들은 하나님의 심판이 아니라, 하나님 자신을 만나 자신의 완악함에 대하여 하나님께 대답할 준비를 해야 한다는 것이다. 그들이 맞아야 할 하나님이 어떠한 분이신지가 아모스 4장 13절에 장엄한 표현으로 다음과 같이 제시된다: (1) 하나님은 산들을 지으시고 바람을 창조하신 전능하신 창조주이시다; (2) 하나님은 인간의 모든 생각을 아시는 전지하신 분이다; (3) 하나님은 아침의 빛을 어둠으로 바꾸실 수 있는 분, 즉 자연을 다스리시는 분이다; (4) 하나님은 위대한 만군의 주 여호와이시다; (5) 하나님은 땅의 모든 곳을 다스리는 지고하신 분이다.

> "보라 산들을 지으며 바람을 창조하며 자기 뜻을 사람에게 보이며 아침을 어둡게 하며 땅의 높은 데를 밟는 이는 그의 이름이 만군의 하나님 여호와시니라"(암 4:13).

하나님의 속성을 나타내는 이 다섯 가지 표현은 하나님의 위엄이 그 창조하신 우주 만물에 항상 작용하고 있음을 보여준다. 이스라엘은 이처럼 위대하신 하나님 만나기를 예비해야 한다.

회개하라는 권면

이스라엘을 위한 애가

아모스 4장의 결론에는 이스라엘의 모든 것이 끝났다고 생각하게 하는 종말에 대한 언급이 있다. 그러나 5장에서 하나님은 경고를 하시는 중에도, 무한하신 사랑으로써 순종과 신앙에 대해서는 지극히 밝은 약속을 주신다는 것을 나타내고 있다.

> "이스라엘 족속아 내가 너희에게 대하여 애가로 지은 이 말을 들으라" (암 5:1).

아모스 5장은 이스라엘의 파멸에 대한 애가哀歌로 시작된다. 아모스는 하나님의 심판이 북왕국의 신실하지 못한 자들에게 임한 것을 보고 있다. 그것은 완전한 파멸이었다. 처녀 이스라엘은 회복될 가망도 없이 엎드러졌다. 곤경에 처한 이스라엘을 도울 사람은 전혀 없었다. 이스라엘이 처녀로 표현된 것은 그 땅의 아름다움이나 지금까지 한 번도 정복되지 않은 상태 때문이 아니다(사 23:12). 그것은 국가나 지방을 의인화시키는 선지자들의 관습적인 표현법 때문이다(사 47:1).

"처녀 이스라엘이 엎드러졌음이여 다시 일어나지 못하리로다 자기 땅에 던지움이여 일으킬 자 없으리로다"(암 5:2).

"이스라엘이 다시 일어나지 못하리로다"라는 말을 오해하지 않도록 주의해야 한다. 이 진술은 막연한 미래의 어느 시대에 있을 종말이 아니라 이스라엘이 포로로 흩어짐을 강조하는 말이다. 그렇지 않다면 이스라엘의 회복, 즉 구약뿐만 아니라 신약의 모든 예언서에 풍성하게 증언된 하나님 백성의 영광스러운 귀환을 부정하는 것이 되기 때문이다(사 27:6).

"주 여호와께서 이와 같이 말씀하시되 이스라엘 중에서 천 명이 행군해 나가던 성읍에는 백 명만 남고 백 명이 행군해 나가던 성읍에는 열 명만 남으리라 하셨느니라"(암 5:3).

앗수르의 침략은 크나큰 인명의 손실을 가져올 것이며, 이스라엘 백성의 십분의 일만 살아남을 것이다. 이 예언과 아모스의 다른 예언들, 그리고 구약성경의 다른 예언서들은 하나님께서 신명기 28장의 경고를 얼마나 정확히 실현시키셨는지를 보여준다. 신명기 28장 62절과 아모스 5장 3절을 비교하라. 이와 같이 아모스 5장 1-3절은 앗수르 대적에 의해 북왕국이 당할 완전한 파괴와 절망적인 상태를 묘사했다.

하나님을 찾으라는 권면

"여호와께서 이스라엘 족속에게 이와 같이 말씀하시기를 너희는 나를 찾으라 그리하면 살리라"(암 5:4).

심판이 임하기 전에 아직 회개와 회복의 기회는 있다. 하나님은 은혜와 자비의 문을 닫기를 꺼리시는 분이다. 노아의 때에 하나님은 방주의 문을 닫기까지(창 6:3; 벧전 3:20) 120년 동안 기다리셨다(창 7:16). 길 잃은 이스라엘 백성들이 구원을 얻어 우리와 함께 그리스도의 몸을 이루게 될 때까지 오래 참으시고 기다리시는 하나님의 인내하심에 대해 우리도 인내하자.

> "벧엘을 찾지 말며 길갈로 들어가지 말며 브엘세바로도 나아가지 말라 길갈은 반드시 사로잡히겠고 벧엘은 비참하게 될 것임이라 하셨나니 너희는 여호와를 찾으라 그리하면 살리라 그렇지 않으면 그가 불같이 요셉의 집에 임하여 멸하시리니 벧엘에서 그 불들을 끌 자가 없으리라"(암 5:5-6).

아모스 5장 6절의 "여호와를 찾으라 그리하면 살리라"는 선지자의 말은 짧지만(원문에는 두 단어로 되어 있음) 들으려는 사람들에 대한 축복이 담겨져 있다. "찾으라"는 권면이 아모스 5장 5절(부정적 형태로), 6절, 14절에 반복된다. 사랑의 하나님은 방종한 백성들을 몇 번이고 부르시는 것이다. 그들이 찾아야 하는 것은 우상 숭배하는 자리—벧엘, 길갈, 브엘세바가 아니라 하나님이다.

벧엘과 길갈은 아모스 4장 4절에 이미 언급되었고, 아모스 5장 5절에 브엘세바가 추가되었는데, 이 성읍은 과거에는 신성한 곳이었으나(창 21:33) 지금은 우상 숭배자들이 순례하는 곳이 되었다. 이 예언에 대해서 아모스 8장 14절을 보라. 이 성읍은 헤브론 남방 약 25마일에 위치했었기 때문에 이곳에 이르기까지 통과해야 하는 지역을 어렴풋이 알 수 있다. 아모스는 이러한 우상들의 성지를 찾는 것이 허무한 짓임을 증언한다.

다시 한 번 하나님을 찾고 살라는 부름이 반복된다. 그렇게 하지 않으면 하나님께서 불같이(아모스 1장에서 불이 얼마나 자주 심판으로 나타났는지를 이미 살펴보았다) 요셉의 집에 임하실 것이다. 하나님은 이사야 10장 17절; 예레미야애가 2장 3절, 히브리서 12장 29절에서 불에 비유되었다. 요셉의 집 중에서는 요셉의 아들 에브라임 지파가 가장 중요한 위치에 있었으나 열 지파에 비해서는 그리 자주 등장하지 않는 이름이다(옵 1:18; 슥 10:7).

"정의를 쓴 쑥으로 바꾸며 공의를 땅에 던지는 자들아"(암 5:7).

아모스 5장 7절에서 이스라엘의 많은 죄인들 중 불의한 재판자들이 특별히 지적된 것은 그들이 정의를 쓴 쑥(암 6:12; 茵蔯)으로, 즉 매우 그릇된 것으로 바꾸어 버렸기 때문이다. 정의는 달콤하나 불의는 씁쓸하고 불쾌하고 해로운 것이다. 그들의 행위로 인하여 정의는 땅에 떨어졌다. 이제 그들의 불의한 길과는 대조적으로 그들은 하나님, 의로우신 재판자, 또한 전지하신 하나님에 대해 생각하게 된다.

"묘성과 삼성을 만드시며 사망의 그늘을 아침으로 바꾸시고 낮을 어두운 밤으로 바꾸시며 바닷물을 불러 지면에 쏟으시는 이를 찾으라 그의 이름은 여호와시니라"(암 5:8).

하나님은 자연을 온전히 주관하신다. 묘성과 삼성(욥 9:9, 38:31)은 하나님이 지으신 것이다. 하나님은 낮을 밤으로, 밤을 낮으로 만드신다. 홍수(노아의 홍수를 암시할 수도 있다)도 하나님께서 관리하신다. 하나님은 또한 신실하지 못한 사람들과 그들의 정욕적인 의지물을 갑자기 회복할 수 없도록 파괴하실 수 있으시다. 그들이 섬겨야 할 분은 오직 여호와 한 분이다.

사마리아의 죄악상

"무리가 성문에서 책망하는 자를 미워하며 정직히 말하는 자를 싫어하는도다 너희가 힘없는 자를 밟고 그에게서 밀의 부당한 세를 거두었은즉 너희가 비록 다듬은 돌로 집을 건축하였으나 거기 거주하지 못할 것이요 아름다운 포도원을 가꾸었으나 그 포도주를 마시지 못하리라 너희의 허물이 많고 죄악이 무거움을 내가 아노라 너희는 의인을 학대하며 뇌물을 받고 성문에서 가난한 자를 억울하게 하는 자로다"(암 5:10-12).

사마리아의 불의한 재판자들은 하나님께 크게 범죄하였으므로 다시 한 번 책망을 받는다. 그들은 재판이 열리는 공공장소인 성문에서 그들의 신실하지 못한 행실을 책망하는 자들을 미워했고 정직하게 말하는 자들을 멸시했다. 가난한 자들은 무자비하게 짓밟힘을 당하고, 재판에서 이기려면 돈을 지불해야 했다. 그들은 가난한 자들에게서 걷은 세금을 그것조차 지불할 능력이 없는 곤궁한 자들에게 돌려주지 않고 착복했을(아마 금지된 이자까지도 취했을) 것이다. 그 결과 재판자들은 다듬은 돌로 건축한 훌륭한 집들을 소유할 수 있었다(사 9:10). 그 당시에는 보통 햇볕에 말린 벽돌로 집을 지었다.

그러나 그들은 불의하게 취한 소득을 전혀 누리지 못하였고, 혹 그것들을 누렸다고 해도 그리 오래 가지는 못했다. 그들은 자기의 좋은 집에 거하지도 못하고, 자기들이 심은 포도원의 열매도 즐기지 못하게 되었다(신 28:30, 39). 이스라엘이 영광스럽게 회복될 때에는 이와 반대되는 현상이 일어날 것이다(사 65:21-22).

> "그러므로 이런 때에 지혜자가 잠잠하나니 이는 악한 때임이니라"(암 5:13).

선지자는 불의하고 뇌물을 받는 재판자들의 다양한 범죄와 죄악성을 강력하게 선포한다. 하나님은 불의한 재판자들을 얼마나 미워하시는가! 때가 너무 악해서 이러한 불법 행위에 대해 침묵을 지키는 것이 보다 사려깊은 행동인 것 같았다. 영적으로 지혜로운 사람들은 그와 같은 상태에서 저항하는 일이 사태를 더욱 악화시킬 뿐임을 알았다.

회개하라는 간청

> "너희는 살려면 선을 구하고 악을 구하지 말지어다 만군의 하나님 여호와께서 너희의 말과 같이 너희와 함께 하시리라"(암 5:14).

아모스 5장 14절에서 아모스는 그들에게 악을 구하지 말고 선을 구하라고 간청한다. 그리하면 하나님께서 함께하신다고 스스로를 거짓 위안하던 때와는 달리 하나님께서 진실로 그들과 함께하실 것이다. 그들은 겉으로 계속 하나님을 섬긴다는 구실로 헛된 주장을 하였다. 그들은 악을 미워하고 선을 사랑하며 공의를 행하여 하나님으로 하여금 요셉의 남은 자들에게 긍휼을 베푸시게 하라는 충고를 받는다. 하사엘과 벤하닷이 북왕국에 큰 파괴 행위를 저질렀지만(왕하 10:32-33; 13:3, 7) 요아스와 여로보암 2세 때에는 빼앗겼던 모든 영토를 되찾았으므로 이스라엘의 국토는 줄어들지 않았다(왕하 13:23-25; 14:26-28).

그러므로 요셉의 남은 자는 여로보암 2세 때의 열 지파를 의미하는 것이 아니다. 이것은 이스라엘이 함락되어 "남은 자"만 살아남게 되는 다가올 심판을 언급하는 것이다. 이사야는 유다의 남은 자들에 대해 이사야 6장 13절에서 말하였다. 아모스 5장 14-15절에 나타난 사상과 비슷한 것으로 이사야 1장 16-17절을 보라.

드디어 심판이 임하다.

> "너희는 악을 미워하고 선을 사랑하며 성문에서 정의를 세울지어다 만군의 하나님 여호와께서 혹시 요셉의 남은 자를 불쌍히 여기시리라" (암 5:15).

아모스 5장 15절에 암시된 심판이 아모스 5장 16-17절에서 밝혀진다. 아모스 5장 7절, 10절, 12절에 비추어, 그리고 하나님은 그들이 회개하지 않으리라는 것을 아시었기 때문에 심판을 선포하신다. 아모스 5장 16절에서 하나님의 여러 가지 명칭을 함께 사용한 것은 특이한 표현이다.

"그러므로 주 만군의 하나님 여호와께서 이와 같이 말씀하시기를 사람이 모든 광장에서 울겠고 모든 거리에서 슬프도다 슬프도다 하겠으며 농부를 불러다가 애곡하게 하며 울음꾼을 불러다가 울게 할 것이며 모든 포도원에서도 울리니 이는 내가 너희 가운데로 지나갈 것임이라 여호와의 말씀이니라"(암 5:16-17).

도처에서 애곡하는 소리가 들릴 것이다. 성읍뿐만 아니라 농촌과 들에까지 죽음이 엄습할 것이다. 성읍 주민들은 온 거리에서 죽은 자들을 발견할 것이며, 농부들은 밭에서 돌아와 자기 가족의 죽음을 애통해 할 것이다. 돈을 받고 직업적으로 울어주는 울음꾼들(렘 9:17-19)이 널리 고용될 것이다. 평소에는 즐거운 소리만 들리던 포도원에서도 죽음의 울음소리가 들리게 될 것이다. 이는 하나님께서 그 땅 가운데로 지나가시기 때문이다(출 12:12). 애굽의 심판은 기적적인 형벌이었다. 이 이스라엘의 심판은 앗수르인들의 손에 의해 이루어진다.

여호와의 날

"화 있을진저 여호와의 날을 사모하는 자여 너희가 어찌하여 여호와의 날을 사모하느냐 그 날은 어둠이요 빛이 아니라"(암 5:18).

아모스 5장 18절에서 아모스는 여호와의 날을 사모하는 사람들에게로 돌아서서 그들에게 화를 선포한다. 이 무리들 중에 감히 하나님 마음대로 해보라고 비웃는 사람들(사 5:19; 렘 17:15)이 있었다고 생각하는 사람들이 있다. 물론 이것도 이 구절에 대한 가능한 설명이 되겠으나 그보다는 사악한 행동을 하면서도 입으로는 경건을 이야기하는 사람들이라고 보는 편이 더 낫다. 그들은 자신을 기만하는 위선자들이었다. 그들은 온갖 죄를 범하고 있으면서도 여호와의 날을 사모했다. 왜냐하면 그 날은 하나님에 대한 그들의 태도와 상관없이 온 이스라엘을 위한 영광, 승리, 구원의 날이 되리라고 생각했기 때문이다. 아모스는 여호와의 날이 악인들에 대한 어둠의 날이며(욜 2:2) 밝은 희망의 날이 아니라고 설명한다.

> "마치 사람이 사자를 피하다가 곰을 만나거나 혹은 집에 들어가서 손을 벽에 대었다가 뱀에게 물림 같도다 여호와의 날은 빛 없는 어둠이 아니며 빛남 없는 캄캄함이 아니냐"(암 5:19-20).

그들은 여호와의 날의 본질을 완전히 잘못 인식했던 것이다. 여하튼 심판은 불가피하게 되었다. 여호와의 날을 당면한 고통으로부터의 도피처로 여기고 그 날을 사모한다면 그들은 한 위험에서 더 큰 위험으로 나아가게 된다. 아모스는 그들이 첫째 재앙을 피하고 둘째 재앙을 피해도 세 번째의 결정적 재앙에 빠질 뿐임을 소박하게 묘사한다. 사자에게서 안전하게 도망한 사람이 곰을 만나게 되고, 곰을 피하여 자기집 담에 기대어 가쁜 숨을 쉬다가 벽 틈에 있는 뱀에게 물려 죽는 것과 같다. 밝은 전망이 아니라 불가피한 파멸이 그 당시 신실하지 못한 자들의 몫이 될 것이었다.

헛된 예배와 하나님의 심판

아직도 예배가 그들에게 도움이 되리라고 기대한다면, 그것은 잘못된 생각이다. 하나님은 그 예배의 모든 세세한 규정들을 미워하고 멸시하시기 때문이다. 하나님의 증오와 혐오가 여러 용어들로 강조되어 표현되어 있다. 이사야 1장 11절에도 이스라엘의 예배에 대해 이와 유사한 책망이 기록되어 있다. 그러나 하나님께서 제사와 절기와 제도를 제정하지 않으셨다는 것이 아니라 마음이 옳지 않은 자의 제물은 달게 받으실 수 없다는 뜻임을 기억해야 한다. 모든 절기, 성회, 번제, 소제, 화목제가 하나님의 진노를 일으켰다. 하나님은 그들의 시끄럽고 경멸적인 노랫소리—절기 때에 레위인들이 성전에서 희생제물을 드리면서 부르는 찬양—를 제거하라고 명하신다(대상 16:40-42; 23:5).

벧엘의 예배는 모든 중요한 절차를 예루살렘의 예배에서 모방했다. 그들은 그들에게 절실히 필요한 요소들—정의와 공의—을 그 영적 생활 속에서 구체화시키라는 충고를 받는다. 그 국가의 영적 생활 속에 정의와 공의가 풍성하고 영속적으로 흐르게 되어야 할 것이다. 그렇게 되어야만 하나님께서 만족하실 것이다. 이 지극히 중요한 진리에 대해 사무엘상 15장 22절; 시편 66편 18절; 호세아 6장 6절; 미가 6장 8절을 보라.

아모스 예언 중 가장 난해한 것은 아모스 5장 22-26절로서, 이 구절은 여러 가지로 해석되어 왔다.

> "너희가 내게 번제나 소제를 드릴지라도 내가 받지 아니할 것이요 너희의 살진 희생의 화목제도 내가 돌아보지 아니하리라 네 노랫소리를 내 앞에서 그칠지어다 네 비파 소리도 내가 듣지 아니하리라 오직 정의를 물같이, 공의를 마르지 않는 강같이 흐르게 할지어다 이스라엘 족속아 너희가 사십 년 동안 광야에서 희생과 소제물을 내게 드렸느냐 너희가 너희 왕 식굿과 기윤과 너희 우상들과 너희가 너희를 위하여

만든 신들의 별 형상을 지고 가리라"(암 5:22-26).

아모스 5장 25절의 "이스라엘 족속아 너희가 사십 년 동안 광야에서 희생과 소제물을 내게 드렸느냐?"라는질문에 대한 대답이 어떤 것일지에 관해 사람들의 의견은 나뉘어 있다. 기대되는 대답이 긍정이라고 말하는 사람도 있고, 부정이라고 주장하는 사람도 있다. 이 논쟁에서 모세 오경에 있는 기록이 결정적인 역할을 한다. 모세 오경(출 24:4; 민 7:19)에는 이스라엘이 분명히 여러 번 광야에서 하나님께 희생제사와 제물을 드렸음이 기록되어 있다. 한때 그들 세대가 광야에서 죽으리라는 선고를 받고, 그들이 냉담하게, 또 간헐적으로 행했던 것도 사실이지만 아모스의 이 질문에 대해 부정적인 대답을 할 수는 없다. 아모스는 다음과 같이 말하는 것이다. "그렇다. 너희는 하나님께 제물을 드렸다. 그러나 너희는 새긴 우상을 지니고 있다." 이와 같이 아모스는 이스라엘이 모세 율법의 의식을 지키는 동시에 우상을 따르고 있었다고 비난하고 있는데, 아모스 당시 북왕국 백성들도 이와 똑같이 행하였다.

태고 때부터 이스라엘은 우상 숭배에 빠져 생활하면서도 하나님께서 성전에서의 형식적 의식을 기뻐하시기를 희망했다. 아모스 시대도 모세 시대처럼 우상 숭배와 하나님을 경외하는 것이 양립할 수 없었다. 단과 벧엘에서의 송아지 숭배는 광야에서의 송아지 우상 숭배의 재출현에 불과하다. 이 영적 괴물에 대한 하나님의 심판의 말씀은 추방이다. 온 나라가 다메섹 밖으로—이것은 분명히 앗수르를 나타내는 언급이다—사로잡혀 갈 것이다.

시온에서 교만한 자

화 있을진저, 신실하지 못한 지도자들이여!

"화 있을진저 시온에서 교만한 자와 사마리아 산에서 마음이 든든한 자 곧 백성들의 머리인 지도자들이여 이스라엘 집이 그들을 따르는도다"(암 6:1).

아모스 6장은 5장 18절에 선포된 화에 관련시켜 "화 있을진저"라는 말로 시작된다. 그것은 시온에서 교만한 사람들에게 선포된다. 그들은 하나님께 열성 없는 의식과 예배를 드리면서도 하나님께서 그 예배를 기뻐하시리라는 헛된 교만에 빠져 있었다. 그들은 매우 무모하고 부주의하게 살고 있었다.

시온에 살고 있던 사람들과 마찬가지로 사마리아의 산에 살던 사람들도 이러한 교만에 젖어 있었다. 사마리아 성읍은 놀라울 만큼 튼튼한 천연의 요새로서 앗수르 왕도 3년 동안 포위하고 나서야 그 성읍을 점령할 수 있었다(왕하 17:5-6). 아모스 6장 1절에서는 유다와 이스라엘을 함께 관망하고 있는데, 이후로는 이스라엘이 더 강조된다.

"시온에서 교만한 자"란 특권과 풍성한 축복을 누리는 지위에 있으면서도 무관심한 사람들에 대한 매우 생생한 표현이다. 아모스는 여기서 "이스라엘 족속이 따르는 자들"이라고 표현된 국가의 지도자들에게 책임을 지우고 있다. 그들의 국가는 하나님께서 특별히 선택하신 백성으로서 특권적이고 고귀한 지위를 지니고 있었다. 택함을 받은 이스라엘 백성은 정의·도움·분쟁의 해결을 구하기 위해 신실하지 못하고 부주의한 지도자들에게로 나아왔다. 백성들이 지도자들에게 왔지만, 그들은 교만, 안일, 환락에만 정신이 팔려 있었다.

> "너희는 갈레로 건너가 보고 거기에서 큰 하맛으로 가고 또 블레셋 사람의 가드로 내려가라 너희가 이 나라들보다 나으냐 그 영토가 너희 영토보다 넓으냐"(암 6:2).

아모스 6장 2절에서 아모스는 그들에게 갈레, 하맛, 가드를 주의 깊게 살펴보라고 말한다. 갈레는 니므롯에 의해 티그리스 강 동편 둑의 시날땅에 세워졌다(창 10:10; 사 10:9; 아마 에스겔 17:23의 "이스라엘의 높은 산" 일 것이다). 이것을 아르밧에서 몇 마일 떨어진 굴라니로 보는 사람들도 있다. 하맛은 수리아의 주요한 성읍으로 오론테 강에 위치해 있었는데, 이것은 후일 에피파니아라 불렸다. 가드는 블레셋의 주요한 성읍이었다.

왜 아모스는 이러한 성읍들을 거론했는가? 이 성읍들은 영적으로 타락한 성읍이었다. 그러나 아모스는 이 사실을 강조하지 않고 있다. 이 절을 이해하려면 이 성읍들이 몰락해가고 있다고 가정해야 한다고 생각하는 사람들이 있다. 가드는 아모스 1장 8절에 언급된 바 블레셋을 구성하는 여러 성읍들 중에 끼어 있지 않다. 갈레도 일찍이 독립을 상실하고 앗수르 제국에 합병되었다고 전해지고 있다. 하맛은 여로보암 2세(왕하 14:25)에 의해 정복되었다가 후에는 앗수르(왕하 18:34)에 의해 정복되었다. 이 성읍들은 적을 격퇴할 수 없었다. 그러면 이스라엘은 어떻게 되겠는가? 그들이 이교도적 행위 때문에 하나님의 심판을 겪었을진대, 범죄한 유다와 이스라엘은 이와 유사한 하나님의 징계를 어떻게 피할 수 있겠는가? 하나님의 백성은 주변에 있는 신실하지 못한 나라들의 운명에서 경고의 표징을 볼 수 있었다(훔 3:8).

위와 같은 견해는 전적으로 가능한 것이다. 그러나 아모스가 앞에 언급한 나라들을 지적하고, 그 나라들이 이 나라들(유다와 이스라엘)보다 나았는지 묻고 있다고 볼 수는 없을까? 이에 대한 대답은 부정이다. 주변의 어느 나라도 이스라엘과 비교할 수는 없기 때문이다. 아모스는 이스라엘이 그 국토의 넓이에 있어서 번성하는 어느 나라에도 뒤지지 않기 때문에 민족들의 우두머리라고 불리는 것이 옳음을 보여준다. 그들의 국경은 하나님의 백성의 국경보다 넓지 못했다. 선지자는 "이러한 나라들을 보고 너희가 얼마나 사랑을 받고 있는지 깨달으라" 고 말하는 것이다.

사치와 죄

민족들의 우두머리인 이스라엘은 하나님의 사랑과 축복에 어떻게 반응했는가? 이스라엘은 혐오스러운 짓과 하나님의 진노를 피하려는 욕망에서 악한 날, 즉 그들의 악행에 대한 하나님의 심판의 날을 멀리 미루어 놓았다(겔 12:22, 27). 하나님께서 벌하시는 날을 무시할 때, 사람들은 자유롭게 온갖 형태의 폭력에 빠질 수 있다. 이스라엘도 그러했다(전 8:11).

> "너희는 흉한 날이 멀다 하여 포악한 자리로 가까워지게 하고 상아 상에 누우며 침상에서 기지개 켜며 양 떼에서 어린 양과 우리에서 송아지를 잡아서 먹고 비파 소리에 맞추어 노래를 지절거리며 다윗처럼 자기를 위하여 악기를 제조하며 대접으로 포도주를 마시며 귀한 기름을 몸에 바르면서 요셉의 환난에 대하여는 근심하지 아니하는 자로다"

(암 6:3-6).

이 폭력은 불의한 재판자들이 재판의 자리에 앉음으로써 가장 분명하게 드러났다. 남을 재판하는 데 신랄했던 재판자들은 자신에 대해서는 관대하여 방종하고 음탕했다. 그들은 상아로 아로새긴 침대에 온 몸을 쭉 펴고(원문에 이렇게 표현되어 있다) 기름진 고기들을 흡족하게 먹었다. 방종의 고삐가 풀린 것이다. 많은 백성들이 압박과 곤궁한 생활을 하는 가운데에 무절제하고 부주의한 삶이 있었다. 식도락을 즐기는 것이 당시의 유행이었다.

노래와 술이 없다면 무슨 축연이 되겠는가? 사마리아에는 둘 중 어느 것도 부족하지 않았다. 그들의 노래는 게으른 노래였으며, 의미 없는 노래였다. 술 취한 사람들은 그들이 부르는 노래로 알아 볼 수 있다.

이스라엘의 신실하지 못한 지도자들은 자기들의 축제와 절기를 위해 악기들을 만들었다. 이 점에 있어서 그들은 이스라엘의 위대한 음악가인 다윗의 재능에 견줄 만했다. 그러나 다윗의 능력은 하나님에 대한 찬양에 돌려진 반면에, 그들의 악기는 그들이 몰두해 있었던 불경한 축연을 축하하기 위해 사용되었다. 다윗은 음악으로 하나님께 영광을 돌렸으나, 그들은 하나님과 인간을 모두 모독했다. 저급한 음악은 국가적 퇴락의 초기 현상이다.

술이 떨어지지 않는 한 그 환락의 장소에서 방탕의 시간은 끝나지 않았다. 그들은 컵으로 마시는 술에 만족하지 못해서 대접으로 술을 마셨다. 대접이란 피를 받아 뿌리기 위해 희생제사에서 사용되는 대접과 같은 것이다(민 7:13). 백성들의 고통, 즉 국가의 영적 타락 상태로 인하여 베옷을 입고 재를 쓴 채 앉아 있었어야 할 그들은 오히려 가장 비싼 기름을 몸에 바르고 있었다. 애곡의 때에(삼하 14:2) 기름 바르는 일을 삼가도록 되어 있었다.

포로로 잡혀갈 일이 예고되다.

> "그러므로 그들이 이제는 사로잡히는 자 중에 앞서 사로잡히리니 기지개 켜는 자의 떠드는 소리가 그치리라 만군의 하나님 여호와의 말씀이니라 주 여호와가 당신을 두고 맹세하셨노라 내가 야곱의 영광을 싫어하며 그 궁궐들을 미워하므로 이 성읍과 거기에 가득한 것을 원수에게 넘기리라 하셨느니라"(암 6:7-8).

죄에 앞선 자들은 징계와 벌을 받고 포로로 잡혀가는 데에도 앞설 것이다. 포로들 중에서 제일 앞서 끌려가는 것이 그들을 더욱 수치스럽게 할 것이다. 술 좌석의 흥청거림, 시끄러운 소음과 외침들이 사라질 것이다. 하나님은 야곱과 그 궁궐들의 영광을 혐오하고 미워하시기 때문에 그 성읍과 그 안에 가득한 모든 물건들을 적의 손에 넘겨주시겠다고 자기를 가리켜 맹세하신다(암 4:2). 여기서 "영광"이라고 번역된 말이 호세아 5장 5절에서는 교만 혹은 오만을 의미한다. 아모스 8장 7절에서는 분명히 이스라엘이 영광을 돌려야 할 대상으로서의 하나님 자신을 언급한다. 그러나 아모스 6장 8절에서는 궁궐과 비교되는 것으로서 성소와 이스라엘 민족의 영광을 형성하는 모든 것을 의미한다. 시편 47편 4절과 에스겔 24장 21절을 보라.

> "한 집에 열 사람이 남는다 하여도 다 죽을 것이라 죽은 사람의 친척 곧 그 시체를 불사를 자가 그 뼈를 집 밖으로 가져갈 때에 그 집 깊숙한 곳에 있는 자에게 묻기를 아직 더 있느냐 하면 대답하기를 없다 하리니 그가 또 말하기를 잠잠하라 우리가 여호와의 이름을 부르지 못할 것이라 하리라"(암 6:9-10).

타락의 광장이며 가난한 자들로부터 빼앗은 약탈물의 창고인 궁궐들도 하나님의 벌을 받을 것이다(암 3:10, 15). 아모스 6장 9-10절에서 오늘날도 어느 곳에서든지 발생할 수 있는 바 동양에서의 전쟁에 일반적으로 뒤따르는 전염병에 대한 생생한 묘사를 보게 된다. 심판이 전면적으로 임함을 보이기 위해 선지자는 한 집에 열 명이 살고 있다고 가정하여 그들이 모두 죽을 것이라고 선포한다. 이 숫자는 어림수로서(레 26:26; 슥 8:23) 큰 집을 가리킨다. 여기에 묘사된 상태는 아모스 6장 4-6절에 기록된 상태와 몹시 대조가 된다. 아모스 6장 4-6절에는 사치, 음란, 무관심이 묘사되었으나 여기서는 공포, 철저한 비극, 많은 사람들의 죽음이 그려졌다. 이 전염병이 얼마나 널리 퍼질지는 아모스 6장 10절에서 알 수 있다. 시체를 매장할 의무가 있는 친척이 시체를 가져다가 화장하려고 그 집에 와서는 전에 거기 살던 열 사람 중 한 사람만 살아남아 있음을 발견한다. 그런데 그 집의 가장 깊숙한 곳에 숨어 있는 마지막 남은 그 사람도 전염병으로 죽을 시간을 두려워 떨며 기다리고 있다.

고대 이스라엘에서는 창세기 3장 19절의 말씀을 따라 시체를 처리하는 데에 땅에 매장하는 방법을 사용하였다. 이 점에 있어서 시체 처리에 대한 신약성경의 교리와 일치한다. 따라서 화장火葬을 그릇된 것으로 간주하여

인정하지 않았다(암 2:1). 그러나 하나님의 심판이 임하여 그 백성 중에 죽은 자들이 너무 많아서 매장하지 못하고 화장할 것이다. 이것과 사무엘상 31장 12절의 기록은 예외적인 경우이다. 여기서 화장은 전염병의 만연을 막기 위한 조치였고, 사무엘상에서는 블레셋 사람들이 사울과 그 아들들의 시체를 모독하지 못하게 하기 위해 행해졌었다.

살아남아 그 집에 숨어 있던 사람은, 사람들이 살아 있느냐고 물을 때 아무도 없다고 말할 것이다. 사람들은 그에게 잠잠하라고 명한다. 이는 다른 사람들의 죽음과 자신의 구원에 대해 감사하기 위하여 하나님의 이름을 언급할까 두려워한 까닭이다. 그들은 징계로 인하여 공포와 절망에 사로잡혔으므로 진노가 더 이상 그들에게 임하지 않도록 (그와 같은 때에 유일한 피난처가 되실) 하나님의 이름을 언급하는 것조차 주저하게 된 것이다.

하나님의 명령에 의해 큰 집이나 작은 집이나 모두 멸망당할 것이다. 일찍부터 큰 집은 열 지파의 왕국을 의미하고, 작은 집은 두 지파의 왕국을 의미한다는 의견들이 있었다. 앗수르가 먼저 이스라엘을 멸망시키고, 그 후에 유다를 멸망시키는 일을 시작한 것이 사실이지만, 여기서는 부자의 집이나 가난한 자의 집이나 모두 치실 하나님의 심판을 의미한다고 보는 것이 더 좋다(암 3:15).

잘못된 자만심

"말들이 어찌 바위 위에서 달리겠으며 소가 어찌 거기서 밭 갈겠느냐 그런데 너희는 정의를 쓸개로 바꾸며 공의의 열매를 쓴 쑥으로 바꾸며"(암 6:12).

아모스는 6장 12절에서 죄악 상태에서 하나님의 보호, 번영, 축복을 기대하는 것이 불가능하다는 것을 보여주려 한다. 그는 시골 생활에서 비유를 취하여 말이 바위 위에서 달린다거나 소가 바위 위에서 밭을 가는 일이 관습적으로 가능한가 묻는다. 이 같은 일이 불가능하듯이 악행의 결과가 축복이 될 수는 없다. 그들이 하나님을 불쾌하게 하는 일들을 행하고 있으면서 어떻게 하나님의 사랑을 기대할 수 있는가? 그것은 바위 위에 말을 달리게 하는 것만큼 불합리한 일이다.

> "허무한 것을 기뻐하며 이르기를 우리는 우리의 힘으로 뿔들을 취하지 아니하였느냐 하는도다"(암 6:13).

정의와 공의의 열매를 쓸개와 쓴 쑥으로 변하게 하며 불의한 재판을 기뻐하는 자들은 실제로는 허무한 것, 즉 자기들의 힘을 자랑했다. 그들은 자기들의 힘으로 뿔(성경에서 힘을 상징으로 동물들을 많이 사용한다)을 얻었다고 자랑했다. 이것은 무엇을 의미하는가? 의심할 바 없이 이스라엘이 헛되이 믿고 있던 여로보암 2세의 전투력을 의미한다. 그들의 전투력은 파국에 이르게 될 헛된 안전이었다.

> "만군의 하나님 여호와의 말씀이니라 이스라엘 족속아 내가 한 나라를 일으켜 너희를 치리니 그들이 하맛 어귀에서부터 아라바 시내까지 너희를 학대하리라 하셨느니라"(암 6:14).

아모스는 다시 이스라엘에 대한 하나님의 응징의 채찍이 될 나라, 곧 앗수르의 도래를 예고하나 구체적으로 그 이름은 밝히지 않는다. 앗수르 군대는 이스라엘에 대한 심판의 재찍 역할을 효과적으로 수행할 것이다. 그들이 하맛 어귀, 즉 레바논 국경에 인접한 수로에서부터 아라바 시내, 기드론까지 온 나라를 휩쓸 것이기 때문이다. 후자는 열 지파의 남쪽 지경으로서 여리고 남쪽에 있는 사해로 흘러간다. 선지자 아모스는 6장을 "화禍의 선포"로 시작하여 "화의 실행"으로 끝맺는다.

하나님의 말씀과 인간의 반대

메뚜기의 환상

아모스 7장에서부터 아모스 예언의 셋째 부분이 시작된다: (1) 민족들에 대한 심판의 계시(암 7:1-2); (2) 이스라엘에 대한 경고의 예언들(암 7:3-6); (3) 궁극적 축복으로 끝나는 다섯 개의 심판의 환상들. 처음 네 가지 환상은 실질적으로 동일한 소개의 형식을 취하고 있다(암 7:1, 4, 7; 8:1).

이 예언을 연구하는 사람들 중에 이 구절을 불, 디글랏빌레셀, 그리고 마지막으로 살만에셀의 지휘 아래 앗수르인들이 세 차례 침략한 것을 상징하는 것으로 이해하는 사람들이 있다. 그러나 환상의 형태와 맥락을 보면, 이 환상들이 이스라엘 공동체의 생활에 실제로 일어난 일들을 나타낸다고 생각하게 된다. 처음 두 개의 환상에 묘사된 심판도 미래적인 것이 아니다. 그것들은 오히려 아모스가 예언하고 사역하던 그 시대, 그 시간에 일어난 실제적인 일로 보아야 할 것이다.

"주 여호와께서 내게 보이신 것이 이러하니라 왕이 풀을 벤 후 풀이 다 시 움돋기 시작할 때에 주께서 메뚜기를 지으시매"(암 7:1).

아모스는 왕이 풀을 벤 후 다시 풀이 움트기 시작할 때 그 땅에 재앙을 내리기 위해 하나님께서 메뚜기를 지으시는 환상을 보았다. 이것은 아모스 4장에 언급된 것과 동일한 재앙이 아니다. 메뚜기는 거의 7년마다 발생하는 팔레스타인의 빈번한 재앙이었기 때문이다. 왕이 풀을 벤 일은 분명히 백성들이 첫 수확에서 왕에게 지불한 공물을 의미한다(왕상 4:7; 18:5).

팔레스타인에서는 일반적으로 일 년에 두 번 추수를 하였다. 첫 추수는 왕의 것이었기 때문에, 백성은 자신들의 생계를 부득이 두 번째 추수에 의지해야 했다. 하나님께서 보내신 메뚜기의 재앙으로 위협받고 있는 것은 바로 이 두 번째 추수이다. 하나님은 하나님의 백성을 도덕적으로 올바르게 통치하기 위해 자연을 이용하신다.

"메뚜기가 땅의 풀을 다 먹은지라 내가 이르되 주 여호와여 청하건대 사하소서 야곱이 미약하오니 어떻게 서리이까"(암 7:2).

이 구절의 문체로 보아 이 메뚜기가 요엘의 예언에서처럼 침입하는 군대를 나타낸다는 결론을 배제하는 것으로 보인다. 그러나 어떤 사람들은 그렇게 해석하기도 한다.

메뚜기가 그 땅의 풀을 다 먹었을 때 선지자는 그들을 위하여 열심히 중보기도 했다. 기도만이 재앙을 돌이킬 수 있었으므로 하나님의 사람은 백성이 용서 받기를 기도한 것이다. 절망적이고 연약해진 이 나라가 달리 어떻게 이 무의미한 상태를 극복할 수 있겠는가? 아모스 7장 2절에서 이스라엘이 엄청난 메뚜기 재앙으로 인하여 처하게 된 극단적인 상황에 놀랄 필요는 없다. 아모스가 하나님 백성의 곤경에 대하여 하나님께 탄원하여 하나님의 마음을 감동시켜 하나님께서 그들에 대한 탄원을 들어 주신 것이다. 선지자들은 언제나 하나님 백성의 딱한 처지에 감동되었다(사 51:19; 시 106:44-45). 하나님은 아모스의 중보기도를 들으시고 뜻을 돌이키사 재앙을 멈추셨다. 기도의 응답으로 이스라엘을 용서하신 것이다.

> "여호와께서 이에 대하여 뜻을 돌이키셨으므로 이것이 이루어지지 아니하리라 여호와께서 말씀하셨느니라"(암 7:3).

하나님께서 후회하신다(민 23:19)는 말이 어떻게 가능한가 의아해 하는 사람들이 많으나 거기에는 함축된 뜻이 있다. 우리는 하나님께서 언제나 무한하신 거룩하심과 공의로우심을 따라 활동하신다는 사실을 기억해야 한다. 따라서 죄가 나타나면 꾸짖으시고 벌하셔야만 한다. 그러나 기도와 하나님의 은혜로써 이를 피할 길이 마련되어 하나님께서 죄인을 용서하시는 것이다. 하나님은 어떠한 경우든지 반드시 거룩하심을 따라 행하신다. 따라서 아모스 7장 3절의 말씀은 믿고 기도하는 자에 대한 응답이었다. 하나님은 더 이상 재앙으로 황폐케 하지 않겠다고 말씀하셨다. 이스라엘과 온 세상 영혼들의 구원을 위해 일관성 있게 지속된 기도를 통해 얼마나 많은 하나님의 계획들이 이루어졌는지는 내세에 가서야 확실히 드러날 것이다.

불의 환상

하나님의 은혜로 말미암아 재앙을 면했음에도 불구하고 이스라엘은 계속 범죄하였으므로 하나님은 이스라엘에게 다른 재앙을 보내시기로 결정하셨다.

> "주 여호와께서 또 내게 보이신 것이 이러하니라 주 여호와께서 명령하여 불로 징벌하게 하시니 불이 큰 바다를 삼키고 육지까지 먹으려 하는지라"(암 7:4).

두 번째 환상에서 아모스는 이스라엘을 벌하기 위해 불을 불러 쓰시는 하나님을 보았다. 여기 언급된 불은 가뭄을 나타낸다(암 4:6-11). 아모스서의 첫 부분, 즉 아모스 1장 4절과 그 이하의 구절들에서는 불이 전쟁을 상징했다. 가뭄이 극심하여 큰 바다—끊임 없이 샘솟는 물로 땅을 촉촉하게 해 주는 대양—를 삼키는 것으로 묘사되어 있다(창 7:11; 49:25; 사 51:10). 육지까지도, 즉 이스라엘의 분깃도 위협을 받았다(미 2:4).

이 처참한 재앙은 다시 한 번 아모스로 하여금 기도하게 했다. 그는 하나님께 이스라엘의 비참한 상황을 보시고 재앙을 멈추시기를 간구하였다. 하나님의 백성이 드리는 기도와 그들을 위해 드리는 중보기도를 기뻐하시는 하나님은 다시 그 기도를 들으셔서 재앙을 제거하셨다. 이와 같이 아모스는 하나님께서 이스라엘을 멸하려는 것이 아니라 훈육적인 심판을 통하여 이스라엘을 악행에서 돌이키게 하시려 함을 보여주려 했다. 이 위협이 그 목적을 얼마나 잘 달성했는지를 다음 환상에서 보게 된다.

다림줄의 환상

> "또 내게 보이신 것이 이러하니라 다림줄을 가지고 쌓은 담 곁에 주께서 손에 다림줄을 잡고 서셨더니"(암 7:7).

아모스 7장의 마지막 환상에서 아모스는 다림줄을 띄우고 쌓은 성벽, 즉 몹시 가파른 성벽 곁(혹은 위)에 서신 하나님을 본다. 하나님의 손에는 이 성벽이 얼마나 바르고 곧은지 시험하기 위해 쓰일 다림줄이 있었다. 건축자들이 다림줄을 사용하듯이 하나님은 자기 백성의 영적 고결성을 확실한 기준으로 재실 것이다.

> "여호와께서 내게 이르시되 아모스야 네가 무엇을 보느냐 내가 대답하되 다림줄이니이다 주께서 이르시되 내가 다림줄을 내 백성 이스라엘 가운데 두고 다시는 용서하지 아니하리니 이삭의 산당들이 황폐되며 이스라엘의 성소들이 파괴될 것이라 내가 일어나 칼로 여로보암의 집을 치리라 하시니라"(암 7:8–9).

다림줄이 집을 지을 때뿐만 아니라 집을 헐어버릴 때도 쓰인다. 아모스 7장 8–9절에서 분명하게 알 수 있듯이, 하나님은 이 구절에서 파괴를 염두에 두신다(왕하 21:13; 사 28:17, 34:11; 애 2:8). 다림줄은 이스라엘의 주변이 아니라 그 한복판에 띄워진다. 이것은 철저한 심판이 될 것이며, 하나님은 다시는 그들을 눈 감아 주거나 용서하지 않겠다고 경고하신다. 하나님의 인내가 끝에 다달았기 때문에 여기에는 아모스의 중보기도가 나타나 있지 않다. 이제 아무것도 다가오는 재앙을 막을 수 없다. 선지자의 중보기도로 두 번이나 하나님의 재앙을 돌이켰었다. 그러나 이제 그 시간은 지나갔다.

> "이삭의 산당들이 황폐되며 이스라엘의 성소들이 파괴될 것이라 내가 일어나 칼로 여로보암의 집을 치리라 하시니라"(암 7:9).

아모스 7장 9절에는 그 심판이 어떠한 것인지 기록되어 있다. 산당들이 황폐되고, 성소가 파괴되고 여로보암의 집이 칼로 베임을 당할 것이다. 산당들은 높은 산에 세워져 우상을 숭배하던 제단이며, 성소들은 원래 느밧의 아들 여로보암이 단과 벧엘에 세운 것들이다. 여기에서는 이스라엘 대신 이삭이라는 이름이 열 지파를 나타내는 이름으로 쓰이고 있다.

이스라엘의 우상 숭배와 신실하지 못한 왕조가 모두 사라질 것이다. 아모스는 여로보암이 칼에 망하리라고(이것은 사실이 아니다. 열왕기하 14:23-29을 보라) 선포하지 않고 하나님께서 칼을 가지고 여로보암의 집을 치시리라고 선포하는데, 이 예언은 그의 아들 스가랴가 살룸에 의해 암살됨으로써 이루어졌다(왕하 15:8-10). 여로보암의 대가 끊기게 된 것이다. 하나님의 자비는 얼마나 확실하며, 그 심판이 얼마나 분명한가!

거짓 제사장 대 하나님의 선지자

거듭나지 못하고 신실하지 못한 사람들은 하나님의 뜻과 목적을 분명히 선포하는 것을 불쾌하게 생각한다. 아모스의 시대에도 그러했다. 하나님의 말씀은 항상 도전을 받았다. 황금 송아지가 있던 벧엘의 대제사장 아마샤는 여로보암에게 아모스를 고발했다. 그의 고발 내용을 자세히 살펴보면 다음과 같다. 첫째, 그는 아모스가 왕에 대해 모반을 꾀했다고 주장하며, 다른 사람들도 그 모반에 가담했음을 암시하고 있다. 둘째, 그 모반이 이스라엘 집의 한가운데서, 즉 이 나라의 종교 중심지인 벧엘에서 행해지고 있으며, 셋째로는 그 땅이 아모스가 예언하는 것을 견딜 수 없다고 고발하였다.

> "때에 벧엘의 제사장 아마샤가 이스라엘의 왕 여로보암에게 보내어 이르되 이스라엘 족속 중에 아모스가 왕을 모반하나니 그 모든 말을 이 땅이 견딜 수 없나이다"(암 7:10).

신실하지 못한 아마샤는 모반이라는 근거 없는 고발로 시작하여 아모스의 말에서 혁명 혹은 선동이 시작되었다는 경고의 말로 끝맺는다. 진실로 어느 때든지 비난이나 징계를 목적으로 한 증언이 도리어 하나님의 말씀의 능력을 증언하게 된다. 어느 세대나 정치적 방편은 진리의 증언을 모독하거나 반대한다. 엘리야(왕상 18:17), 예레미야(렘 37:13-15), 주 예수(요 19:12), 제자들(요 11:48-50), 바울(행 17:6-7) 등을 살펴보라.

> "아모스가 말하기를 여로보암은 칼에 죽겠고 이스라엘은 반드시 사로잡혀 그 땅에서 떠나겠다 하나이다"(암 7:11).

아모스 7장 11절에서 우리는 고용인, 혹은 기회주의자가 하나님의 종의 단순한 말들을 왜곡시키는 모습을 본다. 아마샤는 아모스의 말들을 왜곡하여 그것들이 왕에 대한 개인적인 비난인 것처럼 보이게 한다. 왕이 아모스에게 어떠한 조치를 취했는지는 기록되어 있지 않다. 이 거짓 제사장은 아모스의 예언의 근거, 백성들이 회개할 때에 아모스가 백성들에게 소망을 준 것, 그리고 왕국을 위하여 하나님께 중보기도를 드린 것 등은 빼고 고발하였다.

아마샤는 아모스의 환상을 경멸적으로 언급하면서 아모스를 선견자라고 부르며 아모스에게 유다의 자기 땅으로 도망가서 거기서 떡을 위해 예언하라고 충고한다. 아모스가 생계를 위해 사역했다고 넌지시 암시하는 것이다. 왕의 제사장인 자신이 고용인이면서도, 하나님의 선지자도 그렇다고 암시하는 것이다.

> "아마샤가 또 아모스에게 이르되 선견자야 너는 유다 땅으로 도망하여 가서 거기에서나 떡을 먹으며 거기에서나 예언하고 다시는 벧엘에서 예언하지 말라 이는 왕의 성소요 나라의 궁궐임이니라"(암 7:12-13).

그는 아모스에게 더 이상 벧엘에서 예언하지 말라고 명하기까지 한다. 이는 그곳이 왕의 성소, 왕의 거처였기 때문이다(왕상 12:28). 인간이 만든 종교는 하나님의 진리와 함께 거할 수 없다. 아마샤가 벧엘과 그 성소를 하나님의 집, 혹은 성소라고 부르지 않았음을 주목하라. 그곳은 왕의 집이었다. 그는 부지중에 여로보암 1세에 의해 시작되어 그의 신실하지 못한 후계자들에 의해 수행되어 온 이스라엘 왕국의 모든 예배의 인간적 근원을 폭로하고 있다. 아모스는 벧엘이 그 왕국의 종교 중심지일 뿐만 아니라 왕의 거처의 하나였기 때문에 벧엘에서의 사역 활동을 중지하라는 명령을 듣는다(암 2:12).

아모스의 변론과 이스라엘의 운명

아모스 7장 14-17절에 기록된 아모스의 유일하고 적절한 변론은 하나님께서 하나님의 종을 어떻게 선지자로서 일하라고 부르셨는지에 대한 간결한 진술이다.

> "아모스가 아마샤에게 대답하여 이르되 나는 선지자가 아니며 선지자의 아들도 아니라 나는 목자요 뽕나무를 재배하는 자로서 양 떼를 따를 때에 여호와께서 나를 데려다가 여호와께서 내게 이르시기를 가서 내 백성 이스라엘에게 예언하라 하셨나니"(암 7:14-15).

아모스는 자신이 직업적인 선지자가 아니며, 그 백성을 가르치기 위해 젊은 사람들이 훈련받는 선지자 학교에서 배우지도 않았다고 주장한다(삼상 19:24). 이스라엘에게 예언하라는 하나님의 확실한 부르심이 임하기 전에, 그는 목자와 뽕나무 재배자라는 천한 직업을 갖고 있었다. 그의 말과 권위는 그의 것이 아니라 하나님으로부터 직접 유래된 것이었다(다윗이 왕의 자리에 오르게 될 때에도 동일한 말을 듣게 되는 사무엘하 7장 8절과 갈라디아서 1장 1절을 보라). 간단히 말해 아모스는 사람의 말을 따르지 않고 하나님께 순종하겠다고 말하고 있다(행 5:29).

아모스 7장 11절에 "아모스가 말하기를," 7장 16절에 "네가 이르기를," 7장 17절에 "여호와께서 이와 같이 말씀하시기를" 사이의 대조를 주목하라. 아모스는 참 선지자로서 아마샤가 말하는 것이나 자기, 즉 아모스가 말하는 것은 문제가 되지 않으며 가장 중요한 것은 여호와 하나님께서 말씀하시는 것을 듣는 일임을 지적한다. 어느 인간의 반대도 강력하게 몰아치는 하나님의 장엄하신 말씀을 멈추게 할 수 없다.

> "이제 너는 여호와의 말씀을 들을지니라 네가 이르기를 이스라엘에 대하여 예언하지 말며 이삭의 집을 향하여 경고하지 말라 하므로 여호와께서 이와 같이 말씀하시기를 네 아내는 성읍 가운데서 창녀가 될 것이요 네 자녀들은 칼에 엎드러지며 네 땅은 측량하여 나누어질 것이며 너는 더러운 땅에서 죽을 것이요 이스라엘은 반드시 사로잡혀 그의 땅에서 떠나리라 하셨느니라"(암 7:16-17).

초대 기독교 어느 작가가 "하늘이 천둥을 치며 그에게 '예언하라' 고 명했다. 그런데 개구리가 늪에서 '다시는 예언하지 말라' 고 외쳤다" 고 기록했다.

아모스에 대항한 아마샤의 열변은 아모스의 입을 막기는커녕 도리어 심판이 더욱 가까웠다고 부르짖게 하였다. 아모스 7장 17절의 예언은 아마샤 한 사람만을 거론한다. 그 땅에 대적들이 침입해 올 때 이 거짓 제사장의 아내가 대중이 보는 앞에서 강간당할 것이며, 그의 아들과 딸들이 살해되고, 그의 땅이 나뉘어 빼앗기고, 그 자신도 이스라엘이 포로로 사로잡혀가게 될 더러운 땅(앗수르)에서 죽을 것이다.

이 마지막 예언을 통하여 아모스는 진리를 대적한 것에 따르는 엄청난 결과가 개인과 국가에 똑같이 임할 것임을 보여준다. 하나님의 진리를 대적하는 것은 두려운 일이다. 인간이 그 진리를 침묵시키려 할수록 그것은 더욱더 크게 외친다.

하나님의 말씀의 기근

여름 과일 광주리 환상

아모스 8장의 서두에는 하나님께서 선지자에게 보여주신 일련의 환상 중 네째 환상이 기록되어 있다. 다림줄 환상은 다가올 심판의 확실성을 보여주는 것이었다. 여기에 기록된 환상은 그 재앙이 임박해 있음을 드러내 준다.

> "주 여호와께서 내게 이와 같이 보이셨느니라 보라 여름 과일 한 광주리이니라 그가 말씀하시되 아모스야 네가 무엇을 보느냐 내가 이르되 여름 과일 한 광주리니이다 하매 여호와께서 내게 이르시되 내 백성 이스라엘의 끝이 이르렀은즉 내가 다시는 그를 용서하지 아니하리니" (암 8:1-2).

하나님은 아모스에게 익은 과일 한 광주리를 보여주시며, 그것은 이스라엘이 심판받을 때가 실제로 임박했다는 것을 나타낸다고 설명하셨다. 과일을 모아 담는 일이 추수의 끝을 의미하듯이 이스라엘도 국가로서의 존속이 끝에 이르렀다. 하나님께서 섭리하셔서 행하신 일들, 경고, 약속 및 초기의 징계를 통하여 진정한 회개를 이루지 못했기 때문에 북왕국에 대한 심판의 시간이 다가온 것이다.

이 환상에는 qayits(여름 과일)과 qets(끝; 욜 3:13; 겔 7:2, 3, 6)이라는 강렬한 언어유희가 있다. "내가 다시는 그들을 용서하지 아니하리라"는 말은 아마샤의 고발과 반대로 인하여 중단되었던 아모스 예언의 심판사상을 다시 이야기하는 것이다(암 8:2과 비교).

하나의 히브리 단어가 어느 때에는 "성전"으로, 어느 때에는 "궁전"으로 번역되기 때문에 아모스 8장 3절에 "그 날에 궁전의 노래가 애곡으로 변할 것이며 곳곳에 시체가 많아서 사람이 잠잠히 그 시체들을 내어버리리라 주 여호와의 말씀이니라"고 했다. 이 노래가 궁전의 노래인지, 혹은 성전의 노래인지에 대해 여러 가지 의견이 있다. 아모스서에는 두 가지가 모두 언급되어 있다—성전의 노래는 아모스 5장 23절에, 궁전의 노래는 아모스 6장 5절과 아마 아모스 8장 10절에도 언급되어 있다. 중요한 것은 그 노래가 그대로 잠잠해지는 것이 아니라, 죽음이 모든 사람에게 미치기 때문에 울부짖음과 애곡으로 변하리라는 것이다. 시체가 너무 많아서 도처에 닥치는 대로 내던져 버릴 것이다. 이러한 재앙을 당하는 동안 그들은 잠잠하라는 명령을 받는다. 그것은 아모스 6장 10절의 "잠잠하라"는 요구와 동일한 것이다. 그것은 하나님의 냉혹한 심판을 달게 받으라는 권고이다. 슬픔이 너무 커서 아무 말도 할 수 없었다. 학살이 너무 방대하여 그들의 관습대로 매장을 할 수 없을 때 무슨 말을 할 수 있겠는가? 진실로 이스라엘의 죄가 심판받을 만큼 무르익었으므로 재앙은 멀지 않았다.

가난한 자들을 학대한 자들에 대한 경고

> "가난한 자를 삼키며 땅의 힘없는 자를 망하게 하려는 자들아 이 말을 들으라 너희가 이르기를 월삭이 언제 지나서 우리가 곡식을 팔며 안식일이 언제 지나서 우리가 밀을 내게 할꼬 에바를 작게 하고 세겔을 크게 하여 거짓 저울로 속이며 은으로 힘없는 자를 사며 신 한 켤레로 가난한 자를 사며 찌꺼기 밀을 팔자 하는도다"(암 8:4-6).

아모스 8장 4-6절에서 아모스는 가난한 자들을 희생하여 부유해진 자들에 대해 가혹한 비난을 퍼붓는다. 그들은 할 수만 있다면 궁핍한 자들을(암 2:6-7) 삼켜 그 땅에서 살지 못하게 하려 했다(사 5:8). 그들의 탐욕스런 마음으로 인하여 절기나 안식일의 즐거움이 사라졌다. 그들은 겉으로는 절기를 지키면서도 어서 그 절기가 끝나 물질적 이익을 얻게 되기만 바랐다.

월삭이란 장사나 상업적 거래를 하지 않는 거룩한 날이었다. 물론 안식일에도 그와 같은 일을 해서는 안 된다(민 10:10, 28:11; 왕하 4:23; 느 10:31, 13:15-18). 월삭과 안식일에 대한 언급은 백성들이 우상을 숭배하면서 동시에 모세의 율법에 정해진 것들도 지키고 있었음을 나타내 준다. 진정한 경건함이 없는 사람은 정직하지 못하다. 따라서 압제자들은 값은 올리면서 곡식의 무게를 정확하게 재지 않았다(그 당시에 돈은 무게로 달았다. 렘 32:9 참조). 율법은 이러한 부정직한 행위를 모두 금하였다(신 25:13-16). 모든 거래가 사기와 거짓으로 특징을 이루었다. 가난한 자들은 결국 노예로 전락하고 말았다. 가난한 자들은 지극히 싼 값으로 자신을 팔아 노예가 되어야 했다. 레위기 25장 39절은 그러한 일들을 금했다. 그들은 정직한 상인들이 버린 것, 즉 밀 찌꺼기를 팔았다. 이것은 참으로 슬픈 상황으로서 오늘 우리 시대에도 이와 같은 일이 빈번히 일어나고 있다. 성경은 주께서 재림하시기 전에 기독교계에도 비슷한 상태가 만연할 것임을 지적한다(약 5:1-6).

포괄적인 심판

하나님의 백성에게 임할 여러 측면의 심판을 묘사하면서, 아모스는 하나님께서 그들의 어떠한 행위도 결코 용서하지 않겠다고 야곱의 영광, 즉 하나님 자신을 두고 맹세하셨다는 두려운 진리를 선포한다. 그들은 진노의 날에 이르기까지 죄를 쌓았고, 하나님은 그들 모두가 지은 죄를 기억하고 계셨다. 오직 하나님께서 은혜 중에 영광스럽게 섭리하실 때만 하나님 앞에서 모든 죄에 대한 기억을 지울 수 있다. 하나님으로부터 오는 심판의 충격이 너무도 커서 그 땅이 떨고, 그 땅의 모든 주민들이 애곡하며, 땅이 애굽의 나일 강처럼 솟아오르기도 하고 가라앉기도 할 것이다.

> "이로 말미암아 땅이 떨지 않겠으며 그 가운데 모든 주민이 애통하지 않겠느냐 온 땅이 강의 넘침같이 솟아오르며 애굽 강같이 뛰놀다가 낮아지리라 주 여호와의 말씀이니라 그 날에 내가 해를 대낮에 지게 하여 백주에 땅을 캄캄하게 하며"(암 8:8-9).

아모스 8장 8절을 지진을 언급하는 것으로 이해하는 사람들도 있으나 그보다는 그 땅이 받아야 할 심판의 무게 때문에 흔들린다는 것이다.

아모스 8장 9절과 같은 개념이 아모스 9장 5절에도 나오는데, 거기서는 하나님의 전능하심을 나타내기 위해 쓰인다. 바로 그 징계의 날에 태양이 대낮에 지고, 지구는 백주에 어두워질 것이다. 이것이 일식을 말한다고 보는 의견도 있다. 그러나 피상적 어법이라는 관점에서 볼 때도 일식에 대한 묘사일 수는 없다. 이것이 무서운 여호와의 날에 대한 암시일 수 있는가? 이 구절을 요엘 2장 2절; 3장 15절; 마태복음 24장 29-30절과 비교해 보면 그와 같은 현상이 심판과 보응의 날에 일어나리라는 것을 쉽게 알 수 있다.

그러나 성경에 나타난 많은 획기적인 사건들은 그에 앞선 역사적 사건들에게 그 전조가 나타나는바, 이것도 바로 그와 같은 일이라고 볼 수 있다. 예를 들어 이러한 표현은 번영의 극치에 도달했다가 갑자기 멸망한 사람에 대해 쓰인다. 이것은 번영하던 상태에서 극단적인 곤경으로 변하게 됨을 은유적으로 표현한 것이다. 이 포괄적인 심판으로 하늘과 땅뿐만 아니라 그 땅의 모든 주민들까지도 그 영향을 받을 것이다.

이스라엘의 절기는 언제나 큰 기쁨과 즐거움의 축제일이었다. 그러한 축제가 애곡으로, 그 노래가 흐느낌으로 바뀔 것이다(호 2:11). 허리에 굵은 베를 동이는 것(겔 7:18)과 대머리가 되는 것(사 3:24; 렘 16:6)은 모두 지극한 애곡의 표시들이다. 가문의 대를 이어갈 외아들의 죽음을 애통해 하는 것같이 애곡할 것이다. 요엘 1장 8절은 이와 관련된 모습을, 예레미야 6장 26절과 스가랴 12장 10절은 이와 동일한 장면을 묘사한다. 과거 애굽의 모든 집에 장자의 죽음에 대한 큰 부르짖음呼哭이 있었듯이(출 12:30), 이와 비슷한 상태가 하나님의 무거운 심판을 받을 이스라엘에도 일어날 것이다. 이 고통은 잠정적이거나 일시적인 일이 아니라 그 비탄이 계속될 슬픔일 것이다.

하나님의 말씀을 듣지 못하는 기근

아모스는 예언의 마지막 장에서 마지막 환상을 제시하기 이전에 먼저 하나님의 심판의 또 다른 측면을 제시한다(암 8:11-14). 백성들은 내적으로나 외적으로, 또한 육체적으로나 영적으로 고통을 겪을 것이다. 그들의 영적 곤경이 기근이라는 말로 표현되어 있다. 그러나 그것은 양식에 대한 기근이나 물에 대한 갈증이 아니라 하나님의 말씀을 듣지 못하는 기근이다.

"주 여호와의 말씀이니라 보라 날이 이를지라 내가 기근을 땅에 보내리니 양식이 없어 주림이 아니며 물이 없어 갈함이 아니요 여호와의 말씀을 듣지 못한 기갈이라"(암 8:11).

이것은 무슨 의미인가? 구약성경은 하나님께서 이스라엘에 대한 한량없는 사랑 가운데 이스라엘을 다시 하나님께서 택하신 길로, 그리고 이스라엘에 대한 하나님의 뜻을 따라 살도록 되돌리시려고 하나님의 종들을 통하여 그 메시지들을 보내신 것을 분명하고도 충분하게 드러낸다. 그러나 이러한 선지자들과 종들은 배척을 받았다. 그들의 메시지는 조롱받고, 그들은 사역 활동을 중지하라는 명령을 들었다. 이제 하나님은 선지자들을 통해 전하신 하나님의 말씀을 멸시했기 때문에 선지자들을 통한 모든 의사소통이 중지된다고 이스라엘에게 말씀하신다(겔 7:26; 미 3:7). 하나님께서 이스라엘에게서 그 말씀들을 거두어 가실 것이다. 불순종한 사울이 궁지에 몰렸을 때처럼(삼상 28:6), 이스라엘은 육체적인 고통으로부터 쉼을 얻고 불안한 마음의 위로를 얻기 위해 하나님을 찾을 것이다.

이것은 아모스 7장 12-13절에 기록된 바 진리를 대적한 데 대한 하나님의 보응이다. 이와 동일한 하나님의 섭리의 원칙에 대해 누가복음 17장 22절과 요한복음 7장 34절; 8장 21절을 비교하라.

인간의 본성은 얼마나 사악한 것인가? 하나님의 말씀이 있을 때에 인간은 그것을 멸시한다. 그러나 그것이 없어졌을 때에는 그 징계의 아픔 때문에 말씀을 찾는다.

하나님의 심판 행위에 따라 부수적으로 일어나는 만연된 불안과 불만이 아모스 8장 12절에 생생히 묘사되어 있다. 정신을 잃은 "사람이 이 바다에서 저 바다까지, 북쪽에서 동쪽까지 비틀거리며 여호와의 말씀을 구하려고 돌아다녀도 얻지 못할 것" 이다(암 8:12). 그들은 술 취한 사람이나 바람에 흔들리는 나무처럼 비틀거릴 것이다. 이 구절에 나타난 방향이 팔레스타인 땅의 경계, 즉 지중해부터 서해까지를 의미한다는 견해가 있다. 이 구절의 분명치 않은 표현과 시편 72편 8절; 스가랴 9장 10절과의 유사성에서 볼 때 아모스는 아마 지구상의 모든 지역을 의중에 두었던 것 같다. "할 수 있을 때 행하지 않는 자는 행하려 할 때 행할 수 없게 된다" 라는 말은 이스라엘에 대한 적절한 표현이다. 심판의 때를 당한 이스라엘도 그러했다. 이스라엘은 여호와의 말씀을 찾아도 발견하지 못하였다.

> "그 날에 아름다운 처녀와 젊은 남자가 다 갈하여 쓰러지리라" (암 8:13).

아모스 8장 13절에는 온 국민 중에서 가장 강하고 가장 희망에 찬 사람들을—아름다운 처녀와 젊은 남자—지적하여 묘사하고 있다. 그러나 이들도 모두 위로를 받지 못할 것이다. 그들은 말씀에 목말라 지칠 것이다. 젊고 패기 있는 사람들도 이와 같을진대(사 40:30–31), 하물며 늙고 힘 없는 사람들은 어떠하겠는가? 그들이 당하고 있는 상태는 그들이 대표하는 나머지 사람들에게 더욱더 절실한 상태가 된다.

마지막으로, 아모스는 다시 한 번 아모스 8장 11–13절의 상태를 초래한 이유를 가르친다. 간단히 말해서 그들은 거짓 신들에 붙잡혀 있기 때문에 더 이상 참되고 살아 계신 하나님의 말씀을 들을 수 없었던 것이다. 그들이 하나님을 저버렸으므로 이제 하나님께서도 그들을 버리시는 것이다.

그들은 습관적으로 자기 신들의 이름으로 맹세를 하였었다. 하나님은 그들에게 다른 신들의 이름으로 맹세하지 말고(수 23:7), 하나님의 이름을 두고 맹세할 것을(신 6:13; 10:20) 요구하셨다. "사마리아의 죄"란 벧엘에 있는 금송아지를 의미한다(암 4:4; 호 8:5). 단의 신은 분명히 느밧의 아들 여로보암이 세운 황금 송아지를 말한다(왕상 12:29). 브엘세바가 위하는 것이란(암 5:5) 세 우상 제단의 이름으로 행해진 세 가지 맹세의 마지막 것이다.

동방에서는 흔히 생명이 없는 것들의 이름으로 맹세한다. 회교도들은 보통 관습적으로 메카에의 "순례를 두고" 맹세하거나, 맹세할 때 마음에 떠오르는 무수한 다른 대상들의 이름으로 맹세한다.

이 모든 맹세들은 형식에 있어서는 하나님께서 친히 정하신 형식을 따른 것이다. "여호와의 사심을 두고!" 하나님 안에 생명이 있고 하나님은 존재하시는 분이기 때문에, 맹세는 하나님께 해야 한다. 살아 있는 실체를 나타내지 않는 우상들에 대해 맹세하는 것은 무의미하다. 우상에 대해(하나님의 성령의 도움으로 행한) 바울의 평가는 지극히 진실된 것이다. "우상은 세상에 아무것도 아님을 안다"(고전 8:4). 이 구절을 다른 말로 번역해 보면 "우리는 우상이 참된 존재가 아님을 안다"로 할 수 있을 것이다.

우상 숭배로 인하여 그들에게 임할 파멸이 간결하게 선포된다. 그들은 "엎드러지고 다시 일어나지 못할 것이다"(암 5:2). 이 말씀은 이스라엘 왕국의 붕괴로부터 이루어지기 시작하여 에스겔 36장 22-31절과 37장 15-23절에 약속된 이스라엘의 국가적인 회복이 이루어질 때까지 계속된다. 이 예언은 앗수르 포로 때에 부분적으로 이루어졌고, 영광 중에 오시는 주님의 재림 전의 시기에 이루어질 궁극적 성취를 가리키고 있다. 배교한 기독교도들도 범죄한 이스라엘과 마찬가지로 최후 심판의 때에 이러한 기근을 당할 것이다. 이 둘은 모두 진리의 빛으로부터 우화의 어둠으로 돌아서 있는 것이다.

이스라엘의 회복

성전 멸망의 환상

"내가 보니 주께서 제단 곁에 서서 이르시되 기둥 머리를 쳐서 문지방이 움직이게 하며 그것으로 부서져서 무리의 머리에 떨어지게 하라 내가 그 남은 자를 칼로 죽이리니 그 중에서 한 사람도 도망하지 못하며 그 중에서 한 사람도 피하지 못하리라"(암 9:1).

아모스서의 마지막 장은 결정적이며 절정을 이루는 환상, 즉 성전 멸망에 관한 환상이다. 무대는 예루살렘이 아니라 벧엘에 있는 북왕국의 주요 성소이다. 하나님께서 친히 심판을 지시하시며 명하시기를 "기둥 머리를 쳐서 문지방이 움직이게 하라"고 하신다. 꼭대기를 침으로써 성소는 그 기초까지 흔들리게 된다. 꼭대기와 바닥을 언급한 것은 완전한 파괴를 나타내기 위함이다. 기둥들이 부서져 내릴 때 절기를 맞아 성소에 모여온 수많은 사람들의 머리에 떨어질 것이다. 그들은 모두 폐허 속에 묻힐 것이다. 혹시 이 무너진 건물 속에서 살아 나오는 사람이 있어도, 그는 칼로 살륙될 것이다.

아모스는 이와 같이 생생하게 이스라엘의 우상 숭배에 대한 하나님의 진노와 그것에 대한 하나님의 즉결 심판, 치유할 수 없는 심판을 묘사한다. 아무도 이 멸망을 피하지 못하리라는 말이 두 번 행해진다. 아모스 9장 2-4절은 도피의 가능성이 없다는 아모스 9장 1절 하반부의 말씀을 전개시킨 것이다. 심판을 피하려고 시도한다는 가정 하에 그들 운명의 철저한 회피 불가능성을 표현하고 있다.

> "그들이 파고 스올로 들어갈지라도 내 손이 거기에서 붙잡아 낼 것이요 하늘로 올라갈지라도 내가 거기에서 붙잡아 내릴 것이며 갈멜 산 꼭대기에 숨을지라도 내가 거기에서 찾아낼 것이요 내 눈을 피하여 바다 밑에 숨을지라도 내가 거기에서 뱀을 명령하여 물게 할 것이요 그 원수 앞에 사로잡혀 갈지라도 내가 거기에서 칼을 명령하여 죽이게 할 것이라 내가 그들에게 주목하여 화를 내리고 복을 내리지 아니하리라 하시니라"(암 9:2-4).

시편 139편 7-10절과 매우 흡사한 말로 아모스는 하나님의 편재偏在를 설명한다. 파멸당한 자가 땅을 파고 스올로 들어갈지라도 거기서 하나님의 강한 손이 그를 붙잡아 낼 것이요, 하늘 높이 오르려 해도 거기서 하나님이 그를 붙잡아 내리실 것이다. 동일한 말이 예레미야 51장 53절에서 바벨론에 대해, 오바댜 4절에서 에돔에 대해 언급되어 있다. "무덤이 하나님만큼 두려운 것은 아니다"라는 말은 지당한 말이다. 하나님의 편재는 선한 사람들에게는 위안이 되고 그들을 지켜 주는 진리가 되지만, 심판을 고려할 때 악인들에게는 두려움이 된다. 도망한 자들이 갈멜 산 꼭대기에 숨을지라도 하나님의 구석구석까지 살피시는 눈 앞에는 아무 소용이 없을 것이다.

갈멜 산은 높이가 해발 1,800피트나 된다. 갈멜 산에는 특히 바다를 향한 서쪽에 1,000여 개의 동굴이 있다고 한다. 이 산은 빽빽한 숲과 큰 동굴들로 유명한데, 특히 동굴들은 종종 은둔자들의 은신처로 이용되었다.

이러한 동굴들도 하나님의 진노를 피하기에는 충분하지 못하며, 바다 밑바닥도 도망하는 자들에게 도피처를 제공하지 못할 것이다. 하나님은 바다 밑에서 바다뱀을 명하여 죄인들을 물어뜯게 하실 것이다(사 27:1과 비교). 큰 물고기가 요나를 삼키라는 하나님의 명령에 순종한 것같이, 이 바다의 뱀도 이스라엘의 죄인들에 대해서 하나님의 명령대로 행할 것이다.

신실하지 못한 자들이 적들 앞에 잡혀 갈지라도, 즉 목숨을 부지하기 위해 스스로 잡혀갈지라도 칼이 그들을 멸할 것이다. 이 예언 중에는 비록 구체적으로 이름을 밝히지는 않았지만 다시 앗수르가 등장한다. 하나님의 무서운 재앙의 날에 하나님의 손으로부터 오는 재난을 피하려는 모든 노력은 부질없는 것이고 오히려 그 재앙을 악화시킬 것이다. 그 이유는 하나님께서 전처럼 선이나 축복의 목적이 아니라, 오직 악에 대해서만 확고한 목적을 가지고 그들을 바라보신다는 사실에서 발견된다. 하나님께서 의도하신 대로 이루어질 것이다. 하나님은 이 일이 시행되는 것을 지켜보실 것이다.

전능하신 하나님

"주 만군의 여호와는 땅을 만져 녹게 하사 거기 거주하는 자가 애통하게 하시며 그 온 땅이 강의 넘침같이 솟아 오르며 애굽 강같이 낮아지게 하시는 이요 그의 궁전을 하늘에 세우시며 그 궁창의 기초를 땅에 두시며 바닷물을 불러 지면에 쏟으시는 이니 그 이름은 여호와시니라" (암 9:5-6).

예언을 듣는 사람들이 하나님께서 위협하신 바를 행하지 않으시리라든가 혹은 행하실 수 없다고 스스로를 위안하지 않게 하기 위해서, 아모스는 장엄하게 우리 하나님, 주 만군의 여호와의 전능하심을 제시한다. 하나님은 모든 능력의 하나님이시다(암 4:13, 5:8-9, 8:8). 확실히 능력은 원자탄이 아니라 하나님께 속한다. 하나님께서 심판 중에 세상을 건드리기만 하시면 세상은 붕괴된다(시 46:6). 하나님은 땅을 애굽의 나일 강처럼 솟아 올랐다 가라앉게 하실 수 있으며, 하늘과 땅을 지으셨기 때문에 땅에 홍수를 일으키실 수도 있다.

모든 자연이 하나님께 복종하나 오직 인간만이 하나님의 뜻에 대항한다. 그러므로 과거에 행하셨던 것과 같이, 미래에도 하나님은 자연의 힘을 이용하여 하나님의 신실하지 못한 피조물들을 심판하실 것이다. 이것은 요한계시록에 분명하게 묘사되어 있다. 아모스 선지자는 이스라엘에게 이와 같이 묻는다: "너희가 이 같은 하나님을 피할 수 있느냐?"

죄인들과 남은 자들

하나님의 선민이라는 사실을 세속적으로 의지해서는 이스라엘에 대한 하나님의 진노를 돌이키지 못할 것이다. 그들은 우상 숭배를 행함으로써 주변의 이교 백성들과 같아졌다. 그들은 스스로를 이교도들의 수준으로 낮추었다. 그러므로 하나님께서 보시기에 그들은 구스 족속과 같았다. 이것은 이스라엘에 대한 선지자의 가장 강력한 책망이다. 이스라엘을 이교도들에 비유했기 때문이다.

아모스는 하나님께서 섭리하셔서 여러 민족들을 그들의 고향 땅에서부터 옮기거나 이동시키셨기 때문에, 이스라엘은 하나님께서 애굽에서 가나안으로 인도하여 내시기까지 사랑을 받고 있으므로 그 죄에 대해 심하게 심판하시지 않으리라는 망상에 빠져서는 안 됨을 밝히고 있다. 특권이 멸시되고 남용되는 한, 그 특권은 구원과 구속의 문제에 있어서 구실이 될 수 없다.

구스인들은 아라비아의 원 거주지에서 붙잡혀 와서 아프리카의 여러 나라에 이주하여 살게 되었다. 이스라엘 백성들은 4세기 동안의 노예 생활 끝에 애굽에서 구원받아 가나안으로 돌아왔다. 하나님은 블레셋인들을 갑돌로부터 데려오셨다. 구약성경의 헬라어 번역자들은 이곳이 갑바도기아라고 생각하지만 아마 그레데일 것이다(창 10:14; 신 2:23; 렘 47:4; 겔 25:16). 신명기를 보면 이러한 민족 이동은 이스라엘 백성이 애굽에서 탈출하기 전에도 일어났던 것 같다.

마지막으로, 아모스는 수리아인들을 기르에서 다메섹으로 옮기셨음을 언급하였다(암 1:5와 비교하라). 그렇다면 이스라엘이 그 특권을 자랑하고 거기에 의지할 근거가 어디에 있는가? 하나님은 아모스 1~2장에서처럼 다시 민족들의 하나님으로 나타나신다. 하나님은 그 모든 나라들에 대해 죄, 그리고 하나님 자신으로부터 떠나는 일을 똑같이 벌하셔야 하는 것이다. 그래서 하나님은 범죄한 에브라임 왕국을 주목하여 지면에서 멸하시겠다고 선포하신다. "범죄한 나라"라는 말은 북왕국에 대한 이례적인 표현이다. 이 상태는 출애굽기 19장 6절에 언급된 하나님의 이상과 얼마나 반대되는가!

아모스 1~9장에 이르기까지 심판의 선고를 완화시켜 주는 말이 없었다. 이상하게도 이 예언에는 장래의 축복과 번영에 대한 예고가 없었다. 이제 아모스 9장 8절에서 선지자는 모든 의와 거룩하심 안에 계신 하나님께서 북왕국을 영원히 멸하셔야 하지만 야곱의 집—민족 전체를 나타내는 이름—을 완전히 멸하지는 않으시리라고 선포한다. 그 이유는 예레미야 31장 36절에 나타나 있다. 하나님은 아브라함과 그 자손에게 주신 약속을 게을리하지 않으실 것이다.

> "보라 내가 명령하여 이스라엘 족속을 만국 중에서 체질하기를 체로 체질함같이 하려니와 그 한 알갱이도 땅에 떨어지지 아니하리라"(암 9:9).

아모스 9장 8절의 마지막 말씀이 어떻게 이해되고 시행되는지가 아모스 9장 9절에 제시된다. 하나님께서 이스라엘의 집을 만국 중에 곡식처럼 체로 치시지만("앞 뒤로 움직이게 하다"라는 뜻을 의미하는 생생한 단어) 작은 낟알 하나도 땅에 떨어지지 않게 하실 것이다.

여기에 몇 가지 주목할 만한 특징이 있다. 첫째, 체로 치는 일에서 행위자는 하나님이시다. 둘째, 체로 치는 일은 이스라엘의 지극히 불안정한 상태를 묘사한다. 셋째, 만국 중에 체로 치는 일은 하나님의 백성이 도처에 흩어질 것을 드러낸다. 넷째, 쭉정이와 먼지가 제거될 것이다. 마지막으로 낟알들, 이스라엘의 진실된 남은 자들이 보존되고 구원될 것이다. 온 세상은 이스라엘이 그 안에서 이 곳에서 저 곳으로 흔들리는 하나의 거대한 체이다.

이러한 표현들은 이스라엘의 상태, 특히 주후 70년 로마인들에 의해 예루살렘이 파괴된 후의 상태를 생생하고도 정확하게 묘사한다. 그러나 그러한 모든 일을 통해서 하나님은 이스라엘을 주목하여 보존하신다. 전 세계로 흩어져 유랑 생활을 하며 수 세대에 걸쳐 지극히 악한 방법의 박해를 받았음에도 이스라엘이 보존된 것은 이렇게 설명하는 외에 달리 설명할 수 없다.

하나님께서 이렇게 체를 치셔도 낟알 하나 땅에 떨어지지 않지만, 죄인들은 피할 수 없다. 이스라엘의 모든 죄인들이 멸망당할 것이다. 특히 악한 심판이 자기에게 미치지 않으리라고 대항하며 자랑하던 사람들이 멸망하리라고 지적하고 있다(암 6:3). 심판을 믿지 않던 사람들이 심판을 받을 것이다.

다윗 왕조의 회복

> "그 날에 내가 다윗의 무너진 장막을 일으키고 그것들의 틈을 막으며 그 허물어진 것을 일으켜서 옛적과 같이 세우고 그들이 에돔의 남은 자와 내 이름으로 일컫는 만국을 기업으로 얻게 하리라 이 일을 행하시는 여호와의 말씀이니라"(암 9:11-12).

이스라엘의 슬픈 유랑 생활 끝에 하나님께서 그들을 다시 모으고 그들 위에 하나님 자신의 의로운 통치자, 다윗의 아들 메시야를 세우겠다고 약속하셨다. 아모스는 이제 이것을 지극히 아름다운 말로 예고한다(암 9:11).

이스라엘 역사의 마지막 날에 하나님은 쓰러져 폐허가 된 다윗의 장막(실제로는 초가 혹은 초막)을 일으키실 것이다. 깨진 틈과 파괴된 것들을 고쳐 예전처럼 세우실 것이다. 아모스가 말하고 있는 것은 웅장한 집이 아니라 폐허가 되어 쓰러진 오두막집이다. 이것은 다윗이 자신을 위해 건축했던 휘황찬란한 궁전과 큰 대조를 이룬다(삼하 5:11-12).

다윗 왕조는 보통 사무엘하 3장 1절, 열왕기상 11장 38절, 이사야 7장 2절, 13절에서 "다윗의 집"으로 언급된다. 이사야 16장 5절에는 "다윗의 장막"이라고 표현되기도 했다. 아모스서의 이 구절은 다윗 왕조의 천하고 퇴락한 상태를 의미한다. 이사야 11장 1절도 다윗 가문의 천한 상태에 대해 말한다. 이 절에 근거해서 탈무드의 랍비들은 메시야를 바르 납달리(몰락한 자들의 아들)라고 불렀다. 그러나 아모스는 메시야를 특별히 언급하지 않고, 단지 메시야가 나올 가문만을 언급하고 있다.

다윗의 아들을 통하여 다윗 가문의 틈들—그 첫째가 열 지파의 분열이다—이 고쳐질 것이다. 다윗 왕조와 왕국이 회복될 것이다. 그리고 그 회복은 옛날의 가장 영광스럽던 시대와 같게 될 것이다. 즉 왕국이 분열되지 않고 번성하여 이스라엘의 온 역사에서 지극히 영광스러운 왕적 통치를 누리던 다윗과 솔로몬 시대와 같아질 것이다.

이스라엘의 보좌에 올바른 왕이 앉을 때, 이스라엘은 만국의 머리가 될 것이다. 아모스는 이스라엘의 하나님의 이름으로 일컫는 모든 나라와 함께 에돔의 남은 자들도 이스라엘이 기업으로 얻게 된다고 예언한다. 분명히 아모스는 에돔을 세상 모든 나라의 대표로 언급하고 있다. 그들은 이스라엘에 가장 가까운 관계였으나, 하나님 백성의 철천지 원수였다(옵 1:12). 하나님의 이름으로 일컫는 남은 자들은 요엘 2장 32절에 나타난 사람들과 동일하다.

야고보가 사도행전 15장에서 아모스 9장 11-12절을 인용했다고 해서 어떤 사람들처럼 이 예언이 이 은혜의 시대에 성취되었다고 주장할 만한 근거가 될 수는 없다. 아모스 9장 11절의 "그 날에"라는 표현은 이스라엘의 마지막 날들을 의미한다. 이 구절이 사도행전 15장 16-18절에 인용된 데에는 하나의 목적이 있다. 즉 이방인들이 회개했다는 사실을 공고히 하기 위함이다. 따라서 이 인용은 아모스 구절의 일반적인 의미만을 전할 뿐 아모스 예언이 기독교 교회를 그 궁극의 완성으로 보고 있다는 입장을 견지하지는 않는다.

이스라엘이 만국의 우두머리가 되면, 그 땅에는 결실이 풍성하게 될 것이다. 밭 가는 자가 추수하는 자의 뒤를 이으며, 포도를 밟는 자가 씨 뿌리는 자의 뒤를 이을 것이다. 그 의미는 농부가 밭가는 일을 끝내자마자 그 씨가 익을 것이며, 포도주를 만들기 위해 포도를 밟는 일이 끝나자마자 씨 뿌리는 일이 시작될 것이라는 뜻이다(레 26:5). 열매가 풍성하여 포도 수확기가 파종기까지 이어질 것이다. 산들이 단 포도주를 흘리리라고 언급하였는데, 이는 포도나무들을 산 언덕에 심었기 때문이다(욜 3:18).

그 날에 이스라엘은 수 세기에 걸친 포로생활에서 회복되어 그 성읍들을 다시 짓고 거기에 거하여 포도원과 정원을 만들어 기쁨이 넘치게 될 것이다(호 6:11; 암 5:11). 그때 이스라엘은 본토 땅에 심겨져 뿌리를 내리고(삼하 7:10), 다시는 하나님께서 주신 땅에서 부러지거나 뿌리 뽑히지 않을 것이다. 하나님께 감사하라. 유랑의 날은 지나갈 것이다(사 61:4; 62:8, 9; 65:21-23).

이스라엘 역사의 정점에서 성취될 아모스의 놀라운 예언을 요약해 보

자: (1) 다윗 왕조의 회복(암 9:11); (2) 만국에 대한 이스라엘의 우위(암 9:12); (3) 만국의 회개(암 9:12); (4) 그 땅의 풍성한 결실(암 9:13); (5) 그 성읍들의 재건(암 9:14); (6) 포로생활에서 돌아온 뒤에 있을 영원한 정착(암 9:15).

낟알이란 무엇인가?

하나님은 이스라엘을 위해 선한 일을 많이 준비해 두셨다. 이스라엘을 향한 우리의 마음의 자세는 어떠한가? 이스라엘이 전 세계적으로 체질을 당하는 동안 쭉정이는 없어질 것이나, 하나님은 낟알들의 보존을 염두에 두고 계신다. 그래서 아직도 하나님은 이스라엘로부터 "은혜로 택하심을 받은 남은 자들"을 부르려 하신다.

> "그런즉 이와 같이 지금도 은혜로 택하심을 따라 남은 자가 있느니라" (롬 11:5).

제7장

오바댜: 에돔에 대한 심판

에돔에 대한 하나님의 진노

인물과 시대적 배경

총 21절로 구성된 오바댜서는 구약성경 중 가장 짧은 책이다. 이 예언서가 신약성경에는 인용되지 않았지만, 그 메시지는 예언서들 중에서 매우 중요한 부분을 차지하고 있다. 이 책은 명쾌하면서도 강력한 문체로 쓰여 있다.

오바댜에 관해서는 "여호와의 종"을 의미하는 그의 이름 이외에는 전혀 알려져 있지 않다. 구약성경에는 오바댜라는 이름을 지닌 사람들이 많이 등장한다.

오바댜의 예언 활동 시기에 대해서는 많은 의견들이 있다. 이스라엘에 대한 에돔의 적대 감정은 수 세기에 걸친 것이었기 때문에 이 예언서의 기록 연대를 정확히 규명하는 것은 어려운 일이다. 이에 대하여 6세기 동안 몇 가지 의견이 번복되어 왔다. 그 중에서 오바댜는 바벨론 포수 이전에 살았던 선지자로서 이스라엘 백성의 가장 큰 원수였던 에돔의 심판을 예언한 사람이었다는 의견이 가장 유력하다. 오바댜의 예언은 이보다 나중에 기록된 예레미야 49장 7-22절과 같은 주제를 다루고 있다.

호세아는 이스라엘에 대한 하나님의 사랑을, 아모스는 하나님의 공의를, 요엘은 여호와의 날을 다루었다면, 오바댜는 에돔의 심판을 예언하고 있다. 에돔인들은 야곱의 쌍둥이 형 에서의 후손들이다. 창세기는 이들 형제 사이에 있었던 적대 감정을 명백한 표현으로 약술하고 있다. 그들의 후손은 끊임없이 싸움을 계속하였다. 에돔은 일찍이 강대국이 되었다(창 36장; 출 15:15; 민 20:14). 그들은 출애굽 당시 이스라엘 민족이 자기들의 땅을 통과하는 것을 거부하였다(민 20:20-21). 그럼에도 불구하고 하나님은 이스라엘에게 에돔을 형제로서 대하라고 명하셨다(신 23:7-8). 그러나 구약성경 여러 곳에서 증언하는 바와 같이 에돔(육적인 생활의 전형으로서 영적 생활에 대해서는 전혀 관심이 없는 사람들)의 이스라엘에 대한 증오는 계속되었다.

이제 오바댜에게 이처럼 완고한 하나님 백성의 대적에게 임할 마지막 심판의 메시지를 선포하라는 사명이 주어진다. 비록 수 세기 전의 예언이지만 이 예언은 친근감을 준다. 왜냐하면 이것은 오늘날 전 세계에서 야곱의 후손들에게 끊임없이 행해지는 모든 사건과 행위를 반영하고 있기 때문이다.

에돔의 교만과 멸망

"오바댜의 묵시라 주 여호와께서 에돔에 대하여 이와 같이 말씀하시니

> 라 우리가 여호와께로 말미암아 소식을 들었나니 곧 사자가 나라들 가운데에 보내심을 받고 이르기를 너희는 일어날지어다 우리가 일어나서 그와 싸우자 하는 것이니라"(옵 1:1).

오바댜서는 오바댜에게 초자연적인 계시, 즉 환상이 임했다는 간결한 말로써 시작된다. 그에게 임하신 하나님의 말씀은 특히 에돔에 관한 것이었다. 오바댜와 이스라엘 백성은 하나님께서 나라들 가운데 사자를 보내시어 그 나라들로 하여금 일어나 에돔과 싸우게 하신다는 소식을 듣는다. 하나님은 이 소식을 직접 그들에게 알리셨다. 왜냐하면 하나님께서 자기 백성과 그들을 에워싸고 있는 민족들에 대한 계획에 이스라엘을 참여시키셨기 때문이다. 먼저는 앗수르, 그 후에 느부갓네살과 그 동맹국들이 에돔에 쳐들어간 것은 하나님의 통치하시는 섭리였던 것이다.

> "보라 내가 너를 나라들 가운데에 매우 작게 하였으므로 네가 크게 멸시를 받느니라"(옵 1:2).

하나님께서 에돔에게 직접 이르시기를, 그를 나라들 중에 작게 만드시고 크게 멸시받게 하겠다고 하셨다. 하나님께서 심판을 내리기로 결심하신 것은 이미 일어난 것만큼이나 명확하게 에돔을 실제로 수치스럽게 만들었다. 심판은 에돔을 대적하여 일어날 적들에 의하여 이루어질 것이다.

> "너의 마음의 교만이 너를 속였도다 바위 틈에 거주하며 높은 곳에 사는 자여 네가 마음에 이르기를 누가 능히 나를 땅에 끌어내리겠느냐

하니 네가 독수리처럼 높이 오르며 별 사이에 깃들일지라도 내가 거기에서 너를 끌어내리리라 여호와의 말씀이니라"(옵 1:3-4).

무엇이 에돔을 멸망하게 만들었는가? 그것은 참을 수 없는 그들의 교만 때문이었다. 그들의 교만과 속임은 그들의 땅이 아주 높고 험한 산, 즉 자연적인 요새에 있다는 사실에서 기인하였다. 그들은 실제로 바위굴 속에 살았다. 왜냐하면 에돔 땅은 동굴들과 바위를 깎아서 만든 거주지로 가득찬 바위산이었기 때문이었다. 세일 산의 이전 거주자들은 동굴 생활자인 호리족이었다(창 14:6; 신 2:12, 22). 에돔의 교만한 마음은 분명히 아무도 그들을 정복할 수 없다는 생각에서 나온 것이었다. 그들은 아무도 그 높은 산성으로부터 자기들을 끌어내릴 수 없다고 생각하였다. 그러나 하나님은 "네가 독수리처럼 높이 오르며 별 사이에 깃들일지라도 내가 거기에서 끌어내리리라"라고 말씀하셨다(암 9:2; 사 14:12-20; 욥 30:27-28). 인간들은 에돔에 접근할 수 없을는지 모르겠지만 하나님은 능히 하실 수 있다. 그들이 교만해질수록 더욱 비극적인 멸망의 운명에 처하게 될 것이다.

파멸과 반역

"혹시 도둑이 네게 이르렀으며 강도가 밤중에 네게 이르렀을지라도 만족할 만큼 훔치면 그치지 아니하였겠느냐 혹시 포도를 따는 자가 네게 이르렀을지라도 그것을 얼마쯤 남기지 아니하였겠느냐 네가 어찌 그리 망하였는고"(옵 1:5).

오바댜는 이제 이두매인들(헬라인이나 로마인들이 에돔인을 부르는 호칭)의 철저한 파멸 상태를 설명한다. 밤에 강도가 들면 자기에게 필요한 것이나 가지고 갈 수 있는 것만을 훔쳐가지 모조리 훔쳐가지는 않는다. 포도를 수확할 때 따는 사람들은 의레 약간의 포도를 남겨 놓는다. 포도원의 포도를 완전히 다 수확하지는 않는다. 그러나 오바댜는 약탈당한 에돔의 상황에 대하여 놀라움과 경악의 소리를 발하며 말하기를, 에서의 땅에 남겨진 것이 아무것도 없으리라고 예언한다. 에돔은 완전히 멸망할 것이다.

> "에서가 어찌 그리 수탈되었으며 그 감춘 보물이 어찌 그리 빼앗겼는고 너와 약조한 모든 자들이 다 너를 쫓아 변경에 이르게 하며 너와 화목하던 자들이 너를 속여 이기며 네 먹을 것을 먹는 자들이 네 아래에 함정을 파니 네 마음에 지각이 없음이로다"(옵 1:6-7).

적들은 에돔의 감추어진 보물들을 찾아내어 모두 약탈해 갈 것이다. 에돔의 수도 페트라는 시리아와 아라비아의 무역 시장으로서 이곳에 값비싼 물건들이 비축되어 있었다. 이러한 물건들이 모두 다 약탈될 것이다. 더욱이 에돔의 동맹국들은 에돔을 속이고 에돔을 쳐서 승리할 것이다. 에돔의 반역에 대한 보응으로서, 동맹국들은 에돔이 곤경에 처했을 때 도움을 주기는커녕 오히려 에돔을 몰아내어 포로가 되게 할 것이다. 한때는 에돔의 양식을 얻어 생활하였던 나라들이 반역하여 에돔을 멸망시킬 것이다. 아무도 에돔을 도와주지 않을 것이다. 에돔과 화목하였던 자들이 함정을 놓아 에돔을 멸망하게 할 것이다.

"여호와의 말씀이니라 그 날에 내가 에돔에서 지혜 있는 자를 멸하며 에서의 산에서 지각 있는 자를 멸하지 아니하겠느냐 드만아 네 용사들이 놀랄 것이라 이로 말미암아 에서의 산에 있는 사람은 다 죽임을 당하여 멸절되리라"(옵 1:8-9).

에서는 그 유명했던 통찰력을 조금도 발휘하지 못할 것이다. 에서의 산에 있는 지각 있는 자들이 멸절할 것이다. 바벨론과 애굽과의 상호 교신을 통해, 그리고 카라반(대상)들이 유럽과 인도를 오가며 얻은 견문을 통해서 에돔은 남들이 부러워할 정도로 지혜롭다는 명성을 얻었다. 이제 그 지혜가 에돔에게서 사라질 것이다. 드만(에서의 손자 이름이기도 하며 에돔의 도성 이름, 여기서는 에돔 족속을 가리킨다)의 지혜롭고 힘 있는 사람들은 낙담할 것이다. 왜냐하면 하나님께서 에돔의 모든 주민들을 살육하기로 작정하셨기 때문이다. 그것은 가혹한 심판이 될 것이다. 드만의 지혜에 대해서는 욥기 4장 1절과 예레미야 49장 7절을 참조하라.

심판하시는 이유

에돔에게 이러한 징벌을 내리시는 하나님의 진노의 근본적인 원인은 무엇인가? 오바댜 1장 10-14절은 이 완고한 이스라엘 대적의 범죄 사실들을 자세히 기록하고 있다. 이 구절들은 유다가 느부갓네살의 침략을 받았을 때의 이스라엘 상황을 묘사한다.

에돔은 종종 그의 형제 야곱에게 폭력을 행했다(비교: 욜 3:19). 그것은 그의 쌍둥이 형제 야곱에 대한 폭력이었다. 에돔의 징벌은 두 단계로 진행될 것이다: (1) 에돔인들이 포로가 되는 시기—부끄러움을 당하는 시기;

(2) 그 민족이 멸절되는 시기. 그들은 결국 마카비왕조의 요한 힐카누스(유다의 대제사장이며 통치자로서 주전 126년에 에돔을 유대화하였다)에 의해서 정복되었으며 로마의 통치 하에서 민족적 존재를 상실하였다. 이 예언의 뒷부분에 기록된 바와 같이, 그 땅에 다시 사람들이 거하게 되겠지만 국가로서의 에돔은 영원히 멸절할 것이다.

갈대아인들이 유다를 침략하였을 때 에돔은 하나님 백성들의 대적들과 마찬가지로 적대적 태도를 취했다. 그리하여 유다의 재산은 탈취당했으며, 유다의 도시들은 무력으로 유린당하였으며, 많은 사람들이 유다 백성들을 노예로 팔기 위해서 예루살렘으로 몰려 들어왔다(욜 3:3).

항상 자신의 혈족을 증오하였던 에돔도 이 잔인한 행위에 동참하였기 때문에 하나님의 재난이 덮친 것이다(이 시기에 에돔의 증오에 대해서는 시편 137편 7절, 특히 시편 83편 4-6절; 에스겔 35장; 예레미야 49장; 이사야 34장 및 63장을 참조하라). 게다가 유다가 조국을 떠나 나라들 중에 흩어졌을 때 에돔은 형제의 재난을 기뻐하였으며 유다의 파멸을 즐거워했다. 에돔은 유다의 재앙을 즐거워하였을 뿐만 아니라 그들의 적이 정복된 것을 보고 기뻐 날뛰며 교만한 말을 했다.

이두매인들은 이스라엘의 재앙을 방관하고 기뻐하였고, 더 나아가 심지어는 모욕을 주며 대적하여 싸웠다. 하나님의 백성이 침략자들에 의해 약탈을 당할 때, 그들도 그 약탈에 협조하였다. 또 그들은 갈대아인들이 침략하였을 때 애굽으로 피난하려고 이두매를 통과하려는 이스라엘의 퇴각로를 차단하여 그들을 붙잡아 원수들에게 넘겨주었다. 그들은 불행을 당한 야곱의 후손들에 대하여 폭력을 더하였던 것이다. 에돔의 포악한 행위들은 다음과 같다: (1) 폭학(10절); (2) 적대적인 태도(11절); (3) 이스라엘의 재앙을 기뻐함(12절); (4) 야곱이 고난당할 때에 자랑함(12절); (5) 하나님의 백성을 약탈함(13절); (6) 피난민들의 도피를 방해함(14절); (7) 원수들의 손에 그들을 넘기는 배반(14절).

하나님께서 어찌 이러한 행위들을 방관하시겠는가? 하나님은 이러한 이유로 진노를 발하시었다. 에돔의 심판은 필연적인 귀결이었다.

임박한 여호와의 날

하나님의 진노의 심판이라는 주제에 대해 길게 이야기해 온 오바댜는 하나님의 성령께서 그 마음에 감동하심에 따라 모든 만국을 벌할 심판의 날에 대하여 예언을 한다. 하나님의 백성을 대적하였던 만국을 심판하실 여호와의 날이 가까워진 것이다. 그들에게도 에돔과 같은 심판이 임할 것이다. 에돔도 여호와의 날에 심판을 받으러 나오게 될 것이다. 에서의 후예들이 점령당한 예루살렘 성에서 정복자들과 더불어 떠들썩한 술잔치를 벌였던 것처럼, 모든 나라들은 하나님의 재앙과 진노의 잔을 한 방울도 남기지 않고 마시게 될 것이다(렘 25:15-33).

그들은 이 심판을 통하여서 전멸당하여 마치 전혀 존재하지 않았던 것처럼 될 것이다. 이 심판의 때는 메시야 왕국이 건설되기 직전일 것이다. 그때 에돔의 권세는 결국 완전히 파괴되어질 것이다. 이스라엘에 대항할 최후의 거대한 동맹체들이 일어날 때(슥 12장; 14장), 에돔인들도 하나님의 백성들에 대한 적대 세력들 중에 끼어 있을 것이다. 그러나 동맹국들은 크게 패배하고 에돔이라는 민족은 사라지게 된다. 앗수르나 애굽과 같은 다른 나라들은 회복되어 천년왕국의 축복 속으로 들어가지만 에돔은 완전히 멸망할 것이다. 하나님과 하나님의 율법을 거스르는 세속적인 정욕과 육체의 상징인 에돔은 완전한 멸절을 당하게 되는 것이다.

이스라엘의 구원과 메시야 왕국

하나님의 예언적 계획의 종국에 에돔이 기대할 수 있는 것은 오직 멸망뿐인 데 반해서 이스라엘은 전 세계에 두루 흩어졌던 포로 생활로부터의 회복을 기다리게 된다. 수 세기에 걸친 학대의 고통과 파멸로부터 피하여 나온 이스라엘 사람들은 시온을 차지할 것이다. 그들은 다시 자신들의 땅에 정착할 것이다. 빈번하게 계속되어온 이방인들의 침략에 더러워진 시온 산이지만 하나님에게 있어서는 거룩한 곳이 될 것이다(사 52:1).

그 때에 야곱의 족속들은 자기들의 기업을 소유하게 될 것이다. 그들은 이스라엘에 있어서 가장 융성했던 시절에 자신들의 소유였던 영토를 완전하게 소유할 것이다. 이스라엘은 더 이상 자신의 기업을 빼앗기지 아니할 것이다.

> "야곱 족속은 불이 될 것이며 요셉 족속은 불꽃이 될 것이요 에서 족속은 지푸라기가 될 것이라 그들이 그들 위에 붙어서 그들을 불사를 것인즉 에서 족속에 남은 자가 없으리니 여호와께서 말씀하셨음이라" (옵 1:18).

과거에는 모든 공격의 대상이었던 이스라엘이 이제는 에돔을 벌하시는 하나님의 도구로 사용될 것이다(사 11:14; 슥 12:6). 이때까지 살아남아 마지막 심판을 받게 된 에돔에 대한 하나님의 진노의 심판을 시행하게 된 통일된 이스라엘 왕국의 야곱 족속과 요셉 족속들은 마치 볏짚을 사르는 불같이 될 것이다. 이 심판을 통해서 에돔 족속은 한 사람도 살아남지 못하고 완전히 멸절할 것이다. 그 때에 이스라엘은 옛 영토를 다시 찾게 될 것이다.

> "그들이 네겝과 에서의 산과 평지와 블레셋을 얻을 것이요 또 그들이 에브라임의 들과 사마리아의 들을 얻을 것이며 베냐민은 길르앗을 얻을 것이며 사로잡혔던 이스라엘의 많은 자손은 가나안 사람에게 속한 이 땅을 사르밧까지 얻을 것이며 예루살렘에서 사로잡혔던 자들 곧 스바랏에 있는 자들은 네겝의 성읍들을 얻을 것이니라 구원받은 자들이 시온 산에 올라와서 에서의 산을 심판하리니 나라가 여호와께 속하리라"(옵 1:19-21).

유다의 남방에 살고 있는 사람들은 에서의 산을 얻을 것이다. 서쪽의 평지에 살고 있는 사람들은 블레셋의 땅을 얻을 것이다. 북왕국의 땅들도 다시 찾을 것이다. 다윗 왕조에 충성하였던 베냐민 족속은 동쪽 길르앗까지 그 영토를 확장할 것이다.

우리는 여기에서 창세기 28장 14절이 이루어짐을 깨닫게 된다. 베니게에 있는 많은 이스라엘 포로들(이스라엘 사람들은 베니게에서 멀리 그리스까지 팔려 갔다)은 사르밧에 이르는 땅을 차지하게 될 것이다. 사르밧은 지중해 연안의 두로와 시돈 사이에 있는 성읍으로서 누가복음 4장 26절에는 사렙다로 기록되어 있다. 스바랏에 있던 유대인 포로들은 20절에 기록된 바와 같이 남방의 도시들을 얻게 될 것이다.

스라밧은 어느 곳을 가리키는가? 이에 대해서는 만족할 만큼 알려져 있지 않다. 어떤 이는 스페인이라고 추측하기도 하며(아람어역과 랍비역에 따르면), 보스퍼러스 해협(라틴어 성경 번역자인 제롬에 의해 주장된 위치)이라고 추측하기도 하며, 많은 사람들은 이곳은 메디아 남서쪽의 사파르다라고도 하며, 스파르타와 사르디스라고 추측하기도 한다. 중요한 사실은 유다와 이스라엘이 각각 그들에 인접한 땅들을 소유하게 될 것이라는 점이다.

그 때에는 하나님께서 자기 백성들을 직접 통치하셨던 신정통치 시대의 초기 이스라엘 사사들처럼 구원자들과 인도자들, 그리고 통치자들이 시온산에 올라 에서의 산을 심판하고 징벌하게 될 것이다. 그리고 이스라엘은 여호와의 나라—축복의 완성이 될 것이다(삿 3:9, 15). 구원자들은 하나님의 이름으로 그 권위를 행사하겠지만 궁극적인 통치권은 오직 하나님의 것이 될 것이다. 다니엘 2장 44절; 스가랴 14장 9절; 누가복음 1장 33절; 계시록 19장 6절을 자세히 읽어보라. 특히 어법에 관하여는 시편 22편 28절을 읽어보라.

이 예언의 특징을 요약해 보면 다음과 같다. 오바댜는 하나님의 영의 도움을 받아 바벨론 포수 이전에 느부갓네살에 의해 포로기를 당한 슬픔의 백성들에게 악한 행동을 하는 에돔의 행위를 통하여 이스라엘에 대한 에돔의 증오의 절정을 보았다.

오바댜는 이러한 태도의 근원을 추적하여 에돔의 태도, 교만한 말, 그리고 행동에 대한 하나님의 징벌의 특징을 생생하게 묘사하였다.

이 예언이 성취되는 시기는 언제인가? 오바댜에 의해 예언되어진 에돔의 파멸은 갈대아인들의 통치 기간에 시작되었다. 에돔은 그들에 의해서 황폐하게 되었다(렘 49; 겔 35). 마카비 왕조 또한 에돔을 정복하였다.

A.D 70년 로마가 예루살렘을 멸망시켰을 때에 에돔은 완전히 멸망하였다. 그 후 수 세기가 지나도록 우리는 에돔에 대해서 아무 소식도 듣지 못하고 있다.

종말의 날, 아마겟돈 전쟁 때에 나라들이 예루살렘에 대항하기 위해 모이기 전에 에돔은 세계사의 무대에 다시 나타날 것이다. 그 때에는 많은 고대의 나라들이 다시 등장할 것이다(누가복음 21:29, 특히 "모든 나무들"이란 단어를 유의하라). 그때 하나님은 에돔에 대한 진노를 완전히 발하시어 에돔을 멸절시키실 것이다. 예수 그리스도께서 친히 에돔과 에돔의 동맹국들에 대한 하나님의 심판을 집행하실 것이다(사 63:1-6). 악한 나라들이 멸망하고 에돔이 멸절됨에 따라 포로 상태에서 해방된 이스라엘은 원래 하나님께서 아브라함에게 약속하셨던 그 모든 땅을 소유하게 될 것이며, 주님께서 지상을 다스리실 것이다.

제8장

요나: 열방에 대한 하나님의 사랑

불순종의 선지자

선지자 요나

요나서와 열왕기하 14장 25절의 역사적 진술 외에는 선지자 요나에 관하여 전혀 알려진 바가 없다. 요나의 이름은 "비둘기"를 의미하며, 그의 아버지의 이름은 "진실함"을 의미한다. 열왕기하 14장에는 여로보암 2세가 요나의 예언에 따라 이스라엘 지경을 회복했다고 기록되어 있다. 그의 예언이 성취되었다는 이 기록은 그 예언이 행해진 시기나 요나가 활동한 시기에 대해 어떠한 실마리도 주지 못하고 있다. 요나서를 진지하게 연구하는 사람들은 요나의 활동 시기를 일반적으로 주전 8세기로 추측하고 있다.

그는 갈릴리 나사렛 북방에 있는 스불론 땅(수 19:3)의 갓-헤벨에서 태어났다(요한복음 7장 52절에 "그들이 대답하여 이르되 너도 갈릴리에서

왔느냐 찾아 보라 갈릴리에서는 선지자가 나지 못하느니라 하였더라"라고 했는데, 당시 예수님의 대적들이 장소를 잘못 알고 있었다). 요나서는 논란도 많고 비난도 많이 받은 선지자의 성격과 생애에 관한 충분한 통찰력을 우리에게 제공해 줄 것이다.

조롱받은 책

요나서는 성경의 다른 어떠한 책들보다 더 많은 불신을 받아 왔다. 이 책은 무분별한 조롱이나 합당하지 않은 놀림의 표적이 되어 왔다. 요나서는 구약성경 중 위대한 선교적 문헌 중의 하나이다. 우리는 속죄의 날, 엄숙한 시간에 유대인들이 이 예언서를 읽으면서 얼마나 귀중하게 생각했는지 알 수 있을 것이다. 주후 3세기의 기독교 변증가 키프리안은 이 예언서를 읽고 크게 감동을 받았다고 한다. 하나님께서 그를 회심시키기 위해 요나서를 사용하셨던 것이다.

요나서에는 실제적인 예언이나 예고가 없이 다만 역사적인 사실과 설화만을 다루고 있어 그 가치성에 대해 논란이 생겨났다. 즉, 다른 예언서에 있는 예언적 담화가 여기에는 빠져 있다는 점이다. 그럼에도 일부 학자들이 요나서를 예언서로 보는 것은 요나서에서 다루고 있는 내용 자체가 예언서로서 가치가 있다고 보기 때문이다. 나중에 살펴볼 기회가 있겠지만 이 책은 이스라엘 백성들의 전(全) 역사에 대한 놀라운 예언임과 동시에 그리스도의 부활에 대한 분명한 예고이다(마 12:39-41, 16:4).

특히 요나가 물고기에게 삼켜져 그 뱃속에 머물러 있었다는 점이 집중적으로 조롱거리가 되었다. 문제의 근원은 초자연적인 사실을 부정하려는 데에 있다. 그러나 우리가 성경에서 초자연적인 사실을 빼어 버린다면 무엇이 남겠는가? 보다 중요한 것은, 우리에게 어떠한 종류의 하나님이 남겠는가? 요나서에서 초자연적인 사건을 제거함으로써 난해한 점이 풀린다고 생각하는 것은 근시안적인 불신앙이라고 본다.

이 예언에는 초자연적인 사건들로 가득 차 있다. 이 책에 다음과 같은 초자연적 사건들이 분명히 나타나 있음을 주시하라: 폭풍, 요나가 재앙에 대한 책임이 있는 자로 제비 뽑힌 일, 바다가 갑자기 잔잔해짐, 큰 물고기가 때 맞추어 나타남, 물고기 뱃속에 갇힘, 물고기가 그를 해안에 안전하고도 건강하게 뱉어 놓은 일, 박, 벌레, 동풍, 도저히 믿기 어려운 니느웨 성 전체의 회개.

이 예언서는 완전히 결합된 단위조직체를 이루고 있으므로 인간의 육체 중 어느 한 곳이라도 자르면 그곳에서 피가 나듯이 어느 한 부분도 소중하지 않은 곳이 없다.

하나님을 믿는 자녀들은 초자연적인 사건을 두려워하지 않는다. 왜냐하면 그들의 하나님이 바로 초자연적인 분이기 때문이다. 요나가 물고기에 삼켜졌다는 초자연적인 사건이 끊임없는 조롱의 대상이 되어 왔지만 너무나 진부한 것이 되었기 때문에 온 인류에 대한 하나님의 사랑이라는 중심 메시지까지 삼켜버리지 못했던 것이다.

요나를 부르심과 불순종

"여호와의 말씀이 아밋대의 아들 요나에게 임하니라 이르시되 너는 일어나 저 큰 성읍 니느웨로 가서 그것을 향하여 외치라 그 악독이 내 앞에 상달되었음이니라 하시니라"(욘 1:1-2).

이 예언서를 신화, 전설, 알레고리, 또는 비유로 보려는 사람들은 이 책이 이론의 여지가 없을 정도로 예언서로서의 형식(스가랴 6:9, 8:1, 기타 예언서의 경우를 보라)을 갖춘 데에 대해서 만족스러운 설명을 할 수 없을 것이다.

요나에게 주어진 하나님의 말씀은 이교도 성인 니느웨로 가서 극심한 죄악에 대한 설교를 하라는 분명하고도 명확한 명령이었다. 이 명령은 선지자를 이방에 보낸 유일한 경우가 되었다.

창세기 10장 11절에 처음으로 언급된 니느웨는 티그리스 강 동편에 있는 앗수르 제국의 옛 수도였다. 니느웨는 산헤립에 의해 앗수르의 수도가 되었고, B.C 612년 메데와 바사(페르시아)에 의해 멸망되었다. 고대 문헌에 의하면 사다리꼴 모양의 이 도시는 그 당시 세계에서 가장 큰 도시였다(욘 3:2-3, 4:11과 비교).

> "그러나 요나가 여호와의 얼굴을 피하려고 일어나 다시스로 도망하려 하여 욥바로 내려갔더니 마침 다시스로 가는 배를 만난지라 여호와의 얼굴을 피하여 그들과 함께 다시스로 가려고 배삯을 주고 배에 올랐더라"(욘 1:3).

요나는 이 도시의 커다란 죄와 부패에 대하여 그 도시를 경고하는 설교를 하라는 사명을 받았다(창 18:21; 삼상 5:12). 하나님은 요나에게 니느웨로 가라고 명하셨으나 요나는 다른 생각을 갖고 있었다. 그래서 그는 다시스로 도망갔다. 선지자는 기계와 같은 존재가 아니다. 그들은 하나님의 뜻을 거역할 수 있는 능력을 갖고 있었다. 그러나 선지자가 본래의 사명을 저버렸다는 사실을 기록한 것은 요나서뿐이다.

니느웨는 팔레스타인의 동쪽에 있고, 다시스는 서쪽에 있었다. 희랍의 역사가 헤로도투스에 의하면, 다시스는 스페인 남쪽에 있는 따르트수 Tartessus였다고 한다. 최근의 성경 지도는 다시스를 스페인이나 사르디니아에 있는 페니키아인들의 제련소가 있었던 도시라고 확인한다. 이는 그 명칭을 양쪽에서 찾아 볼 수 있기 때문이다. 그러나 다시스가 영국이라고 볼 수 있는 근거는 없다.

요나는 왜 도망했는가? 이 질문에 대해서 이제까지 여러 가지로 다양하게 해답을 제시해 왔다. 그가 그 도시의 회개를 예상했고, 또 만약 그렇게 된다면 그것은 자기 백성들의 몰락을 의미한다고 느꼈기 때문이라는 주장이 제시되었다. 이방인의 회개가 하나님의 선민으로서의 이스라엘이 가진 특권을 감소시키지 않을까 하는 두려움 때문이었다는 의견을 개진하는 사람들도 있다. 요나의 불순종은 자만과 고집 때문이라고 설명되어 왔다. 그는 여호와께서 이교 이방인들에게 은혜 주시는 것을 기뻐할 수 없었다. 사실 요나는 과거의 예언들(호 9:3)로부터 앗수르가 이스라엘에 대한 하나님의 심판의 채찍이었다는 사실을 알고 있었다. 요나 4장 2절에서 요나는 스스로 다시스로 도망간 동기에 대해 우리에게 말해 준다. 그는 니느웨 사람들이 하나님의 메시지를 받아들이는 것을 두려워했기 때문에 니느웨로 가지 않았다. 인간의 마음은 본성적으로 하나님이 다른 사람들에게 은혜와 자비를 베푸시는 것보다는 심판을 내리시는 것을 더 좋아한다.

요나는 하나님의 얼굴을 어떻게 피하려고 생각했는가? 그는 하나님의 전지전능하심과 무소부재하심(시 139:7-12; 렘 23:24)을 모르지는 않았으면서도 주께서 성전 안에 뚜렷하게 거하시는 이스라엘 땅으로부터 도망가고 있었다(비슷한 표현으로 창 4:16을 보라). 여기에서 도망이라는 뜻은 하나님께 대한 봉사로부터의 도피, 혹은 그 포기라는 의미도 포함되어 있을 것이다. 오늘날 야파Jaffa라고 하는 지중해의 항구 도시 욥바는 솔로몬 시대부터 항구로 사용되었다(대하 2:16). 바로 이곳에서 사도 베드로에게 복음을 가지고 이방인 고넬료에게 나아가라는 하늘로부터의 환상이 임했다는 것은 참으로 흥미로운 일이다(행 10장을 보라).

폭풍

"여호와께서 큰 바람을 바다 위에 내리시매 바다 가운데에 큰 폭풍이 일어나 배가 거의 깨지게 된지라"(욘 1:4).

요나가 도망했으나 하나님은 자연이나 당신의 피조물에 대한 주권을 포기하지 않으셨다. 하나님은 바다에 거센 바람과 폭풍을 보내셨다(문자 그대로는 "세게 던졌다"). 하나님께서 바람을 당신의 사자로 삼으셨다(시 104:4).

순종하지 않는 종을 찾아내어 죄 중에 오래 머물지 못하게 하신 것은 하나님의 은혜였다. 지중해의 폭풍에 익숙해 있던 선원들은 이것이 평소의 폭풍과 같지 않음을 알고 두려워하였다. 아마도 대부분의 선원들은 여러 지방에서 모여든 페니키아인들로서 각기 다른 신을 섬겼을 것이다. 그들은 각기 자기들의 신을 부르면서 배를 가볍게 하여 가라앉지 않게 하려고 물건들을 바다에 던지기 시작했다(욘 1:5). 우리에게 주어진 세부상황들로 미루어 판단하건대, 선원들의 행동은 시종일관 매우 훌륭한 듯하다. 이 모든 공포, 놀람, 그리고 열광적인 일들이 벌어지고 있는 동안 요나는 아마 욥바까지의 여행으로 지치기도 했고 불안하고 마음이 편치 않아 배의 구석진 곳으로 내려가 잠들어 있었다. 죄는 흔히 무감각을 가져온다는 것은 잘 알려져 있는 사실이다.

"사공들이 두려워하여 각각 자기의 신을 부르고 또 배를 가볍게 하려고 그 가운데 물건들을 바다에 던지니라 그러나 요나는 배 밑층에 내려가서 누워 깊이 잠이 든지라 선장이 그에게 가서 이르되 자는 자여 어찌함이냐 일어나서 네 하나님께 구하라 혹시 하나님이 우리를 생각하사 망하지 아니하게 하시리라 하니라"(욘 1:5-6).

이교도가 하나님의 선지자에게 하나님께 기도하라고 한 것은 얼마나 수치스러운 일인가! 회교도들이 매일 다섯 차례씩 기도하는 것을 볼 때 우리들은 얼마나 수치스러운가! 우리들 중에 잊지 않고 하루에 한 번씩 하나님께 기도를 드리는 사람들이 있는가? 분명 요나는 하나님께 기도를 드렸겠지만 폭풍은 잠잠해지지 않았다. 결국 사람들은 누군가 큰 죄를 지은 사람이 배에 타고 있다는 결론을 내리고, 그 사람을 제비 뽑아 찾아내기로 결정했다.

"그들이 서로 이르되, 자 우리가 제비를 뽑아 이 재앙이 누구로 말미암아 우리에게 임하였나 알아 보자 하고 곧 제비를 뽑으니 제비가 요나에게 뽑힌지라"(욘 1:7).

이런 경우 제비 뽑는 일은 하나님의 뜻에 어긋나는 일이 아니었다. 아간

(수 7:16)의 범죄 사건, 여호수아의 감독 하에 행해진 땅의 분할(수 15:1), 요나단의 죄(삼상 14:36-42), 맛디아의 선택(행 1:26) 등의 경우에 제비뽑기를 했던 사실을 주시하라. 잠언 16장 33절에서 "제비는 사람이 뽑으나 모든 일을 작정하기는 여호와께 있느니라"고 했다. 오순절날 성령이 강림하신 후로 신자들을 위해 제비를 뽑는다는 구절은 없다. 지금 신자들 안에 내재하고 있는 성령은 모든 믿는 자들의 생활에 있어서 전능하신 인도자이시다. 성령은 하나님의 말씀에 따라 인도하신다.

제비뽑기를 한 결과 요나가 죄인으로 뽑혔다. 선원들은 요나에게 물었다. 선원들이 제비뽑기의 결과를 의심해서 요나에게 물은 것이 아니라 요나가 지은 죄를 스스로 고백하는 것을 들으려고 물은 것이다.

> "그가 대답하되 나는 히브리 사람이요 바다와 육지를 지으신 하늘의 하나님 여호와를 경외하는 자로라 하고 자기가 여호와의 얼굴을 피함인 줄을 그들에게 말하였으므로 무리가 알고 심히 두려워하여 이르되 네가 어찌하여 그렇게 행하였느냐 하니라"(욘 1:9-10).

요나의 대답은 솔직했다. 그는 자신이 히브리 사람(이방인들이 이스라엘 사람들을 부르는 칭호, 창세기 39:14, 17; 40:15을 참조하라)이며, 바다와 육지를 지으신 하늘의 하나님 여호와를 경외하는 자라고 대답했다. 이 대답에 선원들은 놀라 공포에 빠진다. 왜냐하면 요나보다도 폭풍이 하나님의 전능을 더 잘 나타내기 때문이었다. 이 이교도 선원들은 요나의 흉악한 불순종에 대해 하나님의 선지자보다도 더 동요되고 놀랐다. 요나에게 닥쳐올 책망은 과연 얼마나 큰 것인가!

바다 속의 요나

바다의 폭풍은 점점 더 거칠어져 갔다. 선원들은 요나에게 바다를 잔잔하게 하려면 어떻게 해야 좋겠느냐고 물었다. 그들은 요나가 거역했던 하나님의 능력을 알면서도 자신들의 죄에 대한 벌에 관해서는 생각하려 하지 않았다.

> "그가 대답하되 나를 들어 바다에 던지라 그리하면 바다가 너희를 위하여 잔잔하리라 너희가 이 큰 폭풍을 만난 것이 나 때문인 줄을 내가 아노라 하니라"(욘 1:12).

이에 대한 요나의 대답은 요나가 어떠한 사람인가를 가장 잘 나타내고 있다. 그가 선원들에게 자신을 바다에 집어넣으라고 한 것은 실로 용감한 태도였다. 그가 스스로 바다에 뛰어들지 않은 사실은 살펴볼 만하다. 각성한 양심과 자포자기한 양심에는 커다란 차이가 있기 때문이다. 요나는 자신이 죽어 마땅하다고 고백하고, 그 벌을 감수하려고 했다. 이것은 하나님의 신실한 종으로서 숭고한 말이다. 그는 자신을 기꺼이 희생하여 죽음을 눈앞에 두고 있는 사람들을 살리려 했다. 비록 요나가 하나님을 거역함으로써 이러한 고난을 당하게 되었지만 자기희생을 통하여 사람들을 구하려는 점은 주님과 얼마나 흡사한가!

요나의 말이 숭고하듯이 선원들의 행동도 숭고했다. 선원들은 그의 목숨을 살리려 했기 때문이다. 그들은 열심히 노를 저어(문자 그대로는 "파헤쳤다") 육지에 닿으려고 모든 노력을 기울였다. 그러나 폭풍은 더욱 기승을 부렸다. 할 수 없이 선원들은 하나님께 부르짖었다. 요나를 바다에 던진 것에 대한 죄를 그들에게 묻지 말라고 하나님께 부르짖었다. 그들은 요나가 니느웨 성에 있는 수많은 생명에 대해 가졌던 것보다 더 큰 관심을 한 생명에게 기울였다. 이 이교도 선원들은 이스라엘에게 주어진 하나님의 법을 알지 못했지만 사람의 생명이 하나님 보시기에 귀한 것(창 9:5-6)이라는 사실을 알고 있었음에 틀림없다. 그들은 또 이 사건에 있어서 폭풍, 제비뽑기, 선지자의 말이 하나님의 주권적인 뜻을 나타낸다는 것을 깨달았다. 하나님께서 당신의 뜻에 따라 이 일을 행하셨던 것이다. 이것은 차원 높은 통찰력이었다. 요나를 바다 속에 던짐으로써 바다는 잔잔해졌다.

진실로 하나님은 회개하며 기도하는 자를 살리신다. 선원들은 이 진리를 이 때 깨달았고, 요나와 니느웨 성은 나중에 깨닫게 된다. 바다가 잔잔해지자 선원들은 다시 한 번 하나님의 전능하심을 깨닫게 된다. 주님께 대한 경건한 두려움으로 인하여 그들은 배에 싣고 있던 것 중에서 제물을 바치고, 그들이 원하던 목적지에 도착한 후에 행할 일을 여호와께 서원한다.

물고기 뱃속의 요나

그러나 이것으로 하나님께서 요나와의 관계를 끝마치신 것은 아니다. 하나님은 요나를 삼킬 큰 물고기를 예비하셨다. 고대의 한 랍비는 이 물고기가 이 목적을 위해 세상이 창조될 때 준비되었다고도 말한다. "예비하사"에 해당하는 히브리어는 "지명하다, 명령하다"를 의미한다. 하나님께서 요나가 바다에 던져질 그때 물고기가 그곳에 있도록 섭리하셨다. 우리에게 그 물고기의 특성과 크기는 그리 중요한 것이 아니다. 물고기보다 더 중요한 것은 사람(요나)이다.

하나님께서 여기서 다루시는 중심 인물을 놓치거나 곁길로 빠져서는 안 된다. 여기에 나타난 사건은 도저히 설명할 수 없는 초자연적인 일이다. 예수께서도 마태복음 12장 39절에서 이것을 "표적"이라고 부르셨다.

이스라엘의 전형, 요나

요나 1장에는 예언적인 말이 한 마디도 없지만 이스라엘에 관한 예언으로 가득 차 있다. 요나는 이스라엘의 상징이다. 요나와 마찬가지로 이스라엘은 하나님에 의해 하나님의 백성, 하나님의 기업으로 선택되었다(신 14:2; 겔 20:5). 요나처럼 이스라엘도 하나님의 사명을 받았다(사 43:10-12, 44:8). 요나와 마찬가지로 이스라엘도 하나님의 뜻에 순종하지 않았다(출 32:1-4; 삿 2:11-19; 겔 6:1-6; 막 7:6-9). 요나가 이방 사람들 사이에 처해 있었던 것과 같이 이스라엘도 불순종으로 인해 나라들 중에 흩어지게 되었다(신 4:27; 겔 12:15). 요나가 이교도들 사이에 거하였을 때 이들 이교도들이 하나님을 알게 되었듯이 이스라엘이 나라들 사이에 흩어져 살고 있는 동안 이방인들이 주님을 알게 되었다(롬 11:11). 요나는 큰 물고기 뱃속에서 기적적으로 살아났다. 마찬가지로 이스라엘 민족은 수 세기에 걸쳐 추방되고 유배되는 동안에도 하나님의 계획 안에서 기적적으로 보호를 받아 왔다(호 3:3; 렘 30:11, 31:35-37). 진실로 요나서는 이스라엘에 대한 예언이다.

징벌을 받은 선지자

요나의 처지

요나 1장 마지막 절에 요나가 밤낮 삼 일을 물고기 뱃속에 있었다고 기록되어 있다. 이 세상에 태어나기 전의 생명까지도 보호하실 수 있는 지고하신 하나님은 물고기 뱃속에 있는 요나를 보호하실 수 있었으며, 실제로 보호하셨다.

요나는 자기의 처지를 완전히 알지 못했지만 어느 정도 의식이 있는 상태였다. 이 하나님의 선지자는 자기 마음에 맞지 않는다고 해서 하나님의 명령을 따르지 않았지만 고난 중에 처하게 되었을 때 본능적으로 누구에게 돌아가야 할지를 깨달았다. 요나는 물고기 뱃속에서 소리쳐 기도했다.

> "요나가 물고기 뱃속에서 그의 하나님 여호와께 기도하여 이르되 내가 받는 고난으로 말미암아 여호와께 불러 아뢰었더니 주께서 내게 대답하셨고 내가 스올의 뱃속에서 부르짖었더니 주께서 내 음성을 들으셨나이다"(욘 2:1-2).

요나가 기도를 드린 시기와 그것을 기록한 시기에 대해서는 많은 논란이 있다. 요나 2장 1절은 요나가 아직 큰 물고기의 뱃속에 갇혀 있을 때 기도했음을 분명히 가르치고 있다. 그는 이 기도와 함께 이방에서 예언하던 중에 생긴 모든 일들을 물고기 뱃속에서 풀려나 니느웨에서 말씀을 전한 뒤의 어느 시기에 기록했다.

요나가 물고기 뱃속에서 죽었다가 다시 살아났다고 믿는 사람들이 있다. 이는 분명 요나를 그리스도의 부활의 상징, 또는 전형으로 여기려는 의도에서 비롯된 생각이다. 그러나 우리는 이러한 주장에 귀를 기울일 필요가 없다. 이 이야기 중에서 예수와 관련된 점은 시간적인 요소이다. 그 이상은 더 생각할 필요가 없다.

요나가 그와 같은 상황에 있으면서도, 어떻게 감사의 기도를 올렸을까 하고 의심하는 사람들이 있다. 이것은 믿음이 없는 사람들의 주장이다. 성경은 요나가 물고기 뱃속에 있을 때 이 기도를 드렸다고 분명히 기록하고 있으며, 요나는 실제로 기도를 드렸다. "기도했다"는 표현이 반드시 청원이나 탄원이라는 의미를 함축하고 있는 것은 아니다. 그것은 감사나 찬양도 의미할 수 있다.

요나 2장의 기도를 읽고 음미해 보면 이것이 앞으로 구원이 이루어지기를 바라는 청원이 아니라 이미 실현된 구원에 대한 찬양임을 쉽게 알 수 있다. 이 기도 전체를 통하여 요나가 한 편으로는 절망에 빠져 있으면서, 또 한 편으로는 분명한 구원을 바라는 믿음 사이에서 주저하고 있었다고 학자들은 주장해 왔다.

그러나 그의 기도를 통하여서 하나님의 선지자가 처한 무시무시한 상황에도 불구하고 주저함이 없는 확실한 구원의 분위기를 맛볼 수 있다.

그가 하나님, "그의 하나님"(욘 2:1)과 "나의 하나님"(욘 2:6)께 어떻게 기도하고 있는지 자세히 보라. 이러한 표현들은 하나님에 대한 요나의 신앙을 보여준다. 그는 자신이 하나님으로부터 도망하려 했음에도 불구하고 하나님은 그를 버리지 아니하시며, 지금도 전처럼 그의 신실하신 하나님이 되신다는 것을 분명히 깨달았다. 믿음으로 요나는 자기의 구원이 주어졌음을 깨닫고, 그 구원이 실제로 이루어지기 전에 하나님께 감사드리는 것이다.

요나 2장에는 시편에서 인용된 구절들이 많이 나타나 있다. 이것은 요나가 성경을 얼마나 열심히 읽었으며, 그의 마음과 정신이 하나님의 말씀으로 얼마나 가득 차 있었는지를 밝혀준다. 시편은 깊은 비탄이나 다른 삶을 경험한 신실한 사람들의 마음을 드러내 주는 책이다. 요나는 이러한 말씀들을 가슴에 간직해 왔고, 이제 극심한 고통의 시간을 당하여 그 말씀들로부터 위로를 받을 수 있었다. 성경은 그리스도를 믿는 우리 신자들에게 안위와 소망의 근원이 된다(롬 15:4).

요나는 고통 중에 하나님께 부르짖었고, 하나님은 그에게 기꺼이 응답하실 준비가 되어 있었다. 죽은 자들이 거하는 곳인 스올의 뱃속에서 요나는 기도를 올렸고, 하나님은 그 기도를 들으셨다. 그가 처한 장소는 마치 죽은 자들이 처한 자리와 같았지만 하나님은 도움을 요청하여 외친 그의 기도를 들으셨다.

> "주께서 나를 깊음 속 바다 가운데에 던지셨으므로 큰 물이 나를 둘렀고 주의 파도와 큰 물결이 다 내 위에 넘쳤나이다"(욘 2:3).

지금의 그의 처지가 소위 사고로 인한 것이었다면, 정말로 두려울 것이다. 그러나 요나는 그의 곤경이 하나님에 대한 불순종과 도발의 결과임을 알았다(비슷한 사상에 대해서 시편 18:4-6, 30:2, 120:1을 보라). 이제 요나는 하나님께서 자기를 징벌하신다는 것을 깨달았다. 즉 그를 바다에 던지신 분이 바로 하나님이시라는 것을 알았다. 선원들은 하나님께서 그에 대하여 계획하신 징벌을 수행했을 뿐이다.

바울은 한 번도 자신을 네로나 로마에 갇힌 자라고 부른 적이 없다. 오직 예수 그리스도를 위하여 갇힌 자라고 불렀다(엡 3:1, 4:1; 딤후 1:8; 몬 1:9). 하나님에 의해 상황을 초월하여 앞으로 전진하고 우리 삶의 모든 문제와 변화 속에서 하나님의 강하고 사랑스런 손길을 느낄 수 있다는 것은 참으로 복된 일이다.

같은 뜻을 나타내고 있는 "주의 파도와 큰 물결"도 참고하라. 그는 하나님께서 위험에서 자기를 구해 주심을 분명하고도 자세하게 묘사한다(시 42:7; 사 43:2).

요나의 기도

요나 2장 4-7절에서 우리는 요나가 위험에 처해서 드린 기도에 대해 알게 된다. 그는 자신이 하나님께서 자기 백성에게 베푸시는 특별한 관심과 돌보심에서 쫓겨났다고 느꼈다. 이제 그는 하나님의 목전에서 쫓겨나는 것이 얼마나 무서운 일인지를 깨달았다. 그는 비록 쫓겨났지만 신앙으로 하나님을 바라보려 했다. 그는 장래에 예루살렘 성전에서 예배드리는 즐거움을 누릴 것을 기대하였다(왕상 8:29, 30, 38).

요나가 이교도들이 그러하듯 하나님의 임재를 성전에 한정시키지 않았다는 사실은 요나서의 증언으로 볼 때 명백하다. 그는 하나님을 하늘과 바다와 육지를 창조하신 분으로 알고 있었다(시 31:22; 욘 2:4).

바다는 그의 육신의 생명을 앗아가려는 듯이 격노했다. 바다 밑바닥에 널려 있는 바다 풀은 그를 휘감는 듯했다(시 18:4, 69:1-2) . 요나는 바다 밑바닥을 묘사하기를 산의 뿌리까지 내려갔다고 했다(시 18:7, 15). 그는 자신을 더 이상 땅에 살지 못하도록 땅이 그 빗장으로 막았다고 생각했다.

이 일이 일어났을 당시, 이것은 영원한 그의 운명인 듯이 보였으나 하나님은 구덩이, 즉 타락으로부터 기적적으로 그를 건져내셨다. 하나님께서 그의 편에 계시지 않으셨다면, 그 구덩이는 그의 분깃이 되었을 것이다(삼상 2:6; 시 30:3).

영혼이 위축되어 있을 때 요나는 하나님을 기억했다. 이미 폭풍과 제비뽑기에서 하나님의 손을 보았지만, 극심한 고통의 시간에 그는 전과는 달리 하나님을 인식하고 기억했다. 전에는 결코 그러하지 못했다. 그는 하나님이 겸손한 영혼의 청을 쉽게 들어 주신다는 것을 알았다(시 5:7, 18:6, 42:6, 142:3). 요나의 기도는 하나님께서 자신의 기도를 들어주셨다는 확신으로 끝난다. 하나님은 의로운 자의 부르짖음에 귀를 기울이신다.

요나의 감사

이 하나님의 선지자는 이 모든 비참한 경험들을 통하여 매우 중요한 영적 교훈을 알게 되었다. 그는 거짓되고 헛된 일에 집착하는 사람들은 받은 바 은혜를 저버린다는 사실을 깨닫게 되었다. 이것은 우상 숭배자들은 물론이요, 살아 계시고 신실하신 하나님 대신 무력하고 무가치한 사물을 신뢰하는 사람들에 대한 분명한 표현이다.

은혜는 오직 하나님으로부터만 올 수 있으며 여기서는 하나님 자신을 상징한다. 하나님은 큰 은혜를 베푸시는 분으로 모든 자비와 은혜의 근원이시다. 다윗도 하나님을 이러한 분으로 알고 있었다. "자비" lovingkindness: NASB라는 단어인 *chesedth*가 시편 144편 2절; 31편 16절; 59편 17절에 사용되고 있다.

요나는 오직 하나님으로부터만 구원을 기대할 수 있다는 것을 나타내려

하고 있다. 그는 자신이 하나님으로부터 도망침으로 말미암아 유일한 축복의 근원을 저버렸기 때문에 이제 이 사실로 비추어서 이교도들의 상태를 깨달아 알게 되었다.

요나는 값으로 따질 수 없는 귀중한 교훈을 배웠으므로 하나님께 그에 합당한 감사를 기꺼이 드린다. 하나님께서 자기 편에 개입해 주신 것에 대해 감사하면서, 요나는 감사제사(레 7:12-14)를 드리고 서원을 갚겠다고 약속한다. 이 서원에는 의심할 여지 없이 니느웨에 대해 받은 자기의 사명을 수행하는 것이 포함되어 있다. 그가 제물을 드리고 서원을 하는 것은 요나 1장 16절의 선원들과 같은 행위임을 알 수 있다. 그는 모든 영혼 및 육체의 구원은 오직 하나님으로부터만 온다는 사실을 깨달았다(시편 3:8).

하나님의 개입

"여호와께서 그 물고기에게 말씀하시매 요나를 육지에 토하니라"(욘 2:10).

징계를 받은 종이 하나님께 복종하게 되었으므로, 하나님은 자신의 사자를 감옥에서 풀어 주셨다. 하나님께서 주권적 능력으로 물고기에게 명령하시니 물고기가 요나를 육지에 토해냈다. 이성적이고 합리적인 피조물보다는 이성을 갖지 못한 피조물들이 하나님의 명령에 더 잘 복종하는 것이다.

원컨대 그리스도 안에 살아 계신 하나님의 종들인 우리도 모두 요나서에 기록된 이 진실되고 의미 깊은 이야기에 언급된 바람, 폭풍, 물고기처럼 하나님의 말씀에 기꺼이 순종하기를 바란다.

요나가 상륙한 곳은 아마 욥바 근처의 팔레스타인 해변이었을 것이다. 요나의 믿음이 결실을 본 것이다. 그가 물고기 뱃속에서 신앙으로 확신했던 구원이 이제 실현되어 눈으로 확인하게 된 것이다.

요나와 이스라엘

요나 1장의 사건들이 이스라엘의 역사를 묘사하였다면, 2장은 요나의 삶을 통하여 하나님의 선택된 민족의 특징을 더욱 세밀하게 묘사하고 있다.

물고기 뱃속의 요나는 하나님의 보호를 받는 동시에 또한 하나님의 징계의 손 아래 있었다. 마찬가지로 이스라엘도 나라들 중에 흩어져 생활하는 동안 사탄의 군사들의 박해에도 불구하고 기적적으로 살아남기는 했으나 하나님의 징계를 받았던 것이다.

신명기 28장 58-68절에서 온 세상에 흩어진 이스라엘의 상태를 충실하게 묘사하고 있다. 이스라엘은 압박을 받고, 육체나 영혼이 평안함과 쉴 곳을 얻지 못하며, 생명은 항상 위험과 두려움에 빠질 것이다.

요나가 육신의 생명이 끝나게 되었을 때 거듭거듭 두려워했듯이, 이스라엘도 거듭거듭 국가의 존립에 대해 낙심하게 되었다. 그러나 하나님은 신실하신 분이시므로 징계를 하시면서도 이스라엘을 보호하여 오셨다. 하나님은 이스라엘을 징계하시기 위해 이방 나라들을 도구로 사용하셨다. 그러나 이스라엘을 압박하였던 바벨론, 앗수르 등의 국가에게 행하신 것처럼, 일단 징계의 목적을 성취하신 후에는 압박했던 국가들을 죄인으로 심판하신다.

하나님의 이러한 무서운 징계를 알기 때문에 요나는 기도하며 하나님께 부르짖었다. 모세는 이스라엘이 나라들 중에 흩어질 것이라고 예언하면서 다음과 같은 중요한 말을 덧붙였다: "그러나 네가 거기서 네 하나님 여호와를 찾게 되리니 만일 마음을 다하고 뜻을 다하여 그를 찾으면 만나리라" (신 4:29).

이스라엘은 나라들 중에서 시련과 고난을 받는 중에 하나님께 부르짖어 그의 자비로운 구원을 구할 것이다.

선지자 요나가 진정으로 하나님께 돌아섰을 때, 진리의 하나님은 그의 기도를 들으시고 그를 육지로 되돌아오게 하셨다. 이스라엘도 지구의 구석구석에서 되돌아와 조상들의 땅을 되찾을 것이다. 하나님께서 큰 나팔 소리와 함께 천사들을 보내어 택하신 자들을 지구의 이 끝에서 저 끝까지 사방에서 불러 모으실 때에, 오늘날 우리가 그 예비 단계에서 보고 있는 일들이 이루어질 것이다(마 24:31). 하나님은 축복의 때가 이르면 그 모든 예언을 이루실 것임을 확신할 수 있다(렘 16:14-15, 23:7, 8, 33:25, 26; 겔 28:25-26).

이스라엘이 나라들 중에 흩어져서 징계를 받았으나 그 중에서도 하나님의 보호하심을 받고 어린아이처럼 훈련받아 온 것만큼 분명하고 확실하게, 이스라엘은 하나님에 의해 그 땅과 기업을 되찾고 하나님이 주신 그 양도할 수 없는 권리를 되찾게 될 것이다. 이스라엘이 마음을 다하고 성품을 다하여 주 하나님께로 돌아오는 바로 그 때에, 하나님은 이스라엘을 포로됨에서 해방시키고 긍휼히 여기사 그 흩으신 모든 백성 중에서 다시 불러 모으실 것이다(신 30:1-3).

하나님의 구원

오늘날 이스라엘은 무엇보다도 선지자 요나의 위대한 고백을 배워야 한다.

> "나는 감사하는 목소리로 주께 제사를 드리며 나의 서원을 주께 갚겠나이다 구원은 여호와께 속하였나이다 하니라"(욘 2:9).

이스라엘 백성은 자기들이 위험한 때를 맞이했음을 알고 있다. 대적들이 사방으로 자기들을 에워싸고 있음을 알고 있다. 그들은 대적들이 얼마나 잔인하게 박해할지도 알고 있다. 그러나 그들은 구원이 하나님께로서 말미암는다는 것을 모르고 있다. 그들은 세상 나라들이 자기들의 문제들을 해결할 수 있다고 생각하지 않기 때문에 정치적인 영역에서의 구원을 바라고 있다. 그들은 교육과 사회 문화가 수많은 적들의 적대적 욕망을 제어하리라고 믿어 사회적인 영역에서의 구원을 찾고 있다. 그들은 마침내 자신을 위해 무기를 들고서 군사적인 영역에서의 구원을 얻으려 하고 있다.

그러나 이 같은 방법은 아무리 많아도 전혀 소용이 없는 것들이다. 이스라엘은 오직 하나님을 통해서만 구원·구속·안전을 얻을 수 있다. 또한 이 구원은 오직 한 분, 이스라엘의 메시야이신 주 예수 그리스도의 인격과 사역을 통해서만 주어진다.

하나님의 뜻을 따른 선지자

다시 주어진 사명

하나님께서 요나를 징계하신 것은 그로 하여금 자신에게 분명히 맡겨진 사명을 보다 잘 수행하게 하시려는 것이었다. 그리하여 하나님의 말씀이 두 번째로 요나에게 임하였다. 하나님은 놀라운 은총 가운데 그의 사자에게 다시 명령하셨다. 하나님은 요나, 베드로, 요한, 마가에게 하셨던 것처럼 사람들에게 하나님을 섬길 수 있는 두 번째 기회를 주신다(독자들이 오해하지 않기를 바란다. 이 세상에서의 생명이 끝난 후에 다시 그리스도를 믿을 수 있는 기회를 주신다는 말이 아니다. 성경에는 그와 같은 가르침이 없다). 하나님께서 범죄한 종들을 용서하시고, 그들에게 기꺼이 "두 번째" 사명을 주심은 감사한 일이다.

> "여호와의 말씀이 두 번째로 요나에게 임하니라 이르시되 일어나 저 큰 성읍 니느웨로 가서 내가 네게 명한 바를 그들에게 선포하라 하신지라"(욘 3:1-2).

요나는 일어나 니느웨로 가서 하나님께서 명하신 바를 선포하라는 명령을 받는다. 하나님은 사탄의 교활한 방법을 알고 계시다. 사탄은 진리를 선포하는 것을 방해하거나 그것을 왜곡되게 하려 한다. 요나는 하나님의 메시지를 그대로 전하였다.

> "요나가 여호와의 말씀대로 일어나서 니느웨로 가니라 니느웨는 사흘

동안 걸을 만큼 하나님 앞에 큰 성읍이더라”(욘 3:3).

니느웨는 “큰 성읍”으로 불리고 있다(욘 3:3, 4:11). 그 성의 둘레는 약 60마일이나 되었다. 고대의 한 작가는 니느웨의 둘레가 480 스타디엄(1스타디엄은 약 200미터)이라고 묘사했다. 이 도시는 바벨론보다 훨씬 더 큰 도시였다. 니느웨 성벽의 높이는 100피트였다. 그 성벽 위로 세 대의 마차가 나란히 달릴 수 있을 만큼 넓었다. 또한 이 성에는 1,500개의 높은 탑이 있었다. 이 성읍에 12만 명 이상의 어린아이들이 있었기 때문에(욘 4:11), 이 성의 인구는 100만 명 이상이었던 것으로 추정된다. 적어도 60만 명은 될 것이다. 니느웨는 결코 작은 도시가 아니었고, 하나님의 은혜로우신 사랑은 그 안에 있는 모든 주민에게 미쳤다.

순종하는 선지자

“요나가 여호와의 말씀대로 일어나서 니느웨로 가니라 니느웨는 사흘 동안 걸을 만큼 하나님 앞에 큰 성읍이더라”(욘 3:3).

이제 요나의 태도는 얼마나 달라졌는가! 요나는 일어나 하나님께서 명령하신 대로 행했다. 그는 전처럼 자기 고집대로 행하지 않고 기꺼이 순종하였다. 이제 요나는 회개를 통해 얻은 자비의 살아 있는 표본이다(마 21:28-29).

하나님에게서 도망할 때보다 순종할 때에 더욱 많은 사람들이 그를 따르게 될 것이다. 예수께서는 그가 니느웨 사람들에게 표적이 되었다고 말씀하셨다(눅 11:30).

니느웨 사람들은 반은 인간이고 반은 물고기 형상을 한 물고기 신 다곤을 섬겼다고 알려져 있다. 재미있는 사실은 다곤의 화신들 중 하나의 이름이 "오안네스"(Oannes—이 단어 앞에 "I"를 붙이면 신약성경에서 요나를 표기하는 단어가 된다)라는 것이다. 또 앗수르에는 "느비 유나스"(Nebi Yunas, 선지자 요나)라는 작은 산이 있었다. 고고학자인 보타Botta는 이 둘을 니느웨와 연관시켜서 이 옛 도시의 성벽을 발굴해 냈다.

이러한 역사적 고증만큼이나 흥미로운 것은, 이 이야기의 중심이 하나님의 메시지를 가지고 가는 요나 자신의 인격에 있다는 점이다. 그 자신이 죽음에서 구원되었기 때문에 그는 니느웨라는 죄 많은 성읍에 가서 그 성읍이 필요로 하는 하나님에 대한 소망을 전해줄 수 있었다. 여기에서 다시 니느웨가 "큰 성읍"이었음을(문자적으로는 "하나님 앞에 큰") 고려해 보아야 한다. 니느웨는 외모를 보시지 않고 중심을 보시는 하나님 앞에 큰 것이었다. 3일 길이란 앞에서도 언급한 바와 같이 약 60마일 정도를 말한다.

> "요나가 그 성읍에 들어가서 하루 동안 다니며 외쳐 이르되 사십 일이 지나면 니느웨가 무너지리라 하였더니"(욘 3:4).

요나는 그 성읍으로 들어가면서 경고의 메시지를 외쳤다. 여기서 정확한 거리를 생각할 필요는 없다. 요나가 여러 지역에서 얼마 동안 체류했었는지 알 수 없기 때문이다.

요나가 어떻게 알지도 못하는 사람들에게 설교를 하여 그들로 하여금 자신의 설교를 이해시킬 수 있었겠느냐라고 하는 회의적인 학자들도 있다. 요나는 쉽게 앗수르인들에게 자신이 전하는 말씀을 이해시킬 수 있었다(사 36:11). 그 당시에도 오늘날처럼 널리 통용되는 언어가 있었다. 심판의 경고는 그 자체가 은혜의 말씀이었다. 그들을 악한 길에서 벗어나 하나님께로 돌아오게 하기 위해 40일의 여유가 주어졌다. "40"이라는 숫자는 성경에서 시험과 관련하여 쓰이는 숫자다(창세기 7:17의 홍수, 출애굽기 24:18에서 산 위의 모세, 열왕기상 19:8에서 호렙 산으로 도망한 엘리야, 마태복음 4:2의 그리스도의 시험 등을 보라).

"무너진다"는 말은 소돔과 고모라의 멸망에 대해 쓰인 것과 같은 용어이다. 하나님은 그 성읍을 뒤집어엎고, 그 기반으로부터 완전히 파괴하겠다고 위협하셨다.

니느웨의 회개

예수께서는 요나가 니느웨 사람들에게 표적이 되었다고 말씀하셨다. 요나서에 기록된 사건들은 요나가 그 성읍에 도착하기 전에 이미 니느웨 사람들에게 전해졌다. 그런 까닭에 그는 니느웨 사람들에게 표적이 되었다. 그들은 요나를 통해서 하나님이 죄를 벌하시지만 회개하는 죄인은 용서하신다는 것을 알았다.

"사십 일이 지나면 니느웨가 무너지리라"는 지극히 짧은 요나의 메시지(욘 3:4)는 인간이 행한 설교 중에서 가장 위대한 설교 중의 하나이다. 성경 안에서든 밖에서든 어디에서도 하나님의 종에게서 나온 하나의 메시지가 하나님에 의해 그렇게도 훌륭하게 사용된 예를 찾아 볼 수 없다. 니느웨 온 백성이 하나님을 믿게 되었다! 이제까지 부흥운동의 역사를 통해 이와 같은 일은 전혀 일어난 일이 없다. 요나는 하나의 표적이었다. 그러나 니느웨 백성들은 선지자에게 관심을 두지 않았다. 그들은 하나님을 믿었다.

하나님은 이 같은 믿음에 의하여 영광을 받으시며, 그에 대한 보상으로서 많은 것을 이루심으로 그 믿음을 영화롭게 하신다. 무론대소하고 모든 백성들이 하나님께 돌아와 죄를 고백했다. 그들은 금식하고 애통해 하였다. 그들은 다음과 같이 생각했음에 틀림없다: "왜 하나님은 우리를 경고하기 위하여 선지자를 보내셨을까? 우리를 완전히 멸하려 하셨다면 하나님은 우리들이 죄악의 길을 가도록 내버려두셨을 것이다. 왜 하나님은 우리에게 파멸을 선포하시고 그 심판을 실제로 시행하시기까지 40일의 여유를 주셨을까? 분명 이것은 하나님이 자비로우시며, 우리를 용서하시려는 뜻에 따라 우리가 회개하기를 바라시기 때문일 것이다."

그들의 회개는 매우 자발적인 것이어서 아무도 왕으로부터의 명령을 기다리거나 왕의 눈치를 살피지 않았다. 이 소식이 왕에게 전하여졌을 때(이 왕이 누구인지는 알려져 있지 않다), 왕도 백성들과 동일한 반응을 보였다. 그는 그 메시지를 불신하지 않았고 지체하지 않고 그 메시지에 순응하였다. 요나의 메시지가 분명히 즉각적인 회개를 촉구한다는 것을 백성들과 왕은 이해했고, 그에 합당한 행동을 한 것이다.

이 대대적인 회개(요나 3장에 있는 이 도덕적 기적은 1장과 2장에 기록된 바 물고기가 요나를 삼킨 일, 물고기 뱃속에서 살아 있은 일, 예언자를 토해낸 일 등의 물질적 기적을 훨씬 능가한다)를 다음과 같은 근거에서 설명하는 사람들이 있다. 즉 동방의 국가들은 감정에 치우치는 경향이 있었다는 사실, 점치는 일이나 신탁을 높이 평가했다는 사실, 그리고 사심이 없이 용감하게 성읍의 죄를 선포하는 외국인의 출현, 이 모든 것들이 그 백성들에게 깊은 감명을 주었음에 틀림없다고 설명한다.

본질적인 사실은 요나가 하나님의 참 메시지를 가지고 와서 성령의 능력에 의하여 이교도인 니느웨 사람들에게 자신의 메시지를 확증시켰다는 점이다. 회개하는 데 있어서 왕과 백성들 간에 차이가 있을 수 없었다. 하나님은 왕의 조복이나 극빈자의 누더기가 아니라 상하고 통회하는 심령에 관심을 가지신다.

요나 3장 7-9절에는 왕과 대신들의 조서가 기록되어 있다. 대신들이 왕과 함께 조서를 내렸다는 사실은 니느웨가 절대군주국이 아니었음을 나타내 준다(단 6:17).

이 조서에는 두 번 짐승과 사람이 결합되어 나타난다. 이것은 동양에서 흔히 있는 일이다. 고대 역사가에 따르면, 페르시아의 장군 마시스티오스가 죽었을 때 페르시아인들은 그들의 노새의 털을 잘랐다고 한다. 오늘날도 장례식 때에 말에다 검은 천을 장식하는 것을 볼 수 있다.

니느웨 사람들의 마음을 움직인 요인이 무엇이었든 간에 이러한 행동은 인간과 짐승 사이에 관계가 있다는 옳은 전제 하에 이루어졌다(욜 1:18, 20). 따라서 짐승은 인간의 죄 때문에 함께 고통을 받게 되었고, 이 둘은 모두 타락의 굴레로부터 해방되기를 갈망하는 것이다(롬 8:19-25; 사 11:6-9, 35:1-10). 만일 하나님께서 니느웨를 무너뜨리셨다면, 그 성의 동물들도 같은 운명을 맞았을 것이다(시 36:6-7). 하나님께서 사람과 짐승을 함께 고려하셨다는 사실은 요나서의 절정을 이루는 4장 11절에 분명히 나타나 있다.

> "하물며 이 큰 성읍 니느웨에는 좌우를 분변하지 못하는 자가 십이만 여 명이요 가축도 많이 있나니 내가 어찌 아끼지 아니하겠느냐 하시니라"(욘 4:11).

왕의 조서에는 회개할 조목으로서 모든 악행과 폭력을 들고 있다(비교: 나 3:1). 앗수르는 군사 원정, 잔학 행위, 약탈 등의 죄를 범하였었다. 이것들은 하나님께서 그 무서운 진노로부터 돌이키시리라는 희망에서 그들이 회개해야 할 죄목이었다(욜 2:13-14).

구약성경에 후회하시는 하나님(민 23:19)에 대해 표현한 것은 외모에 대한 표현이며 인간의 관점에서 조정한 문제이다. 니느웨 사람들은 용기를 얻을 만한 특별한 확신은 없었지만 하나님이 자비를 베푸시리라는 가능성을 느꼈다. 따라서 그 조서에 "누가 알겠느냐"라고 표현한 것이다.

용서받은 성읍

그들이 행한 것, 즉 그들이 악행에서 돌이킨 것(욘 3:5-8)을 보신 하나님은 그 뜻을 돌이키셔서 그들에게 심판을 내리지 않으셨다. 이것은 그들의 공로로 되어진 일이 아니다. 왜냐하면 성경에 보면 제사나 제물을 드렸다는 표현이 없고, 단지 진실된 회개와 하나님을 향한 믿음에 대한 표현만 나타나기 때문이다.

이것은 행위에 의한 구원이 아니다. 그들이 마음의 변화를 나타내기 위해 굵은 베옷을 입고 재에 앉아 회개했다고 언급되어 있다. 그들 행위에서 드러난 이러한 준비성은 그들이 심판받을 상태에는 이르지 않았음을 보여준다(렘 18:7-8; 출 32:14).

인간이 하나님의 말씀을 이해하고 느끼는 태도에 따라서 하나님께서 스스로 제시하셨던 행동을 변경하거나, 자신의 약속이나 경고를 예측하지 못한 방식으로 바꾸어 행하실 때, 하나님이 후회하신다고 한다. 니느웨의 경우에 있어서 파멸의 위협은 회개에 따라 좌우된다. 이러한 조건이 이루어진다면, 하나님은 경고대로 실행하실 필요가 없는 것이다.

성경에서 볼 때, 이 회개가 진실된 것이었음을 의심할 여지가 없다(그렇지 않았다면 하나님께서 자신에 대한 눈속임에 불과한 돌이킴을 보시고 그 성읍을 살려두시지는 않았을 것이다). 그러나 이 회개가 그리 오래 지속되지 못하였다는 사실을 니느웨에 대한 심판이 예언된 나훔서의 예언에서 미루어 짐작할 수 있다. 한 세기도 못가서 이 성읍은 하나님에 의해 파괴되었다. 그러나 예수께서 마태복음 12장 41절에 언급하셨듯이, 요나 시대의 회개는 진실한 것이었다. 하나님의 능력을 하나님께서 기뻐하시는 대로 역사하게 하는 회개의 능력에 대해 하나님께 감사드린다. 하나님은 심판하시기보다는 축복하시기를 원하신다.

요나서는 첫째는 요나에게서, 그리고는 니느웨 사람들에게서 볼 수 있는 회개의 능력을 분명하게 가르쳐 준다.

이스라엘의 상징인 요나

요나서 3장도 1~2장과 마찬가지로 하나님과 그의 선민 이스라엘의 관계를 예시하고 있다. 요나가 육지로, 즉 하나님께로 돌아온 후 그는 하나님이 처음부터 의도하셨던 메시지를 선포하라는 명령을 다시 받았다.

이스라엘이 하나님께 돌아오고, 그 휘장이 마음으로부터 제거되고, 고난의 한가운데서 하나님을 향해 진심으로 부르짖을 때에 하나님은 이스라엘에게 그 땅뿐만 아니라 하나님을 증언하는 사명도 되돌려 주실 것이다.

이 사명은 성경에 여러 번 기록되어 있다(사 43:10, 12). 이스라엘은 만국에 하나님의 뜻을 전하는 제사장 나라가 되게 되어 있다(출 19:5-6).

이 사명은 앞으로 실현될 것이다. 지구 모든 나라의 백성들이 이스라엘이 하나님의 진리의 보고寶庫임을 깨닫게 될 것이다(슥 8:20-23). 그 날에 세상 나라들은 농부와 포도원지기가 되고, 이스라엘은 제사장과 교역자로 삼으시려는 하나님의 뜻을 궁극적으로 실현할 것이다(사 61:5-6). 그 때에 이스라엘은 과거 요나처럼 만국에 대한 하나님의 메시지로 무장할 것이다.

더욱이 요나가 하나님의 능력 안에서 그 사역을 영광스럽게 수행한 것 같이, 이스라엘도 이전에는 전혀 이루지 못했던 일, 즉 전 세계의 회개를 이루기 위한 하나님의 도구로 사용될 것이다. 바울은 이것을 다음과 같이 표현하였다: "그들(이스라엘)을 버리는 것이 세상의 화목이 되거든 그 받아들이는 것이 죽은 자 가운데서 살아나는 것이 아니면 무엇이리요"(롬 11:15).

"죽은 자 가운데서 살아나는 것"이란 어떤 뜻인가? 그들은 요나처럼 죽은 자들로부터 하나님께로 돌아올 것이다. 국가적인 부활이 있을 것이다(겔 37장). 영적으로 부활한 국가가 이 세상에 나타날 것이다. 그리고 하나님의 능력을 받은 이 백성의 메시지가 세상 나라들을 영적 죽음에서 영적 생명으로 옮길 것이다. 이것은 그들에게 "죽은 자들로부터 살아나는 것"이 될 것이다. 온 세상이 되살아나는 날이 될 것이다. 요나를 닮은 한 국가가 궁핍하고 길을 잃고 헤매는 세상을 향하여 하나님의 메시지를 외칠 것이다.

자비로우신 하나님

은혜로우신 하나님의 자비에 대해 오래도록 생각하는 것은 구속받은 심령들에게 큰 위로와 위안이 된다. 진실로 하나님은 악한 자들의 죽음이나 길 잃은 자들의 멸망을 기뻐하지 아니하시고, 오히려 그들이 악한 길에서 돌이켜 생명 얻기를 원하신다.

그러나 슬픈 사실은 많은 사람들이 주 예수 그리스도 안에 있는 영생에 관한 하나님의 자비를 알지 못한다는 점이다. 특히 이스라엘 백성들이 그러하다. 하나님의 사랑을 받는 백성인 그들은 세상과 사탄으로부터 미움을 받고 있다. 하나님의 선택을 받은 민족인 그들은 세상 나라들로부터 멸시받고 무시되고 있다. 하나님의 보호를 받는 민족인 그들은 세상 나라들로부터 쫓겨나고 박해를 받고 있다. 지금은 우리에게 보여주신 자비를 통하여 그들도 자비를 얻을 때가 아닌가? 그들의 구원을 위하여 우리 모두가 선한 행실과 말씀의 능력을 받기 원한다.

교훈을 받는 선지자

요나의 분노

사람이 하나님의 영에 의해 인도되지 않고 이 기사를 썼다면 아마 3장 마지막 절로 결론지었을 것이다. 사악한 니느웨 성읍이 회개하고 살아남게 됨으로써 이야기는 절정에 이르렀다. 하나님의 자비하심이 드러났고, 순종하는 하나님의 선지자는 그의 사역에 성공했으며, 니느웨 성읍은 더 이상 무서운 심판을 두려워하지 않게 되었다.

왜 이 이야기를 여기서 끝맺지 않았을까? 이는 보다 큰 절정, 즉 요나서의 진정한 목적과 목표가 아직 남아 있기 때문이다. 하나님은 요나에게 (그리고 그를 통해 우리에게) 그의 좁은 마음과 한량 없이 크신 하나님의 복된 마음에 대한 진리를 가르치셔야 했기 때문이다.

우리가 요나서 4장을 읽을 때마다 놀라는 사실은 요나가 심히 싫어하고 화를 냈다는 것이다. 하나님의 징계를 받았던 사역자가 어찌 이러한 행동을 할 수 있는가! 요나가 선지자로서의 그의 명성을 걱정했다고 말하는 사람들이 있다. 그의 심판 예고가 실현되지 않았기 때문에, 고향으로 돌아가면 사람들의 놀림감이 되지 않을까 염려했다는 것이다(신 18:21-22). 그러나 그 이유는 오히려 요나 4장 2절에 나타나 있다고 보는 편이 낫다. 요나는 이교도인 니느웨 사람들에게 주어진 하나님의 풍성하신 자비를 시기했다.

> "요나가 매우 싫어하고 성내며 여호와께 기도하여 이르되 여호와여 내가 고국에 있을 때에 이러하겠다고 말씀하지 아니하였나이까 그러므로 내가 빨리 다시스로 도망하였사오니 주께서는 은혜로우시며 자비로우시며 노하기를 더디하시며 인애가 크시사 뜻을 돌이켜 재앙을 내리지 아니하시는 하나님이신 줄을 내가 알았음이니이다"(욘 4:1-2).

회개한 니느웨에 대한 하나님의 태도와 요나의 태도 사이의 뚜렷한 대조를 여기서 볼 수 있다. 요나 자신이 회개했을 때 하나님으로부터 긍휼하신 용서를 받았다. 그러나 그는 니느웨가 같은 긍휼을 받는 것을 기뻐하지 않았다. 우리는 마태복음 18장 23-35절에 있는 예수님의 비유를 생각하게 된다. 인간의 마음은 어느 시대이든지 같다(비교: 렘 17:9).

요나는 오늘날의 많은 사람들과 같은 인간이었다. 그들은 하나님의 세상을 하나님보다 더 잘 다스릴 수 있다고 생각한다. 생각해 보라! 하나님의 선지자가 그 때문에 심히 성을 내고 있다는 것을. 우리들이 그러하듯이, 그도 니느웨를 살리는 것보다 니느웨를 심판하기를 바랐던 것이다. 그는 어떠한 조치가 더 적절한 것인지를 하나님보다 더 잘 안다고 생각했던 것이다.

요나의 기도

요나는 성내기는 했으나 기도를 멈추지 않았다. 그가 아직 기도하는 하나님의 사람이었으나 무한하신 하나님의 마음과 뜻과 계획과는 일치하지 못했다. 이러한 사실은 요나서 4장이 계속되어 그 장엄한 결말에 이르면서 더욱 분명해진다. 마치 하나님께서 요나의 마음의 움직임을 알지 못하신다는 듯이, 이 선지자는 자신이 고향에서 메시지를 처음 받을 때 마음속의 주된 생각이 다음과 같았다고 하나님께 설명하고 있다. 즉, 하나님은 은혜로우시며 자비로우시며 노하기를 더디하시며 인애가 크시사 뜻을 돌이켜 재앙을 내리지 아니하시므로 니느웨가 하나님께로 돌아오면 그 성읍을 살리실 것이라고 생각했다는 것이다(출 34:6-7; 욜 2:13).

> "여호와여 원하건대 이제 내 생명을 거두어 가소서 사는 것보다 죽는 것이 내게 나음이니이다 하니 여호와께서 이르시되 네가 성내는 것이 옳으냐 하시니라"(욘 4:3-4).

요나는 부끄러움도 모르고 자기 마음을 움직인 비루한 충동을 털어놓는다. 인간은 타인에게 주어지는 하나님의 은총을 기뻐하지 못한다. 그는 낙담과 분노 속에서 자신이 도망쳤던 일을 정당화하고 하나님과 논쟁한다.

왜냐하면 하나님께서 니느웨를 용서하셨기 때문이다.

요나를 통하여 우리는 누가복음 15장의 탕자 비유에 나오는 형을 생각하게 된다. 이들은 영적으로 쌍둥이 이다. 무척 토라지고 화가 났기 때문에 요나는 차라리 죽게 해 달라고 기도했다(비교: 욘 4:8, 9). 요나서 2장에서 그는 죽음에서 구해 주신 것에 대해 하나님께 감사를 드렸었다. 그러나 여기에서는 사는 것보다 죽는 것이 더 낫다고 죽음을 청한다. 짜증내고 토라질 때 우리의 욕망은 얼마나 모순되고, 우리는 얼마나 비이성적인가! 엘리야도 죽기를 청했었다(왕상 19:4). 그러나 그것은 하나님의 영광을 위한 열정에서, 이스라엘에서 행해지고 있던 우상 숭배를 제거하기 위한 열정에서였다. 그러나 요나의 요청은 매우 이기적이고 그릇된 것이었다.

이제 하나님께서 자기의 종을 다루시는 놀라운 은혜를 살펴보자. 여기에 하나님의 은혜와 사랑뿐만 아니라 투정하는 요나를 향한 하나님의 끝없는 인내가 여러 곳에 나타난다. 투정을 하는 요나를 꾸짖거나 비난하거나 벌을 주셨다는 기록이 없다. 하나님은 요나로 하여금 냉정하게, 올바른 입장에서 자신의 분노와 악한 불만을 관찰하게 하신다. 하나님은 요나에게 오직 한 마디만 물으신다: "네가 성내는 것이 어찌 옳으냐?" 요나가 화를 낸 참되고 타당한 근거가 있는가? 요나는 그 대답으로 성읍에서 나가 성 동쪽에 자기를 위해 초막을 짓고서 그 성읍의 최후 운명을 보려 했다.

> "요나가 성읍에서 나가서 그 성읍 동쪽에 앉아 거기서 자기를 위하여 초막을 짓고 그 성읍에 무슨 일이 일어나는가를 보려고 그 그늘 아래에 앉았더라"(욘 4:5).

요나가 이러한 일련의 행동을 그가 선포한 40일이 지나기 전에 행했다는 주장들이 있다. 하나님께서 이 선지자를 책망한 것은 40일이라는 기간이 지난 후의 일이라고 이해하는 것이 보다 설득력이 있다. 요나는 니느웨의 회개의 깊이나 실체를 전혀 알 수 없었다. 니느웨 성의 멸망 예고가 심각한 것이었기 때문에 그는 이 성읍에 관한 하나님의 목적에 어떤 변화가 일어나는지 보려고 기다렸다. 그는 극도로 분노한 정신 상태에 있었기 때문에 하나님의 질문을 다음과 같이 해석했을 것이다: "내가 아직도 성읍을 멸하려 하고 있는데 네가 무슨 근거로 화를 내느냐?" 어쨌든 요나는 하나님께서 자기가 지은 초막을 사용하여 매우 위대한 교훈을 자기에게 가르치시리라는 것을 깨닫지 못하였다.

박, 벌레, 바람

"하나님 여호와께서 박넝쿨을 예비하사 요나를 가리게 하셨으니 이는 그의 머리를 위하여 그늘이 지게 하며 그의 괴로움을 면하게 하려 하심이었더라 요나가 박넝쿨로 말미암아 크게 기뻐하였더니 하나님이 벌레를 예비하사 이튿날 새벽에 그 박넝쿨을 갉아먹게 하시매 시드니라 해가 뜰 때에 하나님이 뜨거운 동풍을 예비하셨고 해는 요나의 머리에 쪼이매 요나가 혼미하여 스스로 죽기를 구하여 이르되 사는 것보다 죽는 것이 내게 나으니이다 하니라"(욘 4:6-8).

요나가 초막을 지은 후, 하나님은 박넝쿨을 준비하셔서 기적적으로 빨리 자라게 하셨다. 요나가 하나님의 계획에 전혀 동의하지 않고 있는데도 하나님은 그 종의 육체적 안락을 위해 이렇게 섬세하게 보살피시는 것이다. 박이란 잎이 큰 식물로 인디아, 팔레스타인, 아라비아, 아프리카, 동부 유럽 등지에서 자라나는 아주까리이다. 그 크기는 보통 8내지 10피트에 달한다. 이 식물은 잎이 넓고 며칠 사이에 완전히 성장한다. 그러나 줄기가 연해서 조금만 손상되어도 쉽게 시들고 만다.

박넝쿨이 그늘을 제공했기 때문에 요나는 4장 1절에서 화를 냈던 만큼이나 기뻐한다. 요나서 전체를 통해 요나가 기뻐했다는 것은 이곳에만 기록되어 있다. 그러나 이것도 자신의 안락에 대한 이기적인 기쁨이다. 주인공의 장점은 물론 단점까지도 이처럼 충실하게 묘사한 책은 성경 이외에 없을 것이다. 박넝쿨로 인하여 요나가 크게 기뻐하였으므로, 하나님은 자신도 니느웨가 회개하여 살아남게 됨을 크게 기뻐한다는 사실을 요나에게 나타내려 하셨다.

다음날 아침, 하나님의 계획에 의하여 벌레 한 마리(이 단수형은 여럿을 나타내는 집합명사로 쓰일 수도 있다)가 박을 갉아 먹자 박은 시들어 버렸다. 권위 있는 학자들에 의하면, 벌레들은 하룻밤 사이에 나무의 잎을 모조리 갉아 먹을 수 있다고 한다. 안락한 휴식처가 갑자기 없어진 것만으로도 선지자에게는 큰 타격이 되었을텐데, 설상가상으로 작열하는 태양이 떠오르고 뜨거운 동풍이 불어왔다. 오늘날에는 그 영향이 약화되었지만, 이 열풍의 타는 듯한 뜨거움은 구약성경 전체에서 일반적으로 묘사된다(겔 17:10). 요나는 완전히 기진맥진한 상태에서 하나님께 죽음을 구하였다. 하나님은 또다시 "네가 이 박넝쿨로 말미암아 성내는 것이 어찌 옳으냐"(욘 4:9)고 물으셨다. 요나는 죽기까지 할지라도 성내는 것이 합당하다고 역설하였다.

하나님의 마음

요나가 화내는 것이 합당하고 차라리 죽기를 원한다고 격렬하게 주장했기 때문에 하나님은 이 선지자의 생활 속에서 경험하게 된 이 이상한 일들이 나타내는 교훈을 깊이 느끼게 하려 하셨다. 그늘과 안락을 제공해 주었던 박넝쿨에 대한 그의 사랑을 분명하게 말했기 때문에, 하나님은 박보다 훨씬 더 중요한 사람들에 대한 하나님의 위대하신 사랑을 그가 어떻게 거부해 왔는지를 깨닫게 하셨다.

요나에게 교훈을 주기 위해 빨리 자라는 식물인 박이 선택된 이유는 "여호와께서 이르시되 네가 수고도 아니하였고 재배도 아니하였고 하룻밤에 났다가 하룻밤에 말라 버린 이 박넝쿨을 아꼈거든"(욘 4:10)에서 분명해진다. 만일 서서히 자라는 식물이었다면 요나는 물도 주고 가꾸기도 했을 것이다. 그렇게 되었다면, 하나님의 책망은 설득력을 잃었을 것이다. 하나님의 지혜는 이처럼 오묘하다.

하나님께서 요나에게 다음과 같이 말씀하셨다: "네가 수고도 아니하고, 애쓰지도 아니하고, 희생하지도 아니하고, 돌보지도 아니하고, 심지어 물을 주지도 아니하고, 가꾸지도 아니하고, 가지를 쳐주지도 아니하였으나 빨리 자라서 어느새 시들어버린 박이 네게 그늘을 제공하여 네 욕구를 충족시켰다고 해서 그렇게도 그 박에 애착을 갖게 되었는데, 하물며 나의 많은 피조물들, 내 손의 작품, 내가 양육하고 먹이고 부양한 내 창조 행위의 왕관, 결코 죽으려 하지 않는 존재들에게 내가 사랑과 긍휼을 베푸는 것이 어찌 당연하지 않겠느냐?"

이 말씀은 저항할 수 없이 논리적인 말씀이며, 또한 한없는 사랑과 긍휼의 말씀이었다. 이것은 우리 인간들에게서는 찾아볼 수 없는 말씀이었다.

"하물며 이 큰 성읍 니느웨에는 좌우를 분변하지 못하는 자가 십이만 여 명이요 가축도 많이 있나니 내가 어찌 아끼지 아니하겠느냐 하시니라"(욘 4:11).

요나 4장 11절에서 니느웨 성읍이 크다는 것을 어떻게 기록하였는지 주시하라. 좌우를 분변하지 못하는 사람들이란 어린이들을 의미한다. 어떤 이들은 이들의 연령을 세 살까지라고 주장하며, 일곱 살까지라고 말하는 사람들도 있다. 하여간에 이러한 어린이들이 전체 인구의 5분의 1이라고 보면, 이 성읍에는 약 60만 거주민이 있었다. 오늘날의 기준에 비추어 볼 때에도 작은 규모가 아니다. 이들 주민들 외에도 많은 가축들이 있었는데, 하나님의 따뜻하신 돌보심은 이 가축들에게도 나타났다. 이것들은 박넝쿨이 갖지 못했던 형태의 생명을 가지고 있다. 여기서 우리는 가축까지 포함한 하나님의 피조물에 대한 사랑을 본다.

하나님은 의인 열 명만 있었어도 사악한 소돔을 살려두려 하셨다. 그러므로 모태에서부터 죄 중에 태어났지만 아직은 분별력이 없어 자기 뜻대로 죄를 저지를 수 있는 나이에 이르지 않은 12만 명을 하나님은 불쌍히 여기고 살리려 하신 것이다. 사람의 손에 떨어지는 것보다 하나님의 손에 떨어지는 것이 얼마나 더 나은가?(삼하 24:14).

요나서가 갑작스런 끝맺음을 하는 것은 의도적인 것으로서 이 이야기를 더 상세하게 다루는 것보다 효과가 있다. 요나의 예언은 이미 진정한 절정에 달했고, 핵심이 되는 메시지를 독자들에게 남겨 주었다. 하나님은 부드러운 음성으로 모든 국가, 곤경에 처한 모든 피조물들을 향한 하나님의 사랑을 말씀하신다.

내가 어찌 아끼지 아니하겠느냐.

요나 4장 11절이 하나의 때 늦은 생각에 불과하다고 여겨서는 안 된다. 요나서의 핵심은 바로 이 구절에 있다. 특히 선교의 본질이 여기에 나타나 있다. 요나서는, 신구약 전체에서는 아니지만 구약성경에서는 가장 위대한 선교적 문서다. 요나서는 선교에 대한 하나님의 열정에 공감하지 못한 하나님의 종의 마음가짐을 드러내기 위하여 쓰였다. 이 점이 우리에게 큰 감명을 주는 것이다.

우리는 자신의 메시야요 구세주이신 주 예수 그리스도를 알지 못하고 어둠 속에 죽어가는 이스라엘의 많은 잃어버린 영혼들의 처지보다 우리 자신들의 안락에 더 관심을 가지고 있지는 않은가? 우리는 그리스도의 메시지를 땅 끝까지 유대인과 이방인들에게 전하기보다는 안락한 집, "박" 에 머무는 것으로 만족하고 있지는 않은가? 비록 우리가 죄에 빠져 헤매는 영혼들을 향한 하나님의 선하심과 자비와 사랑에 대해 하나님과 논쟁하지 않는다 하더라도, 만약 그들로 하여금 하나님의 구원하시는 능력과 자비에 대하여 들을 수 있도록 말씀을 전파하는 데에 최대한의 노력을 기울이지 않는다면, 그 결과는 마찬가지인 것이다.

하나님께서 이 큰 도시를 아끼지 아니하겠느냐? 요나서의 주요 메시지, 중심 주제는 성경 자체의 주제와 동일하다. 하나님의 사랑은 항상 영벌을 받기에 합당한 사람들을 구하려고 애쓰신다(창 18:23-33). 하찮은 우리 인간이 하나님의 무한하신 사랑과 자비를 마음속으로 반대한다고 해서, 하나님께서 그 원하시는 바를 행하지 않고 다만 사모하시는 데에 그칠 수 있는가? 이에 대한 해답은 성경에 확실히 기록되어 있다. 하나님은 인간의 좁은 마음에 의해 방해받지 않으신다. 오히려 하나님은 그 복되신 본성의 필요를 따라 자비를 베푸신다.

하나님께서 이 큰 도시를 어찌 아끼지 아니하시겠느냐? 만일 하나님께서 용서하여 살려 주시지 않으시면 이 세상 어디에 희망이 있겠는가? 하나님께서 긍휼히 여기지 아니하겠다고 결정하시면, 어느 세대를 막론하고 하나님의 진노를 피할 길을 찾지 못할 것이다. 세상의 모든 나라가 그리스도 안에 계신 하나님의 자비와 은혜 안에서 영생을 준비해야 하는데, 이스라엘에게 달리 특별한 구원의 길이 있겠는가?

하나님께서 어찌 이 큰 도시를 아끼지 아니하시겠는가? 하나님은 간청을 기쁘게 받으시고, 주 예수 그리스도에 대한 믿음에 의하여 유대인들과 이방인들을 구원하려 하시고, 누구에게나 차별이 없이 은혜를 풍성히 내리신다고 분명하게 말씀하셨는데, 어찌 긍휼을 베풀지 않으실 수 있겠는가?

하나님께서 어찌 이 큰 도시를 아끼지 아니하시겠는가? 우리가 악하게 본다고 해서 하나님께서 선하게 보지 않으실 수는 없다(마 20:15). 우리가 사람들을 수많은 차이점으로 구분하고 셀 수 없이 많은 기준에 따라 판단한다고 해서, 하나님께서 이 같은 인간들의 판단을 존경하시겠는가?

하나님께서 어찌 이 큰 도시를 아끼지 아니하시겠는가? 성경에는 하나님의 사랑의 메시지를 구원받지 못한 이방인들에게 전하기를 싫어한 본보기로 요나와 베드로(행 10장)가 기록되어 있다. 오늘날도 이스라엘의 잃어버린 양들에게 그리스도 안에 있는 구원의 은총에 관한 메시지를 전하기를 주저하는 사람들이 무척 많다. 감사하신 하나님은 영원히 우리에게 긍휼을 베푸신다. 그러나 우리는 어떠한가?

제9장

미가: 사마리아와 예루살렘에 대한 진노

유다 성읍들에 대한 심판

하나님의 사자

미가라는 이름은 "여호와와 같은 이가 누구인가"라는 뜻을 가지고 있다. 이 선지자가 살던 곳과 말씀을 전하던 시기와 장소 외에는 이 선지자에 대하여 알려져 있는 것이 거의 없다. 그는 예루살렘 남서쪽 20마일쯤에 있는 가드모레셋이라 불리는 작은 마을 사람이었다. 유세비우스와 제롬은 전승을 인용하여 이곳이 엘류테로폴리스Eleutheropolis 동쪽 멀지 않은 곳이었다고 주장하였다. 미가는 유다에서 태어나 예루살렘에서 예언 활동을 했다. 그는 이사야보다 젊었지만 같은 시대 사람이었다(사 1:1; 미 1:1). 이사야서와 미가서에는 같은 내용의 구절들이 있다. 특히 미가 4장 1-5절과 이사야 2장 2-4절이 서로 비슷하다.

미가는 아합이 통치하던 시대에 활동한 이믈라의 아들 미가야(왕상

22:8)와 이름이 같기 때문에 서로 혼동되어 왔다. 그는 이사야, 호세아, 아모스와 동시대인으로서 주전 8세기 후반에 활동했다. 미가는 북왕국 이스라엘 왕들에 대해서는 언급하지 않았다. 이스라엘의 선지자들만이 이스라엘의 왕들을 언급하였다.

미가는 예레미야서에서 인용되었고(렘 26:18–19), 예수님도 인용하셨다(미 7:6; 마 10:35–36). 미가서는 쉽게 1~2장, 3~5장, 6~7장의 세 부분으로 나눌 수 있다. 각 부분은 "너희는 다 들을지어다"(미 1:2, 3:1, 6:1)라는 말로 시작된다. 이 세 부분의 내용은 죄에 대한 질책, 심판의 선포, 메시야 안에서의 축복에 대한 약속 등이다.

심판으로 오시는 하나님

요나서의 메시지가 "만국에 대한 하나님의 사랑"이라면, 미가서는 "사마리아와 예루살렘에 임할 심판"에 관한 것이라 할 수 있다. 미가서의 예언들은 특히 국가 전체에 영향을 주고 있었던 주요 도시들에 선포되었다. 미가 1장 1, 5절을 보면, 남왕국과 북왕국이 모두 이 예언에 관련되어 있음을 알 수 있다.

> "백성들아 너희는 다 들을지어다 땅과 거기에 있는 모든 것들아 자세히 들을지어다 주 여호와께서 너희에게 대하여 증언하시되 곧 주께서 성전에서 그리하실 것이니라"(미 1:2).

하나님은 이 예언의 첫머리에 심판자로 나타나신다. "들을지어다"라는 외침이 미가 1장 2절에서는 모든 백성들에게, 3장 1절에서는 야곱의 우두머리들과 이스라엘 족속의 통치자들에게, 그리고 3장 5절에서는 유혹하는 선지자들에게 하신 외침이다. “들을지어다”라는 첫 번째 명령은 이스라엘에 대해서만 아니라 만국에게도 명령하신 것이다. 그들은 심판자가 아니라 하나님의 심판을 증언하는 사람들이다. 오직 하나님만이 하늘로부터 말씀하시고 자기 백성 이스라엘들에 대하여 불리하게 증언하고 계신다(신 31:28, 32:1; 사 1:2).

선지자 미가는 하나님께서 하늘로부터 나와 땅의 높은 곳, 즉 산들을 밟으신다고 예언하고 있다. 이것은 지진이 나고 화산이 폭발하는 것을 뜻한다(삿 5:4; 시 18:7–10, 50:3, 68:8, 97:5; 사 64:1–2; 합 3:5). 선지자 미가는 하나님께서 심판하심으로 땅이 혼돈하게 된다고 보고 있다. 이것은 살만에셀에 의한 북왕국의 멸망, 산헤립의 침입, 느부갓네살의 침입 등의 역사적 사건들을 뜻한다.

사마리아의 멸망

미가 1장 5절에서 미가는 하나님께서 심판하시는 원인을 밝히 이야기한다. 즉 야곱의 허물과 이스라엘 족속의 죄가 그 원인인 것이다. 모든 백성이 범죄하였으므로 하나님은 온 백성들을 진노의 대상으로 하신다. 누가 죄인인지를 더욱 분명하게 밝히기 위해서, 미가는 무엇이(문자적으로는 누가) 이스라엘의 죄의 원인인지를 묻고 있다. 이 질문에 대한 대답에서 북왕국과 남왕국의 수도들이 부패의 중심지였음이 밝히 드러난다. 사마리아와 예루살렘이 부패의 중심지였던 것이다. 이것은 신앙심이 깊었던 히스기야 왕 통치 5년에 행해진 종교개혁 운동 이전의 일이다.

> "여호와께서 그의 처소에서 나오시고 강림하사 땅의 높은 곳을 밟으실 것이라"(미 1:3).

높은 곳이란 우상에게 제사를 드리기 위해 제단들을 세워 놓은 산이나 언덕을 말한다(왕하 12:3, 14:4; 겔 6:6).

> "이러므로 내가 사마리아를 들의 무더기 같게 하고 포도 심을 동산 같게 하며 또 그 돌들을 골짜기에 쏟아내리고 그 기초를 드러내며 그 새긴 우상들은 다 부서지고 그 음행의 값은 다 불살라지며 내가 그 목상들을 다 깨뜨리리니 그가 기생의 값으로 모았은즉 그것이 기생의 값으로 돌아가리라"(미 1:6-7).

미가 1장 6-7절에는 앗수르에 의한 사마리아의 멸망이 기록되어 있다. 아름다운 성읍이 돌더미로 화할 것이다. 이 성읍은 완전히 황폐해져서 다시 경작지가 될 것이다. 아마도 이곳은 성읍이 세워지기 전에 포도원이었을 것으로 본다(왕상 16:24). 이 사마리아 수도의 돌들(미 3:12)이 성읍이 세워졌던 언덕 위에서부터 그 아래 계곡으로 쏟아져 내릴 것이다. 간단히 말해서 그렇게도 화려했던 도시가 그 기초까지 완전히 파괴될 것이다. 이 심판은 앗수르인에 의해 시작되어서 요한 힐카누스에 의해 완전히 성취되었다(요세푸스의 『고대사』XI, 28:1을 참조하라). 이 성읍이 멸망될 때 그 모든 우상들은 산산조각이 나고, 그 신들에게 바쳐졌던 모든 제물들이 불에 타버릴 것이다.

미가 1장 7절에서 말하는 음행의 값은 페니키아인들이 행하였던 바 창기나 신전 창기에게 지불된 돈을 말한다(신 23:18; 호 9:1; 사 23:17). 이것은 무익한 우상으로부터 은혜를 받았다고 믿는 사람들이 제단에 드린 제물을 의미한다. 아마 이교도들은 이러한 돈을 다시 우상을 섬기는 데 사용했을 것이다. 진실로 무서운 것은 죄의 삯인데, 사마리아는 그 분깃을 완전히 받게 된 것이다.

유다에 임한 심판

미가 1장 2-7절에서 사마리아의 멸망을 생생하게 묘사해 온 하나님의 선지자 미가는 1장 8절에서 유다 왕국의 심판을 예고한다. 그는 이 심판이 자신을 얼마나 슬프게 하였는지를 말한다. 그의 애통함은 지극한 것이었다. 그는 애통하며 애곡하고 벌거벗은 채 거리를 돌아다녔다(삼하 15:30). 그의 구슬픈 울음소리는 이리와 같고 그의 애처로운 탄식소리는 슬픔에 잠긴 타조와 같았다(욥 30:29).

하나님의 심판이 사마리아에만 내리는 것이 아니기 때문에 선지자의 슬픔은 더욱 컸다. 이 심판은 온 나라에 퍼져갔고, 유다에도 이르게 되었다. 심판이 나라의 심장부인 예루살렘에까지 이르렀기 때문에 그 상처를 치유할 수 없게 되었다. 사마리아와 북왕국을 멸망시킨 앗수르의 군대가 유다와 예루살렘까지도 위협하게 되었다(사 10장, 36장). 죄에 동참한 자들은 같은 심판을 받는 운명에 처하게 된다. 이것은 우리 모두가 주의해야 할 영적인 진리이다.

많은 성읍들의 멸망

"이는 그 상처는 고칠 수 없고 그것이 유다까지도 이르고 내 백성의 성문 곧 예루살렘에도 미쳤음이니라"(미 1:9).

미가 1장 9절에는 산헤립의 침입과 예루살렘 포위의 결과에 대한 예언이 기록되어 있다. 1장의 마지막 절은 바벨론 포로 시기에 내릴 이스라엘의 심판에 대해 말하는 것 같다. 앗수르의 침략이라는 심판을 겪게 될 유다의 마을이 하나하나 열거되면서, 각 성읍들은 그 성의 명칭과 연관된 말들로 심판의 경고를 받는다.

먼저 언급된 마을은 유다의 산지에 있는 마을들이다. 대적은 사마리아에서 유다로 오고 있다. 그 다음은 예루살렘과 아주 가까운 거리에 있는 마을들이다. 그리고 그 다음에 경고받는 마을은 블레셋에 인접한 유다 남부 지역의 마을들이다.

여기에서 주목할 점은 수도 예루살렘의 멸망이 선포되지 않았다는 사실이다. 미가는 백성들에게 나라가 망했다는 소식을 가드라는 블레셋 성읍에 전하지 말라고 권고한다. 이스라엘의 적 블레셋에게 이스라엘의 슬픈 소식을 알지 못하게 하라는 것은 하나님의 백성의 적들이 복수심에 기뻐할까 두려워했기 때문이다(삼하 1:20).

또 그는 백성들에게 절대로 울지 말라고 명하였다. 어떤 사람들은 "악코 Acco에서 울지 말라"라고도 번역하였는데, 이는 갈멜과 두로 사이에 있는 아세르의 해안 도시를 프톨레미아인들이 부른 이름이다. 그러나 이러한 번역은 원문에 적당한 번역이 되지 못한다. 이스라엘은 가나안 사람들을 이 도시에서 쫓아내지 못했으므로(삿 1:31) 이 도시가 이스라엘의 수중에 들어간 적이 없기 때문이다.

애곡의 표현(수 7:6)으로 미가는 베들레아브라(먼지의 집)에서 먼지를 뒤집어쓰고 뒹굴었다. 이 마을이 어느 곳에 있었는지는 알려진 바가 없다. 백성들이 자기 고장에서 재앙을 애곡하게 된다는 예언을 듣게 된 것이다. 사빌(위치는 모름)의 주민들은 벌거벗은 채 수치를 당하며 포로로 잡혀갈 것이다. 사아난(위치가 확실치 않음)의 백성들은 적에게 포위되었기 때문에 싸우러 나아가지 못할 것이다(수 6:1). 벧에셀은 애곡하며 의지할 곳이 없게 되어 황급히 도망가게 될 것이다. 마롯(문자의 뜻은 "쓴 마을", 어느 마을인지 알려지지 않음)의 주민들은 기쁜 소식을 기다리나 헛수고가 될 것이다. 왜냐하면 대적들이 홍수처럼 예루살렘 성문에 이를 것이기 때문이다(미 1:9). 그들의 희망은 완전히 실망으로 변할 것이다.

미가의 외침은 튼튼한 방위력을 갖춘 라기스 마을에까지 이르러 이들 역시 도망가기 위해 말을 메우라고 한다(사 36:2). 심판의 채찍이 라기스까지 내린 이유는 느밧의 아들 여로보암이 이스라엘에 처음으로 우상 숭배를 들여온 것과 같이, 유다에서는 처음으로 라기스가 우상 숭배를 들여왔기 때문인 것이다. 이스라엘과 유다 사이에는 우상 숭배의 연계가 있었던 것이 분명하다. 우상 숭배와 관련하여 이스라엘이 태양에게 말을(왕하 23:11) 제물로 바쳤다는 주장이 있지만 구약 역사는 이에 대한 기록이 없다. 북왕국의 가증스러운 우상 숭배와 동일한 죄를 라기스도 범하였으므로 라기스 역시 징계를 받아야 한다.

> "이러므로 너는 가드모레셋에 작별하는 예물을 줄지어다 악십의 집들이 이스라엘 왕들을 속이리라"(미 1:14).

미가 1장 14절은 여러 가지로 해석된다. 어떤 사람들은 가드모세렛에

적에게 바칠 예물이 가득찰 것이라고 주장한다. 혹은 이 성읍이 필요로 하는 도움을 받게 되었을 것이라는 주장도 있으며, 이 성읍 자체가(그 이름은 소유 혹은 유업을 뜻한다) 적의 수중에 넘어가 그 유업이 된 것이라고 주장하는 사람도 있다. 아마도 마지막 주장이 가장 좋은 견해라 여겨진다. 작별의 예물이란 아버지가 결혼하는 딸에게 주는 예물이다. 이런 의미에서 볼 때 선지자 미가의 고향은 그 땅을 쳐들어온 앗수르 대적의 손에 넘어갈 것이다.

악십("거짓말하다"라는 뜻, 아둘람의 남서쪽 어느 지역인 듯하다)의 집들은 원조를 청한 이스라엘의 왕들과 유다 왕국의 희망을 저버릴 것이다. 구약성경에서 악자빔achzabim이란 여름에 말라버려 목마른 여행자들을 실망시키는 개울이다(렘 15:18).

하나님은 앗수르 군대로 마레사에까지 이르러 그 성읍을 빼앗게 하시므로 이스라엘의 귀족들, 이스라엘의 영광은 아둘람으로 쫓겨갈 것이다(수 15:35; 삼상 22:1). 그리하여 대적 앗수르는 그 땅의 모든 것을 소유하게 될 것이다.

시온의 통곡

열두 성읍에 대하여 언급한 미가는 1장 16절에서 말머리를 돌려 이스라엘 국가 전체에 대해 예언한다. 그는 이스라엘에게 그 사랑하는 자식들을 갑자기 잃게 되었으므로 머리털을 자르고 대머리가 되라고 한다.

> "너는 네 기뻐하는 자식으로 인하여 네 머리털을 깎아 대머리 같게 할지어다 네 머리가 크게 벗어지게 하기를 독수리 같게 할지어다 이는

그들이 사로잡혀 너를 떠났음이라"(미 1:16).

신명기 14장 1절을 보면, 죽은 자를 위하여 머리털을 밀지 말라고 금하였으나 백성들은 이러한 관습을 지키고 있었다. 이것은 애도의 뜻을 나타내는 관습이었다(사 15:2; 렘 16:6). 그들의 대머리는 목과 머리에 털이 없는 대머리 독수리로 비유되어 있다. 이스라엘이 이렇게 슬퍼하는 것은 시온의 자녀들이 사로잡혀 갔기 때문이다. 이것은 히스기야 시대에 일어난 산헤립의 침입을 의미한다고 볼 수 없고, 바벨론 포수라는 파멸의 때를 나타내는 것으로 보아야 할 것이다.

결국 미가 1장은 우상 숭배라는 돌이킬 수 없는 죄 때문에 하나님의 백성의 성읍들에 임한 어쩔 수 없는 심판과 파멸을 선언함으로써 끝을 맺는다. 그 성읍들을 기다리고 있는 형벌은 바로 그들의 이름 안에 이미 나타나 있었다. 인간의 행위 중에서 가장 비참한 것은 죄악된 행위이다. 이러한 죄의 결과는 무서운 것으로 성경에 자세히 기록되어 있다.

더 큰 재앙의 때

미가 1장에는 유다와 이스라엘 성읍들이 애통하고 괴로워하는 모습을 묘사하는 표현이 열 번이나 나온다. 미가는 이 파멸과 파국의 장면을 무심히 바라볼 수 없었다. 그는 슬픔을 달랠 수가 없었다. 그러나 그의 슬픔은 산헤립의 일시적인 침략과 비록 괴롭고 지치기는 했으나 불과 70년밖에 되지 않는 바벨론 포수에 대한 것이다. 이에 비해 오늘날 이스라엘의 슬픔은 얼마나 더 큰가?

바벨론 포수捕囚 때에 라헬이 그 자식들을 위하여 애곡하였고(렘

31:15), 헤롯이 죄 없는 어린이들을 학살함으로 인하여 백성들이 위로할 수 없을 정도로 울었다면(마 2:18), 오늘날 그들의 슬픔은 얼마나 더 클까? 친구들은 배반하고 적은 쉴새 없이 공격하기 때문에 그들의 마음은 슬픔으로 가득 차 있다. 그러나 이 슬픔을 완화시킬 수 있다. 우리는 메시야께서 우리의 죄를 대속하셨다는 구속의 기쁜 소식을 가지고 있다. 이 복음으로 이스라엘에서 가장 슬퍼하던 자들까지도 구세주 하나님을 찬양하게 되고 기쁨으로 넘치게 될 것이다.

악의 범람

이스라엘의 분명한 죄

미가 1장에서 미가는 하나님의 백성이 하나님께 대하여 지은 죄에 대해 담대하게 공격했다. 미가 2장에서는 인간에 대해 저지른 범죄를 분명하고도 담대하게 책망한다. 폭력과 압박이 하나님의 심판을 초래한 도덕적 원인으로 나타나 있다.

미가는 이스라엘의 귀족들에게 화를 선포한다(사 5:8). 그들은 밤에 누운 침상에서 악을 꾀하고 죄악을 도모하며 세부 계획을 세우거나 수단과 방법을 마련하여, 아침이 오면 그 계획을 실행에 옮겼다(시 4:4). 하나님께 불충한 사람들은 자기들이 꾀하는 일을 성공시켰다. 그들에게는 자신의 욕망을 성취할 수 있는 힘이 있었기 때문이다. 그들에게 있어서는 힘이 정의였다(창 31:29; 잠 3:27).

"밭들을 탐하여 빼앗고 집들을 탐하여 차지하니 그들이 남자와 그의 집과 사람과 그의 산업을 강탈하도다"(미 2:2).

미가 2장 2절은 악인들의 악한 꾀가 무엇인지를 분명하게 기록하고 있다. 그들은 다른 사람들의 밭과 집을 탐하여 폭력과 학대로 그것들을 빼앗는다. 이것은 사악한 아합과 이세벨이 나봇의 정당한 유산을 빼앗은 것과 같은 행위이다(왕상 21장).

하나님의 권리를 소홀히 취급하면, 인간의 권리도 소홀히 여김을 당하게 된다. 노아의 시대에 사람들이 하나님 앞에서 타락하였던 것과 같이 이들 시대에도 땅에 폭력이 난무하게 되었다. 오늘날 우리 시대에 있어서도 이와 같은 병행 현상을 쉽게 찾아볼 수 있다.

포로가 되는 이스라엘

"그러므로 여호와의 말씀에 내가 이 족속에게 재앙을 계획하나니 너희의 목이 이에서 벗어나지 못할 것이요 또한 교만하게 다니지 못할 것이라 이는 재앙의 때임이라 하셨느니라"(미 2:3).

하나님을 섬기지 않는 사람들의 사악한 계책과는 대조적으로, 의로우신 하나님은 재앙을 내리겠다고 경고하신다. 하나님은 그들의 목에 제거할 수 없는 멍에를 씌우실 것이다. 하나님께서 씌우시는 멍에란 적의 침입과 백성들이 고국을 떠나 흩어지게 됨을 말한다. 그 땅의 힘 있는 자들은 더 이상 교만하게 걸어다니지 못할 것이다. 이는 그들의 목에 씌워진 멍에 때문이다. 그 때는 악한 때요, 그들이 포로로 잡혀가는 때이다(암 5:13).

> “그 때에 너희를 조롱하는 시를 지으며 슬픈 노래를 불러 이르기를 우리가 온전히 망하게 되었도다 그가 내 백성의 산업을 옮겨 내게서 떠나게 하시며 우리 밭을 나누어 패역자에게 주시는도다 하리니”(미 2:4).

재앙의 때를 맞이한 불쌍한 이스라엘을 대적들은 비유로써 조롱하고 놀릴 것이다. 그들은 히브리어로 이스라엘을 조롱할 것이다. 이 히브리 단어(*nahah, nehi, nihyah*는 의미 있는 언어유희이다)는 단조롭지만 비탄의 느낌을 준다. “탄식의 탄식으로 탄식하다”(“슬픈 노래를 불러”)라는 뜻이다. 심판을 받는 이스라엘 백성들은 하나님께서 그들의 땅을 주변의 열국에게 넘겨주신다는 사실을 슬퍼할 것이다. 가난한 백성들로부터 그 유업을 탈취한 일에 대한 벌로 국토를 빼앗기게 된 것이다. 그들의 밭은 패역자들, 즉 그들의 대적에게 넘어갈 것이다.

> “그러므로 여호와의 회중에서 분깃에 줄을 댈 자가 너희 중에 하나도 없으리라”(미 2:5).

미가 2장 5절은 여러 가지로 해석되어 왔다. 이스라엘에 땅을 분할하고 지계표를 설치할 권한을 지닌 사람이 남지 않게 되었다는 주장이 있다. 또는 이것이 부모가 죽은 뒤 그 유산을 자식들 사이에 분배하는 일을 언급한다는 의견도 있다. 즉, 이스라엘에서 하나님을 경외하지 않는 자들은 유업을 받지 못한다는 것이다. 그러나 이 구절의 의미는 아마 다음과 같을 것이다. 미가 2장 1-2절에 기록된 죄 때문에 아무도 자기에게 할당된 유업이

나 소유를 차지하지 못할 것이다(수 13:6).

이제 이스라엘 땅의 분할은 이스라엘이 아니라 그 대적들에 의해 이루어진다. 이스라엘은 완전히 적들의 손에 좌우될 것이므로 그들의 유업으로 땅을 나누는 일은 허락되지 않을 것이다. 신실하지 못한 백성들의 지도자들은 하나님의 백성의 유업에서 더 이상 그 몫을 차지하지 못할 것이다. 다른 사람의 몫을 빼앗음으로써 자신의 몫을 잃게 된 것이다.

거짓 선지자

악한 계책 · 탐욕 · 학대 · 교만에 뒤이어서 하나님의 선지자들이 전하는 메시지를 들으려 하지 않으려는 마음의 완악함이 기록되어 있다.

거짓 선지자들뿐만 아니라 온 이스라엘 백성들은 참 예언자가 달갑지 않은 하나님의 메시지를 전하는 것을 금지시켰다(사 3:10; 암 2:12, 7:16). 하나님은 그 백성들이 말하는 것을 듣고 판단하시어 그들의 악한 욕망대로 갚아 주신다. 그러므로 그들에게 예언할 선지자가 없게 될 것이다. 게다가 그들의 수치도 제거되지 않을 것이다. 참 선지자가 불의한 사람들(미 2:1-2)에게 그들의 죄에 대해 예언하지 않는다면, 그 백성의 치욕이나 수치가 없어지지 않고 그들에게 파멸이 닥칠 것이다. 인간이 하나님으로부터 오지 않은 욕망을 갖게 되면, 항상 영혼의 메마름이 뒤따른다.

> "그들이 말하기를 너희는 예언하지 말라 이것은 예언할 것이 아니거늘 욕하는 말을 그치지 아니한다 하는도다"(미 2:6).

미가 2장 6절에서 미가는 축복의 예언을 하지 않는 것은 하나님의 영이 그에게 없기 때문이라는 비난을 받는다. 하나님은 이스라엘에게 전처럼 긍휼을 베푸시지 않는가? 하나님의 선지자가 전하는 그와 같은 위협들이 하나님의 자비와 은혜에 어울리지 않는 일이라고 의심을 가질 필요는 없다. 하나님은 심판을 예고하시는 데에서 즐거움을 느끼시는가? 선지자들이 심판을 예고해야 했던 것은 이스라엘의 죄 때문이었다. 성경은 하나님의 마음이 자기의 피조물을 괴롭히는 일을 기뻐하시지 않는다는 사실을 거듭 분명히 하고 있다.

징계는 오직 사랑이 풍성하신 하나님의 뜻이 무시되고 고려되지 않을 때, 그 결과로서 생기는 것이다.

만일 그들이 가는 길이 하나님께 기쁨이 되고 그들이 하나님의 뜻을 따라 행했다면, 하나님께서 그들에게 경고의 말씀을 주시지 않았을 것이다. 그들이 항상 의롭게 행하려 했다면, 하나님은 기뻐하며 그들에게 선한 일을 하셨을 것이다. 만일 그들에게 회개가 있었다면, 하나님은 그 회개를 보시고 신실한 자들을 위하여 선한 일을 하셨을 것이다. 그들을 다루시는 데 있어서 하나님이 옹색함을 보이신 것이 아니라 잘못은 그들에게 있었던 것이다.

하나님 백성의 사악함

그들이 비난받아 마땅하다는 것을 드러내려고, 미가는 다시 하나님께서 보시기에 슬픈 그들의 많은 죄를 묘사한다. 최근까지 그들의 압제는 점점 그 도를 더하였으므로 그들을 침입해 오는 적에 비유하고 있다. 그들은 의지할 데 없고 방어할 능력이 없는 사람들을 강탈함으로써 강탈당한 사람들의 적이 될 뿐만 아니라 하나님의 적이 되었다(출 22:25-27; 신

27:18).

"근래에 내 백성이 원수같이 일어나서 전쟁을 피하여 평안히 지나가는 자들의 의복에서 겉옷을 벗기며"(미 2:8).

미가 2장 8절에서 말하는 겉옷이란 아마도 가난한 사람들이 밤에 이불 대신 덮고 자는 것일 수도 있다. 전쟁에서 승리하여 이제는 안전하다고 생각하며 돌아온 동포들의 겉옷을 사악한 사람들이 강탈한 것이라는 의견도 있다. 이들 강탈 당한 사람들은 아마 평화롭고 순진한 나그네들일 수도 있다. 자기 동포들을 해치려는 의도가 없는 사람들의 생명이 위태롭게 된 것이다. "나는 화평을 원할지라도 내가 말할 때에 그들은 싸우려 하는도다"(시 120:7).

"내 백성의 부녀들을 그들의 즐거운 집에서 쫓아내고 그들의 어린 자녀에게서 나의 영광을 영원히 빼앗는도다"(미 2:9).

미가 2장 9절의 즐거운 집에서 쫓겨난 부녀들이란 분명히 의지할 데 없고 의심받을 짓을 하지 않은 과부들이다. 그들의 자녀들은 고아가 되어 제대로 양육 받지 못하게 된다(사 10:2). 즐거운 집이란 남편으로부터 물려받은 추억이 담긴 집을 말한다. 그들은 재산을 무참하게 빼앗기고 집에서 쫓겨난다.

어린아이들과 관련하여 언급된 영광이란 그들에게 베푸시는 하나님의 보살핌으로 그들에 대한 하나님의 축복의 증언이다. 학대하는 자들은 남녀노소를 가리지 않고 학대했다. 이 난폭한 압제자들은 전혀 회개하지 않았다. 그들이 이 같은 행동을 "영원히" 계속하려 함을 알 수 있다.

> "이것은 너희가 쉴 곳이 아니니 일어나 떠날지어다 이는 그것이 이미 더러워졌음이니라 그런즉 반드시 멸하리니 그 멸망이 크리라"(미 2:10).

과부와 고아들마저 보호받지 못하는 사회는 진실로 도덕적으로 타락한 사회이다. 과부와 고아를 돌보라는 것은 성경 전체를 통한 하나님의 특별한 명령이다. 이들을 부당하게 대하는 사람은 응분의 벌을 받게 된다. 따라서 하나님께서 단호하게 명하신다: "일어나 떠날지어다."

어떤 사람들은 이 명령이 그처럼 부패한 상황에서 안식을 찾을 수 없었던 신실한 사람들에게 내려진 명령이라고 이해하기도 한다. 그러나 예고된 바와 같이 이것은 유업을 빼앗기고 포로 생활을 하게 될 신실하지 못한 자들에게 주어진 말이라고 이해하는 편이 좋다. 하나님은 또다시 그들을 그 땅에서 쫓아내시겠다고 위협하신다. 더 이상 그 땅에 폭력이 난무하도록 버려두실 수 없는 것이다. 하나님은 가나안을 자기 백성을 위한 안식처(신 12:9-10)로 삼으셔서 순종과 축복의 때에는 그들에게 그 땅을 허락해 주셨다. 그러나 이제 그 땅이 그들의 악한 행위로 더러워졌기 때문에 그 주민들을 쫓아내실 것이다(레 18:25, 28). 신명기 28~30장에 기록된 모세의 율법을 보면, 하나님은 순종이라는 조건 하에서만 그 땅에서의 존속과 축복을 약속하신다. 불순종하는 경우에는 오직 땅에서의 추방이 있을 뿐이다. 그러므로 미가는 이 계약이 위반되고 지켜지지 않았음과 그에 따른 필연적인 결과로서 추방을 선포한다.

이스라엘 백성은 하나님께서 주신 참된 말씀을 전하는 선지자들의 명령을 거절했기 때문에 거짓 선지자들을 더 잘 받아들이고 그들의 말을 마음에 간직했다. 하나님의 보내심을 받지 않은 이 거짓 선지자들은 자신들의 마음, 심령을 따라 예언했기 때문에 바람을 뒤따라 걷고(히브리 성경의 표현) 거짓말을 주고받았다(렘 5:31; 겔 13:3; 호 9:7). 이같이 거짓되고 허망한 것들이 하나님의 말씀과 계시를 듣지 않으려는 사람들의 마음을 만족시켰다. 진리에서 벗어난 사람들은 더 좋은 것을 소유하게 되는 것이 아니라 오히려 터무니없는 거짓에 접하게 된다.

> "사람이 만일 허망하게 행하며 거짓말로 이르기를 내가 포도주와 독주에 대하여 네게 예언하리라 할 것 같으면 그 사람이 이 백성의 선지자가 되리로다"(미 2:11).

왜 거짓 선지자들은 인기가 있었는가? 그들은 사람들에게 듣기 좋은 이야기를 하며, 진리에 대해서는 관심이 없고 제멋대로 사는 백성들에게 아부하기 때문이다. 이와 같이 죄로 물들고 쾌락에 빠진 선지자들만이 백성들의 비위를 맞출 수 있다. 아무리 거짓된 선지자라도 아부만 잘하면 미가 시대의 사람들에게 용납될 수 있었다. 세상의 쾌락을 만족시켜 주는 것이 사악한 선지자들의 메시지의 주제였다. 백성들은 하나님의 진리에서 멀리 떠나 있었으며 영적 감각이 무디어졌기 때문에 이 같은 어이없는 허풍쟁이, 사기꾼들이 전하는 이야기를 기쁘게 받아들였다.

일련의 거짓 선지자들이 일어난 주된 이유가 참 선지자의 메시지가 갖는 인기 없는 특성 때문이라는 것은 당연한 이치이다. 어느 시대에든지 하나님으로부터 오는 칭찬보다는 인간의 갈채를 더 기뻐하는 사람들이 있다. 이 점에 있어서 우리 세대도 예외는 아니다.

남은 자들을 모으심

이스라엘의 죄를 이처럼 신랄하게 비난해 온 미가가 이 부분의 예언을 미래의 축복과 회복에 관한 약속으로 마치리라고는 생각할 수 없을 것이다. 그래서 어떤 이는 2장의 마지막 두 절이 구원의 약속이 아니라 징계의 선포라고 이해하기도 한다. 그러나 선지자들이 갑자기 다른 내용의 예언을 하는 일은 그리 드문 일이 아니다(호 2:2, 6:1, 11:9). 그와 같은 경우는 예언서들을 통해 얼마든지 찾아볼 수 있다. 그러므로 2장 마지막 절의 갑작스러운 변화는 선지자들의 방법과 전적으로 일치한다.

우리는 하나님께서 자비 베풀기를 기뻐하시고 축복하기를 원하신다는 사실을 기억해야 한다. 미가는 이스라엘이 흩어진 후 다시 회복될 것을 강한 어조로 예고한다. 야곱과 이스라엘, 즉 열 지파와 유다가 모두 부름을 받아 다시 모일 것이다. 고레스를 통하여 바벨론으로부터 돌아오는 것으로 이 약속이 완전히 성취되는 것이 아니다. 그것은 부분적인 것이다. 왜냐하면 선지자 미가는 "너희 무리를 다"라고 기록하였기 때문이다.

다시 모인 국가는 푸른 초장으로 인도될 것이다. 보스라는 풍성한 초장(왕하 3:4)으로 유명했고, 보스라의 양은 바산의 암소(암 4:1)나 느바욧의 숫양(사 60:7)만큼이나 유명했던 것 같다. 그들을 다시 모을 때에, 많은 군중이 모이면 의레 그렇듯이 그들은 요란한 소리를 지를 것이다.

"야곱아 내가 반드시 너희 무리를 다 모으며 내가 반드시 이스라엘의 남은 자를 모으고 그들을 한 처소에 두기를 보스라의 양 떼같이 하며 초장의 양 떼같이 하리니 사람들이 크게 떠들 것이며"(미 2:12).

미가 2장 12절의 약속은 실로 즐거운 것이다. 그러나 최상의 예언은 13절에서 선포된다. 하나님의 백성은 다시는 목자 없는 양 같지 않을 것이다. 길을 열고 장애물을 제거하는 분이 그들을 앞서 나아갈 것이다. 하나님의 백성의 길에 있는 모든 장애물을 제거하는 이분은 바로 이스라엘의 메시야시다.

"길을 여는 자가 그들 앞에 올라가고 그들은 길을 열어 성문에 이르러서는 그리로 나갈 것이며 그들의 왕이 앞서 가며 여호와께서는 선두로 가시리라"(미 2:13).

미가 2장 13절에는 축복의 약속이 세 번 나온다. 애굽에서 나올 때 하나님께서 그들 앞서 가셨듯이(출 13:21; 신 1:30, 33) 앞으로 때가 되면 주께서 그들 앞에 가시며, 그들의 머리가 되실 것이다(사 52:12). 메시야가 길을 여실 때, 그들은 포로로 잡혀 있던 성읍에서 나와 그 성문을 통과할 것이다. 약속된 메시야의 사역이 그들을 위하여 이루어지기 때문에 누구도 그들의 회복을 막지 못할 것이다. 여기서 메시야는 세 가지 형태—길을 여는 자, 왕, 여호와—로 표현되어 있다. 이스라엘의 모든 축복은 항상 복되신 주님, 그리스도와 불가분의 관계로 이어져 있다.

이스라엘 지도자들의 범죄

불의한 통치자

미가의 예언은 세 부분으로 나누어지는데 1~2장이 그 첫 부분이며, 3~5장이 둘째 부분이 된다. 둘째 부분도 하나님의 사명을 받은 사자의 말에 귀를 기울이라는 요구로 시작된다. 미가 3장은 미가 2장 1-2절에 기록된 심판의 연장이다.

미가 3장에서 하나님의 비난을 변화된 형태로 표현하여 단조로움을 피한 것은 참으로 놀라운 표현 방법이다. 3장의 열두 절은 세 단락으로 나뉘어 있다. 1-4절은 통치자들에게, 5-8절은 선지가들에게, 그리고 9-12절은 지배자, 제사장, 선지자들을 대상으로 말하고 있다.

야곱의 우두머리들과 이스라엘의 통치자들이란 재판자와 행정관들을 의미한다. 같은 표현이 이사야 1장 10절에도 나와 있다. 미가는 그들이 자신의 악행을 심각하게 반성하도록 일깨우기 위해 실제로 정의의 요구와 특징을 알아야 할 사람들은 그들이 아니냐고 묻는다. 정의를 아는 것이 그들의 특별한 의무요 책임이 아닌가? 그들은 남을 심판하는 데 익숙해 있었으므로 자신들의 악행으로 말미암아 자신을 기다리고 있는 심판에 대해서도 알고 있어야 할 것이다(롬 2:1). 자신들의 특별한 의무를 제대로 수행하지 못할 때에는, 그들은 더 큰 책망을 받게 된다.

이제 미가는 생생한 어조로 당시에 만연하였던 도덕적 · 영적 타락 상태를 밝힌다. 선을 사랑하고 악을 미워하는 데 있어서 모범이 되어야 할 사람들이 현저하게 선을 미워하고 악을 사랑하였다. 가난하고 무죄한 자들에 대한 그들의 잔인한 행위는 도살자들이 잔인하게 짐승을 죽이고 그 고기를 먹는 것에 비유되어 있다. 하나님의 백성을 무자비하게 착취한 온갖 방법이 여기에 솔직하고 간략하게 묘사된다(시 14:4; 잠 30:14).

이 신실하지 못한 지도자들은 동료들의 소유물을 빼앗기 위해 온갖 잔학한 학대행위들을 자행하였다. 이 파렴치한 지배자들은 언제 자신들의 철저한 범죄 행위가 하나님의 진노를 불러일으킨다는 사실을 인식하게 될 것인가? 하나님의 심판이 그들에게 임할 때에야 그들은 자신들이 얼마나 가증스러운 행위를 저질렀는지 깨달을 것이다.

이 주제가 하나님의 선지자의 선포와 예언을 매우 상세하게 다루고 있다는 점은 예언서를 한 번만 잘 읽어보면 알 수 있을 것이다. 이 패역한 지도자들과 미가 2장 12절의 목자는 얼마나 대조적인가!(에스겔 34:1-10의 죄에 대한 책망, 에스겔 34:23-24의 영광스러운 예언을 살펴보라).

정의를 짓밟은 자들에게 임할 하나님의 심판이 즉시 그들에게 선포되었다. 하나님께서 노를 발하실 때에 그들이 처할 곤경이 선포된다. 그 때에는 그들이 하나님께 부르짖어도 하나님은 듣지 않으실 것이다. 구원을 구하는 그들의 외침은 고통에서 기인하는 것이지 죄에 대한 진정한 회개로부터 일어난 것이 아니기 때문이다. 그들이 곤궁에 처한 자들의 외침에 주의를 기울이지 않았기 때문에 하나님께서도 그들에게 동일한 방법으로 보응하신다(렘 11:11; 잠 21:13). 하나님의 심판의 때가 이르면 은총과 오래 참으심의 시대는 끝이 난다. 하나님은 그들로부터 얼굴을 감추시고(이것은 참으로 무서운 형벌이다. 왜냐하면 이것이 지옥 형벌의 본질이기 때문이다), 그들 죄 속에서 멸망하게 버려두실 것이다. 하나님의 은총이 참으로 복된 만큼 하나님의 진노도 참으로 무서운 것이다.

거짓 선지자

통치자들의 행동이 책망받을 만하고 괘씸한 것과 마찬가지로, 하나님의 보내심을 받지 않은 거짓 선지자들의 행동도 더 나을 것이 없었다. 미가 3장의 둘째 부분은 거짓 선지자들에 대한 책망이 기록되어 있는 미가 2장 6, 11절의 주제와 연관되어 있다. 거짓 선지자들은 하나님의 진노를 불러일으키는 백성들의 죄를 책망하지 않음으로써 고의로 백성들을 잘못 인도하였다. 그들은 하나님의 뜻과 진리를 담대하게 선포하지 않고 오히려 하나님의 백성을 유혹하여 자기 만족과 육체적인 쾌락에 빠지게 하였다. 그들은 백성들에게 아부하여 그들을 더욱더 죄에 빠지게 하였다. 그들에게 풍성한 음식과 물건들을 바치기만 하면, 그들은 계속 국가의 번영과 평화를 예언하였다. 그러나 그들에게 뇌물을 바치지 않으면, 전쟁과 재난을 예언하였다. 그들은 자기들의 메시지를 자신의 이기적인 이익에 맞도록 꾸미는 데 숙달되어 있었다. 일이 잘 안되어 원하는 뇌물을 받지 못할 때에, 그들은 상대방에게 전쟁을 예언한다(문자적으로는 “정당화하다”). 그들은 대적들에게서 하나님의 영광을 옹호하려는 듯이 하나님의 거룩한 심판, 즉 전쟁이 임박하였다고 선언하였다(사 13:3; 암 5:18; 8:9).

> “그러므로 너희가 밤을 만나리니 이상을 보지 못할 것이요 어둠을 만나리니 점 치지 못하리라 하셨나니 이 선지자 위에는 해가 져서 낮이 캄캄할 것이라”(미 3:6).

이들이 선지자의 거룩한 직무를 모독했기 때문에 하나님은 미가 3장 6절에서 그들에게 무겁게 임할 재난을 네 가지로 말씀하신다. 재앙과 곤경은 일반적으로 어둠으로 비유할 수 있다(사 8:22; 암 5:18; 8:9). 백성들의 눈과 마음을 어둡게 하였던 그들에게 밤과 어둠과 흑암이 닥칠 것이다. 속이는 일은 언제나 속이는 사람에게도 재앙을 초래한다. 전에는 빛이 있었으나 이제는 진실로 어둠이 다가오게 된다.

미가 3장 7절의 "선견자가 부끄러워하며 술객이 수치를 당하여 다 입술을 가릴 것은 하나님이 응답하지 아니하심이거니와"라는 예언에서 미가는 선견자와 술객을 거짓 선지자로 분류한다. 그들의 행위가 동일한 목적, 즉 기만과 위선을 가졌으므로 그들의 종말과 그들에게 임할 형벌도 동일하다. 엘리야 시대의 바알 선지자들처럼, 미가 시대의 거짓 선지자들도 수치를 당할 것이다. 그들은 입술을 가리게 될 것이다. 동양 사람들은 콧수염과 턱수염을 자랑했으며, 수염과 입술을 가리는 것은 수치와 슬픔의 표시였다(비교: 레 13:45).

하나님께서 그들에게 응답하시지 않음으로 말미암아 그들의 수치가 모든 사람들에게 드러날 것이다. 그들은 더 이상 하나님으로부터 응답을 받은 듯이 행동하지 못할 것이다. 하나님께서 그들에게 재앙을 내리셨다는 냉엄한 현실을 직면하고 있기 때문이다. 하나님은 그들의 예언이 하나도 이루어지지 못하게 하실 것이다. 그렇게 되면 그들이 하나님께서 보내시지 않은 자라는 것이 드러나게 될 것이다.

미가 3장 8절의 "오직 나는 여호와의 영으로 말미암아 능력과 정의와 용기로 충만해져서 야곱의 허물과 이스라엘의 죄를 그들에게 보이리라"는 예언은 미가 자신을 거짓 선지자들 및 선견자들과 대조시킴으로써 우리에게 하나님의 사자의 참 모습을 밝히 드러내 준다. 참 선지자들에 대한 이 묘사는 세밀한 부분들까지 모두 중요한 의미를 갖는다. 미가는 하나님의 영으로 능력이 충만하였다. 거짓 선지자들은 자신들의 영으로 예언하였지만, 미가는 성령의 인도를 받아 예언을 했다. 거짓 선지자들의 메시지는 자신들로부터, 즉 오류에 빠지기 쉬운 인간적인 재능과 능력에서 비롯된 것이었다. 반면에 미가의 예언은 하나님의 영으로 주관되었고 능력이 있었다(렘 5:13; 겔 13:3).

하나님의 선지자는 성령이 충만했기 때문에 하나님의 거룩한 심판을 공평하게 전할 수 있었다. 게다가 그는 백성들의 요구에 좌우되지 않고 진리를 선포할 수 있는 힘과 도덕적 용기, 거룩한 담대함이 충만했다. 반대로 거짓 선지자들은 진리가 요구하는 바를 따르지 않고, 백성들의 기분에 따라 그들이 듣기 좋은 이야기를 하는 데 열중했다. 참 선지자들은(미가에게 해당되는 것들은 모든 하나님 선지자들의 사역에 적용될 수 있다) 백성들이 기대하는 바에 따라 좌우되지 않았다. 하나님의 사자가 야곱의 허물과 이스라엘의 죄를 선포하는 데에는 이 같은 자세가 필요했다. 선지자는 백성들이 듣기를 원치 않지만 반드시 들어야만 하는 말씀을 선포해야 했다.

미가 3장 8절은 하나님의 선지자가 갖추어야 하는 자질을 자세히 그리고 있다. 어느 시대이든지 하나님을 위해 말씀을 전하는 사람은 자신을 하나님께서 주신 이 기준에 맞추어야 한다. 이 기준에 미흡한 사람은 결코 하나님의 마음을 만족시키지 못한다. 참 선지자와 거짓 선지자 사이에는 이와 같이 분명한 차이가 있었는데, 이스라엘은 어찌하여 이들을 분별하지 못하였을까? 호화로운 생활, 낮은 도덕 수준, 하나님의 일에 대한 무관심 때문에 그들은 눈이 멀었고, 이러한 중요한 문제들에 대해 무감각하게 되었던 것이다. 우리가 살고 있는 이 시대의 기독교계도 동일한 비극적 상태에 처하여 있다. 디모데후서 4장 1-4절의 묘사와 경고를 주의 깊게 살펴

보라: "하나님 앞과 살아 있는 자와 죽은 자를 심판하실 그리스도 예수 앞에서 그가 나타나실 것과 그의 나라를 두고 엄히 명하노니 너는 말씀을 전파하라 때를 얻든지 못 얻든지 항상 힘쓰라 범사에 오래 참음과 가르침으로 경책하며 경계하며 권하라 때가 이르리니 사람이 바른 교훈을 받지 아니하며 귀가 가려워서 자기의 사욕을 따를 스승을 많이 두고 또 그 귀를 진리에서 돌이켜 허탄한 이야기를 따르리라."

임박한 심판

이스라엘의 신실하지 못한 자들을 혹평한 후 미가는 다시 말머리를 돌려 미가 3장 1절 "내가 또 이르노니 야곱의 우두머리들과 이스라엘 족속의 통치자들아 들으라 정의를 아는 것이 너희의 본분이 아니냐"에서 언급했던 국가의 우두머리들을 함축된 표현으로 책망한다. 그는 미가 3장 8에 기록된 자기의 사명을 실천에 옮겨 백성들의 죄와 허물을 선포한다. 이같이 책망하는 구절 중에 왕에 대한 책망이 전혀 기록되지 않은 것은 주목할 만한 사실이다(이사야의 예언도 마찬가지다). 이는 당시의 왕이 하나님을 경외하는 히스기야였기 때문이다. 그러나 분명히 히스기야 왕도 탐욕스럽고 욕심사나운 지도자들을 통제할 수 없었을 것이다.

국가의 우두머리와 통치자들은 정의를 미워하고 정의를 굽게 하여 시온을 피로, 예루살렘을 죄악으로 건축하고 있었다. 이것은 그들이 희생적으로 자신들의 피를 흘려 그 성읍을 세우고 있다는 것이 아니라 착취하고 강탈하여 세운다는 의미이다. 백성들의 비참, 재난, 죽음이라는 희생을 치르고서 자신들을 위한 거대한 거처를 세우는 것이다. 의로운 사람들이 피 흘려 모은 재산이 이스라엘 지도자들의 이기적이고 사악한 이익을 공고히 하는 데 쓰였다(렘 22:13; 겔 22:27; 합 2:12).

세 부류—재판자, 제사장, 거짓 선지자—를 신랄하게 고발하면서, 미가는 각 부류의 주된 죄를 열거하고 있다. 행정관들은 뇌물을 받고 재판을 했다. 이 일은 모세의 율법에 분명하게 금지되었다(출 23:8; 신 16:19). 한번 뇌물을 받으면 정의에 입각한 공정한 판결은 불가능하게 된다.

제사장이라고 더 나을 것이 없었다. 그들은 돈과 수수료를 받고 백성들을 가르쳤다. 제사장이란 보수를 받지 말고 하나님의 백성에게 율법을 가르치라고 하나님이 임명하신 직분이다. 그들이 돈을 받고 가르쳤으므로 공정성이 지켜질 수 없게 되었다. 제사장들의 몫은 하나님에 의해 배정되었다. 그래서 율법에서는 그들에게 무료로 가르치라고 명한 것이다(민 18:20; 신 17:8-11, 18:2, 21:5; 레 10:11; 겔 44:23, 24; 말 2:7).

거짓 선지자들의 범죄 행위도 재판자와 제사장들의 죄에 필적할 만한 것이었다. 그들은 돈을 받고 점을 쳤는데, 이는 그들이 거짓 선지자임을 드러내는 것이다. 점을 친다는 말이 구약성경에서는 한 번도 좋은 의미로 쓰인 적이 없다. 발람이나 다른 이교 예언자들처럼, 그들은 대가를 얻으려고 단골손님들에게 듣기 좋은 예언을 하였다.

> "그들의 우두머리들은 뇌물을 위하여 재판하며 그들의 제사장은 삯을 위하여 교훈하며 그들의 선지자는 돈을 위하여 점을 치면서도 여호와를 의뢰하여 이르기를 여호와께서 우리 중에 계시지 아니하냐 재앙이 우리에게 임하지 아니하리라 하는도다"(미 3:11).

미가 시대의 지도자상은 참으로 서글픈 것이었다. 백성들이 가르침을 받으려고 가는 곳마다 재판자에게든, 제사장에게든, 예언자에게든 공통적으로 만연된 생각이 있었으니 대가 · 삯 · 돈이었다. 설상가상으로 그들은 하나님께서 그들 안에 임하여 계시다는 터무니없고도 교만한 생각을 하고 있었다(렘 7:8–11). 그들은 하나님께서 그들 안에 계시기 때문에 어떤 재앙도 그들에게 임할 수 없다고 자랑했다. 이것은 그들이 사악한 일을 해도 하나님께서 그들을 축복하신다고 주장하는 것과 같은 것이다.

스스로 하나님의 백성, 하나님 앞의 영광이라고 주장하는 사람들이 성직을 차지하고 그 직책을 빙자하여 사악하고 이기적인 행위를 정당화하는 것이 하나님께 얼마나 거슬리는 일인지 생각해 보라. 그들의 사악함이 극도에 달했기 때문에, 하나님은 그들에게 진노와 심판을 쏟아 부으셔야 했다. 미가는 그들의 죄 때문에 시온은 밭같이 쟁기질을 당하고, 예루살렘은 돌무더기가 되고, 모리아(성전의 산)는 울창한 숲이 될 것이라고 예언한다.

> "이러므로 너희로 말미암아 시온은 갈아엎은 밭이 되고 예루살렘은 무더기가 되고 성전의 산은 수풀의 높은 곳이 되리라"(미 3:12).

미가 3장 12절의 시온에 대한 언급은 수도의 남쪽에 있는 다윗성을 염두에 둔 것이다. 예루살렘은 그 수도의 중앙과 북쪽 부분을 의미하고, 모리아는 동쪽의 성전을 나타낸다.

미가는 예루살렘 성읍의 완전한 멸망을 예고하고 있다. 이 예언은 예레미야 26장 18절에 인용되어 있다. 느헤미야 2장 17절, 4장 2절; 예레미야애가 5장 18절 등의 구절들은 미가의 이러한 예언들이 문자 그대로 이루어졌음을 나타낸다. 탈무드에는 주후 70년 로마의 티투스에 의해 예루살렘이 파괴되었을 때 로마 군대 장군 루푸스가 성전의 기초를 보습으로 갈았다고 기록되어 있다(이것은 제롬이 지적한 사실로서 유대인 철학자 마이모니데스도 같은 주장을 했다). 그러나 이것은 신빙성이 없는 이야기이다. 느부갓네살의 침입과 그에 따른 멸망으로 이 예언은 그대로 이루어졌다. 진실로 죄의 삯은 사망, 모든 생명의 사망이다.

이스라엘의 밤

죄 속에 있는 당시의 거짓 선지자들에게 주어진 미가의 말은 하나님의 옛 백성인 오늘날의 이스라엘에도 적용될 수 있다. 그들에게 있어서 지금은 영적인 밤이다. 그들에게는 이상이 없으며, 또한 그들은 오류를 범하기 쉬운 지도자들의 계획에 의지하고 있다. 그들의 영적 상태는 진실로 어둡다. 그러나 하나님은 이러한 상황에 대해서도 예비하여 두셨다. 하나님은 은혜스럽게도 약속된 메시야, 주 예수 그리스도를 흑암 중에 있는 이 백성에게 광명을 주는 세상의 빛으로 보내셨다(사 9:2). 그리스도의 죽음과 그들을 위한 구속의 역사는 그들에 대한 하나님의 사랑을 드러내며, 그들의 슬픈 마음에서 온갖 흑암 · 어둠 · 밤을 쫓아낼 수 있다.

메시야와 영광스러운 천년왕국

미가인가 이사야인가?

미가 4장 1-3절을 이사야 2장 2-4절과 비교하면, 이 구절들이 실제로 똑같다는 사실을 알게 된다. 이 때문에 이 구절의 원전에 관한 문제가 야기되었다. 이사야가 미가를 인용했는가, 혹은 그 반대인가? 아니면 양자가 모두 보다 오래된 예언을 인용했는가?

정통적이고 보수적인 주석가들도 이 문제에 대해 의견이 나뉘어 있다. 미가가 이사야를 인용했다고 주장하는 사람이 있는가 하면, 이 구절의 문맥상 소선지서의 예언에 더 잘 어울린다는 점을 볼 때 이사야가 미가의 자료를 인용했다고 생각하는 사람들도 있다. 사실 이 문제에 있어서 어느 것이 더 옳은지 가리기가 어렵다.

물론 이 구절은 미가의 예언 맥락에 더 잘 어울리는 것 같다. 그러나 우리는 선지자들이 태도를 갑자기 바꾸는 예들을 얼마든지 볼 수 있다. 따라서 문맥에 어울리지 않는다고 해서 이사야가 먼저 이 예언을 했다는 주장을 부정할 수도 없다. 어쨌든 이 두 경우 모두 우리가 하나님의 정신을 대하고 있다고 확신시켜 주는 것은 성령의 감화로 되어지는 일이다.

천년왕국의 평화와 번영

미가 4장은 주로 시온의 축복과 영광의 회복에 대해 기록하고 있다. 3장은 이스라엘에 대한 준엄한 심판의 말로 끝을 맺었다. 이제 우리는 미가 3장 12절에 제시되었던 심판의 반전反轉을 보게 된다. 하나님은 백성과 땅에 대한 위협적인 징계의 말씀을 하시던 도중에 자비와 은총의 말을 삽입하신다.

> "끝날에 이르러는 여호와의 전의 산이 산들의 꼭대기에 굳게 서며 작은 산들 위에 뛰어나고 민족들이 그리로 몰려갈 것이라 곧 많은 이방

사람들이 가며 이르기를 오라 우리가 여호와의 산에 올라가서 야곱의 하나님의 전에 이르자 그가 그의 도를 가지고 우리에게 가르치실 것이니라 우리가 그의 길로 행하리라 하리니 이는 율법이 시온에서부터 나올 것이요 여호와의 말씀이 예루살렘에서부터 나올 것임이라"(미 4:1-2).

"끝날에"라는 표현은 예언서에서 매우 잘 알려져 있는 표현이다. 이 말은 메시야 시대뿐만 아니라 메시야 시대를 영접하는 시기까지를 언급하는 것으로서 성경 여러 곳에서 볼 수 있는 말이다. 여기에 회복되고 다시 모아진 이스라엘을 통치할 메시야의 시대에 대한 분명한 언급이 있다. 메시야의 장엄하고 복된 왕국은 세상의 모든 통치와 지배를 초월할 것이다. 시온은 세상에 대한 통치의 중심지인 동시에 영적 중심지가 될 것이다. 이 구절이 물질적인 상태의 절정을 의미하는 것이 아니라 도덕적이고 영적인 권위의 극치만을 의미한다고 이해하는 사람들도 있다. 그러나 스가랴 14장 9-10절을 올바르게 이해한다면, 엄청난 변화를 가져올 물질적 변화가 분명히 있을 것임을 알 수 있다.

이 왕국이 이스라엘의 신실한 자들에게만 한정되지는 않을 것이다. 온 세상의 모든 백성, 모든 민족들이 메시야 왕국의 중심에 불가항력적으로 이끌려올 것이다. 이 움직임은 자발적인 것으로(히브리 낱말의 뜻은 "흐르다") 구속된 민족의 마음으로부터 솟아날 것이다. 그들은 서로 격려하면서 하나님의 도에 대한 영원한 가르침을 받기 위해, 메시야가 통치하시는 곳으로 올 것이다. 하나님의 말씀과 하나님의 뜻에 관한 모든 가르침이 하나님에 의해 친히 이루어질 것이다(슥 8:20-23).

하나님의 뜻을 배우기 위해 예루살렘을 향하여 나아오는 워싱턴, 런던, 파리, 베를린, 모스크바 등등을 상상해 보라. 이것이 오늘날에도 가능한 일인가? 아니다. 이러한 일은 메시야, 주 예수 그리스도께서 그의 조상 다윗의 보좌에 앉으셔서 친히 다스리실 시대에 일어날 일이고, 또 일어나야만 한다. 메시야는 성경에 기록된 이 때에 왕과 교사로 오실 뿐만 아니라, 세상 나라의 모든 분쟁을 최종적으로 중재하는 분으로 오실 것이다. 그가 통치하시는 곳에서 멀리 떨어져 있는 강대국들조차도 그의 권위 있는 선포에 복종할 것이다. 불순종이 일어나도 간단하게 처리될 것이다(계 2:27, 12:5).

> "그가 많은 민족들 사이의 일을 심판하시며 먼 곳 강한 이방 사람을 판결하시리니 무리가 그 칼을 쳐서 보습을 만들고 창을 쳐서 낫을 만들 것이며 이 나라와 저 나라가 다시는 칼을 들고 서로 치지 아니하며 다시는 전쟁을 연습하지 아니하고"(미 4:3).

그 날에는 분쟁을 해결하기 위해 무력에 의존할 필요가 없을 것이다. 메시야의 통치는 평화를 가져올 것이다. 과거 전쟁이나 대량 학살을 위해 쓰이던 무기들이 평화적인 목적을 위해 사용되고, 파괴적인 목적을 위해 사용되던 무기들은 유용하고 생산적인 도구들로 바뀔 것이다. 국가들은 전쟁을 그치고, 더 이상 군사학이나 전략을 연구할 필요가 없게 될 것이다.

얼마나 영광스러운 날인가! 그러나 이것은 하나님의 계획 안에서 하나님에 의해 이루어져야 한다. 국제연합은 이와 같은 평화 상태를 이룩하기에는 무력하다. 국제연합은 자기들의 회의조차 평화롭게 하지 못하고 있다.

“각 사람이 자기 포도나무 아래와 자기 무화과나무 아래에 앉을 것이라 그들을 두렵게 할 자가 없으리니 이는 만군의 여호와의 입이 이같이 말씀하셨음이라”(미 4:4).

미가 4장 4절은 이사야서에는 없는 구절이지만, 계속 번영과 완전한 안전을 묘사한다(왕상 4:25; 왕하 18:31; 슥 3:10). 포도나무와 무화과나무는 팔레스타인의 특산물이다. 포도원에 관해 율법서에 많이 언급된 사실에서 알 수 있듯이 포도원은 매우 흔한 것이었다(출 23:11; 레 19:10, 25:3-4; 신 20:6) . 선지자들과 시인들에게 포도나무는 이스라엘의 상징으로 사용되었다(사 5:1; 렘 2:21; 호 10:1; 시 80:8). 이것은 후일 유대인의 동전에 흔히 사용되게 되었다. 무화과나무는 신명기 8장 8절과 열왕기하 8장 31절 등에서도 언급된다. 포도나무나 무화과나무는 모두 일반적인 나무다. 미가의 생각은 사람들이 관습적인 거처가 없어도 안전하게 된다는 것이다. 넓은 들에서도 안전하게 살 수 있을 것이다. 가난도 없고, 제 것이 아닌 물건을 가지려는 사람도 없고, 순탄한 인생행로를 빼앗거나 위협하는 일도 없을 것이다.

이와 같은 일은 있을 수 없는 일 같으나 사실이다. 하나님께서 그렇게 말씀하셨기 때문이다. 사람이 이러한 약속을 했다면 믿지 않을 수도 있다. 그러나 하나님은 예고하시고, 그 예언대로 이루실 능력이 있으신 분이다.

“만민이 각각 자기의 신의 이름을 의지하여 행하되 오직 우리는 우리 하나님 여호와의 이름을 의지하여 영원히 행하리로다”(미 4:5).

미가 4장 2절의 예언에 비추어 볼 때, 미가 4장 5절은 우리를 당황하게 한다. 이 구절은 유대인들이 흩어져 사는 동안 사용하던 말이었다는 의견이 있다. 그들은 이교도 국가들이 자기 신들에게 제사 드리는 것을 보았기 때문에, 자기들은 하나님에 대한 진정한 예배를 결코 저버리지 않겠다고 결심한다. 물론 미가가 모든 나라가 다 자기들 신의 이름으로 진정한 하나님을 예배할 것이라는 뜻으로 말한 것은 아니다. 우상에 대한 일시적인 예배와 하나님에 대한 영원한 예배에는 차이가 있다. 미가는 비록 지금은 이교 백성들이 자기들의 신들을 섬기고 있지만, 앞에서 언급된 평화와 영광의 때가 되면 이스라엘은 영원한 하나님을 예배하고 하나님의 능력과 권세 안에서 행할 것이기 때문에 영적인 축복의 상태에 이를 것이라고 선포하고 있다.

다윗 왕국의 회복

이스라엘이 메시야 왕국의 영광을 누리기 전에, 먼저 전 세계에 흩어져 있는 이스라엘 백성들은 다시 모아져 자기 나라에 정착하게 된다. 이것이 미가가 여기서(미 4:6) 가르치는 점이다. 하나님은 주 예수 그리스도의 통치를 예비하여 그의 양 떼, 저는 자들, 쫓겨난 자들, 환난 받게 한 자를 불러 모으실 것이다. 그 불러 모으시는 때는 미가 4장 1절에 나타나 있다.

흩어진 양 떼에 대한 묘사는 미가 2장 12-13절에 기록된 이스라엘의 회복에 관한 장면을 요약한 표현이다. 양들이 그와 같이 비참한 상황에 처해 있는 것은 그들의 죄로 말미암아 하나님께서 괴롭히셨기 때문이다. 그러나 하나님은 이런 사람들 중에서 남은 자를 뽑아내신다. 하나님은 그들을 강하게 하시고, 능력을 주시고, 시온 산에서 영원히 다스리실 것이다(비

교: 사 9:6; 단 7:14, 27; 눅 1:33; 계 11:15).

미가 4장 8절의 "너 양 떼의 망대요 딸 시온의 산이여 이전 권능 곧 딸 예루살렘의 나라가 네게로 돌아오리라"에서 선지자는 두 곳을 언급한다. 즉 믹달 에델, 혹은 양 떼의 망대와 성전이 있는 언덕의 남쪽 비탈인 오벨이다. 창세기 35장 21절에는 에델의 망대가 베들레헴 근처의 어느 장소라고 기록되어 있다. (주후 4세기에 베들레헴에서 살았던) 제롬에 따르면, 에델의 망대는 베들레헴으로부터 1마일 정도 떨어진 곳에 있었다고 한다. 따라서 먼저 언급한 장소는 다윗의 탄생지를 의미하고(미가 5장에서 기록된 바와 같이 메시야의 탄생지이기도 하다), 두 번째 장소는 그가 통치한 예루살렘을 뜻한다. 이 장소들은 다음과 같은 사실을 알려 준다: 이제 그곳에 과거의 왕국, 즉 다윗과 솔로몬의 왕국이 회복될 것인데, 이 왕국은 이스라엘의 메시야 주 예수 그리스도의 통치 안에서 크게 발전되고 강하여질 것이다.

바벨론이 유다를 정복하다.

앞으로 임하게 될 비교할 수 없을 만큼 영광된 천년왕국을 바라보던 선지자는 다시 그 나라에 곧바로 닥칠 어두운 미래로 시선을 돌린다. 이 징계의 심판은 미가 시대로부터 1세기가 지난 후에야 이루어졌으나, 그는 바벨론이 유다를 포위하고 침략할 것을 분명하게 예고한다.

> "이제 네가 어찌하여 부르짖느냐 너희 중에 왕이 없어졌고 네 모사가 죽었으므로 네가 해산하는 여인처럼 고통함이냐"(미 4:9).

가까운 장래에 그 백성은 바벨론에서 포로 생활을 하게 될 것이다. 미가 4장 9절에는 유다가 갈대아인들의 접근으로 공포에 싸여 크게 부르짖는 것으로 나타나 있다. 이에 대하여 미가는 이스라엘이 왜 왕이나 모사에게 의지하지 않느냐고 묻는다.

이 질문에는 곤경에 처한 이스라엘에 대한 조롱이 함축되어 있다고 이해하는 사람들도 있다. 그러나 이것은 유다의 시드기야 왕이 바벨론에 포로로 잡혀갔을 때의 무력한 이스라엘의 상황을 나타낸다는 것이 보다 적절한 해석일 것이다(렘 52:9; 애 4:20; 겔 12:13). 모사라는 말은 여기서 왕을 의미할 수도 있다(사 9:6). 위대한 왕이 오시는 복된 날이 임하기 전에 유다의 모든 왕의 통치가 사라질 것이다.

미가는 해산하는 여인의 비유로 계속 이어가면서, 시온의 딸이 즐거운 구원의 시간이 오기 전에 먼저 큰 슬픔과 곤경에 빠질 것이라고 예고한다. 그 백성이 당하게 될 재앙이 생생하게 나타나 있다. 성이 함락되면, 백성들은 그곳을 떠나야 할 것이다. 그들은 방어물이나 요새가 없는 들에서 생활할 것이며, 결국 그들은 바벨론으로 끌려 갈 것이다. 이사야처럼 미가도 현재 세계의 권력을 쥐고 있는 앗수르를 넘어서 다가오고 있는 강대국인 바벨론을 보고 있다.

그러나 그는 포로 생활을 예고한 그 구절에서(미 4:10) 포로 생활로부터의 구원도 함께 예고한다. "거기서"라는 말이 반복된 것을 볼 때, 그들이 압박받게 될 곳이 구원의 장소가 될 것임을 알게 된다. 하나님은 고레스의 손을 통해 그들을 구원하실 것이다(사 43:14, 44:28, 45:1-4, 48:20). 바벨론은 이스라엘을 징계하시기 위한 하나님의 채찍으로 사용되겠으나, 바벨론도 다시 고레스를 통하여 심판받게 될 것이다.

미가 4장 10절 "딸 시온이여 해산하는 여인처럼 힘들여 낳을지어다 이제 네가 성읍에서 나가서 들에 거주하며 또 바벨론까지 이르러 거기서 구원을 얻으리니 여호와께서 거기서 너를 네 원수들의 손에서 속량하여 내시리라"에서 예언에 있는 메시지의 핵심은 "네가 고통을 받으나 그 고통은 기쁨으로 끝날 것"이라는 것이다. 해산의 진통은 고통스럽지만 새 생명이 태어날 때에는 기쁨이 있다. 마찬가지로 이스라엘의 고통도 결국은 이스라엘의 구원의 날로 끝날 것이다.

예루살렘을 포위한 악한 동맹

미가 4장 11절의 "이제 많은 이방 사람들이 모여서 너를 치며 이르기를 시온이 더럽게 되며 그것을 우리 눈으로 바라보기를 원하노라 하거니와"에서도 바벨론 침략이라는 주제가 계속된다고 믿는 해석자들도 있다. 그렇다면 여기에서 언급된 많은 이방이란 느부갓네살 군대의 여러 민족들은 말할 것이다. 왜 그 군대 안에 있는 다양한 집단이 이 경우에 특별히 지적되었는지는 설명되지 않았다. 그 당시 통치자들이 군사 원정을 할 때, 여러 곳에서 사병을 선출하는 것이 그들의 관습이 아니었을까? 다른 학자들의 의견을 따르면, 여기에서는 미가 4장 9절과는 다른 포위 상태를 생각하고 있다고 한다.

미가의 생각은 하나님의 성령에 의해 바벨론 포위에 관한 명상으로부터 이스라엘에 대한 세상 나라들의 마지막 대공격으로 옮겨간다. 이 사건들은 요엘 3장, 스가랴 12장, 14장; 에스겔 38장, 39장 및 구약성경의 다른 예언서에서 언급된 일이다.

미가 4장 2절에서 우리는 율법과 하나님의 말씀을 들으려고 많은 백성들과 민족들이 예루살렘으로 몰려온다는 것을 알게 된다. 그러나 이 영광스러운 날이 오기 전에 먼저 그 민족들이 사랑스런 성읍, 하나님의 백성에 대한 마지막 총공격을 감행하는 날이 있을 것이다. 그들의 목적은 시온을 더럽히는 데 있다.

이 비유는 처녀에게서 취해진 것으로, 여기서는 시온 백성들이 학살되고 거룩한 성소들이 모독됨으로 더러워진다는 것을 의미한다. 포위한 이방들은 유대인들의 재앙을 기쁘게 바라볼 것이다. 그들은 시온이 수치와 고난을 당하는 것을 조롱하며 바라보는 것이다. 시온의 곤경은 적들에게 큰 기쁨이 될 것이다. 그들은 이스라엘의 재앙을 복이 되게 하실 하나님의 사랑, 지혜, 은혜를 이해하지 못한다. 시온에 대해 악의와 증오에 찬 그 민족들은 이스라엘에게 치명적인 타격을 가져다 줄 계획을 찾아냈다고 믿을 것이다.

온 세계가 연합하여 이스라엘을 치러 오는 것이 결국은 하나님께서 타작마당에 곡식단을 끌어 모으듯이 그들을 끌어모으시는 것이라는 사실을 우리가 알게 되면, 그들의 무지함을 분명히 깨닫게 된다. 곡식단과 타작마당은 한 민족의 완전한 멸망에 대한 비유이다(사 41:15, 16; 렘 51:33). 누가 타작을 할 것인가? 하나님은 포위된 시온의 딸이 하나님을 믿지 않는 민족들을 타작하도록 지명하셨다. 곡식을 밟는 황소처럼 시온의 뿔은 강철처럼 강하여지고, 그 놋쇠 발굽은 하나님의 백성을 치러 온 패역한 무리들에게 무서운 형벌을 내릴 것이다.

이 모든 슬픈 사건들이 대적들에 대해 원한을 푸는 일로 마치게 되는 것은 아니다. 모든 일은 하나님의 영광을 위해 행해진다(사 60:1-9). 이교의 정복자들은 전리품의 일부를 신전의 신들에게 바치곤 했다. 그러나 승리한 이스라엘은 승리로 인하여 얻을 재물을 바쳐 하나님의 성전을 단장할 것이다. 그 날에 하나님은 온 세상의 주님으로 알려지실 것이다. 하나님은 죄 많은 사람들의 대학살, 파괴, 반란 가운데서도 그 거룩한 이름에 궁극적인 영광을 더하실 수 있는 놀라운 분이다.

메시야의 인격과 사역

이스라엘의 수욕

영어 성경의 미가 5장 1절에 히브리 성경에서는 4장 마지막 절로 되어 있다. 미가 5장 1절은 미가 4장 9절 사상의 반복이므로 장의 구분은 히브리 성경이 좋은 듯하다.

시온은 적들에 저항하기 위해 군대를 모으라는 권고를 받는다. 안팎에 진을 친 자들 때문만 아니라 포위된 상태에 빠졌기 때문에 시온은 딸 군대로 묘사되었다.

적이 예루살렘을 에워쌌다. 이 포위의 과정에서 적은 막대기로 이스라엘 재판자의 뺨을 친다. 여기에 언급된 재판자는 왕을 가리킨다고 볼 수 있다(암 2:3; 미 3:1, 9, 11). 동양인에게 있어서 뺨을 맞는 것은 가장 큰 모욕이다(왕상 22:24; 욥 16:10). 이스라엘은 포위되어 결국은 정복될 것이다. 그렇게 되어야만 지도자가 그와 같은 모욕을 당하기 때문이다.

여기서 말하는 예루살렘 침략은 어떤 것이고, 이렇게 모욕을 당한 왕은 누구인가? 이 구절을 연구한 사람들 중에는 미가 5장 2절로 미루어 부분적으로 판단하여서 여기서 언급된 사람이 예수 그리스도라고 생각하는 사람들도 있다. 여기에 그리스도의 모욕에 대한 예시가 있다고도 할 수 있으나, 세 가지 이유에서 그리스도에 관한 언급이 아니라고 볼 수 있다. 첫째, 그리스도는 포위당했을 때 뺨을 맞지 않으셨다. 둘째, 막대기로 맞지 않으셨다(비교: 사 50:6; 마 26:67–68, 27:30). 마지막으로, 그리스도는 자기 백성들에게 맞았으나 여기서 포위한 것은 다른 나라 군대이다.

미가는 바벨론이 남왕국 유다를 침입할 때 당할 시드기야 왕의 수모를 예고하고 있다. 그 이후에 있은 예루살렘의 포위는 본문의 요구 사항을 만족시키지 못한다. 왕이 뺨을 맞는 가운데서 이스라엘은 바벨론 포로 생활을 초래한 죄에 대해 책망을 받는다.

메시야의 탄생과 사역

이스라엘 재판자의 수치는 이스라엘의 미래의 통치자가 지닐 위대함과 대조된다. 미가는 5장 2절에서 이스라엘 메시야의 탄생지에 대해 말하고 있다. 베들레헴 에브라다는 예루살렘 남방 약 6마일 되는 지역으로 다윗의 탄생지이다(룻 1:1–2, 4:11).

베들레헴이라는 이름의 도시는 둘이다. 뒤에 붙여진 이름으로 볼 때 유다에 있는 이것은 스블론 지파에 속하는 베들레헴과 구별된다(수 19:15). 베들레헴은 "떡 집"이라는 뜻이고 에브라다는 "열매를 잘 맺는"이라는 뜻의 단어에서 파생되었다. 그러므로 두 이름 다 그 지역의 풍요를 뜻한다.

왕의 탄생지인 이 성읍은 유다의 천부장의 대열에도 끼지 못하는 지극히 작은 마을로 나타나 있다. 각 지파는 가족, 족속, 혹은 천 명의 무리로 나뉘어 각각 그 우두머리를 갖고 있었다(출 18:25; 삼상 10:19).

미가는 이 마을이 보잘 것 없다고 말한다. 우리도 알고 있듯이, 베들레헴은 여호수아 15장에 기록된 유다 성읍들에 포함되지도 않았으며, 느헤미야 11장의 성읍 목록에도 끼어 있지 못하다. 요한복음 7장 42절은 베들레헴을 마을, 혹은 작은 고을이라고 말하고 있다. 여기에 다윗 왕가의 비천한 신분이 드러난다. 이 작은 마을에서 이스라엘을 다스리는 자, 주님이 나오실 것이다.

"내게로"라는 말은 통치자의 오심이 하나님의 목적을 수행하기 위함이라는 것을 나타낸다는 점에서 중요한 의미를 가진다. 그는 아버지의 계획을 성취하기 위해, 아버지의 뜻에 따라 오신다(삼하 23:3; 렘 30:21).

때가 차면 이 지배자가 베들레헴에서 나오실 것이다. 그러나 그는 시간의 제약을 받지 않으신다. 그는 태고로부터, 영원으로부터 나아오신다. 그의 나오심은 천지를 창조하실 때, 족장들에게 나타나실 때, 그리고 구약성경의 구속사 전체에 이루어졌다. 히브리 성경의 이 구절은 영원한 실존에 대한 강력한 표현이다(시 90:2; 잠 8:22-23). 여기서 메시야 선재先在와 하나님의 목적에 따른 그의 고대사에의 적극적인 참여를 알 수 있다.

미가와 동시대 선지자 이사야는 이미(사 9:6-7) 메시야의 신성을 선포하였었다. 유대인 학자들은 이 통치자가 누구라고 생각하였는가? 랍비 해석자들도 누가 메시야인가에 대해서는 다른 견해를 가졌으나 그 통치자가 메시야라고 생각했다. 헤롯 왕 시대의 대제사장들과 서기관들은 메시야의 탄생에 관하여 의문을 갖지 않았다(마 2:4-6).

> "딸 군대여 너는 떼를 모을지어다 그들이 우리를 에워쌌으니 막대기로 이스라엘 재판자의 뺨을 치리로다 베들레헴 에브라다야 너는 유다 족속 중에 작을지라도 이스라엘을 다스릴 자가 네게서 내게로 나올 것이

라 그의 근본은 상고에, 영원에 있느니라 그러므로 여인이 해산하기까
지 그들을 붙여 두시겠고 그 후에는 그의 형제 가운데에 남은 자가 이
스라엘 자손에게로 돌아오리니"(미 5:1-3).

미가 5장 2절에 대한 해석은 통일되어 있으나 3절에 대하여는 여러 가지 해석이 있다. 한 가지 견해는 3절과 1절을 연결시켜서 이스라엘 재판자의 뺨을 때린 결과를 메시야를 받아들이지 않은 이스라엘에 대한 심판과 관련시키는 것이다. 또 다른 의견은 이스라엘의 죄 때문에 하나님은 그들이 갈대아인들로부터 고통을 받도록 버려두셨다는 것이다. 그리고 이스라엘은 메시야가 탄생하실 때까지 회복되지 못할 것이라는 견해이다. 대다수의 의견에 의하면 미가 5장 2절에 예언된 것으로 볼 때, 이스라엘의 수도인 예루살렘이 아닌 베들레헴에서 메시야가 탄생한다는 것은 다윗 왕조가 사악한 시대를 맞아 몰락하며, 이스라엘은 대적들의 손에 넘겨짐을 의미하는 것이 분명하다고 한다.

이것은 옳은 견해이다. 메시야가 베들레헴에 태어나셨을 때, 이스라엘은 로마의 통치와 압박이라는 견고하고 괴로운 멍에로 인하여 시달리고 있었다.

해산의 고통을 겪는 여인은 전체적으로 이스라엘 국가를 나타내며, 특별하게는 동정녀 마리아를 가리킨다. 이사야는 이미 동정녀 탄생을 예고했다(사 7:14; 계 12:1-6). 미가 5장 3절의 후반부는 그 땅을 떠났던 해외 유대인들이 메시야가 오실 때, 그를 영접하기 위해 그 땅의 백성들에게로 돌아온다는 것이 아니다. 구약 예언서의 많은 구절에 나타난 사상과 마찬가지로, 미가는 다음 4절에 기록된 사역이 이루어지기 전에 메시야의 지파

인 유다 족속이 그들의 땅에 거하는 다른 지파의 사람들과 함께 어울릴 것이라고 생각한다. 이것은 하나님의 심판에 의해 온 세상에 흩어진 유대인들을 다시 모으는 일을 예고한다.

> "그가 여호와의 능력과 그의 하나님 여호와의 이름의 위엄을 의지하고 서서 목축하니 그들이 거주할 것이라 이제 그가 창대하여 땅 끝까지 미치리라 이 사람은 평강이 될 것이라 앗수르 사람이 우리 땅에 들어와서 우리 궁들을 밟을 때에는 우리가 일곱 목자와 여덟 군왕을 일으켜 그를 치리니 그들이 칼로 앗수르 땅을 황폐하게 하며 니므롯 땅 어귀를 황폐하게 하리라 앗수르 사람이 우리 땅에 들어와서 우리 지경을 밟을 때에는 그가 우리를 그에게서 건져내리라"(미 5:4-6).

미가 5장 4-6절에 메시야의 재림이 나타나 있다. 버림 받으셨던 분이 이스라엘의 목자가 되신다. 그는 참고 견디면서 자기 양 떼를 먹일 것이다. 그는 자기 백성의 궁핍함을 마음에 두실 것이다.

신구약성경을 통해서 "양 떼의 목자" 보다 더 그리스도에 대한 아름답고 의미심장한 표현은 없다. 목자라는 직책이 그의 왕으로서의 돌보심과 보호를 잘 설명해 준다(비교: 삼하 5:2, 7:7). 먹인다는 개념은 통치의 개념도 포함한다(사 40:11). 이 모든 일을 메시야는 하나님의 능력과 주 하나님의 이름의 위엄으로 행하실 것이다. 비록 자신을 아버지께서 복종시켰지만(요 20:17), 여기에 언급된 위엄은 하나님께서 세상의 통치자에게 주시는 것 이상의 것이다. 메시야가 통치하고 다스리는 동안, 이스라엘은 안연히 거할 것이다. 이스라엘은 평화와 안전 속에 거할 것이다. 이것은 미가 4장 4절의 사상과 같다. 미가의 이 예언이 성취되는 때에 메시야는 위대해질 것이다. 왜냐하면 그의 통치와 권능이 온 세상에 미치기 때문이다(시 2:8, 72:8; 말 1:11, 14).

메시야는 자기 백성과 온 세계를 위한 평강의 왕으로 오실 것이다. 그는 평강이 되실 것이다. 그는 이 평강을 지니고 계신 분으로서 그 평강을 자기 백성들에게 주실 것이다(엡 2:14; 사 9:6-7). 그는 다음과 같은 세 가지 면에서 이스라엘에 평강을 주실 것이다: (1) 이스라엘을 그 대적에게서 보호하여 주실 것이다(미 5:5-6); (2) 대적들을 이길 수 있는 능력을 이스라엘에게 주실 것이다(미 5:7-9); (3) 모든 전쟁 무기와 우상 숭배를 없애버리셔서(미 5:10-15) 더 이상 전쟁이 존재하지 못할 것이다(사 9:4-6; 슥 12:1-13:1). 실로가 평화를 가져오고 그 평화를 유지할 수 있게 될 것이다.

이 일이 어떻게 이루어지는지는 다음 절에 나타나 있다. 미가 5장 5절의 앗수르인들을 메시야의 지상 통치가 시작되기 전 마지막 때에 나타날 앗수르로 이해하려는 사람들이 있다. 그러나 대부분의 주석가들은 이 낱말을 상징적인 것으로 이해한다. 즉 이것을 어떠한 국가들의 상징이라고 본다. 왜냐하면 앗수르는 미가의 시대에 이스라엘을 위협한 국가이기 때문이다. 그 시대의 적 앗수르는 이스라엘의 모든 적들을 대표한다. 요엘 3장, 스가랴 12, 14장을 보면 여호와의 큰 날에 세상 나라들이 하나님의 선민인 이스라엘을 없애기 위하여 연합하여 대적할 것임을 분명히 알 수 있다. 바로 시대로부터 오늘에 이르기까지, 그리고 앞으로도 있을 반反셈족 운동은 이처럼 거대한 공격으로 확대되는 것이다.

그 때에 이스라엘을 옹호하여 주실 분은 메시야시다. 미가 5장 5절에 사람들 중에서 일으킨 일곱 목자와 여덟 군왕으로 언급된 바 적의 맹렬한 공격을 견뎌낼 수 있는 튼튼한 성채를 메시야께서 건축하실 것이다(잠 6:16과 전 11:2). 그것은 어떠한 공격도 막아낼 것이다. 그렇게 되면, 전쟁터는 적들의 땅으로 옮겨질 것이다. 적이 이스라엘 땅을 침범했듯이, 이스라엘도 그들의 땅에 쳐들어 갈 것이다.

미가 5장 6절에 니므롯이 언급되었는데 이는 그곳에서 바벨론과 앗수르가 연합했다고 볼 수 있기 때문이다(창 10:10). 자기 백성으로 하여금 적의 땅을 황폐하게(문자 그대로는 "먹어 치우다")하실 메시야를 통하여 구원이 이루어질 것이다.

이 부분에 기록된 메시야에 대한 계시는 지극히 완전한 것이다. 메시야는 베들레헴에서 탄생한 아이로 등장하여 영원 전부터 활동해 오신 영원하신 분으로 나타나 있다. 또한 그의 목양牧羊 규칙과 평강의 왕으로서의 특성, 그리고 마지막으로 그가 자기 백성의 위대한 구원자임이 계시되어 있다. 그분처럼 겸손한 자도 없었고, 위엄이 있는 자도 없었다. 주께서 항상 자기 백성을 위하여 존재하신다는 이 기록은 얼마나 기쁜 소식인가!

메시야의 축복 안에 있는 이스라엘

"야곱의 남은 자는 많은 백성 가운데 있으리니 그들은 여호와께로부터 내리는 이슬 같고 풀 위에 내리는 단비 같아서 사람을 기다리지 아니하며 인생을 기다리지 아니할 것이며 야곱의 남은 자는 여러 나라 가운데와 많은 백성 가운데에 있으리니 그들은 수풀의 짐승들 중의 사자 같고 양 떼 중의 젊은 사자 같아서 만일 그가 지나간즉 밟고 찢으리니 능히 구원할 자가 없을 것이라 네 손이 네 대적들 위에 들려서 네 모든 원수를 진멸하기를 바라노라"(미 5:7-9).

미가 5장 7-9절에는 하나님의 백성 중 남은 자들이 메시야께서 통치하실 때에 누릴 자비가 두 가지 생생한 비유로 나타나 있다. 첫째, 그들은 하나님으로부터 내리는 이슬과 단비로 비유되어 있다. 팔레스타인에서는 5월 초부터 10월 말까지 비가 오지 않으므로 여름 밤의 촉촉한 이슬은 여름 작물에 꼭 필요하다.

이슬은 만국 중에서 행할 이스라엘의 풍부하고 새롭고 풍요로운 사역을 의미한다. 이슬이나 단비는 풍성함의 의미를 지니고 있다. 그것은 인간의 희망이나 뜻에 달린 것이 아니라, 하나님의 은혜로서 주어질 것이다. 만국 중에 있는 의인들은 이스라엘의 이러한 봉사의 사역을 기뻐할 것이나, 이에 반대하는 자들도 있을 것이다. 이러한 사람들에게 이스라엘은 먹이를 찾아 다니는, 이길 수 없는 사자처럼 보이게 될 것이다. 이스라엘은 두 가지 형태로—새롭게 하는 근원으로서의 이스라엘(이슬, 단비)과 하나님의 손 안에 있는 능력과 심판의 근원으로서의 이스라엘(사자)—쓰임을 받을 것이다. 이스라엘은 모든 적들을 이길 것이다. 이스라엘의 손이 그 대적들 위에 능력과 승리로 들릴 때, 모든 적들이 패주할 것이다.

이 장면은 미가 5장의 첫 장면과 얼마나 다른가! 그 차이는 하나님의 뜻에 대한 이스라엘의 태도에 있다. 하나님의 뜻을 거역할 때에 이스라엘은 고통과 압박과 굴욕을 받게 되지만, 그 뜻 안에 행할 때에는 하나님의 손 안에서 새롭게 함과 능력과 축복의 근원이 된다.

이스라엘의 정화

이스라엘이 하나님의 도구로 쓰일 수 있게 하기 위해, 하나님은 이스라엘이 의지하고 있는 모든 세속적인 지원을 제거하실 것이다. 온갖 종류의 악이 뿌리 뽑히고 제거될 것이다(사 47:6-22). 이스라엘이 자주 의지하던 말과 병거들이 파괴될 것이다. 그것들은 모세의 시대에도 금해졌었다(신 17:16). 이스라엘의 견고한 성읍들은 파괴될 것이다. 손을 교묘하게 놀려 농간을 부리는 복술이 없어질 것이며, 점쟁이도 없어질 것이다. 가나안 이방 종교의 상징인 주상들도 파괴될 것이다. 아세라 목상도 그 예배가 행해지던 중심 도시로부터 멸절될 것이다. 아세라 목상은 나무로 새긴 우상으로서 가나안의 자연 여신에게 바쳐진 것들이었다. 이런 것들은 금지되어 있었고(신 16:21) 파괴되어야 했는데(출 34:13), 신실하지 못한 이스라엘 백성들은 그것들을 가지고 있었다(왕하 13:6, 23:6).

하나님과 이스라엘의 변론

은혜를 모르는 이스라엘

미가 6~7장은 이 위대한 예언의 세 번째 부분으로서 미가 1장 2절과 3장 1절과 같이 "들을지어다"라는 요청이 이 단락의 첫머리에 나온다.

> "너희는 여호와의 말씀을 들을지어다 너는 일어나서 산을 향하여 변론하여 작은 산들이 네 목소리를 듣게 하라 하셨나니"(미 6:1).

미가 6장은 하나님과 범죄한 그의 백성 사이의 논쟁이라는 형태를 취하고 있다. 이와 동일한 형식이 이사야 1장과 미가 1장에서도 쓰이고 있다. 6장에서는 하나님의 요구의 타당성과 공평함, 그리고 멸망과 심판의 원인이 된 이스라엘의 배은망덕함과 미신을 대조하여 볼 수 있다. 미가는 축복이 가득 찬 미래를 보고 있는 것이 아니라, 죄로 가득 찬 이스라엘의 현재를 보고 있다. 미가는 이스라엘의 도덕적 상태에 대하여 백성들을 설득하고 있다. 그들이 왜 하나님께 대적하는지 그들의 마음과 양심에 호소하는 것이다.

자기 백성에 대한 하나님의 변론을 증언하기 위해, 선지자는 산과 작은 산들을 부른다. 하나님께서 이스라엘과 논쟁하시려는 것이다. 생명이 없는 자연—산들과 땅의 견고한 지대들—을 증인으로 부르는 것은 인간의 엄청난 죄를 드러내기 위해 선지자들이 쓰는 방법이다(신 32:1; 사 1:2; 렘 2:12-13).

> "이르시기를 내 백성아 내가 무엇을 네게 행하였으며 무슨 일로 너를 괴롭게 하였느냐 너는 내게 증언하라 … 내 백성아 너는 모압 왕 발락이 꾀한 것과 브올의 아들 발람이 그에게 대답한 것을 기억하며 싯딤에서부터 길갈까지의 일을 기억하라 그리하면 나 여호와가 공의롭게 행한 일을 알리라 하실 것이니라"(미 6:3-5).

여기서 우리를 가장 놀라게 하는 것은 하나님께서 피조물들과 변론하시는 데까지 자신을 낮추신다는 사실이다. 선지자가 이스라엘 "그의 백성"을 어떻게 표현하는지 주목해 보라. 미가 6장 3, 5절에서 그들은 "내 백성아"라고 직접 불리고 있다. 그들의 죄에도 불구하고 하나님과 그들의 관계를 알려 주고, 또한 당면 문제에 대하여 그들의 양심을 일깨우기 위해서 그들을 지적하여 "내 백성아"라고 강조하여 부른 것이다.

하나님은 이스라엘 백성에게 불평이 있으면 고소하라고 말씀하신다. 하나님이 그들에게 무엇을 행하셨고, 어떤 일로 그들을 괴롭히셨기에 그들이 처참하게도 하나님으로부터 떠났는가? 하나님께서 특별한 요구나 과도한 주장으로(사 43:23), 혹은 약속을 이행하지 않음으로(렘 2:31) 그들을 괴롭히셨는가? 하나님을 괴롭혔다는 기록으로는 이사야 43장 24절, 비슷한 불평으로는 이사야 5장 4절을 보라. 그들에 대한 하나님의 변론은 부드러움과 간절한 어조를 띤다. 하나님은 잠시 피고의 입장에 서신다.

하나님은 그들을 괴롭히지 않고, 오히려 그들에게 사랑의 표징과 축복을 베풀어 오셨다. 하나님은 그들을 위하여 놀라운 구원의 행위를 거듭 행하셨다.

그들을 향한 하나님의 선하심을 나타내 주는 잊을 수 없는 행동은 그들을 애굽의 견딜 수 없는 속박에서 구원하신 일이다. 하나님은 놀라운 표적과 강한 손과 팔을 펼쳐 자신의 능력을 애굽에서 나타내시사 그들을 압제자들로부터 구원하셨다.

그 때에도 하나님은 자신의 자비로운 일로 만족하지 않으셨다. 하나님은 그들 앞에 모세와 아론과 미리암을 보내셨다. 하나님은 그들에게 율법을 주셨다. 그들에게 대제사장을 세우셨고, 홍해에서 승리의 춤을 추도록 여선지 미리암(출 15:20)을 보내셨다. 이 모든 일들을 볼 때, 하나님께서 자기 백성 이스라엘을 은혜로 다스리셨음을 알 수 있다(렘 2:6-7; 호 11:1, 12:13; 암 2:10).

그러나 하나님의 은혜는 이것으로 그치지 않았다. 모압 왕 발락은 사악한 꾀를 내어 이교 예언자 브올의 아들 발람을 고용하여 이스라엘에 저주를 퍼부으라고 명했다. 민수기 22~24장의 기록은 하나님께서 어떻게 그 저주를 축복으로 바꾸셨는지를 밝히고 있다. 발람의 저주 자체는 이스라엘에게 해를 줄 수 없었으나 대적들에게는 용기를 주고 이스라엘의 가슴에는 공포를 안겨 주었을 것이다. 하나님은 아무도 자기 백성을 저주하지 못하게 하실 것이다(시 105:14-15).

"싯딤부터 길갈까지"라는 말 뒤에는 "무엇이 일어났는지 기억하라"는 말을 보충해야 한다. 발람은 요단을 넘어 길갈까지 가지 못하고 미디안 땅에서 살해당했다(민 31:8). 이 지명들을 본문에서 제거해야 한다는 의견들이 있으나 그렇게 할 근거가 없다. 이 말들은 뒤에 나오는 가나안까지의 행진을 포함하는 것 같다. 싯딤은 이스라엘이 발람을 만난 후 첫 번째로 장막을 치고 머물렀던 곳이다(민 25:1).

여리고와 요단 사이에 있는 길갈은 이스라엘이 요단 강을 무사히 건넌 후 가나안에서 처음으로 쉰 곳이다. 가나안에서의 정착은 하나님께서 애굽 탈출 때부터 주신 은총의 절정이었다.

그와 같은 회상은 미가 시대의 이스라엘에게 그들 편에 서신 하나님이 기적적인 능력을 행하실 것을 보여준다. 하나님은 변론을 통해 이스라엘이 하나님의 여러 가지 은혜를 입고도 감사할 줄 모르고 까닭 없이 배은망덕했음을 나타내려 하신다.

하나님의 요구

이제 죄를 깨달은 이스라엘은 어떠한 대가를 치르고라도 하나님의 사랑을 얻으려 하나 그 방법을 알지 못하고 있다. 회개하는 백성의 대답에서 그들이 실로 하나님께 기쁨이 되는 예배와 제사가 어떤 것인지 알지 못하고 있음을 알 수 있다. 독특한 질문의 형식을 취한 이스라엘의 대답은 하나님을 향한 것이 아니라 미가를 향한 것이다.

> "내가 무엇을 가지고 여호와 앞에 나아가며 높으신 하나님께 경배할까 내가 번제물로 일 년 된 송아지를 가지고 그 앞에 나아갈까 여호와께서 천천의 숫양이나 만만의 강물 같은 기름을 기뻐하실까 내 허물을 위하여 내 맏아들을, 내 영혼의 죄로 말미암아 내 몸의 열매를 드릴까" (미 6:6-7).

첫 번째 질문은 친구와 화해할 때에 선물을 주듯이 회개하는 사람이 하나님을 대하는 방법과 거룩하신 하나님 앞에 진실로 복종함을 올바르게 나타내는 방법에 관한 것이다. 율법에 정해져 있는 속죄제는 번제이다. 죄 있다고 판결된 이스라엘이 제물과 희생 동물을 가지고 하나님 앞에 나아갈 것인가(레 9:3), 아니면 하나님에게 있어서 이것은 양量의 문제인가? 천천千千의 양과 만만萬萬의 강수江水 같은 기름이 더 적절할까? 기름은 제물을 드릴 때에 헌주獻酒처럼 쓰였다(레 1:2, 15, 7:12; 겔 45:24).

마지막 질문은 가장 필사적인 것이다. 이것으로 그들이 하나님의 사랑을 얻기 위해 어느 정도까지 나아가려고 하는지 알 수 있다. 회개하는 사람이 자기의 허물 때문에 맏아들을, 그 영혼의 죄 때문에 제 몸의 열매를 바칠 것인가?

이 마지막 질문은 너무 중요하므로 좀 더 설명해야 한다. 먼저 율법에는 사람이든 동물이든 처음 난 것은 하나님께 속한다고 기록되어 있음을 기억해야 한다(비교: 출 13:2, 12). 둘째로 어린아이를 제물로 드리는 일은 금지되었으므로 만일 이를 범하면 사형에 처했다(레 18:21, 20:2-5; 신 12:31, 18:10). 게다가 여기에 이교도 백성이 인간 희생제사를 실천하였던 방법이 나타나 있다. 이 구절로부터 이스라엘에서 인간 제사가 횡행했기 때문이다(겔 20:25-26).

하나님을 섬기는 일에서 떠난 사람은, 신실하지 못한 아하스(왕하 16:3)나 하나님을 모르는 므낫세(왕하 21:6)의 경우처럼 이러한 불법을 저질렀다. 특히 모압인들과 베니게인들은, 그들이 남긴 문헌들이 분명하게 증언하는 바와 같이 자기들의 신들을 만족시키기 위해 그와 같은 방법과 노력들을 강구했다(왕하 3:27). 이러한 제사가 이스라엘에서 흔히 행해진 것은 아니었지만, 우상 숭배에 빠진 사람들은 이러한 제사를 드렸다(렘 19:5, 32:35).

하나님께서 원하시는 제물은 영을 복종시켜 바치는 것이지 육체가 아니다. 그러므로 그 같은 제물을 드리는 애매한 원칙은 잘못된 것이다. 하나님께서 다른 모든 것보다도 하나님의 복되신 뜻에 대한 내적 합일을 원하시므로 그와 같은 제물을 찾으실 리가 없다.

여기에 주의해야 할 점이 있다. 어떤 사람들은 이 구절을 하나님께서 동물 제사를 전혀 원하지 않으신다는 증언으로 본다. 그러나 모세오경은 하나님께서 레위기에 기록된 제도들을 세우셨음을 분명히 하고 있다. 어쨌든 영과 진리로 드리지 않는 제사는 가치가 없는 것이다(사 1:10-18; 시 50:7-23).

선지자 미가는 이스라엘 백성 개개인 영혼의 힘차게 타오르는 질문들에 대해 분명하고도 간결하게 대답할 것인가? 하나님은 모든 시대의 모든 사람들이 하나님의 마음을 흡족하게 해 드리는 것이 무엇인지 알기를 원하시는가? 그렇다. 그것이 미가 6장 8절에 기록되어 있다. 이 절은 참으로 아름다운 구절로서 "구약성경 중에서 가장 위대한 말"이라고 일컬어져 왔다. 그러나 그 어원은 이미 모세 시대에 계시된 하나님의 뜻에 있다.

> "사람아 주께서 선한 것이 무엇임을 네게 보이셨나니 여호와께서 네게 구하시는 것은 오직 정의를 행하며 인자를 사랑하며 겸손하게 네 하나님과 함께 행하는 것이 아니냐"(미 6:8).

미가는 먼저 백성들의 무지함에 주의를 기울이라고 요구한다. 하나님의 뜻에 대한 과거의 계시에 비추어 그들이 행하는 제사가 도덕적인 능력이나 덕이 없음을 알 수 있었다. 따라서 그들이 이것을 깨닫지 못한 무지는 죄가 된다. 그들이 "사람"으로 불리고 있는데, 이는 이 진리가 보편타당한 것임을 보여주는 것이다. 미가는 그 대답으로 하나님의 도덕적 요구를 설명한다. 하나님께서 인정하시는 경건에는 세 가지가 있다. 첫째로 우리 동료들과 교제하는 데 있어서 공정한 일을 고수하고, 둘째는 그들에게 선을 행하려는 마음이며, 셋째는 하나님과 가깝고 친밀한 관계 속에 살아가려고 부지런히 애쓰는 일이다. 이와 같은 경건과 단순히 제물만을 바치는 행위를 비교해 보면, 후자의 절차라는 것이 얼마나 부족한 것인지 나타난다(삼상 15:22; 사 1:11-20; 렘 7:21-23; 호 6:6; 암 4:5, 5:15, 22-24). 우리는 여기에서 율법 전체의 개략을 보고 있는 셈이다(신 10:12, 18).

본문의 이 세 가지 특징은 율법의 모든 법전을 포괄하는 것이다. 하나님은 외적인 것을 요구하지 않으시고 내적인 것, 즉 정의, 사랑, 겸손(자기를 낮추는 경건)을 요구하신다. 이 구절을 신앙의 진수로 여기려 하는 자유주의자들은 거듭나지 않은 사람들은 율법의 이러한 요구들을 이루지 못한다는 사실을 깨닫지 못하고 있다. 오직 하나님의 영만이 모든 사람으로 하여금 율법에 공포된 의로운 명령을 수행할 수 있도록 해주신다(롬 8:34; 빌 2:13).

흉악한 죄

> "여호와께서 성읍을 향하여 외쳐 부르시나니 지혜는 주의 이름을 경외함이니라 너희는 매가 예비되었나니 그것을 정하신 이가 누구인지 들을지니라"(미 6:9).

앞에서 설명한 경건은 이스라엘 중에서 찾아볼 수 없고, 그 대신 도처에 눈에 띄는 죄악이 이스라엘의 특징을 이루고 있었다. 위에서 간단히 언급된 덕이 없으므로 이스라엘은 하나님의 심판을 받아야 한다. 미가 6장 9절에 언급된 성읍은 아마 죄악된 행위의 중심지인 예루살렘일 것이다(미 1:5).

이 구절의 두 번째 문장은 여러 가지로 번역되었다: "지혜로운 사람들이 주의 이름을 볼 것이다"(하나님 자신의 계시에서 하나님을 볼 것이다); "지혜로운 사람들이 주의 이름을 두려워할 것이다"(하나님을 경외할 것이다); "지혜가 그 눈에 주의 이름을 두었다"(하나님의 영광을 보았다); "신의 이름을 두려워하는 사람들에게 구원이 있다."

히브리어 원문을 약간만 수정하면 이처럼 여러 가지로 해석할 수 있다.

하나님의 목소리가 소리 높여 심판을 선포할 때, 지혜로운 사람은 하나님께서 자신의 의로우신 성품을 계시하시는 일들을 볼 것이라는 생각이다. 그러므로 이스라엘로 하여금 하나님의 응징을 보고, 누가 이러한 일이 일어나게 했는가를 주시하도록 해야 한다.

매는 징계의 상징이다(사 10:5, 24). 하나님의 응징이 이렇게 임박했을 때, 하나님의 이름으로 말해지는 것에 주의를 기울이는 것이 지혜로운 일이다. 영혼이 하나님께서 징계를 행하시는 일의 정의와 의를 인정할 때, 축복이 시작된다. 미가는 6장 13절부터 매가 어떻게 무엇을 의미하는지 밝힐 것이다.

미가 6장 10-12절은 다른 사람들이 범죄한 예들을 열거하고 있다. 거듭된 경고에도 불구하고 악인들은 여전히 불의한 이익을 취해 제 집에 쌓아두어 계속 하나님의 진노를 불러일으킨다. 그들은 부정한 저울과 거짓 저울추를 사용해 이익을 취한다. 하나님께서 이러한 행위를 미워하신다는 것은 레위기 19장 35-36절; 신명기 25장 13-16절; 아모스 8장 5절에 기록되어 있다.

그들이 이러한 가증스런 짓들을 하면서도 어떻게 순수하고 죄 없다고 여겨지기를 바라는가? 당시의 부유한 사람들은 사기와 폭력을 행사했다. 그들의 속임수에는 항상 거짓말이 뒤따랐다. 그들은 사악한 짓으로 얻은 재물로 집을 꽉 채웠다. 이것은 미가 6장 8절과 얼마나 대조되는 목록인가! 이 구절은 탐욕, 부정한 저울, 폭력, 거짓말, 사기 등 부정한 상행위商行爲들의 목록이다. 하나님의 진노가 곧 그들에게 임한다고 해서 조금도 놀랄 일이 아니다.

피할 수 없는 징계

앞에서 언급한 죄 때문에 하나님의 손이 그들 위에 무겁게 놓여 있다. 그러나 그들은 앞으로 더 많은 응징을 받을 것이다. 그들이 손으로 수고하고 노동하여도 결실을 거두지 못할 것이다. 배고픔과 기근이 그들 가운데 있게 된다. 물건을 적에게 빼앗기지 않으려고 감추어도 소용이 없을 것이다. 기근이 온 땅을 휩쓸 것이다. 자기 몸에 바를 기름도 없게 될 것이다. 팔레스타인은 기후가 온화하기 때문에 피부를 보호하기 위해서 기름을 발라야 한다(삼하 12:20). 이 모든 위협들은 레위기 26장 26절; 신명기 28장 38-40절의 경고와 일치한다(학 1:6도 보라).

이제까지 이스라엘은 분명히 하나님의 뚜렷한 명령과 율법들을 따르지 않았다. 그러면 그들은 누구의 법을 지켰는가? 그들은 제멋대로 오므리와 아합의 사악한 길을 따랐다. 여기에서 오므리가 지적된 것은 그가 사마리아와 우상 숭배하는 아합 집의 창시자이며 여로보암의 사악한 행위를 더욱 후원하였기 때문이다(왕상 16:16-28, 특히 25절을 보라).

하나님을 경외하지 않은 오므리의 통치는 아합 시대에 와서 그 절정을 이루었다. 따라서 아합 시대는 배교와 타락의 대명사처럼 되었다. 아합의 행위란 바알과 아세라 신당을 세운 일(왕상 16:31), 하나님의 선지자들을 핍박한 일(왕상 18:4), 강탈과 살인(왕상 21장) 등이다. 우상 숭배는 이스라엘에서부터 남왕국으로 들어갔다(왕하 16:3). 그러므로 예루살렘과 사마리아가 함께 범죄하여 적들 사이에서 놀람, 조롱, 질책의 대상이 될 것이다. 죄라는 그림에는 밝은 면이 없다. 하나님은 이스라엘의 행위를 있는 그대로 보시고, 미리 그에 대한 징계를 준비하셨다.

하나님께서 약속하신 은혜

보편적인 타락에 대한 회개

미가 6장은 이스라엘에 대한 고발과 분명한 심판의 예고로 끝났다. 7장에서 미가는 신실한 자들이 회개하는 형식으로 이스라엘에 만연한 타락을 생생하게 묘사한다. 회개에 대한 그의 독백은 특별히 신랄하고 감동적이다.

> "재앙이로다 나여 나는 여름 과일을 딴 후와 포도를 거둔 후 같아서 먹을 포도송이가 없으며 내 마음에 사모하는 처음 익은 무화과가 없도다"(미 7:1).

그는 자신에게 화禍를 부르면서, 이스라엘을 여름 과실의 추수가 끝난 과수원, 포도 수확이 끝난 포도원과 같다고 지적한다. 먹을 포도송이도, 처음 익은 무화과도 없다. 특히 처음 익은 무화과는 매우 탐스럽고 맛있는 음식으로 여겨지는 것들이다(사 28:4; 호 9:10).

이것은 무엇을 의미하는가? 그는 떨어진 과일만 남겨 두고 모든 과일을 다 따버린 과수원이나 포도원처럼 이스라엘에 선한 사람들이 없다고 선포한다. 의인을 찾으려 애써도 찾을 수 없다.

이러한 상태는 어느 때, 어느 시대를 나타내는가? 이것이 특히 아하스의 사악한 통치 때 있었던 일이라는 주장이 있다. 이 구절에 담겨진 정신과 표현이 포로기의 기도와 유사하다는 견해도 있다. 그러나 이것이 무서운 적그리스도의 시대를 나타낸다고 보는 견해도 있다. 미가가 지적하는 상태는 이스라엘에 있어서 어느 한 시대에만 있었던 것이 아니다. 미가의 예언을 통해서 매우 사실적으로 묘사된 바와 같이, 그러한 상태는 바로 미가 선지자 자신의 시대에 역력히 나타나 있었다.

> "경건한 자가 세상에서 끊어졌고 정직한 자가 사람들 가운데 없도다 무리가 다 피를 흘리려고 매복하며 각기 그물로 형제를 잡으려 하고" (미 7:2).

미가 7장 1절의 표현은 미가 7장 2절에서 설명된다. 과거에는 선한 사람이 있었으나 현재에는 선한 사람을 찾을 수 없다는 것이다. 도처에서 살인이 자행되고 모든 사람들이 형제들을 파멸시키려고 획책하였다. 내란이 유행처럼 발생하였다. 마치 모두가 그 형제들을 그물로 잡으려는 것 같았다. 동양에서는 고기잡이뿐만 아니라 사냥에도 그물이 쓰였다(이 구절에 대한 사상으로 시 12:1, 14:2; 사 57:1의 묘사를 보라).

> "두 손으로 악을 부지런히 행하는도다 그 지도자와 재판자는 뇌물을 구하며 권세자는 자기 마음의 욕심을 말하며 그들이 서로 결합하니" (미 7:3).

미가 7장 3절에서 하나님은 이스라엘 국가에 대한 일반적인 책망으로부터 눈을 돌려 통치자들과 재판자들의 특별한 악행을 책망하신다. 그들은 두 손으로 부지런히 쉬지 않고 악을 행했다. 힘과 능력을 다하여 흉악한 짓들을 하는 데 전념했다. 그들은 신실하지 못한 일에 온 정신을 다 쏟았고,

결과적으로 사악하게 되었다.

그들이 행악한 방법은 다음과 같다. 군주는 죄 없는 사람에게 유죄 판결을 내리라고 요청하고 재판자는 이 요구에 응하여 뇌물을 요구함으로써 세도가들의 욕망을 채워주고 정의를 훼방하였다. 부유함으로 영향력을 발휘하는 권세자는 다른 사람들을 파멸에 이르게 하고 멸망시키기를 원하였다. 이와 같이 지도자, 재판자, 권세자가 공모하여 음모를 꾸몄다. 이와 같은 음모의 본보기가 나봇의 경우에 발견된다(왕상 21:11).

그들 중 선하다는 자도 가시 울타리보다 더 날카롭고 심술궂었다. 가장 정직하다는 자도 찔레같이 완고하고 냉혹하며 해를 끼친다. 그들은 자신들에게 다가오는 모든 사람들에게 해를 입히고 재앙을 퍼부었다(비교: 삼하 23:6-7). 실로 부패가 만연하여 필연적으로 심판이 따르게 되어 있었다.

이스라엘의 파수꾼들, 참 선지자들이 예고한 심판의 날이 임박했다(사 21:6; 겔 33:2). 재앙이 닥칠 때, 그들은 어찌해야 할지 모를 것이다. 국가 전체가 하나님의 선지자들의 경고에 귀를 기울이지 않았기 때문이다.

죄는 모든 정상적인 관계가 와해되는 파멸을 초래한다. 죄는 자연 · 우정 · 친족 등 모든 결속을 끊는다. 이웃도, 친구도, 심지어 아내까지도 믿을 수 없게 된다. 믿을 수 있는 사람이 하나도 없는 것이다. 예레미야도 비슷한 맥락에서 불평하였고(렘 9:2-6), 주 예수 그리스도께서도 복음의 진리 때문에 생길 반목에 대해 경고하셨다(마 10:35-36; 눅 12:53). 정상적인 가정에 있어야 하는 애정 대신에 몰인정한 감정이 지배하게 될 것이다. 아들이 아버지를 비난하고, 딸이 어머니와 싸울 것이며, 어버이의 권위와 사랑도 없어질 것이다. 집에 있는 종들(친척들이 아니다)도 주인들을 속여 대적할 것이다. 아무리 거룩하고 밀접한 혈연관계일지라도 사악한 것 앞에서는 그 의미를 완전히 잃게 된다.

미가가 바라보고 있는 것은 사회적으로나 영적으로도 슬픈 장면이다. 혼란, 불충성, 의심이 도처에서 크게 그 세력을 뻗치고 있었다. 하나님을 합당하게 경외하지 않을 때에는 어떠한 인간관계도 유지되지 못한다.

확신하는 소망

도덕적으로, 그리고 영적으로 타락하여 믿을 만한 것이 전혀 없는 때에 오직 하나님만이 의지할 수 있는 신실한 분이다. 신실한 사람들의 소망은 하나님 안에 있다. 하나님께 대한 신앙을 유지한 남은 자들을 대표하여 말하고 있는 선지자는 눈을 하나님께 돌려 하나님의 구속의 은혜와 구원의 때를 기다린다. 하나님은 그와 같은 소망을 실망시키지 않으실 것이다. 신실한 사람들의 부르짖음과 소망을 들어 주실 것이다. 그 백성에 대한 하나님의 사랑의 회복이 보장된다.

> "나의 대적이여 나로 말미암아 기뻐하지 말지어다 나는 엎드러질지라도 일어날 것이요 어두운 데에 앉을지라도 여호와께서 나의 빛이 되실 것임이로다"(미 7:8).

미가 7장 8절에서 미가는 적에게 패하여 흩어지고 곤경에 처한 국가를 보고 있다. 여자로 비유된 이 대적은 버림받은 이스라엘의 형편으로 인해 즐거워하지 말라는 충고를 받는다. 그는 이스라엘에게 괴로움과 벌을 주셨던 하나님께서 이스라엘을 일으켜 세우고 구원과 즐거움을 주시리라고 확신하고 있다. 여기에 언급된 대적은 누구인가? 여러 가지 의견이 있었으나 분명하게 결정할 수는 없는 것으로 알려져 왔다. 학자들은 이 대적이 바벨론, 에돔, 그리고 강한 이교 국가(하나님의 백성에게 적대적인 모든 국가) 등이라고 주장하기도 한다. 미가 시대 이후 곧 이스라엘은 바벨론에서 포로생활을 하게 되었으므로, 여기서 말하는 대적을 바벨론으로 볼 수도 있다.

그러나 미가 7장 11-12절을 고려해서 이 예언은 좀 더 후에 최종적으로 성취된다고 이해해야 할 것이다. 유대인들은 로마를 그 대적으로 보았다. 그러나 고대 로마 제국의 통치가 끝난 후의 때도 고려해 볼 수 있다.

> "내가 여호와께 범죄하였으니 그의 진노를 당하려니와 마침내 주께서 나를 위하여 논쟁하시고 심판하시며 주께서 나를 인도하사 광명에 이르게 하시리니 내가 그의 공의를 보리로다"(미 7:9).

미가 7장 9절의 예언은 고백과 순종의 심정을 아름답게 묘사하고 있다. 여기서 그들이 범한 죄를 회개하고 있기 때문에 하나님의 응징하시는 손을 순종하며 견디는 것을 보게 된다. 이것은 분명히 하나님의 뜻에 대한 겸손과 순종의 태도이다.

하나님은 여전히 압제받는 자기 백성을 위해 변론하실 것이다. 만국들이 하나님에 의해 이스라엘을 심판하는 도구로 사용되었으나, 그들은 한계를 넘어 이스라엘을 멸절시키려 하였다. 비록 이스라엘이 하나님 앞에 범죄하였으나 대적들이 그들에게 준 피해는 그 정도를 넘어 있었다(슥 1:2, 15). 신실한 사람들의 소망은 하나님께서 그들에게 육체적, 영적 구원을 주시리라는 것이었다. 하나님은 자신이 하신 많은 약속에 따라 사랑으로 이스라엘을 회복시키실 것이다. 약속을 지키시는 하나님의 의가 명백하게 드러날 것이다.

> "나의 대적이 이것을 보고 부끄러워하리니 그는 전에 내게 말하기를 네 하나님 여호와가 어디 있느냐 하던 자라 그가 거리의 진흙같이 밟히리니 그것을 내가 보리로다"(미 7:10).

그러나 이스라엘의 구원은 하나님께서 하시는 일의 한 국면일 뿐이다. 또 하나의 국면은 이스라엘의 대적들을 파멸시켜 하나님의 의를 증언하는 것이다. 대적들은 더 이상 이스라엘의 하나님이 무능하다고 조롱하지 못할 것이다. 그들이 짓밟힘으로써 하나님의 능력이 풍성하게 증언될 것이다(참조:사 10:6). 이것은 그 행한 대로 갚아 주는 보응이다(미 4:11). 하나님의 징계의 손에 떨어지는 것은 이처럼 무서운 일이다. 하나님은 이스라엘을 옹호하여 주실 것이다. 이것은 미가가 확신하는 소망이며, 동시에 우리들의 소망이기도 하다.

> "네 성벽을 건축하는 날 곧 그 날에는 지경이 넓혀질 것이라"(미 7:11).

이제 미가는 이스라엘의 대적들이 경멸하던 파멸의 장면으로부터 이스라엘이 재건되고 발전하는 날로 눈을 돌린다. 미가 7장 11절은 모호하고 난해하다고 일컬어져 왔다. 그러나 예언서에는 여기에 예언된 것들과 같은 병행 구절들이 많다.

시온이 성읍으로 불리고 포도원으로 비유되어 있다(비교: 이사야 5:1-7; 시 80:8-9). 여기서 말하는 성벽은 포도원 주위에 둘린 것이다. 이제 하나님의 섭리 중에 시온의 성벽이 세워질 날이 왔다. 이것은 바벨론 포수로부터 돌아오는 때를 말하는가? 그렇게 생각하는 사람도 있다. 그러나 그 다음 절은 분명한 때를 가리킨다. 그 날에는 지경地境이 넓혀질 것이다. 이 구절을 연구하는 사람들은 이것이 무엇을 의미하는지 쉽게 밝히지 못하고 있다.

어떤 사람은 성벽이 고레스의 명령으로 세워졌기 때문에, 이것이 바벨론의 통치가 끝나게 됨을 의미한다고 한다. 이것을 바벨론과 유다 주위의 모든 나라에서 일어날 정치적 변동과 관계가 있는 것으로서 수많은 사람들이 믿음 안에서 이스라엘과 연합하게 된다는 의미로 이해하려는 사람들도 있다. 어떤 이는 옛 율법의 제거와 새 언약에 관한 예레미야 31장 31-34절과 관련시켜 이해하기도 한다. 혹은 이스라엘을 민족들로부터 분리하기 위해 하나님이 세우셨던 경계선이 제거됨으로 온 세상의 사람들이 시온으로 올 수 있게 된다는 의미로 이해하는 견해도 있다(4:1-2). 이 구절의 진정한 의미는 마지막 견해에 제시된 방향에서 찾아보는 것이 옳을 것 같다. 시온의 성벽이 세워지는 영광스런 기간 동안 그 경계(원문의 낱말은 이렇게 번역될 수 있다)가 크게 확장될 것이다(참조: 슥 2장).

> "그날에는 앗수르에서 애굽 성읍들에까지, 애굽에서 강까지, 이 바다에서 저 바다까지, 이 산에서 저 산까지의 사람들이 네게로 돌아올 것이나 그 땅은 그 주민의 행위의 열매로 말미암아 황폐하리로다" (미

7:12-13).

스가랴 10장 12절에 기록된 바와 같이, 이스라엘의 숙적이었던 앗수르인들과 애굽인들도 마침내 하나님의 백성과 연합하여 축복을 받을 것이다(사 19:23-25). 애굽에서 강까지의 많은 사람들이 회복된 시온으로 돌아올 것이다.

실로 많은 무리들이 이 바다에서 저 바다까지, 이 산에서 저 산까지에서 올 것이다. 여기에 나타난 것이 남쪽으로는 지중해와 페르시아 만과 시내반도를, 북쪽으로는 레바논을 의미한다고 보는 사람들이 있다. 그러나 시편 72편 8절과 스가랴 9장 10절을 비교해 보면, 미가가 모든 땅과 모든 나라를 말하고 있다는 것을 알 수 있다. 이 같은 지리학적인 주석은 아주 막연한 것이다. 다른 모든 선지자들과 같이 미가도 시온이 다시 건축되고 모든 나라들이 시온에 모여 영적 축복을 누릴 것이라고 예언한다. 미가는 이미 4장 1-4절에서 이것을 예고했었다.

그러나 영광스런 미래가 실현되기에 앞서 이스라엘 백성의 죄로 인하여 "그 땅이 황폐하리라"는 심판이 먼저 임하게 된다. 하나님의 약속은 결코 죄에 대한 형벌의 경고를 무효화하지 않는다. 이것은 선지자들이 그렇게도 빨리 심판에서 축복으로, 그리고는 다시 심판으로 반전하는 이유를 설명해 준다. 따라서 신실하지 못한 자들이 까닭 없이 소망을 가질 수 없고, 신실한 자들이 불필요하게 낙심할 필요가 없다.

하나님의 돌보심을 간구하는 기도

하나님의 사람 미가는 끝맺는 기도에서 그의 백성을 위대하신 목자의 돌보심에 위탁한다. 미가 5장 4절의 약속에 토대를 두고 미가는 다시 이스라엘의 신실한 자들을 대표하여 기도하는 것이다. 그 기도는 예언자적인 시각을 가지고 있다. 그는 하나님께서 자기 백성을 지팡이로, 이제는 미가 6장 9절에서처럼 징계의 지팡이가 아닌 부드럽게 돌보시는 보호의 지팡이(시 23:4)로 먹이시기를 간구한다. 하나님은 그의 기업인 양 떼들을 갈멜의 수풀 속에서 안전하고 해받음 없이 살도록 양육하실 것이다(민 23:9; 신 33:28). 갈멜, 바산, 길르앗(슥 11:1-3)은 그 땅 전체를 상징하는 바, 풍성한 초장으로 유명한 곳이었다. 이러한 까닭에 그 곳들은 르우벤 지파 · 갓 지파 · 므낫세 반 지파에 의해 선택되었던 것이다(비교: 신 3:12-17; 렘 50:19). 이 회복된 상태의 안전함이 옛날의 상태와 비교되어 있다. "옛날"이란 이 땅을 이스라엘이 소유하게 되었던 모세와 여호수아의 때가 아니다. 그 때는 어수선한 시대였기 때문이다. 여기서 말하는 것은 다윗의 시대, 특히 솔로몬의 시대이다(왕상 4:25; 미 4:4).

하나님의 응답

미가 7장 14절 "원하건대 주는 주의 지팡이로 주의 백성 곧 갈멜 속 삼림에 홀로 거주하는 주의 기업의 양 떼를 먹이시되 그들을 옛날같이 바산과 길르앗에서 먹이시옵소서"에 있는 미가의 기도에 대한 응답이 미가 7장 15-17절에 기록되어 있다.

> "이르시되 네가 애굽 땅에서 나오던 날과 같이 내가 그들에게 이적을 보이리라 하셨느니라 이르되 여러 나라가 보고 자기의 세력을 부끄러워하여 손으로 그 입을 막을 것이요 귀는 막힐 것이며 그들이 뱀처럼

티끌을 핥으며 땅에 기는 벌레처럼 떨며 그 좁은 구멍에서 나와서 두려워하며 우리 하나님 여호와께로 돌아와서 주로 말미암아 두려워하리이다"(미 7:15-17).

하나님은 이스라엘 편에 개입하시고 도우실 것을 약속하신다. 애굽에서 탈출할 때 기적을 행하셨듯이(출 15:11), 다시 기적적인 일들을 행하실 것이다. 바벨론 포로에서 돌아온 때에는 기적이 없었다. 그것은 단지 위대하신 일에 불과한 것이다(시 126:1-3). 이 예언은 분명히 메시야께서 재림하셔서 그의 왕국을 세우시는 때와 관계가 있다. 그 때에 하나님의 능력으로 민족들이 패망할 것이다. 그들은 각기 그 힘을 부끄러워할 것이다. 그 힘이 하나님을 대적하는 데에는 아무 소용이 없기 때문이다. 또 이스라엘이 구원되는 것을 보고 놀라 잠잠할 것이다. 그들은 귀가 먹어 이스라엘의 승리의 소식을 듣지 못할 것이다. 이사야 52장 15절을 보라. 뱀처럼 티끌을 핥는다는 것은 완전한 패배와 복종을 의미한다. 이것은 창세기 3장 14절을 암시적으로 인용한 것이다. 시편 72편 9절(메시야에 관한 언급)과 이사야 49장 23절(이스라엘에 관한 언급)을 비교하여 보라. 미가는 하나님과 이스라엘을 두려워하여 기는 벌레들처럼 그 숨은 곳에서 나와 항복하는 신실하지 못한 나라들에 대해 경멸적으로 말하는 것이다.

하나님의 은혜에 대한 찬양

이스라엘이 애굽에서 구원되었을 때처럼, 앞으로 더 영광스러운 구속이 이루어지게 되면 사람들은 하나님의 성품과 은혜에 대한 찬양을 하게 될 것이다. 미가 7장 18절에는 성경의 어느 부분도 능가하지 못하는 하나님의 은혜에 대한 묘사가 있다.

> "주와 같은 신이 어디 있으리이까 주께서는 죄악과 그 기업에 남은 자의 허물을 사유하시며 인애를 기뻐하시므로 진노를 오래 품지 아니하시나이다"(미 7:18).

하나님의 선하심을 찬양하면서 미가는 "주와 같은 신이 어디 있으리이까?"라고 외친다. 미가 자신의 이름을 암시적으로 인용하고 있음이 분명하다. 이 질문은 과거 홍해에서 물었던 질문이다(출 15:11). 하나님은 이스라엘의 남은 자들의 죄와 허물을 용서하시는 분이다. 하나님은 징계를 기뻐하지 않으시고 자비와 은총을 내려 주시기를 기뻐하시는 분이다(시 103:8-10). 하나님은 신실한 자들의 죄악을 발 아래 밟으시고 그들의 모든 죄를 깊은 바다에 던져 버리신다. 이는 출애굽기 15장 4, 10절의 암시적 인용이다. 그들의 죄가 영원한 망각 속으로 던져질 것이다(렘 50:20).

이와 같이 하나님은 아브라함과 이삭과 야곱에게 주신 진리와 약속을 이루실 것이다. 아브라함과의 약속은 창세기 12장 2-3절, 이삭과의 약속은 창세기 26장 24절, 야곱과의 약속은 창세기 28장 13-14절을 보라. 바벨론 포수로부터 돌아온 것은 장래에 메시야가 통치하실 때 보일 하나님의 은총의 시식에 불과하다. 하나님께서 이스라엘에게 행하시는 모든 일의 목적은 아브라함과 그 후손에게 하신 하나님의 약속을 이루시는 데 있다.

유대인들은 미가 7장 18-20절을 요나서에 연결시켜서 속죄의 날 오후에 회당에서 읽는다. 일 년에 한 번 1월 1일 오후에, 정통 유대인들은 흐르는 개울이나 강으로 가서 미가 7장 18–20절을 암송하면서, 상징적으로 자신의 죄악의 주머니를 깨끗이 비워 물에 버린다. 이 예식은 히브리어로 "타쉬리흐"라 불리는데 "너는 던질 것이다"라는 뜻이다.

하나님의 은총으로 우리는 이것이 우리 죄를 깊은 바다에 던지는 하나님의 방법이 아님을 알고 있다. 하나님은 갈보리에서 우리를 위해 우리의 죄를 짊어지신 주 예수 그리스도의 희생을 통하여 이것을 행하신다. 주님께서 우리의 죄를 대신 지셨기 때문에 하나님은 어떠한 죄인의 허물도 용서하실 수 있는 것이다.

제10장

나훔: 니느웨에 대한 심판

하나님의 거룩한 보복

저자와 예언서

선지자 나훔의 이름은 "위안"을 의미한다. 나훔의 생애에 대해서는 그가 엘고스 사람이었다는 것 외에는 별로 알려져 있지 않다. 그의 고향 엘고스에 대해서도 분명하게 알려져 있지 않다. 이 지명은 성경에서 전혀 언급된 바가 없다.

엘고스에 대해서는 다음과 같이 세 가지로 생각하고 있다. (1) 그곳은 니느웨 북방 24마일에 위치한 성읍이었을 것이다. 나훔의 무덤은 앗수르의 엘고스에 있다고 한다. 그러나 이 견해는 신빙성이 없다. 왜냐하면 이러한 전승은 16세기에 세워진 것이기 때문이다. (2) 벌게이트 역본의 번역자인 제롬에 의하면 이곳은 갈릴리에 있는 작은 마을이라고 한다. 가버나움(나훔의 마을이라는 뜻)이라는 이름이 이 선지자로부터 비롯되었는지는 알 수 없지만 이 주장은 매우 신빙성이 있다. 나훔이라는 이름은 이스라엘에서 흔한 이름이다. (3) 세 번째 주장은 엘고스가 유다 남쪽에 있는 마을이라는 것이다.

선지자 나훔은 갈릴리에서 태어나 유다에서 하나님의 말씀을 선포했다고 보는 것이 타당한 듯하다. 산헤립의 침입을 생생하게 묘사한 것으로 보아(나 1:9-13), 나훔의 예언 사역의 중심지는 예루살렘이었던 듯하다. 나훔 1장 11절에 언급된 "한 사람"이란 히스기야 왕 14년에 유다를 침략한 앗수르 왕 산헤립을 일컫는다는 것이 일반적인 견해이다(왕하 18:13-19; 사 36, 37을 보라).

그러므로 나훔과 이사야는 동시대 사람이다. 나훔서와 이사야서의 병행 구절을 참고하라: 나훔 1장 8-9절과 이사야 8장 8절 및 이사야 10장 23절; 나훔 2장 10절과 이사야 24장 1절; 나훔 2장 10절과 이사야 21장 3절; 나훔 1장 15절과 이사야 52장 7절.

나훔서의 문체는 하나의 세련된 서정시이다. 이 책의 문체가 모든 예언서 중에서 가장 정열적이라는 것은 널리 알려져 있는 사실이다. 나훔이 힘차고 생생한 표현들을 자유자재로 구사했다는 사실을 누구나 인정할 것이다.

나훔의 메시지는 오직 니느웨와 그 멸망을 다루고 있다. 니느웨에 대해서는 이미 150년 전에 요나가 예언을 했었다. 따라서 나훔서는 요나서의 후편이라고도 할 수 있을 것이다.

니느웨는 수백 년 동안 서부 아시아에서 위협적인 존재였다. 이 성읍은 티그리스 강변에 위치한 거대한 도시였다. 이 성읍은 튼튼한 성으로 둘러싸여 있었고 여러 차례 전쟁을 치르는 동안 원정군 덕분에 부유해진 상업의 중심지였다. 요나 시대에 하나님의 경고를 받았으나 당대에만 일시적으로 회개했던 니느웨 성은 이제 돌이킬 수 없이 완전한 멸망에 이르게 될 것이다. 성경 외에 연대기에 의하면 이 성읍의 멸망은 B.C 612년 메데와 바벨론에 의해 이루어졌다고 한다.

나훔 1장에서 하나님을 위대하신 힘의 근원이시며 자기 백성을 지키시는 능력이라고 묘사한다. 2장과 3장은 니느웨의 멸망을 아주 생생하게 나타낸다. 이 예언서는 주로 니느웨의 심판을 아주 위협적으로 다루었기 때문에 "중한 경고"라고 표제를 붙였다.

권능이 크신 하나님

나훔이 이 예언을 하게 된 원인은 산헤립의 침략에 있었던 듯하다. 나훔은 백성들 앞에 무자비한 침략자와 장엄하시고 전능하신 하나님을 대조적으로 등장시킨다.

하나님의 특성에 대한 나훔의 장엄하고 장대한 묘사는 무척 탁월하다. 성경에서 하나님은 질투하시는 분이라고 묘사되는데, 이 속성은 세속적이며 인간적이며 편협하고 제한적인 것이 아니다. 그것은 타오르는 정열이라는 개념을 갖고 있다. 이러한 생각은 변질된 정의에 대한 느낌, 그리고 정의를 이루고야 말겠다는 강한 갈망에서 나온 것이다. 나훔은 앗수르 사람들이 열 지파를 포로로 잡아 가고(B. C 722), 그 후에 유다의 튼튼한 성읍들을 함락시킴으로써 나라가 멸망한 일을 생각하고 있다. 하나님의 질투는 백성에 대한 크신 사랑에서 발한 것이며, 하나님은 그들이 당한 해에 대해 보복해 주실 것이다(출 20:5; 민 25:11, 13; 신 4:24, 5:9; 왕상 19:10을 비교하라).

선지자 나훔은 하나님께서 자기를 대적하는 자에게 보복하신다고 세 번이나 선포한다. 지각이 없는 민족들은 자기들이 하나님의 백성들을 학대하는 것이 하나님의 진노를 불러일으키게 된다는 것을 전혀 염두에 두지 않고 있다. 여기에서 보복하시겠다는 말씀과 하나님의 이름을 되풀이함으로써 이 예언의 엄숙함이 더하게 된다.

이 구절을 근거로 하여 하나님이 쉽게 진노하신다고 추론해서는 안 된다. 하나님은 오래 참으시는 분이다. 그러나 하나님께서 능력이 없기 때문에 참으시는 것은 아니다. 하나님은 결단코 죄 있는 자와 죄 없는 자를 동일하게 다루지 않으실 것이다. 인간사를 다루시는 하나님의 능력은 자연현상, 즉 회오리바람과 광풍에 나타나 있다(출 19:16-18, 시내산에서의 현시를 보라). 구름이 넓다 해도 하나님은 사람이 땅위를 걷듯 그 위를 걸으신다.

하나님의 전능하심에 대한 나훔의 묘사는 이것으로 그치지 않고 있다. 하나님께서 꾸짖으시면 강도 바다도 모두 말라버린다. 하나님은 홍해와 요단 강을 마르게 하심으로써 이 권능을 나타내 보이셨다. 그리스도께서도 갈릴리 바다를 꾸짖으신 일이 있었다(사 50:2; 마 8:26).

하나님은 가뭄으로 바산을 쇠하게 하셨다. 평상시의 바산은 풍요로운 초장이었다. 갈멜은 포도원으로, 레바논은 무성한 산림으로 유명했다. 그러나 하나님께서는 하고자 하시면 그 두 곳의 아름다움을 앗아가실 수 있다(사 33:9과 호 14:7을 보라).

모든 자연과 인간들은 자연계에 나타나는 하나님의 현시顯示를 인식하고 또 그것을 인정해야 한다.

하나님께서 언덕, 산, 땅, 그리고 세계와 그 안에 거하는 사람들에게 이와 같은 영향을 미치실 수 있으므로 아무도 하나님의 진노를 이겨낼 수 없다. 나훔 1장 6절의 질문에는 이미 분명한 해답이 함축되어 있다(욜 2:11; 말 3:2; 계 6:17). 하나님은 그 능력으로 화산을 통제하시고 바위를 산산이 깨뜨리신다. 하나님의 힘과 능력은 무한하시며 하나님의 거룩하고 완전한 뜻을 이루는 데 관계하고 있다. 하나님의 진노와 무서운 분노를 잠시라도 견뎌낼 수 있다고 생각하는 사람은 진실로 어리석은 사람이다. 그러므로 하나님의 사랑하시는 아들, 주 예수 그리스도를 통하여 하나님과 화목하는 것이 지혜로운 일이다.

하나님의 선하심과 진노

나훔은 하나님의 분노와 보복에 대해 길게 설명했다(나 1:2–6). 그러나 이것이 하나님께서 조금도 선하시지 않다는 뜻은 아니다. 나훔 1장 2–6절의 묘사들은 산헤립의 군대가 그 땅을 휩쓸더라도(B.C 701) 하나님 안에 있으면 안전하다는 것을 이스라엘에게 확신시켜 주려는 의도에서 기록된 것이다. 하나님은 언제나 항상 선하시고 한없이 거룩하시다. 하나님은 위험에 처해 고통받고 있는 사람들의 피난처요 요새가 되신다.

히스기야 왕은 위험한 재앙의 때에 하나님을 발견했다. 이와 비슷한 증언을 할 수 있는 사람들은 수없이 많다. 하나님께서 자기 백성을 알아주시는 것은 하나님의 사랑이요 애정이다(시 1:6; 144:3; 암 3:2를 보라). 하나님은 항상 자기 백성을 돌보신다.

그러나 하나님과 하나님의 진리를 대적하는 자들은 다르게 대하신다. 하나님은 침략자인 앗수르를 멸망시키실 것이다. 그들은 멸망당해 흔적도 남지 않게 될 것이다. 1장 8절에서 나훔은 2~3장에서 니느웨에 관하여 충분히 묘사될 사건을 예견하고 있다. 강물이 범람하여 그곳을 진멸케 하였다는 것은 진격해 오는 군대를 나타내는 비유이다(사 8:8과 10:5–19을 보라). 크테시아스(Ctesias, B.C 5세기의 희랍 역사가)의 진술에 의하면 술에 취하여 연회를 즐기는 동안에 강(티그리스)의 갑작스런 범람으로 니느웨의 수문이 부서져서 궁전의 기초까지 휩쓸려 없어졌다. 그 당시 성읍을 포위하고 있던 바벨론 군대는 그 틈에 쳐들어가 이 성읍을 불살랐다. 하나님은 경건하지 못한 자들을 심판하실 때를 위해 진노를 유보하실 줄도 아신다. 하나님의 선하심과 준엄하심에 대하여 로마서의 기록을 보라.

> "그러므로 하나님의 인자하심과 준엄하심을 보라 넘어지는 자들에게는 준엄하심이 있으니 너희가 만일 하나님의 인자하심에 머물러 있으면 그 인자가 너희에게 있으리라 그렇지 않으면 너도 찍히는 바 되리라"(롬 11:22).

심판이 선포되다.

나훔 1장 9–14절에서 나훔은 앗수르인들의 패배를 예고한다. 나훔은 갑자기 말머리를 앗수르 침략자들에게 돌려 하나님을 대적하는 그들의 뻔뻔스러움과 부질없는 헛수고를 지적한다. 간단히 말해 그는 그들에게 "너희가 이 같은 이스라엘의 하나님과 대적할 수 있느냐?"라고 묻는다. 이사야 37장 23–29절의 역사적인 기록을 보라.

> "네가 훼방하며 능욕한 것은 누구에게냐 네가 소리를 높이며 눈을 높이 들어 향한 것은 누구에게냐 곧 이스라엘의 거룩하신 이에게니라 네

가 네 종을 통해서 주를 훼방하여 이르기를 내가 나의 허다한 병거를 거느리고 산들의 꼭대기에 올라가며 레바논의 깊은 곳에 이르렀으니 높은 백향목과 아름다운 향나무를 베고 또 그 제일 높은 곳에 들어가 살진 땅의 수풀에 이를 것이며 내가 우물을 파서 물을 마셨으니 내 발바닥으로 애굽의 모든 하수를 말리리라 하였도다 네가 어찌하여 듣지 못하였느냐 이 일들은 내가 태초부터 행한 바요 상고부터 정한 바로서 이제 내가 이루어 네가 견고한 성읍들을 헐어 돌무더기가 되게 하였노라 그러므로 그 주민들이 힘이 약하여 놀라며 수치를 당하여 들의 풀 같이, 푸른 나물같이, 지붕의 풀같이, 자라지 못한 곡초같이 되었느니라 네 거처와 네 출입과 네가 나를 거슬러 분노함을 내가 아노라 네가 나를 거슬러 분노함과 네 오만함이 내 귀에 들렸으므로 내가 갈고리로 네 코를 꿰며 재갈을 네 입에 물려 너를 오던 길로 돌아가게 하리라 하셨나이다"(사 37:23-29).

앗수르 군대는 완전히 멸망하여 다시 그들을 괴롭히지 못할 것이다. 뱀의 머리를 깨뜨려 다시 고개를 들지 못하게 하듯이 앗수르의 침략으로 인한 유다의 곤경이 다시는 반복되지 않을 것이다.

"그로 말미암아 산들이 진동하며 작은 산들이 녹고 그 앞에서는 땅 곧 세계와 그 가운데에 있는 모든 것들이 솟아오르는도다"(나 1:5).

거만한 앗수르 군대는 엉크러진 가시덤불로 묘사되었다. 엉킨 가시덤불은 쉽게 풀리지 않기 때문에(삼하 23:6-7) 한꺼번에 불에 던져진다. 짐작

컨대 그 군대는 물샐 틈 없는 전선을 구축했겠지만 마른 지푸라기처럼 밀려오는 불길을 막을 힘이 없었다. 그들은 술에 흠뻑 취했기 때문에 평소와는 달리 쉽게 포로가 된다. 술에 취한 사람들은 손쉽게 해치울 수 있다. 니느웨로부터 나와서 하나님께 악을 꾀하는 한 사람이란 산헤립을 나타낸다. 그는 사특한 짓(히브리어는 Belial), 무가치한 짓, 그리고 도덕적 차원에서의 사악한 짓을 하라고 권하였다.

이와 동일한 진리를 다른 관점에서도 볼 수 있다. 앗수르 왕 산헤립은 엄청난 군대를 이끌고 왔지만(대하 32:7) 하나님의 백성을 이길 수 없었다. 그 군인들은 건강하고 부상을 입지도 않아 전쟁하기 위해 완벽한 태세를 갖추고 있었으나 칼에 쓰러지게 되었다. 앗수르가 다른 나라에 대해 하나님의 삭도削刀로 사용된 것과 같이 자신도 칼에 쓰러질 것이다(문자대로 "칼로 베임을 당하다"). 산헤립의 군대는 멸절하고, 산헤립은 제 나라로 돌아가게 될 것이다.

> "그 날에는 주께서 하수 저쪽에서 세내어 온 삭도 곧 앗수르 왕으로 네 백성의 머리 털과 발 털을 미실 것이요 수염도 깎으시리라"(사 7:20).

이 예언은 문자 그대로 성취되었다. 어느 날 밤 주의 천사가 앗수르 군대 안에 내려와서 그들의 진영에서 18만 5천 명을 죽였다는 기록이 있다. 이것은 어떤 사람들이 주장하듯이 페스트의 만연을 의미하는 것이 아니라 하나님의 손으로 행하신 일이다. 당황하고 낙담한 산헤립은 예루살렘의 포위를 풀고 수도 니느웨로 돌아갔다. 역사적인 사실로 열왕기하 19장 35-36절; 이사야 37장 36-37절을 보라.

나훔 1장 12절의 후반부도 니느웨에 관한 것이라고 보는 사람들이 있으나 의미상으로 보아 유다에 관한 것으로 보는 편이 좋다. 하나님은 이제 앗수르의 포위 때문에 피해를 입은 자들을 위로하신다. 앗수르에 임한 형벌은 결정적인 것이었으나 유다의 형벌은 교정적인 형벌이었다. 이것은 유다가 더 이상 앗수르인들로부터 괴롭힘을 당하지 않는다는 것으로서, 하나님은 앗수르가 아닌 다른 나라를 도구로 삼아 이스라엘을 심판하실 수 있다.

나훔 1장 7-8절처럼 나훔 1장 13절에도 적들에 대한 하나님의 준엄하심과 자기 백성에 대한 하나님의 축복이 결합되어 나타난다. 앗수르 왕이 이스라엘에게 지운 멍에는 완전히 제거되고 부숴지며 외국의 속박이 모두 풀릴 것이다(참조: 사 10:27). 물론 이 멍에에는 앗수르 왕이 히스기야 왕에게 요구한 조공이 포함된다(왕하 18:14).

나훔 1장 14절에서도 하나님을 대적하는 산헤립에 대한 위협의 말을 계속하고 있다. 그것은 앗수르와 니느웨에 대한 일반적인 심판의 말이 아니라 앗수르 왕 개인에 대한 예언이다. 하나님은 나훔을 통해 산헤립 왕조의 멸절을 선포하신다. 그의 대를 이을 통치자가 그의 가문에서 나오지 못할 것이다. 왕조가 끊어질 뿐만 아니라 우상과 신전도 없어질 것이다. 바벨론과 함께 니느웨를 멸망시킨 메데의 키약사레스(Cyaxares, 메데 제국의 창건자)는 우상 숭배를 명시하였으므로 기꺼이 앗수르의 우상들을 파괴했다.

나훔 1장 14절의 "나 여호와가 네게 대하여 명령하였나니 네 이름이 다시는 전파되지 않을 것이라 내가 네 신들의 집에서 새긴 우상과 부은 우상을 멸절하며 네 무덤을 준비하리니 이는 네가 쓸모 없게 되었음이라" 에 산헤립이 죽을 장소도 언급되어 있다. 그는 신들에게 예배하는 중에 아들들에 의해 살해되었다(왕하 19:37; 사 37:38). 그는 하나님이 보시기에 "쓸모 없기"(원문에서의 뜻은 "가볍다"로서 단 5:27을 참조하라) 때문에 제거되었다. 산헤립은 그보다 앞서 많은 사람들이 증명하고 그 이후의 많은 사람들이 경험해온 바와 같이 그의 생을 통해 진노하시는 하나님의 응보의 진리와 실재를 증명했다. 하나님은 진정 투기하는 하나님이시며 대적들에게 보수하신다.

구원의 선포

히브리 성경에서는 나훔 1장 15절부터 2장이 시작된다. 이것은 환영받는 사자들이 기쁘게 전하는 구원의 선포이다. 이 구절은 이사야 52장 7절과 거의 동일하다. 나훔은 앗수르로부터의 구원을, 이사야는 바벨론으로부터의 구원을 말하고 있다. 어떤 사람들은 이것을 나훔 1장 14절에 이미 묘사된 바 B.C 612년에 일어난 니느웨의 멸망을 기쁘게 선포하는 것으로 이해하기도 한다. 그러나 그보다는 히스기야가 통치하던 B.C 701년에 예루살렘이 극적으로 구원된 일로 보는 것이 더 좋을 것이다. 그러나 어떤 견해도 절대적인 것은 아니다.

나훔은 유다에게 절기를 지키라고 외친다. 앗수르의 침략 기간 동안 백성들은 예루살렘에 가서 절기를 지킬 수 없었다. 그러나 이제 앗수르가 침략했던 동안 행했던 서원을 실행에 옮기게 될 것이다. 여기서 말하는 악인은 분명히 산헤립이다. 그는 더 이상 하나님의 백성을 괴롭히지 못할 것이다. 로마서 10장 15절에서 바울은 이 구절을 메시야가 행하신 영광스러운 구원에 적용하였다.

니느웨 성의 포위

니느웨에 대한 예언

나훔 1장 마지막 구절에서 하나님은 유다에게 압제자를 제거하고 절기를 다시 지키라고 선포하셨다. 이제 2장에서는 니느웨에 대해 말하고 있다.

2장 서두의 말을, 앗수르의 공격을 견뎌내도록 격려하기 위해 히스기야와 예루살렘에게 행한 예언으로 보는 견해도 있다. 그렇다면 파괴하는 자는 앗수르의 왕일 것이다. 그러나 2장과 3장이 모두 앗수르의 멸망을 상세히 묘사하고 있다는 점에서 이 절을 앗수르에 관한 것으로 보는 편이 더 낫다. 즉 아이러니컬하게도 앗수르는 키약사레스와 나포폴라사르Nabopolsssar가 지휘하는 메데-바벨론 군대의 접근에 대비하여 힘을 기르고 요새를 튼튼히 하라는 조언을 받는다.

하나님께서 앗수르의 죄로 인하여 그들을 멸하겠다고 선언하셨었으므로 이 같은 나훔의 말은 역설적이다. 아무리 방어해 보아도 소용이 없을 것이며, 아무리 노력을 해도 성과를 얻지 못할 것이다. 하나님은 자기 백성을 충분히 심판하셨으므로 그들을 회복시키려 하시기 때문에 이제는 니느웨가 심판받을 때가 온 것이다.

나훔 2장 2절의 야곱과 이스라엘은 두 왕국을 의미한다. 시편 47편 4절과 아모스 6장 8절에서처럼 "영광"은 다른 나라들과 구별되는 가나안 땅을 의미한다. 영광의 회복은 앗수르의 멸망으로 그 일부가 이루어지고, 바벨론에서 돌아옴으로써 완전하게 이루어질 것이다. 약탈자들이란 이스라엘을 약탈한 자들로, 특히 앗수르인들을 나타낸다. 포도나무 가지란 시편

80편 8-16절에서처럼 이스라엘을 의미한다. 대적들에 대한 하나님의 심판은 항상 그의 백성, 이스라엘의 구원을 의미한다.

앗수르에 대한 공격

"그의 용사들의 방패는 붉고 그의 무사들의 옷도 붉으며 그 항오를 벌이는 날에 병거의 쇠가 번쩍이고 노송나무 창이 요동하는도다 그 병거는 미친 듯이 거리를 달리며 대로에서 이리저리 빨리 달리니 그 모양이 횃불 같고 빠르기가 번개 같도다 그가 그의 존귀한 자들을 생각해 내니 그들이 엎드러질 듯이 달려서 급히 성에 이르러 막을 것을 준비하도다 강들의 수문이 열리고 왕궁이 소멸되며 정한 대로 왕후가 벌거벗은 몸으로 끌려가니 그 모든 시녀들이 가슴을 치며 비둘기같이 슬피 우는도다"(나 2:3-7).

나훔 2장 3-7절에서 니느웨의 포위와 정복이 생생하게 묘사된다. 선지자 나훔은 적들이 니느웨의 방벽을 뚫고 성 안으로 돌입할 때의 무질서를 묘사하고 있다. 여기서 말하는 용사들이란 메데와 바벨론 군대의 용사들이다. 그들은 특별히 붉은 색을 좋아했다

"그가 음행을 더하였음은 붉은 색으로 벽에 그린 사람의 형상 곧 갈대아 사람의 형상을 보았음이니"(겔 23:14).

그렇기 때문에 그들은 붉은 칠을 하거나 구리를 입혀 붉은 방패를 만들었다. 칼빈은 고대 전사戰士들이 적들을 놀라게 하고, 특히 자기들이 입은

상처에서 흘러나온 피를 보고 적들이 자신감을 얻지 못하게 하려고 소가죽 방패를 붉게 물들였다는 주장을 하였다. 구리 방패에 태양 광선이 반사되면 붉은 칠을 한 것과 똑같은 효과를 낸다. 전투복도 역시 붉은 색이었다.

병거를 번쩍거리게 하려고 차축 오른쪽 모서리에 직각으로 낫을 부착시켰다. 때에 따라서는 차축 끝에 돌출시키기도 했다. 이것은 가까이 오는 것을 모조리 잘라버릴 수 있는 무서운 고대 무기였다. 나훔 시대에 이미 교전국들 사이에 낫이 달린 병거가 사용된 것으로 알려져 있다. 메데와 바벨론의 장군이 전쟁을 준비할 때 이러한 장비들을 갖추었을 것이다. 노송나무 창이 요동한다는 것은 창병槍兵들이 전투에 임할 태세가 완비되어 있음을 보여주기 위해 백성들 앞에서 그들의 창을 흔들던 관습과 관련이 있다.

나훔은 이제 니느웨 사람들이 성읍을 방어하려는 시도가 헛되다고 묘사한다. 전차들은 엄청난 속도로 거리를 달린다. 그것들은 포위된 성읍 외곽의 광활한 지역을 이리저리로 달린다. 작열하는 태양 빛이 달리는 전차에 부딪쳐 마치 타오르는 횃불처럼 보인다. 그것들이 쏜살같이 달리는 모습은 마치 번개 같았다. 최근에 예언서를 연구하는 사람들 중에는 나훔 2장 4절을 현대의 자동차와 관련시키려는 사람들이 있다. 그러나 그러한 성경 해석은 어리석은 것으로서 전혀 도움을 주지 못하고 오히려 해롭다. 오늘날의 주석가들은 성경을 오늘의 시대에 맞게 해석해야 하지만 현대의 발명품과 관련시켜서는 안 된다. 모든 해석은 윤리적이고 영적인 원칙하에 되어져야 한다.

성읍을 방어하는 데 있어서 앗수르 왕은 주로 존귀한 자들, 그 땅의 군사 지도자들에 의지한다. 그러나 그들은 절박한 위기에서 두려움 때문에 바

삐 나아가다가 넘어져 왕을 실망시킨다. 포위를 당했을 때에는 성읍의 성벽을 방어하는 것이 가장 중요하므로, 지도자들은 달려와 그 자리를 차지하려 한다. "막을 것"이란 성벽에 접근하기 위해 사용하는 방패막이라고 보는 사람도 있으나, 방어자들이 쓰는 보호물로 보는 것이 더 낫다. 그것은 성벽의 망루 사이에 치는 것으로서 나무 줄기와 가지로 짠 일종의 흉벽이다. B.C 1세기의 그리스 역사가인 디오도루스 시쿨루스는 니느웨에 2백 피트(약 61미터) 높이의 망루가 1천 5백 개나 있었다고 말한다.

그러나 경주에서 빠르다고 이기는 것이 아니며, 전쟁에서 강하다고 승리하는 것은 아니다.

> "내가 다시 해 아래에서 보니 빠른 경주자들이라고 선착하는 것이 아니며 용사들이라고 전쟁에 승리하는 것이 아니며 지혜자들이라고 음식물을 얻는 것도 아니며 명철자들이라고 재물을 얻는 것도 아니며 지식인들이라고 은총을 입는 것이 아니니 이는 시기와 기회는 그들 모두에게 임함이니라"(전 9:11).

따라서 죄 많은 니느웨는 멸망하게 되었다. 나훔 2장 6절은 니느웨가 멸망하는 모습을 간결하고 정확하게 묘사하고 있다.

메데의 키카레스와 바벨론의 나보폴라사르는 앗수르에 대항하여 서로 동맹을 맺고 그 결합을 공고히 하기 위해 키카레스의 딸과 나보폴라사르의 아들을 결혼시켰다.

키카레스는 성읍 북쪽을 포위했다. 공격의 초기에는 니느웨가 포위 군대에게 막중한 손해를 입혔다. 이 초기의 성공을 축하하기 위해 앗수르인들은 술에 취해 흥청거리며 놀았다. 포위군은 이 기회를 이용하여 앗수르인들을 그들의 뒤로 쫓아냈다. 앗수르 군대의 일부는 도망하여 티그리스 강까지 쫓겨갔다. 성읍만 안전하게 남아 있었다.

그러나 포위한 지 3년째 되던 해에 폭우로 홍수가 일어나 성읍 주변의 성벽을 무너뜨렸다. 나훔이 묘사하고 있는 장면이 바로 이것이다. 거대한 티그리스 강의 수문들이 열리고 궁전은 파괴되었다. 하나님은 니느웨에 대해 이 같은 종말을 선고하셨다.

"정명"定命, hazzabh이라는 단어는 여러 가지로 번역되어왔다. 어떤 사람은 "Hazzab"이 니느웨의 여왕이었다고 주장한다. 그러나 이를 뒷받침하는 증언은 전혀 없다. 또 어떤 사람들은 이것을 니느웨 성읍에 대한 상징적인 이름으로 보려 한다. 이 구절에서는 이 단어의 평범한 해석, 즉 "선고되다", "결정되다"라는 뜻으로 해석하면 된다.

나훔 2장 7절의 나머지 부분은 니느웨에 대한 하나님의 전체적인 계획이 무엇인지를 가르쳐준다. 니느웨의 부富와 화려함은 모두 빼앗기고 사라질 것이다. 시녀들로 상징된 이 성읍의 백성은 니느웨의 운명으로 인해 애통하여 울고 괴로워하며 가슴을 칠 것이다. 범죄자의 길은 항상 모질다.

니느웨의 약탈

이제까지 나훔은 니느웨의 멸망에 대해 말했지만 니느웨의 종말에 관하여 자세한 부분까지 완전히 이야기한 것은 아니다. 이 고대 도시는 물이 고인 연못처럼 생겼었다(창 10:11). 티그리스 강변의 니느웨 제방의 길이는 4,530야드(약 4.1 킬로미터)였다. 이 성읍 주위의 둑은 물로 된 바리케이드를 이루었다. 이 둑 때문에 포위돼도 안전했겠지만 백성들은 공포에 떨어 모두 도망갔다.

그 백성의 군사 지도자들은 침략하는 적들에 대항하여 땅을 지키라고 명령하지만 모두가 혼란에 빠져 있었다. 모두가 도망갈 생각뿐이었다. 아무도 그 명령에 귀를 기울이지 않았다.

나훔 2장 9절 "은을 노략하라 금을 노략하라 그 저축한 것이 무한하고 아름다운 기구가 풍부함이니라"에서 하나님은 정복자들을 불러 그 성읍에서 재산 · 금 · 은 · 가구를 약탈하라고 명하신다. 니느웨는 높은 지대에 위치했기 때문에(티그리스 강보다 30-150피트가 높다) 성읍을 휩쓴 홍수의 영향은 일시적인 것이었으며 그 다음으로 약탈자들이 그 파멸을 완성시키게 될 것이다.

선지자는 그 쌓아 둔 것이 끝이 없다고 말한다. 고대 작가들의 묘사가 매우 터무니없기는 하지만, 그들의 기록에 의하면 니느웨에는 그릇들이 엄청나게 쌓여 있었다고 한다. 그것들은 바사 제국의 거대한 보물창고를 훨씬 능가했다. 니느웨를 정복하고 약탈한 메데와 바벨론 사람들은 엑바타나와 바벨론에 금과 은을 역사상 유례가 없을 만큼 쌓아 놓았다.

그처럼 부유하고 영향력 있고 인구가 많던 성읍이 공허하고 텅비고 황폐해졌다. 우울함과 절망의 분위기가 도처에 퍼져 있었다.

나훔 2장 10절 "니느웨가 공허하였고 황폐하였도다 주민이 낙담하여 그 무릎이 서로 부딪히며 모든 허리가 아프게 되며 모든 낯이 빛을 잃도다"의 첫머리에 비슷한 소리를 내는 세 히브리어 단어가 나오는데buqah, mebhuqah, mebhullaqah, 이것은 완전한 파멸의 개념을 강조하기 위해 주의 깊게 선택된 동의어들이다. 이 단어들은 병에서 물을 비우는 소리와 유사하다. 성읍은 완전히 약탈됐고 백성들은 곤경에 빠졌다. 용기는 간 데 없고 고통이 엄습

했다. 모든 사람들의 얼굴에 공포가 역력했다. 한때 민족들을 이끌던 웅장한 나라의 슬픈 종말이 온 것이다. 모든 권세는 전능하신 하나님께 대항하면 잠시 뿐이다.

하나님의 심판이 집행되다.

선지자는 이 성읍이 완전히 황폐해졌다고 보고 한창 번영할 때 거만하던 성읍에게 조롱하며 묻는다; "이제 사자의 굴이 어디냐 젊은 사자가 먹을 곳이 어디냐 전에는 수사자 암사자가 그 새끼 사자와 함께 거기서 다니되 그것들을 두렵게 할 자가 없었으며"(나 2:11). 과거 그들은 교만하게 "너희 신이 어디에 있느냐"고 물었다. 이제 하나님께서 똑같은 질문을 하실 차례이다.

> "하맛과 아르밧의 신들이 어디 있으며 스발와임과 헤나와 아와의 신들이 어디 있느냐 그들이 사마리아를 내 손에서 건졌느냐"(왕하 18:34).

사자의 비유는 지배자들과 백성들의 탐욕스러운 욕망을 묘사한다. 사자, 젊은 사자, 암사자, 새끼 사자를 언급함으로써 이 상징은 더욱 완전해지고 강력해진다. 오늘날 날개가 달린, 때로는 사람의 머리를 하고 있는 여러 형태의 사자의 모습이 앗수르 조각품에서 자주 발견되는 것으로 보아, 이 비유는 매우 적절하다. 하나님의 선지자의 예언이 그대로 실현되어 군대들은 자신이 니느웨의 폐허 위를 지나가고 있다는 사실도 알지 못한 채 니느웨 성읍으로 행진했다.

한창 때에 앗수르 사자는 먹이를 갈기갈기 찢고 목 졸라 죽여 자기의 굴에 가득 채웠다. 앗수르의 유물들은 앗수르 제국의 탐욕스러운 행동에 대한 이 묘사를 잘 증언해 주고 있다.

디글랏빌레셀 1세는 60명의 왕과 싸워 이겼다고 자랑했다. 그는 통치 초기에 있었던 다섯 왕과의 전투에서 용사들의 피가 계곡과 산마루에 흐르게 했다. 그는 적들의 목을 잘라 곡식단처럼 그들의 성읍 밖에 쌓았다. 성읍들은 차례로 패하고, 불에 타고, 유린당하고, 멸망당했다고 한다. 한 국가의 25개 성읍이 한 번의 전투에서 그렇게 되었다. 그들의 군대는 어린 양처럼 칼에 쓰러졌다. 이왕의 자랑 중에 한 가지는 살해된 사람들의 피로 산 하나를 붉게 물들였다는 것이다. 디글랏빌레셀 3세는 용사들을 막대기에 매달았다고 자랑했다. 산헤립도 자신이 정복한 한 성읍의 모든 시체들을 그렇게 취급했다고 기록되어 있다. 그의 표현을 따르자면 귀중한 목숨을 실을 끊듯 끊는 것이 그의 큰 즐거움이었다고 한다. 이런 식으로 단조로운 이야기는 계속된다. 자신들의 승리를 기록하는 사람들에게 공통적으로 나타나는 어느 정도의 과장을 고려하더라도 정말 무섭도록 잔인한 학살과 살륙이 있었다. 나훔이 보고 있는 장면도 조금도 과장된 것이 아니다.

니느웨을 대적하시는 하나님은 그 성의 전차들을 연기 속에 태우실 것이다. 앗수르의 조각품들을 보면 그들이 전차를 크게 의존했다는 것을 알 수 있다. 그 조각품들은 전쟁에 쓰이는 모든 장비들에 대해 알려준다. 다른 나라들의 성읍들을 불로 태웠다고 알려진 니느웨는(실제로 모든 전적 기념비에 그와 같은 진술이 있다) 똑같은 보응을 받아 이제 그 백성들이 대량 학살당할 것이다. 니느웨 백성들은 자신이 다른 민족들에게 행했던 것처럼 학살당할 것이다. 니느웨는 더 이상 세상 나라들을 약탈하지 못하게 될 것이다. 세상 나라들 중에서 누렸던 그 부럽던 지위는 과거의 일이 될 것이다. 정복자인 앗수르 제국의 명령을 전하고 속국들에게 조공을 요구하는(왕하 19:23) 니느웨의 사자와 사절들은 잠잠해지고 더 이상 압박받는 백성들을 괴롭히지 않을 것이다. 진실로 이것은 니느웨에 대한 완전한 심판이다. 그의 죄악의 잔이 가득 찼기 때문에 심판을 받는 것이다.

"내가 네 대적이 되어"

살아 계신 하나님께서 자신으로 하여금 의로우신 진노를 발하게 만든 사람들에 대해 "내가 네 대적이 되어"라고 말씀하시는 것은 무서운 일이다. 니느웨는 한창 번영할 때 하나님으로부터 그 시대의 백성을 지배할 대단한 주권을 위임 받았다. 그러나 그들은 하나님을 두려워하며 다스리지 않고, 자기 힘과 영향력을 행사하여 제 이익만을 위해 나라들을 파괴하고 지배했다. 이것만으로도 엄청난 일이었으나 앗수르는 그 무장한 손을 하나님의 초장에 있는 작은 양 떼 이스라엘을 향하여 들었다. 이 때문에 하나님은 앗수르의 죄악이 가득 차 심판받을 때가 이르렀음을 선포하신다.

바울은 하나님께서 함께하시면 아무도 능히 우리를 대적할 수 없다고 말했다: "그런즉 이 일에 대하여 우리가 무슨 말 하리요 만일 하나님이 우리를 위하시면 누가 우리를 대적하리요"(롬 8:31). 이 진리는 역으로도 성립된다. 하나님께서 죄 때문에 개인이나 민족을 대적하시면 아무도 그 개인이나 민족을 도울 수 없다.

앗수르가 이스라엘을 침략했을 때 하나님은 "보라, 내가 네 대적이 되리라"고 말씀하셨다. 하나님께서 아브라함과 맺은 언약에 충실하시기 위해서 이것은 불가피한 것이다. 하나님은 아브라함의 후손을 저주하는 사람들을 저주하겠다고 말씀하셨다. 하나님께서 언명하신 이 진리가 니느웨의 운명 안에 나타나 있다. 그러나 아브라함에게 하신 언약의 전반부도 진실이다. 하나님은 이스라엘을 축복하는 사람들을 축복하셔야 했다.

니느웨의 완전한 멸망

공격에 대한 묘사

나훔은 그의 예언 중에 가장 긴 3장에서 니느웨가 심판받게 된 원인을 요약하고 그 멸망과 수치를 생생하게 묘사하여 그 성읍이 얼마나 철저하게 황량해질 것인지를 선포하고, 그 재앙은 치유할 수 없는 것이라고 알려준다. 살인과 유혈로 가득 찼기 때문에 이 피의 성읍에 화가 선포된다. 니느웨의 왕들은 항상 전쟁을 일으켰고, 니느웨에는 믿을 수 없고 신실하지 못한 거짓말들이 횡행했다. 다른 나라에 대한 원조나 보호의 약속들은 전혀 지켜지지 않았다. 니느웨에는 휴전 협정을 깨뜨리는 일이 비일비재했다. 폭력과 강탈이 이 성읍 생활의 특징이었다.

탈취가 떠나지 않는다는 선지자의 말은 앗수르가 이스라엘 북왕국의 열 지파를 회복시키지 않았음을 나타낸다는 의견들이 있다. 그러나 이 구절은 멸망당할 성읍의 탐욕에 대한 일반적인 진술인 듯하다. 니느웨에서는 강탈과 약탈이 그치지 않았다. 앗수르의 후기 역사는 전쟁의 연속이었다. 따라서 이 구절은 니느웨의 잔혹성을 강하게 묘사한다. 앗수르의 풍부한 기록들이 이 사실들을 증언하고 있다.

일단 정죄가 내려지자 나훔은 실제로 목격한 것처럼 생생하게 니느웨 성의 포위와 공격을 묘사한다. 이 성읍의 포위에 대한 묘사는 어떤 종교 문헌이나 세속 문헌도 능가하지 못할 만큼 훌륭한 것이라는 찬양을 받고 있다. 기들이 전투마를 몰고 가는 채찍 소리가 들리는 듯하다. 전차 바퀴가 굴러가는 소음에 귀가 멍멍해지며, 말들은 높이 뛰어오른다. 전차가 가는 길에는 거칠 것이 없다. 기들이 말에 박차를 가해 전쟁터로 돌진한다. 칼들이 번쩍이고 창들이 눈부신 태양 아래 반짝인다. 결과는 도처에 죽음뿐이다. 수많은 사람들이 죽임을 당했다. 시체들이 높이 쌓여 끝이 없는 것처럼 보인다. 살아 있는 자들도 시체에 걸려 넘어진다. 시체 더미가 온 성읍을 덮고 있다. 의로우신 진노의 심판을 수행하시는 살아 계신 하나님의 손에 떨어지는 것은 지극히 두려운 일이다. 아무도 하나님의 진노를 견뎌낼 수 없다. 그러므로 죄인들에 대한 하나님의 자비하신 섭리를 의존하는 것이 지혜로운 일이다.

니느웨의 수욕

나훔 3장 4절 "이는 마술에 능숙한 미모의 음녀가 많은 음행을 함이라 그가 그의 음행으로 여러 나라를 미혹하고 그의 마술로 여러 족속을 미혹하느니라"에서 나훔은 니느웨가 심판받게 된 원인을 약술한다. 니느웨는 잘 생긴 창녀에 비유되어 있다. 창녀의 화려함과 재기는 주변 국가들을 현혹시켰다. 창녀에 비유된 원인은 무엇인가? 니느웨는 하나님과 계약 관계에 있지 않았으므로, 이스라엘의 경우처럼 우상 숭배가 그 원인이라고 말할 수 없다고 생각하는 사람들이 있다. 그러나 마술이라는 말이 두 번이나 언급된 것은 분명히 앗수르가 주술적인 일을 행했다는 것을 의미하며, 육체와 영혼의 불결함이 앗수르의 특색이었다고 확신할 수 있다. 앗수르는 다른 나라들을 정복하고 자유를 빼앗았다. 그러고는 그것들을 교활한 방법으로 되팔았다. 이와 같은 악행 때문에 하나님은 앗수르의 대적이 되시고 죄에 상응하는 벌로 보수하겠다고 선포하신다.

니느웨가 받을 벌은 행실이 좋지 못한 여자가 받을 치욕으로서 치마를 얼굴에 닿을 만큼 높이 걷어 올리게 될 것이다. 이것은 동양에서 여자에게 주는 최대의 모욕이다(참조: 사 47:3; 겔 16:37-41). 니느웨의 수치가 온 천하에 드러나고, 가증스러운 오물과 폐물을 뒤집어씀으로써 니느웨는 멸시의 흔적을 갖게 된다. 니느웨의 부도덕함은 모든 나라들을 경악하게 하고 그들의 구경거리가 될 것이다. 지나가는 자들은 무서워 피해갈 것이므로 그 고통에 동참하지 않을 것이다. 니느웨는 그 황폐한 상태로 인해 멸시와 조롱의 대상이 될 것이다. 아무도 돕지 않았던 니느웨는 그 고통도 혼자 지게 될 것이다. 잔혹하게 행동하던 니느웨인지라 온 세상에 우호적인 나라는 하나도 없었다. 아무도 니느웨의 멸망을 애통해 하거나 위로하지 않을 것이다. 니느웨는 그런 대접을 받을 만하게 행동해 왔기 때문이다.

노아몬의 예

니느웨에게는 변명의 여지가 없다. 니느웨는 노아몬No-Amon의 운명으로부터 경건하지 못한 자들의 길이 험악하다는 것을 깨달았어야 했다. 하나님은 사람들을 차별하지 않으신다. 하나님은 불공평하지 않으시며 자신의 거룩한 속성을 변함없이 발휘하신다. 노아몬이 그 죄로 인해 심판을 받은 것처럼, 강대한 니느웨도 심판받을 것이다.

노아몬 혹은 테베는 상부 애굽의 수도였다. 애굽의 역사를 공부하는 사람들은 이 도시가 근동近東 최초의 대도시였다고 생각하며, 그 유적들은 고대 문명국가 중에서 유례를 찾아 볼 수 없을 만큼 찬란한 것이었다고 한다.

그곳은 제18왕조에서 제20왕조까지의 파라오들이 거하던 수도였으며, 그 건축물들은 희랍인들과 로마인들도 경탄할 만큼 자랑스러운 것이었다. 주피터에 해당하는 애굽의 신이 그곳에서 경배되었기 때문에 희랍인들은 그곳을 디오스폴리스Diospolis라고 불렀다.

그곳은 나일 강 양편 둑에 위치해 있었는데 동편 카르낙과 룩소르에는 유명한 신전들이 있었다. 희랍의 첫 시인인 호머는 그곳에 백여 개의 문이 있었다고 말했다. 그 유적지는 약 27마일 정도의 지역에 달한다. 아몬은 애굽의 주신主神으로서 인간의 몸에 숫양의 머리를 하고 있었으며, 애굽의 유물 중에서 찾아볼 수 있다. 하나님을 모르고 우상을 숭배하였던 이 도시의 심판은 예레미야(46:25)와 에스겔(30:14-16)에 의해 예고되었다.

노아몬은 나일 강 운하들 사이에 위치하여 나일 강 자체가 이 도시의 방어벽 역할을 하는 좋은 입지 조건을 갖추고 있었다. 나일 강은 매 년 범람했는데, 그때 그 강은 마치 바다 같았다.

니느웨는 노아몬의 운명에서 자신의 운명을 읽었어야 했다. 니느웨는 이 강대한 애굽의 수도보다 나은 것이 없었기 때문이다. 노아몬이 강력한 동맹국들을 갖고 있었던 반면에 니느웨는 주변의 모든 나라들로부터 소외되어 있었으므로 사실 노아몬의 상태가 니느웨보다 훨씬 나았다. 노아몬은 애굽의 영토에 거하는 대규모의 인력뿐만 아니라 남방에 있는 구스인들의 도움도 받을 수 있었는데 그 힘은 막대한 것이었다고 한다. 동맹국 중에는 붓과 루빔도 있었다.

루빔은 북아프리카의 리비아인들이다. 붓을 리비아로 보려는 사람들도 있으나, 여기에서는 분명히 구별하여 표현되었다. 오늘날 학설에 의하면 붓Put은 오늘날 아프리카 소말리아 지방인 푼드Punt라고 여긴다.

이렇게 강대한 민족들이 곤경에 처한 노아몬을 남과 북에서 도울 수 있었음에도 불구하고 노아몬은 멸망하여 포로로 잡혀갔다. 나훔 3장 10절의 "그가 포로가 되어 사로잡혀 갔고 그의 어린아이들은 길 모퉁이 모퉁이에 메어침을 당하여 부서졌으며 그의 존귀한 자들은 제비 뽑혀 나뉘었고 그의 모든 권세자들은 사슬에 결박되었나니"라는 역사적 진술은 애굽과 구스를 치는 전쟁에서 앗수르의 사르곤이 노아몬을 함락시킨 사건에 관한 것으로서 이에 대한 예언으로 이사야 20장 3-4절을 보라.

> "여호와께서 이르시되 나의 종 이사야가 삼 년 동안 벗은 몸과 벗은 발로 다니며 애굽과 구스에 대하여 징조와 예표가 되었느니라 이와 같이 애굽의 포로와 구스의 사로잡힌 자가 앗수르 왕에게 끌려갈 때에 젊은 자나 늙은 자가 다 벗은 몸과 벗은 발로 볼기까지 드러내어 애굽의 수치를 보이리니"(사 20:3-4).

여기에 언급된 전쟁에서 자행된 잔혹한 일들—어린아이들을 길 모퉁이에 메어치는 일, 일급 포로들을 나누는 제비뽑기, 주요 인물들에게 사슬을 채운 일—은 정복자들이 흔히 행하는 일이었다(왕하 8:12을 보라). 여기에 묘사된 노아몬의 멸망은 나훔의 시대에서 멀지 않은 과거에 되어진 일이었으므로 사악한 일들을 그치지 않는 니느웨에 임할 심판에 대해 인상적으로 적용할 수 있었다.

앗수르의 운명

노아몬의 몰락이 묘사되었으므로 니느웨는 자신이 어떠한 심판을 받게 될지 한층 더 잘 분별할 수 있게 되었다. 니느웨도 술취할 것이다. 이것이 니느웨 성이 함락되던 날 밤에 있었던 마지막 술잔치를 의미한다고 보기도 하지만, 하나님의 진노의 잔을 마신 사람들에 대한 일반적인 성경의 묘사로 이해하는 편이 낫다(비교:. 사 51:17, 21-23; 렘 25:15-28; 애 4:21; 겔 23:33-34; 옵 16절; 합 2:16). 잘 알려져 있다시피 이 성읍이 숨으리라는 예언은 그대로 이루어졌다. 멸망한 니느웨는 역사에서 완전히 사라졌다. 1842년 이후 프랑스인 보따Botta, 그리고 영국인 레이야드Layard와 로린슨Rawlinson이 이 지역을 발굴하여 찬란했던 성읍의 유물들을 찾아냈다. 니느웨는 환난과 패배의 때에 피난처와 산성을 찾으려 했으나 아무도 니느웨를 적들로부터 보호하거나 피하도록 도와주지 않았다. 나훔은 적들이 니느웨를 손쉽게 정복할 수 있음을 나타내기 위해 두 가지 비유를 사용한다. 니느웨의 산성은 무화과나무의 처음 익은 열매가 한 번만 흔들어도 떨어지듯이 흔들릴 것이다. 그의 용사들은 전쟁터로 용감히 나가지 못하고 공포에 질린 여자들처럼 떨 것이다. 결국 그 성읍은 무방비 상태인지라 밀려드는 적들이 쉽게 접근할 수 있을 것이며, 그 성읍에 쳐들어간 적군은 그 성읍을 완전히 태워버릴 것이다.

니느웨의 절망적인 운명

하나님께서 그 성읍의 심판을 선포하셨기 때문에 아무리 훌륭하게 원수들로부터 방어해도 소용없을 것이다. 그러므로 니느웨에 대한 선지자의 권고들은 풍자이다. 그는 그 성읍이 오랫동안 포위될 것으로 보고 적들을 저항할 모든 준비를 강구하라고 충고한다. 우선적으로 준비할 것은 물이다. 니느웨는 값으로 따질 수 없이 필수불가결한 것을 잘 준비해야 한다.

니느웨는 성읍의 모든 곳을 강화하여 가능한 한 피해를 줄여야 한다. 적들은 성벽들을 무너뜨릴 것이므로 성벽에 생길 구멍들을 보수할 벽돌을 충분히 준비해야 한다. 그러나 이러한 모든 준비에도 불구하고 이 거대한 성읍은 칼과 불에 의해 종말을 맞을 것이다.

고대 역사가들은 니느웨가 불로 멸망되었다고 하며, 최근의 발굴물로 보아 이는 확실한 사실이다. 니느웨가 너무도 완전하게 파괴되어 마치 메뚜기 재앙을 당한 것처럼 될 것이다. 메뚜기 떼처럼 많은 주민들이 있었음에도 불구하고 그 성읍은 완전히 멸망할 것이다.

니느웨는 상업적으로 매우 좋은 입지 조건을 가졌다. 니느웨는 운하들 때문에 고대 세계의 커다란 교역 통로의 하나가 되었다. 한창 융성할 때에 니느웨는 여러 나라들, 특히 베니게인들과 유리한 교역을 했다. 티그리스 강을 통해 바다로 나갈 수도 있었다. 그 성읍에는 기업이 무수히 많았고 장사도 잘 되었다. 그러나 장사를 통해 상인들이 쌓아놓은 것들이 모두 적에 의해 파괴되고 약탈될 것이다. 니느웨는 그 혜택을 누리지 못할 것이다. 니느웨는 스스로 쇠퇴하여 몰락한 것이 아니라 적들의 침입으로 야기된 재앙으로 종말을 맞을 것이다.

재앙의 때를 당하여 방백들과 군사 지도자들이 니느웨를 구할 수 있을까? 그들은 아무리 위대한 사람이라 해도, 추우면 날개가 뻣뻣해졌다가 태양의 따뜻한 빛을 받으면 다시 힘을 얻어 날아가는 메뚜기 떼(문자적으로는 메뚜기들의 메뚜기들)와 같을 것이다.

메뚜기 떼의 파괴력은 대단한 것이어서 히브리어에는 10여 가지의 메뚜기 이름이 있다. 나훔 3장 17절에서 묘사한 메뚜기 떼의 특징은 그것들이 흔적도 남기지 않고 날아가 버린다는 것이다. 앗수르의 귀족들은 어려운 때를 당한 니느웨에 대해 이 메뚜기처럼 행동할 것이다. 그들은 니느웨를 내버려두어 비참하고 회복할 수 없게 만들 것이다. 전쟁과 불의 연기가 걷히면 죽음의 장면이 나타난다. 앗수르 왕의 관리들과 지방 장관들, 그리고 목자들은 죽음의 잠(참조: 시편 76:6)을 잘 것이다.

앗수르 북쪽의 산들은 흩어진 백성들로 가득 찰 것이다. 그 누가 앗수르의 타격을 만회할 수 있으랴. 아무도 그 상처를 치료하지 못할 것이다. 나훔은 앗수르 왕에게(남성형으로 기록되어 있다) 누가 그 중한 상처를 고치겠냐고 묻는다. 그 대답은 앗수르 주위의 모든 나라들이 복수의 기쁨으로 박수를 치며 앗수르의 심판을 즐거워할 것이라는 것이다. 장차 세상이 바벨론의 몰락을 기뻐할 일에 대해서 요한계시록 19장을 보라.

앗수르의 교활하고 잔인한 행위 때문에 그처럼 많이, 그렇게도 오랫동안 고생을 했던 많은 나라들은 앗수르가 그 행위에 합당한 종말을 맞게 된 것을 기뻐할 것이다. 그러나 하나님께서 앗수르의 심판을 기뻐하셨다고 생각하는 것은 하나님께 대한 잘못된 판단이다. 하나님은 축복하시기를 기뻐하시며, 부득이한 경우에만 심판하신다. 하나님은 니느웨에 수욕과 폐허보다는 축복과 번영을 쌓아 주려 하셨다. 그러나 앗수르가 하나님의 뜻과는 반대의 길을 택했으므로 그 멸망이 세계사에 크게 기록된 것이다. 나훔의 예언은 그가 죽은 뒤 약 반세기 후에 이루어졌다. (서로 싸우던) 메데인들과 리디아인들은 동맹을 맺고 (바벨론의) 나보폴라사르와 공동전선을 펼쳐 니느웨를 대적했다. 바벨론 연대기에 기록된 바에 의하면 니느웨는 B.C 612년에 멸망했다고 한다.

흩어진 백성

사악한 니느웨의 멸망에 대한 나훔의 예언은 그 성읍의 백성들이 산들에 흩어져 다시는 그들을 모을 사람이 없을 것이라는 슬픈 말로 끝을 맺는다. 이것은 주님께서 오셨을 때 목자 없는 양같이 흩어졌던(마 9:36) 이스라엘에 대한 슬픈 묘사이다. 사랑 많으신 구주, 예수 그리스도는 우리가 십자가의 메시지를 통해서 그들을 주님께로 불러 모아 한 목자 밑에 있는 한 양 떼가 되기를 갈망하신다.

제11장

하박국: 신앙의 질문

선지자의 당황

인물과 시대적 배경

하박국 선지자 개인 경력에 관해서는 전혀 알려져 있지 않다. 하박국 3장 19절에 근거하여 하박국이 제사장 가문의 사람이었으며 성전 제사의 직무를 수행할 수 있었다고 추측하는 사람들이 있으나, 이러한 견해는 신빙성이 없다.

하박국이라는 이름은 "포옹하다"라는 뜻이다. 루터는 이 선지자의 이름을 다음과 같이 설명했다: "하박국은 포옹자, 혹은 다른 사람을 껴안아 팔 안에 끌어들이는 사람을 의미한다. 그는 자기 백성을 껴안아 팔 안에 끌어들인다. 즉 그는 우는 아이를 껴안아 달래듯이, 하나님께서 작정하시기만 하면 곧 나을 것이라는 확신으로 백성을 위로하고 붙잡아 주었다."

하박국의 활동 시기에 관해서는 여러 가지 의견이 있다. 하박국서의 서두에 그가 어느 왕이 통치할 때 활동했다는 기록이 없으므로 그의 활동 시기는 그 책 자체의 내용으로부터 파악할 수밖에 없다. 그의 활동 시기를 므낫세, 혹은 요시야 왕 시대라고 보는 사람들이 있으나 여호야김의 통치 시대로 보는 것이 가장 좋은 견해이다. 이것은 하박국서에서 이스라엘에 만연되었다고 묘사된 죄악의 본성과 갈대아인들에 대한 표현을 근거로 한 결론이다. 이것이 사실이라면 그는 바벨론 포수 이전의 선지자인 예레미야와 동시대인이었다. 이 시기는 이스라엘의 죄가 진실로 무르익어 바벨론 침략이 임박했던 시기였다.

하박국서는 이스라엘에서 활동한 선지자들의 일반적인 말들과는 차이가 있다. 그는 하나님과 자신의 영혼의 체험을 기록했다. 일반적으로 선지자들은 하나님의 메시지를 백성들에게 전했는데, 하박국은 하나님께서 자기 백성을 다루시는 것에 대해 하나님께 간청하고 있다. 이러한 관점에서 예언서들 중에는 요나를, 성문서에서는 욥기를 생각하게 된다. 그는 본질적으로 믿음의 선지자였다. 하박국서 전체의 핵심은 하박국 2장 4절이다. 그의 예언의 주된 주제는 (시편 73편 및 구약성경의 다른 구절들에서처럼) 신실한 사람들이 받는 고난과 신실하지 못한 사람들이 누리는 번영이다. 그는 하나님의 완전한 처사와 하나님에 대한 신앙의 발전에 관해 자세히 설명하였다.

하박국이 이스라엘 선지자들 중에서 매우 높은 위치를 차지하고 있음은 누구나 인정한다. 하박국 3장의 시는 모든 사람들에 의해 가장 장엄한 히브리 시詩로 평가되어 왔다. 이 예언서의 표현은 매우 아름다우며, 대부분의 메시지가 하나님과의 친밀한 대화 형태로 표현되었다. 하박국 1장은 갈대아인들의 침략에 관해 숙고하고, 2장은 갈대아인들에 대한 하나님의 심판을 예고하며, 3장은 주의 강림과 강력한 적국들의 멸망을 그리고 있다.

이 책은 부피는 작지만 신약성경에 많이 인용되어 있다. 하박국 1장 5절과 사도행전 13장 40–41절 ; 하박국 2장 4절과 로마서 1장 17절, 갈라디아서 3장 11절, 히브리 서 10장 38절을 비교하라. 또한 하박국 3장 17–18절과 빌립보서 4장 4절, 10–19절도 비교해 보라.

하박국의 불평

이 예언서는 이스라엘과 그 대적들에 대한 심판을 예고하기 때문에 "경고"라는 표제를 붙이고 있다. 하박국은 이스라엘 백성과 적국민들의 죄를 탄식하고 있다. 하박국 1장 1절 "선지자 하박국이 묵시로 받은 경고라"는 이 예언의 시기에 대해 아무런 실마리도 주지 않으므로, 그 시기는 이 예언서의 다른 세부 사항들을 기초로 추측할 수밖에 없다.

이 하나님의 사람이 그 땅의 사악함과 폭력에 관해 하나님께 부르짖지만 하나님은 그에 대해 아무 일도 하지 않으셨다. 그는 하나님의 영광을 생각하기 때문에 불평한다. 이것은 개인적인 불평이 아니다. 그는 그 나라의 신실한 사람들의 열망과 소원을 표명한다.

우리는 이 예언서의 첫머리에서 하나님의 선지자의 번민을 밝혀내게 된다. 모든 것이 잘못되어 있는데도 하나님은 이러한 상황에 개입하지 않고 계시다. 하박국 1장 9, 13절에도 1장 2, 3절과 비슷한 표현이 있다. 여호야김의 통치 기간은 불의와 유혈로 가득 차 있었다(렘 22: 3, 13–17을 보라. 동일한 문제로 렘 12: 1; 20:8, 욥 19:7을 보라). 하박국에게 사태를 변화시킬 능력이 없고 하나님께서도 이를 변화시키지 않으시므로, 그는 왜 사방에서 그러한 죄악을 보게 되며 폭행과 분쟁이 저지되지 않고 계속되는지를 하나님께 묻는다. 그를 당황하게 하는 것은 하나님께서 이처럼 가슴 아픈 상황들을 무심하게 바라보시는 듯하다는 사실이다.

오늘날과 마찬가지로 그 당시에도 인간사에 대한 하나님의 침묵은 이해하기 어려웠다. 그러나 이것은 응답이 전혀 없다거나 하나님의 지혜가 그러한 상황에 대처할 수 없다는 뜻이 아니다. 하나님은 모든 것을 보고 계시며, 모든 것이 하나님의 강한 손의 통제 아래 있다.

한편 율법은 해이해지고(문자적으로는 "차가워지다") 효력을 잃고 마비되었다. 그것은 힘도 권위도 없는 것으로 여겨지기에 이르렀다. 불의한 재판자들 때문에 율법은 멸시되었다. 재판이 부패하여 생명도 재산도 위태로웠다. 악인들은 의인들을 용의주도하게 가두는 방법을 알고 있었기 때문에 정의가 득세할 수 없었고, 사람들은 정당한 대우를 받을 수 없었다. 그 당시에는 오심誤審이 오히려 정상이었다. 신실하지 못한 이들은 사기 행위를 통해 의인들을 함정에 빠뜨림으로써 의롭고 정직한 자들을 그릇된 길에 빠지게 했다. 하나님께서 죄를 즉각적으로 벌하지 않으셨으므로, 사람들은 벌을 받지 않고 계속 죄를 지을 수 있다고 생각했다

> "악한 일에 관한 징벌이 속히 실행되지 아니하므로 인생들이 악을 행하는 데에 마음이 담대하도다"(전 8:11).

하나님의 대답

하나님은 결코 세상일에 관심이 없는 방관자가 아니시다. 죄와 신실하지 못한 일들이 만연하여 우리 마음이 동요되더라도 우리는 항상 하나님께서 한층 더 깊은 관심을 가지고 계심을 확신해야 한다.

하나님은 하박국과 유다 백성들에게 말씀하셔서 그들로 하여금 민족들 중에 일어나는 세계사의 현장을 바라보게 하신다. 하나님은 그들로 하여금 주변의 국가들에서 일어나는 사건, 즉 나보폴라사르Nabopolassar에 의한 앗수르 제국의 멸망, 갈대아 통치의 수립, 나보폴라사르가 아들 느부갓네살과 함께 갈그미스에서 애굽인들을 대적하여 싸워 거둔 승리 등을 지적하여 보게 하셨다. 이런 것들을 볼 때 그들이 놀라 경탄할 것이라고 강조적으로 표현하고 있다.

바벨론이라는 강대국은 이스라엘을 응징하는 하나님의 도구로 쓰였다. 다른 나라들을 사용하실 수도 있었겠으나, 하나님은 바벨론을 쓰신 것이 스스로 하신 일이라고 주장하신다. 이와 같이 하나님은 활동하지 않거나 관심을 보이지 않는 것이 아니라 사람들이 거의 믿을 수 없는 방식으로 단호하게 활동하신다. 그 방식은 매우 특이한 것이다(행 13:41). 아마 이 때만 해도 바벨론은 이스라엘에게 우호적이었을 것이라고 추측된다(왕하 20:12-19). 그러나 얼마 후 바벨론은 여호야김, 여호야긴, 시드기야의 통치 기간에 세 번 이스라엘은 포위한다. 하박국은 이러한 침입을 보고 있다.

하나님께서 갈대아 사람을 일으키셨다는 말은 그들이 유다를 공격하리라는 뜻이다. 그들이 이미 수십 년 전부터 정치사의 장(場)에 등장해 있었다(비교: 사 23:13). 갈대아인들은 바벨론 주민들로서 셈족 계통으로 아브라함의 동생 나홀의 아들 게셋의 후손이다(창 22:22. 갈대아인들은 사 43:14, 47:1, 48:14, 20; 렘 21:9, 32:4, 24; 겔 23:23을 보라). 여기에서 분명히 알 수 있는 것은 갈대아인들이 세계 정치사에 있어서 지도자적 위치에 섰을 때에 하박국이 활동했다는 사실이다. 선지자는 이 이스라엘의 대적에 대해 세 가지로 묘사한다: (1)그들은 잔인하고 성급하고 (2)무척 맹렬하고 (3)느부갓네살의 지휘 하에 수행된 광범위한 군사 원정에 몰두해 있었다.

하나님의 진노의 매

이사야 5장 26-30절이 앗수르인들의 특성에 대한 전형적인 묘사이듯이, 하박국 1장 7절에서는 갈대아인들의 특성을 전형적으로 표현하는 구절인 1장 6절의 메시지에 언급된 것을 상세하게 묘사한다. 갈대아인들은 공포를 일으키는 무서운 대적이 된다. 자신의 욕망이 그들의 유일한 법이요 판단의 기준이다. 그들은 제멋대로 행동한다. 이것은 바벨론의 오랜 특성이다(창 11:4). 그들은 바벨론 제국에서 주도권을 가지고 우월한 지위를 차지했기 때문에 그들의 권위는 그들 자신들로부터 나왔다. 군사 원정을 준비하는 데 있어서 그들에게 전혀 부족한 것이 없었다. 그들의 말馬들은 표범보다 빨랐다. 또 그들의 잔인함은 저녁 이리를 능가했다. 낮동안 먹을 것이 없어 굶주린 이리들은 밤이 되면 양들을 잡아먹는다(렘 5:6; 습 3:3). 갈대아 마병들은 공격하는 데 있어서 저항할 수 없이 사나워서 마치 독수리가 먹이를 덮치듯이 내리덮친다.

여기에서 신명기 28장 49절의 모세의 경고가 성취된다. 침략자들의 목적은 그 땅에 폭력을 행사하는 것이다. 이것은 이스라엘의 죄였으며(합 1:2-3), 또 벌이 될 것이다.

"그들은 다 강포를 행하러 오는데 앞을 향하여 나아가며 사람을 사로잡아 모으기를 모래 같이 많이 할 것이요 왕들을 멸시하며 방백을 조소하며 모든 견고한 성들을 비웃고 흉벽을 쌓아 그것을 점령할 것이라"(합 1:9–10).

하박국 1장 9절 "그들은 다 강포를 행하러 오는데 앞을 향하여 나아가며 사람을 사로잡아 모으기를 모래같이 많이 할 것이요"의 하반절은 여러 가지로 해석되고 번역된다. "그들이 앞을 향했다"라고 번역되기도 하고 "그들의 얼굴이 동풍 같은 노기를 띨 것이다"라고도 번역된다. 어느 경우든 적의 공격이 엄청나서 그 길을 막을 수 없을 것이라는 취지는 분명한 듯하다.

그들은 전진해 나아가면서 자기 앞에 놓여 있는 모든 것을 망쳐버릴 것이다. 그들에게 잡힌 포로들이 수없이 많기 때문에 모래라는 단어로 비유해야 한다. 갈대아인들은 자기들의 공격을 받는 왕들과 그들의 곤경을 멸시하기 때문에 두려움이 없고 자신들의 힘을 확신하고 있다. 그들은 모든 장애물을 말발굽으로 밟아 달리면서 견고한 요새를 공격해 나아간다. 바벨론은 급한 나라로 불리는데 이것은 바벨론이 성읍을 포위하는 방식에서 분명히 알 수 있다. 포위하기 위해 견고한 성읍들 앞에 흉벽들을 쌓기만 해도 성읍의 백성들은 항복하여 포로가 된다.

번역가들과 해석자들은 하박국 1장 11절 "그들은 자기들의 힘을 자기들의 신으로 삼는 자들이라 이에 바람같이 급히 몰아 지나치게 행하여 범죄하리라"를 여러 가지로 번역한다. 승리에 도취된 갈대아인들의 마음이 변하여(이성을 잃어) 결국 자제력을 잃고 자신의 멸망을 초래하게 된 것으로 보는 사람들이 있다. 그럴 경우 이 구절은 느부갓네살이 정신이 온전치 못하게 될 것을 예언한 것이라고 할 수 있다.

하박국의 표현법은 다니엘 4장 16절, 30–34절과 비슷하여, 이 두 책 사이에는 자연스러운 조화가 있다고 말한다. 이러한 주장은 이론상으로는 가능하지만 실제로 그런 것은 아니다.

여기에서 선지자가 말하고 있는 것은 갈대아인들의 성공이 증대된다는 것이다. 바람이 광활한 땅을 휘몰아치듯, 그들은 파죽지세로 나아갈 것이다. 갈대아 정복자들은 그렇게 행하는 중에 경건하지 못한 욕망을 가지고 많은 무력한 민족들을 정복했기 때문에 하나님 앞에 죄를 쌓은 것이다. 승리한 바벨론은 자기의 힘을 찬양하기 때문에 하나님께 영광을 돌리지 않는다. 그들의 힘과 능력이 곧 그들의 신神이었다. 그들 이전에 앗수르인들이 똑같은 행동을 했고(사 10:13–14), 그들 이후에 많은 국가들이 같은 방법으로 행동했다. 자신의 힘을 자신의 신으로 삼는 것은(단 4:30) 영혼의 자살행위이다.

이 부분의 예언에는 갈대아 침략자, 그의 본성, 작전 방식, 목적, 무기, 타인을 대하는 태도, 궁극적 몰락의 기본 원인이 잘 묘사되어 있다.

더 깊은 하박국의 당황

하박국의 질문에 대해 하나님께서 대답하셨는가? 아니면 선지자의 갈등이 더 심각해졌는가? 하나님의 사자는 더욱 혼란에 빠져서 유다보다 의롭지 못한 나라에 의해 유다에 가해진 가혹한 징벌에 관해 하나님께 항의한다.

선지자는 적이 경멸적으로 다룬 하나님께 호소한다. 그는 백성들을 대변하여 말하며, 잘 알려진 하나님의 명칭들인 여호와, 거룩한 이, 반석 등을 사용한다. 영원하신 하나님께 말하는 중에 그는 믿음을 가지고서 하나님의 백성이 죽지 않을 것이라고 선포한다. 그는 계약을 지키시는 하나님께서 자기 백성이 씻겨 없어지게 버려두지 않으실 것을 알고 있다. 그의 신뢰와 희망의 근거는 다음과 같은 두 가지이다: (1)고대로부터 하나님은 이스라엘의 하나님이셨다; (2)하나님은 거룩하시기 때문에 하나님의 백성이든 적이든 신실하지 않은 사람들을 벌하셔야 한다.

하나님은 자기 백성의 멸망을 원치 않으시므로 하나님께서 갈대아인들을 택하신 것은 자기의 선민을 응징하고 교정하시려는 목적임이 분명하다. 그러나 상처는 아직도 하박국의 마음을 아프게 하고 있다. 지극히 순수하여 어떠한 형태의 죄악도 용인하지 않는 의로우신 하나님이 어떻게 갈대아인들처럼 사악하고 믿을 수 없는 백성을 징계의 도구로 쓰실 수 있는가? 바벨론인들은 인간의 생명을 지극히 하찮게 여겼다. 그들은 사람들을 마치 방어할 힘도 권리도 없는 바다의 물고기같이, 보호할 지배자도 없는 땅의 벌레같이 다루었다.

하박국은 마치 어부가 물고기를 팔듯이 갈대아인들이 무감각하게 포로들을 잡아갔다고 상징적으로 표현한다. 낚시 · 그물 · 투망은 갈대아인들이 군사적 야심을 수행하는 군대와 무기를 나타낸다. 큰 성공이 거듭되어 그들의 마음을 즐겁고 기쁘게 해주었다. 그러나 그들은 누구에게 영광을 돌려는가? 그들은 자신의 군사적 용맹을 찬양했다.

바벨론 사람들이 고대의 어떤 민족처럼 칼을 숭배했다는 증언은 없다. 그러나 그들은 자기들의 전쟁 능력을 자랑했다. 인간이 창조자보다 피조물을, 주는 자보다 주어진 것을 기뻐하며 경배하는 것은 참으로 잘못된 일이다.

선지자는 곤경과 영혼의 당황함 속에서 갈대아인들의 잔혹성과 우상 숭배가 그치지 않고 계속될 것인지 하나님께 묻는다. 하나님께서 자신의 능력으로 이 탐욕스런 행위를 멈추게 하지 않으실까? 이러한 긴박한 어조로 하박국 1장이 끝나고, 다음 장에는 하나님의 대답이 나타난다. 하박국 2장에서 우리는 하나님께서 자신을 불쾌하게 하는 모든 일에 한계를 두셨음을 알게 된다. 하나님은 모든 것을 살피시고 그 개선책을 마련하신다. 우리도 하박국처럼 모든 의심과 당황함을 하나님께 가져가 최종적인 처리와 해결을 하나님께 맡기는 것이 좋다. 하나님은 결코 우리의 기대를 저버리지 아니하신다.

"우리가 사망에 이르지 아니하리이다."

이 말은 갈보리 십자가에서 이루신 주 예수 그리스도의 역사를 통하여 죄악으로 인한 죽음에서 구원 얻은 모든 하나님의 자녀들이 행하는 즐겁고 영광스러운 증언이다. 또한 이것은 그리스도가 없는 사람은 영적으로 죽은 사람이며, 이 같은 상태가 계속될 경우 하나님으로부터 영원히 분리되는 두 번째 죽음을 겪을 것이라는 사실을 기억하게 한다. 구약의 선지자들은 이스라엘에게 죄 속에서 죽지 말라고 거듭 외쳤다.

하나님의 대답

하박국 1장의 마지막 부분에서 하나님께서 자기 백성 이스라엘을 이해할 수 없는 방법으로 다루시기 때문에 당황해 하는 선지자를 보았다. 처음에 그는 유다에 만연한 죄에 대해 불평했다. 이에 대해 하나님은 자신이 모든 것을 알고 있으며 갈대아인들의 손으로 그 죄를 심판하겠다고 대답하셨다.

하나님의 진노의 회초리에 대해 알게 된 선지자는 하나님께서 자기 백성을 응징하시기 위해 이스라엘보다도 의롭지 못한 나라를 쓰셔야 한다는 사실 때문에 더욱 큰 정신적 고뇌에 빠진다. 이 문제가 아직 해결되지 않은 채 2장의 해결에 이르게 된다.

하박국은 하나님께서 첫 질문에 대답하셨으므로 보다 큰 문제에 대해서도 대답하시리라고 확신한다. 성읍 밖에서 일어나는 일들을 살피기 위해 파수꾼이 세워지듯, 선지자는 자신의 질문에 대한 하나님의 대답을 기다리는 영적인 파수꾼이 된다. 이것은 실제로 하박국이 성루에 올라갔다는 이야기가 아니라 그의 마음이 기대하고 살피는 자세를 취했다는 뜻이다. 대부분의 해석자들은 하박국 2장 1절을 내적 준비라는 영적 의미로 이해한다. 선지자들은 종종 파수꾼에 비유된다(사 21:8, 11; 렘 6:17; 겔 3:17, 33:2-3을 보라).

하박국은 파수꾼처럼 빈틈없이 경계하는 마음으로 계시를 통해 하나님의 응답을 받을 준비를 했다. 하나님의 대답은 먼저 그의 마음과 심령에, 그리고 그의 백성에게 주어졌다. 하박국 2장 1절 "내가 내 파수하는 곳에 서며 성루에 서리라 그가 내게 무엇이라 말씀하실는지 기다리고 바라보며 나의 질문에 대하여 어떻게 대답하실는지 보리라 하였더니"의 마지막 부분을 "내가 책망받을 때"라고 번역하는 것은 적절하지 못하다. 선지자에 대해 불평이 있었다든가 그가 책망받을 만한 일을 했다는 근거는 전혀 없다. 그는 자신의 불평에 대한 대답을 기다리고 있었다.

하나님은 곤경에 처해 있는 자신의 종을 실망시키지 않으셨다. 하나님은 하박국에서 명하여 그에게 주어진 계시를 판에 새기라고 하셨다. 당시에는 판에 글씨를 새겼었다(사 8:1). 그것은 공지사항들을 (진흙 판에) 분명한 글자로 써서 시장 같은 곳에 두어 볼 수 있게 하는 것을 말할 수도 있다.

글씨들은 읽기 쉽도록 분명하게 새겨야 했다. 선지자는 장차 사람들이 그것을 볼 수 있도록 그 계시를 문자로 써야 했다. 이와 비슷한 상황이 다니엘 12장 4절에도 나온다. 그것을 읽은 사람은 달려가며 그것을 계속 말하게 된다. 그것은 이스라엘에게 기쁜 메시지로 이스라엘의 적들의 멸망과 이스라엘의 구원을 말하기 때문이다.

구원은 즉시 오지 않더라도 반드시 온다. 신실한 사람들은 그것을 기다려야 한다. 지체함은 오직 인간의 마음속에 있다. 하나님은 모든 것을 자신의 계획에 따라 이루시므로 인내가 필요하다. 하나님의 목적은 재촉되거나 지체될 수 없으며, 정해진 때에 성취된다. 이 묵시는 그 성취를 재촉한다(말하지 않고 갈망한다). 그것은 예고한 일들이 이루어지기를 갈구한다. 여기서 언급한 종말이란 이제까지 제기되어온 것처럼 이방인들의 시대가 끝나는 것이 아니라, 예언이 역사에서 이루어지는 것을 의미한다. 이 묵시는 속이거나 실망시키지 않고 분명히 이루어질 것이다. 하박국 2장 3절 하반절이 히브리 10장 37절에 인용되었다. 히브리서에서 이 구절은 궁극적으로 주 예수 그리스도의 재림에 대한 언급임이 분명하다. 본문에 명해진 선지자의 마음가짐은 오늘날 하나님의 자녀들이 가져야 할 태도이다. 우리는 주의 재림을 기다리는 사람들이다.

하나님의 기본 원칙

하박국 2장 4절에는 하박국에게 주어진 묵시의 내용이 기록되어 있는데, 이는 하박국 1장 12-17절에 나타난 그의 당황함에 대한 대답이다. 이 구절은 후일 기독교의 표어가 된 것으로서 하박국서 전체의 요점이며 성경 전체의 중심 주제이다.

이것은 교만하여 선지자의 메시지를 받아들이지 않는 사람들과 겸손히 그것을 믿는 사람들이라는 두 부류의 이스라엘 사람들을 다룬 것이 아니다. 이것은 분명히 교만한 갈대아인들에 대한 언급이다. 그러나 여기에 하나님의 기본 원칙이 나타나 있기 때문에 이 진리들을 이차적인 의미에서 불신앙 속에 있는 사람들에게도 적용될 수 있다.

교만한 바벨론인들의 영혼은 거만하고 의롭지 못하고 속임수와 부정으로 가득 차 있다. 이것은 멸망에 이르는 길이다. 반면 공정하고 의로운 사람(여기서 주로 이스라엘의 신실한 사람들을 의미한다)은 믿음으로 말미암아 살 것이다. 믿음이라는 단어를 신실함이나 올바른 행위 등으로 번역하려는 시도가 수없이 있어 왔으나 이 구절에서는 하나님에 대한 신뢰를 의미한다(창 15:6; 대하 20:20; 사 7:9을 보라). 여기에 생명과 죽음의 원인이 나타난다. 교만은 믿음으로 하나님의 은총을 받으려 하지 않기 때문에 사망으로 인도한다.

이제 하박국은 불평에 대한 대답을 받았다. 그는 교만 때문에 갈대아인들이 멸망하게 될 것과 신실한 사람들이 계속 하나님을 바라보아 생명을 얻으리라는 것을 확신하게 되었다. 하박국 2장 4절 "보라 그의 마음은 교만하며 그 속에서 정직하지 못하나 의인은 그의 믿음으로 말미암아 살리라"의 둘째 문장이 로마서 1장 17절, 갈라디아서 3장 11절, 히브리서 10

장 38절에 인용되어 있다. 탈무드는 통찰력을 가지고서 하나님께서 시내 산에서 모세에게 주신 613개의 가르침이 모두 여기에 요약되어 있다고 선포했다.

게다가 교만한 갈대아인들은 믿을 수 없는 술에 빠져 있었다. 고대 작가들은 이 진술을 확증하여 바벨론인들이 술에 흠뻑 빠져 있었다고 말했다. 다니엘 5장에 기록된 바 술이 가져온 재앙을 주목해 보라. 어떤 이교도 작가는 그들에 대해 "바벨론 사람들은 술과 술취함에 뒤따르는 일에 완전히 빠져 있었다"라고 기록했다.

술 취하는 것은 어느 백성에게나 큰 재앙이다! 우리나라에서는 이 충고에 주의를 잘 기울이고 있다. 교만하고 술에 취한 갈대아인들은 권력과 정복을 갈급해 했다. 쉴 줄 모르는 본성이 계속적인 정복 전쟁을 하도록 자극했으므로(합 1:16-17), 그는 계속 파괴하려는 커다란 욕망을 지녔다. 마치 스올처럼 그들의 욕망은 모든 것을 삼키고도 만족할 줄 몰랐다.

스올은 죽은 사람들이 거하는 장소이다. 육체는 무덤에 남아 있고 영혼은 스올에 간다고 한 누가복음 16장(특히 16장 26절)을 보면, 주 예수께서 죽으셨다가 부활하시기 전에 스올에는 두 부분이 있었음을 알 수 있다. 즉 의인들의 자리(아브라함의 품, 혹은 낙원이라고도 불렸다)와 불의한 자들의 자리가 있었다. 그리스도께서 부활하신 후(엡 4:8), 의로운 영혼들을 스올로부터 지금 낙원이 있는 천국으로 옮기셨다(눅 23:43; 고후 5:1-10; 빌 1:23). 은총의 시대인 오늘날 신자들은 죽어 삼층천에서 하나님과 함께 있게 되지만 신실하지 못한 자들은 지옥(스올)으로 간다.

우리 앞에는 두 개의 길, 즉 생명의 길과 죽음의 길이 놓여 있다. 우리는 모든 사람을 근본적인 법칙에 입각하여 다루시는 하나님의 두 가지 형태의 특성과 방법을 본다. 교만하고 거만하며 정직하지 못하고 술 취하고 불만이 가득 찬 갈대아인들은 죽음을 맞을 것이다. 올바르고 신실하고 의로운 이스라엘은 살아 계신 하나님께 대한 믿음으로 말미암아 생명을 얻을 것이다. 이보다 더 분명한 것은 없으며, 이것은 언제나 유효하다.

첫 번째 "화 있을진저"

"화 있을진저"라는 말이 다섯 계층의 사악한 갈대아 압제자들에게 임한다. 이 다섯 가지 화는 각각 5연 3행으로 균형 있게 표현되어 있다. 이 화는 잔인한 압제자의 손에 고통당한 하박국 2장 5절의 모든 나라와 그 백성들이 채택하여 발설하였다.

> "그는 술을 즐기며 거짓되고 교만하여 가만히 있지 아니하고 스올처럼 자기의 욕심을 넓히며 또 그는 사망 같아서 족한 줄을 모르고 자기에게로 여러 나라를 모으며 여러 백성을 모으나니 그 무리가 다 속담으로 그를 평론하며 조롱하는 시로 그를 풍자하지 않겠느냐 곧 이르기를 화 있을진저 자기 소유 아닌 것을 모으는 자여 언제까지 이르겠느냐 볼모 잡은 것으로 무겁게 짐진 자여"(합 2:5-6).

그들은 조롱하는 노래로써 탐욕과 약탈을 자행한 바벨론에게 화를 퍼붓는다. 바벨론은 제 것이 아닌 재산을 모아 쌓으려 했다. 그들은 그와 같은 분명한 죄악을 얼마나 더 저지를 수 있다고 생각했는가? 게다가 그들은 볼모를 잡았다(이것은 두꺼운 진흙덩이로 번역되기도 하지만 의미가 통하지 않는다). 즉 가혹한 고리대금업자가 모세의 법에 어긋나게 전당물을 축적하듯이(신 24:10) 약탈당한 나라의 재산을 취하지만, 이 재산은 다시 약탈되고 만다. 갑자기 바벨론은 부정하게 취한 이득을 포기하리라는 말을 듣는다.

우리는 메데와 바사가 예기치 않게 바벨론을 친 것을 알고 있다. "억누르다" 라는 단어는 탐욕스러운 고리대금업을 의미하는 비슷한 단어와 언어 유희를 이룬다. 그 의미는 갈대아인들이 다른 사람들에게서 많은 재산을 약탈했으므로 어떤 의미에 있어서 그들은 그 나라들에게 빚을 졌다는 것이다. 주변의 민족들은 그들의 채권국들이다. 정복자들은 정복당한 국가들에게 억눌릴 뿐만 아니라 난폭하게 붙잡혀 흔들림을 당할 것이다. 이것은 마태복음 18장 28절에서 채권자가 빚진 자를 포악하게 붙잡는 것과 연관이 있다. 약탈자는 약탈당하고 늑탈자는 늑탈당할 것이다. 이 모든 일은 바벨론이 여러 나라의 땅과 성읍에서 피를 흘리고 폭력을 휘두르기 때문에 일어날 것이다.

두 번째 "화 있을진저"

"재앙을 피하기 위하여 높은 데 깃들이려 하며 자기 집을 위하여 부당한 이익을 취하는 자에게 화 있을진저"(합 2:9).

두 번째 화는 탐욕과 자기도취에 빠진 갈대아인들에게 선포되었다. "부당한 이익"의 근본적인 의미는 동양인들이 화폐를 거래할 때 은이나 다른 금속 조각을 깨뜨리는 것이다. 이것이 부당한 이익을 추구하는 사람들에게 적용되었다.

갈대아인들도 에돔처럼 공격을 피할 수 있는 안전한 기반 위에 나라를 세웠다. 이것은 사실 그대로 표현되어 있지 않으나 독수리의 이미지로부터 취한 것이다(욥 39:27; 렘 49:16; 옵 4). 신실하지 못한 압제자는 자신의 지위가 난공불락의 것이라고 생각하겠지만 그는 수없이 행한 약탈 때문에 자신의 영혼에 대해 죄를 지었고 자신의 멸망을 초래했다. 그는 스스로 하나님의 징벌을 초래한 것이다. 그가 자신의 영광을 위하여, 자신의 교만을 만족시키기 위하여 세운 생명 없는 건물들조차도 거기서 행해지는 불의 때문에 소리칠 것이다. 이것은 제국이 무너지듯이 붕괴됨을 나타내는 말은 아니다. 그러나 돌과 들보가 함께 소리쳐 죄와 피흘림을 고발할 것이다(창 4:10; 눅 19:40과 시 29:9).

세 번째 "화 있을진저"

세 번째로 포로들에 대한 포악한 압제 때문에 갈대아 정복자들에게 화가 선포된다. 그들의 성읍들은 피로 세워졌다. 왜냐하면 바벨론 왕이 웅장한 건물들을 세운 재화는 피 흘리는 전쟁을 통해 얻은 것이기 때문이다. 또 제국의 웅장한 건축물들을 세우는 데에는 포로들의 노동력이 동원되었다.

그러나 바벨론의 거만한 통치자들이 목적했던 바와는 달리 하나님은 정복민들의 노동으로 세워진 것들이 존속하지 못하도록 계획하셨다. 갈대아 제국을 멸망시킬 불에 모두가 타버릴 것이다. 따라서 그 역사役事는 아무 소용이 없게 되었다.

오래 전에 권력과 영광을 독차지하기 위해 한 왕국이 바벨론에 세워졌었다(창 10:10, 11:4). 그러나 그것은 사라져야 하고 대신에 하나님의 나라가 들어서야 한다(계 11:15). 바벨론 왕국은 하나님의 나라, 그리스도의 왕국에게 길을 내주어야 한다. 물이 바다를 덮음같이 하나님의 영광에 대한 지식이 땅에 가득 차게 되기 위해 이 세상 나라와 지배자들은 심판을 받고 멸망해야 한다. 세상을 창조하신 하나님의 목적은 세상이 하나님의 영광을 반영하게 하려 함이다(민 14:21; 사 11:9).

네 번째 "화 있을진저"

갈대아인들에게 임할 네 번째 화는 그들이 약한 이웃 나라들에게 행한 수치스런 일들을 고려한 것이다. 하박국 2장 15-16절의 "이웃에게 술을 마시게 하되 자기의 분노를 더하여 그에게 취하게 하고 그 하체를 드러내려 하는 자에게 화 있을진저 네게 영광이 아니요 수치가 가득한즉 너도 마시고 너의 할례 받지 아니한 것을 드러내라 여호와의 오른손의 잔이 네게로 돌아올 것이라 더러운 욕이 네 영광을 가리리라"는 비유적인 것으로 이해해야 할 것이다. 달리 말하자면 그들은 수치스럽고 부도덕한 부패에 관해 말하고 있다. 성경에서 술 취한 사람의 상태는 정복된 나라의 멸망을 나타내기도 한다(비교: 나 3:11). 여기에 나타난 사상은 권력과 정복을 추구하는 갈대아인들이 다른 나라들을 약탈 원정에 끌어들여 결국 모든 것을 잃고 수치를 당하게 했다는 것이다. 이 때문에 백성들을 꾀어 끌어들인 자들에게 더러운 욕이 임하고, 그들은 히브리인들에게 있어서 경멸의 극치를 나타내는 표현인 바 할례 받지 못한 자들과 같게 될 것이다. 때가 이르러 진노하시는 하나님의 보응의 잔이 바벨론인들에게 임할 것이다(렘 25:15).

그들이 팔레스타인을 황폐화시켰기 때문에 그들에게 심판이 선고되었다. 그들은 군사 원정 때문에, 그리고 기업들을 세우느라고 산을 벌거벗겼고 거기에 깃들이던 짐승들을 죽였다. 바벨론과 앗수르의 여러 왕들에 의해 기록되었듯이 오래 전부터 정복자들은 레바논의 삼림을 베어버리고 그 짐승들을 죽였다.

하박국 2장 17절 "이는 네가 레바논에 강포를 행한 것과 짐승을 죽인 것 곧 사람의 피를 흘리며 땅과 성읍과 그 안의 모든 주민에게 강포를 행한 것이 네게로 돌아오리라"는 삼림과 짐승들의 파괴에서부터 성읍들의 황폐화에 이르기까지 사악함의 절정을 나타내고 있다. 하박국 2장 8절의 땅과 성읍은 모든 나라를 말하며, 2장 17절의 땅과 성읍은 유다와 예루살렘을 언급한다.

다섯 번째 "화 있을진저"

> "나무에게 깨라 하며 말하지 못하는 돌에게 일어나라 하는 자에게 화 있을진저 그것이 교훈을 베풀겠느냐 보라 이는 금과 은으로 입힌 것인즉 그 속에는 생기가 도무지 없느니라"(합 2:19).

마지막으로 가장 큰 죄인 우상 숭배에 대한 화가 선포된다. 우상들이 전혀 쓸모 없음을 강력하게 나타내기 위해 선지자 하박국은 그것이 무슨 유익이 있느냐고 묻는다. 그것은 아무 소용이 없는 것들이다(사 44:9-10과 렘 2:11을 보라). 우상 숭배와 관련된 거짓 신탁들 때문에 우상은 거짓 스승이다. 말 못하는 우상에게 깨어나 도와달라고 소리치는 우상 숭배자는 얼마나 지각 없는 자인가. 선지자는 풍자적으로 조롱하면서 그 같은 것이 교훈을 베풀 수 있느냐고 묻는다. 우상은 금과 은으로 덮혀 세상적인 광채를 드러낼 수 있으나, 그 안에 생명은 없다.

구약성경의 선지자들은 우상 숭배의 미혹과 무분별함을 드러내기 위해

최선을 다했다. 우상은 아무것도 아니다. 그러나 하늘에는 살아 계시고, 모든 것을 감찰하시며, 통치하시는 하나님이 계시다. 하나님은 금과 은 아래 숨어 계시지 않고 하늘에 살아 계시며 전능하시며 보이지 않는 분이다. 그러므로 모든 나라들은 마땅히 하나님 앞에 엄숙하고 겸손하게 경배해야 한다(시 76:8-9; 습 1:7; 슥 2:13도 동일한 주제에 관해 숙고한다). 국가들도 개인들과 마찬가지로 조용히 하나님께 복종하고 그의 심판을 기다리는 것이 좋다.

"의인은 그의 믿음으로 말미암아 살리라."

이스라엘은 이 귀중한 선지자의 충고를 어떻게 듣고 주의를 기울여야 하는가. 의인은 조상들의 행위나 공로로 사는 것이 아니라 오직 메시야, 주 예수 그리스도를 예배하는 믿음으로 말미암아 산다. 유대인들은 조상으로 인하여 사랑을 받으나(롬 11:28), 자신들의 공로가 아니라 그들을 위하여 돌아가신 예수님의 공로로 구원을 얻는다.

선지자의 승리의 신앙

기도와 찬양의 시

하박국 1~2장에서 약속과 경고를 깨달은 선지자는 그의 책을 기도와 찬양으로 끝맺는다. 그는 하나님의 권능과 은총에 대한 과거의 계시를 회상한다. 그는 하나님의 백성을 속히 구원해 주시기를 간구한다. 그리고 변치 않으시는 하나님께 대한 굳은 신앙을 표현한다. 이 시와 병행되는 것이

신명기 33장 2–5절; 사사기 5장 4–5절; 시편 68편 7–8절; 77편 13–20절, 14절; 이사야 63장 11–14절에 나타난다.

이 송시頌詩는 도입부, 종결부, 그리고 하박국 3장 3절, 9절, 13절에 있는 "셀라"라는 음악적 부호에서 알 수 있듯이 공적 예배를 위해 쓰였다. 이것은 가장 장엄하고 숭고한 하나님의 말씀 중 하나로 여겨지고 있다. 하박국 3장은 시편 102편 1절에서 "시"를 나타내는 표현으로 사용된 『기도』라는 표제를 붙이고 있다. 이것은 일반적으로 경건한 것을 언급하는 데에 사용된다. 이 시는 시편 7편에도 (단수 형태로) 나타나는 시기오놋shigionoth에 맞추어져 있다. 시기오놋이란 "애가의 형태를 따라서," "노래," "춤," "승리의 노래" 등 여러 가지로 번역되는데, 노래의 반주에 관한 것임은 확실하다. 이 단어는 "실수하다"를 뜻하는 동사에서 파생되었으므로 열광적으로 불리는 노래, 즉 개선가의 하나일 것이다.

하박국이 그의 예언서 각 장의 첫머리에서 자기의 마음을 어떻게 표현하는지를 살피는 것은 흥미 있는 일이다. 그는 유다의 슬픈 영적 쇠퇴를 바라보는 피동적인 구경꾼도 아니며, 망루에서 기다리면서 수동적으로 하나님이 말씀하시는 해결책을 받는 파수꾼도 아니다. 그는 각 장의 서두에서 자기 마음의 상태를 드러내어 표현하여 우리 모두에게 깊은 감동을 준다.

갈대아인들의 유다 공격과 갈대아에 대한 하나님의 보응에 대한 하나님의 계시, 즉 2장에 있는 하나님의 대답은 하박국을 불안하게 하고 그의 마음을 공포와 두려움으로 가득 차게 했다. 따라서 그는 기도의 문을 찾아 수년 내에 하나님의 일을 부흥하게 해달라고 하나님께 요청한다. 하나님의 선지자는 하나님께서 오래전부터 자기 백성의 편에 개입하셨듯이 강한 능력을 다시 나타내심으로써 이스라엘에게는 하나님의 은총을, 그 적들에게는 심판을 나타내시게 하려 한다.

세월은 흐르고 이스라엘은 여전히 고통을 겪는 동안 하나님은 경험적인 증언을 통해 하나님의 권능의 행위가 행해지고 있음을 알게 해달라는 탄원을 받으신다. 하나님은 유다와 갈대아 모두에 대한 진노 속에서도 긍휼을 잊지 마시라는 탄원을 받으신다. 백성들은 하나님께 심판과 긍휼을 아울러 베풀어 주시기를 기원한 것이다. 3장 2절에서 시편의 주제와 기도자의 마음을 보게 된다. 간단히 말해 하박국은 하나님께서 과거처럼 자기 백성을 위해 주시기를, 즉 징계를 하시는 중에도 그 백성의 구원을 기억하시기를 기도한다.

영광 중의 하나님

하박국 3장 3-15절에서 선지자는 과거의 사건들로부터 취한 표징으로 미래의 구원을 장엄하게 묘사한다. 여기에서의 배경은 출애굽과 시내산에서의 사건에 대한 추억이다. 애굽에서 이스라엘을 구원하실 때 자신을 계시하셨듯이 하나님은 자기 백성 중 신실한 자들을 민족들 중의 압제자들로부터 구원하려 나타나실 것이며, 애굽 땅에서처럼 그 적들을 심판하실 것이다.

이 구절이 하나님의 영광스러운 나타나심, 즉 신현현神現顯이 아니라 사막에서 불어오는 폭풍을 묘사한다고 주장하는 비평가들은 자신의 영적 통찰력의 결핍을 드러내는 것이다.

하박국 3장 3절의 첫 동사가(3장 15절까지의 모든 동사도) 마치 하박국이 자신을 이스라엘이 애굽에서 구원되는 사건이 벌어진 과거에 위치시키는 것처럼 과거로 번역되어서는 안 된다. 과거 하나님께서 이스라엘 백성 중에서 그들을 위한 놀라운 일을 행하시고 계약을 맺기 위해 시내 산에서 그들에게 임하셨듯이 그들을 적들로부터 해방시키기 위해 다시 오실 것이기 때문에 그것은 미래의 의미에서 "오실 것이다"로 번역되어야 한다.

데만은 에돔의 큰 성읍 중 하나였다. 이 나라의 소도로서 에돔 남단에 위치한 큰 성읍이었을 것이다. 그러나 여기서는 이두매 전역을 나타내는 말로 쓰였다. 바란은 골 계곡을 사이에 두고 데만을 마주보는 위치에 있었다(왕상 11:18은 이곳이 미디안과 애굽 사이에 있는 것으로 지적하고 있다).

"셀라"는 음악 반주의 높임, 즉 음악적 강세를 나타낸다. 이것은 잠시 쉬어 명상할 수 있게 한다. 이 부호는 시편에 70회, 하박국 3장에서는 3회 나타난다. 현시顯示된 하나님의 영광이 하늘을 덮고 하나님에 대한 찬양이 땅에 가득하다. 모든 피조물은 하나님의 광채를 반영한다. 빛은 하나님의 옷이다(시 104:2). 그 광명은 태양 빛과 광선이 하나님을 휩싸고 있는 것 같다. 광선이라는 단어는 지평선 위로 떠오르는 태양의 빛을 작은 영양羚羊에 비유하여 "뿔"을 의미하는데, 아랍의 시에도 나타난다. 그 광명 안에 하나님의 권능이 숨어 있다. 광채는 실제로 영광스럽고 보이지 않으시는 하나님을 감춘다. 우리 하나님은 스스로 숨기시는 하나님이시다(사 45:15; 요 1:18; 고후 4:6). 그는 빛이 충만하시다. 우리 하나님은 영광의 하나님이시다.

권능의 하나님

하나님 앞에서 전염병이 이스라엘의 적들에게 임하고 혹사병이 사막의 불같이 퍼져 나갔듯이 하나님은 장차 자신을 드러내실 것이다. 요한계시록 6장에 따르면 주께서 눈에 보이는 모습으로 세상에 오시기 전에 재앙과 재난이 선행한다고 한다.

이제 하박국은 하나님께서 그 행진을 멈추시고 세상에 대변동이 있게 하신다고 묘사한다. 하나님께서 서셔서 모든 것을 감찰하시는 눈으로 세상을 판단하신다. 하나님의 손은 저항할 수 없는 권능으로 여러 나라들을 치고 압도하신다. 하나님의 권능으로 높은 것으로 창조된 산들조차 먼지처럼 흩어지고 오래된 언덕들도 경배하고 순종하듯 허리를 굽힌다. 하나님의 장엄하신 임재 앞에 모든 것이 평평해진다. 하나님의 길은 영원하다. 하나님은 시간과 모든 피조물 안에서 역사하시지만, 그 모든 것을 초월하시는 분이다. 하나님께서 어디를 가시든 권능이 뒤따른다.

나라들의 두려움

이스라엘이 가나안에 들어갈 때 하나님께서 함께하셨으므로 여러 나라들은 공포에 떨었다. 이와 똑같은 사건이 선지자의 시대에도 있을 것이다. 구산의 백성은 대경실색을 할 것이다. 칼빈은 이 명칭을 사사기 3장 8절, 10절에 있는 메소보다미아 왕 구산-리사다임에 관련시켰으나, 이것은 구스나 에디오피아의 백성을 의미한다.

두려움이 미디안 땅, 에디오피아의 맞은편에 있는 홍해 연안의 아라비아 사람들을 사로잡았다. 장막과 휘장은 유목민 생활과 이 지역에 거하던 백성을 나타낸다. 여기서 선지자는 생생하고 강한 어조로 하나님께 직접 이야기한다. 하나님께서 나아가실 때 강과 바다가 물러난다. 홍해와 요단강이 말라 이스라엘은 발을 적시지 않고 건너갈 수 있었다. 하나님께서 하나의 강, 하나의 바다에 행하셨던 일을 다른 모든 것에도 행하실 수 있다.

하박국 3장 8절 "여호와여 주께서 말을 타시며 구원의 병거를 모시오니 강들을 분히 여기심이니이까 강들을 노여워하심이니이까 바다를 향하여 성내심이니이까"의 시적인 질문들은 하나님의 길이 바다에서나 땅에서나 얼마나 능력이 많은지를 드러내 준다. 하나님께서 타신다고 묘사한 구원의 말과 병거는 천사들이 아니라 폭풍우, 즉 구름과 바람을 의미한다(시 104:4를 보라).

하나님은 활을 꺼내어 대적하는 자들의 머리와 가슴에 쏘셨다. 하박국은 하나님께서 자기의 목적을 달성하기 위해 활을 얼마나 완전하게 꺼냈는지를 강조적인 표현으로 묘사한다.

하나님은 과거에 행하셨던 일을 앞으로도 행하실 것이다. 하박국 3장 9절 "주께서 활을 꺼내시고 화살을 바로 쏘셨나이다(셀라) 주께서 강들로 땅을 쪼개셨나이다"에서 상반절은 분명한 반면 하반절은 모호하다. 이 부분은 히브리어로 세 마디밖에 안 되나 아직까지 만족스럽게 설명되지 않고 있다. 어느 훌륭한 구약학자는 이 구절들이 백여 가지가 넘게 번역되었음을 밝혀주었다. 이처럼 다양한 견해가 있기 때문에 여기서 어느 것이 표준이라고 주장하는 것은 무모한 일이다. 우리는 그저 보다 그럴듯한 것을 지적하는 일로 머무를 수밖에 없다. 미국 표준역ASV에 따르면 자기 백성을 위한 하나님의 초자연적인 개입은 한 시대에만 있었던 일이 아니며, 하나님의 맹세에 따라 장래에도 이스라엘을 구원하시기 위해 개입하신다고 한다. 그와 같은 진술은 이스라엘의 대적들에 대한 하나님의 응징에 관한 묘사로부터 일탈하는 것이지만 옳다. 그러나 이 절에 대한 미국 표준역의 난외주가 더 낫다고 볼 수 있다. "당신께서 응징의 말씀을 맹세하셨나이다"는 하나님께서 장엄한 맹세에 따라 자신의 적들에 대한 복수를 예고하셨다는 의미를 지닐 것이다(비교: 신 32:40-42).

하나님께서 진노하신 결과 땅 자체도 떨어 속으로부터 물이 솟아 오르고 땅이 흔들려 바닷물이 땅에 쏟아져 강들이 넘친다. 하박국 3장 10절 "산들이 주를 보고 흔들리며 창수가 넘치고 바다가 소리를 지르며 손을 높이 들었나이다"는 만군의 하나님께서 행차하심으로 일어나는 지진에 대해 계속 묘사한다. 산들은 땅 위에 높이 솟아 올라 있기 때문에 하박국은 3장 6절에 언급된 것을 다른 형태로 반복하고 있다. 깊은 곳에서 물이 요란하게 솟아나는 것은 떠드는 소리에 비유되었고, 바다의 파도를 바다가 손을 드는 것으로 표현하였다. 권력에 정신이 빠진 이 시대에 우리는 권능이 오직 하나님께만 속한다는 사실을 기억해야 한다.

자기 백성을 위한 하나님의 개입

하박국 3장 11절 "날아가는 주의 화살의 빛과 번쩍이는 주의 창의 광채로 말미암아 해와 달이 그 처소에 멈추었나이다"에서 해와 달이 하늘에서 각각 그 자리에 머물렀다는 기브온의 기적이 언급되었다(수 10:12). 하나님은 놀라운 일을 땅 위에, 나라들 사이에, 바다에, 그리고 하늘에도 행하셨다.

화살은 하박국 3장 9절에서처럼 하나님의 진노의 도구인 번개로 보는 것이 좋을 것이다. 진노하신 하나님은 땅을 지나 행차하셨으며, 분노하신 하나님은 나라들을 치셨다. 비슷한 표현으로 이사야 63장 1-6절을 보라.

하박국 3장 13절 "주께서 주의 백성을 구원하시려고, 기름 부음 받은 자를 구원하시려고 나오사 악인의 집의 머리를 치시며 그 기초를 바닥까지 드러내셨나이다"에서 이렇게 하나님의 권능과 진노가 드러난 목적을 아무도 의심하지 않게 하기 위해 하박국은 간결하게 하나님께서 자기 백성의 구원을 염두에 두셨다고 말한다.

“기름 부음 받은 자”에 대해서는 두 가지 해석이 있다. 이것이 이스라엘을 말하는 것으로 보아 “당신의 백성”과 같은 말로 이해하는 사람들이 있다. 또 어떤 사람들은 “기름 받은 자”를 하나님께서 자기 백성을 구원하시기 위한 도구, 대행자로 쓰실 하나님의 왕, 메시야로 이해하기도 한다.

전자의 견해는 시편 105편 15절의 지지를 받고 있으나, 많은 구절들은 후자의 입장을 확증하고 있다. 만일 이 구절이 (한 유형으로서) 악인이 집 머리를 친 과거의 사건에 관한 것이라면 가나안의 왕들 중 하나를 암시한다. 그러나 선지자가 미래에 관해 이야기하고 있다면 갈대아 왕을 의미한다고 보는 것이 적절하다. 기초를 끝까지 드러냈다는 묘사는 우화적인 것으로서, 집이란 갈대아 왕조를 의미한다.

하박국 3장 14절 “그들이 회오리바람처럼 이르러 나를 흩으려 하며 가만히 가난한 자 삼키기를 즐거워하나 오직 주께서 그들의 전사의 머리를 그들의 창으로 찌르셨나이다”에서 하박국은 자신을 이스라엘과 동일시하여 하나님께서 자기 땅을 침범하는 자들을 어떻게 처리하실지를 묘사한다. 자기들끼리 서로 파괴시킴으로써(삼상 14:20; 대하 20:23-24의 경우와 같이) 방어력이 없는 자들을 강도처럼 약탈하고 기뻐하던 적은 자신들의 무기로 인하여 몰락할 것이다. 여기서 가난한 자는 이스라엘을 말한다.

선지자는 이 시의 말미에서 하나님의 놀라우신 행위를 반복하여 노래함으로써 바다와 큰 물결을 밟으시던 일, 즉 홍해를 건넌 일을 회상한다(출 14장). 우리 하나님과 같은 하나님이 어디 있는가?

하박국의 공포와 신뢰

> "내가 들었으므로 내 창자가 흔들렸고 그 목소리로 말미암아 내 입술이 떨렸도다 무리가 우리를 치러 올라오는 환난 날을 내가 기다리므로 썩이는 것이 내 뼈에 들어왔으며 내 몸은 내 처소에서 떨리는도다"(합 3:16).

일련의 사고思考는 하박국 3장 16절에 완성되어 3장 2절의 주제로 되돌아간다. 하박국은 아직도 장차 백성들에게 임할 고통에 대한 두려움과 공포로 가득 차 있다. 그는 조국이 갈대아 침입자들에 의해 짓밟힐 것을 알고 그것을 심각하게 느끼고 있다. 하나님의 백성에게 필연적으로 임할 공격을 기다리고 지켜보는 것은 참으로 견디기 힘든 일이다. 그러나 하나님과 하나님의 길, 그리고 하나님의 약속에 대한 친밀한 대화와 명상을 통해 그는 공포뿐만 아니라 신뢰도 가질 수 있었다.

복잡하게 얽힌 인생 문제들에 대한 하나님의 대답을 구하는 것은 무익한 영적 훈련이 아니다. 그리함으로써 다가올 난관에도 불구하고 확고부동한 신뢰가 우러나온다. 비록 대적이 들어와 무화과나무와 감람나무를 망가뜨리고, 밭을 짓밟고, 우리에서 양 떼를, 외양간에서 소 떼를 약탈해 갈지라도 하박국은 여호와로 말미암아 즐거워하며 구원의 하나님을 인하여 기뻐할 것이다. 여호와 하나님이 친히 그의 힘과 능력이 되셔서 그가 땅 어디를 가더라도 그로 하여금 풍성한 생명력을 가지고 모든 난관을 극복할 수 있게 하신다.

하나님은 갈대아인들이 아무리 황폐케 해도 견뎌낼 수 있는 위안을 자기 종에게 주신다. 그는 시련의 때에 마음의 평정을 느낄 뿐만 아니라 온 땅이 황폐화 되었음에도 불구하고 기뻐할 것이다. 이것은 성경에 기록된 중에서 가장 강력하게 나타난 신앙의 능력의 하나이다. 이처럼 새롭게 되고 기뻐하는 힘을 갖게 된 선지자는 사냥개도 쫓아가지 못할 정도로 빨리 달리는 사람같이 될 것이다.

음악적인 부호로 볼 때 이 시는 성전 의식에 쓰였음을 알 수 있다. 이 시의 말미末尾에 "내"라는 표현이 있다고 해서 하박국 자신이 레위인의 직책을 수행했다고 확신할 수는 없다.

이 예언의 결론과 서두에 하박국을 압도했던 당황감 사이의 대조를 눈여겨 보라. 그는 모든 문제에 충분한 대답을 하나님 안에서 찾았다. 그는 축복된 일이 하나 없어도 하나님을 신뢰할 것이다. 이것은 지금 우리가 살고 있는 시대에 참으로 적절한 말씀이다.

"주의 백성을 구원하시려고"

이 말은 참으로 의미가 깊으며 하나님께서 택하신 이스라엘을 다루시는 하나님의 목적을 잘 요약하고 있다. 하나님은 과거에 즉 애굽에서, 광야길을 가는 동안, 가나안 땅에서, 바벨론 포로생활에서, 박해받을 때 이러한 목적을 위해 많은 일을 행하셨다. 그러나 무엇보다도 이스라엘의 메시야, 주 예수 그리스도께서 그들의 죄 때문에 자신을 내주시려고 갈보리에서 행하신 일이 가장 위대하다.

제12장

스바냐: 여호와의 날

온 세상의 심판

인물과 그의 메시지

"스바냐"라는 이름은 "하나님께서 숨기신다," 혹은 "하나님께서 숨기신 사람"을 의미한다. 스바냐의 생애에 대해서는 스바냐 1장 1절 외에는 별로 알려져 있지 않다. 이 예언의 표제에 있는 족보에는 4세대가 기록되어 있다. 이만큼 족보를 소급해 올라간 선지자는 없었다. 구약성경에서 특별한 경우가 아니고서는 조부 이상의 조상을 밝힌 일이 흔치 않다. 그는 왕족 출신으로서 신실한 왕 히스기야의 현손이었다. 이 견해에 반대하여 제기되는 논쟁은 신빙성이 없다.

이 선지자는 나훔보다 반 세기 정도 늦은 요시야의 통치 시대에 활동했다. 므낫세와 아몬은 하나님을 알지 못하는 왕들이었으나 요시야는 하나님을 경외하는 통치자였다(왕하 22장). 이 책을 연구하는 사람들은 대부분

스바냐가 활동하던 때에 요시야의 개혁이 시작되었다고 본다(대하 34:3-7).

B.C 621년(이 당시 열 지파는 이미 1세기 동안 포로 상태에 있었다) 유다에서 일어난 개혁은 소수의 "남은 자"들에게만 영향을 끼쳤고, 대부분의 이스라엘 백성들은 스바냐 1장과 예레미야의 예언에 묘사된 상태에 있었다. 후자에 있어서 모든 것이 외형적이고 형식적이어서 개혁에 대한 강한 반발이 따랐다. 백성의 죄는 심판을 받을 만큼 무르익었다. 스바냐가 요시야의 개혁을 언급하지 않은 것은 이상한 일이다.

스바냐는 선지자의 기준을 적용하기가 매우 어려운 사람 중의 하나로 여겨져 왔으나 그의 메시지는 분명한 초점, 즉 여호와의 날이라는 초점을 가지고 있다. 그는 구약성경의 어느 선지자보다 이 표현을 더 많이 사용한다. 스바냐 1장에서 그는 특히 유다에 중점을 두고 심판의 말을 선포한다. 2장에서는 회개에 대한 권면을 한 후 몇 민족들의 심판을 예고한다. 3장에서는 예루살렘의 심판에 대하여 짧게 언급한 후, 마지막 날에 이스라엘의 회복된 남은 자들이 누릴 영광을 약속한다. 세상의 심판과 하나님의 백성에 대한 최종적 구원에 관한 그의 예언은 포괄적이다.

16세기의 어느 작가는 "선지자들의 모든 비밀스런 신탁의 요약을 원하는 사람은 짧은 스바냐서를 읽으라"고 말했다. 그의 예언에는 초기 선지자들의 메시지와 유사한 점들이 있다. 비슷한 표현들이 이사야와 스바냐 사이에서 발견되며, 그리고 예레미야와 스바냐 사이에는 더 많이 발견된다. 스바냐 시대에 있어서 이스라엘의 적은 나훔이나 다른 선지자들의 시대에서처럼 앗수르가 아니라 갈대아인이었다.

보편적 심판

스바냐는 보편적 멸망을 선포함으로써 예언을 시작한다. 하나님은 인간이든 짐승이든 모든 것을 지면에서 진멸하실 것이다. 하늘의 새와 바다의 물고기까지도 동일한 재앙을 받게 된다. 짐승, 새, 물고기 등도 인간들과 같은 이해관계를 지니고 있고 똑같이 고통을 당한다. 이처럼 자세하게 거론하는 목적은 공포와 징벌의 보편성을 표현하려는 것이다. 하나님께서 모든 것을 완전히 멸하실 것이다. 세계사에 있어서 인간의 죄로 인한 보편적 멸망은 과거에도 있었다(창 6:7). 특히 하나님은 악인들을 그들의 걸림돌—우상과 우상 숭배의 의식들—과 함께 벌하실 것이다(겔 14:3-4, 7).

스바냐 1장 2-3절에는 보편적으로 자연에 대해 심판이 선포되는데, 1장 4-6절에서는 그 심판이 하나님의 뜻에 대한 계시를 받은 사랑받은 유다와 예루살렘에 제한된다. 온 세상에 대한 심판은 최종적으로 유다와 예루살렘에 떨어질 것이다.

> "내가 유다와 예루살렘의 모든 주민들 위에 손을 펴서 남아 있는 바알을 그곳에서 멸절하며 그마림이란 이름과 및 그 제사장들을 아울러 멸절하며 또 지붕에서 하늘의 뭇 별에게 경배하는 자들과 경배하며 여호와께 맹세하면서 말감을 가리켜 맹세하는 자들과 여호와를 배반하고 따르지 아니한 자들과 여호와를 찾지도 아니하며 구하지도 아니한 자들을 멸절하리라"(습 1:4-6).

스바냐 1장 4-6절은 조악하고 외적인 우상 숭배에서 발전되고 내적인 우상 숭배로 진행되는 것을 보여준다. 하나님께서 유다와 예루살렘에 손을 펴실 것이라는 예고는 하나님의 특별한 응징 행위를 의미한다. 바알 숭배는 뿌리 뽑혀 멸절할 것이다. 바알이란 가나안의 신으로서 이미 사사 시대에 배교한 이스라엘인들에 의해 숭배되었었다(삿 2:13).

므낫세의 통치 시대는 바알 숭배로 악명이 높았다(왕하 21:3, 5, 7; 대하 33:3, 7). 그러나 신실한 왕 요시야는 이 우상들을 파괴했다(대하 34:4). 바알과 관련된 여신은 아스다롯이다. 이것은 자연숭배로서 부도덕한 행위들로 가득 차 있었다. 바알의 남아 있는 것이란 일반적으로 바알과 우상 숭배로부터 남아 있는 것을 의미한다. 스바냐 1장 4절로부터 추론하여 요시야의 개혁이 이미 시작되었고, 그 나라에 만연한 우상 숭배에 제재가 가해졌다는 주장도 있다. 바알에 대한 신실하지 못한 숭배는 그 마지막 흔적까지 진멸될 것이다. 이것은 바벨론 포로 생활이 끝난 후에 유다에서 성취되었다.

그마림이란 이름 자체도 사라질 것이다. 그들은 우상 숭배하는 바알의 제사장들로서(호 10:5) 요시야가 멸절시켰다(왕하 23:5). 그마림의 히브리어 어원은 "검은"(그들이 입은 검은 옷에서 유래됨) 혹은 "열정적인"(그들의 열광적인 우상 숭배에서 유래됨)을 의미한다. 스바냐 1장 4절에 언급된 다른 제사장들도 겉으로는 하나님의 제사장이지만 백성의 영적 방종에 주의를 기울이지 않았다.

심판받을 것으로 지적된 또 하나의 유다 계층은 지붕 위에서 하늘의 일월성신을 숭배한 자들이다. 이러한 일은 하늘을 분명하게 볼 수 있는 평평한 지붕 위에서, 주로 번제의 제단 곁에서 행해졌다(비교: 렘 8:2, 19:13, 32:29). 이 숭배는 사비아니즘Sabeanism이라 불렸는데 동양에서 꽤 오래 전부터 유행했었다. 모세는 이것에 대해 신명기 4장 19절에서 경고했다. 그럼에도 불구하고 이것은 이스라엘에 널리 행해져서 실질적으로 모든 집이 우상의 성소가 되었다(왕하 21:3, 5, 23:5-6; 렘 7:17-18, 44:17-19, 25을 보라).

이 외에도 유다에는 이것도 저것도 아닌 절충적인 숭배가 있어 하나님을 말감(몰록 神, 암 5:26), 밀곰(암몬인의 神, 왕상 11:33)과 함께 섬겼다.

끝으로 회개하라는 요시야의 권면에 처음에는 주의를 기울였으나 되돌아간 사람들과, 처음부터 전혀 주의를 기울이지 않은 사람들이 지적되어 있다. 이것들이 유다의 사악함에 대해 의로운 진노를 발하시는 살아 계신 하나님의 고발장의 세부 목록이다. 온갖 형태의 죄악이 언급되고 기록되었다. 우리와 관계를 갖고 계시는 하나님 앞에 모든 것이 적나라하게 드러난다.

유다에 임할 재앙

스바냐는 앞에서 제시한 심판에 관해 상세하게 말하기 전에 먼저 모두 여호와 앞에 잠잠하라고 외친다(합 2:20). 그는 여호와의 날, 심판의 날이 가까웠다고 선포한다. 일련의 과정인 예비 심판들을 거쳐 여호와의 날을 말하고 있다(욜 1:15; 옵 15절). 스바냐 1장 7절 "주 여호와 앞에서 잠잠할지어다 이는 여호와의 날이 가까웠으므로 여호와께서 희생을 준비하고 그가 청할 자들을 구별하셨음이니라"에서 다루고 있는 특별한 희생은 하나님의 백성 유다에 일함 심판이며, 구별되어 청請해진 사람들은 갈대아인들이다(사 13:3, 34:6; 렘 46:10; 겔 39:17을 살펴보라). 이 마지막 때의 장면은 요한계시록 19장 17-18절에 묘사되어 있다. 하나님께서 이방 바벨론인들을 성별하셔서 희생제사 드리는 제사장으로 쓰시는 이 심판은 얼마나 견디기 어려운 것이겠는가.

> "여호와의 희생의 날에 내가 방백들과 왕자들과 이방인의 옷을 입은 자들을 벌할 것이며"(습 1:8).

첫 번째 심판은 이교도들의 관습을 좇아 행한 방백들과 왕자들에게 선포된다. 그들은 악을 버리고 의로운 지도자가 되었어야 했다. 이방의 관습을 좇고 백성을 압제한 왕가王家에 심판이 임할 것이다.

"왕자들"이란 요시야의 아들들을 의미하는 것이 아니다. 요시야에게는 그와 같은 죄를 범할 만큼 나이 든 아들들이 없었다. 여기에서 언급하고 있는 것은 이 예언이 성취될 때 통치할 왕가의 왕자들이나 왕의 아들들이다. (시드기야의 아들들이 살해되고 시드기야는 눈이 뽑히는 열왕기하 25장 7절과 예레미야 39장 6절을 비교해 보라.) 요시야 왕은 신실한 생활을 하여 심판을 벗어났기 때문에 여기에 포함되지 않는다.

"이방인의 옷"이란 멀리 이교도 땅에서 들여와 이스라엘의 신실하지 못한 자들이 우상들을 숭배할 때 입던 이상한 의복을 의미한다고 보는 사람들이 있다. 이방인의 의복과 함께 이방의 관습과 예배, 특히 우상 숭배가 들어왔다.

스바냐 1장 9절 "그 날에 문턱을 뛰어넘어서 포악과 거짓을 자기 주인의 집에 채운 자들을 내가 벌하리라"는 성읍의 동료 백성을 약탈하고 늑탈하는 사람들에 대한 심판을 지적한다. 사무엘상 5장 5절에 따르면 문턱을 뛰어넘는 일은 아스돗의 다곤 숭배에서 행해지던 일이었다. 그래서 어떤 사람들은 스바냐가 여기에서 우상 숭배의 의식을 비난하고 있다고 생각한다. 그러나 이 절의 끝 부분을 보면 이러한 견해를 계속 주장할 수 없다. 여기에 언급된 것은 남의 재산을 약탈하여 주인들을 더 부유하게 하기 위해서 급히 불려온 부자의 종들이 지닌 열심이다. 그들은 가난한 사람들의 집에 들이닥쳐 재산을 약탈하였다. 이리하여 부유한 자들의 집은 폭력과 사기로써 얻은 재물로 가득 찼다.

> "나 여호와가 말하노라 그 날에 어문에서는 부르짖는 소리가, 제 이 구역에서는 울음 소리가, 작은 산들에서는 무너지는 소리가 일어나리라 막데스 주민들아 너희는 슬피 울라 가나안 백성이 다 패망하고 은을 거래하는 자들이 끊어졌음이라"(습 1:10-11).

스바냐 1장 10-11절에는 사악한 행실로 인해 부유해진 정직하지 못한 상인들에 대한 경고가 있다. 느부갓네살의 침입 때 예루살렘이 당할 고통이 여기에 묘사되어 있다. 성읍의 구석구석이 그 영향을 받을 것이다. 어문魚門은 성읍의 북편에 있었는데 공격받기 쉬운 곳이었다. 느부갓네살은 이 문을 통해 침략했다. 어문이라는 명칭은 디베랴 호수와 요단 강에서 잡아 온 물고기가 팔리는 어시장이 가까이에 있었기 때문에 붙여진 것이다. 이 문은 오늘날 "다메섹 문"이라고 불린다. 제2구역이란 여선지 훌다가 살았던 곳으로서 아그라 언덕에 있는 지역이다(왕하 22:14). 어문에서는 부르 짖는 소리가, 제2구역에서는 울음 소리가, 그리고 시온, 모리아, 오벨의 작은 산들에서는 무너지는 소리가 이어진다. 스바냐 1장 10절은 적들이 성읍의 가장 높은 곳까지 점령하는 과정을 나타낸다.

막데스라고 번역된 말은 반줄을 의미하는 것으로서 고유명사가 아니다.

최근 지도에는 이 장소가 나타나 있지 않다. 이것은 예루살렘의 어느 골짜기에 있는 지역으로 생각되는데—어떤 사람들은 두로뵈온Tyropoeon 계곡이라고 여긴다—여기에서 상인들이 장사했다. 하나님은 자기 백성을 옥수수를 빻아 반죽을 만들듯이 심판하실 것이다. 여기서 언급된 가나안 백성은 가나안이나 베니게 사람들처럼 장사하는 유다의 상인들이다. 호세아 12장 7절에서도 동일한 표현을 쓰고 있다. 그들의 부富는 그들과 함께 멸망할 것이다.

다음으로는 사악하여 무관심한 사람들에게 심판이 임한다. 스바냐는 하나님께서 등불을 가진 사람처럼 은밀하게 감추어진 사악함까지도 찾아내실 것이라고 예고한다. 심판은 찌꺼기같이 가라앉은 사람—무관심하고 나태한 사람을 이르는 말—을 찾아내어 그에게 임할 것이다(렘 48:11). 발효된 액체를 흔들지 않고 오래 두면 표면에 단단한 껍질이 생긴다. 이와 같이 그들은 무관심이라는 타성에 젖어 마치 하나님께서 복도 재앙도 내리지 않으시듯이 우주에서의 하나님의 섭리와 세상에서의 하나님의 활동을 부정한다. 그 같은 사악함과 오만 때문에 하나님은 그들에게 율법의 저주를 퍼부으실 것이다. 그들은 자신의 부, 집, 포도원 등을 즐기지 못할 것이다. 이에 대해 레위기 26장 32-33절; 신명기 28장 30절; 아모스 5장 11절; 미가 6장 15절을 보라.

여호와의 날

요시야의 신실하지 못한 후계자들이 통치할 때 당한 모든 재앙은 여호와의 날에 있을 궁극적 재앙의 한 단계, 혹은 그 예시豫示이다. 소선지서 중에서 이날에 관해 상세히 다룬 책은 요엘서이다. 그날은 그 무서운 결과 때문에 "크다"고 일컬어진다(욜 2:11). 갈대아인들의 공격이 엄청나기 때문에 힘 있는 자들조차도 낙심하고 절망적인 슬픔에 빠진다(사 66:6). 스바냐 1장 15–16절에는 그날의 음울함과 공포를 강조한 묘사가 기록되어 있다.

> "그날은 분노의 날이요 환난과 고통의 날이요 황폐와 패망의 날이요 캄캄하고 어두운 날이요 구름과 흑암의 날이요 나팔을 불어 경고하며 견고한 성읍들을 치며 높은 망대를 치는 날이로다"(습 1:15–16).

1250년 세라노의 토마스는 스바냐 1장 15절을 근거로 유명한 심판의 노래 "그날은 심판의 날이라" dies irae, dies illa를 지었다. 그날은 분노, 환난, 고통, 황폐, 패망(황폐와 패망이라는 히브리 말은 sho'ah와 umesho'ah로서 파괴되는 의성어와 같다), 캄캄함, 어둠, 구름, 흑암, 나팔, 견고한 성읍과 높은 망대에 대한 경고의 날이다.

곤고한 재앙으로부터 피할 길을 찾지 못한 유다의 백성들은 맹인처럼 다닐 것이다(신 28:29). 그들의 피와 살은 가치 없는 먼지와 쓰레기처럼 쏟아질 것이다. 이러한 파국의 때에 금이나 은은 거룩하신 하나님의 진노로부터 살아남는데 전혀 도움이 되지 못할 것이다. 하나님의 불 같은 심판이 온 땅을 태워버리고 그 땅에 살던 모든 주민들에게 슬픈 종말을 가져올 것이다. 하나님의 심판은 두려운 것이다. 그러나 죄인들에게 나타내신 하나님의 은총은 말할 수 없이 달콤하다.

하나님을 찾지 않는 사람들

요시야 왕과 스바냐 선지자의 시대에 유대에는 악한 무관심 때문에 하나님을 찾지 않는 사람들이 있었다. 하나님의 구원하시는 은총의 메시지가 명백하게 주어지지 않았으므로 하나님을 찾지 않았을 수도 있다. 바울은 로마서 10장에서 복음의 메시지가 전파되어야만 하나님을 찾게 될 것이라고 말하였다.

심판은 누구에게나 임한다

회개하라는 외침

스바냐 1장에서 심판이 무섭게 제시되었으므로 독자들은 이야기가 다 끝나고 더 이상 말할 것이 없다고 느낄 수도 있다.

하나님은 다가올 심판과 아울러 그 재앙에서 벗어날 수단도 반드시 선포하신다. 따라서 2장은 하나님의 백성에게 회개하라는 간절한 권고로 시작된다. 스바냐는 이 회개에로의 부름에서부터 나아가 이스라엘의 주변 국가들, 특히 이스라엘을 괴롭힌 나라들에 대한 심판을 예고한다.

> "수치를 모르는 백성아 모일지어다 모일지어다"(습 2:1).

스바냐는 그 백성들에게 모이라고 요청한다. 이것은 동일한 동사를 반복함으로 강조되어 있다. 여기에서 "모이다"라는 것은 지금까지 지적되어 온 것처럼 한 데 모여 용기를 얻으라거나 그들의 생각을 모으라는 것이 아니라, 종교적 집회에 함께 모여 기도를 통해 하나님께서 심판의 뜻을 돌이키시도록 하나님의 은혜를 간구하라는 뜻이다(욜 2:16). "모이다"라고 번역된 단어는 보통 나무토막이나 땔감을 모은다는 뜻이지만 여기에서는 사람들이 모이는 것을 말한다.

유다는 그 죄 때문에 수치를 모르는 백성이라고 경멸적으로 불린다. 그들은 계속된 범죄에서 물러서지 않았다. 그것은 어떤 사람들이 생각하듯이 그들에게 바람직한 것이 없었다든가 그 백성에게 하나님 앞에 칭찬받을 일이 없었다는 뜻이 아니라 그들이 전혀 부끄러워하지 않았다는 뜻이다. 죄는 항상 죄에 대한 감각을 마비시킨다.

그러나 더 이상 지체할 시간이 없다. 명령이 곧 시행될 듯이 다가왔기 때문이다. 여기에서의 명령은 하나님께서 이 나라의 죄인들을 심판하기로 결심하신 것을 의미한다. 회개의 날은 훌륭한 기회이지만 강한 폭풍에 날아가는 겨처럼 신속하게 지나간다. 그러므로 이 기회를 빨리 이용해야 한다. 이날이 지나가면 여호와의 무서운 진노의 날이 임한다. 여호와, 공의, 겸손을 찾으라는 외침이 세 번 나온다.

> "여호와의 규례를 지키는 세상의 모든 겸손한 자들아 너희는 여호와를 찾으며 공의와 겸손을 구하라 너희가 혹시 여호와의 분노의 날에 숨김을 얻으리라"(습 2:3).

스바냐 2장 3절에서는 분명히 이스라엘의 남은 자들에게 말하고 있다. 그들은 여호와의 규례를 지키는 세상의 겸손한 자들이라고 불린다. 느부갓네살이 유다를 함락시켜 포로로 잡아갈 때에 그 땅의 가난한 자들을 포도원지기와 농부로 남겨 두었다는 사실을 기억해야 한다(왕하 25:12). 그들은 겸손이라는 복된 특성을 더욱 키워 나가야한다. 그들은 하나님의 규례가 요구하는 바를 부지런히 지키고 공의를 더 구하라는 권면을 받는다. 만일 이 일이 하나님을 기쁘시게 하면 그들은 하나님의 진노의 날에 숨김을 받고 보호 받을 것이다(사 26:20). 선지자의 이름 스바냐와 "숨김"이라는 낱말 사이에 언어유희가 있다고 생각되어 왔다. 그 때에도 회개의 문은 누구나 들어올 수 있도록 활짝 열려 있었다.

블레셋에 임할 심판

하나님의 분노가 폭풍처럼 하나님의 백성의 땅을 휩쓸고 지나간다면, 다른 땅의 죄도 물론 눈감아 주시지 않으리라고 확신할 수 있다. 하나님은 자기 백성의 죄를 간과할 수 없으시다. 그러나 이스라엘을 괴롭히는 나라들을 벌하지 않고 버려두지는 않으실 것이다. 2장 4-5절에는 온 세상의 국가들이 언급되어 다시 심판의 보편성을 나타낸다. 이스라엘의 하나님은 우주의 하나님이시며 온 세상 국가들의 하나님이시다.

> "가사는 버림을 당하며 아스글론은 폐허가 되며 아스돗은 대낮에 쫓겨나며 에그론은 뽑히리라 해변 주민 그렛 족속에게 화 있을진저 블레셋 사람의 땅 가나안아 여호와의 말씀이 너희를 치나니 내가 너를 멸하여 주민이 없게 하리라"(습 2:4-5).

스바냐 2장 4절에는 신실하지 못한 자들이 회개하고 겸손한 자들이 용기를 가져야 하는 이유가 기록된다. 심판의 대상으로 우선 서쪽의 블레셋 땅이 고려되고 있다. 블레셋의 다섯 성읍 중 넷—가사, 아스글론, 아스돗, 에그론—이 언급되고 갓만 빠졌다. 아모스 1장 6-8절에도 갓이 빠져 있는데, 이는 웃시야와 히스기야가 이미 갓을 정복했기 때문이다(왕하 18:8; 대하 26:6).

영어 번역으로는 가사가 버림받고 에그론이 뿌리 뽑힌다는 히브리어의 언어유희를 포착할 수 없다. 아스돗은 매우 특이한 시간, 즉 대낮에 축출될 것이다. 이것은 하루 중 가장 뜨거운 시간이고, 동양에서는 보통 이 시간에 수면을 취한다. 따라서 침략을 도모할 시간은 아니다. 전혀 예상하지 못했던 때에 그들은 침략당할 것이다(삼하 4:5; 렘 6:4).

해변에 사는 블레셋인들에 대해서도 화가 선포된다. 그들 중 일부가 그레데 출신이었으므로 그들은 그렛인들, 그렛 백성이라고 불렸다(암 9:7의 Caphtor). 다윗의 경호원들은 그렛 사람과 블렛 사람들로 구성되었는데(삼하 8:18; 왕상 1:38, 44), 이는 블레셋 백성의 두 가지 혈통으로 여겨진다.

블레셋이란 이름은 원래 이주민을 의미한다. 가나안이란 이름은 본래 평평한 해안 지대를 뜻한다. 이 지역의 땅이 버려져 주민들이 거하지 않게 될 것이다. 주민들이 거하지 않게 될 이 지역은 유목민들의 초장으로 알맞게 될 것이다. 이 모든 일이 블레셋에 실제로 이루어질 것이다. 그러나 주민이 없는 상태로 영원히 남아 있지는 않을 것이다. 왜냐하면 블레셋 백성들이 심판받아 그 땅을 빼앗길 때 유다 집안의 남은 자들이 블레셋 땅을 기업으로 받게 되기 때문이다(1장에서 보았듯이 이스라엘은 오랫동안 유랑생활을 한다). 하나님은 자기 백성에게 긍휼을 베푸시어 그들로 하여금 포로 생활에서 돌아와 블레셋의 집과 땅을 차지하게 하실 것이다. 이 지역은 원래 하나님께서 아브라함에게 허락하신 땅에 포함되었던 곳이다. 하나님은 신실하게 그의 언약을 지키실 것이다.

모압과 암몬에게 임할 심판

모압 자손과 암몬 자손의 기원은 창세기 19장 30-38절의 이야기에 기록되어 있다. 이 족속들은 근친상간의 수치스런 조상을 갖고 있으면서도 교만한 것이 특징이었다. 북왕국이 몰락하고 남왕조가 쇠퇴하자 이스라엘 동편에 있는 이 족속들은 크게 교만해졌다. 그들은 하나님의 백성을 조롱하고 비난했으며, 이스라엘이 재앙을 당할 때마다 이스라엘 땅의 일부를 취해 이득을 얻으려 했다. 이 족속들은 기회 있을 때마다 하나님의 백성에게 적의를 나타냈다(민 22장, 24:17; 삿 3:10; 삼상 11:1-5; 삼하 12:26-31). 이와 같이 그들의 비난은 포로 시대에 한정된 것이 아니라 이스라엘이 곤경에 처할 때마다 행해졌다. 그들의 교만함은 이사야와 예레미야의 책망을 받았다(사 16:6, 25:11; 렘 48:29-30).

이러한 예고들의 궁극적인 성취가 우리 시대에도 아직 미래적인 일이라는 사실은 스바냐 2장 8-10절과 2장 11절을 연결해 보면 알 수 있다. 모압과 암몬은 소돔과 고모라처럼 될 것이다. 그들의 땅을 그들의 조상 롯의 시대에 멸망당한 성읍들처럼 고통을 겪을 것이다. 이 족속들의 땅에는 찔레가 나고 소금 구덩이가 될 것이다. 이는 불모지와 황폐화를 의미한다. 그 땅들은 그때 이후 줄곧 사해 지역처럼 황폐화되었다(렘 17:6).

구약성경에서 소금은 메마름과 멸망의 상징으로 사용되었다(욥 39:6). 이스라엘을 비난하고 하나님의 선민을 거슬러 뽐낸 교만 때문에 그들은 이러한 수치와 비난을 당할 것이다. 이 족속들은 하나님께서 온 세상을 축복하기 위한 매개자로 택하신 나라를 대적하며 교만하게 다루는 것이 하나님을 얼마나 실망시키는 일인지를 모르고 있었다.

보편적으로 하나님을 예배하게 되다.

하나님의 궁극적인 목적이 벌하거나 멸망시키려는 것이 아니라 악을 영원히 지배하고 절망적인 혼란으로부터 평화를 가져오는 데 있음은 아무리 강조해도 지나치지 않다. 진노하시는 하나님은 범죄한 나라들에게 무섭게 나타나셔서 그들이 섬기던 신들을 즉각적으로 없애실 것이다.

아모스 9장 10절 "내 백성 중에서 말하기를 화가 우리에게 미치지 아니하며 이르지 아니하리라 하는 모든 죄인은 칼에 죽으리라" 에서 하나님께서 땅의 모든 신들을 굶주리게 하신다고 기록되어 있다. 즉 하나님은 그것들을 여위게 하고, 쇠잔하게 하고, 파괴하실 것이다. 하나님은 우상들을 숭배하는 나라들을 심판하실 때 그 신들도 파괴하실 것이다. 우상들은 그것들을 섬기는 백성이 없으면 전혀 존재 가치를 갖지 못한다(고전 8:4-6).

> "그러므로 우상의 제물을 먹는 일에 대하여는 우리가 우상은 세상에 아무것도 아니며 또한 하나님은 한 분밖에 없는 줄 아노라 비록 하늘에나 땅에나 신이라 불리는 자가 있어 많은 신과 많은 주가 있으나 그러나 우리에게는 한 하나님 곧 아버지가 계시니 만물이 그에게서 났고 우리도 그를 위하여 있고 또한 한 주 예수 그리스도께서 계시니 만물이 그로 말미암고 우리도 그로 말미암아 있느니라" (고전 8:4-6).

우상을 숭배하는 나라들이 완전히 멸망당하면 우상 숭배도 세상에서 사라질 것이다. 그렇게 되면 사람들은 각각 자기 처소에서, 즉 각기 살고 있는 처소에서 유일하시고 진실하신 하나님을 섬길 것이다. 그리하여 하나님 예배가 보편화 될 것이다.

이 성경의 말씀은 모든 나라에서 소수 사람들만이 하나님을 섬기고 있는 우리 시대에는 이루어진 것이 아니다(요 4:21-24; 고전 1:2). 스바냐는 세상 모든 나라가 회심하여 진실하고 살아 계신 하나님을 예배하게 될 때를 말하고 있다. 이와 비슷한 사상이 말라기 1장 11절에 강하게 표현되어 있다. 이 장면은 이스라엘 역사의 마지막 날을 의미하는 바 우리를 메시야 시대와 천년왕국의 상태로 곧바로 이끌어 간다.

실로 그것은 이사야 2장 2절; 미가 4장 1-2절; 스가랴 8장 22-23절 등의 예언의 말씀에 주어진 표상의 다른 측면이다. 이러한 구절들은 바른 연대기적 틀을 가진 맥락에서 연구되어야 한다. 주 예수 그리스도께서 세상에 다시 오신 후에 이러한 상태가 이루어질 것이다. 그 날에는 모든 나라들이 연합될 것이다. 이것은 그들 자신의 뜻을 행하기 위함도 아니고 그들의 사악한 손으로 만든 것들을 숭배하기 위함도 아니다. 오직 유일하신 하나님을 예배하고 섬기기 위함이다. 그것은 신자들이 열렬히 바라던 시간이며, 신자들은 그 시간을 위해서 지금도 힘써 노력하고 있다.

에디오피아(구스)와 앗수르에 임할 심판

지금까지 스바냐는 유다의 동편과 서편에 있는 나라들에 대한 하나님의 심판을 예고했다. 스바냐 2장 12절에서 그는 성지의 남쪽과 북쪽에 있는 나라, 구스와 앗수르에게로 주의를 돌린다. 구스인들은 하나님의 칼에 살육을 당하리라는 경고를 받는다. 구약성경의 예언서들은 하나님의 칼에 관해 많이 언급하고 있는데 이는 연구할 가치가 있는 주제이다.

구스는 나일 강의 제1폭포 남쪽에 위치한 나라로서 B.C 720년부터 654년까지 애굽을 지배했다(사 11:11, 18:1). 이 예언은 느부갓네살이 애굽을 침입하여 정복함으로써 성취되었다. 구스의 운명은 구스 왕조에 예속되었던 애굽의 운명과 연계되어 있었다(렘 46:9; 겔 30:5, 9). 구스(에디오피아)라는 단어에 애굽도 포함되어 있다고 여기는 것은 상당한 근거가 있다.

심판의 말은 구스에서 앗수르에게로 나아간다. 스바냐가 이 예언을 할 당시에 그 나라는 아직 몰락하지 않았다. 거듭된 화와 심판의 선포는 당시 가장 강한 정치 세력이었던 앗수르에 대한 언급에서 그 절정을 이룬다.

앗수르의 운명을 좀 더 자세히 살피려면 나훔의 예언을 참고하라. 스바냐서에는 하나님께서 앗수르를 멸하고 니느웨를 황폐화시켜 사막처럼 메마르게 하실 것이라는 말이 간략하고 신랄하게 기록되어 있다. 스바냐가 예언하던 시기에 이 막강한 성읍은 훌륭한 관개시설을 자랑하고 있었다는 사실을 인식할 때 이것은 매우 놀라운 일이다.

이제 스바냐는 파멸된 성읍의 황량한 상태를 상세히 언급한다. 한때 인구가 많고 유명하던 성읍이 짐승들의 처소가 될 것이다. 펠리칸과 고슴도치가 성읍의 폐허 속에 서식할 것이다. 이러한 동물들은 황량함을 표현하는 장면인 이사야 34장 11절에도 나타난다. 웅장한 건물들로 장식되었다가 이제는 몰락한 수도에 이처럼 동물들이 숨어 살게 될 것이다. 어느 외로운 새의 서글픈 노래가 궁전이나 집의 창문에서 흘러나올 것이다. 버려진 집들의 문턱을 넘나드는 사람이 없을 것이다. 집들의 아름다운 실내 벽판과 벽과 천장에 정교하게 새겨놓은 조각들이 찢어져 벗겨진 채 버려질 것이다.

선지자는 이 멸망의 메시지를 마치면서 전쟁에서 패한 적들이 부르는 것과 같은 풍자의 노래를 부른다. 니느웨는 방종하게 생활하였던 기쁜 성읍으로 묘사되어 있다.

앗수르의 위대함과 영광은 온 세상에 알려졌었다. 이 일이 있기 225년 전에 이스라엘은 갈가Karkar의 전투B.C 854-853에서 앗수르의 강한 손을 맛보았다. 이스라엘의 적들은 100년 이상 전부터 블레셋 땅에 횡행하여 반세기 이상 유다를 지배했다. 이제 니느웨의 죄가 무르익어 벌을 받기에 이르렀다.

니느웨는 하나님을 모르고 자족하는 자만 속에서 자기 외에 다른 이가 없다고 주장했다. 이사야 47장 8절에 보면 바벨론도 이렇게 주장하였다(계 3:17). 자족은 하나님만의 속성이다(사 45:21-22). 이러한 교만 때문에 바벨론은 가장 비천한 상태, 즉 짐승들만 사는 곳으로 변한다. 크고 갑작스런 파멸로 인하여 지나가는 모든 사람들이 그 나라를 조롱하고 멸시할 것이다. 그들이 손을 흔든다는 것은 그 나라들이 심판을 자초했다는 것을 의미한다.

B.C 401년 니느웨가 있었던 곳을 지나가던 그리스인 크세노폰Xenophon은 한때 그곳에 거대한 성읍이 있었는데, 그 백성들이 제우스에게 정신을 빼앗겼기 때문에 멸망하였다는 것을 발견할 수 있었다. 보잘 것 없는 사람이 하나님의 특권과 속성이 제 것인 양 거만하게 행동하는 것은 얼마나 어리석고 정신없는 처사인가!

하나님께서 그들에게 임하실 것이다.

스바냐는 하나님께서 그 백성에게 다시 긍휼을 베푸시어 포로 상태로부터 구해 주신다는 약속을 예고하고 있다. 이 모든 것이 선지자의 시대에 이루어질 것이다. 그것은 이미 선지자들에 의해 예고된 바와 같이 하나님께서 나사렛 예수, 메시야의 오심을 통해서 자기 백성에게 은혜로이 임하셨다. 구속자의 충분한 역사役事를 단순히 믿기만 하면 하나님의 영은 거듭나게 하고 영원히 새로운 생명을 주기 위해 마음의 준비가 된 심령들을 찾아오신다.

진노와 축복

신실하지 못한 예루살렘에 임할 화

스바냐 2장에서 여러 나라들에 대해 일련의 화를 선포한 선지자는 3장에서 다시 예루살렘에 대한 메시지를 전한다. 예루살렘은 무척 많은 사상과 특권을 받았기 때문에 더욱 하나님에 대한 신앙과 순종이 요구되었다.

> "패역하고 더러운 곳, 포학한 그 성읍이 화 있을진저 그가 명령을 듣지 아니하며 교훈을 받지 아니하며 여호와를 의뢰하지 아니하며 자기 하나님에게 가까이 나아가지 아니하였도다"(습 3:1-2).

스바냐 3장 1절에는 성읍의 이름이 언급되어 있지 않지만 3장 2절로 미루어 볼 때 그것은 분명히 예루살렘을 의미한다. 예루살렘은 패역하고 더럽고 포학하다는 비난을 듣는다. 예루살렘은 하나님의 명령에 순종하지 않았기 때문에 패역했으며, 외적인 의식에 철저했으나 오랫동안 계속해서 범죄했기 때문에 더러웠다. 그리고 가난한 자와 고아와 과부들을 보살펴 주지 않았기 때문에 포학을 행한 것이다. 이 나라에 네 가지의 분명한 비난이 가해졌다. 이스라엘은 율법과 선지자들의 입을 통해 나타난 하나님의 음성에 순종하지 않았다. 또 교정을 받지 않았다—하나님의 응징을 받을 때 이스라엘은 그 안에 의도된 교훈을 깨닫지 못했다. 그들은 하나님을 믿지 않고 자기 자신, 우상, 동맹국들을 믿었다, 하나님은 이스라엘 가까이 가려 하셨음에도 불구하고 이스라엘은 믿음과 예배와 회개를 통해 하나님께 다가가지 않고 자신을 하나님으로부터 소외시켰다(신 4:7).

지도자들도 백성들과 마찬가지였다. 특히 세 계층—방백들, 선지자들, 제사장들—이 지적되었다. 그러나 경건한 요시야 왕에 대한 비난은 없다. 군주들은 그들 중에 부르짖는 사자 같아서 항상 더 많은 먹이를 찾고 있었다.

양 떼를 돌보아야 할 자들이 양 떼를 잡아먹는 것이다(습 1:8-9; 미 2:2; 슥 11:4을 보라). 백성의 재판자들은 만족할 줄 모르는 탐욕으로 가득 차서 굶주린 이리처럼 게걸스럽게 한꺼번에 잡아먹는다. 그들에게는 아침까지 남겨 두는 것이 없다.

> "그의 선지자들은 경솔하고 간사한 사람들이요 그의 제사장들은 성소를 더럽히고 율법을 범하였도다"(습 3:4).

스바냐 3장 4절에서 유일하게 선지자들에 대한 비난이 언급된다. 그들은 중요한 문제들을 소홀이 다룸으로써 경솔이라는 죄를 지었다. 그들의 생활이나 교훈에는 진지함이나 일관성이 없었다. 그들은 자기들이 하나님을 대리한다고 주장하지만 하나님께 신실하지 못했고 오히려 백성을 하나님에게서 떠나도록 장려한 믿을 수 없는 사람들이었다. 그들은 거룩하지 못한 행위로 성소를 더럽혔다. 그들은 거룩한 것들을 속되게 만들었다. 그들은 율법의 분명한 의도와 의미를 왜곡하여 백성들에게 가르침으로써 율법을 위반했다(겔 3:17). 방백, 선지자, 제사장들이 모두 사악한 행동으로 그 나라를 더럽히는 죄를 지었다.

하나님의 응징과 경고

예루살렘의 죄악과 부패에도 불구하고 의로우신 하나님은 그 안에 거하신다. 예루살렘 한가운데 계신 하나님의 임재는 죄로 인한 예루살렘의 심판을 더욱 확실하게 한다. 하나님은 결코 죄와 연루되지 않으신다.

동양에서는 아침에 재판을 시행한다. 따라서 하나님은 매일 아침 그의 공의를 나타내신다. 하나님의 의로우신 행위는 신실함을 권고한 참 선지자들을 통하여, 그리고 그 나라의 신실하지 못한 자들에게 임하는 하나님의 심판을 통하여 알려진다.

하나님은 응징과 경고를 통하여 계속 자신의 공의를 나타내신다. 하나님은 결코 실패하거나 실수하지 않으신다. 그러나 신실하지 못한 자들은 자신을 회개로 이끌 수치심을 느끼지 못한다. 하나님은 다른 나라들에 대한 심판을 통해 하나님의 백성이 경각심을 얻어 하나님께로 돌아오기를 바라셨다.

요시야가 통치하는 동안 다른 국가들은 전쟁에 시달렸으나 유다는 평화를 누렸다. 유다는 수리아가 서부 아시아로 무자비하게 침입했을 때에도 살아 남았다. 그러나 유다는 열 지파가 멸망한 것을 보고도 범죄하는 일을 그치지 않았다.

> "내가 여러 나라를 끊어 버렸으므로 그들의 망대가 파괴되었고 내가 그들의 거리를 비게 하여 지나는 자가 없게 하였으므로 그들의 모든 성읍이 황폐하며 사람이 없으며 거주할 자가 없게 되었느니라"(습 3:6).

스바냐 3장 6절은 하나님께서 주변 국가들에게 행하신 황폐화를 묘사하는 바 유다에 대한 경고를 목적으로 한다. 그러나 유다는 심판받는 주변 국가들의 예에 주의를 기울이지 않았다. 하나님은 이러한 재앙을 통하여 유다가 하나님을 경외하고 올바른 교훈을 깨달아 그의 거처가 멸망되지 않기를 바라셨다.

비록 하나님께서 범죄한 그들을 심판하겠다고 말씀하셨지만 만일 그들이 회개한다면 하나님은 그들을 용서하시고 그 성읍을 멸하지 않으실 것이다. 그러나 그들은 하나님께 대항하여 하나님을 실망시키고 부지런히(일찍 일어나)—이는 그들의 죄의 고의성을 의미한다—모든 행위를 더럽게 하였다. 동양에서 이른 아침은 일하기에 가장 좋은 시간이다. 그들은 대단한 열정과 열심으로 죄악의 길을 따라갔다. 죄의 유혹은 크고, 거기에 따르는 형벌도 크다. 그러나 사람들은 무모하게도 죄 가운데로 달려간다.

여러 나라들에 대한 진노

하나님의 진노에 관한 일련의 예언들을 완성하기 위해 스바냐는 3장 8절에서 다시 1장의 주제, 즉 여러 나라들에 대한 하나님의 심판으로 돌아간다. 하나님의 백성 중에 있는 신실한 자들은 하나님을 기다리고 믿으라는 권면을 받는다. 이제 하나님은 먹이를 겁탈하려는 짐승처럼 일어서실 것이다.

먹이란 여러 나라 중에서 하나님의 구원의 분깃이 될 사람이라고 이해되어 왔다(사 53:12, 52:15, 49:7). 그러나 이러한 일이 실현되기 전에 먼저 파괴와 멸절이 있을 것이다.

신실한 사람들은 여러 나라에 임할 하나님의 심판을 기다려야 한다. 왜냐하면 그것은 궁극적으로 그들의 구원이 되기 때문이다. 하나님은 이방 나라들(슥 14:2)과 왕국들을 불러 모아 위대한 심판의 행위로 그들에게 하나님의 분노, 불 같은 진노, 질투의 불을 쏟으시려 한다. 이 생생한 표현들은 매우 중요한 예언적 장면을 묘사하고 있다. 요엘 3장 1-3절과 3장 12-16절도 보라. 구약성경의 본문을 충실하게 연구한 맛소라 학자들에 따르면 스바냐 3장 8절은 히브리 알파벳의 모든 문자들—어미형 문자들까지도—이 나타나는 구약성경 중 유일한 구절이라고 한다.

여러 나라들의 회개

"그 때에 내가 여러 백성의 입술을 깨끗하게 하여 그들이 다 여호와의 이름을 부르며 한 가지로 나를 섬기게 하리니"(습 3:9).

스바냐 3장 9절은 메시야 시대를 다룬다. 이 부분에는 하나님의 백성과 여러 민족의 축복과 회복에 대한 강렬한 약속들이 기록되어 있다. 이제 스바냐는 여러 나라들에 대한 하나님의 심판의 결과를 간략히 묘사한다. 하나님은 여러 나라들의 신실하지 못한 자들에게 진노를 쏟으신 후 자신의 은혜로운 계획안에서 이방인들에게 순수한 언어를 주어 그들이 하나님의 이름을 부르고 일심으로 하나님을 섬기게 하실 것이다.

스바냐가 보편적으로 사용되는 공용어(이것은 일종의 바벨의 역전으로서 히브리어를 의미한다고 보는 사람들도 있다)를 예고하는 것은 아니다. 그는 여러 나라들의 순결하지 못한 언어가 깨끗해질 것이라고 말한다. 즉 분명하고 이해하기 쉬운 언어를 뜻하는 것이 아니고 정화되어 더럽히지 않은 언어를 의미하는 것이다(이와 반대 사상으로 이사야 6:5을 보라). 과거에 그들이 범한 불결함은 헛된 신들로 맹세하고 그들에게 기도함으로써 생겨난 것이다.

이와 같이 여러 나라에 남은 자들은 하나님께로 돌아온다. 나라들은 심판을 통해 의를 배운다. 모두가 하나님의 이름을 부를 것이다. 이는 창세기 4장 26절에 제시된 회복의 상태를 뜻한다. 그들이 입술로 하나님을 예배할 뿐만 아니라 한 가지로(문자적으로는 어깨를 나란히 하여) 하나님을 섬길 것이다.

이 표현은 두 사람이 서로 도우려고 멍에나 짐을 나누어 지는 데서 유래되었다. 이 표현을 열왕기상 22장 13절의 "말이 하나같이" with one mouth 와 비교하라. 여기에는 오순절적인 은사의 회복을 가르칠 만한 근거가 없다. 이 절에는 이러한 것이 고려되지 않고 있다. 회심한 나라들은 자기들이 이스라엘을 위해 하나님에 의해 쓰일 준비가 되어있음을 보여줄 것이다. 그들은 하나님께 드리는 예물로서 이스라엘의 흩어진 자들을 구스의 강 건너편으로부터 그들의 땅으로 데려올 것이다(사 49:22-23, 60:4-9,

66:20).

구스의 강들은 나일 강의 지류로서 아트바라, 아스타소바스astasobas, 청靑나일, 백白나일 등이다. 그 땅은 구스이다(사 18:1).

내게 구하는 백성들이란 구스에 흩어져 살던 유대인들이라고 생각하는 사람들이 있다. 그곳은 잘 알려진 팔라샤인들(Falashas; 이 말은 블레셋처럼 이주민을 뜻하는 셈어에서 파생되었다)이 사는 아비시니아Abyssinia 서쪽을 가리킨다. 그들의 혈통은 블레셋과 유대 종교에까지 소급된다고 한다. 아비시니아에 사는 기독교인들의 일부는 원래 히브리 신자들이었다고 생각되어진다. 우리는 "내게 구하는 백성들 곧 내가 흩은 자의 딸"이라는 말을 주어가 아닌 목적어로 생각한다. 다시 말해 구스에 흩어진 하나님의 백성이 이방인들에 의해 하나님께 드리는 제물로서 고향으로 돌아올 것이다. 위에 인용하였던 이사야서의 구절은 이 사실을 충분히 증언해 준다. 흩어진 자들이 하나님께 예물을 가져온다는 뜻이 아니다. 회심한 이방인들은 이스라엘에게 팔레스타인 땅을 되돌려 주시려는 하나님의 뜻에 동참하게 될 것이다.

이스라엘의 남은 자들

이제 스바냐는 깨끗해지고 회복되어 자기 땅에서 기뻐하는 이스라엘 백성들의 상태를 묘사한다. 여러 나라 중에서 불려 모아질 때 그들에게는 부끄러워할 이유가 없을 것이다. 이는 하나님께서 그들로부터 신실하지 못한 자들과 경건하지 못한 자들을 제하실 것이기 때문이다. 수치스런 행위들이 깨끗해질 것이다. 이전의 범죄는 없어질 것이다. 이 절에서 특별히 다루어지는 것은 교만이다. 바리새적인 교만은 지나간 과거의 일이 될 것이다. 과거에는 성산聖山에서 교만이 발견되었지만, 이제는 그러한 교만을 찾아볼 수 없을 것이다. 하나님은 교만한 자들 대신에 곤고한 자들, 가난한 자들, 온유한 자들, 겸손한 자들을 그 땅 한가운데 남겨두실 터인데, 그들은 오직 하나님의 이름 안에서만 피난처를 찾을 것이다. 죄악, 거짓, 거짓된 혀가 이스라엘의 남은 자들에게서 제거될 것이다. 그들은 이러한 영적 상태에서 물질적인 번영과 평화도 아울러 누릴 것이다. 그 때에는 국내의 압제자나 국외의 압제자들이 그들을 괴롭히지 않을 것이다. 그들은 아무런 방해나 괴로움 없이 하나님의 풍성한 축복을 누릴 것이다. 미가 4장 4절, 7장 14절의 병행 구절들을 보라. 그들은 자신의 거룩한 소명을 완수할 것이다(출 19:6).

천년왕국의 영광과 기쁨

> "시온의 딸아 노래할찌어다 이스라엘아 기쁘게 부를지어다 예루살렘 딸아 전심으로 기뻐하며 즐거워할지어다"(습 3:14).

이것으로 축복과 회복의 이야기가 끝나는 것은 아니다. 스바냐 3장 14절에서 스바냐는 그것을 한층 더 상세하게 묘사한다. 즐거운 날이 다가온다는 관점에서 그들은 노래하고 소리치고 기뻐하고 즐거워하라는 권고를 받는다. 이처럼 하나님께서 비슷한 표현을 되풀이하신 것은 강조적인 선포를 의도한 것이다.

> "여호와가 네 형벌을 제거하였고 네 원수를 쫓아냈으며 이스라엘 왕 여호와가 네 가운데 계시니 네가 다시는 화를 당할까 두려워하지 아니

할 것이라"(습 3:15).

기뻐할 이유는 스바냐 3장 15절에 기록되어 있다. 이스라엘의 심판과 응징의 날은 지나갔고 대적들은 모두 쫓겨났다. 그리고 이스라엘의 왕이신 하나님께서 그들 가운데 계시다. 이스라엘은 더 이상 두려워할 이유가 없다. 걱정과 공포로 인하여 손을 늘어뜨리던 일은 과거의 일일 뿐이다. 축복의 약속은 스바냐 3장 17절에서 절정에 이른다.

> "너의 하나님 여호와가 너의 가운데 계시니 그는 구원을 베푸실 전능자이시라 그가 너로 말미암아 기쁨을 이기지 못하시며 너를 잠잠히 사랑하시며 너로 말미암아 즐거이 부르며 기뻐하시리라 하리라"(습 3:17).

그들 가운데 하나님의 거하심이 반복되었다(습 3:15). 이것이 모든 축복의 근원이다. 하나님은 위대한 구원자이시다. 신부를 보고 신랑이 기뻐하듯이 하나님은 자기 백성을 보시고 기뻐하신다. 이스라엘과 하나님 사이의 결혼 계약이 회복될 것이다(사 62:5, 65:19; 호 2:19-20). 그리하여 하나님은 자기의 사랑 안에 쉬실 것이다(문자 그대로는 잠잠하실 것이다).

이것은 성경 중에서 가장 두드러진 진술 중의 하나이다. 하나님께서 자기의 백성 이스라엘에 대해 잠잠하시는 침묵의 환희 안에 머무실 것이라고 기록되어진다. 이스라엘 대한 참으로 큰 보증이다! 그 사랑은 말로 표현할 수 없이 크다. 하나님께서 그 안에 만족하여 머무실 것이다. 여기서 하나님께서 더 이상 꾸짖거나 비난하지 않으시리라는 관념은 이차적인 관념일 뿐이다. 하나님은 사랑 안에 잠잠히 즐거움을 누리신다. 그때 이 침묵은 찬양으로 변한다. 시편 29편 3-9절에서 하나님의 목소리에 대해 어떻게 말하는지 읽어 보고 가능하다면 즐거움에 찬 그 노래를 상상해 보라.

포로 생활을 하던 이스라엘 백성들은 하나님의 절기를 지킬 수 없었기 때문에 신실한 사람들은 그 장엄한 축제의 모임을 인하여 슬퍼했었다. 하나님은 이들을 자기들의 기업인 땅으로 다시 모으실 것이다. 그들은 정당한 성읍민으로서 그 땅에 속해 있었다. 그들은 하나님의 백성에게 임한 질책을 무거운 짐으로 느꼈었다. 다시 모아지고 회복된 나라는 온 세상을 향한 축복의 근원이 될 것이다. 천년왕국 시대에 먼저 이스라엘의 적들에게 심판이 임할 것이다. 하나님은 이스라엘을 괴롭힌 자들을 벌하실 것이다. 하나님은 그들에게 합당한 대로 보응하실 것이다. 저는 자들과 쫓겨난 자들은 흩어진 백성들을 의미하는데, 이들 모두가 구속되고 회복될 것이다. 전에는 그들이 여러 나라들 중에서 수치와 멸시의 대상이었으나, 이제 하나님께서 그들에게 온 세상에서 찬양받는 이름을 주실 것이다. 이스라엘은 태초부터 그들에게 약속된 운명을 성취할 것이다(신 26:19을 보라). 하나님은 그들에게 목양적인 배려를 베풀어 그들을 유배지로부터 이끌어내어 하나님께로 모으실 것이다. 그 일은 너무나 놀라워 그들이 거의 믿지 않을 것이나 그들의 눈앞에서 실현될 것이다. 폭풍에 휘말렸던 이스라엘을 위한 복되고 기쁜 날이다.

그들 가운데 계신 이스라엘의 왕

스바냐의 메시지는 심판, 특히 두려운 여호와의 날의 심판이 중심을 이루고 있다. 이 심판은 어느 나라도 면할 수 없다. 그러나 그가 응징만을 선포했다고 보는 것은 그를 잘못 이해하는 일이다. 그는 자기의 예언을 나라들과 이스라엘에 대한 축복과 약속의 말로 끝맺는다. 그러나 나라들에 대한 약속들은 하나님의 축복이 이스라엘 국가에 임할 때에 실현될 것이다. 이스라엘 가운데 계신 이스라엘의 왕은 하나님 자신이시다. 하나님께서 원하셨다면 그것은 이미 이루어졌을 것이다. 이스라엘의 구원은 나날이 가까워지고 세상의 구원도 가까워지고 있다(시 67편).

제13장

학개: 성전 재건

일어나 건축하라

인물과 시대적 배경

이 선지자는 구약성경에서 "학개"라는 이름을 가진 유일한 사람이다. 학개라는 이름은 "절기의 사람"이라는 뜻으로 그가 어느 절기 때에 태어났기 때문에 붙여진 이름이라고 생각되어 왔다.

학개도 개인적인 경력이 알려지지 않은 선지자들 중의 하나이다. 그에 대해서는 에스라 5장 1절과 6장 14절에 언급되어 있다. 그는 바벨론 포수 이후 활동한 최초의 선지자로서 이스라엘이 바벨론 포로생활에서 귀환한 후 활동했다(역사적 배경으로 에스라 4~5장을 보라).

학개, 스가랴, 말라기를 연구하는 데에는 에스라, 느헤미야, 에스더를 읽어 보는 것이 도움이 될 것이다. 그 책들은 이스라엘 역사 중에서 동일한 시대를 다루고 있다. 학개는 B.C 520년 다리오 히스타페스 왕 시대에 예언 활동을 했다.

이 예언은 4개월이라는 짧은 기간 동안에 선포되었다. 학개 2장 3절이 반드시 학개가 첫 성전이 있던 시기에 살았음을 암시하는 것은 아니다. 아마 그는 바벨론 포로 시대에 태어났을 것이다.

당시의 역사적 배경은 편의상 다음과 같이 요약할 수 있다. 남은 자들은 바벨론으로부터 귀환하여 다시 절기를 지키게 되었다. 새로운 성전의 기초는 놓였으나 적대적인 주변 국가들의 반대와 백성들의 무관심 때문에 성전 재건 작업은 중단되었다. 다리오 히스타페스 왕은 바사 제국의 왕좌에 오르면서 이 일에 호의를 보였다. 학개와 스가랴는 예언의 메시지를 통하여 백성들에게 재건 작업에 참여하라고 권면했다. 하나님께서 학개에게 주신 사명은 백성들을 격려하여 B.C 586년 느부갓네살이 파괴한 성전을 재건하는 일이었다. 그는 성전 재건으로부터 시작하여 만국들의 진동, 하나님의 임재 및 하나님이 다스리실 천년왕국의 영광을 선포한다.

이 예언 안에 네 개의 설교가 기록되어 있다고 보는 사람들이 있고, 다섯 개의 설교가 있다고 보는 사람들도 있다. 아마 네 개의 설교가 있다고 보는 것이 옳을 것이다. 그것들은 학개 1장 1-15절, 2장 1-9절, 2장 10-19절, 2장 20-23절로 구분된다. 이 예언서의 주요 부분에는 날짜가 기록되어 있다. 학개는 스가랴보다 약 2개월 정도 일찍 활동하였다.

학개는 그의 메시지를 책망과 경고로 시작하여 이 재건 작업에 하나님께서 이스라엘과 함께하시리라는 약속으로 나아간다. 그리고 다음으로는 장차 있을 성전의 영광을 간략히 언급한다. 그는 죄와 거룩에 대한 원칙을 명백히 제시한 후 하나님의 백성에 대한 하나님의 계속된 보호와 축복을 예고한다. 학개서의 문체는 산문이며, 질문 형식을 자주 취함으로써 설득력을 지닌다.

책망

"다리오 왕 제2년 여섯째 달 곧 그 달 초하루에 여호와의 말씀이 선지자 학개로 말미암아 스알디엘의 아들 유다 총독 스룹바벨과 여호사닥의 아들 대제사장 여호수아에게 임하니라 이르시되"(학 1:1).

학개는 자기의 모든 메시지에 날짜를 명기했다. 그의 첫 예언은 다리오 Darius 왕 통치 2년 6월 1일에 행해졌다. 매월 1일은 새 달이 시작되어 백성이 예배하러 모이는 월삭이었으므로 학개가 메시지를 선포하기에 적절한 때였다.

6월은 엘룰월로 대략 우리의 9월에 해당된다. 다리오 왕은 B.C 521년부터 통치하기 시작하였고, 이 예언은 그의 통치 2년째 되는 해에 선포되었다. 이 예언의 날짜를 이방 왕의 통치에 맞추어 기록한 것은(스가랴의 경우도 그러하다) 당시 페르시아(바사)가 번영하고 있었음을 나타내 준다(눅 21:24을 보라). 학개 1장 1절의 날짜는 에스라 4장 24절과 일치한다. 하나님의 집을 재건하는 일은 적들의 방해 때문에 바사 왕 다리오 2년까지 중지되었었다.

이 예언은 당시 세속 지도자인 스룹바벨과 종교 지도자인 여호수아에게 행해졌지만, 내용에서 알 수 있듯이 모든 백성들을 염두에 두고 있다. 스룹바벨이란 이름은 "바벨론에서 얻은(태어남)"을 의미한다. 그는 에스라 1장 8절, 5장 14절, 16절에서는 세스바살이라고 불렸다. 그는 여호야긴의 손자로서(대상 3:17, 19) 고레스에 의해 유다의 총독으로 임명되었다(스

5:14). 여호수아는 바벨론이 침공했을 때 대제사장이었던 여호사닥의 아들이다(대상 6:15).

학개는 백성들의 무관심을 책망하기 시작한다. 그는 성전을 재건하지 않는 데 대한 그들의 변명을 기록한다. 그들은 성전을 재건할 때가 아직 이르지 않았다고 말하고 있었다. 적절한 때도 상서로운 때도 아니라는 불평이었다. 문제의 근원은 그들 속에 자리 잡고 있는 하나님의 일에 대한 냉담함이다. 우리가 처해있는 황량한 상태를 많은 핑계, 회피, 구실 등으로 무마하기는 아주 쉽다. 믿음이 있었다면 아닥사스다의 포고는 성전 재건에 전혀 방해가 되지 않았을 것이다. 바사의 포고들은 누구도 변경할 수 없었기 때문에 고레스의 포고도 다른 것에 의해 철회될 수 없었다고 생각된다.

하나님은 경멸이라기보다는 불쾌감에서 이스라엘을 "내 백성"이라고 부르지 않고 "이 백성"이라고 부르신다. 그들이 건축하는 일이 이루어져서는 안 된다고 하지 않고, 아직 그럴 때가 아니라고만 말한 점에 주목하라. 성전 건축이 15년 동안 중지되어 왔는데도 그들은 이렇게 말한다.

성전 건축 지연에 대한 백성의 변명에 대해 하나님은 선지자 학개를 통해 하나님의 성전은 황폐하게 버려져 있는데 그들이 판벽板壁한 집에 거하는 것이 합당한 일이냐고 묻는다. 이 질문을 통해 그들의 이기심, 무관심, 배은망덕함이 여실히 드러난다. 그들의 모든 행위는 오직 이기적인 이해관계에 따라 움직였다. 판벽한 집이란 천장뿐만 아니라 벽까지도 널판이나 판을 붙여서 화려하게 꾸민 집을 말한다. 당시 왕들의 집들은 보통 삼목으로 실내의 벽판을 대어 화려하게 지었다(비교: 왕상 7:7, 렘 22:14).

그들은 자기들이 처해 있는 상황 중에서 가장 중요한 것의 순서를 바꿔버렸다. 가장 중요한 것을 먼저 행해야 한다. 여기에서 언급하고 있는 것은 눈에 보이는 건물이나 구조물이 아니다. 모든 것이 하나님 예배에 관한 문제와 관련되어 있다. 가장 중요한 것을 먼저 행하라는 하나님의 분명한 계시를 받는 것은 얼마나 복된 일인가! 복음과 관련하여 바울이 말한 "(무엇보다) 먼저"를 주목하라(고전 15:3). 이 특별한 일에서 보인 이스라엘의 비난받을 만한 태도는 사무엘하 7장 2절에 나타난 다윗의 관심과 비교된다. 하나님은 다윗이 취한 것과 같은 태도를 축복하신다. 이스라엘이 취한 태도에 대해서는 오직 하나님의 불쾌하심만이 예상된다.

재난

죄 속에 있는 이스라엘에 대해 하나님은 그들의 행위를 살피라고(문자 그대로는 마음을 두라고) 권면하신다. 학개에서의 이 권면은 호의적이다. 그는 학개 1장 7절과 2장 18절에서 이 말을 반복한다.

> "만군의 여호와가 말하노니 너희는 자기의 행위를 살필지니라"(학 1:7).

> "너희는 오늘 이전을 기억하라 아홉째 달 이십사일 곧 여호와의 성전 지대를 쌓던 날부터 기억하여 보라"(학 2:18).

이것은 스스로를 심판하라는 명령이다. 그들은 자신의 행위(혹은 변명)의 본질에 따르는 결과에 의거하여 심판해야만 했었다. 그들은 많이 심었으나 조금 밖에 거두지 못했다. 그들은 먹어도 배부르지 못하고(레 26:26; 호 4:10; 미 6:14) 마셔도 흡족할 줄 몰랐다. 옷을 입어도 따뜻하지 않고 수입이 생겨도 곧 소비되었다. 하나님은 그들의 모든 기대를 실망시키셨다. 그들의 태만함이 지속되는 한 재앙도 계속되었다. 그들은 줄곧 이 재앙에 포함되어 있는 문제들과 하나님의 응징의 손을 보지 못했다. 그들의 이기주의는 아무 효과도 없었고, 이익이 아니라 손해를 가져왔다. 생필품이 비싸서 그들이 삯을 받아도 남는 것이 없었다. 이기적이고 자기 중심적인 백성들은 하나님의 일을 소홀히 하는 것이 그들 자신의 물질적인 일에 얼마나 손해를 가져오는지 알 필요가 있었다.

> "이 성전이 황폐하였거늘 너희가 이 때에 판벽한 집에 거주하는 것이 옳으냐 … 너희가 많이 뿌릴지라도 수확이 적으며 먹을지라도 배부르지 못하며 마실지라도 흡족하지 못하며 입어도 따뜻하지 못하며 일꾼이 삯을 받아도 그것을 구멍 뚫어진 전대에 넣음이 되느니라"(학 1:4,6).

학개 1장 4절에서 판벽을 댄 집을 묘사하고서 1장 6절에서는 가난한 상태를 묘사한 것은 모순이 아니다. 그 백성 중에는 가난한 계층뿐만 아니라 부유한 사람들도 있었기 때문이다. 마태복음 6장 33절의 원칙은 어느 시대에나 적용된다. 하나님 없이 일하는 사람에게는 은혜나 이익이 없다(슥 8:10).

비난

> "만군의 여호와가 말하노니 너희는 자기의 행위를 살필지니라"(학 1:7).

학개 1장 7절에서는 선지자가 하나님의 불만에 대하여 밝힌 내용에 비추어 이스라엘이 다시 그 길을 돌아보라는 요청을 받는다. 이러한 반복은 그렇게 해야 할 긴박성을 나타낸다. 학개 1장 8절에서 백성들은 자기들의 환난을 극복할 방법에 대해 듣는다. 그들은 산에 올라가서 목재들을 가져다가 하나님의 집을 지어야 했다. 하나님은 그렇게 하는 것을 기뻐하시고 영광을 받으실 것이다.

> "너희는 산에 올라가서 나무를 가져다가 성전을 건축하라 그리하면 내가 그것으로 말미암아 기뻐하고 또 영광을 얻으리라 여호와가 말하였느니라"(학 1:8).

하나님은 자기의 집의 황폐한 상태에 실망하셨고, 그들이 하나님의 일에 대한 순종과 관심이 없음을 인하여 영광을 받지 못하셨다.

여기에 순종의 복된 결과가 나타나 있다. 요약하면, 학개는 "너의 생에서 가장 좋은 처소를 하나님께 드려라"라고 말하고 있다. 그리하면 하나님께서 자기 백성의 예배를 통하여 영광을 받으실 것이다. 순종하는 마음가짐은 예배와 감사로 표시하게 되고, 그럼으로써 하나님께 영광을 돌린다. 하나님은 자신이 어떻게 영광을 받을지에 대해 분명하게 말씀하셨다. 바벨론 탈무드는 스룹바벨의 성전에 솔로몬의 성전에 있던 것 중 다섯 가지나 없었다고 지적하고 있다: (1)언약궤; (2)거룩한 불; (3)세키나의 영광; (4)예언의 영(성령); (5)우림Urim과 둠밈Thummim. 그러나 어느 것이 없어도 하나님의 축복은 있으리라고 약속하신다.

하나님의 심판

"너희가 많은 것을 바랐으나 도리어 적었고 너희가 그것을 집으로 가져갔으나 내가 불어 버렸느니라 나 만군의 여호와가 말하노라 이것이 무슨 까닭이냐 내 집은 황폐하였으되 너희는 각각 자기의 집을 짓기 위하여 빨랐음이라"(학 1:9).

학개 1장 9절에서는 다시 불순종 때문에 이스라엘 백성에게 임할 하나님의 심판이라는 주제가 등장한다(학 1:6). 그들은 많은 수고를 하고 큰 수확을 기대하지만 그들에게 되돌아오는 것은 거의 없었다. 혹 적은 수확이나마 집에 가져갔으나 하나님은 그것마저 날려버리셨다. 그 땅의 비생산성의 원인을 포로 기간 동안 땅을 경작하지 않았다는 사실에 두어서는 안된다. 이것은 분명히 하나님의 응징하시는 손이 그들 위에 얹어진 때문이다. 하나님은 그들에게 그 이유를 밝히 말씀하신다. 매년 수확기에 곡식들을 창고에 쌓을 때마다 하나님은 창고를 뒤엎고 곡식들을 날려버리는 강한 바람을 보내셨다고 볼 수 있다. 하나님은 곡식을 흩으시고 말라 죽게 하셨다. 하나님의 이 같은 행동은 어떻게 설명될 수 있는가? 왜 그렇게 하셨는가? 그 대답은 간단하다. 그들이 하나님의 집을 폐허로 방치해 두고 각각 자기들의 집을 짓기 위하여 빨랐기 때문이다. "빨랐음이라"는 말은 성전에 관한 일에는 무관심한 채 자신들의 일과 이익을 추구하는 데 기울인 열심을 드러낸다. "내 집"과 "자기의 집"은 강한 대조를 이룬다.

그들의 죄 때문에 하늘은 건조한 여름 동안 비를 대신하는 이슬을 내리지 않았고, 땅은 열매를 맺지 않았다. 하나님은 곡물, 새 포도주, 기름, 땅의 모든 소산, 그리고 인간과 가축의 노동에 영향을 주는 한재旱災를 땅과 산에 내리셨다. 성경에서는 기근이 하나님의 진노의 도구로 쓰인다(왕하 8:1과 시 105:16을 보라). 곡물 · 포도주 · 기름은 그 땅의 주요 산물이었다(비교: 신 11:14, 18:4). 여기에 가축들이 포함된 것은 그것들도 인간의 운명을 함께 겪어야 하기 때문이다. 율법은 불순종으로 인한 그와 같은 재앙을 예고했었다(레 26:19-20; 신 28:23-24).

백성들의 순종

> "스알디엘의 아들 스룹바벨과 여호사닥의 아들 대제사장 여호수아와 남은 모든 백성이 그들의 하나님 여호와의 목소리와 선지자 학개의 말을 들었으니 이는 그들의 하나님 여호와께서 그를 보내셨음이라 백성이 다 여호와를 경외하매"(학 1:12).

이스라엘 백성에 대한 학개의 메시지와 증언의 씨앗은 옥토에 떨어졌다. 학개 1장 12절에는 학개의 첫 설교의 결과가 나타나 있다. 스룹바벨, 여호수아, 그리고 바벨론으로부터 귀환한 모든 남은 자들이 이 메시지를 진심으로 받아들였다. 그들 사이에는 분쟁도 분열도 없었다. 백성들은 학개의 말이 진실된 것임을—종을 통하여 보내신 하나님의 메시지임을—깨달았다. 그들이 순종한 목적은 학개 1장 12절에 기록되어 있으며, 그 결과는 1장 14절에 나타난다. 그들이 순종하였으므로 하나님은 아직 그들 앞에 놓여있는 과업에 대한 충분한 격려의 말씀을 하신다.

> "여호와께서 스알디엘의 아들 유다 총독 스룹바벨의 마음과 여호사닥의 아들 대제사장 여호수아의 마음과 남은 모든 백성의 마음을 감동시

키시매 그들이 와서 만군의 여호와 그들의 하나님의 전 공사를 하였으니"(학 1:14).

학개는 하나님의 메시지를 전하는 여호와의 사자使者로 임명되었다. 간단히 말하자면 그는 하나님의 권위를 부여받았다. 참 선지자들은 모두 하나님의 사자이지만 학개는 성경에서 "여호와의 사자"라고 불린 유일한 선지자이다. 사실 이 말은 선지자들에게만 적용된 말은 아니다. 말라기 2장 7절에서는 제사장들에게도 쓰였다. 이에 해당하는 히브리 단어는 천사와 사자라는 두 가지 의미를 가지고 있고, 신약성경에서 이에 상응하는 헬라어는 "천사"라는 의미를 지니고 있지만, 여기에서는 천사라는 의미를 지니지 않는다.

하나님은 자신이 그들과 함께하시겠다는 격려의 말을 하셨다. 이것은 짧은 메시지이기는 하지만 그 당시에, 그리고 언제라도 꼭 필요한 모든 것이었다. 그 이상 무엇이 더 필요하고 무엇을 더 바랄 것인가? 이 약속은 그들의 회개가 참된 것임을 가리킨다. 그것은 도움 · 보호 · 축복을 위한 하나님의 임재를 보장했다. 이것은 모든 축복 중 가장 큰 축복이다. 왜냐하면 다른 모든 것들이 이 축복 안에 포함되기 때문이다. 이것이 그들의 장래의 성공에 대한 확실한 보장이다(롬 8:31을 보라). 이제 이전에 있던 하나님의 불만 대신 하나님의 은혜가 그들에게 충만히 임했다.

성전 건축의 재개

지도자들과 백성들을 격려하여 그 일을 하려는 마음을 갖게 하신 분은 하나님이시다(빌 2:13). 그들은 하나님으로 말미암아 이전의 낙망에서 벗어나 용기를 얻었다.

학개 1장 1절에서 15절까지의 일을 하는 데 23일이 경과했다. 이 기간은 폐허가 된 성전의 잔해를 제거하고 일을 계획하고 준비하며 재료를 모으는 등의 일을 하는 데 보냈다. 하나님께서 정하신 때에 하나님의 일을 하기 위해 하나님의 인도하심에 자기를 맡기는 사람들의 운명은 참으로 복되다. 반드시 축복이 따를 것이다.

다가올 영광

하나님의 격려

학개의 두 번째 메시지는 7월 21일에 선포한 것으로 기록되어 있다. 레위기 23장 39-44절을 보면 이 날은 수확의 마지막 절기인 장막절 제7일임을 알 수 있다.

성전 재건을 시작한 지 거의 한 달이 지나갔다. 많은 사람들은 이 성전과 솔로몬의 성전을 비교하고 있었다. 백성들에게는 선지자를 통하여 주어진 하나님의 권면에 응답하여 성전 건축을 시작한 후 그들이 낙심하지 않게 하기 위한 희망과 격려가 필요했다.

학개 1장에서는 이 민족의 냉담과 무관심에 대하여 그들의 양심에 호소하는 예언이 필요했다. 이제 그들에게는 하나님께 순종하여 그 임무를 수행하는 동안 그들의 손과 결심을 굳게 할 격려와 위로의 말이 필요했다.

다시 한 번 이 민족의 세속 지도자와 종교 지도자, 그리고 바벨론에서 돌아온 남은 자들에게 메시지가 주어진다. 하나님께서 친히 솔로몬의 성전과 지금 건축 중에 있는 성전을 비교하신다. 하나님은 그들 중에 누가 첫 성전의 영광을 기억하느냐고 묻고, 그 성전과 비교할 때에 이 성전이 보잘 것 없어 보이지 않느냐고 물으신다.

에스라 3장 8–13절은 하나님의 이 질문에 대한 역사적 배경을 기록하고 있다. 에스라서에는 두 번째 성전을 건축할 때 그 기초를 놓는 일에 제사장들이 함께하여 찬양의 시편으로 노래하고 나팔을 불었다고 기록되어 있다. 이 일이 이루어지는 것을 보고 젊은 세대는 기쁨과 환희로 소리친 반면, 첫 성전의 영광스런 모습을 보았던 늙은이들은 그 두 건물의 뚜렷한 차이 때문에 눈물을 흘렸다.

> "너희 가운데에 남아 있는 자 중에서 이 성전의 이전 영광을 본 자가 누구냐 이제 이것이 너희에게 어떻게 보이느냐 이것이 너희 눈에 보잘 것없지 아니하냐"(학 2:3).

학개 2장 3절에 기록된 선지자의 말은 특히 후자의 무리를 향한 것이다. 하나님은 하나님의 집의 이전 영광에 관하여 말씀하신다. 하나님의 관점에서는 솔로몬이 지은 것이든, 스룹바벨이 지은 것이든, 후일 헤롯이 지은 것이든 시온 산 위에 지어진 하나님의 집은 오직 하나밖에 없었다. 백성들의 재산이 한정되어 있었고(학 1:6, 9–11), 법궤와 같은 보물이 없었기 때문에 스룹바벨의 성전은 사실 많은 사람들의 눈에 "보잘것없는 것"으로 보였을 것이다.

그러나 이러한 차이 때문에 실망하여 작업을 멈추는 일이 있어야 하겠는가? 그렇지 않다. "굳세게 하라"는 말이 스룹바벨, 여호수아, 그리고 모든 백성에게 세 번에 걸쳐 주어졌다. 두 성전의 차이점을 생생하게 비교하신 하나님은 또한 건축의 속개를 위한 영적 자극을 주시는 분이다. 따라서 학개 2장 3절의 비교는 그들을 낙심시키려는 것이 아니라 그들로 하여금 온전히 하나님을 의지하도록 촉구하기 위함이었다. 게다가 하나님의 평가는 우리의 평가와 크게 다르다. 그들은 하나님께서 자기들과 함께 하시리라는 거듭된 확신을 가지고 그 일을 계속하라는 요구를 받는다(학 1:13). 또 그들은 하나님께서 약속을 지키시리라는 것을 알 수 있는 충분한 근거들을 가지고 있었다. 하나님은 자기 백성을 애굽으로부터 인도해 내실 때 그들과 계약을 맺은(문자 그대로는 "자른", 계약을 비준하기 위해 희생제물을 자르는 일과 관련되어 있다) 말씀을 지키셨다.

여기에 시내산에서의 계약이 언급되어 있다(출 6:7, 19:5; 특히 33:12-14을 보라). 이러한 관점에서 하나님은 개입하실 때마다 약속을 지키시므로 지금도 그 약속을 지키시리라고 믿을 수 있다. 그렇다. 하나님의 영은 그 순간에도 여전히 그들과 함께 거하고 계셨다. 그들에게는 두려울 것이 없었다. 하나님께서 그들을 위해 일하고 계시는데, 누가 능히 그들을 대적하겠는가?

더욱 큰 영광

뒤이어 나오는 학개 2장의 네 절(학 2:6-9)은 메시야에 대한 언급으로서 스가랴 9장 9-10절; 이사야 61장 1-3절; 다니엘 9장 24-27절 등 다른 많은 구절과 마찬가지로 이스라엘의 왕이요 메시야이신 주 예수 그리스도의 초림과 재림이 혼합되어 있다.

하나님은 멀지 않아 하늘과 땅과 바다와 땅의 모든 나라들을 진동시키겠다고 예고하신다. 이것을 자연계에서의 하나님의 놀라운 능력의 과시일 뿐이라고 여기는 사람들이 있다. 그러나 그것은 함축된 많은 의도 중에서 극히 일부분만을 본 것이다.

이러한 진술은 학개 2장 4-5절에 언급된 하나님의 약속과 무슨 연관이 있는가? 그것은 다음과 같다. 유대인들은 모든 나라의 하나님께서 메시야 왕국의 건설을 예비하기 위하여 세상의 나라들을 전복시킬 무한하신 능력을 짧은 기간에 보여주시리라는 확신으로 성전 재건 작업을 계속할 수 있는 용기를 얻었다.

이 구절은 바사와 헬라 제국 시대에 있었던 반란들을 의미한다고 생각되어 왔다. 물론 이 나라들이 통치할 때 그러한 움직임이 있었다. 그러나 이것은 그 나라들이 지배의 자리에서 흔들려 마침내 그리스도의 나라가 이 땅 위에 실현될 긴 과정의 최초, 혹은 준비 단계로 간주될 수 있을 뿐이다. 계시록 11장 15절과 히브리서 12장 26-27절을 보라.

많은 서로 다른 의견들이 학개 2장 7절 , 특히 "만국의 열망"KJV 혹은 "만국의 보배"ASV로 번역된 말의 해석에 집중되었다. 이것은 다음과 같이 번역되기도 한다. "이교도들의 값진 재산," "이방인들이 자기들이 기뻐하는 것들을 가지고 올 것이다," 혹은 "만국 중에서 가장 좋은 나라가 올 것이다." 이러한 번역들의 뜻을 대체로 다음과 같이 말할 수 있다. 성전의 외관을 장식하는 데 부족한 것은 모든 나라들이 하나님의 성전을 영광스럽게 만들기 위해 가져올 값진 예물로 충분히 채워질 것이다. 그들은 참 하나님을 예배하기 위해 이러한 일을 행할 것이다. 이 말은 새 언약 중에서 "장차 일어날 좋은 일들"에 관한 것으로 생각된다. 대다수의 초기 기독교 해석자들은 이 구절을 그리스도의 강림에 관한 언급이라고 여겼음을 기억하는 것이 좋다. 유대교의 전승에서도 이것을 메시야와 관련시킨다. 우리는 교의에 얽매이지 말고 모든 나라의 열망은 그들이 인식하든 못하든 구속자에 대한 기다림이라고 보아야 할 것이다.

히브리어에서는 종종 구상명사가 추상명사로 대치되므로 이 말도 메시야를 의미할 수 있다. 첫 성전은 영광의 구름으로 충만했었다(왕상 8:10-11; 대하 5:13-14). 재건되는 이 성전은 그리스도 안에 있는 하나님의 영광으로 채워질 것이다(요 1:14). 이 예언은 그리스도의 재림의 영광을 이야기하는 것이다(말 3:1). 하나님은 나라들이 진동되리라고(회개가 아니다) 약속하신다. 진동은 초림의 준비로서 시작되어 재림 때에 완성될 것이다(단 2:35, 44; 마 21:44).

하나님은 이처럼 자신의 집을 말로 표현할 수 없는 영광으로 채우실 것이다. 학개는 2장 8절에서 이렇게 말한다. "지금 짓고 있는 성전에 보석들(솔로몬 성전의 지성소에는 값으로 환산하면 2천만 달러 이상 되는 금이 덮여 있던 것으로 보인다)이 없다고 걱정하지 말라. 하나님은 그것을 쉽게 마련하실 수 있기 때문이다(시 50:12). 그러나 하나님은 자기 아들의 초림과 재림의 영광을 통해, 처음에는 감추어져서, 후에는 드러내어 그 성전을 아름답게 만들고자 하신다."

당시의 남은 자들은 가난했기 때문에 재건된 성전을 장식하고 꾸밀 재물이 없었다. 그러나 은과 금은 모두 하나님의 것이다. 이 집의 나중 영광은 이전 영광을 능가할 것이며, 하나님께서 그곳에 평화를 내려 주실 것이다. "나중 영광"에 대해서는 학개 2장 3절의 "이전 영광"이라는 진술과의 대조를 보라.

예루살렘에 있는 하나님의 성전은 다른 형태로 존재하고 있는 것으로 여겨진다. 그리스도께서는 두 번째 성전에 임재하시므로 그 영광이 솔로몬 성전의 영광을 능가할 것이다. 나중 영광이 에스겔 40~48장에 묘사된 성전의 천년 영광을 의미한다는 의견도 있다. 지금까지 여러 단계를 거친 성전간의 연속성을 성경은 어떻게 보는지를 살펴보았다. 따라서 이러한 입장을 배제할 수 없다. 헤롯이 스룹바벨의 성전을 재건할 때 그 기초까지 완전히 파괴했지만 그의 성전은 여전히 두 번째 성전으로 간주되었다.

여기에 언급된 평강은 하나님께서 예루살렘(골 1:20)과 오늘날의 신자들에게도 내려주시는(롬 5:1; 빌 4:7) 영적 평화일 뿐만 아니라 평강의 왕으로서 가져 오실 궁극적인 외적 평화이기도 하다(사 9:6-7). 이로써 우리는 학개 2장 3절의 낙담한 상황에 대한 충분한 대답을 얻었다. 하나님은 미래를 위하여 가장 좋은 것을 남겨 두셨다. 신앙의 눈만이 그것을 분별할 수 있다.

원인과 결과

학개 2장의 둘째 부분은 첫 메시지를 선포하고 나서 약 두 달 후에 선포되었다. 이것은 이제 그들이 순종하였기 때문에 불순종으로 말미암아 거두어 가셨던 축복을 주시리라는 것을 보여주려 한다. 인과관계는 다음과 같이 말할 수 있다. 그들의 과거의 불순종이 과거의 응징과 시련을 초래했고, 현재의 순종은 미래의 축복을 가져올 것이다.

학개는 백성들에게 당시의 제사장들에게서 율법에 관하여 배우라고 교훈했다. 제사장은 백성에게 모세의 율법에 관한 문제들을 가르치는 교사였다(신 17:8-9). 율법을 해석하는 것이 제사장의 직무를 수행하는 일이었고(학 2:11-13), 학개는 이를 실제 생활에 적응시킴으로 자기의 의무를 행하였다(학 2:14). 학개 2장 11-13절에서는 과거에는 있었던 일이지만 앞으로는 다시 반복되지 않을 상태를 그 백성에게 설명하고 있다.

두 가지 분명한 질문이 있었다: (1) 만일 사람이 제물로 드릴 (거룩한) 고기를 가지고 가다가 다른 물건을 건드리면 그 건드려진 물건이 그로 인하여 거룩해지거나 하나님의 몫이 되겠느냐?; (2) 만일 시체를 만져서 부정해진 사람이 어떤 물건을 건드린다면 그 사람의 부정함으로 인하여 그 물건이 부정해지겠느냐?

첫째 질문에 대한 대답은 부정이다. 그러나 두 번째 질문에 대해서는 긍정이다. 이 주제에 관한 구절들을 주의 깊게 읽어야 한다(레 22:4-6; 민 19:11). 모세의 율법은 도덕적 정결함은 전달될 수 없지만 도덕적 부정은 전달될 수 있다고 말했다. 율법적 부정은 율법적 정결淨潔보다 쉽게 전달된다. 건강한 아버지가 자신의 건강을 아픈 아이에게 줄 수 없지만, 병든 아이는 그 병을 아버지에게 옮길 수 있다.

> "이에 학개가 대답하여 이르되 여호와의 말씀에 내 앞에서 이 백성이 그러하고 이 나라가 그러하고 그들의 손의 모든 일도 그러하고 그들이 거기에서 드리는 것도 부정하니라"(학 2:14).

가난함에도 불구하고, 또 전에는 성전의 일을 소홀히 했었지만 백성들은 여전히 예물(학 2:14의 "드리는 것"; 백성들을 참작하여 볼 때 그것은 아마 예루살렘 제단에 드려졌을 것이다. 스 3:3을 보라)을 가져오고 있었다. 그러나 하나님의 축복이 내리지 않은 것으로 보아 이러한 예물들이 용납되지 않았다는 것은 분명한 사실이다.

이제 선지자는 그 이유를 설명한다. 제의적으로 부정한 사람은 자신이 건드리는 모든 것을 오염시키듯이, 그들의 오랜 불순종으로 인한 하나님의 불쾌해 하심, 그들의 순종의 결여가 가져온 결과가 그들의 손으로 이루어놓은 아무 소용없는 작업에까지 미치게 되었다. 또 희생제사에 드리는 거룩한 고기가 그 제사에 쓰이는 물건들 외의 어느 것에도 그 성결함을 전할 수 없듯이, 그들의 외적인 선행, 심지어 하나님의 제단에 제물을 드리는 일까지도 외적인 의식을 거행하는 일 외의 효과를 가져오지 못하며, 하나님의 축복이나 거룩한 기쁨도 얻어낼 수 없다.

그들의 이전 일들은 모조리 영적 부정과 관련되어 있었다. 그들은 이전에 행하던 불순종의 길로 돌아가서는 안 된다. 그들은 과거에 행하던 일들을 그만두라는 경고를 받는다. 학개는 1장 6절, 9-11절에서 씨를 뿌리고 거두는 관점에서 간단히 설명했는데, 여기에서는 모세의 율법이라는 시각에서 인과관계를 설명하고 있다. 학개 1장 2절에 "이 백성," 학개 2장 14절에 "이 백성…이 나라"라는 말이 많이 쓰이고 있는 것으로 보아 과거의 동일한 시간을 이야기하고 있는 것이 분명하다.

그들이 하나님의 집에 대해 무관심했던 상태가 학개 2장 15-19절에서 재고되고 있다. 그들은 성전의 재건을 중단했을 때 그들이 겪은 곤경을 생각해 보라는 권고를 다시 한번 듣는다. 그 환난의 날 동안 20석을 추수할 것이라고 기대했던 곡식이 10석밖에 수확되지 않았다. 50되의 포도주가 담겨 있으리라고 생각했던 통에는 20되밖에 없었다.

하나님은 그들을 계속 응징하셨다. 아모스 시대처럼(암 4:9) 하나님께서 극심한 한재로 인한 폭풍과 극심한 습기로 인한 곰팡이로 그들을 치셨다. 그래도 남은 것은 우박으로 치셨다.

하나님의 불만을 나타내는 이러한 분명한 징조에도 불구하고 백성들은 회개하고 믿음으로 하나님께 돌아오지 않았다. 선지자의 외침은 숙고되고 또 숙고되어야 한다. 사람들은 삶의 긴요하고 중요한 관계들, 특히 만물의 하나님을 향하여 그들이 가지고 있는 관계들을 소홀히 여긴다. 선지자가 말한 것들은 헛간과 창고를 조사해 봄으로써 쉽게 증명될 수 있었다. 창고에는 씨앗이 없고 포도나무와 나무들은 열매를 맺지 못했다. 그러나 하나님은 그들이 순종하는 날로부터 그들을 축복하겠다고 약속하신다. 축복을 거두어 가신 하나님은 믿음과 순종에 대한 응답으로 축복을 주권적으로 주실 수 있다.

스룹바벨과 메시야

학개의 마지막 메시지는 스룹바벨 개인에게 주어진 것으로서 백성들의 부정과 축복받지 못함에 관한 메시지와 같은 날에 선포되었다. 당시의 통치자에게 주어진 그의 메시지는 장차 있을 나라들에 대한 하나님의 심판으로 나타난다.

여기에서는 마지막 때를 보고 있는데 메시야의 인성이 예시되고 있다. 여기에 언급된 진동과 세상 세력의 전복은 학개 2장 6-7절에 제시된 것과 동일하다. 이 구절은 B.C 521년 다리오 왕이 통치하기 시작했을 때 바사 제국을 멸망시키려 한 민족들과 속국들(바사, 바벨론, 메대, 아르메니아 등)의 반란과 전복이 있던 때를 의미한다고 생각되어 왔다. 그러나 우리는 이것을 분명히 예언적인 것으로 본다.

"보좌"가 복수가 아니라 단수인 사실에 주목하라. 세상에는 하나님에 의해 용인되고 사탄에 의해 수행되는 하나의 지고한 통치가 있는데, 이것은 주 예수 그리스도의 지고한 통치로 대치될 것이다(계 11:15).

하나님께서 병거와 그 탄 자들, 말과 그 탄 자들을 뒤엎으실 때 여러 나라들의 세력은 멸망될 것이다. 병거와 기병들은 동양 군대의 주된 전투력이었다(슥 10:5). 이 멸망은 서로 동료들에게 칼을 돌림으로 완전히 이루어질 것이다(겔 38:21; 슥 14:13). 이 일은 아마겟돈 전쟁 때에 일어날 것이다.

그러나 스룹바벨은 진노가 아니라 특별한 임무를 부여받는다. 하나님은 그를 높이시고 영광스럽게 하신다. 이 약속은 그가 유다의 통치자로서 지녔던 직무에 적용되었다. 왜냐하면 그 약속이 스룹바벨 자신의 생애와 관련될 수 없었기 때문이다. 그의 생전에는 여기에 제시된 것과 같은 반란들이 없었다. "이 날에"가 아니라 "그 날에"라고 묘사한 것을 주시하라. 메시야의 혈통이 다윗을 통한 것처럼 스룹바벨을 통하여 오게 되어 있었다. 여기에서 다윗의 보좌가 불운한 세상 왕조들과 생생하게 대조된다. 스룹바벨은 두 개의 메시야 족보에 나타나는 영광을 누렸다(마 1:12; 눅 3:27). 그리스도는 진실로 다윗의 아들이요 스룹바벨의 아들이다.

유대인 주석가들도 이 구절을 메시야에 관한 것으로 보았다. 종이라는 칭호는 메시야에 관한 것으로 잘 알려진 칭호이다(사 42:1, 52:13). 하나님은 스룹바벨을 택하셨기 때문에 그를 인장으로 삼겠다고 약속하신다. 인장은 영광과 권위의 표징이며, 보살핌과 즐거움의 대상이다(애 8:6; 렘 22:24). 그것은 귀히 여겨지고 항상 눈에 보이는 곳에 두었다. 인장은 서신이나 문서에 서명 날인하는 데 쓰였으므로 그 소유자를 대표한다. 인장의 소유자가 인장을 두고 다니는 일은 거의 없고 항상 지니고 다닌다(창 38:18; 렘 22:24). 그러므로 인장은 가장 중히 여기는 소유물을 의미한다. 이 모든 것은 귀하신 그리스도를 예시하고 있다.

제14장

스가랴(I): 위로의 말

인물과 그의 메시지

스가랴라는 이름은 "하나님(여호와)이 기억하신다"라는 의미이다. 구약성경에는 이러한 이름을 지닌 사람이 약 29명 등장한다. 스가랴 선지자는 바벨론 포수 이후에 활동한 위대한 선지자이다. 그는 학개, 말라기와 더불어 포로기 이후의 선지자이다. 그는 제사장 가문의 출신으로 바벨론에서 태어났으며, 고레스의 허락으로 약 5만 명이 바벨론에서 예루살렘으로 귀환할 때에 함께 돌아왔다. 그의 아버지가 일찍 죽었으므로 그는 조부 잇도의 자손으로 기록되어 있다(스 5:1, 6:14; 느 12:4, 16).

그는 예레미야와 에스겔처럼 선지자이면서 동시에 제사장이었다. 스가랴 2장 4절을 보면 그는 특별히 연령을 밝히지는 않았으나 소년이라고 기록되어 있다. 유대교 전승에 의하면 그는 대회당The Great Synagogue의 일원으로서 포로기 이후 유대인의 신성한 기록물과 전승들을 수집하고 보존했다고 여겨지고 있다. 스가랴는 학개가 예언 사역을 시작한지 2개월 후에 사역 활동을 시작했다(학 1:1; 슥 1:1). 이것은 다리오 히스타페스 통치(B.C 521-485) 2년, 즉 B.C 520년의 일이었다.

그의 활동 기간은 알려져 있지 않다. 스가랴에서는 시간에 대한 언급이 세 번 기록되어 있다(슥 1:1, 1:7, 7:1).

학개와 마찬가지로 그의 사역은 귀환한 백성들의 성전 건축을 격려하는 것이었으며, 모든 대적들을 이기는 승리의 시기가 오리라는 희망을 심어주는 것이었다. 스가랴의 사역 범위는 학개의 사역 범위를 초월하는 것이었다.

스가랴의 예언적 시각은 다른 소선지자들보다 훨씬 더 광범위하다. 스가랴서에는 많은 환상이 제시되어 있기 때문에 하나의 계시록이라 불린다. 그는 그리스도의 인격과 활동을 다른 소선지자들보다 훨씬 자세히 설명하였다.

스가랴의 예언은 유대교 해석가들이나 기독교 해석가 모두가 난해하다고 여기고 있다. 그의 환상들과 신탁들이 가장 메시야적이라는 것은 양자 모두 인정하고 있으나 그것들을 해석하는 것은 매우 어려운 일이다. 그러나 스가랴가 포로기 이후의 선지자라는 사실(따라서 미래의 영광에 대한 약속은 바벨론으로부터의 귀환을 말하는 것이 될 수 없다)과 문체의 유사성에서 드러나는 바와 같이, 그가 이전 시대 선지자의 문체를 많이 사용했다는 것을 명심한다면 이런 어려움은 극복할 수 있을 것이다. 환상을 제외하고 본다면, 스가랴의 문체는 단순하고 직설적이다.

스가랴서는 크게 1~8장과 9~14장의 두 부분으로 나눌 수 있다. 첫째 부분에는 특히 스가랴 시대의 사람들을 염두에 둔 여덟 가지 예언적 환상이 기록되어 있다. 두 번째 부분은 이스라엘의 종말적 사건들과 천년왕국에 대해서 다루고 있다. 스가랴는 B.C 516년에 성전 건축이 완성될 것을 예언했지만(스 6:15), 스가랴서의 마지막 장들에는 그보다 훨씬 더 큰 예언들이 기록되어 있다.

스가랴의 예언을 간략하게 세 가지로 개괄하면 환상들(1~6장), 질문들(7~8장), 경고들(9~14장)로 나눌 수 있다. 스가랴는 포로 귀환으로부터 종말에 이르기까지의 이스라엘의 완전한 영적 역사, 그리고 이스라엘과 이방인의 관계에 대한 역사를 묘사한다. 메시야와 예루살렘은 스가랴의 모든 예언의 메시지가 이루어지는 중심점이다. 스가랴의 예언에는 세 개의 제국이 등장한다. 즉 바사(1장과 7장의 다리우스), 그리스(9장의 알렉산더), 그리고 로마(12장과 14장에서 암시적으로)가 등장한다.

회개하라는 경고

스가랴의 첫 예언적 메시지는 다리오 왕 통치 2년에 선포되었다. 그가 이방 제국의 통치 연대를 밝히고 예언을 시작한 것은 (느부갓네살의 통치로 시작된)이방인의 통치 시대가 이미 시작되어 진행 중이었다는 것을 명백하게 나타내 준다(눅 21:24). 스가랴 1장 1-6절의 회개하라는 권면은 아마 모든 백성들에게 전파되었을 것이다. 스가랴는 강력한 어조로 자기 시대 백성들에게 조상에 대한 하나님의 진노를 선포한다. 이러한 책망을 불러일으킨 원인은 성전 건축을 게을리 한 것뿐만 아니라 그들의 일반적인 영적 상태였다. 포로 생활로부터 귀환한 그들에게는 하나님께로 완전히 돌아와 의뢰하는 생활이 요구되었다. 하나님의 진노가 크셨다는 것은 그들의 성읍이 파괴되고 70년간 포로 생활을 하였던 사실에서 쉽게 찾아

볼 수 있다. 그러나 축복의 길이 스가랴에 의해서 분명하게 제시된다. 그들이 전심전력으로 하나님께 돌아오면 하나님은 그들에게 사랑과 축복을 회복시켜 주실 것이다. 이 구절(슥 1:1-6)과 전체의 예언에서 사용되어진 "만군의 주"라는 칭호에 유의하라. 이것은 학개, 스가랴, 그리고 말라기에서 80여 회 이상 등장하는 하나님에 대한 특징적인 칭호이다. 헬라어 역 구약성경은 그것을 "전능자"라고 번역하였다. 하나님은 별들의 주님이시며, 하늘의 권세이시며, 온 우주의 힘이시다. 이것은 하나님에 대한 모든 것을 포함한 포괄적인 명칭인 것이다.

사람들은 나쁜 행위는 쉽게 따라 행하기 때문에 스가랴는 포로기 이전에 선지자들의 말씀과 경고에 주의를 기울이지 않았던 조상들의 행위를 따르지 말라고 백성들에게 경고한다. 초기 선지자들이 모세의 율법에 호소했던 것처럼, 그는 초기 선지자들의 메시지를 믿으라고 호소한다.

스가랴는 말씀을 선포하던 사람들(선지자들)과 사역을 받던 사람들(조상들)이 이미 사라졌으나 종들을 통하여 주셨던 하나님의 메시지는 예루살렘과 그 백성들의 황폐한 상태를 통해서 풍부하게 증언되었다고 지적한다.

하나님의 말씀과 선고는 그것들이 성취되어지는 것을 목격한 사람들이 증명한 바와 같이 문자 그대로 이루어졌다. 하나님의 영원하고도 불멸하는 말씀과는 대조적으로 선지자들이나 조상들은 모두 죽어야 할 운명의 인간들이었다. 바벨론 포로 생활은 포로기 이전 선지자들의 메시지가 진리였다는 것을 증명하였다. 따라서 스가랴 시대의 백성들은 역사에서 교훈을 배우고 하나님께 절대적으로 순종해야 한다.

말들의 환상

여덟 개의 밤의 환상들은 모두 같은 날 밤 중에 본 것이다. 그리고 이 계시들은 중요하기 때문에 날짜가 상세하게 기록되어 있다. 그것은 첫 번째 메시지가 있은 후 3개월이 지나서의 일이었다. 여덟 개의 환상들은 하나의 단위를 형성하는데, 첫째 환상은 모든 환상들을 푸는 중요한 열쇠가 된다. 스가랴는 환상 중에 골짜기에서 붉은 말을 타고 있는 사람을 보았으며, 그 뒤에 붉은 말과 자줏빛 말과 백마가 있는 것을 보았다. 스가랴 1장 11-12절을 보면 붉은 말을 타고 있는 사람이 하나님의 천사임을 확인할 수 있다. 구약성경에는 종종 인간의 형태를 지닌 천사가 하나님을 지칭하는 것으로 나타난다(참조: 창 16:7-13, 22:11-12; 출 3:2-6; 삿 6:14, 22, 13:9-18, 22). 바벨론의 탈무드에는 다음과 같은 구절이 있다: "이 사람은 거룩하신 분이며 축복받은 분이다. 왜냐하면 '하나님은 전쟁의 사람이다' 라고 말하기 때문이다."

골짜기는 아마 스가랴가 잘 알고 있는 장소였을 것이다. 왜냐하면 예루살렘 주위에는 화석류로 덮힌 골짜기들이 있었기 때문이다(느 8:15). 골짜기에 있는 화석류 나무들은 지상의 나라들 가운데 처한 이스라엘의 낮은 지위와 타락한 위치와 아울러 그런 상황에서도 여전히 하나님께 향기를 발하는 상태를 잘 나타내 준다.

말들은 무엇을 상징하는가? 그것들이 천군들, 즉 천사들을 상징한다는 주장이 있으나, 그보다는 세상을 통치하시는 하나님의 행위의 상징이라고 보아야 할 것이다.

여기에 나타난 색깔들은 의미를 가지는가? 다른 선지서를 놓고 유추하여 볼 때 색깔의 차이는 말들과 말 탄 사람들에 의해 수행되어지는 임무의 차이를 암시한다고 결론지어야만 한다. 붉은 색은 전쟁과 피흘림을 의미하는 바 여기서는 이스라엘의 원수들에 대한 복수를 의미한다(사 63:1-6; 계 6:4). 그 말 위에 하나님의 천사가 친히 타고서 당시 시대 상황에 대한 하나님의 의도를 나타내 준다. 자색은 혼합색이다. 흰색은 승리와 정복을 의미한다(계 6:2). 색깔을 혼합한다는 것은 바벨론이 패배한 메데-바사 전쟁을 말하는 것으로서 그 전쟁으로부터 초래된 혼란한 상태를 언급한다고 볼 수 있다. 바사 제국 최후의 새 왕조 설립에 대하여는 여기서 자세하게 논할 필요가 없다.

스가랴와 대화를 한 천사는 환상을 해석하는 천사였다(환상들을 소개하는 것이 아니다). 요한계시록 1장 1절과 22장 16절에 나오는 천사들을 주시하라.

스가랴가 말들과 말 탄 사람들의 의미에 대하여 질문했을 때 하나님의 천사는 그들이 하나님으로부터 세상을 살펴보는 임무를 부여받았다고 대답한다. 하나님은 지상의 상황에 적극적으로 관심을 기울이시는 분이며, 특히 지상에 있어서의 하나님의 백성들인 이스라엘에 대하여 관심을 기울이신다(욥 1:7, 2:2). 말 탄 사람들은 온 세상이 평화를 누리고 있다고 보고한다. 바사 제국 역사를 통하여 볼 때 다리오 왕 통치 초기에는 반란이 거듭되었으나 이 때에는 모든 것이 평정되었다. 그러나 학개는 나라들이 진동하게 될 것이라고 예언했었다(학 2:21-22). 하나님은 분명히 자신의 경고와 약속들을 그대로 이루실 것이다.

여호와의 사자의 기도

하나님의 백성들은 여전히 이방인의 권세와 지배 하에서 억압된 상태에 있었기 때문에 다른 민족들의 평온과는 매우 큰 대조를 이루고 있었다.

따라서 하나님의 사자는 이스라엘에 대한 하나님의 사랑에 감동되어서 하나님과 이스라엘 사이에서 이스라엘을 위해 중재를 한다. 그는 70년 동안 하나님의 진노를 견뎌온 예루살렘과 유대 성읍들에게 하나님께서 기꺼이 긍휼을 베푸실 것이라는 믿음을 지니고 기도한다. B.C 606년(왕하 24:1)부터 B.C 536년(고레스가 성전 재건을 명령한 해)까지 예언되어졌던 포로 시대는 지속되었다(렘 25:11, 29:10).

하나님은 그 필요에 따라 풍성하게 대답하셨다. 하나님은 이스라엘의 축복을 예고하시는 위로의 말씀으로 대답하셨다. 스가랴 1장 14-17절은 위로의 말씀이 무엇인지를 나타내 준다. 그것들은 하나님의 대답을 한층 자세히 설명하고 있다. 즉 그것들은 이스라엘을 위해 예비된 축복들이다. 일곱 번에 걸쳐 기록된 위로의 말은 (1) 이스라엘을 위한 하나님의 끊임없는 질투; (2) 여러 나라들에 대한 하나님의 격렬한 진노; (3) 하나님께서 자비로이 예루살렘에 돌아오심; (4) 성전의 재건; (5) 파괴된 성읍의 회복; (6) 그 땅 성읍들이 넘치도록 풍부하게 됨; (7) 시온의 안위와 예루살렘의 선택 등이다.

하나님께서 여전히 이스라엘의 번영을 위하여 질투하신다는 것은 이스라엘에게 참으로 영광스러운 일이다! 동시에 하나님은 여러 나라들에 대하여 심히 진노하셨다. 왜냐하면 하나님은 이스라엘에 대하여는 잠시 동안 진노하신 반면에, 여러 나라들은 이스라엘을 전멸시키기를 원했기 때문이다(사 47:6; 겔 25:3, 8, 12, 15, 26:2; 옵 1:10-14).

여러 나라들이 향유하고 있는 평화는 하나님께서 주신 축복이 아니라는 의미가 여기에 드러나 있다. 하나님은 그들의 이기심과 사악한 의도를 이미 간파하셨다. 이스라엘을 징계하라는 사명은 하나님으로부터 왔지만 그들은 하나님을 위해서가 아니라 그들 자신을 위해서 그 일을 이루었다. 그들은 나쁜 의미에서 안일하였으며 부주의하고 교만한 자들이었다(같은 개념으로 암 6:1; 사 32:9, 11; 렘 48:11을 보라). 지상의 나라들의 크나큰 죄는 예부터 하나님의 백성인 이스라엘을 증오해 왔거나 증오하는 것이었다. 이 같은 사실은 스가랴 1장에서 찾아볼 수 있으며 12장과 14장의 사건들 속에서 절정에 달한다. 나라들이 이스라엘을 다루는데 있어서 어떻게 전능하신 하나님의 진노를 유발했는지 유의하라.

스가랴 1장 14절에서 중요한 초점인 시온은 특별히 다윗이 건설하였던 성읍의 남동쪽에 있는 언덕을 말한다(열왕기상과 삼하 5:9). 시온이란 성전이 있었던 북편 언덕을 지칭하는 것이며(시 48:2), 따라서 예루살렘과 동의어가 되는 수도를 지칭한다.

하나님께서 긍휼을 가지고 예루살렘에 돌아오셨다는 증언은 성전의 재건 속에 명백히 나타난다. 앞에서도 언급한 바와 같이 성전은 이미 건축 중에 있었으나 아직 완성되지 않았었다. 이 성전은 다리오 왕 6년에 완성되었다(스 6:15).

과거에는 성읍을 멸망시키기 위해 다림줄을 드리웠으나(왕하 21:13; 사 34:11), 이제는 건축을 예비하기 위해서 예루살렘 위에 다림줄이 드리워질 것이다(욥 38:5). 더욱이 모든 유다의 성읍들은 그릇에 물이 넘쳐흐르듯이 넘치도록 풍성하게 번성할 것이었다. 역사가 요세푸스에 의하면 마카비 시대에 이스라엘의 인구가 크게 증가했다고 한다.

하나님은 시온에 대한 위로(사 40:1-2)를 통하여서 자신의 변하지 않는 선택의 속성을 나타내셨다. 따라서 스가랴는 미래의 축복에 대한 약속의 말로 결론을 맺는다. 이러한 예언이 그 당시에도 예비하신 길 안에서 이루어졌다는 것은 분명한 사실이다. 그러나 이 말씀들은 영광스런 이스라엘의 메시야, 즉 주 예수 그리스도의 통치 시대에 완전히 이루어지고 나타날 것이라는 성경의 증언은 확실하다.

오 주여! 얼마나 오래니이까?

이것은 영광스런 이스라엘의 도래를 바라는 많은 믿는 심령들의 신앙의 부르짖음이다. 이방 나라들 중에 처한 이스라엘의 궁핍하고 비참한 상황은 널리 알려진 것이지만 하나님은 그에 대하여 무엇인가를 하시겠다고, 즉 그것을 치료하시기 위해 많은 일은 하시기로 약속하셨다.

네 뿔과 대장장이들의 환상

히브리어 구약성경은 두 번째 환상에서부터 스가랴 2장이 시작된다. 영역 성경은 헬라어역(라틴역) 구약성경을 따른다. 장章의 구별이 다른 것은 이 환상의 의미를 이해하는 데 전혀 지장이 없다.

스가랴는 눈을 들어 네 개의 뿔을 보았다. 성경에서 뿔은 능력을 상징한다. 이 비유는 힘이 뿔 속에 존재하는 황소와, 그밖에 뿔을 가진 동물들에서 유래된 것이다(미 4:13; 단 8:3-4).

네 뿔들의 현시現示에 대해서 다양한 해석들이 있다. 많은 사람들은 4라는 숫자가 지구의 사방을 상징한다고 이해하고 있다. 실제로 이스라엘의 대적들은 사방에서 위협하여 왔다. 그 당시 이스라엘의 대적들을 지적해 보면 북방의 사마리아, 동방의 암몬, 남방의 에돔, 서방의 블레셋과 두로 등이다. 또 다른 주장은 범위를 최대한으로 확대하여 유다와 예루살렘과 접촉하고 있었던 모든 제국들을 언급하기도 한다. 즉 메시야의 최종적인 구원의 때까지 예루살렘과 유다를 억압할 제국들을 모두 말하는 것이다. 다니엘서와 요한계시록에 있는 상징들로부터 미루어 판단할 때에 그 구절들이 다니엘 2, 7, 8장에 등장하는 네 개의 강대국들을 직접적으로 언급하고 있다는 결론을 내리게 된다. 그 강대국들은 유다, 이스라엘, 그리고 예루살렘(그들의 수도와 더불어 전 민족)을 흩었던 바벨론, 바사, 그리스, 로마이다. 물론 스가랴의 시대에 셋째와 넷째 강대국인 그리스와 로마는 아직 존재하지 않았다. 그러나 예언의 특권은 광범위한 견지에서 전체적인 사건들의 대략을 보는 것이다. 예언에서 함께 언급되어진 사건들은 각기 분리되어 성취된다(참조: 사 61:1-3; 단 9:24-27; 슥 9:9-10).

스가랴 1장 20절에서 하나님은 선지자에게 네 명의 노동자들, 혹은 대장장이들을 보여주셨다. "대장장이"라는 뜻의 히브리 단어는 목재, 금속, 혹은 석재를 다루는데 있어서 숙련된 노동자들에게 사용된다. 대장장이들의 목적은 하나님의 나라들을 짓밟고 흩었던 민족들의 마음을 두려움으로 몰아넣는 것이며, 궁극적으로는 이스라엘의 대적들의 전복을 초래하는 것이다. 대장장이들은 뿔들을 깨뜨려 산산조각을 내기 위한 하나님의 도구들이다. 과거에 하나님께서 이스라엘의 대적들을 멸망시키기 위해 어떤 수단을 사용하셨는지는 잘 알려져 있다. 하나님은 징계해야 할 나라들을 치실 때에 인간이나 초자연적으로 적절한 수단을 사용하셨다. 그러므로 대장장이는 하나님께서 모든 뿔을 파괴하실 대리자를 갖고 계심을 계시한다.

사람들이 능히 머리를 들지 못하게 하니

이스라엘 백성들을 흩뜨린 것은 사악한 분노에서 이루어졌으므로 선지자는 아무도 그의 머리를 들지 못할 것이라고 말한다. 이것은 이스라엘의 쇠약해진 상황과 대적들의 손아귀에서 고통받은 상처들을 잘 나타낸다. 그러나 하나님께서 이러한 행위를 간과하지 않으신다는 사실을 세상 사람들은 깨달아야 한다. 하나님은 지금도 깨어 이스라엘을 돌보고 계시다.

하나님의 눈동자

측량하는 자의 환상

스가랴 2장에는 일련의 환상 중 세 번째 환상이 기록되어 있다. 이것은 앞에서 언급된 것과 관련되어 있다. 만일 두 번째 환상이 스가랴 1장 15절에 기록된 사실의 확장이라면, 세 번째 환상은 스가랴 1장 16장에 나오는 약속의 구체적인 완성이다.

스가랴가 본 측량줄을 가진 사람은 다른 환상에서와 마찬가지로 인간의 형상을 한 천사이다. 이 사람은 부연된 설명에 의해서 더 명확하게 지적되지 않았으므로 하나님의 천사일 수는 없다. 이 예언은 에스겔 40장 3절, 41절, 42절에 근거했으며, 계시록 11장 1-2절과도 연관 있다.

그는 스가랴의 질문에 대답하면서 자신의 목적이 예루살렘의 장광을 정확하게 측정하는 것이라고 알려준다. 여기에 언급된 성읍은 미래의 성읍이 아닌 스가랴 시대의 성읍을 말한다. 여기서의 예루살렘은 건축이 완성된 성읍이라고 생각되지 않는다. 예루살렘은 완전한 회복의 견지에서 측량되고 있다. 이 환상은 미래의 예루살렘에 대한 예언이며, 이스라엘에 대한 하나님의 약속의 완성에 대한 예언이다.

영광의 약속

스가랴로 하여금 자기에게 임한 환상의 의미를 백성들에게 전하게 하기 위한 일환으로 해석하는 천사는(그는 위치가 너무 열등하므로 하나님의 천사가 될 수 없다) 예루살렘의 미래에 대한 찬란한 약속을 듣기 위하여 다른 천사를 만나러 간다. 젊은 선지자에게 임한 메시지는 예루살렘의 지경이 넓어지고 성곽이 없는 촌락들처럼 사람이 많이 거주하게 되리라고 보장한다. 그 가운데 사람과 가축들이 많아질 것이다.

성곽이 없이 산다는 것은 평화와 안전을 말한다(삼상 6:18, 에 9:19; 겔 38~39를 보라. 여기서 북방에 있는 적들이 위치상 좋은 조건을 갖고 있다). 여기에 예언된 바와 같이 인구의 증가는 바벨론으로부터 많은 유대인들이 귀환하는 것에 의한 것이 아니다. 그것은 스가랴 2장 5절에 지적된 바 아주 먼 미래의 날을 조망하는 것이다.

> "여호와의 말씀에 내가 불로 둘러싼 성곽이 되며 그 가운데에서 영광이 되리라"(슥 2:5).

비록 이스라엘의 숙적들을 방어하기 위한 외형적인 성곽이 없어지더라도 예루살렘은 보호 성곽이 없이 존재하지는 않을 것이다. 하나님께서 친히 이스라엘의 보호 성곽이 되시며 그 가운데 영광이 되실 것이라고 약속하셨기 때문이다.

이 본문은 B.C 445년 느헤미야의 지도하에 행해진 예루살렘 성곽 건축의 사기를 저하시키려는 의도가 아니다. 보호와 안전을 나타내는 불 성곽은 출애굽기에 나오는 불기둥을 회상시켜 준다(출 14:24; 사 4:5; 슥 9:8).

하나님께서 이스라엘의 구원과 보호의 성곽이 되실 것이다(사 26:1). 여호와 시현shekinah의 영광이 여기에 약속되어졌다. 이 예언의 성취는 천년왕국 시대에 있으리라는 것을 부정할 사람은 없을 것이다(합 2:14). 이 환상의 주제는 스가랴 1장 16-17절에 기록된 것을 확증하는 것으로서 예루살렘의 재건과 정착이다. 그리고 이 예언의 완전한 성취로 말미암아 지상에 하나님이 거하시는 성읍으로서 예루살렘이 건설될 것이다. 이스라엘과 앞으로 존재하게 될 전 세계 백성들에게 축복의 날이 있을지어다!

피난하라는 경고

세 번째 환상 후에 스가랴는 예언적 담화로 머리를 돌려 시기적으로 적절한 경고를 선포한다. 포로된 유대인들은 북방 땅, 즉 바벨론으로부터 도망해야 한다(렘 6:22, 16:16). 비록 그들이 하늘의 사방四方 바람과 같은 폭력과 진노로 인해 국외로 흩어졌었지만 이제 그 사망의 땅에서 도망쳐 나오라는 경고를 받는다.

그들이 바벨론에서 도망해야 하는 이유는 다음과 같다: 즉 (1) 하나님께서 그들 앞에 자기들의 땅에서의 확실한 축복의 약속을 제시하셨기 때문이며, (2) 바야흐로 바벨론에 내리려는 재앙 때문이다(슥 2:7-8). 다리오 왕의 정복군이 곧 바벨론을 정복하여 영락零落시켜 유대인과 바벨론인들을 별 차이가 없게 만들 것이다(사 48:20; 렘 50:8-9, 51:6, 45을 참조하

라. 그리고 계 18~19장에 멸망당할 바벨론에서 나오라고 경고한다).

그들은 하나님의 힘에 의해서 흩어졌었지만 자신의 자유의지에 의해 돌아와야 한다. 그들 중 얼마는 이미 귀환했으나 대다수의 이스라엘 백성은 귀환하지 않았다. 그 이유는 불신앙, 조국의 황폐한 상황, 오랜 이국 생활로 인해 조국에 대한 애착심의 상실, 그리고 성읍과 성전이 황폐된 유대와는 대조적으로 바벨론은 안정과 번영을 누리고 있었기 때문이다. 상황이 매우 급박하기 때문에 그들은 두 번째로 피하라는 경고를 받는다.

> "바벨론 성에 거주하는 시온아 이제 너는 피할지니라 만군의 여호와께서 이같이 말씀하시되 영광을 위하여 나를 너희를 노략한 여러 나라로 보내셨나니 너희를 범하는 자는 그의 눈동자를 범하는 것이라"(슥 2:7-8).

스가랴는 이제 급히 피하여야 하는 이유를 말한다. "영광을 위하여"라는 표현은 매우 중요하며, 이에 대한 여러 다양한 해석들이 있다. 많은 주석가들은 이것이 스가랴 2장 5절에 언급된 영광의 때를 언급하는 것이라고 생각하였다. 즉 주님께서 이스라엘 가운데에 거하시기 위해 영광 중에 귀환하신 후에 수 세기 동안 이스라엘을 약탈하여 온 모든 대적들을 즉석에서 심판하실 것이라는 주장이다. 이 견해에 대해서 두 가지 반대 이론이 있다. 첫째, 이스라엘의 모든 소망의 절정인 바 하나님의 백성들 가운데에 하나님께서 친히 영광스럽게 출현하시고 거하시는 것은 그렇게 불명확한 방법으로 표현되지 않는다는 것이다. 왜냐하면 히브리 원전에는 "영광"이라는 단어가 정관사와 함께 쓰이지 않았기 때문이다. 둘째, 다른 예언서들과 이 구절을 비교하여 볼 때 이 견해를 따르게 되면 시간적 요소가 혼동된다는 것을 쉽게 알게 될 것이다. 하나님께서 시온에 거하시게 된 후에 이스라엘의 약탈자들을 심판하시는 것이 아니라 그 전에 심판하실 것이다(스가랴 12장 및 14장; 그리고 계시록 16~20장을 참조하라).

또 하나의 가능성으로 이 말씀들은 이스라엘 백성 앞에 놓인 사명인 바벨론으로부터의 출발과 관련하여 그들을 격려하기 위해서 하나님께서 주신 일종의 좌우명, 혹은 표어라는 주장이 있다. 여기 이 표어는 사사기 5장 14절에 나오는 "베냐민은"과 비교된다. 이 견해는 억지 해석일 뿐만 아니라 아무런 의미도 찾을 수 없다. 따라서 우리는 하나님께서 자신의 영광을 나타내시고 증명하시기 위해(이것은 하나님 백성들의 운명과 불가분리의 관계로 연결되어 있다) 선지자가 아닌 메시야를 하나님의 백성을 약탈한 나라들에게 심판하러 보내시리라고 선포하신다는 주장에 동조한다. 물론 여기에는 바벨론도 포함되지만 여러 나라들이란 말은 하나님께서 최종적으로 이스라엘 백성들에게 행한 대로 나라들을 심판하실 날을 말한다는 것을 나타내 준다(마 25:31-46). 스가랴 2장 8-9절에 언급된바 보냄을 받은 자는 나타난 사명의 성격이나 그의 행위에 나타나는 권세로 보아 메시야임이 확실하다.

> "만군의 여호와께서 이같이 말씀하시되 영광을 위하여 나를 너희를 노략한 여러 나라로 보내셨나니 너희를 범하는 자는 그의 눈동자를 범하는 것이라 내가 손을 그들 위에 움직인즉 그들이 자기를 섬기던 자들에게 노략거리가 되리라 하셨나니 너희가 만군의 여호와께서 나를 보내신 줄 알리라"(슥 2:8-9).

왜 하나님은 자신의 영광을 이스라엘 안에서 증명하려고 애쓰시는가? 그것은 이스라엘을 범하는 것은(사악한 의도로 범하는 것을 의미한다) 하나님의 눈동자를 범하는 것이기 때문이다. 잘 아는 바와 같이 눈은 인간의 신체 중에서 가장 복잡하고 미묘한 기관 중의 하나이다. 눈동자는 가장 예민하며, 가장 쉽게 상처 받으며, 눈에서 가장 중요한 부분이다. 눈동자를 다치면 회복이 불가능하게 된다. 빛이 눈동자를 통하여 망막에 오게 되어 물체를 식별할 수 있다(신 32:10; 시 17:8; 잠 7:2). 이것은 이스라엘에 대한 참으로 적절한 상징이다.

하나님은 이스라엘을 억압하였던 나라들을 심판하시기 위해 그들 위에 손을 움직이셔서 그들로 하여금 하나님 백성들의 종이 되게 하실 것이다. 손을 움직이는 것은 일종의 위협의 표시이다(사 11:15). 그것은 전에 주인이었던 자들을 종이 되게 하고, 전에 종이었던 자들을 주인이 되게 만들 것이다(사 14:2). 이것이 완전하게 이루어질 때 나라들은 하나님께서 주의 사자인 메시야를 보내셨다는 것을 경험으로 알게 될 것이다.

스가랴가 자신이 활동하던 시대에서부터 메시야가 하나님의 목적들을 완성하실 먼 미래까지 연속적으로 옮겨간 것은 어찌 된 일인가? 이에 대한 대답은 이스라엘의 민족적 삶이 담겨 있는 사건들을 다루는 성경의 태도 안에서 발견할 수 있을 것이다. 그것들은 사건들의 발생이 아니라 오히려 장엄하고 위대한 대단원을 향해 작용해 나아가는 계획 안에서 서로 사슬이나 계단처럼 연결된 일련의 사건들이라고 생각된다. 선지자들은 전혀 모순되는 느낌이 없이 구원과 축복의 순간으로부터 메시야의 지상 통치 시대에 있을 종국적이고 결론적인 것들까지 이처럼 쉽게 움직여 갈 수 있다. 모든 과거의 사건들은 그 말씀의 진정한 의미 안에서 그 복된 시간을 유도하고 있다.

여기에서는 그 당시 바벨론에 어떤 심판이 행해졌는지를 묻는 것이 적절하다. 바사의 변경에 있는 비시툰의 바위에는 두 번에 걸친 큰 반란이 바벨론에서 일어났는데 한 번은 다리오 왕에 의해서, 또 한 번은 다리오 왕의 장군인 인타프레스에 의해서 강제로 진압되었다고 기록되어 있다.

주님의 오심

스가랴 1~2장에 기록되어 있는 충만한 축복의 약속은 주님이 메시야라는 인간으로 그의 백성들에게 돌아오실 것이라는 지배적인 사상이다. 스가랴는 2장 10절에서 다시 그 사상으로 돌아가고 있다. 그는 이러한 불멸의 기쁨을 노래하고 기뻐하라고 시온에게 요구한다. 이것은 실제로 메시야의 말씀이다.

이것이 하나님의 아들이 지상에 초림하셔서 자기 백성들 가운데 거하실 것이라는 언급임은 누구나 다 알 수 있는 사실이다(요 1:14). 그러나 본문을 계속 읽어 나아가면 이 구절이 강조하는 점이 그리스도의 재림에 있음을 깨닫게 된다. 은혜로 시작된 것이 영광의 출현으로 완성된다(딛 2:11-15; 슥 9:9; 말 3:1; 사 40:10). 이 이스라엘의 왕이 다스리게 될 때에 메시야의 거룩한 사명과 사역의 증언으로서 많은 나라들이 주님께 속하게 되고 그와 연합할 것이다.

스가랴 2장 11절에는 2장 중에서 하나님의 백성들 가운데 거하시는 주님에 관한 세 번째 낱말이 기록되어 있다. 두 번의 언급은 스가랴 2장 5절과 2장 10절에 기록되어 있다(슥 8:20-23; 사 42:1). "머물다" 라는 단어는 주님이 지상에 거하시는 임재를 나타내는 것으로서 히브리어 "세키나"

shekinah는 여기에서 유래된 말이다.

여기에서 많은 나라들이 주님께 속한다는 것은 이스라엘의 바벨론 포로 생활의 결과로서 개종자들이 유대교에 들어오거나 혹은 이방인들이 교회에 모이게 되는 것이라고 오해되어 왔다. 그러나 스가랴가 염두에 두었던 것은 장차 이방인들이 하나님께로 돌아오리라는 것, 즉 메시야의 통치 하에서 이루어지는바 아브라함에게 하셨던 언약의 완성이다.

그러나 많은 나라들을 축복하기 위해 이스라엘의 축복을 감하시지는 않을 것이다. 그들은 여전히 여호와의 소유요, 택하신 백성이 될 것이다. 그들을 향한 하나님의 은혜는 잠시 방해를 받았지만 하나님의 언약은 영원히 살아 있다(롬 11:28-29).

스가랴 2장 12절에는 구약성경에서는 유일하게 "거룩한 땅"이라는 언급이 있다. 결론(슥 2:13)에서 스가랴는 모든 사람들에게 하나님 앞에서 잠잠하라고 요구한다(시 46:10; 합 2:20). 모든 백성들에게 하나님께서 이스라엘의 편에 개입하실 때를 기다리라고 한다. 하나님께서 그의 성소로부터, 즉 하늘(신 26:15)로부터 일어나셔서 자신의 뜻을 완전히 이루실 것이라고 표현되어 있다. 모든 일들이 조용하게 진행되기 때문에(슥 1:11) 마치 여호와께서 잠드신 것처럼 보인다. 그러나 그의 일어나심은 잠에서 깨어난 사자의 모습으로 표현되고 있다. 하나님과 이스라엘의 대적들아, 조심할지어다!

정결하게 된 제사장 이스라엘

여호수아와 고소자

앞에서 언급된 세 가지 예언적 환상에서 스가랴는 짓밟힌 하나님의 백성을 향한 하나님의 위대한 보살핌이라는 주제를 상세히 다루었다. 즉 하나님의 백성의 축복을 구하는 메시야의 기도, 하나님의 백성들을 괴롭힌 여러 나라들에 대한 심판의 예고, 그리고 이스라엘의 영적 회복과 이방인들의 개종을 수반하는 하나님의 현존과 더불어 약속의 무한한 증대 등이었다.

그러나 이러한 축복들이 이스라엘에게 임하기 이전에 먼저 이스라엘은 영적으로 변화되어야 한다. 네 번째 환상의 의도는 제사장의 직무 수행에 대한 백성들의 신뢰를 회복하려는 것이었다. 그들이 성전을 재건하기 시작했기 때문에 그들에게는 다시 한 번 하나님께서 그 곳에서 드리는 예배를 인정하시고 소유하시리라는 확신이 필요했다. 에스겔 22장 26절에 기록된 바와 같이 제사장직은 타락했으므로 포로기 이전이나 포로기 때에 비난의 대상이었다.

스가랴에게 이 환상을 소개해 주신 분은 이 예언에서 환상들을 설명해 주고 해석하는 천사가 아니라 하나님 자신이다. 스가랴는 여호사닥의 아들인 대제사장 여호수아가 하나님의 천사 앞에 서 있고 그를 대적하는 사탄이 그의 오른쪽에 서 있는 것을 보았다. 이 사건들이 발생한 장소는 나타나 있지 않다. 따라서 이 환상의 의미에서 그 장소를 추론해야만 한다.

이 환상의 첫 부분에서 여호수아는 개인적이고 사적인 입장이 아니라 제사장 직무와 백성들을 대표하는 표본으로 서 있다는 것을 알아야 한다.

환상의 결말은 궁극적으로 여호수아 개인에게도 위안을 주겠지만 본문에서 그는 공적인 위치에 있다. 이 사실은 다음과 같은 세 가지 사실로서 증명될 수 되어질 수 있다: (1) 그가 대제사장이라는 사실이 강조되어 있다(슥 3:1, 5, 8); (2) 하나님께서 이스라엘을 선택하셨다는 불변의 근거에서 사탄이 책망을 받고 있다(슥 3:2); (3) 그 땅의 죄악이 제거될 것을 예시하기 위해 여호수아를 정결하게 하셨다(슥 3:9).

그러므로 사건의 결과는 매우 흥미롭다. 만일 여호수아가 정결하게 된다면 이스라엘 국가도 정결하게 될 것이요, 만일 그가 제사장직을 빼앗긴다면 이스라엘 민족도 제사장직을 박탈당할 것이다.

천사 앞에 서 있다는 것은 어떤 의미로 이해해야 하는가? "앞에 서 있다"라는 표현이 히브리어로는 두 가지 의미로 쓰이기 때문에 해석상의 문제가 야기된다.

첫째 의미는 신명기 10장 8절, 역대하 29장 11절, 에스겔 44장 15절 등 많은 구절에서 볼 수 있는바 제사장직을 수행하는 것을 나타낸다. 둘째 의미는 재판 장면에서 사용되어지는 것이다(민 35:12; 신 19:17; 수 20:6; 왕상 3:16). 그러므로 여호수아가 지성소 안에서 제사장의 직무를 수행하며 서 있었다고 생각하는 사람들이 있다. 이스라엘의 대제사장은 자신의 고유한 직무 외에도 일반적인 제사장들의 직무(레위기 16장의 속죄제 등의 직무)를 수행할 수 있었다. 이밖에 또한 여호수아가 바사의 법정에 고소당하였거나 혹은 고소당할 것을 두려워하는 것이라는 주장도 있다. 또 다른 견해에 의하면 이 대제사장이 하나님의 사자의 심판석 앞에 서 있는 것이라고 한다. 이 환상에 공식적인 재판 절차는 나타나 있지 않다. 따라서 가장 좋은 설명은 "앞에 서 있다"의 두 가지 의미를 함께 고려해 보는 것일 듯하다. 즉 여호수아는 성전에서 제사장직을 수행하고 있었다. 그 때에 그는 하나님과 인간의 공동의 적인 사탄이 자신을 하나님 앞에 고소하였음을 알게 되었다.

법정에서 오른쪽은 일반적으로 기소자의 위치이지만(시 109:6) 그것은 또한 피고의 위치이기도 하다(시 109:31). 사탄의 속임수를 우리가 알기 때문에, 사탄이 그를 대적하기 위하여 피고인 석을 취할 수도 있다는 점을 부인할 수는 없겠으나 그 점에 관해서 독단적인 결론을 내릴 필요는 없다. 그러나 어쩐 일인지 유대교나 기독교 주석가들은 이 환상에 대해 근거 없는 이론들을 주장하고 있다. 탈굼과 랍비문서 기자들은 여호수아가 에스라 10장 18절과 느헤미야 13장 28절에 기록된 바 자기의 자손들이 이방 여인들과 결혼하는 것을 허락했다는 이유로 기소당했다고 주장한다. 그러나 이러한 견해는 이 환상에서 등장하고 있는 여호수아의 공적인 입장을 고려해 볼 때 거의 타당성이 없다. 몇몇 기독교 주석가들은 이 본문이 유다서 9절의 언급의 근거가 된다고 주장하여 왔다. 그러나 유다서 9절은 스가랴 3장과 관계가 없다. 왜냐하면 유다서에 기록된 바 유대인의 회중을 언급하는 "모세의 시체"라는 표현의 병행구절은 구약성경에 사용되지 않았기 때문이다. 교회를 의미하는 "그리스도의 몸"이란 표현은 전혀 다른 개념과 다른 관계에 근거한 것이다. 유다서에서는 분명히 문자 그대로 모세의 시체를 말한다.

> "여호와께서 사탄에게 이르시되 사탄아 여호와께서 너를 책망하노라 예루살렘을 택한 여호와께서 너를 책망하노라 이는 불에서 꺼낸 그슬린 나무가 아니냐 하실 때에"(슥 3:2).

하나님의 사자가 하나님이라는 사실은 스가랴 3장 2절에서 사탄에게 하신 대답으로부터 명백해진다. 하나님을 지칭하는 표현으로 사자Angel라는 표현이 사용된 것이다. 메시야는 사탄과 그의 고소에게 두 번에 걸쳐 하나님의 책망을 내린다.

이같이 거듭 책망한 것은 사탄의 고소를 분명히 파기시킬 것이라는 점을 나타내려는 의도에서이다. "책망하노라"라는 표현은 책망받는 자들을 몹시 꾸짖어 침묵하게 하는 것이다.

전체적인 사건 처리에 있어서 가장 현저한 특징은 하나님께서 사탄의 고소를 무효화하신다는 것에 기초하고 있다. 그것은 하나님의 백성들의 의로움 때문이 아니고, 사탄의 주장들이 전혀 근거 없는 것이기 때문도 아니며, 그 민족이 이미 자기들의 죄 때문에 많은 고통을 당하였기 때문도 아니며, 앞으로 더 잘하겠다는 약속 때문도 아니다. 하나님의 백성들을 위한 유일한 변론은 하나님의 은혜인 주권적 선택에 달려 있다(롬 9:16, 11:5). 그것은 근본적으로 하나님의 무한하신 선택의 문제이다. 하나님은 자신의 무한하신 자비의 대상물을 자신이 기뻐하시는 뜻대로 행사하실 권리를 주장하신다. 하나님의 선택에 대하여 불평하는 사람들로 하여금 이 구절들을 기억하게 하라. 그리고 이것이 또한 영원성에 대한 그들의 확신이며 보장이라는 사실로 인하여 그들을 기뻐하게 하라.

스가랴 3장 2절에서 이스라엘은 타오르는 불에서 꺼낸 그슬린 나무로 비유되었다. 이 비유는 나무가 불 속에 던져지거나 혹은 떨어졌다가 주인에 의해서 구출된다는 점에서 친밀감을 준다. 그 주인은 타다 남은 나무의 미래에 대해 어떤 목적을 갖고 있기 때문에 완전히 타버리기 전에 그것을 꺼낸 것이다. 하나님은 이스라엘을 징벌하여 바벨론 사람들의 포로가 되게 하셨으나 은혜 안에서 완전한 파멸로부터 그들을 구원하신 것이다.

이스라엘 역사에서 중요한 사건들이 불과 관련을 맺고 있다는 것은 흥미 있는 일이다. 아브라함과의 언약(창 15:17), 모세에게 임한 계시(출 3:2), 출애굽기에서의 구원(출 14:24), 시내산에서 율법을 주심(19:18), 성막을 세우는 일(민 9:15), 광야 여행(신 1:33), 그 밖의 많은 사건들이 불과 관련되어 있다.

> "여호수아가 더러운 옷을 입고 천사 앞에 서 있는지라"(슥 3:3).

스가랴 3장 3절에서 스가랴는 기소당해 하나님의 사자 앞에 서 있는 여호수아의 실제 상황을 펼친다. 그는 더러운 옷을 입고 있었다. 더러운 옷은 이스라엘 백성 중에 있는 죄인을 상징하는 것이 아니라 죄에 더럽혀 있는 이스라엘의 상태를 말한다(사 4:4, 64:6). 겉으로는 바벨론 포로 생활에서 구원받았지만 제사장의 사역에 관한 한 그들이 타락할 가능성이 있었다. 그것은 불결한 바벨론 땅에서 지속된 포로생활로 인한 제사장직의 의식적인 면에서의 불결뿐만 아니라 도덕적인 불결도 의미한다. 여기에서 언급된 더러움은 도덕적 타락을 상징하는 바 육체적으로 가장 더러운 상태를 말한다. 이스라엘은 구원을 받았지만 정결하게 되지는 못했다. 이 표현은(슥 3:3) 이스라엘의 현재 상태에 대한 적절한 언급이다.

대제사장을 성결하게 하심

여호수아가 자신을 정결하고 순결하게 하는 데 무력했기 때문에 하나님의 사자는 주권적으로 시중 드는 천사에게 대제사장의 더러운 옷을 벗기라고 명령하신다. 이것은 인간의 도움이 필요 없는 하나님의 독자적인 사역이다.

"여호와께서 자기 앞에 선 자들에게 명령하사 그 더러운 옷을 벗기라 하시고 또 여호수아에게 이르시되 내가 네 죄악을 제거하여 버렸으니 네게 아름다운 옷을 입히리라 하시기로"(슥 3:4).

여기에 하나님의 사자가 하나님이라는 또 하나의 분명한 증언이 나타난다. 더러워진 옷을 벗긴다는 것은 곧이어 스가랴 3장 4절에 언급된 옷을 입히심과 함께 용서, 용납, 그리고 특권 위치에로의 회복을 상징한다. 아름다운 옷을 입히신 것은 제사장직의 회복을 나타낸다. 이 상징은 이사야 61장 10절에서 인용한 듯하다. 스가랴는 그 의식이 진행되는 것을 보는 동안, 자신을 주체하지 못하여 여호수아를 정결하게 하고 제사장의 복장을 입히시기를 바라는 자신의 열망과 기도를 표현한다. 대제사장의 관, 혹은 터번에는 "여호와께 성결"이라는 말이 새겨진 정금의 패가 부착되어 있었다(출 28:36-38). 하나님의 사자는 인자한 모습으로 그들에게 베풀어지는 절차와 은혜를 지켜보며 곁에 서 있었다.

여호수아에게 주어진 명령

"만군의 여호와의 말씀에 네가 만일 내 도를 행하며 내 규례를 지키면 네가 내 집을 다스릴 것이요 내 뜰을 지킬 것이며 내가 또 너로 여기 섰는 자들 가운데에 왕래하게 하리라"(슥 3:7).

정결하게 된 대제사장에게는 새로운 임무가 필요하다. 이것이 스가랴 3장 7절에 기록되어 있다. 하나님의 사자는 장중한 말로 여호수아에게 명령을 선포한다(부가적인 경고의 사상이 "증언하여 이르되"라는 말 안에 포함되어 있다). 그는 우선 하나님의 도를 준행하라는 개인적인 경건에 관한 지시를 받는다. 그러고 나서 그의 공적인 임무의 수행에 관한 것을 지시받는다. 봉사는 경건생활로부터 흘러 나와야 한다. 만일 이러한 일들에 주의를 기울인다면 여호수아는 하나님의 집을 다스리는 권세를 약속받을 것이다. 이것은 다른 의견에서 주장되는 바와 같이 집을 하나님의 백성들을 상징하는 것으로 여겨서 백성들을 분할하여 다스리는 것을 의미하지는 않는다. "집"이란 당시 건축 중이던 성전을 말한다. 제사장들의 임무에는 정결함과 부정함을 결정하고 판단하는 것이 포함된다(레 10:10; 신 17:9; 겔 44:23; 말 2:7).

뜰 역시 부정한 것으로부터 지켜져야만 했으므로 허락을 받고 성전에 들어간 사람들의 종류에 대해서도 주의를 기울여야 했다. 그리고 모든 것 중에서 가장 고귀한 특권은 대제사장이 하늘의 천사들 사이를(문자적으로 걸음들) 왕래할 수 있다는 허락을 받는 것이다. 이 약속은 하나님과의 직접적이고 즉각적인 교제를 말하며 하나님께로의 자유롭고 신속한 접근을 나타낸다. 이것은 의식적으로나 도덕적으로 정결한 제사장들에게만 가능한 것이었다(출 40:30-32). 민족을 대표하는 여호수아는 책임 있는 위치에 있다. 만일 신실하다고 판명되면 그는 하나님의 면전에 있는 안전한 장소를 약속받을 것이다.

메시야의 오심

> "대제사장 여호수아야 너와 네 앞에 앉은 네 동료들은 내 말을 들을 것이니라 이들은 예표의 사람들이라 내가 내 종 싹을 나게 하리라"(슥 3:8).

스가랴 3장 8절에서 스가랴는 이스라엘의 완전한 대제사장의 미래에 대한 말씀을 받는다. "들으라"는 명령은 이제 계시될 말씀의 중요성을 나타낸다.

여호수아와 동료 제사장들은 예표의 사람들로 지명된다. 이것은 예표들을 맡은 사람들을 의미하는 것이 아니며, 그들을 위해 예표가 만들어진 것도 아니며, 선지자들의 난해한 말들을 해석할 수 있는 사람들도 아니다. 그것은 예표의 사람들, 즉 상징적인 사람들을 의미한다. 그 사자는 제사장의 직무가 이스라엘에서 제사장직 자체를 위하여 행해져온 것과는 별도로 본래 예언적인 것이라고 진술하며, 또한 하나님의 종 싹에 대해 이야기한다. 몇몇 사람들이 주장하는 바와 같이 이 싹은 결코 스룹바벨을 가리키는 것이 될 수 없다. 왜냐하면 스룹바벨은 이미 역사의 무대에 등장해 있었으나, 본절에 언급된 싹은 아직 나타난 것이 아니기 때문이다. 그 싹은 메시야이다.

여호수아라는 이름은 장차 오실 이스라엘의 구원자의 이름과 같다. 그의 동료 제사장들은 신자들을 상징하는 반면에 그는 대제사장이신 메시야를 상징한다. 제사장직은 위대한 원형Antitype이신 메시야가 올 때까지 지속될 것이다. "내 종"은 메시야에 대한 특수한 명칭이다(사 42:1, 49:3, 50:10, 52:13, 53:11; 겔 34:23-24; 빌 2:6-8). 싹이란 도래하시는 메시야를 가리키는 이름으로서 다윗 계보에서 나올 새 싹이다(비교: 슥 6:12; 사 4:2, 11:1, 53:2; 렘 23:5, 33:15. 그리고 눅 1:78에서는 "싹"을 "돋는 해"로 대체하였다).

도래하시는 메시야의 부드러움, 겸손, 인간성 등이 더욱 자세히 언급된다. 스가랴 3장 9절에서는 메시야에 대한 세 번째 이름인 "돌"이 사용된다. 이리하여 삼부작, 혹은 삼중주가 형성되는 것이다. 여기 제시된 돌에 대하여 많은 해석들이 있다. 성전의 주춧돌, 성전의 갓돌, 메시야의 면류관에 박힌 보석, 그 당시 건축 중이던 성전의 모든 돌들, 스룹바벨, 제단, 대제사장의 가슴받이 혹은 면류관에 박힌 보석, 또는 완성된 성전이라는 등의 다양한 해석이 있다.

여기에서 돌이 소개된 방법이나 그것에 관해서 진술된 내용으로 보아 이 돌은 평범한 돌맹이는 아닐 것이다. 이미 앞에서 이것이 메시야를 가리키는 말이라는 입장을 개진한 바 있다. 이에 대한 성경적인 근거를 창세기 49장 24절, 시편 118편 22절, 이사야 28장 16절, 마태복음 21장 42절, 사도행전 4장 11절, 그리고 베드로전서 2장 6절에서 찾아 볼 수 있다. 돌 위에 있는 일곱 눈은 메시야에 대한 하나님의 섭리하시는 돌보심이라기보다는(스가랴 4장 10절로 미루어볼 때) 오히려 지식의 완전성, 혹은 그 돌의 전지全知하심을 가리킨다(이것은 다니엘 7장 8절의 "작은 뿔"에 있는 눈들과 대조된다).

돌에 새긴다는 것은 메시야의 아름다움, 재능, 은혜, 그리고 귀중하심을 반짝이는 돌로 비유한 것이다. 장차 하나님의 종인 싹, 즉 돌을 통하여 이스라엘 땅의 죄악은 제거될 것이다.

이것은 성전 건축의 완성과 성전 봉헌의 날과는 관계가 없으며, 레위기

23장 27절의 국가적 속죄의 날과도 관계가 없다. 그것은 메시야께서 십자가에 달리심으로 대속사업을 완성하시어 이스라엘로 하여금 구원받을 수 있게 하신 날과 관계가 있다. 더 나아가서는 이러한 구원이 실현되는 때, 즉 스가랴 12장 10절의 이스라엘의 국가적인 속죄의 날과 관련이 있다.

> "내가 다윗의 집과 예루살렘 주민에게 은총과 간구하는 심령을 부어 주리니 그들이 그 찌른 바 그를 바라보고 그를 위하여 애통하기를 독자를 위하여 애통하듯 하며 그를 위하여 통곡하기를 장자를 위하여 통곡하듯 하리로다"(슥 12:10).

스가랴 3장 10절의 "그 날에"란 말은 다시는 그런 일이 없을 것이라는 의미이다. 그의 사역은 오직 한 번뿐이다(히 10:10, 12, 14). 이제 어찌하여 여호수아와 동료 제사장들이 예표의 사람인지 그 이유가 명백해졌다.

용서하시는 은혜와 정결의 행위는 그 민족이 잠재적으로만 아니라 실제적으로도 구원을 받으며 그들의 죄악이 영원히 제거될 메시야의 행위를 향하고 있다. 이스라엘이 이러한 영적 상태에 있을 때—이것은 구약성경의 공통된 증언이다—항상 물질적인 번영이 이스라엘에 약속되었다. 그러므로 스가랴 3장 10절은 평화와 번영의 시기를 나타낸다(왕상 4:25; 미 4:4).

> "만군의 여호와가 말하노라 그 날에 너희가 각각 포도나무와 무화과나무 아래로 서로 초대하리라 하셨느니라"(슥 3:10).

오 주여, 그 날이 속히 임하시옵소서!

세상의 빛, 이스라엘

순금 등잔대의 환상

스가랴 3장의 네 번째 환상은 대제사장인 여호수아에게 그의 제사장직이 성결하게 되었으며 제사장의 특권과 직무가 회복되었다는 것을 재확신시켜 주고 용기를 북돋아 주기 위한 것이다. 이스라엘의 종교 지도자에게 자신의 직무를 수행하기 위한 격려가 필요한 것같이, 세속 지도자에게도 격려가 필요했다.

유다 총독이었던 스알디엘의 아들 스룹바벨은 거의 20여 년 동안 성전 건축을 위해 노력했지만 좌절을 맛보아 왔다. 이것은 하나님께서 그의 노력에 호의를 보이시지 않았다고밖에 달리 이해할 수 없을 것이다. 그러나 이제 환상과 직접적인 예언의 말씀에 의해 확신이 주어진다. 하나님은 어떠한 일도 하실 수 있는 능력과 권세를 지니신 분이다. 이것은 스룹바벨이 의지해야 할 사실이며, 성령의 역사하심을 통하여 예비된 것이다.

넷째 환상과 다섯째 환상 사이에 어느 정도의 시간이 경과한 후에 해석하는 천사는 스가랴에게 돌아왔다. 그는 아마 하나님으로부터 많은 가르침을 받고 돌아왔을 것이다. 천사는 잠 자는 사람을 깨우듯이 스가랴를 깨워 일으켰다. 예언의 사자에게 환상이 제시되지 않는 기간은 잠 자는 것으로 비유된다(단 10:9-11).

"내게 말하던 천사가 다시 와서 나를 깨우니 마치 자는 사람이 잠에서 깨어난 것 같더라"(슥 4:1).

천사는 이번에 스가랴가 묻기를 기다리지 않고 자신이 먼저 질문을 시작한다. 스가랴는 환상에서 하나의 순금 등잔대, 혹은 촛대, 정확히 말하자면 램프받이를 보았다.

출애굽기 25장 31-40절과 37장 17-24절에 기록된 바 모세의 성막 안에 있었던 등잔대가 이 환상의 기초가 되었다. 로마에 있는 티투스의 개선문 위에 있는 것은 A.D 70년 로마인들이 성전에서 약탈해 간 것이다. 매우 흥미로운 것은 이 등잔대가 이스라엘의 새로운 상태도 상징한다는 것이다. 스가랴의 환상에 등장하는 촛대는 모세의 성막에 있던 것과 솔로몬의 성전에 있었던 것과는 네 가지 점에서 다르다. 그것은 그릇, 등잔, 감람나무, 두 개의 황금관을 가지고 있었다. 그 등은 오늘날에도 팔레스타인 지방에서 볼 수 있는 것과 같이 매우 단순하고 작고 납작한 그릇으로서 바깥쪽 가장자리에 심지가 나와 있는 것이다.

"그가 내게 묻되 네가 무엇을 보느냐 내가 대답하되 내가 보니 순금 등잔대가 있는데 그 위에는 기름 그릇이 있고 또 그 기름 그릇 위에 일곱 등잔이 있으며 그 기름 그릇 위에 있는 등잔을 위해서 일곱 관이 있고 그 등잔대 곁에 두 감람나무가 있는데 하나는 그 기름 그릇 오른쪽에 있고 하나는 그 왼쪽에 있나이다"(슥 4:2-3).

스가랴 4장에서 일곱이라는 숫자에 유의하라. 7이란 충만함, 혹은 완전의 숫자이다. 스가랴 4장 2절에는 일곱 개의 등잔과 일곱 개의 관이 기록되어 있으며, 4장 10절에는 일곱 개의 눈이 기록되어 있다.

> "…이 일곱은 온 세상에 두루 다니는 여호와의 눈이라 하니라"(슥 4:10).

이 등잔대는 완전한 순수함과 귀중함을 암시하는 순금으로 되어 있었다. 등대에는 일곱 등잔이 있으며, 각 등잔에는 일곱 개의 관이 있었다. 혹 헬라어나 라틴어역 구약성경에 따라 한 개의 관을 가진 일곱 등잔만 있었다고 주장하는 사람들이 있다. 그러나 히브리 원문에는 숫자가 중복되어 있다. 다시 말하자면 하나의 등잔에 일곱 개의 관들이 있었다. 모두 49개의 관이 있었다고 한다.

이 모든 묘사는 성막과 성전에서의 등잔대들처럼 연료를 공급하는 데 있어서 인간적인 수단이 필요 없는 무한한 공급이라는 사상을 전달해 주려고 의도되어진 것이다. 기름관들의 숫자가 많을수록 등잔대의 빛은 더 밝아진다. 이 환상의 목적은 스가랴 4장 6절에서 명백하게 밝혀진다.

> "…만군의 여호와께서 말씀하시되 이는 힘으로 되지 아니하며 능력으로 되지 아니하고 오직 나의 영으로 되느니라"(슥 4:6).

등잔대가 상징하는 것은 무엇인가? 그 당시 그들이 건축하고 있던 성전을 상징하는 것이라고 주장되어져 왔다. 교회와 이스라엘을 구분하지 않는 많은 사람들(이것은 성경에서 가장 명백한 구분 중의 하나이다)은 이것이 교회를 상징한다고 생각한다. 요한계시록 1장 12절, 20절에서 등잔대가 교회의 상징으로 사용된 것은 사실이다. 또 빌립보서 2장 15절에서는 교회가 빛에 비교되었다. 그러나 구약에서는 교회가 예언의 주제가 되지 못했다. 교회는 신약성경 마태복음 16장 18절에 처음으로 예견되어졌다.

스가랴의 예언에 등장하는 이 상징은 하나님께서 당초에 의도하신 대로 하나님께로 돌아와 세상을 밝힐 빛의 수단으로 회복된 이스라엘을 언급한다. 하나님은 그들을 제사장들의 나라(스가랴 3장)와 거룩한 민족(스가랴 4장)으로 만드시려고 계획하셨다. 출애굽기 19장 6절을 보라. 그러므로 이것은 하나님의 백성에 대한 하나님의 뜻과 의지를 나타내는 이상적인 묘사이다. 스가랴 4장 3절에는 필요한 기름을 그릇에 공급해 주는 두 그루의 감람나무에 대한 특별한 언급이 있다. 이 감람나무들은 등잔대에 있는 몇 개의 등잔에 관을 통하여 기름을 공급해 준다. 이처럼 표상들이 풍부히 표현된 것은 등잔이 빛을 발하기까지의 중요한 전체 과정과 아낌없는 공급이라는 사상을 전하려는 의도이다.

전능하신 하나님의 성령

스가랴 4장 4절에서 스가랴가 질문을 한 것은 등잔대가 무엇인지를 이해하지 못했다는 의미는 아니다. 그는 성막과 솔로몬의 성전 비품들을 통하여 그것을 잘 알고 있었다. 그는 스가랴 3장 2-3절의 모든 환상이 그 특정한 시기에 무엇을 의미하는지를 질문한 것이다. 스가랴가 살던 시대에 그것은 어떻게 명확하고 적절히 적용될 것인가?

해석하는 천사의 질문은 스가랴의 어리둥절한 상태를 더욱 증가시킨다. 천사의 질문에는 스가랴가 그 환상의 의미를 알고 있으리라는 암시가 질게 깔려 있다. 분명히 그는 스가랴가 그 환상의 의미를 알 것이라고 기대하였다. 스가랴 4장 6절에서 해석하는 천사는 그 환상이 하나님의 말씀, 즉 예언의 상징적인 형태라는 것을 설명한다.

스가랴 4장 6절에 기록된 것은 그 환상에 대한 열쇠를 제공해 준다. 어떤 사람들은 스룹바벨이 자기의 과업을 수행하는 데 있어서 그 일에 대한 반대, 그 것이 큰 과업인데다가 그 일을 수행하기 위한 재정이 너무 적은 것 등의 이유로 낙담했다고 생각한다. 그 당시 상황에는 심한 절망을 자아낼 충분한 요소들이 있었다. 스룹바벨에 대한 하나님의 메시지는 그 과업의 성공과 완성이 인간의 능력과 힘에 달려 있지 않고 오직 성령에게 달려 있다는 말씀이다. "능력"might이라는 단어는 "군대"라는 뜻일 수도 있으나 여기서는 그런 의미가 아니다. 실제로 능력과 힘power 사이에는 별로 큰 의미의 차이가 없다. 힘이란 인간이 이용 가능한 모든 힘, 즉 육체적, 정신적, 혹은 도덕적 힘을 의미한다. 이것들은 아무리 해도 하나님을 위한 일이나 작업을 하기에는 불충분한 것들이다. 인간의 연약함은 하나님의 일을 하는 데 전혀 장애가 되지 않는다. 왜냐하면 하나님께서 하나님의 영의 힘을 공급하여 주시기 때문이다(삼상 14:6; 호 1:7; 고후 12:9-10; 히 11:34, 고전 4:7). 이스라엘 민족에게 공급된 것은 기름으로 묘사된 하나님의 영의 은혜와 힘이었다. 이 말씀은 오늘날 복잡하고 다양한 위원회, 이사회, 운동, 계획, 조직, 경기, 예산, 광고주, 토론, 그룹 등에 대한 참으로 적절한 말씀이다. 이런 것들은 하나님께서 우리에게 맡기신 과업을 이루는데 있어서 그 자체로서는 결코 유용하지 못한 것들이다. 하나님의 일은 처음부터 끝까지 영적인 사역이므로 전능하시고 실패가 없으시며 무오하신 하나님의 영에 의해서 틀림없이 이루어진다. 육체의 힘은 실패하나 하나님은 결코 실패하시지 아니한다.

스룹바벨에게 하신 격려의 말씀

"그가 내게 대답하여 이르되 여호와께서 스룹바벨에게 하신 말씀이 이러하니라 만군의 여호와께서 말씀하시되 이는 힘으로 되지 아니하며 능력으로 되지 아니하고 오직 나의 영으로 되느니라 큰 산아 네가 무엇이냐 네가 스룹바벨 앞에서 평지가 되리라 그가 머릿돌을 내놓을 때에 무리가 외치기를 은총, 은총이 그에게 있을지어다 하리라 하셨고" (슥 4:6-7).

스룹바벨에게 필요한 모든 격려가 스가랴 4장 6절에서 주어졌다. 거기서 그는 끊임없는 하나님의 영의 공급에 대하여 알게 되었다. 스가랴 4장 7절에서 스가랴는 이 모든 것을 포함하고 있는 약속을 가다듬는다.

그는 질문 형태를 사용함으로써 이 구절을 더욱 강조한다. 산은 성전을 완성하는 과정에 있어서의 모든 어려움들을 상징한다. 이런 장애물들에 대하여는 에스라 4장과 5장을 보라.

스가랴 3장에서 여호수아가 민족을 대표했던 것처럼, 여기서 스룹바벨은 백성들을 대표한다. 총독과 백성들 앞에 있는 모든 어려움은 하나님의 능력에 의해서 제거될 것이다. 스가랴 4장 9절에 기록된 바 스룹바벨은 성전 건축을 완성하는 명예와 기쁨을 약속받았다. 그는 머릿돌을 내놓으리라는 약속을 받았다. 그 당시에나 오늘날이나 건축할 때에는 기초를 놓는 일과 아울러 머릿돌을 놓는 것이 관습이었다(스 3:10).

"스룹바벨의 손이 이 성전의 기초를 놓았은즉 그의 손이 또한 그 일을 마치리라 하셨나니 만군의 여호와께서 나를 너희에게 보내신 줄을 네가 알리라 하셨느니라"(슥 4:9).

어떤 사람들은 여기에다가 돌이신 메시야를 배출하신다는 하나님의 뜻을 주입하려고 한다. 그러나 이것은 부자연스러우며 이 구절의 부드러움과 통일성을 파괴한다. 첫째, 돌을 내놓는 사람은 하나님이 아니라 스룹바벨이다(여기서는 머릿돌을 말한다). 둘째, "메시야에게 은총이 있을지어다"라는 외침이 의미없는 것이 될 것이다. 마지막으로 스가랴 4장 9절에서의 내용은 당면한 문제가 성전 건축의 완성과 관련되어 있다는 것이다. 성전의 기초를 놓을 때에 기쁨의 외침이 있었던 것처럼, 성전 건축 완성에도 비슷한 기쁨의 외침이 있을 것이다(스 3:11-13). 성전 건축 과업이 완성될 때에는 분명히 승리의 외침이 있을 것이다. "은혜의 하나님께서 당신의 집에 거하소서!"

스룹바벨이 자기의 과업을 수행하면서 실망하지 않게 하려고 스가랴 4장 9절에 약속이 되풀이되었다. 그가 성전 건축을 시작하였으므로 그가 완성할 것이다. 이 약속은 다리오 왕 통치 6년에 문자 그대로 이루어졌다(스 6:15).

스가랴 4장 9절에서 "나를 보내었다"라는 말씀은 스가랴를 언급하는 것이 아니다. 왜냐하면 "네가 알리라"라는 말씀을 그가 들었기 때문이다. 하나님께서 스가랴에게 직접 말씀하시는 사실에 대해서는 4장 8절도 유의하여 보라. 여기서 보내어진 분은 스가랴 2장 9절, 11절에 기록된 바와 같이 메시야인 것이다.

스가랴 3장에서 하나님의 영은 여호수아와 그의 정결하게 됨을 뛰어넘어 복되신 싹의 죄를 사하시는 사역에 초점을 맞추셨다. 스가랴 4장에서도 성령께서는 스룹바벨과 성전 건축을 뛰어넘어 앞으로 장차 세상을 다스리실 때에 성전을 완성하실 싹에게로 스가랴의 시선을 이끌어가신다. 스가랴 6장 13절을 보라. 성령께서 메시야를 등장시키시는 것은 전혀 놀라운 일이 아니다. 성령에게는 이보다 더 큰 기쁨이 없으며, 계시 속에서의 그의 사역에 이보다 더 큰 주제는 없다. 이보다 더 기쁜 것이 무엇이 있겠는가?

> "그가 여호와의 전을 건축하고 영광도 얻고 그 자리에 앉아서 다스릴 것이요 또 제사장이 자기 자리에 있으리니 이 둘 사이에 평화의 의논이 있으리라 하셨다 하고"(슥 6:13).

에스라 3장 12-13절과 학개 2장 3절로부터 대적들뿐만 아니라 그 백성들까지도 불신앙으로 인하여 성전 재건을 시작하는 작은 일을 경멸하였다는 것을 알 수 있다. "작은 일의 날"이란 하나님의 성소를 재건하기 시작한 이후의 때를 가리킨다. 그들은 하나님께서 자신의 충만한 지식과 전지하신 일곱 눈으로 스룹바벨의 지도 하에 진행된 작업 과정과 완성을 기뻐하신다는 것을 알게 되었다. 이것은 전에 작은 시작을 경멸하였던 사람들이 그 작업이 되어가는 것을 기뻐하게 될 것이라는 말이 아니다. 온 세상을 두루 다니는 하나님의 눈은 성전 건축의 완성을 위한 하나님의 섭리의 돌보심을 말씀하시고 계시다(대하 16:9). 이미 주어진 이러한 특별하고 복된 보증들 이외에 더 이상의 무슨 보증이 스룹바벨과 하나님의 백성들에게 필요하겠는가?

두 개의 은혜의 통로

그러나 그 환상에 대해 완전히 스가랴에게 설명되어진 것은 아니다. 스가랴 4장 11절에서 그는 두 개의 감람나무에 관하여 질문한다. 스가랴는 4장 4절, 11절, 12절에서 세 번 질문을 한다. 4장에서 스룹바벨이 네 번 언급되었으나 등잔대에 기름을 공급해주는 그릇의 오른쪽과 왼쪽에 있는 두 감람나무가 그를 언급하는 것은 아니다.

구약성경에서는 흔히 사람을 나무에 비유한다(시 1:3, 52:8; 렘 17:8; 단 4:10). 스가랴 4장 12절에 언급된 황금 기름이 성령을 상징한다는 것은 스가랴 4장 6절로 미루어 알 수 있다. 기름이 성령을 상징한다는 것은 구약성경에서 선지자, 제사장, 왕에게 그 직무에 따라 기름을 부어주는 데에서 명백히 나타난다. 그러면 감람나무들은 누구를 의미하는가? 해석하는 천사가 두 감람나무가 온 세상의 하나님을 모시고 설 기름부음을 받은 자들(문자적으로는 기름의 아들들)을 상징한다고 지적함으로써 그 일의 절정과 결론에 이른다.

앞에서 이스라엘에서 그 사역을 위해 어떤 사람들이 기름부음을 받았는지를 밝혔다. 하나님 앞에서 그들의 신분은 주인으로부터 명령을 기다리는 종들의 위치이다. "온 세상의 주님"이란 창조주 하나님에 대한 칭호이다. 두 명의 기름부음을 받은 사람들은 모세의 제도와 그리스도의 제도를 언급하기 위하여, 혹은 그리스도의 신성과 인성을 언급하기 위하여 취해진 것이다. 그러나 이 말은 기름부음을 받고 성화된 두 사람을 칭하는 것임에 틀림이 없다. 그들은 하나님의 영이 온 백성들에게 자신의 능력과 은혜를 나타낼 통로 역할을 하는 공적 지위에 있는 스룹바벨과 여호수아를 가리킨다. 이 지도자들은 하나님 앞에서 은혜와 특권, 그리고 보호의 위치에 있다고 여겨진다.

이와 같이 스가랴 3장과 4장은 이스라엘의 대제사장 여호수아와 총독인 스룹바벨 모두에 대한 기쁨이 함축된 말로 결론을 맺고 있으므로 상호보완적이다. 이 두 감람나무는 재미있게 각색되어 계시록 11장 3-4절에 등장한다. 만일 요한계시록에 등장하는 두 사람이 모세와 엘리야라면 그것들은 스룹바벨과 여호수아로서 상징되어진 세속 세력과 종교 세력을 나타내는 것이다. 그것들을 계시록 13장의 로마 짐승(세속적인 세력)과 거짓 선지자(종교적인 세력)와 비교해 보라. 스가랴 4장 14절의 궁극적인 완성은 왕이요 동시에 제사장인 메시야이다(슥 6:11-13). 우리로 하여금 영원히 하나님의 영의 지혜를 따르며 하나님을 마음속에 모시게 하소서!

제15장

스가랴(Ⅱ): 악의 제거

날아가는 두루마리의 환상

스가랴서의 일련의 예언 중 남아 있는 환상들, 즉 5장에 기록된 두 가지 예언과 6장의 한 가지 예언은 심판이라는 주제를 다루고 있다. 스가랴 4장에서는 이스라엘의 이상적인 모습을 바라보았으나, 스가랴 5장에서는 이스라엘의 실제 상태를 바라보고 있다. 심판은 먼저는 이스라엘 백성들 개개인에게(슥 5:1-4), 다음으로는 이스라엘 국가에게(슥 5:5-11), 그리고 최종적으로 이방 나라들에게 임할 것이다(슥 6:1-8). 스가랴는 환상의 영역 안에 그 시대로부터 지상에 메시야 왕국이 세워지기 바로 직전, 즉 악인들이 심판을 받게 될 마지막 날까지를 포함하고 있다. 다섯째 환상 뒤에 다시 눈을 든 그는 날아가는 두루마리, 혹은 족자를 보았다. 고대인들은 나무 껍질, 즉 파피루스와 다듬은 동물 가죽 두루마리에 문서를 기록하였다. 아마 여기에서는 후자가 사용되었던 것 같다. 심판이 신속하게 죄인들에게 임하리라고 선포하기 때문에 두루마리는 날아가는 모습으로 나타난다. 그것이 펼쳐져 있었거나 혹은 그 내용과 크기를 보지 못했을 수도 있었을 것이다(겔 2:8–10; 계 5장, 계 10:2에 표현된 심판과 징벌을 의미하는 환상과 같다).

해석하는 천사는 스가랴에게 무엇을 보고 있느냐고 묻는다. 그래서 그는 날아가는 두루마리에 대해 묘사한다. 그것은 길이가 30피트요 너비가 15피트나 되는 커다란 두루마리로서 거기에 담긴 저주가 대단히 많았다. 크기에 대한 묘사는 흔히 있는 일로서 어떤 사실을 전하려고 의도되어진 것이 아니라고 생각하는 사람들이 있다. 그러나 모세의 성막 안의 성소와 솔로몬의 성전의 문(보통 그곳에서 율법을 읽었다)도 이 두루마리와 같은 크기라는 사실을 기억해야 한다(왕상 6:3). 그 환상은 우리에게 하나님의 성소의 거룩성이 죄를 판단하는 기준이며, 심판이 하나님의 집에서부터 시작될 것임을 가르쳐 주려 한다(벧전 4:17–18).

저주와 그 영향

> "내가 다시 눈을 들어 본즉 날아가는 두루마리가 있더라 그가 내게 묻되 네가 무엇을 보느냐 하기로 내가 대답하되 날아가는 두루마리를 보나이다 그 길이가 이십 규빗이요 너비가 십 규빗이니이다 그가 내게 이르되 이는 온 땅 위에 내리는 저주라 도둑질하는 자는 그 이쪽 글대로 끊어지고 맹세하는 자는 그 저쪽 글대로 끊어지리라 하니"(슥 5:1–3).

스가랴 5장 3절에서 해석하는 천사는 스가랴에게 두루마리가 땅 위로 날아가듯이 저주가 선포된다고 설명한다. 하나님께서 모세를 통해 이스라엘에 주신 율법은 그것을 범하는 사람들에게 저주를 선포하는 언약이었다.

저주라는 단어는 집합명사로서 율법에 있는 모든 저주를 나타내는 것으로 쓰였다(신 27:15-26, 28:15-68). 여기에 언급되어진 온 땅 위는 온 세상의 땅이 아니라 유다 땅을 가리킨다. 왜냐하면 율법은 이스라엘에만 주어졌기 때문이다(출 20:1-2).

그 두루마리는 율법 판들과 흡사하게 양면에 기록되어졌다(출 32:15). 하나님의 이름으로 거짓 맹세를 하는 것은 하나님께 대한 의무들을 담고 있는 첫째 판의 계명을 범한 것이다. 도둑질은 인간에 대한 의무를 기록하고 있는 둘째 판 계명의 위반이다.

도둑질과 거짓 맹세가 그들이 십일조와 헌금 의무를 이행하지 않은 데 대한 언급이라고 생각하는 사람들이 있다(참조: 느 13:10; 말 3:8). 그러나 이 구절들을 이처럼 제한할 필요는 없다. 첫째 판의 위반자들은 하나님께 대해 거짓되었으며, 둘째 판의 위반자들은 인간에 대해 거짓되었다. 물론 율법의 계명을 범하면 벌칙이 있었다. 특히 이 두 가지 범죄가 강조된 것은 그것들이 그 당시에 특별히 많이 행해졌기 때문인 것 같다. 이 두 계명은 실제로 모세의 율법 전체를 상징하는 것으로 여겨진다. 두루마리의 규정에 의하면 범죄자는 끊어진다. 즉 추방되고, 쓸려 없어지며, 제거되어야 했다. 이와 동일한 표현이 예레미야 30장 11절; 이사야 3장 26절에 기록되어 있다.

하나님은 자기의 경고 안에서 끊어지는 일이 수행될 방법을 간단히 약술하신다. 하나님은 친히 저주를 발하시고 황폐케 하는 사역을 이루실 것이다. 죄인들은 저주로부터 자신을 보호하기 위해 문을 잠그고 집 안에 들어가겠으나 그들의 노력에도 불구하고 저주가 그 집에 들어갈 것이다. 그 파괴는 아주 철저한 것이어서 마치 문둥병자들의 집들처럼 이스라엘의 모든 집들이 흔적도 없이 사라질 것이다(레 14:45). 저주는 그 세력이 계속 뻗어나가 결국 그대로 성취될 것이다. 이 저주의 효과에 대하여는 의문의 여지가 없으며, 그 집을 사르심에는 집 안에 살고 있는 사람들까지도 포함된다(암 3:15).

죄는 개인적인 것이며 죄에 대한 하나님의 심판도 역시 개인적이라고 볼 수 있다. "머무르다"라는 단어는 문자 그대로 "밤을 지내다"라는 의미이지만 "영구적으로 남는다"라는 의미도 갖고 있다. 이것이 바로 여기서 의도하는 의미이다(시 49:12). 속지 말라. 죄만큼 치명적이고 불가피한 것은 없다.

궁극적으로 죄는 승리할 수 없다. 왜냐하면 그것은 하나님의 존재와 사랑에 반대되는 것이기 때문이다. 스가랴 선지자의 시대에 죄는 파멸을 초래했으며, 그에 대한 심판은 중한 것이었다. 그러나 이 구절은 아주 먼 미래를 내다보고 있으며, 또 의로우신 메시야의 통치 이전에 있을 경건하지 못한 자들의 멸절을 바라본다. 그러므로 이 환상은 자연스럽고 부드럽게 스가랴 5장에 기록된 다음 환상과 융합된다.

에바 안에 앉은 여인의 환상

"내게 말하던 천사가 나아와서 내게 이르되 너는 눈을 들어 나오는 이 것이 무엇인가 보라 하기로"(슥 5:5).

스가랴 5장 5절에서 해석하는 천사가 나아온 것은 하나님께서 스가랴에게 또 하나의 환상을 보여주실 것이며, 따라서 그에 대한 해석이 필요하다는 것을 나타낸다. 스가랴는 에바가 나오는 것을 보았다.

여기 스가랴 5장에서 움직임이 몇 번이나 나타나는지를 유의해 보라. 세상의 도덕적 세력들은 정지 상태, 혹은 정체된 상태에 머물러 있지 않는다. 진보를 하든지 후퇴를 하게 마련이다.

> "내가 묻되 이것이 무엇이니이까 하니 그가 이르되 나오는 이것이 에바이니라 하시고 또 이르되 온 땅에서 그들의 모양이 이러하니라"(슥 5:6).

스가랴가 "이것이 무엇이니이까?" 라고 물은 것은 에바의 의미를 물은 것이었다. 그는 에바에 대해서는 알고 있었지만 그것이 무엇을 상징하고 있는지, 그에게 전해져서 그를 통해 다시 하나님의 백성들에게 전달하려는 진리가 무엇인지를 알기 원했던 것이다. 에바란 유대인들이 사용하는 측량 기구 중 가장 큰 것으로서 약 1부셀(약 2말 정도)을 담는 것이었으므로, 에바 자체는 누구나 다 알고 있었다. 천사는 에바가 그 땅에 있는 사악한 사람들의 모습을 묘사한다고 설명한다. 에바 속에 곡식의 낟알들을 담는 것처럼, 그 땅의 죄인들을 모두 모을 것이다. 에바는 무한히 공의로우신 하나님께서 선포하신 바 측량되어진 죄의 심판을 의미한다. 혹 어떤 사람들은 에바가 교역과 상업의 상징이므로 상인들의 죄악상을 지적한다고 주장하면서 야고보서 5장과 요한계시록 18장에 기록된 사악한 상업주의를 지적한다. 그러나 에바가 언급하고 있는 것을 이처럼 제한할 필요는 없다. 두루마리 환상에서 위반 사항들이 전체 죄악성을 대표한 것처럼 여기서 에바가 상징하는 것도 전반적인 악이다. 여기에서도 땅이란 언급은 유대 땅을 의미하는 것으로 이해해야 한다. 스가랴는 주로 이스라엘 백성들, 특히 그 시대 백성들에 대한 메시지를 받고 있다. 그들은 죄의 중함과 비참함을 깨달아야만 할 것이다.

스가랴로 하여금 에바 속에 무엇이 있는지를 보게 하기 위하여 에바의 아귀를 덮은 한 달란트의 납뚜껑이 들려졌다. 달란트는 히브리인들이 사용하는 무게 단위 중에서 가장 무거운 단위를 말한다. 에바의 뚜껑이 열렸을 때 스가랴는 에바 속에 악을 상징하는 여인이 앉아 있는 것을 보았다. 악을 여인에 비유한 것은 잠언 2장 16절과 5장 3-4절에서도 찾아볼 수 있는데, 그 이유는 명백하다. 히브리어에서 여성형은 추상적 개념들을 나타내기 위해 쓰이기 때문이다. 문맥상으로 보아 이 여인이 요한계시록 17장과 18장의 큰 음녀라고 정의할 필요는 없다. 어떤 주석가들은 그것이 우상숭배(인격화한 악)를 언급하는 것이라고 주장한다(렘 44:20; 겔 23장). 하나님의 시각에서 우상 숭배야말로 가장 증오해야 할 악이다. 그러나 여기에서 에바가 상징하는 악은 모든 종류의 악을 망라하는 것으로서 우상 숭배도 이에 포함된다.

포로기 이후에도 우상 숭배가 있었다는 사실은 에스라 9장; 이사야 57장, 65장 1-7절, 66장 17절을 인용함으로써 뒷받침된다. 에스라서에 기록된 내용은 백성들을 하나님께로 돌이킨 에스라의 종교 개혁 이전에 있었던 일이다. 그러나 이사야에 있는 기록들은 포로기 이후 시대의 내용을 담고 있지 않다. 그것은 B.C 8세기 이사야 시대 사람들의 상황을 묘사하고 있다.

악을 여인의 모습으로 의인화한 것은 불법의 사람(살후 2:3)으로 묘사된 사탄이 행하는 악과 비교해 보아야 한다. 스가랴가 보고 있을 때 천사는 여인을 에바 속으로 던져 넣고, 다가오는 하나님의 심판으로부터 그녀가 도망하지 못하도록 에바의 아귀 위에 납뚜껑을 던져 덮었다.

에바를 시날 땅으로 옮김

> "내가 또 눈을 들어 본즉 두 여인이 나오는데 학의 날개 같은 날개가 있고 그 날개에 바람이 있더라 그들이 그 에바를 천지 사이에 들었기로 내가 내게 말하는 천사에게 묻되 그들이 에바를 어디로 옮겨 가나이까 하니 그가 내게 이르되 그들이 시날 땅으로 가서 그것을 위하여 집을 지으려 함이니라 준공되면 그것이 제 처소에 머물게 되리라 하더라"(슥 5:9-11).

스가랴 5장 9-11절에는 하나님의 백성인 이스라엘과 관련된 악의 최종적인 처리가 기록되어 있다. 두 여인이 에바와 그에 대한 경고를 옮기기 위해 앞으로 나온다. 사람들은 예언의 미래 시대에 대한 언급의 중요성을 깨닫지 못하며 지나치게 상세한 것까지 찾아내려고 하기 때문에 이 두 여인이 팔레스타인 땅에서 이스라엘의 우상 숭배를 제거하기 위해 하나님께서 심판의 도구로 사용하신 앗수르와 바벨론 민족들임을 깨닫지 못한다.

이 여인들은 환상을 생생하게 만들고 하나님의 계획의 계시를 완성하기 위해 필요한 상징이다. 그것들은 이미 묘사된 이미지와 일관성을 갖고 있다. 운반되어야 할 에바의 무게 때문에 두 여인이 필요하다. 바람의 역할은 대단히 빠른 속력으로 그들이 짐을 나를 수 있도록 도와주는 데 있다.

여인들은 팔레스타인에서 아주 흔한 새인 학의 날개와 같은 날개를 갖고 있었다.

학은 크고 넓은 날개를 갖고 있는 철새이다(렘 8:7). 이 새의 생태를 잘 알고 있는 사람들의 의견에 의하면, 학은 매년 이동할 때에 유대에서 시날까지의 거리보다 더 멀리 날아간다고 한다. 그러므로 이 환상의 모든 특징은 에바를 이스라엘의 한가운데로부터 멀리 옮기는 것을 나타내는 데 이바지한다.

비행의 목적지가 언급되지 않았으므로 스가랴는 그것에 대해 묻는다(슥 5:10). 그에 대한 대답은 지극히 완전하고 충분한 것이다: (1) 악은 시날 땅으로 옮겨질 것이다; (2) 그곳에 그녀를 위하여 집이 세워질 것이다; (3) 그녀는 자신의 처소에 머물게 될 것이다.

시날 땅이란 바벨론을 가리키는 언급이다(창 10:10, 11:2; 사 11:11 등). 이곳은 인간들이 최초로 연합하여 하나님께 반역을 꾀했던 장소였다. 성경 전체에서 이곳은 영적인 문제들에 있어서의 혼란, 우상 숭배, 영적인 부정을 상징한다(계 17:3-5).

창세기 11장에 나타난 것과 동일한 바벨론의 영이 요한계시록 18장에 기록된 바벨론에도 나타날 것이다. 그곳은 유다가 포로로 잡혀간 땅이었다. 그러나 이것은 바벨론이 기꺼이 하나님의 뜻을 완성하기 위하여 일을 했기 때문은 아니었다. 하박국 선지자는 오히려 그 반대였다는 것을 분명하게 보여주었다. 바벨론은 자기의 이기적인 목표에 전념하고 있었다. 바벨론에서는 하나님과 그의 의로우신 지상 통치에 반대되는 모든 것들이 절정에 달했다. 이 환상은 바벨론의 최후 멸망과 심판을 말하는 것이다.

시날땅이 과거 바벨론 포로 기간에 이스라엘이 전 세계에 흩어졌던 것을 가리킨다고 볼 수는 없다. 왜냐하면 성경에는 이것과 병행하는 구절이 없기 때문이다. 또 이 구절이 이미 포로기에 문자 그대로 이루어진 어떤 것을 말하는 것도 아니다. 이 예언이 가리키는 전체적인 방향은 미래이다.

이 환상은 우상 숭배 죄의 심각성 이상의 것을 그들에게 보여주려고 계획되어진 것이다. 70년의 포로 생활은 하나님의 지도 아래 이 목적을 잘 수행하였다. 하나님은 모든 악이 뚜렷한 방향으로 발전해 나가서 마침내는 하나님께 대한 도전을 상징하는 그곳으로 나아갈 것임을 밝히고 계시다.

이상하게도 시날땅의 집에 대한 언급이 그 지방에서 흔히 볼 수 있었던 위풍당당한 신전을 의미한다고 이해되어져 왔다. 영원한 처소는 우상 숭배를 위해 건축된 일종의 우상신전(바벨론에서는 지구랏츠라 불림)이라고 해석되어졌다. 왜냐하면 신명기 4장 19절과 29장 25-26절에 기록된 바와 같이 이방 땅에서는 다른 신을 섬겨도 무방하였기 때문이었다.

하나님께서(하나님은 지상에 있는 모든 것들의 주이시며 모든 나라들의 신이시다) 다른 신들을 섬기는 것을 인정하시는 분으로 나타나 있는지를 결정하는 문제는 이 구절과 그밖에 신구약성경의 많은 해당 구절을 읽어보고 스스로 판단하도록 독자들에게 맡긴다. 스가랴는 악이 어떤 특정 장소에서 절정에 달할 것을 분명하게 말하고 있다. 죄는 그곳에서 영원한 처소에 머물게 될 것이다.

집을 짓는다는 것은 예레미야 25장 9절 및 이사야 34장 13절에 기록된 바 유대인들의 장기간의 포로 생활을 의미했던 것처럼 일종의 영원한 체류를 암시한다. 게다가 바벨론은 원래 죄악의 처소이므로 악이 그곳에 적응하는 데 어려움이 없을 것이다. 악은 자신이 최초에 발생했던 곳, 자신이 항상 속해 있는 장소에 머물게 될 것이다. 말하자면 악의 순환이 완성된다. 모든 형태의 불신앙은 결국 그 발상지로 돌아온다.

이 예언의 완성은 미래에 있다. 즉 이 예언은 죄가 이스라엘에서 근절되는 때, 다시 말하자면 백성들이 자기들의 메시야, 구세주, 왕이신 주 예수께로 돌아오는 그 때에 이루어질 것이다.

소멸하는 죄의 세력

성경 어디에서도 스가랴 5장에 기록된 것보다 충실하게 죄가 인간생활에 초래할 무시무시한 파괴를 묘사하는 곳은 없다. 죄는 우리가 가진 모든 것을 파괴할 뿐만 아니라 우리의 존재, 혹은 우리가 존재하기를 바라는 모든 것을 파괴한다. 그것은 퇴치 불가능한 해독이다. 그러나 퇴치 불가능하다는 것은 인간적인 차원에서의 일이다. 복되신 하나님은 모든 죄악된 마음에 반드시 필요한 구원과 치료를 영원히, 그리고 아주 적절하게 예비해 주셨다. 그것은 유대인뿐만 아니라 이방인에게도 유효하다.

왕이시요 제사장이신 메시야

병거들의 환상

스가랴 6장에 기록된 병거들의 환상은 스가랴가 하룻밤에 본 일련의 환상들의 결론을 맺는다. 여덟째이자 마지막인 이 환상은 첫째 환상에 제시된 사상을 완성한다.

첫째 환상에서 말 탄 사람들은 하나님의 사자에게 자기들이 본 것을 보고하고 있었다. 마지막 환상의 병거들은 하나님의 명령을 수행하기 위하여 앞으로 나온다. 병거들은 하나님의 심판의 선고를 실행에 옮긴다. 이리하여 진리의 순환이 완성된다.

어떤 사람들은 이 환상이 다른 환상들을 위해서 필요하기는 하지만 가장 애매한 것이라고 생각했다. 그러나 전前장들에서 행한 것과 같은 해석의 원칙을 따르면, 이 환상에 대해서도 적절한 설명을 얻을 수 있다.

> "내가 또 눈을 들어 본즉 네 병거가 두 산 사이에서 나오는데 그 산은 구리 산이더라 첫째 병거는 붉은 말들이, 둘째 병거는 검은 말들이, 셋째 병거는 흰 말들이, 넷째 병거는 어룽지고 건장한 말들이 메었는지라 내가 내게 말하는 천사에게 물어 이르되 내 주여 이것들이 무엇이니이까 하니"(슥 6:1-4).

스가랴는 환상 중에 네 병거가 두 개의 구리 산 사이에서 나오는 것을 보았다. 병거들은 전차戰車로서 그것들의 궁극적 목적을 암시해 준다. 본문을 연구하는 많은 독실한 해석가들은 이 네 병거가 다니엘이 예언한 네 개의 세상 왕국을 상징한다고 생각한다. 비록 스가랴 1장 18절이 이 네 개의 제국을 염두에 둔 것이지만, 그것들이 여기에 제시되어 있다고 볼 수는 없다. 그 이유는 다음과 같다: (1)병거들이 하늘의 네 바람이라고 정의되어 있다; (2)네 개의 지리적 표기들은 다니엘 2장과 7장에서의 네 왕국과 일치하지 않는다.

네 병거들은 각기 이스라엘을 악하게 대했던 나라들을 심판하시는 하나님의 섭리의 대행인들을 상징한다. 환상에서 언급된 두 개의 산은 분명한 것들이다(히브리어에는 정관사가 사용되었다). 그러나 그것들에 대한 해석은 다양하다. 그것들은 확고부동한 하나님의 뜻, 하나님의 처소 앞에 있는 이상적인 산들, 하늘의 문들, 혹은 메데와 바사 제국(이 제국으로부터 하나님의 섭리의 도구들이 여러 나라들을 징벌하기 위해 나아갔었다)을 의미한다고 여겨왔다.

성경에서 산들은 일반적으로 국가들을 상징하지만, 성경의 상징이 고정되어 있는 것은 아니다. 그리스도(계 5:5)와 사탄(벧전 5:8)은 모두 사자의 모습으로 나타나지만 그 의미는 아주 다르게 사용된다. 이 산들은 모리아 산과 감람 산을 가리킨다. 병거들은 여호사밧 골짜기를 통과하였다. 그것들이 구리로 되어 있다는 것은 그 산들을 움직이지 못하게 하기 위함도 아니요, 하나님께서 거주하시는 장소의 견고함을 나타내기 위함도 아니요, 하나님 백성들의 안전함 혹은 하나님의 통치의 안정성을 나타내기 위함도 아니다. 그것들은 심판하시는 하나님의 의를 나타내기 위함이다(시 36:6). 성막과 성전 안에서 구리를 사용한 것, 그리고 그 놋기구들이 사용되는 목적을 유의하여 보라.

> "천사가 대답하여 이르되 이는 하늘의 네 바람인데 온 세상의 주 앞에서 있다가 나가는 것이라 하더라 검은 말은 북쪽 땅으로 나가고 흰 말은 그 뒤를 따르고 어룽진 말은 남쪽 땅으로 나가고 건장한 말은 나가서 땅에 두루 다니고자 하니 그가 이르되 너희는 여기서 나가서 땅에 두루 다니라 하매 곧 땅에 두루 다니더라 그가 내게 외쳐 말하여 이르되 북쪽으로 나간 자들이 북쪽에서 내 영을 쉬게 하였느니라 하더라" (슥 6:5-8).

첫째 환상에서 말들의 색깔이 중요한 의미를 지닌 것처럼, 여기서도 색깔은 중요하다. 전쟁과 피흘림, 재난과 고통, 승리와 기쁨, 그리고 천벌과 염병을 나타내는 붉은 색, 검은 색, 흰 색, 회색의 말들이 등장한다. 특히 넷째 병거의 말들은 마치 그들과 그들의 임무에 특별한 주의를 기울이기 위해서인 듯 건장하다고 묘사되었다. 이 대리인들이 원수들에 대한 하나님의 심판을 행하는 임무를 마침으로써 나타나는 결과는 하나님의 백성들에게는 행복이요, 하나님에게는 영광이 될 것이다.

병거들의 사명이 설명되다.

스가랴가 병거들이 무엇을 상징하는지 설명을 요청했을 때 해석하는 천사는 그것들이 하늘의 네 바람으로서 온 세상의 주 앞에 서 있다가 나가는 것이라고 대답한다. "바람"이라는 단어는 흔히 "영"이라고도 번역이 되며, 이런 이유로 인하여 어떤 사람들은 이것이 네 명의 하늘의 영들, 혹은 천사들이라는 의견을 개진하기도 한다. 그러나 이런 견해를 따를 수는 없다. 왜냐하면 성경에는 이에 대한 병행구절이 없기 때문이다. 이에 대한 더 자세한 표현이 없이는 네 명의 천사의 세력이라고 보기 어려울 것이다. 요한계시록 7장 1절의 천사들은 정해진 목적을 갖고 있다. 시편 104편 4절에 의하면 바람들이 하나님의 사자들을 의미한다. 여기에서 바람은 하나님의 진노의 도구, 하나님의 심판의 대리인이다.

검은 색 말과 흰색 말은 북편 땅으로 나갔다. 그곳은 바벨론이다. 어룽진 말은 남쪽 땅, 혹은 애굽으로 나아갔다. 이 두 개의 이름은 이스라엘 백성의 무자비한 원수들을 언급하는 것으로서 바벨론을 강조한 데에는 이유가 있다. 남은 자들은 하나님께서 고레스를 통해 바벨론 땅을 심판하심으로 말미암아 바벨론의 속박에서 구출되었다. 그러나 고레스에 의해 정복된 바벨론은 다리오 왕 5년에 반란을 일으켜 그 땅을 황폐케 하고 인구를 감소시켰다. 애굽도 다리오 왕에 대항하여 반란을 일으켰으나 B.C 485년 크세르세스에 의해 정복되었으며, 그 후에도 반란이 계속되어서 B.C 340년에는 오쿠스에 의해 정복되었다. B.C 332년 알렉산더는 바사인들로부터 애굽을 탈취하였다.

붉은 말들에 대해서는 전혀 언급되지 않았다. 그것은 그것들이 아무 소용이 없었다는 것, 즉 이번 다리오의 원정에서는 많은 피를 흘리지 않을 것이 암시되어 있다. 본문에서 난해한 점은 스가랴 6장 3절에서는 어룽진 말이 건장한 말과 연합되어 있는 반면에 스가랴 6장 7-8절에서는 분리되어 있다는 점이다(슥 6:6도 그러하다). 붉은 말들도 역시 임무를 받지 않은 채 파견되었다. 따라서 하나님의 허락을 받아 땅을 두루 다닌 말들은 첫째 병거의 붉은 말들임이 분명하다.

이 말들의 임무가 세 번 언급되어졌으므로 중요하다고 말할 수 있다. 전쟁들과 피흘림이 도처에서 성행할 것이다. 선지서들은 이러한 상황들이 종말을 어떻게 조망하는지를 잘 나타내 준다. 스가랴 6장 7절의 땅에 대한 언급이 팔레스타인 땅을 의미한다고 제한하는 것은 불가능하다. 전체의 맥락에서 볼 때 더 넓게 보아야 한다. 붉은 말들은 다른 세 종류의 말들이 시작한 작업들을 계속 완성해 간다.

이 환상의 마지막 말은 하나님 자신, 또는 하나님의 사자들에 의해 주어지는 바 북쪽으로 나간 자들이 거기서 하나님의 진노를 가라앉혔다고 지적한다. 여기에서 "영"이 "진노"를 나타낸다는 것은 사사기 8장 3절; 전도서 10장 4절; 이사야 33장 11절에서 잘 입증된다. 이것은 어떤 사람들이 주장하는 것처럼 하나님께서 자신의 영으로 하여금 바벨론에서 포로 생활하는 이스라엘 중에 거하여 성전 재건과 미래에 대한 그들의 희망을 소생시켜 주시기를 원하는 열망을 갖게 하셨다는 것이 아니다. 하나님의 징벌이 이미 바벨론에 임했다는 명백하고도 신랄한 진술이 이미 있었다. 스가랴 5장에 기록된 환상에는 이스라엘 역사의 최후의 날에 궁극적으로 심판이 있을 것이라는 의미도 함축되어 있다. 바벨론은 공의와 진리로 통치하실 메시야의 통치 이전에 심판을 받아야 하며 심판받을 것이다.

바벨론에서 가져온 선물

여덟 개의 밤의 환상들은 통상적인 예언적 담화에 의해 도입되는 상징적 행위에 의해 아름답고도 적절하게 끝을 맺는다. 환상에서는 일이 성취되지 않았지만 스가랴에 의해서 상징적으로 수행되어진다. 스가랴는 바벨론에 포로로 있는 자들의 대표단으로서 당시 건축되고 있었던 성전을 위하여 선물을 가지고 스바냐의 아들 요시야의 집에 온 세 사람을 만나라는 하나님의 명령을 받는다. 스가랴 6방 10절에 언급된 날은 스가랴가 환상들을 받은 1장 7절의 날과 같다.

> "사로잡힌 자 가운데 바벨론에서부터 돌아온 헬대와 도비야와 여다야가 스바냐의 아들 요시야의 집에 들어갔나니 너는 이 날에 그 집에 들어가서 그들에게서 받되"(슥 6:10).

그 사람들은 성전 건축을 위해 금과 은을 가지고 왔다. 스가랴는 이 선물을 취하여 대제사장 여호수아의 머리에 씌울 면류관을 만들어야 했다. 스가랴 3장에서와 마찬가지로 여기서도 여호수아는 메시야의 이름과 직무의 상징이 된다. 면류관은 여러 가지를 섞어서 만든 면류관(슥 6:14의 동사는 단수형이다), 즉 하나의 면류관 위에 또 하나의 면류관을 얹어서 만든 것이다(욥 31:36; 계 19:12).

레위기의 제사장직에는 이런 규정이 없다. 제사장의 직무에 면류관은 어울리지 않고 사제관이 어울린다. 여기서 대제사장은 도래하는 메시야의 두 가지 직무를 상징한다(시 110:1, 2, 4). 몇몇 해석가들은 원래 본문은 "스알디엘의 아들 스룹바벨의 머리 위에" 혹은 "여호사닥의 아들 대제사장 여호수아의 머리 위에, 그리고 스알디엘의 아들 스룹바벨의 머리 위에"라고 읽어야 한다고 주장한다. 그러나 그것은 전혀 근거가 없는 주장이다. 스룹바벨의 머리 위에 면류관을 씌우는 것을 다윗 왕조의 회복을 시도하는 것으로 잘못 이해될 수도 있는데, 당시 그것은 하나님의 목적이 아니었다(렘 22:30; 겔 21:27). 개인 · 민족 · 세계에 대한 하나님의 뜻과 계획은 예정에 따라 진행된다. 하나님은 결코 서두르거나 혼동하지 않으신다.

제사장이요 왕이신 메시야

> "말하여 이르기를 만군의 여호와께서 이같이 말씀하시되 보라 싹이라 이름하는 사람이 자기 곳에서 돋아나서 여호와의 전을 건축하리라" (슥 6:12).

스가랴 6장 12절에 묘사된 메시야의 모습은 도래하는 이스라엘의 왕에 대한 가장 포괄적이고 완전한 묘사라고 한다. 이것은 무척 아름답고 중요한 예언이다. 면류관을 쓰고 영광을 얻은 대제사장 여호수아는 싹이신 메시야, 왕이요 제사장이신 분의 상징이다. 구원자에 대한 이 묘사는 우리로 하여금 이스라엘 역사의 정점과 완성을 깨닫게 한다. (슥 6:1–8에 기록된 바와 같이) 땅의 심판들에 이어 그리스도의 지상 천년왕국의 통치가 따르게 될 것이다.

면류관을 쓴 여호수아에게 고한 스가랴의 말—"보라, …이 사람을"—은 수 세기 후 비극적인 구원사의 시대에 본디오 빌라도가 그리스도에 대해 한 말이다. 이스라엘의 대제사장 여호수아는 그의 인격과 직무에 있어서 스가랴 3장에 기록된 계시를 통하여 우리에게 알려진 "인자", "싹"을 상징한다. 아람어 탈굼은 그 구절을 "보라. 이 사람을. 그의 이름은 메시야요 장차 나타나실 분이다"라고 의역하였다.

자기 곳에서 싹이 돋아난다는 것은 메시야의 기적적인 수태를 의미하기보다는 고향 땅에서의 메시야의 비천한 가문을 지적한다. 돋아난다는 상징은 "싹"과 조화를 이룬다.

메시야의 인격과 본성을 서술한 후에 그의 사역이 지적된다. 그는 하나님의 전을 건축할 것이다. 이것은 스룹바벨이 건축하고 있던 성전이 아니라 미래의 것으로서 에스겔 40~48장에 제시된 천년왕국의 성전을 말한다. 메시야에 의한 그 성전의 건축은 강조하여 반복될 만큼 매우 중요한 것이다.

> "그가 여호와의 전을 건축하고 영광도 얻고 그 자리에 앉아서 다스릴 것이요 또 제사장이 자기 자리에 있으리니 이 둘 사이에 평화의 의논이 있으리라 하셨다"(슥 6:13).

스가랴 6장 13절의 "그가"라는 시작은 강조적인 표현이다. 제사장이요 왕이신 분이 영광을 얻을 것이다. 그는 갈보리에서의 복된 구원 사역 후 어느 정도의 영광을 얻는다(시 110:1; 빌 2:5-11). 그러나 그는 자신의 보좌에서 다윗 자손의 천년왕국의 영광을 누릴 것이며, 이것은 영원까지 지속할 것이다. 그는 참 멜기세덱으로서(히 5:10) 자기의 보좌에 앉아 통치하실 것이다. 메시야에 대한 이 충만한 말 안에는 영원, 안전, 구원의 완성 등 모든 것이 있다(창 14:18; 시 110:4; 히 5:10 및 7장). 메시야는 보좌 위에 앉으실 대제사장이 되실 것이다.

그는 지금 아버지의 보좌 우편에 앉아 계시다. 이것은 시 110편 1절; 히브리서 1장 3절, 8장 1절, 10장 12절, 12장 2절; 계시록 3장 21절에 의해 명백해진다. 그는 통치하실 권리를 지니신 분으로 오셔서 자기 보좌 위에 앉아 통치하실 것이다.

세계는 평화와 공의의 통치가 주 예수 그리스도를 통해서만 가능하다는 것을 깨닫지 못한 채 이 기쁨의 날을 오랫동안 기다려오고 있다. 이스라엘은 이러한 하나님의 진리를 깨달아야 한다. 메시야가 제사장이요 왕으로서 자기의 보좌에 앉으실 때 이 둘 사이에는 평화의 의논이 있게 될 것이다.

"평화의 의논"과 "둘 사이"라는 말에 대해서는 여러 가지 설명이 있다. 평화의 의논이란 말은 분명히 평화를 생산해 내는 의논, 즉 세속적으로나 영적으로 최고의 축복을 의미한다. 성경에는 여호수아와 스룹바벨 사이에 적대 감정이 있었다는 기록이 없으므로 스가랴 6장 13절 하반절이 이들을 가리킨다고 볼 수는 없다. 다른 주장에 따르면, 주 하나님과 메시야, 혹은 메시야의 왕적인 속성과 제사장적인 속성 사이에, 혹은 메시야의 위位

안에 연합되어 있는 지배자와 제사장이라는 두 가지 속성들 사이에 평화의 의논이 있을 것이라고 한다. 스가랴는 아마 영원 전부터 하나님의 뜻에 의해 의도되어진 영광스러운 구원 계획을 이룩하기 위하여 메시야 안에서 결합되어진 제사장적인 직무와 왕적인 직무, 즉 메시야의 권위들을 말하고 있다.

여기서 우리는 지극히 사랑스러우신 이스라엘의 메시야에 대한 이 휘황찬란한 묘사를 생각하는 것을 잠시 멈추고 찬양을 돌리는 것이 좋겠다. 여러 가지 속성을 지니시고 풍부한 사역을 하시는 메시야는 참으로 영광스러운 분이시다!

스가랴 시대의 모든 사건은 상징적이었다는 것을 다시 강조해야 한다. 이것은 다음의 사실들에 의해 증언된다: (1) 면류관은 대제사장이나 레위의 후손에게는 어울리지 않고 유다 지파와 다윗 왕조에만 어울리는 것이다; (2) 스가랴 6장 12절에 말씀되어진 "싹이라 이름하는 사람"은 스가랴 3장에 기록되었던 메시야를 나타낸다; (3) 스가랴 6장 13절에 그가 하나님의 성전을 건축하리라고 기록되었는데 그 사역은 미래에 오직 그리스도에 의해서만 가능하다; (4) 스가랴 6장 13절은 오직 그리스도 안에서만 나타나는 영광을 그가 얻게 될 것이라고 나타내고 있다; (5) 스가랴 6장 13절은 시편 110편과 히브리 7장에서 기록된 바 오직 그리스도에 대한 언급, 즉 그가 자신의 보좌에 앉으신 제사장이 될 것이라는 사실을 나타낸다.

성전 안에 있는 기념물

그 면류관은 여호수아에게 씌워진 후에, 헬렘(헬데의 다른 이름), 도비야, 여다야, 그리고 헨(요시야의 다른 이름)이 하나님의 일에 대해 보인 경건한 관심의 기념물로서 성전 안에 보관될 것이다.

메시야께서 세상에 오셨을 때까지 이 면류관이 성전 안에 보관되었다가 후일 로마인들에 의해 파괴되었다고 생각하는 사람들이 있다.

그러나 스가랴는 바벨론에서 온 대표들을 보면서, 또한 성령의 도우심으로 장차 이스라엘 국가에서 멀리 떨어져 있는 사람들, 즉 이방인들이 와서 성전을 건축할 것을 보았다. 이것은 메시야의 거룩한 사명에 대한 결정적인 증언이 될 것이다.

첫째, 흩어졌던 이스라엘 백성들이 귀환할 것이며(사 60:9), 그 후에 이방인들의 개종이 있을 것이다(사 60:10-11). 이스라엘의 모든 재앙과 화의 뿌리와 원천은 그들이 메시야의 사명과 사역을 올바르게 인식하지 못한 데에 있었다. 그러므로 이제 이스라엘이 메시야를 인식하여 알게 되면 이스라엘에 영적인 축복과 물질적인 번영이 도래할 것이다. 메시야의 오심과 사역은 확실하며 무조건적이다. 그러나 이스라엘의 축복과 은혜는 이스라엘의 순종이라는 조건 하에 주어진다. 하나님은 이스라엘이 하나님의 말씀을 믿고 따르지 아니하면 그들을 버리시겠고 경고하신다.

너희가 만일 들을진대

하나님은 모든 사람들이 하나님의 은혜와 사랑의 복된 말씀에 믿음과 순종으로 응답하기를 원하신다. 성경 어디에도 믿고 따르지 않는 인간들에게 영생을 주셨다는 기록이 없다. 이스라엘 백성들도 마찬가지이다. 오늘날 왕이요 제사장이신 구속자를 믿고 따르라는 하나님의 명령을 각각의 유대인들이 진심으로 순종한다면, 그 즉시 커다란 축복이 임할 것이다.

금식인가, 경건인가?

금식에 대한 질문

스가랴 7장의 예언은 다른 부분들과는 아주 판이하고 분명하게 구분된다. 스가랴서의 서두(스가랴 1~6장)에서 스가랴는 이스라엘 온 백성들에게 회개하고 하나님께로 돌아와 복을 받으라고 전하라는 부르심을 받는다. 그리고 나서 스가랴가 사역하였던 때부터 하나님의 백성들과 세상 위에 메시야가 즉위하실 때까지에 대한 일련의 여덟 개의 밤의 환상들이 그에게 제시되었다.

그 잊지 못할 중요한 날 밤으로부터 약 2년이 경과하여 다리오 왕 4년, 즉 B.C 518년이 되었다. 하나님의 영적 지시를 받은 학개와 스가랴의 사역, 그리고 그들을 통해 하나님께서 베푸신 격려의 덕택으로 백성들은 전심전력으로 하나님의 성전을 건축하였다. 예루살렘 성읍에는 새로운 가정들이 세워지는 등 새로운 생활이 시작되고 있었다. 느부갓네살의 침략과 파괴의 흔적과 상처들은 서서히 아물어가고 사라져가고 있었다.

기슬래월(Chislev; 바빌론 달력으로 9월로서 11~12월 중간 정도에 해당된다)에 벧엘에서는 두 가지 목적으로 예루살렘에 대표단을 파견하였다. 첫째는 하나님의 은혜와 축복을 간구하기 위해서요, 둘째는 국가적 금식에 대해 질문을 하려는 목적이었다. "벧엘"이란 말의 본래 의미는 "하나님의 집"이라는 뜻이기 때문에 대표단이 벧엘이라는 성전에 왔다고 주장하는 견해가 있다. 그러나 성전이 "여호와의 집" 혹은 "엘로힘의 집"이라 불리기도 했으나 결코 "벧엘"이라 불린 일은 없다.

한때 우상 숭배로 들끓었던 그 유명한 성읍이 이처럼 중요한 사명을 띠고 대표들을 보낸 것이다. 이전에 그 성읍에 살던 사람들 중 다수가 바벨론으로부터 귀환하였다(스 2:28; 느 11:31). 대표단원의 명칭이 바벨론 사람들이라고 되어 있음은 그들이 바벨론으로부터 귀환하였다는 것을 나타내 준다. 그들이 하나님의 은혜를 구하려(문자 그대로는 "얼굴을 쓰다듬다")한 태도는 기록되지 않았지만 분명히 희생 제사를 드렸을 것이다. 당시 성전은 아직 완성되지 않았으나 제단은 세워졌었다(스 3:3).

대표들은 제사장들에게 질문을 하러 왔었다. 율법의 문제에 대해 결정을 내려주는 것이 제사장의 의무였기 때문이다(신 17:9; 마 2:4에 헤롯이 수행했던 바와 같다). 상담을 맡았던 선지자들은 학개와 스가랴였다. 벧엘 사람들은 그들이 "여러 해 동안"이라고 표현한 포로 시기에 행하여 왔던 바 제5월에 울며 근신해야 하는지에 대해 알고자 했다. 이제 성전 건축이 진행 중이었으므로 그들은 과거의 재난들을 기념하는 금식을 계속할 것인가를 알기 원했다. 금식을 한다는 것은 그들에게 싫증나고 짐이 되는 일이었다. 울며 금식하며 평소에 하던 일들을 하지 않는다는 것은 그들에게 있어서 지루한 일이었다.

5월 10일의 금식은 B.C 586년에 예루살렘이 불탄 것을 회상하는 것이었다(참조: 렘 52:12-13). 이 금식은 지금까지도 유대인들에게 있어서 가장 큰 금식의 날이다(속죄의 날의 금식과는 다르다). 이러한 금식의 특징들은 요엘 2장 12절, 13절, 16절에 언급되어 있다. 그 금식은 국가에 의해서 제정된 것이지 하나님께서 명령하신 것이 아니었다. 그러나 이제 그들은 그것을 계속해야 하는지, 혹은 폐지해야 하는지 여부를 하나님으로부터 알기 원하였다. 인간들은 항상 규칙들을 찾고 있지만 하나님은 성령의 지시하에서 그들에게 삶을 영위할 원리들을 주신다.

과거로부터 얻은 교훈

질문들이 일인칭으로 표현되어 있으나 스가랴를 통한 "나" 즉 하나님의 대답은 모든 백성들에게 하신 것이다. 왜냐하면 그들은 모두 동일한 상황에 처해 있고 같은 관심을 갖기 때문이다. 하나님의 분명한 한 마디의 응답은 그들의 태도에서 겉치레와 위선을 산산히 찢어버린다. 백성들과 제사장들은(제사장들도 역시 금식을 지루해 하였다) 그들이 금식하고 슬퍼하는 모든 행위가 단지 그들 스스로를 만족시키기 위하여 행해진 것이라는 이야기를 듣는다. 하나님은 결코 금식을 제정하지 아니하였으며, 그들이 금식한 것은 하나님을 위한 것이 아니었다. 슬프게도 그들에게는 생활의 모든 일에서 하나님을 기억하는 진정한 경건의 본질이 부족하였다. 금식의 의미가 시간적 요소보다 더 중요하다. 즉 "언제"가 아닌 "왜"이다. 그들의 금식 행위는 전혀 하나님을 기쁘시게 해드릴 수 없었다. 하나님은 진실을 요구하신다.

그들의 질문은 5월의 금식에 집중되어 있었다. 스가랴는 7월의 금식에 관한 물음을 하나님의 말씀 속에 추가시킨다. 그리고 8장 19절에서는 네 가지의 금식을 언급한다. 이 모든 금식들은 B.C 586년의 예루살렘 멸망과 관계가 있다. 10월에 느부갓네살이 예루살렘을 공격하였으며(왕하 25:1), 4월에는 갈대아인들이 성읍을 침략하였으며(왕하 25:3-4), 5월에는 느부사라단이 성전을 불태웠으며(왕하 25:8-9), 7월에는 유다의 유대인 총독 그달리야가 살해당하고 나머지 사람들은 도망쳤다(왕하 25:23-25; 렘 41:1-3). 지금도 정통 유대교에서는 7월 3일을 그달리야Gedaliah의 금식일로 지킨다.

> "온 땅의 백성과 제사장들에게 이르라 너희가 칠십 년 동안 다섯째 달과 일곱째 달에 금식하고 애통하였거니와 그 금식이 나를 위하여, 나를 위하여 한 것이냐"(슥 7:5).

스가랴 7장 5절의 질문에 대해 예상되는 대답은 강한 부정이다. 왜냐하면 그들의 모든 행위는 자기 중심적이었기 때문이다. 게다가 그들의 금식 행위 안에 존재하던 이 같은 정신이 그들의 먹고 마시는 일에도 침투하였다. 위선적이고 형식적인 금식에 대한 스가랴의 질책은 이사야 58장 3-8절의 유명한 말씀들을 기억하게 해준다. 독선과 자기만족은 결코 거룩하신 하나님을 기쁘시게 해드릴 수 없다.

스가랴의 어조가 거칠고 냉혹해 보이지 않는가? 그가 이런 태도로 말한 최초의 인물은 아니다. 포로기 이전의 선지자들도 이와 비슷한 태도로 예언을 했다(사 66:1-3; 렘 7:21-24, 25:3-7; 암 5:21-27). 그들이 금식을 한 원인이 된 재난들은 선지자들을 통하여 주신 하나님의 말씀에 불순종한 데 따른 결과였다. 왜 그들은 하나님께서 거듭, 분명히 명하시는 말씀에 귀를 기울여야 하는 때에 하나님께서 명하시지 않은 것에 관심을 기울였을까? 그들은 그 땅에 백성들이 정착하여 거주했을 때, 즉 포로기 이전의 시대에 선포된 선지자들의 말씀에 순종해야 했다. 이것이 자진해서 하는 모든 금식보다 더 중요하다. 하나님은 무엇보다도 순종을 원하신다.

> "예루살렘과 사면 성읍에 백성이 평온히 거주하며 남방과 평원에 사람이 거주할 때에 여호와가 옛 선지자들을 통하여 외친 말씀이 있지 않으냐 하시니라"(슥 7:7).

스가랴 7장 7절에 언급된 남방은 유대의 산지를 말하며(수 15:21), 평원(스펠라 지방)은 유다 서부 지역을 말한다(수 15:33). 하나님의 말씀을 순종하는 것이 죄악 때문에 임한 심판들에 대한 두려움으로 인해 형식적인 의식들을 행함으로써 양심을 무마하려는 것보다 더 좋다. 그들은 자기들이 당한 재난들 때문에 금식하였으나 이러한 재난들은 그들이 범한 죄 때문에 임하였던 것이다. 그러므로 그들의 금식의 원인은 그들의 죄였다. 만일 이러한 죄를 제거한다면 금식이 필요없게 될 것이다.

공의를 행하라는 권면

과거의 선지자들이 선포했던 경고와 메시지를 잊지 않게 하기 위해서 스가랴는 그들의 조상들에게 제시되었던 경건의 길을 약술한다. 재판의 진행은 진리에 따라서 행해져야 한다. 하나님은 불의한 재판을 증오하신다. 왜냐하면 하나님은 온 세상을 심판하시는 공의의 재판자이시기 때문이다(창 18:25). 이웃간에는 서로 인애와 긍휼을 베풀어야 하며, 모든 공적 · 사적인 관계들은 긍휼이 많으신 하나님께서 제시하신 본을 따라서 행해야 한다. 모세의 율법과 선지자들은 의지할 데 없고 불행한 사람들, 즉 과부와 고아와 나그네와 궁핍한 자들을 옹호하고 있다. 또 그들은 이웃에 대하여 노를 품지 말고 그들을 해하려고 거짓 증언을 하지 말라는 경고를 받았다.

이웃과의 관계가 올바르지 못하면, 하나님과의 관계도 올바르게 될 수 없다(마 5:23-24). 경건이 없는 신앙은 하나님과 인간에 대한 모독이다. 도덕이 결핍된 종교는 무익하며, 참 종교가 없는 도덕은 근거 없고 적절한 토대가 없는 것이다. 하나님은 내면의 진실을 찾으시며, 그것을 이웃에게 나타내기를 바라고 계신다. 스가랴 선지자가 그들에게 선포한 것은 새로운 메시지가 아니다. 왜냐하면 공의로우신 하나님의 통치 원리는 영원하기 때문이다.

불순종에 대한 징벌

하나님께서 거듭 경고하시고 다정하게 권면하셨음에도 불구하고 포로기 이전에 살았던 그들의 조상들은 하나님의 현명하신 권고를 청종하지 않았다. 그들의 마음의 완악함과 불순종이 네 가지로 강력하게 표현된다.

첫째로, 그들은 청종하려 하지 않았다.

둘째로, 그들은 등을 돌렸다. 완고하게 등을 돌린다는 것은 동물 세계에서 인용한 상징으로서 멍에를 거부하는 황소의 태도에서 착안한 것이다(느 9:29). 그들이 진리의 말씀을 거부하면 할수록 하나님의 사자들은 더욱더 간절하게 그들에게 호소하였다.

셋째, 그들은 말씀을 듣지 않으려고 그들의 귀를 막았다(사 6:10; 렘 7:26). 하나님의 뜻을 거스른 것만으로도 하나님의 의로우신 진노를 유발시키기에 충분했을 것이다. 그런데 그들은 그 죄를 회개하지 않음으로 더욱 하나님의 진노와 심판의 날을 초래하게 되었다.

마지막으로 그들은 마음을 금강석같이 굳게 하였다. 여기에서 그들의 불순종은 절정에 이른다. 계속해서 빛을 거부하였기 때문에 그들의 마음은 점점 더 완고해지고 냉혹해지고 둔감해진 것이다.

영적인 경화(경화증)는 육적인 것만큼 사실적이며, 육적인 것보다 훨씬 비참하다. 생명의 최후 거점인 마음이 병들 때 그 증세는 참으로 슬프고도 절망적이다(겔 3:9, 11:19). 그들은 하나님의 영을 통하여 선지자들이 선포하는 하나님의 말씀과 율법을 대적했다.

여기에 우리가 간과해서는 안 되는 중요한 진리가 있다. 첫째, 스가랴는 선지자들의 계시와 메시지를 모세의 율법과 동등한 위치와 관계에 놓고 있다. 성경에 나타난 하나님의 계시의 권위에 대해 등급을 정할 수는 없다. 그러나 선지자들의 말씀과 모세의 말씀은 비슷한 권위를 갖는다. 둘 다 하나님으로부터 나온 것이기 때문이다(딤후 3:16-17). 하나님의 마음과 뜻을 전달하기 위한 두 가지 수단에 유의하라. 하나님의 영과 선지자들, 다시 말하면 신적인 요소와 인간적인 요소라는 두 가지 수단이 있다. 이전 선지자들이란(슥 1:14) 바벨론 포로기 이전의 선지자들을 지칭한다.

이러한 불순종으로 인한 결과는 하나님의 크신 진노이다. 그 진노의 크심은 그들에게 임한 큰 징벌에서 볼 수 있다(대하 36:16). 무한히 의로우신 하나님의 응보가 범죄한 백성들에게 갑자기 닥쳤다. 하나님께서 선지자들을 통하여 자주, 그리고 매우 인내하시면서 그들에게 부르짖으셨지만 그들이 듣지 않았던 것과 마찬가지로, 그들은 환난 중에 하나님께 구원을 부르짖었으나 하나님께서 듣지 아니하셨다. 곤경에 빠진 어린아이가 어머니에게 도움을 부르짖을 때 그에 대한 응답이 없다면 얼마나 슬프겠는가. 하나님의 뜻을 거역한 백성들이 절망 속에서 하나님께 도움을 구하였으나 하나님께서 듣지 아니하셨다는 사실은 참으로 슬픈 일이다(사 1:15; 미 3:4; 렘 11:11, 14:12).

하나님은 그들의 기도에 귀를 기울이시지 않고 오히려 폭력의 회리바람을 일으켜 그들을 알지 못하는 여러 나라들 사이에 흩으셨다. 스가랴가 사역하던 시대에 이미 그들은 앗수르와 바벨론 등에 흩어져 살았었다. 이것이 이 구절에서의 주된 언급이다. 그러나 본문에는 약속되어진 분, 즉 메시야를 거절하는 그들의 크나 큰 불순종에 대한 결과인 더 큰 흩음이라는 행위가 함축되어 있다. 앗수르와 바벨론 포로기 이래로 많은 이스라엘 백성들의 포로 상태는 계속되었으며, 그들은 타 지역으로도 방황하였다. 진노는 그들에게 충만하게 임하였다. 그들과 관계가 없는 민족들은 그들에게 친절을 베풀거나 동정을 나타내려 하지 않았다.

바벨론 포로 생활의 결과로서 그 땅은 버려져 황폐하게 되었다. 하나님의 놀라우신 섭리로 인하여 이방 강대국들은 그 땅을 소유하지 못했다. 그 땅에 거주해야할 적법한 주민들이 없었을 때에도, 70년 후의 그들의 귀환을 대비하여 그 땅은 보존되어졌다. 하나님께서 이스라엘을 심판하셨고 제멋대로 행한 그 백성들에 대한 징벌의 도구로 대적들을 사용하셨는데도 이스라엘은 자기들의 땅을 황폐하게 했다는 책망을 받는다. 이는 그들의 죄 때문이었다. 그 땅이 황폐하게 된 책임은 그들 자신에게 있었다. 아름다운 땅이란 하나님께서 자신의 백성들에게 기꺼이 주셨던 땅, 즉 문자 그대로는 "소망의 땅"이다(렘 3:19).

인간이 만든 폭탄 등의 파괴 도구들은 결코 죄만큼 치명적이고 황폐하게 하지 못한다. 죄가 아름다운 가나안 땅을 파멸시키고 황폐하게 하였다. 우리는 이 사실로부터 인간 생활에 있어서 죄보다 더 파괴적인 것이 없다는 중요한 사실을 알 수 있다.

하나님의 말씀을 청종하라.

스가랴 7장의 주제인 금식은 유대인들에게 아주 친숙한 것이다. 그들의 종교력宗敎曆에는 많은 금식일이 있다. 그 모든 금식일의 기저에 흐르고 있는 교훈은 민족사에 있어서 죄 때문에 닥쳐왔던 재앙과 파멸들을 기억하라는 것이다. 그들이 하나님의 말씀에 귀를 기울이고 순종해 왔다면(지금도 순종한다면) 얼마나 현명했을까? 그들은 선지자들을 통해 선포된 말씀에 꾸준히 주의를 기울여야 하지 않았을까? 그러나 그들이 지금도 위대한 선지자이시며 구세주이신 주 예수 그리스도의 말씀에 주의를 기울이지 않는다면 상황은 더욱 슬플 것이다.

금식을 위한 즐거운 잔치

진리의 성읍, 예루살렘

스가랴 8장에서는 7장의 사상이 계속된다. 7장에서 스가랴는 그들의 조상의 운명을 예로 들면서 순종의 필요성을 강조했다. 8장에서는 그들 앞에 미래의 축복에 대한 하나님의 약속들을 제시하며 7장에서 권고했던 마음들을 가지라고 권면한다. 스가랴 7장이 스가랴 1장 1–6절에 대한 응답인 것같이, 스가랴 8장은 스가랴 1장 14–17절과 병행한다.

> "만군의 여호와가 이같이 말하노라 내가 시온을 위하여 크게 질투하며 그를 위하여 크게 분노함으로 질투하노라"(슥 8:2).

스가랴 8장 2절에서 하나님은 두 번씩이나 시온을 위하여 크게 질투하신다고 단언하신다. "질투하다"라는 동사의 원래 의미는 "빛나다, 불타다"이다. 하나님의 자애로우신 마음은 자기 백성의 축복을 추구하지만, 동시에 하나님의 백성들을 대적하는 자들에게는 크신 진노를 내리신다.

이러한 약속들은 스가랴 1~2장에 기록된 것을 기억하게 해준다. 하나님은 시온에 축복을 주시기로 확정하셨기 때문에, 그 일이 이미 이루어진 것처럼 말씀하신다. 하나님께서 그 백성들 가운데 거하실 때에 이루어질 결과는 단 한 가지이다. 즉 거룩함과 진리이다. 시온에 대한 하나님의 이상은 항상 시온이 진리와 거룩함의 도시가 되어야 한다는 것이었다. 이사야 1장 26절; 이사야 1장 10절; 계시록 11장 8절을 보라. 하나님의 뜻에 일치하는 것이 복된 상황이다.

평화와 안전

이스라엘의 영적 자세가 올바를 때에 하나님은 항상 그들에게 물질적인 축복으로 함께하신다. 영적인 평화는 물질적인 평화의 선구자가 되는 것이다. 늙은 남자들과 늙은 여자들이 손에 지팡이를 들고 예루살렘의 거리에서 평화스럽고 두려움 없이 앉을 것이다. 성읍의 거리에는 소녀과 소녀들이 가득하여 뛰놀 것이다. 그 중간의 연령층은 제외된 것이 아니라 자동적으로 포함된다. 전쟁이 젊은이들의 목숨을 앗아가지 않을 것이다. 이스라엘의 주민들은 장수할 것이다. 거리에서 뛰노는 소년 소녀들의 모습은 안전함과 후손이 많아짐을 나타내고 있다. 구약성경을 통하여 볼 때 하나님의 말씀을 순종할 때에 장수와 많은 자손이 약속되었다(출 20:12; 신 4:40; 5:16, 33; 6:2; 33:6, 24).

이러한 약속들이 마카비 시대에 문자 그대로 이루어졌다고 생각하는 사람들이 있다. 그러나 성경은 이러한 축복의 장면들이 천년왕국 시대에 있을 것을 나타낸다(사 65:20, 22).

스가랴의 예언은 지난 수 세기 동안 이스라엘이 겪었고 알았던 것과는 너무나 다른 상황을 묘사하고 있으므로 남은 자들(스가랴 시대의 백성들은 물론)은 이것의 성취에 회의적인 경향이 있었다. 그러나 인간 편에서는 이러한 약속들이 불가능해 보이지만 하나님에게는 불가능이 없다(창 18:14; 마 19:26). 그들은 감히 이스라엘의 거룩하신 분의 권능을 제한하지 못할 것이다(시 78:19, 20, 41. 우리의 하나님, 그리고 그들의 하나님은 불가능을 가능하게 하시는 하나님이시다.

땅의 회복

이스라엘을 위한 미래와 천년왕국의 축복은 이스라엘이 회복되어 그 땅으로 귀환한 사실에 기초를 두고 설명되어야 한다. 스가랴는 흩어졌던 그들을 하나님께서 다시 모으시리라고 예언한다. 어떤 사람들이 주장하듯이 해가 뜨는 땅과 해가 지는 땅은 바벨론과 애굽을 언급하는 것이 아니라 세상의 사방 모두를 나타낸다. 앗수르와 바벨론 치하의 포로 생활과 유랑은 해 뜨는 땅을 언급하지만, 이것은 성경에서 증언되고 확인되듯이 미래에 전 세계로 흩어짐을 말한다(사 11:11-12; 43:5-6; 겔 37:21; 암 9:14-15).

하나님은 흩어진 백성들을 세계의 사방으로부터 그 땅으로 인도하여 내실 것이다. 오늘날 우리가 보고 있는 것은 그 예고편에 불과하다. 특히 "해 지는 땅"이란 말은 적절한 표현이다. 왜냐하면 유대인들은 주로 팔레스타인 서방에 있는 땅에서 생활하고 있기 때문이다. 그러나 여기에서 귀환은 하나님에게로의 영적인 회복을 포함하고 있음을 유의하라(렘 30:22; 31:33). 이러한 귀환과 회복은 하나님의 말씀의 진리와 공의에 따라 참되고 의롭게 이루어질 것이다. 그것은 하나님과 이스라엘의 상호관계를 명백하게 드러낼 것이다.

성전 재건을 위한 격려

우리는 이러한 이스라엘의 복된 전망들을 즐거워할 뿐만 아니라 그것들을 제시하는 하나님의 지혜를 볼 수 있다. 스가랴가 과거의 비극에 초점을 맞추며 미래의 영광을 바라보느라고 금식이라는 기본 문제에서 너무 멀리 벗어났다고 염려할 필요가 없다. 이제 그는 이 모든 것의 초점을 그 당시의 상황에 맞춘다.

계시된 모든 진리는 그 당시 진행 중이었던 과업을 더 잘 수행하기 위하여 의도된 것이었다. 그러므로 스가랴는 그들 앞에 놓인 작업과 장차 다가올 날들에 대하여 담대하라고 권면한다. 다리오 왕 4년에(슥 7:1) 백성들은 성전을 재건하고 있었으며 그들에게는 격려가 필요했다. 선지자 학개와 스가랴의 말씀은 이러한 목적을 위해 선포된 것이다. 따라서 백성들은 그 말에 주의를 기울여야 하는 것이다.

여호와의 집 곧 전을 건축하려고 지대를 쌓은 것에 관한 언급은 건축 작업을 재개하여(학 1:15) 완성하는 데 대한 특별한 언급이라고 볼 수 있다. 성전 재건을 처음 시도했을 때에는 지대를 쌓지 못하였다. 이제 상황이 달라져서 성전 재건이 완성되어야 했다. 그러나 그 과업을 수행하기 위해서는 하나님께서 그들을 격려하여 견고하게 해주셔야만 했다.

스가랴는 그들이 하나님의 집을 짓는 작업을 재개하기 전의 국가적 상황을 상기시켰다. 성전 재건 공사가 시작되기 전에 그들은 노동에 대한 충분한 이득 혹은 보상을 받지 못했으며 인간도 짐승도 삯을 얻지 못했다(학 1:6; 9, 11; 2:16-19). 이런 비참한 상황에 더하여서 밖으로는 대적들로부터의 공격, 안으로는 내란이 있었다. 어느 곳에도 안전과 안녕이 없었다. 사마리아인들은 다른 족속들과 연합하여 소수의 남은 자들을 괴롭혔다(스 4:1–5). 캄비세스가 팔레스타인을 거쳐 애굽으로 원정한 것도 어느 정도의 고난을 초래했음에 틀림이 없다. 무엇보다도 생활이 불안하고 불확실하였다. 우리가 하나님께 관심을 기울이지 않으면 우리의 형편은 악화된다.

그러나 이제 그들이 성전을 재건하라는 명령에 순종하므로 하나님은 기꺼이 그들에게 축복해 주시려 한다. 땅이 그 소산을 낼 것이다. 평화로운 시기에 무성하게 잘 자라기 때문에 여기서 평강의 씨앗이라고 불린 포도나무는 열매를 맺게 될 것이다. 비가 잘 오지 않아 메마른 땅에 반드시 내려야 하는 이슬이 하늘로부터 내리게 될 것이다.

하나님은 그들이 불순종할 때에 거두어 가셨던 물질적인 축복들을 남은 백성들에게 쏟아주실 것이다. 그들은 이전에는 이방인 가운데서 저주가 되었으나 앞으로는 축복이 될 것이다. 이것은 이방 나라들에 대하여 그들이 저줏거리가 되었다는 것이 아니라 그 이름이 이반 나라들에 의해서 저주를 말하는 데에 사용되어졌다는 것이다. 상황이 완전히 바뀌었다.

이방 나라들이 그들의 원수들을 저주하여 이스라엘과 같은 운명에 처하라고 말하는 데 사용하던 이스라엘이라는 명칭이(렘 24:9; 29:18, 22) 이제 유다와 이스라엘의 행복만큼이나 행복하라고 벗들을 축복하는 표현의 상징이 될 것이다(창 48:20; 미 5:7; 습 3:20).

이 모든 일은 이스라엘 민족의 희망과 약속들이 완성되는 시기인 통일국가 시대에 완전히 이루어질 것이라고 여겨진다. 이같이 현재와 미래의 축복이 주어지리라는 관점에서 이스라엘은 강하고 담대하라는 권면을 받는다(슥 8:9). 두려움으로 마음이 약할 때 손은 강할 수 없다. 하나님의 약속의 말씀은 참으로 고무적이다.

"만군의 여호와가 이같이 말하노라 만군의 여호와의 집 곧 성전을 건축하려고 그 지대를 쌓던 날에 있었던 선지자들의 입의 말을 이 날에 듣는 너희는 손을 견고히 할지어다"(슥 8:9).

선한 교훈

"만군의 여호와가 이같이 말하노라 너희 조상들이 나를 격노하게 하였을 때에 내가 그들에게 재앙을 내리기로 뜻하고 뉘우치지 아니하였으나"(슥 8:14).

스가랴 8장 14절에서 스가랴는 그들의 조상들이 하나님을 격노하게 하는 죄악된 길을 고집할 때에 하나님께서 그들을 징벌하시기로 결심하시고 그 뜻을 실행에 옮기셨다는 사실을 그들에게 일깨워 준다. 심판보다는 축복하시기를 기뻐하시는 하나님이실진대 그들이 순종할 때에 선을 행하시지 아니하겠는가?

하나님은 다시 그들이 성취해야 하는 도덕적 상황을 개괄하신다(슥 7:9-10). 그들은 이웃과 교제할 때에 진실을 말하며 성문에서 율법을 다룰 때에 화평하고 공정한 재판을 해야 한다. 동방의 도시에서는 성문, 혹은 그 근처에서 일상적인 집회나 재판을 행했다(창 19:1; 암 5:10, 12). 무엇보다도 마음에 다른 사람들을 해하려고 도모하지 말아야 한다. 조그마한 증오도 뿌리를 내려서는 안 된다.

거짓 맹세하는 것이 그 시대의 죄악이었으므로(슥 5:3-4) 경건한 자들은 거짓 맹세를 미워해야 한다. 하나님은 불의와 악과 거짓 맹세를 미워하시므로 그들도 그것들을 미워하고 피하여야 한다. 스가랴는 다시 경건과 도덕을 결합한다. 어느 시대 어느 제도를 막론하고 신자들은 다른 사람들에게 순종과 생명과 기쁨의 길을 권하는 선한 일을 계속해야 한다.

금식이 즐거운 축제가 되리라.

스가랴 시대의 백성들이 하나님께서 금식에 대한 자기들의 질문에 대답하지 않으시리라는 결론을 내렸다면, 그것은 잘못된 생각이었다. 스가랴는 그 문제를 직접적으로 충실하게 다루기 때문이다. 예루살렘의 함락을 기념하는 4월의 금식, 성읍과 성전의 파괴를 기념하는 5월의 금식, 그다랴의 암살을 기념하는 7월의 금식, 그리고 예루살렘 포위의 시작을 기억하기 위한 10월의 금식 등 모든 금식들이 기쁨과 즐거움의 절기들로 바뀔 것이다. 그리고 이러한 변화가 실현될 수 있는 조건이 제시되어졌다. 이것은 진리와 화평을 사랑함을 함축한다.

어떤 해석가들은 스가랴가 금식들을 폐지하기 위한 분명한 말을 하지 않았다고 생각하는데, 이것은 이상한 주장이다. 이보다 더 분명하고 확실한 말이 어디 있겠는가? 그 문제에 있어서 유대인들의 관습으로부터 모든 것을 판단할 수는 없다. 왜냐하면 그들의 관습들이 분명하게 선포된 하나님의 말씀을 한결같이 따르지는 않았기 때문이다. 유대인의 전승에 따르면 국가가 평화와 번영을 누릴 때에는 금식이 중단되었으며, 환난을 당할 때에는 다시 금식이 제도화되었다. A.D 70년 이후 유대인들은 4월 17일, 5월 9일, 7월 3일, 7월 10일, 그리고 10월 10일 등을 중요한 금식일로 지키고 있다.

민족들에 대한 축복, 이스라엘

스가랴의 시선은 천년왕국, 즉 하나님께서 이스라엘에 대해 항상 마음 속에 품어 오셨던 뜻이 완성되는 시대에 있을 이스라엘의 기쁨과 축복의 절정에 초점을 맞추고 있다. 이스라엘이 회복된 후에 전 세계가 하나님께 돌아올 것이다(시 67편을 주의 깊게 읽으라).

민족들은 서로 다른 민족들에 대한 선한 열망과 관심을 나타내며 많은 성읍들의 백성들과 주민들이 속히 예루살렘으로 올라가서 하나님의 은혜를 구하자고 서로를 초대할 것이다. 그들은 기꺼이, 그리고 진심으로 자기들의 성읍을 떠나 예루살렘에 이를 것이다. 그 때에는 작은 이스라엘 민족뿐만 아니라 많은 민족들과 강대한 나라들이 온 세상의 하나님 경배하기를 갈망할 것이며 간구할 것이다(사 2:3; 45:14-15; 23-24; 56:6-7; 60:3; 66:23; 미 4:2-3). 스가랴는 이미 2장 11절에서 다른 민족들에 대한 축복을 언급한바 있다.

그 때에 이스라엘은 민족들의 우두머리와 지도자가 될 것이다. 스가랴는 이것을 이방 백성 열 명(이것은 많은 수효를 나타내는 어림수이다)이 유다 사람 하나의 옷자락을 잡고 함께 가려는 그들의 열망으로 표현하고 있다. 그것은 하나님이 이스라엘과 함께하신다는 소식을 그들이 들었기 때문이다. 옷자락을 잡는 것은 도움을 바라거나 간청하는 행위, 혹은 열등감의 표시가 아니라 유대인들이 소유한 축복과 특권을 함께 누리고 싶은 갈망의 표현이다.

유대인의 옷자락(옷의 가장자리)도 특별한 것이지만(민 15:38; 신

22:12), 장차 그들이 하나님 안에서 누릴 축복은 한층 더 특별한 것이 될 것이다. 이것이 고레스를 통한 유대인들의 귀환을 말하는 것이 아니라는 것은 새삼 강조할 필요가 없다. 고레스를 통하여 상징적으로 나타난 메시야의 지상 통치 기간에 유대인들은 지상의 이방 나라들에 대한 선교 사명을 감당할 것이다.

하나님이 너희와 함께 하신다.

역사적으로 이스라엘 백성이 하나님의 뜻에 순응하면서 살았던 시절, 바르게 말하자면 "하나님이 너희와 함께하신다"는 시절이 있었다. 하나님께서 모세의 성막과 솔로몬의 성전에서처럼 분명한 영광과 권능, 그리고 축복 가운데 거하셨던 때에 이방 나라들은 당연히 "하나님이 너희와 함께 하신다"고 말했을 것이다. 이스라엘의 메시야, 그들의 임마누엘(하나님이 우리와 함께계시다)이 지상에 오셔서 사역하시던 옛 백성들에게는 "하나님이 너희와 함께 하신다"라는 말이 적절한 표현이 될 수 있었을 것이다.

그러나 보라! 이스라엘이 왕, 구세주, 주님이신 메시야를 거절한 이후 수백 년의 포로기간이 흘렀는데도 하나님은 자신이 그렇게도 원하셨던 바 풍성한 축복을 이스라엘에게 주지 아니하셨다. 그러나 개개인의 유대인이 주 예수 그리스도를 구세주와 메시야로 믿는 그 순간 그는 "하나님이 너와 함께하신다"라는 말할 수 없는 기쁨을 알게 되고, 진실로 하나님의 성령이 그 안에 거하시게 된다.

하나님을 배반한 세계의 회복은 분명히 이스라엘을 대리인으로 하여 이루어질 것이라는 사실을 우리는 기억해야 한다. 하나님이 이스라엘과 함께하실 때 세계는 하나님께로 돌아올 것이다.

제16장

스가랴(Ⅲ): 전쟁, 그리고 평화의 왕

수리아의 멸망

모세 오경과 이사야서, 그리고 다니엘서에 대한 오랜 연구를 통하여 성경을 분석하는 기술에 익숙해 있는 자유적이고 파괴적인 성경비평주의는 스가랴 9~14장이 스가랴가 직접 쓴 것이 아니라 익명의 기자가 쓴 것이라고 주장한다. 그러나 주의 깊게 연구해 볼 때 그러한 주장들은 때로는 무리한 것이며, 때로는 철없는 것이며 항상 근거가 없다.

가장 오래된 구약성경 번역본(헬라어역)의 증언과 유대교 정경의 편집자들은 스가랴 9~14장이 스가랴에 의해 쓰인 것이라는데 의견을 같이한다. 그러므로 자유주의자들의 주장들은 찬성할 수 없으며 그릇된 것이다. 우리는 스가랴 14장이 모두 하나님의 성령의 감동으로 한 사람의 저자에 의해 쓰였다고 확신할 수 있다. 건전한 성경적 초자연주의는 모든 회의적인 자연주의를 치료하는 가장 좋은 해독제이다.

이미 살펴본 바와 같이 스가랴 1~8장은 주로 스가랴 자신의 시대에 대해서 언급했으며, 그 목적은 성전 재건을 격려하기 위한 것이었다. 그러나 스가랴서의 두 번째 부분을 형성하고 있는 9~14장은 주로 미래에 대해서 다루고 있으며, 아마 1~8장보다는 훨씬 뒤에 쓰인 듯하다. 1~8장은 메데-바사 치하의 이스라엘을 다루고 있으며, 9~10장은 이스라엘이 희랍의 통치를 받을 시기를 다룬다. 11장은 로마 지배 하의 시대를 다루고 있으며, 12~14장은 앞으로 있을 민족사의 마지막 시대를 다룬다.

스가랴 9장 1-8절에는 알렉산더 대왕의 원정이 묘사되어 있다. 그의 성공이 스가랴 9장 1-7절에 자세히 열거되어 있으며, 스가랴 9장 8절에는 예루살렘의 구원이 기록되어 있다. 잇수스 전투 이후 알렉산더는 곧바로 다메섹, 시돈, 두로를 정복하였다. 그리고 가사, 아스글론, 에그론과 아스돗도 정복하였다. B.C 332년에 있었던 그의 승리의 원정은 오론테 강 계곡 남쪽에 있는 수리아 북방에서부터 다메섹, 그리고 베니게와 블레셋 해안을 따라 이어졌다.

"하나님의 말씀의 경고"라는 표제는 별로 쓰이지 않는 표현으로서 스가랴 12장 1절과 말라기 1장 1절에서만 찾아볼 수 있다. 그것은 "말씀" 혹은 "신탁"으로 번역되기도 했으나 "경고"라는 표현이 임박해 오는 심판에 대한 위협적인 예언 사상을 가장 잘 전해준다고 볼 수 있다(사 13:1).

스가랴는 먼저 하드락Hadrach 땅에 대한 징벌을 예고했다. 어떤 사람들은 하드락이 바사 제국을 가리킨다고 생각한다. 다른 이들은 그것이 나라를 의미하는지, 성읍을 의미하는지, 혹은 왕을 의미하는 것인지 불확실하다고 주장한다. 그것은 설형문자의 비문들에서 여러 차례 언급되어지는 성읍인 핫타리카라고 확인되어 왔다. 그곳은 하맛과 알렙보 사이에 있었다. 하맛과 알렙보에 대한 언급으로 미루어 보아 하드락은 다메섹 근방에 있었다고 추론할 수 있다. 앗수르가 그곳을 정복하기 위해서 B.C 772년에서 755년 사이에 세 차례나 원정하였던 것으로 보아 그곳은 매우 중요한 도시이었음에 틀림없다.

경고가 하드락에 임했으나 그 경고의 최종 목적지는 수도 다메섹이었다. 알렉산더 대왕이 이 중요한 도시를 정복한 이후 이 도시의 원주민들은 다시는 스스로 이 성읍을 통치하지 못하였다. 이스라엘과 그 주변 국가들에 대한 알렉산더 대왕의 정복의 영향은 놀랍고 의외의 것이었으니, 그들은 하나님께 시선을 돌렸다. 대제사장 야두아 시절 유대인들은 정복자에게 충성을 맹세하기를 거부했다. 예레미야는 느부갓네살이 유다를 침략한 직후에 다메섹과 하맛에 대하여 예언을 하였다(렘 49:23-27). 그리고 예레미야 25장 20절과 에스겔 25장 15-17절은 블레셋에 임할 심판을 선포하였다.

이제 스가랴는 알렉산더 대왕이 이끄는 희랍인들의 손에 의한 그들의 심판을 예고한다. 다메섹에 인접하고 있었던 하맛도 동일한 운명을 맞을 것이었다. 후일 안티오쿠스 Ⅳ세는 자신의 이름을 따서 이 도시를 에피파니아라고 명명하였다. 이 도시는 오늘날의 함마로서 다메섹 북방 약 120마일, 오론테 강 유역에 있는 도시이며 지금도 중요한 상업의 중심지이다(암 6:14).

베니게의 멸망

수리아를 정복한 알렉산더 대왕은 계속 진격하여 나갔다. 두로는 두 도시 중에서 더 중요한 도시로 언급된다. 왜냐하면 두로는 고대 도시 시돈을 능가하는 도시였기 때문이다. 그들은 넓은 통찰력을 가졌었으나 B.C 332년에 정복되었다.

두로 사람들은 세상적인 지혜로 유명하다(겔 28:3, 4, 5, 12, 17). 성공적인 상인으로서의 지혜는 외교 문제에서도 발휘되었다. 스가랴 9장 3절은 그들이 세상적인 지혜를 어떻게 발휘하였는지를 보여준다. 그들은 능력을 다하여 자기를 위하여 요새를 쌓았으며 은과 금을 축적하였다.

두로는 베니게의 상업과 부의 중심지였다. "요새"라는 뜻의 히브리 원어와 두로라는 낱말 사이에는 언어유희가 있다. 앗수르는 5년 동안 그곳을 포위하였으나 침략하는 데 실패하였다. 그리고 느부갓네살 치하의 바벨론도 13년 동안이나 포위하였으나 역시 실패하였다. 이교도 역사가인 디오도루스 시쿨루스는 "두로는 섬나라라는 지리적 위치와 요새화된 지형, 그리고 비축하여 둔 풍부한 저장물들에 대해 대단한 자부심을 가지고 있었다"라고 기록하였다. 알렉산더 대왕은 두로의 멸망을 위해 사용된 하나님의 도구로서 두로를 약탈하고 그들의 재물을 바다 속에 던져버리며 불로 그 도시를 멸망시켰다. 두로의 백성들은 포로로 잡혀가게 되었다. 알렉산더 대왕은 옛 성읍의 잔해를 가지고 육지에서 섬에 이르는 다리를 건설하고는 7개월간 그 성을 포위하여 정복하였으며, 수천 명을 살해하고 많은 사람들을 노예로 삼고 고통을 주었으며 결국에는 그 성읍을 불살라버렸다. 재화와 튼튼한 요새 등 모든 것들이 바다 속으로 던져졌다. 살아 계신 하나님을 벗어나서는 어떤 강대국도 번영할 수 없다.

블레셋의 정복

블레셋의 다섯 성읍 중에서 가드만이 심판에 대한 언급에서 빠져 있다.

가드가 내륙에 위치하고 있었으므로 원정의 직접적인 영향을 받지 않았다는 주장이 있다. 아스글론과 가사는 자신이 침략자에 대항할 수 없음을 깨닫고 두려워 떨 것이다.

아스글론에는 주민들이 없어질 것이며, 가사는 몇 달 동안 포위되어 결국 함락될 것이다. 블레셋 성읍들 중 가장 북방의 성읍으로 두로와 가장 가까운 곳에 있었던 에그론은 두로가 애굽으로 진군하는 알렉산더에 저항하여 성공하기를 기대했다. 그러나 그 소망은 예기치 않았던 두로의 멸망과 더불어 수치가 되어 버렸다.

알렉산더 대왕 시대의 기록에 의하면 가사의 왕은 그 성읍이 망한 후에 정복자에게 사로잡혀 갔다고 한다. 이 불쌍한 왕은 마차에 묶여 온 성읍으로 끌려 다니다가 죽었다. 그리하여 가사는 독립을 잃었다. 이 성읍들에 대해서는 예레미야 25장 20절; 아모스 1장 6-8절; 스바냐 2장 4-7절을 보라.

이 침략 기간 동안에 아스돗에는 원주민이 사라지고 사생아, 혹은 잡족雜族이 거하게 되었다. 정복된 여러 민족들을 혼합하는 것이 알렉산더 대왕의 정책이었다. 정치적 독립, 그 성읍들의 웅장함, 그리고 신전들의 영광이 사라진 것은 블레셋 사람들의 교만에 치명적인 타격을 주었다. 그들이 가장 신뢰하고 영광을 돌리던 것들이 갑자기 사라진 것이다.

스가랴 9장 7절에서 스가랴는 그리스도의 천년왕국 시대에 블레셋 사람들이 하나님께로 돌아올 것이라고 예언한다. 그들은 우상 숭배의 관습을 버리고 하나님께로 돌아와 남은 자가 될 것이다. 그들에게는 우상의 제물을 그 피와 함께 먹는 의식이 있었다(겔 33:25). 하나님은 이러한 일을 금하셨다(창 9:4; 레 7:26; 17:10, 12; 행 15:29). 여기에서 언급된 가증한 것은 우상들에게 제물로 드렸던 것이다. 그들은 우상 숭배를 하지 않고 깨끗하게 된 후에 유다의 지도자, 혹은 여부스 족속처럼 되어 유대 민족 중 한 백성으로 연합될 것이다. 여부스족은 예루살렘의 원주민으로서 이스라엘에 합병되었다. 그들은 유다 백성들과 함께 수도에 살면서 정복된 민족이 아니라 동등한 대우를 받았다(수 15:63).

수리아, 베니게, 블레셋에 이처럼 소란과 전쟁이 있는 동안에 하나님은 적군으로부터 보호하기 위하여 하나님의 집 둘레에 진을 치시며, 보호하시고 지켜 주시는 눈으로 자기 백성들을 지켜주겠다고 약속하신다. "내 집"에 대한 언급은 성전, 거룩한 땅, 그리고 하나님의 백성 등으로 이해되어 왔다. 궁극적으로는 이 모든 것이 포함되겠지만 마지막 표현인 하나님의 백성으로 이해하는 것이 바람직하다. 실제로 알렉산더 대왕은 사마리아를 정복했고, 또한 원정하는 도중 여러 차례 예루살렘 옆으로 지나갔으나 이스라엘에는 전혀 해를 끼치지 아니하였다.

스가랴 9장 9절에서 스가랴는 예언적 암시의 법칙에 따라 가까운 미래로부터 아주 먼 미래, 이스라엘이 억압자로부터 해방될 마지막 구원의 때로 눈을 돌린다. 예루살렘은 최후의 대적들과 그들의 침략으로부터 보호받을 것이다(슥 12~14장). 이사야 60장 18절과 에스겔 28장 24절을 보라. 사랑하시는 하나님의 은총의 보호 아래서 누리는 안전과 비교할 수 있는 것은 없다.

메시야와 그의 통치

이제 스가랴는 무자비한 정복자 알렉산더의 활동들을 생각하는 데서 시선을 돌려 장차 오실 이스라엘 왕의 인격과 겸손하신 사역을 찬양한다. 메시야에 대한 언급은 마태복음 21장 5절과 모든 초기 유대교의 기자들에 의해 풍부하게 입증되어진다. 유대교도들과 기독교도들 모두 이것이 대단히 중요한 메시야 예언이라고 인식하여 왔다(병행구절: 사 9:1–7).

민족을 대표하고 있는 시온과 예루살렘은 이 영광의 왕의 오심을 기뻐하고 즐거이 부르라는 요구를 받는다. 알렉산더 대왕이 진격해 올 때에 민족들은 두려워 떨었으나, 이스라엘 백성은 왕이신 메시야의 출현을 함께 기뻐한다. 왜냐하면 메시야는 이스라엘에게 오시는 데 그치는 것이 아니라 그들을 위하여, 즉 그들의 유익과 구원을 위하여 오시기 때문이다.

하나님의 영은 그의 직무에 대한 세 가지 자격 요건을 사랑스럽고 만족스럽게 고찰하신다. 그는 의로우시다. 즉 공의롭다. 이것은 메시야의 기본 속성이다(사 45:21; 53:11; 렘 23:5–6; 말 4:2). "구원을 베푸시며" 라고 번역된 말은 문자 그대로는 "구원되어짐" 을 뜻한다. 대부분의 현대 주석가들은 그것이 메시야가 사망에서 부활하는 것, 즉 십자가에 못박혀 죽으셨다가 다시 사신 것을 의미한다고 여기고 있다. 다른 사람들은 그것이 능동적인 의미에서 "구원하시는" 혹은 "구세주" 라는 뜻이라고 주장한다. 아마도 수동적인 의미인 "구원을 위탁받은" 이라고 이해하는 편이 적절한 듯하다.

공의로우신 왕은 그 백성을 위하여 공의로운 구원을 베푸실 것이다. 그의 완전하신 사역은 완전한 인격과 목적의 결과이다. 희랍의 알렉산더 대왕은 파괴와 파멸을 위해 왔었지만, 의로우신 메시야는 구원과 속죄를 위해 오신다. 지상의 왕은 장엄하고 교만하게 오지만 하늘에서 오시는 주님은 비천한 나귀를 타고 오셨다. 나귀를 타신다는 것은 겉으로 나타난 조건이 아니라 내면의 뜻이 겸손하심을 나타내 준다. 그는 평화롭게 오셨다.

왜냐하면 나귀는 평화로운 동물이기 때문이다(창 49:11). 세상적인 화려함과 허식은 메시야와는 거리가 먼 것이었다.

> "시온의 딸아 크게 기뻐할지어다 예루살렘의 딸아 즐거이 부를지어다 보라 네 왕이 네게 임하시나니 그는 공의로우시며 구원을 베푸시며 겸손하여서 나귀를 타시나니 나귀의 작은 것 곧 나귀 새끼니라 내가 에브라임의 병거와 예루살렘의 말을 끊겠고 전쟁하는 활도 끊으리니 그가 이방 사람에게 화평을 전할 것이요 그의 통치는 바다에서 바다까지 이르고 유브라데 강에서 땅 끝까지 이르리라"(슥 9:9-10).

스가랴 9장 9절은 메시야의 초림을 기록하고 있으며, 10절은 그의 재림의 목적과 완성들을 나타낸다. 이 두 절 사이에 우리가 살고 있는 수 세기에 걸친 교회 시대가 있다. 스가랴는 이 교회 시대에 대해서는 예언하지 않았다.

겸손하신 왕께서 다시 오실 때 그는 전쟁과 싸움을 물리치심으로 통치를 시작하실 것이다. 병거, 말, 그리고 활 등은 전쟁을 위한 모든 도구들과 무기들을 상징한다. 메시야는 이것들을 그의 백성과 민족들에게서 제거하신다. 이러한 세상적인 도구들은 전혀 믿을 수 없는 것들이다. 평화의 길은 이것들과는 거리가 멀다.

이러한 무기들을 제거한 후에 메시야는 권위 있게 이방 사람에게 평화를 선포하신다. 그가 그것을 명하시므로 그것은 이루어진다. 그의 권위의 말씀은 인간의 생각으로는 불가능한 것을 완성한다. 그의 평화의 왕국은 전 세계로 확장될 것이다.

"바다에서 바다까지"와 "강에서 땅 끝까지"라는 말이 거룩한 땅만 의미한다고 볼 수는 없다. 시편 72편 8절과 그 밖의 병행구절, 그리고 이 문장 속에 정관사가 없는 것, 그리고 예언서의 일반적인 의미 등으로부터 메시야의 통치는 거룩한 땅을 중심으로 하여 땅 끝까지 확장될 것이라는 결론에 이르게 된다. 메시야의 통치는 우주적인 통치가 될 것이다.

마카비의 승리

영광스럽고 평화로운 메시야의 통치를 바라보던 스가랴는 다시 싸움과 전쟁의 장면으로 옮겨간다. 그것은 스가랴 9장 첫 부분에 제시된 것과 같은 것이다. 그는 시온에게 말하기를 언약의 피로 말미암아 하나님께서 갇힌 자들을 물 없는 구덩이에서 놓아 주시리라고 약속하신다.

언약의 피란 무엇인가? 언약은 모세의 언약이라고 주장되고 있다. 그리고 그것은 하나님께서 자기 백성들과의 언약의 관계 속으로 들어오신 때를 나타낸다. 그것은 합법적인 언약이었으며, 이스라엘이 그 언약을 위반한 것은 축복을 상실하는 원인이 되었다. 그러나 여기서는 아브라함과의 언약을 언급한다고 보는 것이 바람직하다(창 15:9-12, 18-20; 모세 율법에 따른 피에 대해서 출 24:8; 히 9:18-20을 보라). 갇힌 자들은 여전히 바벨론에 머물러 있는 사람들, 고레스의 허락에도 불구하고 귀환하지 않은 이스라엘 사람들에 대한 언급이다. 물 없는 구덩이는 감옥으로 사용되었다(창 37:24; 렘 38:6). 이 구절에서 경건하지 못한 자들이 죽은 후에 갇힌 구덩이에서 놓여나 두 번째 기회를 얻는다는 이론을 옹호할 근거는 없다.

스가랴는 하나님께서 그러한 약속들과 소망을 주셨던 백성들, 즉 바벨론에서 포로 생활을 하고 있는 백성들에게 요새, 혹은 시온으로 돌아올 것을 권면한다. 하나님께서 과거 그들에게 주신 환난 대신에 한없는 축복을 내리실 것이기 때문이다. 오늘날처럼 가망이 없는 상황이라 할지라도 하나님은 그들을 위해 기꺼이 이 일을 행하신다.

스가랴 9장 13-17절은 B.C 2세기에 안티오쿠스 에피파네스와 싸워 승리한 마카비 시대의 투쟁과 승리를 언급하고 있다(단 11:32). 하나님의 은혜로우신 보호가 그들에게 약속된다. 하나님은 유다를 하나님의 활, 에브라임은 하나님의 화살로 삼아 이것으로 대적을 무찌르실 것이다. 또 하나님의 백성들은 용사의 칼에 비유되었다. 그들을 당해낼 자가 아무도 없을 것이다. 이것은 마카비 전쟁에서 성취되었다. 하나님께서 그들을 위하여 전능으로 나타나셔서 그의 번개와 천둥과 남방의 회오리바람으로 그들을 도우신 것이다(사 21:1).

그들은 결정적인 승리를 거둘 것이다. 그들은 대적들을 마치 약하고 하찮은 물맷돌처럼 짓밟을 것이다. 또 그들은 제단 모퉁이와 성전의 제물 동이와 같이 대적들의 피에 취해 있는 모습으로 묘사되어 있다(출 29:12; 레 4:18).

이스라엘에 대한 궁극적인 은총은 전쟁에서의 승리에 이은 영적 구원일 것이다. 이스라엘은 하나님의 양 떼가 될 것이며, 그의 땅 위에서 빛나는 왕관처럼(물맷돌과는 다르다) 될 것이다. 스가랴는 메시야의 약속들이 성취되는 평화와 번영의 시기에 하나님께서 보이시고 나타내실 형통함과 아름다움, 그리고 강건함을 선포한다.

메시야 통치의 축복

기도하라는 권면

스가랴 10장은 내용상 9장과 밀접하게 연결되어 있다. 스가랴 9장 17절에 기록된 바 백성들로 하여금 하나님 앞에서 융성하고 기뻐하게 만들 축복들은 그들이 하나님을 의뢰할 때에 주어지는 결과이다. 곡식과 새 포도주의 증산을 이루기 위해서 비를 내려 주시기를 기도해야 한다. 이 명령은 앞에 언급된 바 축복을 주시리라는 사실을 강조하기 위한 수사학적인 표현이 아니다. 그것은 하나님을 믿고 간구할 때에 그에 대한 응답으로서 비를 주시리라는 확신을 주려는 의도이다(렘 10:13; 14:22). 그들은 마술이나 그 밖의 금지된 수단이 아니라 하나님께 간구함으로써 비를 얻어야 한다.

소낙비가 내리는 시기는 봄이며(3월 혹은 4월경), 이 비는 곡식을 익게 한다(욜 2:23). 이스라엘에 대한 하나님의 축복은 비로 비유된다(호 6:1-3). 여기에는 모든 물질적 축복들과 영적 축복의 상징들이 내포되어 있다. 비에 선행하는 번개는 비가 오리라는 확신을 줄 것이며, 하나님은 이스라엘의 모든 심령의 궁핍함을 해소시키기 위하여 소낙비를 주실 것이다. 하나님은 풍성하게 베풀어 주시는 분이시지만, 먼저 우리가 믿고 간구해야 한다.

우상 숭배에 대한 경고

과거에 이스라엘은 물질적 번영을 이룩하기 위하여 하나님께서 허락하시지 않는 방법을 의지하였기 때문에 슬픈 경험을 맛보았다. 이스라엘은 드라빔, 복술자, 거짓 꿈꾸는 자들에게 의지하는 죄를 지었다. 이러한 것들은 축복을 가져다주기는커녕 오히려 이스라엘의 물질적 혹은 정신적인 파멸을 초래하였다.

드라빔은 인간의 형상으로 된 것으로서 점치는 데 사용된 가정의 수호신이다. 그것은 로마의 가정 수호신들과 비슷한 것이다(창 31:19, 30). 그것들은 신당이나(삿 17:5) 침상에 보관되었다(삼상 19:13, 16). 포로기 이후 유대인들은 과거에 행하던 우상 숭배의 죄를 범하지 않았다.

이방 여인들과의 결혼은 항존하는 위험의 근원이라고 생각된다. 그런 까닭에 여기에서도 경고가 주어졌다. 느헤미야 6장 10-14절(거짓 선지자들)과 말라기 3장 5절(복술자), 그리고 사도행전 5장 36-37절, 13장 6절(거짓 선지자들)을 살펴보라.

위에 인용한 구절들은 스가랴 10장 2절과 유사하지 않다.

> "드라빔들은 허탄한 것을 말하며 복술자는 진실하지 않은 것을 보고 거짓 꿈을 말한즉 그 위로가 헛되므로 백성들이 양같이 유리하며 목자가 없으므로 곤고를 당하나니"(슥 10:2).

스가랴는 그들의 포로 생활을 초래한 죄악들을 말하고 있다. 이러한 불법적인 모든 수단들은 그들을 타락하게 하였으며, 분명한 거짓으로 그들을 기만하였다. 그들의 확신과 평안은 헛된 것이었다. 그러한 방종 때문에 유다 왕국과 이스라엘 왕국은 모두 양같이 유리流離하였으며, 그들의 국왕들을 잃고 포로가 되어 방황하였다. 이러한 행위들이 파멸을 초래할 것이므로 완전히 버리라는 경고가 다시 주어진다. 이런 것들은 그들이 추구하는 세상적인 축복과 영적인 축복을 줄 수 없다. 그러나 하나님은 그러한 축복을 주실 수 있었다. 흩어져 포로 생활을 하던 시절, 인도할 목자도 없고 선지자들을 통하여 주시는 하나님의 음성도 듣지 못하였던 그들의 운명은 얼마나 비참했던가! 하나님 백성들의 통치자와 목자들은 우상 숭배하는 백성들을 돕고 지도자 노릇을 했기 때문에 양들을 잘못 인도한 일에 대한 하나님의 진노와 화를 받아야 했다.

양 떼의 우두머리인 숫염소들은 이스라엘이 하나님 곁을 떠나게 한 것에 대해 책임을 져야 하는 세속 지도자들이다. 이스라엘의 왕들이 이미 사라졌기 때문에, 지도자들이란 가련한 양 떼들을 억압하고 핍박하였던 민족들의 왕들을 가리킨다. 하나님은 이 폭군들에게는 지엄한 심판을 내리시고, 자기 양 떼들은 은혜 중에 보살피실 것이다.

> "내가 목자들에게 노를 발하며 내가 숫염소들을 벌하리라 만군의 여호와가 그 무리 곧 유다 족속을 돌보아 그들을 전쟁의 준마와 같게 하리니"(슥 10:3).

스가랴 10장 3절에는 양의 모습 대신에 전쟁에 능한 준마駿馬가 등장한다. 이 말은 하나님의 특별한 성원과 돌보심을 나타낸다. 그러므로 이스라엘은 하나님께서 섭리적으로 돌보시는 특별한 대상이 될 것이다. 그들이 하나님께 순종할 때에 하나님은 모든 축복을 아낌없이 주실 것이다. 어떤 사람들이 주장하는 바와 같이 이 예언이 마카비 용사의 승리로서 이루어졌다고 볼 수는 없다. 이것은 장차 이스라엘의 메시야께서 통치하실 때에 이루어질 것이다. 이것이 스가랴가 다루고자 하는 주제이다.

메시야에 대한 약속

> "모퉁잇돌이 그에게서, 말뚝이 그에게서, 싸우는 활이 그에게서, 권세 잡은 자가 다 일제히 그에게서 나와서"(슥 10:4).

스가랴 10장 4절은 이 부분에 어울리지 않는다는 주장이 있다. 그러나 앞서 스가랴가 이스라엘에 왕이 없다고 표명한 것으로 보아, 이 구절은 전체의 맥락에 어울린다. 유대인들의 아람어 탈굼은 이것이 왕이신 메시야를 언급하는 것이라고 하였다. 스가랴 10장 4절에는 "그에게로서"라는 표현이 네 번 등장하여 이것을 강력하게 강조하고 있다. 모든 축복은 궁극적으로 하나님으로부터 오는 것이지만, 여기에서 언급된 "그"는 하나님이 아니라 스가랴 10장 3절에서 제시되었던 유다 족속을 가리킨다. 메시야는 언급된 이방 통치자들에게서 나오시는 것이 아니라 유다 족속에서 나오실 것이다.

모퉁잇돌, 싸우는 활, 말뚝 등은 안정성, 신뢰성, 그리고 권세 등 메시야의 속성을 나타내 주는 상징들이다. 모퉁잇돌은 지도자, 통치자를 상징하는 말로서 그를 기초로 하여 하나의 정부가 수립된다(삿 20:2; 삼상 14:38; 사 19:13). 이것은 메시야를 나타내는 유명한 상징이다(사 28:16; 고전 3:11; 벧전 2:6). 말뚝은 동방에서 천막에 쓰이는 커다란 못을 말한다. 하나님 백성들의 소망과 신뢰는 메시야에게 의존한다. 그는 그 민족의 훌륭한 지지자요 의뢰할 수 있는 분, 참 엘리야김이다(사 22:23-24). 싸우는 활은 전쟁과 권력의 모든 도구들을 상징하는 말이다. 메시야는 이스라엘의 위대한 군사 지도자이다. 그는 용사이시다(출 15:3). 이것은 그가 통치하러 오실 때 분명하고 명백하게 드러날 것이다(시 45:4-5).

많은 해석가들은 "권세 잡은 자"가 메시야를 지칭하는 네 번째 명칭이라고 여겼다. 이 견해는 에디오피아 말 중에서 비슷한 뜻을 지닌 "네구스"(Negus; 왕자, 혹은 황제에 대한 존칭)에 따른 것이다. 그러나 이것은 히브리어에는 맞지 않는 것이다. 따라서 우리는 그것을 구약성경에서 발견되는 많은 다른 경우에서와 같이 "압제자" oppressor 혹은 "강요자" exactor라고 번역해야 한다. 그러므로 그것은 또 하나의 메시야의 칭호가 아니라 오히려 앞에 언급된 세 가지 칭호에 나타난 "그분"의 임무와 사역의 결과를 나타낸다. 그가 모퉁잇돌이요 말뚝이요 싸우는 화살이므로 모든 억압자, 강요자가 하나님의 백성들 가운데서 나올 것이다. "다 일제히" together라고 덧붙인 것이 이것을 더욱 강조한다. 그러므로 이것은 메시야의 사역으로 이스라엘에서 모든 강요자들이 제거될 것이라고 이해해야 한다. 이 사상은 스가랴 9장 8절에 예고된 것과 관계가 있다.

하나님 안에서의 승리

"싸울 때에 용사같이 거리의 진흙 중에 원수를 밟을 것이라 여호와가 그들과 함께 한즉 그들이 싸워 말 탄 자들을 부끄럽게 하리라"(슥 10:5).

스가랴는 다시 메시야 시대에 초점을 맞추고 대적을 정복한 이스라엘의 영광스런 승리를 묘사한다. 스가랴 10장 5절이 9장 11–17절에 기록된 예언의 주제라는 사실로부터 추론하여 이 승리가 마카비 시대의 승리를 나타낸다고 주장하는 것은 옳지 못하다. 왜냐하면 이 모든 사건들 안에 메시야가 분명하게 나타나기 때문이다.

앞에서 양 떼, 전쟁 준비를 갖춘 준마로 제시되었던 사람들이 이제 무적의 용사로 묘사된다. 그들은 하나님의 권능을 받아 싸움에서 원수들을 진흙 중에 짓밟을 것이다. 하나님께서 그들과 함께하신다는 것이 확실히 드러날 것이다. 동방의 군대에서는 기병을 중요하게 여겼다(겔 38:4; 단 11:40). 그러나 이러한 기병들은 하나님 백성들의 맹공격을 당해내지 못할 것이다.

유다 족속과 요셉 족속은 재결합된 민족을 말한다. 그러므로 스가랴가 말하려는 것은 분명 바벨론 포로 생활을 끝내고 귀환하는 것이다.

> "내가 유다 족속을 견고하게 하며 요셉 족속을 구원할지라 내가 그들을 긍휼히 여김으로 그들이 돌아오게 하리니 그들은 내가 내버린 일이 없었음같이 되리라 나는 그들의 하나님 여호와라 내가 그들에게 들으리라"(슥 10:6).

"요셉"이란 이름은 여러 가지 의미로 쓰인다. 창세기 49장 22-26절에서는 요셉 개인에 대한 칭호로 쓰인다. 사사기 1장 22-23절에서는 이것이 종족적인 의미를 갖는다. 그러나 때로는 에브라임처럼 북왕국의 열 지파들을 가리키는 수도 있다. 주어진 약속은 정말로 흐뭇한 것이다. 그들은 긍휼히 여김을 받아 그 땅에 귀환하게 될 뿐만 아니라 마치 하나님의 내버리심이 없었던 것같이 될 것이기 때문이다. 하나님은 해충이 잠식했던 기간에 대한 기억을 없애는 방법을 아신다. 그들이 순종하며 하나님께 돌아올 때에 하나님은 그 믿음의 외침에 귀를 기울이시고 들어 주실 것이다.

"에브라임이 용사 같아서 포도주를 마심같이 마음이 즐거울 것이요 그 들의 자손은 보고 기뻐하며 여호와로 말미암아 마음에 즐거워하리라" (슥 10:7).

스가랴 10장 7절에서는 에브라임에게 축복이 선포된다. 그의 포로 기간은 유다의 포로 기간보다 더 길었다. 에브라임도 유다처럼 하나님이 허락하신 승리를 경험하게 될 것이며 포도주를 마심같이 마음이 즐거울 것이다. 그 자손들은 또한 그와 더불어 하나님이 주신 승리와 기쁨을 경험하고 증언할 것이다. 하나님의 기쁨이 모든 백성들에게 임할 것이다.

다시 모인 민족

이미 앞에서 살펴본 바와 같이 하나님의 권능이 그들에게 나타나는 것은 그들이 땅에 돌아와 재집결한다는 전제 하에서 이루어진다. 이제 스가랴는 이 사실을 구체적으로 설명한다. 하나님은 자기 백성을 향하여 휘파람을 불어 그들을 불러 모으고 구속하실 것이다. 이렇게 다시 불러 모아지는 대상이 열 지파라고 제한할 수는 없다. 왜냐하면 그들 중 대부분은 여전히 포로 상태에 있었기 때문이다. 따라서 이것은 이스라엘이 전 세계에 흩어진 후 아주 먼 훗날을 바라보는 것이다. 벌을 치는 사람이 휘파람으로 벌들을 불러 모으는 것처럼, 하나님께서 자기의 옛 백성들을 불러 모으시는 것으로 상징되었다(사 5:26; 7:18).

그들은 수적으로도 번성할 것이다. 그들이 애굽의 종노릇을 할 때 번성하였던 것처럼 미래의 그 날에도 번성할 것이다(출 1:7; 렘 30:19-20; 겔 36:11).

여기에서 귀환, 구속, 번성들이 약속된다. 스가랴가 앗수르와 바벨론 포로 생활로부터의 귀환 이상의 것을 예고하고 있다는 것은 스가랴 10장 9절의 선포에 의해서 분명해진다. 스가랴는 하나님께서 자기 백성을 여러 백성들 가운데 흩으실 것이며 그들이 먼 곳에서 하나님을 기억할 것이라고 예언한다.

> "내가 그들을 여러 백성들 가운데 흩으려니와 그들이 먼 곳에서 나를 기억하고 그들이 살아서 그들의 자녀들과 함께 돌아올지라"(슥 10:9).

"흩는다"라는 말은 결코 나쁘거나 심판적인 의미에서는 사용되지 않았다. 그것은 확산과 증대의 사상을 지니고 있다. 여기서는 하나님께서 세상 민족들 사이에 그들을 흩으신 데에는 특별한 의도가 있다는 것이 나타난다. 그들은 멀리 떨어진 곳에서 전 날에 하나님께서 그들에게 주셨던 축복과 은혜를 기억할 것이며 전심전력으로 하나님께 돌아올 것이다(신 30:1-3; 렘 31:27; 호 2:23; 미 5:7).

그들은 그 땅에 돌아와서 정치적으로, 영적으로 생활할 것이다. 그들의 자녀들도 함께 돌아와 하나님께서 자기 백성들을 위하여 예비하신 좋은 것들을 누릴 것이다. 조상들과 자녀들이 모두 그 땅으로의 귀환을 증언할 것이다. 스가랴 10장 10절에서는 그들이 애굽과 앗수르로부터 돌아오리라고 기록되었다.

> "내가 그들을 애굽 땅에서 돌아오게 하며 그들을 앗수르에서부터 모으며 길르앗 땅과 레바논으로 그들을 이끌어 가리니 그들이 거할 곳이

부족하리라"(슥 10:10).

어떤 사람들은 이러한 지리적인 언급에 집착하는데, 그들은 열 지파의 애굽 포로생활에 대한 기록이 없다는 것은 인정해야 한다. 그러므로 그들은 북왕국의 쇠퇴기에 디글랏빌레셀이 침략하였을 때 많은 사람들이 그곳으로 도망하였을 것이라고 생각한다. 또 그들은 프톨레미가 수리아를 정복했을 때 많은 포로들을 데리고 갔는데, 그들 중에는 북왕국으로부터 끌려간 사람이 있었을 것이라고 주장한다. 북왕국이 망할 때 많은 열 지파 백성들이 도망갔음이 틀림없다고 주장하는 사람들도 있다. 물론 그들 중 앗수르에 남아 있던 자들도 돌아올 것이다.

과거 이스라엘 백성들의 숙적이었던 이 두 땅은 하나는 남쪽에, 또 하나는 북쪽에 위치하여 있어서 이제 상징적으로 이스라엘 백성들이 사방에 흩어져 있음을 나타낸다. 하나님은 그들을 끌어내어 요단 강 양편에 있는 길르앗과 레바논에 정착시키실 것이다(렘 50:19; 미 7:14-15). 여기에는 모든 땅이 포함된다. 그들의 숫자가 대단히 많으므로(슥 10:8) 거주할 땅이 부족할 것이다(사 49:20; 54:3).

이스라엘의 전형적인 억압자였던 애굽이 지적되었으므로, 스가랴는 더 나아가 구원의 전형인 출애굽에 대해서 언급한다(사 11:11-16). 하나님께서 이스라엘의 앞서 가시고 그들이 발을 적시지 않고 건널 수 있도록 홍해의 물을 가르셨던 것처럼, 그들의 회복의 길을 방해하거나 약속의 땅으로의 귀환을 방해하는 모든 것을 제거해 주실 것이다. 앗수르의 교만이 낮아질 것이며 애굽땅의 통치가 사라질 것이다.

새 생명을 얻은 민족

선지자들은 모든 이스라엘 백성들이 본토 땅으로 귀환하여 하나님께 돌아올 것이라고 선포한다. 스가랴 10장은 그들의 구원과 행위를 묘사하는 것으로 끝을 맺는다. 그들은 하나님을 의지하여 영적으로 견고하게 될 것이며 하나님의 이름을 받들어 행하게 될 것이다. 그들의 모든 생활과 행동은 하나님의 영광과 명예를 위한 배려로 충만할 것이다. 그들은 하나님의 은혜로우시고 보호하시는 손 아래서 영구히 살 것이다(미 4:3).

이스라엘의 왕이 통치하실 때 이루어질 스가랴 10장의 축복의 약속들은 이스라엘의 구원의 기록과 하나님의 뜻과 성품에 일치하는 이스라엘의 행실과 밀접하게 연결되어 있다. 이것은 이스라엘에 있어서 예언의 절정이며 정점이다. 주 하나님을 섬기는 백성들에게 행복이 있을지어다.

그들이 살아서 돌아오리라.

이스라엘, 그리고 하나님께서 이스라엘을 위해 예고하셨던 것들을 고려해 볼 때에 우리는 진정 중요한 시대에 살고 있다. 이스라엘 민족은 또다시 정치적으로, 그리고 국가적으로 살게 될 것이다. 그들은 온갖 교통 수단에 의해, 그리고 놀라울 만큼 많은 사람들이 귀환하고 있다. 그러나 아직도 돌아올 사람들이 있다. 이것은 구약성경의 선지자들의 예언들이 완전한 의미에서 성취된 것이 아니다. 선지자들은 그 민족의 영적인 생활과 하나님께로의 귀의를 예언하였다. 하나님은 이 일이 완성될 때까지 결코 쉬지 아니하신다(사 62:1). 이스라엘의 정치적 신망과 인식은 하나님께서 이스라엘에게 주신 축복을 뜻하는 것이 아니다. 이스라엘이 하나님의 완전한 뜻을 알려면 믿음으로 주 예수 그리스도 안에 거해야 한다.

선한 목자

그 땅에 임한 심판

스가랴 11장의 예언은 스룹바벨의 성전이 완성된 지 꽤 오랜 뒤에 선포된 듯하다. 여기서 언급되는 사건들은 스가랴의 관점으로 보아 더 먼 미래와 관련되어 있다. 스가랴 11장은 분명히 이스라엘 역사 중 가장 어두운 시대를 묘사한다. 스가랴가 11장 1-3절에 지극히 시적인 표현으로 묘사한 황무에 관해서는 여러 가지 견해가 있다.

> "레바논아 네 문을 열고
> 불이 네 백향목을 사르게 하라.
> 너 잣나무여, 곡할지어다.
> 백향목이 넘어졌고
> 아름다운 나무들이 쓰러졌음이로다.
> 바산의 상수리나무들아, 곡할지어다.
> 무성한 숲이 엎드러졌도다.
> 목자들의 곡하는 소리가 남이여,
> 그들의 영화로운 것이 쓰러졌음이로다.
> 어린 사자의 부르짖는 소리가 남이여,
> 이는 요단의 자랑이 쓰러졌음이로다"(슥 11:1-3).

그 중 하나의 견해는 이 구절이 B.C 586년에 있었던 갈대아인들에 의한 땅의 심판을 나타낸다는 것이다. 만일 그렇다면 스가랴는 미래에 있을 예언적 사건이 아니라 하나의 역사적인 사실을 제시하는 셈이다. 또 하나의 주장은 이 본문이 예언서들, 특별히 스가랴 4장에 기록된 바 장래에 각기 다른 민족들의 동맹에 의해 행해질 팔레스타인 침략을 말한다는 것이다. 이 절들만 따로 생각해 보면 그것들은 일반적으로 장차 있을 예루살렘에 대한 보편적인 음모라는 것을 인정한다. 몇몇 사람들은 여기서 말하여진 침략이 무엇인지 확실하지 않다고 말한다. 그러나 스가랴 14장 나머지 부분은 이스라엘이 목자를 거부한 데 대한 결과로서의 심판, 즉 A.D 70년에 그 땅과 백성들에게 닥쳤던 파괴를 나타낸다.

이것이 이스라엘이 메시야를 거부한 뒤의 사건들을 나타낸다고 해석하는 사람들 중에도 문자 그대로 파괴의 묘사라고 보는 사람들이 있는 반면에, 상징적인 용어로 묘사된 심판이라고 이해하는 사람들이 있다. 문자 그대로의 파괴를 묘사한 것이라는 견해가 타당한 듯하다. 이것이 상징이라고 생각하는 견해에 따르자면, 레바논은 성전을 의미한다고 한다. 왜냐하면 레바논의 백향목들이 성전을 짓기 위한 목재로 공급되었기 때문이다 (왕상 5:6). 이것은 고대 랍비들의 주장이다.

상징으로 이해하는 사람들 중에는 백향목, 잣나무, 상수리나무들이 힘과 위엄의 상징들이거나 민족 중 중요한 사람들, 혹은 이스라엘을 괴롭혔던 교만한 민족일 수도 있다고 주장하는 사람들도 있다.

문자적으로 그 말씀을 취하면 A.D 70년에 있었던 북방에서부터 남방에까지 모든 땅에 임한 하나님의 심판의 방법에 대한 생생한 묘사에 접하게 된다. 스가랴 11장 서두의 명령은 앞으로 말씀되어질 것을 더욱 생생하게 한다. 레바논의 거대한 숲이 하나님의 불에 의해 타버릴 것이다.

레바논에서 일어난 일은 다른 지역에서도 일어날 것이다. 스가랴의 환상에서 레바논, 바산, 요단은 온 땅을 포함한다. 가장 높은 것이 용서받지 못하였다면 자연히 가장 낮은 것도 심판을 피할 수 없으므로 많은 곡哭함이 있을 것이다. 목장이 파괴되어 양 떼들이 고통을 받기 때문에 목자들도 곡할 것이다. 요단의 자랑이란 사자들의 잠자리인 강둑에 있는 수풀을 의미한다. 이 세상에서 가장 비참한 것은 죄이다.

잡혀 죽을 양 떼

히브리 문체의 표현 방법은 결과가 먼저 제시된 후에 원인이 제시된다. 그러므로 여기에서도 이스라엘이 메시야를 거절했다는 심판의 원인이 자세히 묘사되어 있다. 여기에서는 환상에서 명령받은 것을 수행하는 스가랴에게 명령한다. 그는 생전에 이러한 사건들을 경험하신 메시야를 대신하여 상징적으로 직무를 수행하였다.

그것은 실제로 성부 하나님께서 그 아들에게 주신 사명이다. 메시야는 잡혀 죽을 양 떼를 먹이라는 임무를 받았다. 그는 언젠가는 잡힐 운명에 처해 있는 양 떼들의 목자로서 행해야 한다(시 44:22). 그들은 죄로 말미암아 로마에게 잡혀 먹힐 운명에 처해 있었다. 역사가 요세푸스는 약 150만 명의 유대인이 로마와의 전쟁에서 목숨을 잃었다고 기록하였다.

그리스도께서 오셨을 때에 이 민족은 아주 비참한 상태에 있었으나, 그들의 운명은 더욱더 비참해지게 되어 있었다. 그들은 시장에서 아무 감정이 없이 사고 팔리는 양과 같았다. 이것은 그 당시 팔레스타인에서 세금을 거둬들이는 절차에 대한 언급이 아니라 그들이 이방의 지배, 특히 로마의 지배 하에서 겪은 모든 압제의 수단들을 언급하는 것이다. 이방 억압자들은 그 문제에 있어서 조그만 양심도 없었으므로 징벌을 받지 않고 계속해

나갈 수 있다고 생각하였다. 그들은 양 떼를 혹사함으로써 얻을 이익을 생각하여 거짓으로 하나님을 믿는 척했다.

이것으로도 충분히 나쁜 일이건만, 목자들은 그들을 불쌍히 여기지 아니하였다. 방종한 지도자와 바리새인들은 그들을 아끼지 않았다. 그들의 억울함을 신원해 주거나 슬픈 처지를 완화시켜 줄 사람이 없었다. 그러나 슬픔의 절정은 하나님께서 더 이상 땅의 주민들을 불쌍히 여기지 않겠다고 말씀하신 것이다. 여기에 나타난 의미는 하나님의 백성들을 괴롭혔던 민족들을 장차 전쟁과 내란에 의해 징벌하시겠다는 뜻이 아니다. 이것은 약속의 땅 주민들에 대한 언급이다. 그들을 불쌍히 여기시지 아니하시는 하나님은 그들 가운데 내란이 일게 하신다.

메시야께서 지상에서 사역하셨던 때와 그 직후에 이스라엘에 많은 파당이 있었다는 것은 유명한 일이다. 그리고 그들은 임금의 손에 넘겨질 것인데, 이 경우 임금이란 그들 스스로 왕으로 인정하고 있던 로마 황제를 가리킨다(요 19:15).

하나님의 백성들을 괴롭히던 민족들이 그 땅을 친다는 것은 그들이 많은 억압의 수단과 고통에 복종해야 한다는 것을 요약하여 표현한 것이다. 죄의 노예가 된 사람은 정말로 모진 주인을 섬긴다. 하나님께서 자기 백성들을 잡혀 죽을 양 떼라고 부르신 것은 매우 적절한 표현이다.

목자의 사역

전지全知하신 이스라엘의 메시야는 이스라엘 민족 가운데서 자신이 사역한 결과가 어떤 것일지 아셨지만 충성스럽게 목자의 사역을 맡으셨다. 스가랴 11장 7절에는 그가 양을 먹인다는 언급이 두 번 나타난다.

> "내가 잡혀 죽을 양 떼를 먹이니 참으로 가련한 양들이라 내가 막대기 둘을 취하여 하나는 은총이라 하며 하나는 연합이라 하고 양 떼를 먹일새"(슥 11:7).

스가랴는 환상 중에, 때가 차서 메시야가 지상사역을 하실 때에 겪으실 일들을 자신이 수행하는 것을 보았다(마 9:36; 요 10장). 그는 가난하고 비천한 양 떼를 진실하게 먹이셨다(습 3:12). 그는 그들 중에 있는 남은 자들을 위하여 그들 모두를 먹이셨다.

이 구절에서 남은 자들은 많은 백성들과 구별된다. 동방에서는 목자들이 맹수들로부터 양 떼를 보호하기 위해 막대기 하나를 들고, 어렵고 위험한 곳에 빠진 양을 구출하기 위해 또 하나의 막대기를 가지고 다닌다. 스가랴 11장 7절에서 막대기에게 주어진 이름들은 메시야의 목양 사역에 있어서 이스라엘을 위한 하나님의 목적을 나타내고 있다. 첫째 막대기는 미덕, 호의, 혹은 은총이라 불리고, 두 번째 것은 띠, 유대, 혹은 연합 등으로 불린다.

은총의 막대기는 민족들이 이스라엘을 파멸시키지 못하도록 지키시는 하나님을 나타내며, 연합의 막대기는 이스라엘 백성들 간의 형제로서의 유대관계에 관한 언급이다. 다시 말하자면, 하나님은 이스라엘을 위한 자신의 통치의 섭리들을 메시야의 사역을 통하여 지상의 민족들 중에 사용하시어 그들로 하여금 자기 백성들을 해치지 못하게 하셨다. 이 같은 자애로우신 보호하심으로 말미암아 그 백성들 간의 형제애가 더 견고하게 될 것이었다.

목자의 사역의 결과가 곧 밝혀진다. 비교적 짧은 기간인 한 달 동안에 목자는 그 민족들을 다스리던 세 목자를 제거해야 할 필요를 느꼈다. 그는 이 세 목자를 싫어하였고, 그들은 이 목자를 미워하였다.

"한 달 동안에 내가 그 세 목자를 제거하였으니 이는 내 마음에 그들을 싫어하였고 그들의 마음에도 나를 미워하였음이라"(슥 11:8).

스가랴 11장 8절에 대해서는 약 40여 가지의 해석들이 있다. 그 세 목자가 메시야 밑에 있는 하위 목자들이라는 해석이 정착되어가는 듯하다. 그들은 메시야의 생활과 사역 안에서 백성들을 돕고 감독했음이 틀림없다고 한다. 이런 이유로 구약성경의 특징들을 담고 있는 주장은 즉시 제외된다. 가장 훌륭한 해석은 이 세 목자를 이스라엘의 세 지도자 계급으로 보는 것이다. 즉 선지자, 제사장, 그리고 왕들을(렘 2:8) 나타낸다고 보는 것이다.

"내가 이르되 내가 너희를 먹이지 아니하리라 죽는 자는 죽는 대로, 망하는 자는 망하는 대로, 나머지는 서로 살을 먹는 대로 두리라 하고"(슥 11:9).

그들은 메시야의 은혜와 은총을 거부하였기 때문에 서로 미워하였다. 스가랴 11장 9절에서, 그는 드디어 참을 수 없어서 말씀하신다. 모든 은혜의 수단으로도 그들을 인도해내지 못하게 될 때, 메시야는 그 민족이 죄악된 길로 가도록 내버려 두신다. 양들은 전염병과 기근으로 죽고, 전쟁과 살인으로 망하게 될 것이다. 여기서 살아 남은 자들도 서로 계속 싸울 것이다. 빛을 거부하면 더욱 어두운 밤을 맞이하게 된다.

꺾인 은총의 막대기

어떤 관계를 끊는 것을 상징하기 위해서, 메시야는 은총이라 하는 막대기를 꺾어버린다. 이것은 하나님께서 모든 백성들과 맺었던 언약의 파기를 나타낸다. 여기에서 백성들은 어떤 사람들이 생각하는 것처럼 이스라엘 족속들은 아니다. 왜냐하면 성경에서는 이스라엘 백성을 "모든 백성들"이라고 하지 않기 때문이다. 또 만일 이것이 이스라엘 백성을 의미한다면, 이러한 행동은 이스라엘 민족의 내부 상황과 관련되는 연합의 막대기를 부러뜨리는 행위와 중복된다.

스가랴는 여기서 지상의 민족들에 대하여 말하며, 매우 중요한 진리를 드러낸다. 즉 하나님은 자기 백성인 이스라엘에 관계가 있는 지상의 백성들과 언약을 세우셨다. 하나님은 그들이 이스라엘에게 해를 끼치거나 악하게 하지 못하도록 속박하셨다(동일한 원리로서 욥 5:23; 겔 34:25; 호 2:18을 보라). 이 속박이 없어질 때, 로마가 그들의 성읍과 경제를 파괴할 것이다. 알렉산더, 안티오쿠스, 에피파네스, 폼페이 등은 이스라엘 국가의 존립을 해칠 수 있다는 허락을 얻지 못하였다. 그러나 메시야가 그의 막대기를 부러뜨릴 때, 티투스와 그의 장군들은 성전을 완전히 파괴했다.

스가랴는 예언의 성취를 예상하여 그 막대기가 당일에 부러졌다고 말하고 있다. 이것이 하나님께서 이스라엘에게 주시는 메시지라는 것을 깨달은 사람은 가련한 양, 즉 그 백성 중의 경건한 자들이었다. 과거나 지금이나 오직 하나님의 뜻을 알고자 하는 사람들만 종을 통해 전해 주시는 하나님의 진리와 뜻을 깨달을 수 있다.

은 삼십

"내가 그들에게 이르되 너희가 좋게 여기거든 내 품삯을 내게 주고 그렇지 아니하거든 그만두라 그들이 곧 은 삼십 개를 달아서 내 품삯을 삼은지라"(슥 11:12).

백성들의 영적인 상황에 초점을 맞추기 위해, 그리고 메시야의 사역과 봉사에 대한 그들의 감사를 시험하기 위해서, 메시야는 자신이 그들 가운데서 일한 대가로 품삯, 혹은 임금을 달라고 민족에게 요구한다. 그가 기대한 품삯은 당연히 하나님과 그의 목자에 대한 그들의 사랑, 순종, 헌신 등이었다. 그러나 메시야는 이 일을 강요하지 않으셨다. 만일 그들이 꺼려한다면, 그들은 메시야의 사역에 대한 그들의 평가를 하지 않을 수도 있었다.

그러나 그들은 기꺼이 메시야와 그의 사역을 평가하여 은 삼십 개를 메시야에게 주었다. 출애굽기 21장 32절에 따르면, 이것이 소에 받힌 "종"한 사람의 값이었다. 자유인 한 사람의 값은 이것의 두 배였다.

이것은 얼마나 모욕적인 일인가! 그들은 메시야를 하잘 것 없는 종의 수준으로 낮춘 것이다. 하나님께서 어찌 이처럼 천하고 배은망덕한 것을 받으시겠는가? 스가랴는 그것을 하나님의 전에 있는 토기장이에게 던지라는 명령을 받았다. 이것이 하나님의 아들을 평가한 데 대한 하나님의 평가이다.

이 일은 하나님의 전에서 행해짐으로써 더욱 엄숙하고 공공연하게 되었다. 그 가격이 너무나 모욕적인 것이어서 하찮은 일들에 바쁜 토기장이에게 그것을 던져야 했다.

토기장이에게 물건을 던진다는 것은 아마 쓸데 없는 것을 버리는 데 대한 격언적인 표현일 것이다. 스가랴는 비꼬는 투로 그 값을 삯이라고 말한다. 그리고 그는 하나님께서 명령하신 대로 그 은을 던져 버린다. 마태복음 27장 7-10절에서 복음서의 기자는 가룟 유다가 그리스도를 배반한 일과 그 결과를 기록하면서 이 구절(말라기와 이사야서의 경우)을 인용했다.

그러나 마태복음의 기자는 이 예언을 스가랴가 아니라 예레미야의 예언이라고 기록하였다. 이 신약성경의 말씀을 설명하는 많은 해석이 있다. 그 구절이 원래 스가랴서에 기록된 것이 아니라고는 말할 수 없다. 마태의 시대에 이 구절이 스가랴의 예언에 포함되어 있었다는 것은 의심의 여지가 없다. 왜냐하면 헬라어역 구약성경은 신약 시대 이전에 만들어진 것인데, 이 말씀이 거기에서 발견되기 때문이다. 또 마가복음 1장 2절—말라기와 이사야의 경우—에서와 같이 대표적인 유명한 선지자의 이름을 사용한 것이라는 주장도 있으나 이것은 그와 유사한 경우가 아니다. 해결점은 아마 예레미야의 이름이 전체 선지자 집단의 첫머리에 위치한 사실에서 모색되어야 할 것이다. 왜냐하면 그의 예언서가 전체 예언서 중에서 첫째로 놓였기 때문이다. 이러한 주장에 대한 증언이 되는 유대교 기록물들이 있다.

> "내가 또 연합이라 하는 둘째 막대기를 꺾었으니 이는 유다와 이스라엘 형제의 의리를 끊으려 함이었느니라"(슥 11:14).

스가랴 11장 14절에서 스가랴는 이스라엘과의 관계를 최종적으로 끊으려는 목자의 이야기를 실연實演하고 있다. 그는 유다와 이스라엘 형제의 의리의 단절을 보여주기 위해서 연합이라는 막대기를 꺾어 버린다. 슬프게도 이것은 티투스가 이끈 로마인들에 의한 예루살렘 침략 기간에 정확히 이루어졌다. 그 때에 유대 민족의 사회 조직이 파괴되었다. 내란과 내부적 갈등이 횡행하여서 결국 유대의 멸망을 재촉하였다.

어리석은 목자

메시야를 거부하는 슬픈 사건은 성취되었다. 그러면 앞으로의 전망은 어떠한가? 하나님은 그 당시 자기 백성을 온 세계로 흩으셨다. 하나님께서 그들과 다시 교제하시는 것은 스가랴 11장 5-17절에 언급된 일들이 있은 후일 것이다. 그들에게 선한 목자가 없으므로 그들은 어리석은 목자를 취할 것이다. 어리석은 목자는 스가랴의 시대로부터 유대 민족 멸망의 시기에 등장하는 모든 사악한 통치자들을 나타낸다. 예를 들면 헤롯, 혹은 프톨레미 4세 등이다. 또한 다니엘 11장 36-39절; 요한복음 5장 43절; 데살로니가후서 2장 1-12절; 요한계시록 13장 11-18절에 등장하는 적그리스도를 언급한다.

스가랴 11장 7절의 막대기와 관련하여 스가랴는 어리석은 목자의 기구들을 빼앗으라는 말씀을 듣는다. 그것들은 참 목자의 막대기와 똑같지만, 사용하는 자들의 마음가짐에 따라 차이가 나는 것이다. 이 목자는 사악한 목자이다. 성경에서 어리석음의 모습은 사악함을 상징한다. 구약성경에서는 어리석음이 도덕의 결핍과 타락을 함축하고 있다. 하나님께서 그를 마음대로 하게 내버려 두셨으므로 그는 양들을 소홀히 하고 잔인하게 학대한다. 그에게는 양을 위하는 마음이 없고 탐욕으로 가득 찼다. 그러나 결국 하나님의 심판이 이 사악한 사람에게 이를 것이다. 양들을 돌보지 않은 그의 팔은(힘의 기구) 마를 것이며, 양 떼를 보살피지 않은 그의 눈은(지성의 기구) 어둡게 될 것이다. 하나님의 심판이 분명히, 신속하게 그에게 임할 것이다.

제17장

스가랴(Ⅳ): 이스라엘의 속죄의 날

예루살렘의 포위

스가랴 예언의 후반부에 등장하는 첫 번째 경고는 9~1장에 기록되어 있다. 두 번째 경고는 12~14장에서 나타난다. 이스라엘 역사의 종말을 다루고 있다는 관점에서 볼 때, 이 부분은 예언서 중에서 가장 중요하다고 볼 수 있다.

스가랴 12장에서 말하고 있는 악한 동맹과 전쟁은 14장의 예고들과 비교되어야만 한다. 이상하게도 이 본문 구절은 바벨론 포수 전에 있었던 느부갓네살의 팔레스타인 침략을 기록한 것으로 설명되어 왔다. 그러나 이것은 여러 가지 이유에서 볼 때 불가능하며, 특히 그 전쟁의 결과들이 전혀 같지 않기 때문에 더욱 불가능하다. 이 본문을 연구하는 다른 학자들은 스가랴 12장 1-9절을 9장에 기록된 마카비 정복과 관련시켰다. 그러한 민족들의 동맹은 과거에는 결코 일어난 적이 없었다(심지어 제1세기 로마 전쟁에서도 없었다).

스가랴 12장은 민족들이 하나님의 백성에게 결정적인 죽음의 일격을 가하고자 이스라엘을 포위할 때, 즉 메시야 통치 전의 사건들을 다루고 있다. 그러나 하나님은 그들의 악한 계획을 멸하시는 분이다. 무겁고도 위협적인 예언은 이스라엘의 이익과 궁극적인 축복에 대해 말하고 있다는 점에서 이스라엘에 관한 것이다. 그 예언은 이스라엘의 대적들에게는 위협적이지만, 이스라엘에게는 영원한 이익을 언급한다. 스가랴는 이스라엘 대적들의 멸망을 예언한다.

> "이스라엘에 관한 여호와의 경고의 말씀이라 여호와 곧 하늘을 펴시며 땅의 터를 세우시며 사람 안에 심령을 지으신 이가 이르시되"(슥 12:1).

스가랴 12장 1절에서 하나님은 하늘을 펴시며 땅의 터를 세우시며 사람 안에 인간의 심령을 지으신 분으로 제시된다. 이 표현들은 하나님께서 끊임없이 자기의 창조 세계를 보존하시는 것을 밝혀 준다. 하나님을 창조자와 보존자로서 장엄하게 묘사한 것은 여기서 예고될 여러 가지 일에 대한 모든 의심과 불신앙을 없애려는 것이다. 하나님은 스스로 의도하시는 일들을 성취할 풍성한 능력을 갖고 계시다(민 16:22; 사 42:5; 히 12:9).

> "보라 내가 예루살렘으로 그 사면 모든 민족에게 취하게 하는 잔이 되게 할 것이라 예루살렘이 에워싸일 때에 유다에까지 이르리라"(슥 11:2).

민족들이 예루살렘을 공격하러 올 때, 하나님은 그 도시로 하여금 그 적들을 취하게 하는 잔盞이 되게 하실 것이다. 잔이란 하나님 진노를 나타내는 유명한 상징이다. 과거에 이스라엘도 이 잔을 마셨었다(사 51:17, 22; 렘 13:13; 25:15-28; 51:7). 공격은 수도인 예루살렘에만 국한되지 않을 것이다. 유다도 공격을 받을 것이다. 그러나 대적은 치명적인 일격을 받게 될 것이다.

> "그 날에는 내가 예루살렘을 모든 민족에게 무거운 돌이 되게 하리니 그것을 드는 모든 자는 크게 상할 것이라 천하 만국이 그것을 치려고 모이리라"(슥 11:3).

대적의 패배가 지극히 크기 때문에, 스가랴는 12장 3절에서 그것을 다른 상징으로 제시한다. 하나님은 예루살렘을 무거운 돌이 되게 하여, 그것을 들려고 하는 자들을 몹시 상하게 할 것이다. 어떤 이들은 이것이 육상 경기와 관련이 있다고 생각한다. 팔레스타인에 살았던 제롬이 진술한 바에 따르면, 당시에는 젊은이들에게 무거운 돌을 들게 함으로써 그들의 힘을 측정하는 관습이 있었다고 한다.

> "여호와가 말하노라 그 날에 내가 모든 말을 쳐서 놀라게 하며 그 탄 자를 쳐서 미치게 하되 유다 족속은 내가 돌보고 모든 민족의 말을 쳐서 눈이 멀게 하리니 유다의 우두머리들이 마음속에 이르기를 예루살렘 주민이 그들의 하나님 만군의 여호와로 말미암아 힘을 얻었다 할지라"(슥 11:4-5).

예루살렘은 하나님의 성읍과 백성을 치려는 자들을 궤멸시킬 것이다. 이에 대한 분명한 과거의 예로서 B.C 701년에 있었던 산헤립의 예루살렘 공략을 들 수 있다. 천하만국이라는 표현은 이 악한 동맹의 규모가 얼마나 큰 것인지를 나타낸다. 동양의 전쟁에서는 기병이 항상 주력 부대를 이루었기 때문에, 대적은 장비를 잘 갖추었을 것이다. 그러나 하나님은 이러한 힘의 근원들을 유해하고 파괴적인 무기로 바꾸어 버림으로써 그들의 힘을 상실하게 하실 것이다. 적의 말들은 공포에 떨고 장님이 되고(말 탄 자들을 치명적인 운명으로 이끈다), 말 탄 자들은 미칠 것이다. 하나님은 적들에게는 이처럼 혼란과 소동을 일으킬 것이요, 반면에 그 분의 눈은 크신 사랑과 동정으로 예루살렘과 그 백성들을 향하신다. 지상의 여러 나라들은 이스라엘 백성들을 지상에서 완전히 없애려 한 것은 물론, 이스라엘을 쳐서 해하고자 한 것이 하나님의 진노를 초래하였다는 것을 전혀 깨닫지 못하고 있다.

하나님이 주신 승리

하나님은 두 가지 방법으로 승리를 성취하신다. 우선 대적들을 압도하여 그들에게서 힘을 빼앗는다. 그리고 자기 백성에게는 힘을 주시고 강하게 하여 대적들에게 저항하고 정복하게 하신다. 스가랴는 그 승리가 초자연적이라는 것을 명백히 한다. 하나님이 백성의 지도자들의 마음속에 역사하심으로 말미암아 그들은 땅의 주민들의 지원이 자기들에게 도움이 되는 것은 하나님께서 그 백성들을 보전하시고 도와주시기 때문임을 깨닫고 인식할 것이다. 그들은 민족들의 악한 공격을 성공적으로 저지한 것이 자기들의 공로라고 생각하지 않을 것이다. 하나님께서 그들을 위하여 기적적인 개입을 하신 일은 지도자들로 하여금 자기들을 위해 발휘된 하나님의 능력을 확신하게 할 것이다. 유다의 우두머리들은 나무 가운데 화로같이 되거나 곡식단 사이의 타는 횃불같이 된다. 그들은 사방에서 적들을 불사를 것이다. 이 상징들은 하나님의 돌보심 아래 있는 그들의 불가항력적인 능력뿐만 아니라, 그들이 쉽고 완전한 승리를 거두리라는 사실을 나타낸다. 그 결과 하나님의 백성들은 다시 자기들의 성읍인 예루살렘에서 안전하게 살 수 있게 될 것이다.

예루살렘의 구원

모든 사람들이 구원은 하나님께로 말미암는 것을 깨닫게 하시려고, 하나님은 우선 유다 장막을 구원하신다. 유다의 장막과 잘 정비된 수도는 대조적이다. 이 나라의 원방에 있는 지역들은 더 공격받기가 쉽고 무력하므로 먼저 구원될 것이다. 하나님은 약하고 방어할 능력이 없는 자들을 먼저 구원하신다. 따라서 인간적인 영광은 전혀 근거가 없다. 인간의 마음은 항상 자기의 영광을 추구하나, 하나님은 이런 승리를 통해 그것을 완전히 없애 버리실 것이다.

> "그 날에 여호와가 예루살렘 주민을 보호하리니 그 중에 약한 자가 그 날에는 다윗 같겠고 다윗의 족속은 하나님 같고 무리 앞에 있는 여호와의 사자 같을 것이라"(슥 11:8).

스가랴 12장 8절에서는 보증의 말씀과 방어의 방법을 덧붙여 말씀하신다. 하나님 자신이 그들을 방어하는 자가 되실 것이요, 또한 그들을 강하게 하셔서 모든 자연적인 능력과 한계들을 초월하게 하실 것이다. 지극히 약해서 비틀거리는 사람까지도 용맹스런 무적의 왕, 다윗처럼 만드실 것이다. 다윗은 지상의 전쟁을 위한 가장 강력한 힘의 상징으로 제시된다(삼하 17:8; 18:3). 그날에 다윗의 족속들은 하늘에서 가장 높은 힘의 전형인 하나님의 사자 같은 힘을 부여 받을것이다. 과거에 하나님의 사자가 이스라엘의 앞에 갔었다(출 23:20; 32:34; 33:2; 수 5:13). 이와 같이 하나님은 예루살렘을 치러 오는 모든 경건하지 못한 민족들을 멸하시려 하실 것이다. 스가랴 12장 9절 "예루살렘을 치러 오는 이방 나라들을 그 날에 내가 멸하기를 힘쓰리라"의 진술은 전혀 약점이 없는 인간, 특히 12장 8절에 기록된 능력의 약속에 대한 것이다. 하나님은 이스라엘에게 세계적인 축복을 주시려는 자신의 뜻을 방해하는 이방 나라들을 단호하게 벌하실 것이다.

은총의 영

하나님은 지금까지 민족들에 대한 자신의 의로운 심판을 알리셨지만, 또한 이스라엘 안에서 성취되어야만 하는 영적 목적들을 가지고 계시다. 이 민족은 아직 축복을 받지 못하고 있다. 아직 구세주이신 메시야를 신뢰하고 순종하지 않고 있다.

스가랴 12장의 나머지 부분에서 스가랴는 성경 어느 곳에서도 찾아볼 수 없을 만큼 활기차고 생생하게 이스라엘의 하나님께 대한 회심을 제시한다. 이스라엘의 과거 역사에 있었던 어느 사건도 이 본문 구절의 성취로 해석될 수 없다. 다가올 이스라엘의 국가적 속죄의 날에, 하나님은 왕궁과 예루살렘에 있는 모든 주민들과 모든 백성들에게 은총과 간구하는 심령을 부어 주실 것이다.

은총과 간구라는 단어는 모두 동일한 히브리 어근에서 파생된 것들이다. 이것은 은총과 기도에 의존하는 성향에 대한 언급이 아니라, 위력 있는 하나님의 성령에 대한 언급이다. 하나님이 그들에게 확신을 쏟아 부으심으로 말미암아 그들은 믿음의 기도를 하게 될 것이다(겔 39:29; 욜 2:28-29). 그때 그들은 하나님께 용서와 은총을 간구할 것이다.

그들은 이처럼 완전히 파멸된 상황에서 자신이 찌른 바 메시야를 바라볼 것이다. 그들은 진지하게 관심을 기울여 바라봄으로써 과거에는 전혀 감지하지 못했던 것을 깨닫게 될 것이다(사 52:13; 53:12). 이것은 분명한 심령 상태를 전제로 하고 있다. 그들은 믿지 않고 메시야를 거부함으로써 조상들의 행동들과 행위들을 자신의 것으로 만들었다(요 19:37). 영을 부으심은 메시야의 신성神性을 의미하며, 그 찔림은 그분의 인성人性을 나타낸다.

어떤 이들은 (헬라어 번역을 따라) "찔림"을 "모욕"으로 번역하기도 하는데, 이것은 옳지 못한 번역이다. 왜냐하면 구약성경에서 사용되는 모든 구절에서 이 단어는 몸을 찌르는 것 이외의 다른 의미를 전혀 갖고 있지 않기 때문이다(슥 13:3). 게다가 이 구절 이후에 묘사되는 애통함은 모욕으로 인한 것으로 볼 수 없다.

> "사람이 아직도 예언할 것 같으면 그 낳은 부모가 그에게 이르기를 네가 여호와의 이름을 빙자하여 거짓말을 하니 살지 못하리라 하고 낳은 부모가 그가 예언할 때에 칼로 그를 찌르리라"(슥 13:3).

탈무드에서는 이 구절을 요셉의 아들로서 죽임을 당할 메시야에 대한 언급이라고 여기는 자에게 평화가 있다고 기록하고 있다. 다스리실 메시야와 죽으실 메시야라는 두 분의 메시야를 주장하는 이론은 랍비들이 만들어낸 것으로서, 그들은 아무런 성경의 근거가 없이 고난을 당하시는 메시야와 통치하시는 메시야를 설명했다. 이 구절을 자세히 연구해 보면 이것은 메시야의 두 번에 걸친 도래를 의미함을 깨달을 수 있다. 스가랴가 언급하는 대상은 미지의 순교자가 아닌 도래할 메시야 자신이다. 유대인이든 기독교인이든 이 구절을 연구한 가장 오래된 해석가들은 그것을 그렇게 이해했다. 일단 거부되셨던 메시야를 생각하게 되면, 그들은 애곡함으로써 자신의 진정한 회개를 나타낼 것이다.

그들의 애통함은 독자獨子를 잃은 슬픔과 같은 지극한 슬픔으로 표현되어 있다. 자식이 없는 것은 저주요 불명예로 간주되었기에 이 표현은 더욱 강렬하다. 그들의 마음은 마치 사랑하는 부모가 그 맏아들을 잃은 것처럼 슬픔으로 가득 차게 될 것이다. 그들의 애통함을 스가랴 12장 10절에서는 개인적으로 가장 지극한 슬픔에 비유하였다. 그러나 스가랴 12장 11절에서는 이스라엘에 있어서 가장 큰 국가적 슬픔으로 비유된다.

> "내가 다윗의 집과 예루살렘 주민에게 은총과 간구하는 심령을 부어 주리니 그들이 그 찌른 바 그를 바라보고 그를 위하여 애통하기를 독자를 위하여 애통하듯 하며 그를 위하여 통곡하기를 장자를 위하여 통곡하듯 하리로다 그 날에 예루살렘에 큰 애통이 있으리니 므깃도 골짜기 하다드림몬에 있던 애통과 같을 것이라"(슥 12:10-11).

여기에 언급된 재난은 히스기야 시대 이후로부터 유대 국가의 멸망 사이에 이 민족의 한 가닥 희망이었던 신실한 왕 요시야를 바로 느고가 살해한 일을 말한다(왕하 23:29-30; 대하 35:22-27). 예레미야는 그 사건에 대해 특별한 장송곡을 쓰기도 했다.

"하다드림몬" Hadadrimmon이란 명칭은 수리아의 신 하다드Hadad와 림몬Rimmon(왕하 5:18)이라는 두 이름을 결합한 것이다. 그것은 므깃도 가까이 있는 에스드라엘론 대평원 남방에 있는 요새의 명칭이다. 그곳은 이스라엘의 과거 역사(삿 5:19)에서 유명했고, 요한계시록 16장 16절에 따르면 앞으로도 유명할 것이다. 바로 여기서 아마겟돈 전쟁이라는 이름이 유래하게 된다.

(제롬에 따르면) 초기 기독교 시대에 그곳은 막시미아노폴리스라 불렸다. 그 비극적 사건에 대한 예루살렘의 애곡은 자신들이 거부하고 찌른 메시야를 보고 회개하는 이스라엘의 슬픔과 비교점이 될 수 있을 만큼 컸음에 틀림없다. 그들의 경건한 슬픔을 통하여 회개를 이루실 하나님께 감사하라.

국가적인 애곡

스가랴가 그 슬픔에 대하여 자신이 밝히려 한 것을 끝낸 것이 아니다. 이것은 매우 중요한 주제이므로 그는 이에 대해 더욱 상세하게 설명한다. 애통의 방법이 아주 상세하게 나타나 있다. 그들은 보편적으로, 그리고 개인적으로 애통할 것이다. 그들은 각기 따로따로, 사적으로 슬퍼하게 될 것이다. 스가랴는 그 민족이 각 족속으로 나뉘어져, 그리고 더욱더 나아가 개인으로 갈라져서 자신이 나사렛 예수, 메시야를 거부한 것에 대해 쓰디쓴 눈물을 쏟는 방식을 약술하고 있다.

다윗의 족속이 애통하며, 나단의 족속도 애통할 것이다. 어떤 사람들은 이 나단이 선지자라고 하며(삼하 7:2), 다른 이들은 다윗의 동생이라고 생각한다(삼하 5:14). 만일 전자가 옳다면 왕궁과 선지자들이 함께 애통한 것이 된다. 그러나 만일 후자를 의미한다고 보면, 왕궁의 가장 높은 이와 낮은 이들이 관련된다. 어느 견해도 궁극적으로 증명할 수는 없다.

> "온 땅 각 족속이 따로 애통하되 다윗의 족속이 따로 하고 그들의 아내들이 따로 하며 나단의 족속이 따로 하고 그들의 아내들이 따로 하며 레위의 족속이 따로 하고 그들의 아내들이 따로 하며 시므이의 족속이 따로 하고 그들의 아내들이 따로 하며 모든 남은 족속도 각기 따로 하고 그들의 아내들이 따로 하리라"(슥 12:12-14).

레위의 족속은 제사장의 가문을 말한다. 시므이는 레위의 아들 게르손의 가문에 속한다(민 3:17, 18, 21). 서로 다른 제사장의 계급들이 여기에 함축되어 있다. 앞에서 지적된 지도자들, 그리고 그 땅의 평민들이 각기 따로 그 애통에 참여할 것이다. 이 구절들(슥 12:11-14)에는 그들의 아내들이 따로 애곡할 것이라는 사실이 다섯 번이나 언급되었다. 이것은 아내들이 각기 따로 예배를 드릴 뿐 아니라 따로 거처하는 유대인의 관습과 관계가 있다고 주장하는 의견이 있다. 그러나 이러한 의견은 본문의 내적 의미를 파악하지 못한 것이다. 스가랴가 의도한 것은 슬픔이 너무나 강렬하여 지상에서의 가장 가까운 관계인 남편과 아내 사이의 유대까지 초월할 것을 의미한다. 그 때에 각 사람은 홀로 하나님과 함께 있기를 원할 것이다.

"나를 바라보라."

우리 하나님께서 예비하신 구원의 길은 얼마나 단순하며 얼마나 영화로운가! 그것은 인간이 스스로 만든 계획과 자아로부터 눈을 돌려 세상 죄를 짊어지신 하나님의 어린 양에게로 향하고 있다. 하나님께로 돌아오는 기쁜 회심의 시간에 이스라엘은 자기가 거부하고 찌른 메시야, 십자가에 못 박힌 죄인들의 구주를 바라봄으로써 죄가 사해짐을 알게 될 것이다.

정결해진 땅

땅과 백성들이 성결하게 되다.

스가랴 13장과 12장 사이에는 아주 밀접한 관계가 있다. 스가랴는 계속 이스라엘이 하나님께로 돌아옴을 주제로 하고 있다. 이스라엘의 복된 구원과 하나님께로 돌아오는 회복의 날에 죄와 더러움을 씻는 샘이 모든 백성을 위하여 열릴 것이다.

샘이라는 상징은 매우 적절한 표현이다. 왜냐하면 그것은 끊임없이 흐르기에 되풀이하여 채워야 하는 성막과 성전의 대야와는 같지 않기 때문이다. 정결하게 하는 샘은 오래 전에 갈보리 산에서 잠정적으로 열렸지만, 이제는 그들을 위해 실제적으로 열릴 것이다. "한 샘이 피로 채워진다"라는 유명한 쿠퍼의 찬송은 이 절을 토대로 한 것이다.

이스라엘은 이제 갈보리에서의 하나님의 섭리로 들어간다(롬 11:26-27; 또한 사 33:24; 59:20-21; 65:19; 겔 36:25; 39:29을 보라). 하나님의 섭리는 죄와 더러움을 씻기 위해 이용될 것이다. 스가랴는 의식적인 더러움이 아니라 도덕적인 더러움을 염두해 두고 있다. 칭의가 여기에 있고 성화도 여기에 있다. 사법적인 범죄와 도덕적인 불결이 동시에 제거될 것이다. 모든 지위와 계급의 백성들이 이 복된 섭리를 소유할 것이다.

죄와 더러움이란 용어들은 우상 숭배와 특별히 관련되어 사용되어 왔다 ["더러움(부정)"은 여성의 월경에 관한 특수한 언급이기도 하다]. 따라서 스가랴 13장 2절에서 진술된 바와 같은 내용의 전이轉移가 가능한 것이다(왕상 12:30; 겔 7:19-20). 정결하게 하는 일 뒤에는 우상 숭배의 폐지가 뒤따른다. 우상들, 거짓 선지자들, 그리고 더러운 영이 모두 사라질 것이다. 그 땅에서 우상의 이름들을 끊어서 기억도 되지 못하게 하는 것은 이스라엘에서 그것들의 권위, 능력, 그리고 영향을 없애 버리는 것이다. 하나님의 백성은 이제 그것들을 인정하지 않을 것이다. 하나님께 드리는 예배는 완전히 정화되고 정결하게 될 것이다. 하나님은 오래 전에 우상들의 이름을 부르는 것조차 금지하셨었다(출 23:13; 신 13:3; 시 16:4).

거짓 선지자들은 더 이상 자신의 마음으로부터 나오는 것을 예언함으로써 그 백성을 타락하게 하지 못할 것이다. 하나님의 계시가 완전하기 때문에 참 선지자도 없게 될 것이다. 거짓 선지자들에게 힘을 주는 더러운 영은 하나님으로부터 영감을 받는다고 주장하나 실상은 사탄에게서 능력을 부여받는다. 이것은 진정 그의 악한 행위에 대한 언급이다.

"더러운 귀신"이란 표현은 신약성경에서 종종 나타나지만 구약성경에서는 이곳에서만 등장하는 표현이다. 더러운 귀신은 스가랴 12장 10절에 기록된 바, 은총과 간구하는 심령과 완전한 대조를 이룬다.

스가랴 13장 2절에는 땅에 대한 언급이 두 번 기록되어 있다. 우상 숭배가 이미 바벨론 포수 때에 이스라엘에게서 완전히 제거되었으므로 이것은

"지상"으로 번역되어야만 한다고 주장되기도 한다. 이것은 그리스도 주님과 더불어 교회가 성립된 이후 이스라엘에서 우상 숭배가 다시 나타날 것이 성경에 기록된 사실을 고려하지 않은 것이다(마 12:43–45; 계 13:11–18).

"짐승" 로마(계 13:1–10)에 의해 힘을 얻으며 또한 그와 관련이 있는 모든 우상 숭배와 거짓 선지자, 죄인들이 완전히 사라질 것이다(계 13:11–18). 거짓 선지자를 제거하는 데는 여러 가지 가혹한 조치가 필요할 것이다. 모세 율법이 거짓 예언을 완전히 없애기 위해 제정한 바 제일 가까운 친척이 악을 궤멸하는 첫 조치를 취하는 일이 여기에 나타나 있다. 모세의 율법에서 죽임의 수단은 돌로 치는 것이다. 그러나 여기서 죄 있는 자는 칼에 찔릴 것이다. 하나님과 그의 진리에 대한 사랑이 가장 소중한 혈연관계까지도 초월하게 할 것이다(신 13:6–10; 18:20). 하나님의 이름의 영광은 지상의 모든 유대관계와 감정을 가릴 것이다.

거짓 선지자

거짓 예언은 오랜 세월 동안 하나님의 백성에게 덫이 되어 왔으므로, 스가랴는 이 영적인 염병의 궁극적인 제거에 대해 훨씬 자세히 언급한다. 그 날에 거짓말을 선포하던 거짓 선지자들의 뻔뻔스러움이 변하여 수치가 될 것이다. 그들이 자신은 거짓 예언과 관계가 없다고 주장하려고 온갖 수단을 강구할 것이다. 그들은 참 선지자들이 흔히 입는 털옷을 입지 않을 것이다.

거짓 선지자들은 양의 옷을 입은 늑대들처럼 하나님의 진실한 사자인 것으로 가장했었다. 참 선지자들은 검소한 생활 모습을 보여주려고 털옷을 입었다. 그것은 그들이 선포하는 슬픈 메시지와 조화를 이루는 것이었다(왕상 19:13, 19; 왕하 1:8; 2:8, 13; 마 3:4; 막 1:6). 그러나 거짓 선지자들은 자기들의 거짓 예언들이 폭로될까 두려워하며 참 선지자의 옷을 벗고 백성을 속이려 할 것이다. 그들은 자신의 악한 행위를 감추려고 거짓 말을 할 것이다.

> "말하기를 나는 선지자가 아니요 나는 농부라 내가 어려서부터 사람의 종이 되었노라 할 것이요 어떤 사람이 그에게 묻기를 네 두 팔 사이에 있는 상처는 어찌 됨이냐 하면 대답하기를 이는 나의 친구의 집에서 받은 상처라 하리라"(슥 13:5-6).

스가랴 13장 5-6절에는 거짓 선지자를 색출해 내는 모습이 기록되어 있다. 그는 백성들에 의해 거짓 선지자이며 하나님의 이름을 빙자하여 거짓을 말했다는 죄목으로 고소된다. 그는 자신이 거짓 선지자라는 것이 드러나면, 하나님의 이름과 영광을 위해 열성적인 자들이 자기의 생명을 취하리라는 사실을 잘 알고 있다. 그러므로 그는 거짓 예언을 했다는 혐의를 벗어나려고 모든 수단을 강구한다. 그는 자기가 선지자의 직무와는 전혀 관계가 없었다고 주장한다. 그는 자기가 어려서부터 종으로 지내왔는데 어떻게 선지자의 일을 할 수 있었겠느냐고 묻는다. 자기가 선지자의 사역을 할 만큼 자유롭게 지낸 적이 없었다고 주장한다. 항상 주인에게 예속된 종으로서 일상적인 일에 매달려 있었기 때문에 선지자의 직무를 수행하려는 생각조차 할 수 없었다고 한다.

그래도 그는 계속 혐의를 받아서, 그의 두 팔 사이에 있는 상처는 웬 것이냐는 질문을 받는다. 그는 그 상처가 자기의 충실한 친구의 집에서 받은 상처라고 대답한다. 어떤 이는 심문을 받고 있는 자의 상처가 가슴에 있다고 주장하며, 다른 이들은 등에 있다고 주장한다. 분명히 첫 번째 견해가 옳다. 그렇지 않았다면 심문하는 자들이 어떻게 그 흉터들을 볼 수 있겠는가? 여기에는 그가 거짓 예언을 했기 때문에 그의 친구들이 하나님의 영광에 대한 열정에서 그에게 상처를 입혔다는 의미가 함축되어 있다고 주장된다. 본문 구절을 그런 식으로 스가랴 13장 3절과 관련시킬 수는 없다. 왜냐하면 하나님은 거짓 선지자를 죽이라고 명령하셨지 단지 상처를 입히라고 명령하시지 않았기 때문이다. 혐의를 받고 있는 자는 단순히 부모가 자기를 교육시키고자 그러한 벌을 내리셨다고 증언하는 것이다.

> "사람이 아직도 예언할 것 같으면 그 낳은 부모가 그에게 이르기를 네가 여호와의 이름을 빙자하여 거짓말을 하니 살지 못하리라 하고 낳은 부모가 그가 예언할 때에 칼로 그를 찌르리라"(슥 13:3).

전술前述된 내용으로 판단하건대, 13장 6절은 분명히 거짓 선지자라는 주제를 다루고 있다. 심문을 받고 있는 사람이 적그리스도라는 견해도 개진되어 왔다. 그러나 이것은 거의 불가능한 주장이다.

첫째로, 이 구절에 기록된 토론은 일반적인 용어를 사용하기 때문에, 적그리스도에 대한 언급으로 보기에 적당하지 못하다. 성경에서 적그리스도를 언급할 때에는 반드시 그의 인물됨과 업적이 분명하게 정의되고 있다. 스가랴 11장 15-17절에 기록된 참 목자이신 메시야와 이 거짓 선지자가 얼마나 대조적인지 살펴보라.

> "여호와께서 내게 이르시되 너는 또 어리석은 목자의 기구들을 빼앗을 지니라 보라 내가 한 목자를 이 땅에 일으키리니 그가 없어진 자를 마음에 두지 아니하며 흩어진 자를 찾지 아니하며 상한 자를 고치지 아니하며 강건한 자를 먹이지 아니하고 오히려 살진 자의 고기를 먹으며 또 그 굽을 찢으리라 화 있을진저 양 떼를 버린 못된 목자여 칼이 그의 팔과 오른쪽 눈에 내리리니 그의 팔이 아주 마르고 그의 오른쪽 눈이 아주 멀어 버릴 것이라 하시니라"(슥 11:15-17).

첫째, 이 스가랴 13장의 예언의 시대에는 적그리스도가 그 예언 계획에 포함되지 않는다. 이것은 적그리스도가 지상에 출현하여 최종적인 운명을 맞이하고 난 이후의 일이다. 이러한 이유에서 볼 때, 심문을 받고 있는 사람이 적그리스도일 수가 없다.

어떤 이들은 팔의 상처에 대한 언급을 근거로 이 사람이 그리스도라고 주장한다. 이러한 견해는 어느 정도 일반적으로 주장되기는 하나, 상처에 대한 피상적인 연관성 이외에 전혀 있을 수 없는 주장이다.

그것은 여러 가지 이유에서 있을 수 없는 주장이다. 우선 그리스도는 두 팔 사이에 많은 상처를 갖지 않으셨다. 그의 상처는 완성된 구속의 복된 증언물로서 손과 발, 그리고 복된 옆구리에 있었다. 그의 팔에 이런 상처를 내려면, 아마 이 본문 구절의 어법에 약간의 요술을 부려야 할 것이다.

둘째, 그분은 친구들의 집에서가 아니라 로마인이 만든 십자가 위에서 상처를 받으셨다.

셋째, 부활 이후 어느 곳에서 그가 본문에 기록된 바와 같은 심문을 받으신 적이 있는가? 성경을 보면 그는 죽어 부활하신 후에는 세상에 나타나시지 않았다. 주님은 항상 하나님의 진리 안에서 신앙과 교훈을 확인하시기 위하여 그 제자들에게 나타나신다. 그 외에도, 이 구절이 그리스도에 대한 언급이 아님을 뒷받침하는 여러 가지 이유들이 있다.

넷째, 그리스도는 자신이 선지자가 아니라고 말할 수도 없었고, 그렇게 말하시지도 않았다. 그는 선지자 중의 하나일 뿐 아니라, 선지자들 중의 선지자였다(신 18:15-18; 요 1:18; 행 3:22; 7:37; 계 1:5).

다섯째, 그리스도는 자신이 농부라고 말하지도, 말할 수도 없었다. 그가 어렸을 때에 육신의 아버지 요셉을 도와 나사렛에서 목수일을 했음은 분명한 사실이다. 그러나 그는 농부의 일은 하지 않았다.

여섯째, 그리스도는 자신이 어렸을 때에 종이 되었거나, 어떤 사람이 자신을 종으로 샀다는 말을 할 리도 없었고 하시지도 않았다. 이처럼 진실이 아닌 사실들을 어찌 참되신 그리스도에게 적용시킬 수 있겠는가?

마지막으로, 이 주장은 시대적 배경이나 주변 상황을 전혀 고려하지 못하고 있다. 이것은 가장 피상적인 성경 해석으로서 우리가 고정관념에 집착하기 때문에 그 명맥을 유지한다. 이 견해는 일고의 가치도 없고, 우리의 복되신 주님께 대한 부당한 판단이다.

매 맞은 목자

> "만군의 여호와가 말하노라 칼아 깨어서 내 목자, 내 짝 된 자를 치라 목자를 치면 양이 흩어지려니와 작은 자들 위에는 내가 내 손을 드리우리라"(슥 13:7).

스가랴 13장 6절이 주 예수 그리스도께 대한 언급일 수 없는 반면에, 스가랴 13장 7절은 바로 그분에 대한 언급이다. 이 구절의 말씀들은 그리스도의 고난에 대한 표현이다(슥 11:4, 7, 10-14과 연관된 마 26:31을 보라). 그리스도는 이 예언을 자신에게 적용시킨다. 여기에서 메시야의 죽음을 하나님의 역사로 간주한다(요 3:16; 행 2:23; 3:18; 4:28).

하나님은 칼을 깨워서 그의 목자, 그의 짝 된 자를 치라고 명하신다. 칼은 사법권의 능력을 표현하며(롬 13:4), 또한 생명을 제거하는 수단을 대표하는 말이다. 여기에서는 죄에 대한 재판에 있어서의 하나님의 공의를 상징한다(출 5:21; 삼하 12:9; 시 17:13; 렘 47:6-7). 성경에는 하나님의 검이라는 언급이 많이 등장한다.

하나님은 칼이라는 상징으로 자신의 공의를 나타내셨고, 메시야를 "나의 목자"라고 하심으로 그의 독생자를 향한 사랑이 드러난다. 이스라엘의 목자라는 개념은 이미 스가랴 11장에서 자세히 설명되었기 때문에 여기서 그것을 더 설명할 필요가 없다. 그러나 "나의 짝"이란 상징은 성경에서 희귀한 표현으로서 여기에는 많은 영적 진리가 함축되어 있다. 이것은 구약성경 중, 스가랴 13장과 레위기 6장 2절, 18장 20절, 19장 11절, 15절, 17절, 24장 19절, 25장 14절에만 등장한다. 그것은 법, 권리, 그리고 특권으로 연합된 사람들에 대한 언급이다. 이 단어는 "함께 묶다"라는 뜻의 동사에서 파생되었다. "백성"(같은 혈통과 이해관계에서 연합된 사람들)들을 의미하는 히브리 단어도 동일한 어근을 갖고 있다.

하나님은 메시야를 "나의 동료, 나의 동지, 나의 친구, 나의 신실한 친구, 나와 연합된 자, 나와 동등한 자, 나의 가장 가까운 혈족" 등으로 말씀하고 계시다. 이것은 이스라엘의 메시야의 신성을 가장 강력하게 진술해 주는 말이다(요 10:30; 14:10-11; 빌 2:6).

"짝 된 자"라는 단어에서 "자(사람)"는 그의 인성을 함축하며, 반면에 "짝"이라는 단어는 그의 신성을 함축한다. 목자를 치면, 양들은 흩어지게 된다. 이것은 예수께서 체포되셨을 때에 제자들이 흩어진 것뿐만 아니라, 궁극적으로 이스라엘 민족이 흩어지는 것에 대한 언급이다. 그러나 은총의 하나님은 자신의 손을 작은 자들 위에 드리우시겠다는 부드러운 애정의 표현을 하신다. 하나님께서 그들을 위해 개입하실 것이다. 즉 가련한 양 떼, 남은 자를 위해 일하실 것이다. 하나님은 자기 백성들을 지키시는 분이다.

남은 자들을 연단하심

스가랴 11장에서 스가랴가 이스라엘 민족의 메시야 배척에서부터 대 환난 시대에 있을 불신앙에 대한 하나님의 심판까지 나아갔듯이(슥 11:15-17), 목자를 친 일 이후에는 야곱의 환난이 뒤를 잇는다.

스가랴 13장 7절과 8절 사이에는 커다란 시간의 간격이 있다. 이스라엘의 국가적 환난의 때에, 온 땅에서 삼분의 이는 멸망하고 삼분의 일만 남을 것이다. 이 삼분의 일은 남은 자들을 대표한다. 이것은 수학적으로 정확한 표현이 아니다. 왜냐하면 이사야 6장 13절에서는 남은 자가 10분의 1이라고 말하고 있기 때문이다(겔 20:34-38).

남은 자들은 고된 시련을 통하여 금이나 은같이 연단될 것이다. 이것은 어떤 이들이 주장하는 바와 같이, 로마인에 의해 겪게 된 멸망이 아니라 마지막 날에 이스라엘 백성들이 그 땅에 돌아와서 고된 시련을 통하여 정결하게 될 것을 말한다. 연단의 목적은 남은 자들의 신앙을 정화시키고 발전시키는 데 있다. 그들은 육체적으로 구원된 후에 하나님께로 돌아올 것이다. 이리하여 새 언약이 성취될 것이다. 이것은 최종적이고 완전한 우상숭배의 폐지가 될 것이다(렘 30:18-22; 31:33; 겔 11:19-20; 호 2:23). 이스라엘은 하나님의 백성이요, 여호와는 그들의 하나님이시다. 이것이 바로 이스라엘의 역사의 절정이요 정점이다.

메시야의 오심과 통치

최후의 예루살렘 공격

이 중요한 예언서의 마지막 장은 12장에서처럼 지상 민족들에 의한 최후의 예루살렘 공격으로 시작된다. 스가랴 12장과 14장의 시대적 배경은 동일하다. 어떤 이들은 스가랴의 전체를 통하여 스가랴 14장이 가장 모호하다고 주장해 왔으며, 이 14장의 구절들은 역사적 설명을 하기 어렵다고 생각해 왔다. 한 편으로는 이 예언을 B.C 586년에 있었던 느부갓네살의 예루살렘 침략이나 A.D 70년의 티투스가 인솔한 로마 군대의 예루살렘 공격이라고 생각하기도 한다.

그러나 이 공격의 모든 특징들은 앞에서 언급된 두 가지 공격과는 분명히 다르다. 앞에서 아마겟돈 전쟁에 대한 묘사를 한 적이 있다. 그 날은 특히 예루살렘의 재물들이 그 성읍 한가운데에서 나뉘는 여호와의 날이다. 하나님은 그 날에 자신의 공의를 증명하시고 악인들을 멸망시키려 하시기 때문에 그 날을 여호와의 날이라고 표현한 것이다. 그 날은 요엘, 스바냐, 말라기, 그리고 그 밖의 다른 곳에서 언급되어진 여호와의 날이다.

> “여호와의 날이 이르리라 그 날에 네 재물이 약탈되어 네 가운데에서 나누이리라”(슥 14:1).

예루살렘은 전쟁의 초반에서 패배의 슬픈 소식을 전해 듣는다. 대적들은 자기들의 승리를 확신하고서 그 도시의 재물들을 그 성읍의 한복판에서 나눌 것이다. 스가랴는 그 침략의 결과를 이미 서술했으며, 이제 이 침략의 실상과 원인을 제시한다.

하나님은 자신이 이방 나라들을 모아 예루살렘과 싸우게 할 것이라고 말씀하신다. 이것은 시편 2편, 요엘 3장, 에스겔 38, 39장, 요한계시록 16, 19장에 묘사된 바 전 세계적인 민족들 군대의 동맹이다. 스가랴 14장 2절에서 예루살렘은 하나님의 심판의 대상이지만, 스가랴 14장 9-11절, 16-21절에서는 축복의 대상이 된다.

> “내가 이방 나라들을 모아 예루살렘과 싸우게 하리니 성읍이 함락되며 가옥이 약탈되며 부녀가 욕을 당하며 성읍 백성이 절반이나 사로잡혀 가려니와 남은 백성은 성읍에서 끊어지지 아니하리라”(슥 14:2).

침략을 받은 예루살렘 성은 점령당하고, 집집마다 재물을 약탈당하고, 여성들은 강간을 당한다. 백성들은 포로로 잡혀 가게 되지만, 그 중 얼마는 그곳에 남아 계속해서 함락된 성읍에서 살아간다.

이때 있을 민족들의 동맹은 예언서들에 분명히 제시되어 있다. 북방 세력들의 동맹이 있을 것이며(겔 38~39장), 남 유럽 국가들의 동맹(단 2장, 7장, 계 13장과 17장), 북방의 왕(단 11장), 그리고 동방이나 태양이 뜨는 나라의 왕들의 협정(계 16장)이 있을 것이다. 그 전쟁의 첫 단계에서 이스라엘의 대적들은 승리를 거둘 것이다.

메시야의 오심

하나님은 이스라엘에 대해서 깊은 관심을 가지고 계시다. 그래서 이스라엘이 곤경에 빠져 있을 때에 이스라엘의 위대한 용사이신 메시야는, 과거 전쟁 때에 왕들이 전쟁터로 나갔듯이 민족들을 대항하여 싸우러 나아오신다(삼하 11:1; 사 26:21). 하나님은 정말로 전쟁의 용사이시다(출 15:3).

이것은 로마 제국을 멸망시킨 일에 대한 묘사가 아니다. 그것은 이스라엘 백성의 마지막 전쟁 때에 그들을 위해 싸우실 분으로 볼 수 있는 메시야의 개입에 대한 예고이다. 죄인들을 구원하기 위해 찔림을 당하셨던 메시야의 발이 그 날에 예루살렘 동쪽 감람 산에 서실 것이다.

이 예언을 아름다운 시적 묘사의 영역에 포함시킬 수는 없다. 이 예언이 문자 그대로 이루어지지 못할 이유가 없다. 옛날 이스라엘의 자손들을 구하기 위해 홍해가 갈라졌던 것처럼, 이제 감람 산이 둘로 갈라져 그들은 대적들을 피할 수 있게 될 것이다. 사무엘하 15장 30절에서 이 산은 "감람 산 길"이라고 나타나 있다. 메시야는 자신이 승천하셨던 곳에 다시 오실 것이다(행 1:11). 고통의 장면이 변하여 메시야의 영광이 나타날 것이다. 감람 산이 동서로 갈라져서 그 산 절반은 북쪽으로, 절반은 남쪽으로 옮겨 가서 매우 큰 골짜기를 이룰 것이다.

예루살렘에서 진행 중인 심판 때문에, 포위된 사람들은 감람 산이 갈라져서 생긴 골짜기 사이로 도망갈 것이다. 그러나 그것은 도망가는 통로이지 피난처는 아니다. 그 구원의 길은 아셀까지 이를 것이다. 아셀은 아마 예루살렘 동쪽 가까이에 있는 지역일 것이다.

그 도피는 유다 왕 웃시야 시대에 지진이 발생했을 때, 백성들이 도망했던 것과 흡사하다. 그 지진은 아주 심각한 것이었음이 분명하다. 왜냐하면 그 지진은 발생한 후 2세기가 지났음에도 불구하고 스가랴에서 비교를 위해 인용되고 있기 때문이다(암 1:1).

이제 스가랴의 시선은 메시야께서 친히 천사들과 구속함을 받은 인간들, 즉 거룩한 자들과 더불어 오시는 것을 바라본다. 그의 마음이 이 환상으로 가득 차 있기 때문에 그는 직접 화법으로 바꾸어 이야기한다(사 25:9). 이렇게 거룩한 자들을 동반하여 임하시는 것은 마태복음 24장 30-31절(천사들), 고린도전서 15장 23절, 그리고 데살로니가전서 3장 13절, 4장 14절(구속된 이들) 등에도 나타나 있다. 큰 능력과 영광 중에 다시 오시겠다고 약속하신 하나님께 감사하라.

자연의 변화

주께서 오실 때에 자연 현상에 심한 변화가 있을 것이다. 그 날에는 빛이 없어지겠고, 하늘의 빛이 응결되고 응고되어 어둠을 만들 것이며, 하늘의 별들도 변화를 겪을 것이다. 그 날은 독특하고 특별한 날, 전무후무한 날이 될 것이다. 오직 하나님만이 그 날의 본질적인 특성을 아실 것이다. 그 날의 낮은 평범한 낮이 아닐 것이다. 스가랴 14장 6절에서 스가랴는 빛이 사라진다고 말했다. 그 날은 밤도 평범한 밤이 되지 못할 것이다. 이는 저녁 때에 이상한 빛이 있을 것이기 때문이다.

"그 날에는 빛이 없겠고 광명한 것들이 떠날 것이라"(슥 14:6).

그 때에 생수가 예루살렘에서 솟아나서 사해와 지중해를 향해 흘러 나갈 것이다. 이리하여 온 땅이 기름지고 비옥하게 될 것이다. 예루살렘은 세계에서 가장 메마른 성읍들 중의 하나이다. 어떤 이는 "시온"이란 건조한 곳을 의미한다고 주장한다. 그러나 축복의 날, 메시야가 자기 백성에게 돌아오는 그 날에 생수가 그 땅에 다시 활력을 줄 것이다. 성경에서 물은 정화淨化, 영적 생명, 그리고 소생의 상징이다. 그 물은 여름이나 겨울이나 끊이지 아니하고 흐를 것이요, 뜨거운 여름 볕에도 마르지 아니할 것이다(겔 47:1; 욜 3:18; 계 22:1-2). 하나님의 메시야가 임재하시는 곳에는 항상 영적 능력과 축복이 있을 것이다.

메시야의 통치

다윗의 자손이 자기의 조상 다윗의 보좌에 앉을 때, 주님은 온 세상의 왕이 되실 것이다. 주님의 불변성과 영광이 보편적으로 인식될 것이다. 그는 홀로 온 우주에서 예배를 받으실 것이다(사 54:5; 단 2:44; 계 11:15).

팔레스타인 온 땅이 아라바처럼 되어 생수가 무한히 흐르게 될 것이다. 아라바나 요단 평야는 디베랴 바다에서부터 홍해의 엘라니틱 만에까지 이어진다.

이제 스가랴는 변화가 일어날 곳의 정확한 지리적 위치를 제시한다. 게바는 예루살렘으로부터 동쪽으로 6마일 떨어진 곳으로 지금의 에바이다. 림몬은 예루살렘으로부터 남쪽으로 35마일 위치에 있다. 예루살렘도 높이 들려(미 4:1) 그 성읍의 북쪽 벽에 있는 베냐민 문에서부터 첫 문에 이르는 그의 본처에 안전하게 있을 것이다. 첫 문의 위치는 확실하지 않다. 어떤 이들은 그 문이 그 성읍의 북서쪽 끝에 있는 모서리 문 위에 있는 낡은 문이라고 한다. 베냐민 문 가까이에 있는 성벽의 북동쪽 모서리 근처에 있는 하나넬의 망대에서부터 왕의 정원들과 실로암 연못 가까이에 있는 그 성읍의 남동쪽에 위치하고 있을 왕의 포도주 짜는 기구가 있는 곳에 이르는 곳에 성읍은 옛날처럼 다시 건축될 것이다. 그 성읍에 다시 사람이 거주하게 되고, 이제 더 이상 죄가 없으므로 저주도 없어질 것이다. 이것은 오늘날처럼 고통스럽고 긴장된 상황과 너무나 다르다.

침략자들의 운명

> "예루살렘을 친 모든 백성에게 여호와께서 내리실 재앙은 이러하니 곧 섰을 때에 그들의 살이 썩으며 그들의 눈동자가 눈구멍 속에서 썩으며 그들의 혀가 입 속에서 썩을 것이요"(슥 14:12).

스가랴 14장 12절은 다시 스가랴 14장 서두에서 언급했던 주제, 즉 예루살렘에 대한 최후의 침략이라는 주제를 다룬다. 여기에는 스가랴 14장 서두에서 다루지 않았던 자세한 상황이 묘사된다. 그 때에 하나님은 적의 군대에게 초자연적인 질병을 내리심으로써 이스라엘에게 승리를 주실 것이다. 그들의 육체의 살이 썩고, 눈은 구멍에서 녹아 없어지며, 혀는 입 안에서 썩을 것이다. 그것은 살아 있는 죽음이 될 것이다. 개개인에 대한 심각한 육체적 고통에 덧붙여 그들에게 초자연적인 혼란이 덮칠 것이다. 하나님께서 그들을 크게 요란하게 하셔서 모든 사람들이 각기 자기의 동료 군인과 이웃을 대항하여 싸우게 될 것이다. 적의 군대는 내분 때문에 스스로 멸망할 것이다(겔 38:21).

전쟁의 첫 국면에서는 전세戰勢가 예루살렘 백성에게 불리하게 되어 가지만(슥 14:1), 두 번째와 세 번째 국면에서 이스라엘은 승리할 것이다. 사면에 있는 모든 족속들이 모여 이 공동의 적을 대항하여 예루살렘을 방어할 것이다.

적은 많은 인명과 재산의 손실을 입을 것이다. 동양의 군대들은 행군할 때에 많은 금과 은을 가지고 다닌다(대하 20:25). 옷이 종종 전리품 목록에서 언급되는데, 이는 동양에서 옷이 중요한 재산이기 때문이다(삿 5:30; 왕하 7:15).

스가랴 14장 12절에 언급된 질병이 다시 적의 진영에 있는 말, 노새, 낙타, 당나귀 등 모든 짐승들에게 미칠 것이라고 언급된다. 침략자의 동물들까지도 하나님의 진노의 심판을 면하지 못할 것이다(슥 12:4).

초막절

전쟁의 연기가 걷히고 이스라엘의 남은 자들이 구원될 때, 이방인들 중에 하나님을 경외하는 자들은 매년 예루살렘에 올라가서 왕이신 만군의 주를 예배하며 초막절을 지킬 것이다. 이방 나라들은 국가적으로 대표하여 올라갈 것이다. 왜냐하면 과거에 이스라엘 백성들도 마지막 한 사람까지 남김 없이 그 절기를 지키러 가지는 않았기 때문이다(레 23:33-34; 신 16:13-17).

초막절은 천년왕국 시대의 절기이다. 그것은 모여서 쉬고 즐기며 찬양하고 감사하는 절기이다(출 23:16; 34:2). 유월절과 오순절이 언급되지 않는 것은 그것들의 원형原形이 이미 완성되었기 때문이다. 초막절은 이스라엘이 포로지에서 돌아온 것을 기념하는 절기였다(느 8:14-18). 그것은 수확을 거둬들인 후의 두드러진 기쁨의 절기이다(계 7:9). 천년왕국 시대가 도래할 때, 모든 다른 절기들도 그 원형에 의해 이루어질 것이다. 이제 초막절도 그 원형을 찾게 될 것이다. 예루살렘에 올라가서 왕께 경배하기를 거절하는 족속의 땅에는 비가 내리지 않을 것이다.

많은 사람들은 민족들이 예루살렘에 오는 데 있어서 어려움이 있으리라고 추정해 왔다. 그것은 물리적으로 불가능하다고 선언되었다. 그러나 앞에서 살펴본 바와 같이, 본문에서는 모든 국가의 모든 사람이 매년 그 절기를 지키러 올라가라고 요청하지 않는다. 그것은 국가적으로 대표하여 시행될 것이다.

> "땅에 있는 족속들 중에 그 왕 만군의 여호와께 경배하러 예루살렘에 올라오지 아니하는 자들에게는 비를 내리지 아니하실 것인즉 만일 애굽 족속이 올라오지 아니할 때에는 비 내림이 있지 아니하리니 여호와께서 초막절을 지키러 올라오지 아니하는 이방 나라들의 사람을 치시는 재앙을 그에게 내리실 것이라 애굽 사람이나 이방 나라 사람이나 초막절을 지키러 올라오지 아니하는 자가 받을 벌이 그러하니라"(슥 14:17-19).

스가랴 14장 17-19절은 이 시대에도 불순종이 있을 것을 전제로 한다. 그 이유는 시편 66편 3절과 같은 구절에서 찾아 볼 수 있는 바, 거기서는 어떤 이가 전능한 왕 메시야에게 거짓된 순종을 한다고 기록되어 있다(문자적으로 번역하면 "거짓으로"). 비를 내리지 않으면, 그 다음 해의 수확이 영향을 받는다.

애굽의 경우에는 이 위협이 전혀 설득력을 갖지 못할 것이므로, 스가랴는 애굽의 징벌을 선포한다. 애굽은 비에 의존하지 않고 매년 반복되는 나일 강의 범람에 의존한다. 따라서 그들은 자기들이 이 예언에서 면제되리라고 생각할 수도 있을 것이다. 그러나 하나님은 그들에게 징벌을 내리실 것이다. 그들에게 염병을 내리실 것이다. 이 때의 염병이 반드시 스가랴 14장 1절에 언급된 염병과 같은 것은 아니다. 어느 누구, 어느 시대, 어느 지역에서도 하나님의 명백한 명령에 도전할 수 없으며, 그 명령에 도전할 때에는 반드시 징벌이 임한다.

"여호와께 성결"

> "그 날에는 말 방울에까지 여호와께 성결이라 기록될 것이라 여호와의 전에 있는 모든 솥이 제단 앞 주발과 다름이 없을 것이니 예루살렘과 유다의 모든 솥이 만군의 여호와의 성물이 될 것인즉 제사 드리는 자가 와서 이 솥을 가져다가 그것으로 고기를 삶으리라 그 날에는 만군의 여호와의 전에 가나안 사람이 다시 있지 아니하리라"(슥 14:20-21).

이스라엘 주변 국가들은 불순종으로 인하여 심판을 맞는 반면에, 하나님의 백성은 의롭게 될 것이다. 모두가 거룩하게 될 것이다. 이것은 하나님께서 이스라엘, 교회, 또는 어느 시대를 막론하고 모든 사람의 심령을 다루시는 위대한 목표요 목적이다.

거룩함이 모든 일상적인 생활과 예배 의식에 얼마나 침투하는지가 이 위대한 예언서의 마지막 두 절에서 나타난다. 그 날에 하나님의 백성들은 수 세기 동안 이스라엘에 대한 하나님의 이상이었던 보편적인 거룩함을 알게 될 것이다(출 19:6; 성민). 장식으로 사용되는 말 방울에까지 이스라엘 대제사장의 보석 박은 관에 새겨진 말, "하나님께 성결"이 새겨질 것이다. 말은 보통 전쟁에 사용되나, 이제는 하나님과 그의 영광에 바쳐질 것이다. 성전의 솥은 성소에서 가장 비천한 물건으로 간주되어 왔다. 그러나 메시야 통치의 날에 그것들은 하나님 앞에서 희생제물의 피를 뿌리는 제단 앞의 주발과 동등하게 거룩해질 것이다.

거룩함이 널리 퍼져 있는 곳에 의식적인 신성함은 필요하지 않다. 이 예언서의 마지막 절은 동일한 진리를 다른 각도에서 말한다. 만일 성소의 모든 기구들이 보편적인 성결로 인하여 동일한 수준의 거룩함을 입는다면, 온 국가에 있는 모든 솥들도 동일하게 하나님께 바쳐질 것이다. 가정집의 솥들은 하나님의 집의 예배를 위한 성전 기구들로 쓰일 만큼 거룩하게 될 것이다. 그 날에 하나님의 집에는 가나안 사람이 없을 것이다. 가나안 사람이란 고대 세계에서 가장 유명한 선원과 상인들이었던 가나안 북쪽의 베니게인들을 나타낸다. 그들은 하나님을 공경하지 않는 것으로 유명했고, 여기서는 거룩하지 못하고 신을 공경하지 않는 사람을 대표한다(호 12:7). 이것은 모든 것이 거룩해질 것이라는 사실을 역설적으로 진술한 표현이다.

제18장

말라기: 형식적인 예배

제사장들의 타락

인물과 시대적 배경

말라기는 1,000년이 넘도록 메시야의 강림을 예고해 온 선지자 계보의 마지막 선지자이다. 말라기의 개인 경력에 대해서는 전혀 알려져 있지 않다. "말라기"란 "나의 사자使者"라는 뜻이며, 고유명사가 아니라고 생각하는 사람들도 있다. 일반적으로 자유주의 비평가들은 이 책이 원래 익명으로 쓰였다고 주장한다. 히브리어에서는(헬라어도 그렇다) 동일한 단어가 "사자"와 "천사"를 나타내기 때문에 몇몇 교부들은 이 선지자를 성육신한 천사로 여겼다.

이 책에서는 특히 제사장직에 대해 두드러지게 언급하고 있기 때문에, 말라기가 제사장이었다고 보는 사람들도 있다. 요나단의 아람어 탈굼은 에스라가 말라기를 썼다고 한다. 말라기의 혈통이나 출생지에 대해서는 전혀 알 수 없다고 주장되고 있다.

오바댜나 하박국에 대해서도 마찬가지이다. 유대 전승에 따르면, 말라기는(학개, 스가랴와 함께) 대회당의 일원이었다고 한다. 구약성경의 선지서 중에 익명으로 전해진 것이 없으므로, 우리는 말라기가 이스라엘의 마지막 선지자의 이름이었다고 확신할 수 있다.

이 선지자는 느헤미야가 다스리던 시기에 활동했다. 그는 분명히 포로기가 끝난 후에 활동했다. 당시 성전이 재건되고 제사장들에 의해 예배를 드리게 되었으나 백성들은 영적으로 쇠퇴해 있었다. 말라기는 학개와 스가랴보다 약 1세기 정도 후에 활동했다. 학개와 스가랴가 스룹바벨과 여호수아에게 가졌던 것과 동일한 관계를, 그는 느헤미야에 대해 가졌다. 그의 활동 시기는 대략 B.C 5 세기 말경이다.

말라기의 메시지는 대부분 죄의 선고와 책망이다. 그 당시에 나타난 백성들의 정신은 후일 바리새주의나 사두개 종파로 발전되었다. 그 당시 이스라엘의 도덕적, 영적 상태는 오늘날 기독교계의 그것과 같았다.

여기에는 바벨론 포로생활로부터 돌아온 남은 자들의 영적 생활이 세밀하게 묘사되어 있다. 그들은 자기들을 향해 나타나는 하나님의 크신 사랑에 대해 무감각했다. 그들은 자기들이 하나님의 뜻과 길에서 얼마나 벗어났는지 깨닫지 못했다. 그들에게는 하나님에 대한 경외가 없었고, 실제로 하나님을 멸시했다. 그들에게는 영적 인식력이 부족하여 자기들의 행위가 지적되었을 때에도(이것은 단순한 문자적 어투가 아니다) 그 안에서 아무런 나쁜 것을 깨닫지 못했다. 하나님에 대한 그들의 태도는 자주 반복된 "어디"라는 말을 미루어 보아 알 수 있다.

느헤미야를 격노하게 했던 이스라엘의 죄는 말라기를 분개하게 한 것과 같은 것이었다. 그들의 잘못은 다음과 같다: (1) 제사장들의 부패; (2) 이스라엘 부인들과 이혼한 후 외국 여인들과 재혼한 일; (3) 십일조와 제물을 소홀히 한 것 등이었다. 말라기는 그 백성 중에 있는 신실한 남은 자들의 위치와 전망을 제시하기도 한다.

이 책은 연속되는 일련의 설교이다. 말라기는 직접적이며 강력하고 신랄한 산문 문체를 취하였다. 이 책의 서문은 후기 유대교에 널리 알려진 변증법적 형태의 가르침이다. 하나님과 그의 백성 사이에 일어난 여덟 번에 걸친 논쟁이 말라기 1장 2절, 6절, 7절, 2장 14절, 17절, 3장 7절, 8절, 13절에 나타나 있다. 그들은 죄 때문에 비난받을 때마다 하나님을 대적하며 그 증언을 대라고 주장하였다.

야곱에 대한 하나님의 사랑

이 예언의 표제는 하나의 경고로서, 이 메시지가 위로나 격려가 아니라 책망임을 나타내준다. "경고"라는 용어는 이곳과 스가랴 9장 1절, 12장 1절에 나타난다. 말라기는 이스라엘, 즉 포로생활을 마치고 돌아온 열두 지파 모두에게 선포하고 있다. 위에 언급한 바와 같이 다른 예언서들의 표제들과 비교해 보면, "말라기"란 고유명사이며 공적인 직책의 명칭이 아님을 알 수 있다.

이 예언은 하나님께서 야곱을 사랑하셨다는 영광스럽고 즐거운 사실을 지적함으로 시작된다. 구약성경의 마지막 예언이며 거룩한 말씀의 마지막 페이지인 말라기서에서, 하나님은 이스라엘에 대한 하나님의 사랑의 지속을 반복하신다(신 10:15, 33:3; 암 3:2을 보라).

야곱을 선택하신 것은 분에 넘치는 사랑이었다(롬 9:13).하나님께서 사랑으로 택하셨다는 교의는 변덕스럽거나 독단적인 것이 아니며, 또한 하나님 앞에서의 인간의 책임이 감소되는 것도 아니다. 우리는 이 사랑을 이두매에 대한 팔레스타인의 일시적 우월성으로 제한할 수는 없다. 팔레스타인이 포로생활에서 돌아온 반면, 이두매는 그렇지 못했기 때문이다. 말라기의 모든 예언은 그의 백성에 대한 여러 관계—아버지, 주, 하나님, 심판관—에서 하나님을 드러낸다.

이러한 하나님의 사랑에 대하여 이스라엘은 경건하지 못한 뻔뻔스러움으로 "주께서 어떻게 우리를 사랑하셨나이까?" 라고 묻는다. 이스라엘의 모든 죄악의 뿌리는 하나님의 사랑과 이스라엘 자신의 죄에 대한 무지에 있었다. 하나님은 무한한 인내로써 에서보다 야곱을 더 사랑하셨다고 거듭 대답하신다.

야곱에 대한 하나님의 사랑과 대조를 이루는 것은 에서에 대한 하나님의 미움이다. 많은 해석자들은 이 책의 "미워하다" 라는 단어를 비교급의 의미로 보며, 이러한 용법이 쓰인 예로 창세기 29장 30-31절; 신명기 21장 15-16절; 잠언 13장 24절; 마태복음 6장 24절, 10장 37절; 누가복음 14장 26절을 지적한다. 이 구절들에서의 의미는 더 많이 사랑하는 것, 혹은 덜 사랑하는 것이다. 로마서 9장에 기록된 바, 하나님께서 에서를 미워하셨다는 진술은 창세기가 아니라 이 예언에서 인용한 것이다.

하나님은 피조물을 책망하기 위해서 주권을 행사하지 않으신다. 에서가 수 세기 동안 계속 하나님을 대적해 왔기 때문에 에서에 대한 미움은 타당한 것이었다. 이것은 창세기가 아니라 구약성경 역사의 끝에 언급되어 있다.

"에돔은 말하기를 우리가 무너뜨림을 당하였으나 황폐된 곳을 다시 쌓으리라 하거니와 나 만군의 여호와는 이르노라 그들은 쌓을지라도 나는 헐리라 사람들이 그들을 일컬어 악한 지역이라 할 것이요 여호와의 영원한 진노를 받은 백성이라 할 것이며"(말 1:4).

말라기 1장 4절에는 책망이 들어 있지 않으며, 이것은 성경이 가르치는 바도 아니다. 에서에 대한 하나님의 미움을 드러내기 위해 선택된 예는 그의 산들이 황폐하게 되고 그의 산업이 황폐하게 되어 광야의 이리가 거하는 곳이 되었다는 것이다.

사람들은 이 구절을 나바테인들에 의한 에돔의 정복, 또는 바사와 애굽 간의 전쟁, 또는 바벨론인들에 의한 멸망으로 이해한다. B.C 586년 예루살렘이 함락된 지 5년 후에 갈대아인들이 에돔을 침범했다. 이사야 13장 22절에서와 마찬가지로, "황무지"와 병행하기 위해서는 "이리"로 번역된 단어를 "거처"로 번역할 수 없다. 그러한 번역은 이사야서의 구절에서 그 의미를 잃게 되며, "거처"라는 낱말의 어원이 불확실하기 때문이다.

에서가 교만하게 황폐된 곳들을 재건하려 해도 하나님은 그들의 건축물들을 뒤엎겠다고 말씀하신다. 그 땅을 재건하려는 시도는 모조리 실패할 것이다.

말라기 1장 4절의 위협은 하나님께서 에돔이 그 지위와 권세를 되찾는 것을 결코 허락하지 않으실 것임을 나타낸다. 전에 에돔의 지경地境, 에돔의 땅이라고 알려졌던 곳이 사악한 지경이라고 불릴 것이다. 사람들은 에돔의 황폐화된 상태가 죄 때문임을 알게 될 것이다.

선지자 말라기가 에돔의 이름을 완전히 없애 버리는 일에 대해 말하고 있다고 간주할 필요는 없다. 에돔의 쇠퇴는 이스라엘을 향한 하나님의 선하심과 사랑을 나타내는 또 하나의 증언이 될 것이다. 그때 이스라엘은 하나님께서 이스라엘 땅을 통치하신다는 사실이 진실로 은혜로운 것임을 증언할 것이다. 하나님의 선하심과 위대하심이 하나님의 백성에게 드러날 것이다.

더럽힌 제사

이스라엘은 이 은혜로운 하나님의 사랑에 대해 어떻게 보답했는가? 이제 선지자는 하나님의 사랑으로부터 그 백성의 배은망덕함으로 이야기를 돌린다. 하나님은 이스라엘 백성을 자식처럼 대하셨다. 그러면 그들은 하나님을 아버지로 공경했는가? 그들은 주인이신 하나님에 대해 종의 관계를 유지했다. 그들은 하나님께 합당한 경배를 드렸는가? 하나님께 합당한 경배는 주로 제사장들이 신실하지 못함으로 인하여 억제되었으므로, 그 책임이 제사장들에게 있다.

레위인들의 첫째 죄는 성전에서의 직무 태만이었다. 그들은 이렇게 함으로써 하나님의 이름을 멸시하고 있었다.

> "너희가 더러운 떡을 나의 제단에 드리고도 말하기를 우리가 어떻게 주를 더럽게 하였나이까 하는도다 이는 너희가 여호와의 식탁은 경멸히 여길 것이라 말하기 때문이라"(말 1:7).

이 범죄의 본질이 다음 절들에 언급되어 있다. 제사장들은 하나님의 제단에 더러운 제물을 드렸다. 신명기 15장 21절은 이런 일을 명백히 금했다. 말라기가 사용한 "떡"이라는 말이 제사, 즉 동물의 고기를 의미했음은 다음 사실에서 분명히 드러난다: (1) 단에 드렸다고 언급한 사실, (2) 말라기 1장 8절의 눈 먼 것, 저는 것, 병든 것에 대한 언급, (3) 레위기 21장 6절, 8절, 17절의 제물을 상징한 "떡"의 사용. 떡이 희생제물이라면 상床은 제대祭臺가 아니라 희생제단의 제단이다(비교: 겔 41:22).

> "만군의 여호와가 이르노라 너희가 눈 먼 희생제물을 바치는 것이 어찌 악하지 아니하며 저는 것, 병든 것을 드리는 것이 어찌 악하지 아니하냐 이제 그것을 너희 총독에게 드려 보라 그가 너를 기뻐하겠으며 너를 받아 주겠느냐"(말 1:8).

하나님께서 정하신 예배를 멸시하는 것은 하나님(당신)에 대한 멸시를 내포한다. 그들은 모세의 율법에 금지된 눈먼 것, 저는 것, 병든 것을 제물로 드렸다(레 22:20–25; 신 15:21을 보라).

그 같은 것은 악하다는 질책과 풍자의 말이 반복되었다. 좀 더 강조하여 번역하면 "어찌 악하지 아니하냐?"라고 할 수 있다는 의견들이 있다. 그들은 항상 상황에 따라 하나님의 요구와 법을 수정하려 하였다. 그들은 뻔뻔스럽게도 그들의 통치자, 아마 시바의 통치자에게도 감히 드리지 못할 것을 하나님께 드리려 했다. 말라기는 하나님께 대해서보다 인간적 측면에서 더 민감한 그들의 예절 감각에 호소하고 있다. 하나님의 칭찬보다 인간의 칭찬을 더 사랑하는 사람들은 항상 있는 법이다.

하나님의 불만

하나님께서 은혜를 베푸시도록 하나님의 긍휼을 간구하라는 요구는 언뜻 보면 회개하라는 심각한 권면인 것같이 보인다. 그러나 이것은 풍자적인 제안으로 보는 편이 낫다. 선지자는 "그처럼 받아 주지 않는 제물로 하나님께서 너희를 기뻐하실 것으로 생각하느냐?"라고 묻는 것이다. 그러한 제물을 드리는 한, 그들의 기도는 아무 소용이 없을 것이다. 제사장들의 행위가 이러했으므로, 말라기는 그들에게 단호히 비난을 퍼붓는다. 결과적으로 하나님은 그들을 돌보지 않으시고 그들의 제물을 받지 않으신다.

누군가가 성전 문을 닫아 제단 위에 헛되이 불사르지 않기를 바라는 소원이 표현되었다. "헛되이"라는 말은 "값없이"라는 말로도 번역될 수 있다. 너무나 탐욕스러운 제사장들은 문을 닫는 일과 같은 지극히 작은 일에도 대가를 요구했다고 생각하는 사람들이 있다. 제사장들이 너무 게으르고 부주의해서 제 시간에 성전 문을 닫지 않았다고 생각하는 사람들도 있다. 그러나 가장 적절한 설명은 예배가 겉치레에 그치고 진실되지 못했기 때문에 하나님께서 예배를 그치게 하셨다고 보는 것이다(사 1:11-15). 헛된 예배를 드리는 것보다는 차라리 예배를 드리지 않는 것이 더 낫다. 하나님은 제사장이나 제물을 기뻐하지 않으셨던 것이다.

받으시는 예배

그러나 하나님께서 즐겨 받으시는 명확한 예배가 있다. 그것이 온 세상에 계시되고 행해질 것이다. 해 뜨는 곳에서부터 해 지는 곳까지란 지구의 양 끝을 의미하는 표현이다(시 103:12; 슥 8:7). 이것은 현 세대에 성취되는 것이 아니라 천년왕국 시대에 관한 예언이다. 에스겔의 마지막 장들

(40~48장)은 재건된 성전에서 드릴 천년왕국의 예배에서 분향과 제물이 드려질 것임을 보여준다. 이것은 하나님께서 이방인들의 예배를 순수한 예배로 여기셨다거나 선지자가 말라기 자신의 시대 상황에 관하여 말하고 있는 것이 아니다(몇몇 작가는 이에 동조한다). 말라기는 우리가 이제까지 약술해온 미래에 관해 말하고 있다.

하나님의 이름이 각처에 알려지고 영광을 받아 온 세상으로부터 순수한 예배를 받으시리라는 사실이, 하나님께서 진실로 이스라엘의 더럽고 열심 없는 예배를 기뻐하지 않으시는 이유로 제시된다. 하나님은 자기 백성의 흠 있는 제물(말 1:10)을 받지 않으실 것이다.

> "만군의 여호와가 이르노라 너희가 내 제단 위에 헛되이 불사르지 못하게 하기 위하여 너희 중에 성전 문을 닫을 자가 있었으면 좋겠도다 내가 너희를 기뻐하지 아니하며 너희가 손으로 드리는 것을 받지도 아니하리라"(말 1:10).

하나님은 만국으로부터 분향과 깨끗한 제물로 경배를 받으실 위대하신 하나님이시기 때문이다. 이상하게도 로마 가톨릭 교회는 미사 의식의 근거를 이 구절에 둔다. 이 구절을 교회의 성찬식(성만찬)에 관한 예고로 보는 교부敎父들의 견해도 올바른 것이 아니다.

성물聖物 모독

말라기 1장 12절 "그러나 너희는 말하기를 여호와의 식탁은 더러워졌고 그 위에 있는 과일 곧 먹을 것은 경멸히 여길 것이라 하여 내 이름을 더럽히는도다"에서 말라기는 제사장들의 죄, 그리고 그들이 하나님의 위엄을 멸시했다는 주제로 돌아온다. 여기에 말라기 1장 7절의 책망이 반복되었다. 그들은 말로 하나님의 이름을 더럽힌 것이 아니라, 그들의 실제 행동이 그렇게 증언했다. "더럽히다"라는 말이 분사로 사용된 것은 그들이 습관적으로 그렇게 행했음을 나타내 준다. 그들은 하나님의 제단과 제사를 경멸히 여길 것으로 간주했다. 모든 예배는 그들의 마음이 거기에 없기 때문에 짐스럽고 귀찮게 여겨진다(사 43:22-24; 미 6:3참조). 그들은 하나님께 제물을 드리는 일을 깔보고 멸시하고 코웃음쳤다. 즉 지극히 경멸히 여길 것으로 다루었다. 제사장들은 하나님께 드리는 것에 조금도 주의를 기울이지 않았기 때문에 폭력으로 빼앗은 것, 저는 것, 병든 것을 드렸다.

> "만군의 여호와가 이르노라 너희가 또 말하기를 이 일이 얼마나 번거로운고 하며 코웃음치고 훔친 물건과 저는 것, 병든 것을 가져왔느니라 너희가 이같이 봉헌물을 가져오니 내가 그것을 너희 손에서 받겠느냐 이는 여호와의 말이니라 짐승 떼 가운데에 수컷이 있거늘 그 서원하는 일에 흠 있는 것으로 속여 내게 드리는 자는 저주를 받으리니 나는 큰 임금이요 내 이름은 이방 민족 중에서 두려워하는 것이 됨이니라 만군의 여호와의 말이니라"(말 1:13-14).

하나님께서 그와 같은 속임수와 모욕을 어찌 만족스럽게 받으실 수 있겠는가? 그것은 가난 때문이 아니었다. 문제는 탐욕이었다. 적절한 희생제물을 드리겠다고 서원하고—서원할 때에는 가장 좋은 것을 드리기로 하나님께 약속한다—적절하지 못한 동물로 그 서원을 갚을 수 있다고 생각한 사기꾼에게 저주가 퍼부어진다. 그러한 제물은 하나님의 권위에 대한 모욕이었다. 하나님은 이스라엘에 의해 그 이름이 멸시받고(말 1:6) 더럽혀도(말 1:12) 나라들 중에 높임을 받으시는(말 1:11) 위대하신 왕이시며, 지금도 이방인들 사이에 무섭고 두려운 분이다. 고귀한 하나님이 우리의 하나님이시니, 그 이름이 얼마나 복되신가!

"내가 야곱을 사랑하였다."

이것은 보잘 것 없는 야곱을 향한 하나님의 지극하신 사랑을 나타내는 아름다운 선포이다. 야곱이 하나님의 징계와 분노의 대상일 뿐 그 이상은 아닌 듯이 말하는 사람들이 많다. 그렇지 않다. 하나님은 야곱과 그의 후손, 즉 이스라엘 민족을 진심으로 사랑하신다. 이 사랑으로 인하여 하나님께서 하늘의 가장 값진 보화, 메시야, 이스라엘의 왕, 인간의 구속자를 예비하셨다.

결혼과 이혼

범죄한 제사장

말라기 2장은 1장 6절에서 시작된 제사장에 대한 하나님의 책망을 계속한다. 말라기는 하나님의 뜻을 알고 그것을 백성에게 가르쳐야 하는 제사장들의 죄악상을 상세히 다룬다.

"만군의 여호와가 이르노라 너희가 만일 듣지 아니하며 마음에 두지

> 아니하여 내 이름을 영화롭게 하지 아니하면 내가 너희에게 저주를 내려 너희의 복을 저주하리라 내가 이미 저주하였나니 이는 너희가 그것을 마음에 두지 아니하였음이라 보라 내가 너희의 자손을 꾸짖을 것이요 똥 곧 너희 절기의 희생의 똥을 너희 얼굴에 바를 것이라 너희가 그것과 함께 제하여 버림을 당하리라"(말 2:2-3).

말라기는 이제 그들이 회개하지 않을 경우에 그들에게 임할 심판을 제시한다. 여기에 언급된 명령은 말라기 2장 2-3절에서 포고, 선고, 혹은 심판의 위협으로 나타난다. 하나님의 경고에 주의를 기울이지 않고 하나님을 영화롭게 하지 못한 제사장들에게 신명기 27장 15-26절, 28장 15-68절의 저주가 선포된다. 여기서 말하는 축복은 제사장들의 수입에만 한정되지 않고 자비로우신 하나님의 손이 한 모든 축복, 제사장들이 그 직무를 통해 백성에게 약속한 것들을 포함해야 한다.

> "여호와는 네게 복을 주시고 너를 지키시기를 원하며 여호와는 그의 얼굴을 네게 비추사 은혜 베푸시기를 원하며 여호와는 그 얼굴을 네게로 향하여 드사 평강 주시기를 원하노라 할지니라 하라 그들은 이같이 내 이름으로 이스라엘 자손에게 축복할지니 내가 그들에게 복을 주리라"(민 6:24-26).

여기에 말라기 2장 5절에 언급된 생명과 평강의 축복도 포함된다. 그들이 계속 하나님께 순종하지 않았으므로 하나님은 이러한 축복을 거두어 가셨다. 게다가 하나님은 그들의 자손을 꾸짖으시겠다고 위협하신다. 이 단어는 같은 절의 "얼굴"과 병행을 이루는 "팔"로 번역되어서는 안 된다. 여기서 의미하는 바는 땅의 종자種子이다. 제사장들이 받는 십일조는 수확의 증가에 달려 있으므로 하나님께서 종자를 저주하실 경우, 그들은 불가불 고통을 받게 되기 때문이다.

설상가상으로 하나님은 절기의 희생의 똥을 그들의 얼굴에 바르겠다고 경고하신다. 이것은 진실로 수치스러운 일이다. 희생제물의 위胃는 제사장들의 몫이었다(신 18:3). 그러나 절기의 제사 때 드려진 희생제물의 위 속에 있는 똥이 그들의 얼굴에 던져질 것이다. 그러면 제사장들은 혐오스러운 것으로 간주되어 쓰레기와 함께 쫓겨날 것이다. 그들은 그들에게 주어진 충고의 본질을 실질적인 경험에 의해 알 것이다. 이것의 의미는 순종이 있으리라는 것, 혹은 레위의 언약이 더 이상 힘을 발휘하지 못하리라는 것이다. 그들이 심판의 선포에 주의를 기울여야 하나님은 과거에 레위와 맺은 언약을 유지할 수 있으실 것이다.

신실한 레위

여기서 말라기는 그가 살던 시대의 경건하지 못한 제사장들의 죄악된 행동과 하나님과 제사장적 언약을 맺은 그들 조상의 신실한 삶의 성격과 양태를 대조시킨다. 이것이 비느하스에 대한 한정된 언급이라고 볼 필요는 없다(민 25:12-13). 시내산에서 모든 이스라엘 백성들이 황금 송아지 앞에서 범죄했을 때에도 레위는 신실했다. 하나님의 영광에 대한 이 신실성 때문에 하나님은 레위와 그의 후손들과 연약을 맺으셨다(출 32:25-29; 신 33:8-11).

그 언약의 본질은 그에게 생명과 평강(구원)을 보장하는 것이었다. 하나님은 하나님의 이름이 경외되고, 레위가 하나님 앞에서 신실한 두려움과 경외함으로 행하기를 바라셨다. 말라기는 레위의 참된 경건에 대한 아름다운 묘사를 계속한다. 율법에 대한 그의 해석은(제사장은 하나님의 율법을 백성에게 가르치는 교사였다) 편견이나 이기적인 목적에 의한 것이 아니라 진리에 대한 엄격한 기준에 따른 것이었다. 그의 말은 의로웠다. 그는 하나님을 예배했고 하나님의 뜻 안에 살았다. "동행하다"라는 표현은 "따르다"(왕하 23:3)에 함축된 것보다 더 친밀한 하나님과의 사귐을 나타낸다.

그러한 삶과 사역의 결과로 많은 사람들이 죄를 떠나 하나님을 경외하게 되었다(단 12:3). 말라기 2장 7절은 이스라엘의 제사장들이 행하여야 할 바를 지시하고 있다.

> "제사장의 입술은 지식을 지켜야 하겠고 사람들은 그의 입에서 율법을 구하게 되어야 할 것이니 제사장은 만군의 여호와의 사자가 됨이거늘"(말 2:7).

그들은 모세의 율법을 그 민족에게 가르치기 위해 정식으로 임명된 교사들이었다. 그들은 하나님의 사자라고 불렸다. 이 말은 보통 천사의 존재에 대해 언급하는 것이다. 그러나 학개 1장 13절에서 선지자에게 쓰였듯이 여기에서는 제사장들에 대하여 쓰였다.

신실하지 못한 레위인들

이스라엘 초기 시대의 레위와 말라기 시대의 경솔한 제사장들 사이에는 참으로 큰 차이가 있다. 그들은 말라기 2장 6–7절에 개괄된 정도正道에서 근본적으로 벗어났다. 그들은 율법을 그릇되게 해석하고, 또한 나쁜 행실의 본을 보임으로써 다른 사람들까지도 율법을 범하게 했다. 그들은 언약의 규정에 주위를 기울이지 않아 효력을 상실하게 함으로써 레위의 언약을 더럽혔다(느 13:29). 그들이 하나님에 대한 예배와 봉사를 경멸히 여길 것으로 취급했기 때문에(말 1:7, 12), 하나님은 그들을 백성 앞에서 비천하게 만드셨다. 백성들이 보기에 그들의 타락은 일종의 징벌이었다. 그들은 편파적으로 직무를 수행했는데, 이에는 율법의 바른 시행을 방해하는 행위들뿐만 아니라 뇌물 수수도 포함되었다.

가증스러운 결혼

제사장들의 죄는 이미 앞에서 언급된 것들만으로 충분했을 것이다. 그러나 설상가상으로 제사장들과 백성들은 자기들의 동족, 특히 부인들에게 가혹한 죄를 저질렀다. 그들은 거룩하지 못하고 하나님께서 인정하시지 않는 결혼을 한 범죄자들이었다.

말라기는 그들에게 "우리는 한 아버지를 가지지 아니하였느냐 한 하나님의 지으신 바가 아니냐"라고 질문함으로써 이 주제를 도입한다. 이에 대한 대답은 분명히 긍정이다. 여기에 언급된 아버지는 아브라함이나 야곱이 아니라 하나님이다. 이 절의 후반부에 하나님이 언급되므로, 여기 병행구절의 취지는 인간적 조상을 의미할 수 없음을 나타내 준다. 궁극적으로는 창조를 통한 모든 인간의 아버지이신 하나님을 뜻하지만, 여기에서는 우선 언약의 백성인 이스라엘의 아버지 하나님을 의미한다.

이 절이 하나님에 관한 언급이라면 말라기 1장 6절(아버지)과 일치한다.

이스라엘은 아버지시며 창조자이신 하나님 앞에서 남자와 여자가 동일한 관계를 갖는다고 가르침을 받는다. 또 하나님께서 그들의 육체를 창조하셨을 뿐만 아니라 언약의 백성으로 만드셨다는 사실도 배운다(사 43:1, 60:21). 하나님께서 이러한 일치를 이루셨기 때문에, 그들은 감히 국가적 삶에 있어서 분파적 요소를 들여올 수 없었다. "형제"라는 일반적인 용어에는 상처받은 부인들도 포함된다. 그들은 다른 모든 민족들로부터 구별되는 백성으로 남아 있도록 보장하기 위해 하나님께서 그들의 조상들과 맺으셨던 언약을 범하고 있었다(비교: 출 19:5; 레 20:24, 26; 신 7:1-4). 모세의 율법은 우상 숭배가 이스라엘로 들어오는 것을 막기 위해 이방인들과의 결혼을 금지했지만 유다, 이스라엘, 예루살렘, 즉 온 국가가 이교도 여인들과 결혼하기 위해 속임수를 써서 유대인 부인들과 이혼했다. 이러한 잡혼雜婚에 대해서는 에스라와 느헤미야에 언급되어 있다(스 9:1-2, 10:1-4; 느 13:25-27).

> "유다는 거짓을 행하였고 이스라엘과 예루살렘 중에서는 가증한 일을 행하였으며 유다는 여호와께서 사랑하시는 그 성결을 욕되게 하여 이방 신의 딸과 결혼하였으니"(말 2:11).

말라기 2장 11절에서 하나님의 성품을 욕되게 하였다는 것은 이스라엘 백성 자신에 대한 언급이다(렘 2:3). 그들은 하나님 앞에서 그들과 동일하게 구별하여 거룩하게 하신 자기의 부인들을 잘못 대우함으로써 이 일을 행했다. 여기에는 당시 동양에서 여인들에게 주어진 일반적인 지위와 대조를 이루는 높은 배려가 있다. 이방 신의 딸이란 우상 숭배하는 여인을 가리킨다. 성경에서 제사 드리는 자는 아버지를 대하는 아들로 여겨진다(렘 2:27). 하나님이 보시기에 이 죄가 너무나도 엄청나고 가증스러운 것이므로 하나님은 범죄자와 그의 모든 가족을 멸하겠다고 위협하신다.

"깨는 자나 응답하는 자"는 밤에 성전을 지키면서 때때로 서로 부르고 대답하는 레위인들이나 교사(사 50:4), 혹은 학자들과는 관련이 없다. 그것은 아무도 남지 않으리라는 사실을 진술하는 격언적인 표현이다. 이것은 심판의 보편성을 의미한다. 아무도 제물을 드리는 행위를 통하여서 자기 부인을 잘못 대우한 죄를 깨끗이 씻을 수 없었다. 하나님은 결혼 관계를 참으로 거룩하게 생각하신다.

이혼 죄

이스라엘 남자들과 우상을 숭배하는 여인들과의 결혼은 또 다른 죄악의 측면을 갖고 있었다. 그 안에는 두 번째 것, 즉 두 번째 죄가 있었다. 그러한 결혼 안에는 유대 부인들과의 이혼이 내포되어 있었다. 이 버림받은 부인들은 하나님의 제단에 나아와 눈물로 그 제단을 덮었다. 따라서 전 남편들이 제물을 가지고 나아올 때, 하나님은 그것들을 기꺼이 받지 않으셨다. 하나님은 가슴 아픈 부인들의 눈물을 돌아보셨기 때문에 남편들의 제물을 돌아보지 않으셨다.

구약성경의 어느 곳에서도 이혼 죄에 관하여 이처럼 언급한 곳이 없다. 이것이 오늘날 우리 시대에 적용이 가능함은 역설할 필요조차 없다. 그것은 하나님께 강력하게 외치는 죄이기 때문이다. 말라기 시대의 사람들은 왜 하나님께서 그들의 희생제물을 받으시지 않는지를 묻는다. 그 대답은 하나님은 합법적으로 맺어진 결혼의 증인이시기 때문이라는 것이다. 그들의 이스라엘 부인들은 젊었을 때의 친구요 부인이며, 인생의 고락을 함께 하기로 선택한 여인들이었다.

> "그에게는 영이 충만하였으나 오직 하나를 만들지 아니하셨느냐 어찌 하여 하나만 만드셨느냐 이는 경건한 자손을 얻고자 하심이라 그러므로 네 심령을 삼가 지켜 어려서 맞이한 아내에게 거짓을 행하지 말지니라"(말 2:15).

말라기 2장 15절은 이혼에 대한 강력한 논쟁으로서, 말라기 전체에서 가장 난해한 구절로 여겨진다. 이 구절은 유대교 해석자나 기독교 해석자에게 항상 문제가 되어 왔다. 본인은 교의에 얽매이지 않고서 주요한 견해들을 살펴본 후에 그 중에서 본인의 선택을 밝히도록 하겠다.

이 절의 하반절은 쉬우나 상반절은 어렵다. 선지자는 부인들과 이혼하고 이방 여인들과 결혼함으로써 부인들을 계속 잘못 대우하는 것에 대해 경고하고 있다. 이 절의 상반절을 다음과 같이 읽어야 한다는 주장이 있다: "그리고 영의 나머지를 가진 자는 아무도 그렇게 행하지 않았다." 이것은 하나님의 영을 조금이라도 가졌다면 아무도 전 부인과 이혼하고 이방 여인들과 결혼을 하지 않았을 것이라는 의미이다. 그러나 이 번역은 이 구절의 하반절과 어울리지 못한다. 탈굼과 대부분의 랍비들은 "하나"를 첫 부인 외에 다른 부인을 더 취한 예로서 인용될 수 있는 아브라함을 의미하는 것으로 이해했다. 그리고 말라기 시대의 유대인들은 사라를 아내로 맞아들인 후 하갈을 취한 아브라함의 예를 지적하여 자신들의 행동을 변명하려 했다. 그 견해에 따르면, 아브라함의 경우에는 이기적인 쾌락이 아니라 하나님께서 약속하신 후손을 얻으려는 것이었기 때문에 아브라함에게 아직 하나님의 영이 머물러 있었다고 한다. 따라서 아브라함의 경우와 말라기 당시의 일들은 매우 다르다. 이것은 너무 왜곡된 설명인 듯하다.

선지자 말라기가 이혼에 대해 언급하고 있으므로, 여기에 하나님께서 친히 세우신 결혼의 원초적 제도가 언급된 것은 자연스러운 일이다. 창세기 2장 24절의 "한 몸"과 여기에 있는 "하나"를 비교하라. 하나님은 결혼 관계 속에서 둘을 하나로 만드셨다. 하나님에게는 아담에게 많은 부인들을 주실 수 있는 영의 여유, 영의 창조적 능력이 남아 있었지만 한 남자를 위해 한 여인만을 예비하셨다. 어찌하여 하나님은 한 남자에 대해 한 여인만 만드셨는가? 하나님은 경건한 자손을 찾고 계셨다. 하나님은 경건한 남은 자가 존속하기를 원하셨던 것이다.

일부다처제와 이혼은 자녀들로 하여금 하나님을 경외하도록 양육하는 데 도움이 되지 못한다. 그리고 궁극적으로 이러한 형태들은 약속된 메시야의 혈통으로부터 경건한 자손을 얻는 데 도움이 되지 못한다. 경건한 자손을 바라시는 하나님의 목적은 이족異族과의 결혼으로 인하여 방해받고 도외시되었다. 말라기는 이 모든 것을 고려하여 그들에게 부지런히 자신을 살펴 그와 같이 경건하지 못한 행위들을 삼가라고 경고한 것이다.

간단히 말해서 하나님은 아내들을 저버리는 이혼을 미워하신다고 분명히 선포하신다. 이 말씀이 이혼이 허락된 신명기 24장 1절과 상위되는 것은 아니다. 신명기에서는 그들의 마음이 완악하였으므로 허락되었던 것이다(마 19:3-8).

하나님의 미워하심은 학대로 옷을 가리는 사람에게도 선포되었다. 이것은 한 여인을 자기의 아내라고 주장하기 위해 여인에게 옷을 던지던 옛 관습에 관한 것이다(특히 신 22:30; 룻 3:9; 겔 16:8을 보라). 그들은 아내를 보호하기 위해 옷을 펼치는 대신에 아내들을 향하여 폭력으로 옷을 가렸다. 옷은 결혼의 신뢰와 보호를 상징했다. 다시 한 번 그들은 이 중요한 일에 있어서 조심하라고 경고를 받는다.

하나님을 괴롭히다.

이스라엘의 신실하지 못한 자들이 저지른 세 번째 죄는 악한 회의주의懷疑主義이다. 그들은 불경건 · 불신앙으로 하나님을 괴롭혔다. 그들은 하나님으로 하여금 더 이상 인내하실 수 없게 했다. 그들은 악인의 번영과 의인의 고난이라는 사실로부터 하나님의 섭리를 반대하는 진부한 논쟁을 끌어냈다. 그들은 바벨론포로 시대와 그 후 시대에 많은 시련을 당하였으므로 하나님께서 악인들, 즉 보란 듯이 번영을 누리는 이교도들의 주장을 기뻐하시고 사랑하셨다고 믿으려 했다.

그들은 하나님께서 악인들은 엄격하게 심판하지 않으셨다고 불편해 했다. 만약 그렇지 않다면, 그들에게 계속 전파되는 정의의 하나님은 진실로 어디에 계시는가? 말라기 2장 17절에 대한 대답이 3장 1절에서 발견되기 때문에 많은 사람들이 이 구절을 3장과 연관시킨다(실제로 사상적 연관이 있다). 하나님은 회의적인 정신에서 나온 그와 같은 질문에 대해 반드시 대답하신다. 말라기 3장 1절은 그들의 범죄에 관한 이야기를 완성하여 그들의 심판이 무르익었음을 드러낸다.

"만군의 여호와가 이르노라 보라 내가 내 사자를 보내리니 그가 내 앞에서 길을 준비할 것이요 또 너희가 구하는 바 주가 갑자기 그의 성전에 임하시리니 곧 너희가 사모하는 바 언약의 사자가 임하실 것이라" (말 3:1).

축복이 저주로 변하다.

인간의 심령이 하나님으로부터 받은 축복과 은혜를 얼마나 기뻐하는가! 이것은 그가 이 축복에 대해 하나님께 감사하지 않을 경우에도 그러하다. 이스라엘도 이러한 축복들을 당연한 것으로 여겼다. 이스라엘은 자신의 존속이 신앙과 순종에 달려있음을 인식하지 못했다. 그 결과, 이스라엘의 축복은 저주로 바뀌었다. 이것은 신자들의 생활에서 자주 있는 일이 아닌가? 오늘날 신자들은 하나님의 축복이 우리가 순종 안에서 행하고 그리스도를 유대인과 이방인들에게 알리는 일에 달려 있음을 잊고 있다. 우리가 우리 자신의 뜻대로 행하면, 하나님은 이러한 축복들을 거두어 가신다.

메시야와 그의 선구자

하나님의 두 사자

이 예언은 말라기 3~4장이 1~2장보다 더 잘 알려져 있다. 말라기 3~4장은 메시야의 초림과 재림에 관한 예언적 계시로 가득하다. 구약성경의 다른 많은 구절에서처럼, 여기에도 초림과 재림 사상이 혼합되어 있다. 말라기 3장은 경계의 말, "보라"로 시작된다. 하나님은 자기의 사자를 보내겠다고 약속하신다. 이것은 말라기 2장 17절에 기록된 바 그들의 뻔뻔스럽고 회의적인 질문에 대한 하나님의 대답이다. "내 사자"라는 말에는 선지자 말라기의 이름에 대한 언어유희가 함축되어 있다.

그러면 이 사자는 누구인가? 말라기 4장 5절에 비추어 선지자 엘리야일 것이라는 추측이 있으나 그렇게 볼 경우 전체적인 문제가 매우 불확실해진다. 말라기가 특정인을 염두에 두지 않았을 것이라는 가능성도 주장되어 왔다. 그러나 이러한 견해는 거의 불가능하다. 이 예언을 연구한 사람들은 대부분 말라기 3장 1절에 나타난 사역의 본질을 고려하여 메시야의 선구자가 오시리라는 예언으로 보았다.

이 사자는 의심할 바 없이 세례 요한이다(마 3:3, 11:10; 막 1:2-3; 눅 1:76, 3:4, 7:26-27; 요 1:23을 주의 깊게 보라). 이 구절들은 예언된 사람이 세례 요한임을 분명히 나타내 준다. 그의 활동은 하나님 앞에서 길을 예비하는 것으로 묘사되었다. 이 예고는 이사야 40장 3-5절의 예언에 기초를 두고 있다. 이것은 동양의 왕들이 그들 앞에 먼저 사람을 보내 그들이 가는 길에 있는 장애물이나 방해물을 제거하는 관습과 연관된다. 여기에서는 죄인들에 대한 회개와 회심의 설교를 통해 하나님께 반대되는 장애물을 제거하는 것을 의미한다. 이것이 요한의 사역 활동의 목적이다.

이스라엘의 신실하지 못한 자들은 "정의의 하나님이 어디 계시냐?"고 물었었다. 그 대답은 그들이 구하는 바 하나님과 그들이 사모한다고 고백하였던 언약의 사자가 하나님의 성전에 갑자기 임하시리라는 것이다. 하나님께서 갑자기 하나님의 성전에 임하신다는 말은 이 일이 말라기의 시대에 일어난다는 뜻이 아니라 하나님께서 오실 것으로 예정된 시간에 홀연히 임하시리라는 뜻이다. 이것은 부분적으로 그리스도의 초림으로 이루어졌고, 장차 세상에 재림하실 때 완전히 성취될 것이다.

"언약의 사자(천사)"는 누구를 의미하는가? 말라기 3장 1절 상반절에서 언급된 사자와 동일한 사람인가? 이 표현은 여기에만 나타난 것으로서 어떤 사람들은 그 의미를 결정할 수 없다고 생각한다. 그러나 그렇게 절망적인 것은 아니다. 이러한 주제를 담고 있는 구약성경을 비교 연구해 보면, 이 사람이 출애굽기 23장 20-23절, 33장 15절과 이사야 63장 9절에 나오는 언약의 천사임을 알 수 있다. 천사는 하나님의 자기 계시이다. 그는 하나님 자신, 구약성경 역사에 등장하는 하나님의 천사, 구약성경 여러 책에 있는 많은 신현현(하나님께서 인간의 모습으로 나타나시는 일)들 중 성육하시기 이전의 그리스도이다.

아브네즈라Abenezra와 킴치Kimchi 같은 유대 주석가들은 이 사람을 하나님으로 보며, 킴치는 "하나님"과 "언약의 사자"를 메시야로 보기까지 한다. 우리는 여기에 주어진 메시야의 신성에 관한 세 가지 명백한 증언을 놓쳐서는 안 된다: (1) 그는 하나님과 동일시된다; "만군의 여호와가 이르노라… 그가 내 앞에서 길을 준비할 것이요"; (2) 그는 성전의 주인이라 지칭된다: "그의 성전에"; (3) 그는 그들이 구하는 바 "주"로 불린다.

"언약의 사자"라는 말에서 언약은 어떤 언약을 의미하는가? 이것이 히브리 9장 15절의 새 언약을 나타낸다고 이해하는 해석자들도 있다. 그러나 그것은 오히려 오랜 섭리를 통하여 하나님의 많은 계시 중에 나타난 바 구약성경에 이미 그 효력을 발하고 있는 언약이다. 그것은 이미 이스라엘과 맺어진 언약이다(출 24:8; 레 26:9-12; 신 4:23). 말라기 시대와 그리스도 시대의 많은 이스라엘 무리들은 일시적인 구원자를 구하며 사모하고 있었다. 그들에게 있어서 이 약속은 아이러니컬한 것이었다. 그러나 신실한 자들의 희구希求는 진실했다. 복음이 그리스도의 초림 때에 이스라엘과 더불어 시작되었고, 재림 시에도 역시 그러하리라는 것을 주시하라. 주 예수 그리스도께서 이 땅에 오시는 초림과 재림 때에 이스라엘은 하나님의 목적 가운데 중요한 위치에 있다.

연단하는 자이신 메시야

> "그가 임하시는 날을 누가 능히 당하며 그가 나타나는 때에 누가 능히 서리요 그는 금을 연단하는 자의 불과 표백하는 자의 잿물과 같을 것이라"(말 3:2).

말라기 3장 1절에 그리스도의 초림과 재림이 혼합되어 있듯이—이것은 이사야 61장 1-3절과 같은 구약성경 예언에서 나타나는 특징이다—말라기 3장 2절에도 메시야가 자기 백성 이스라엘에게 임하시는 두 가지 양상의 요소들이 혼합되어 있다. 말라기는 그들이 하나님의 임재를 사모했다고 말했었다. 그러나 이제 그는 그들 중 누가 하나님께서 오시는 날을 당할(견딜) 수 있겠느냐고 묻는다. 그 민족의 신실하지 못한 자들을 볼 때, 이에 대한 대답은 그 날에 아무도 살아남지 못할 것이라는 대답이다. 이것은 분명 말라기 시대에 해당되는 말이다. 또 그것은 그리스도께서 모든 것을 살피고 나서 예루살렘의 파멸과 이스라엘이 흩어질 것을 공포하셨던 초림에도 적용될 수 있다(비교: 욜 2:11; 말 4:1; 마 3:10-12; 계 6:15). 또한 재림에도 적용할 수 있다. 그리스도의 강림은 심판의 도래로서 이스라엘로부터 찌꺼기, 즉 죄를 씻어 내실 것이다.

연단하는 자의 불이란 언약의 사자가 단순히 일시적인 은혜를 베풀기 위해 지상의 군주나 해방자로서 오시는 것이 아니라 마음과 생명을 찾는 자로 오신다는 것을 나타내기 위해 야금술 분야에서 취한 생생한 비유이다(연단에 관한 비유로 슥 13:8-9를 보라). 연단이라는 사상은 표백하는 자의 잿물이라는 비유를 통해 더욱 분명히 나타난다.

하나님께서 심판관으로 앉아 계신 것으로 나타난다. 연단하는 자가 도가니를 가지고 하나님 앞에 앉아서 불의 강도와 금속에서 찌꺼기가 없어져 정화되는 것을 보고 있다. 심판은 진실로 하나님의 집에서부터 시작될 것이다(벧전 4:17).

레위의 자손들로부터 시작하여 나라 전체가 연단될 것이다(겔 48:11). 레위 자손들이 특별히 지적된 것은, 그들이 경건하지 못하여 제물들이 가납될 수 없었기 때문이었다. 그들은 말라기 1~2장에서 언급된 죄들로부터 정결하게 될 것이다. 그 때에 그들은 말라기 1장 7-14절에 기록된 것이 아니라 말라기 2장 6절에서처럼 하나님께 의로운 제물들을 바칠 것이다. 하나님 앞에 의로운 상태에서 진정으로 드려지기 때문에 제물들은 의로운 것이 될 것이다.

대부분 로마 가톨릭의 주석가들은 이것이 성만찬을 드리는 데 대한 예언이라고 생각하나, 실제로는 하나님께서 다시 오셔서 이 땅에 하나님의 의로운 나라를 세우시는 천년왕국의 상태를 의미한다.

이스라엘이 정화되고 회복되는 시대에, 그들의 제물은 진실로 이로운 제물로서 하나님께 가납될 것이다. 천년왕국 시대의 제물들은(겔 40~46장) 오늘날 성찬식과 마찬가지로 갈보리에서의 희생을 기념할 것이다. 많은 신자들은 교회의 성찬식에서 죄인들을 위한 갈보리 산에서의 주 예수 그리스도의 죽음을 기억하지만, 이스라엘은 지금까지 여러 세기 동안 불신앙의 생활을 하면서 그와 같은 하나님의 역사를 기념하는 의식을 행해오지 않았다.

천년왕국의 희생제사가 구속된 나라를 위하여 그와 같은 기념의 기능을 수행할 것이다. 천년왕국의 희생제사에 반대하여, 구약성경 시대에서조차 희생제사는 실제적인 효과가 없었기 때문에 천년왕국에서도 효과 없는 제사가 될 것이라고 주장할 수는 없다(히 10:4). 구약성경의 섭리에 있어서 희생제사는 일종의 도로 표지였으며, 천년왕국 시대에는 갈보리에서의 중요한 사건을 회고하는 기념들이 될 것이다. 말라기가 말한 옛날이란 모세의 시대, 혹은 아마 다윗의 시대나 솔로몬의 통치 초기를 언급한다. 그 때에는 하나님께서 제물들을 기쁘게 받아들이셨던 것으로 기록되어 있다.

심판의 예고

"내가 심판하러 너희에게 임할 것이라 점치는 자에게와 간음하는 자에게와 거짓 맹세하는 자에게와 품꾼의 삯에 대하여 억울하게 하며 과부와 고아를 압제하며 나그네를 억울하게 하며 나를 경외하지 아니하는 자들에게 속히 증언하리라 만군의 여호와가 말하였느니라"(말 3:5).

말라기 3장 5절에서 말라기는 그의 동시대인들을 언급하여 하나님의 심판으로 위협한다. 행악자들도 심판을 받아야만 한다. 이것도 역시 그들의 거만한 도전(말 2:17)에 대한 하나님의 응답이었다. 하나님의 응징을 받는 첫 무리는 마법사들이다(출 22:18). 바벨론 포로 시대 이후 이스라엘은 마술이 횡행했다. 아마 그들은 우상을 숭배하는 이방인 부인들 때문에 이러한 죄에 빠져 들었을 것인데, 이는 신약 시대에까지 계속되었다(행 8:9).

간음하는 자들도 역시 하나님의 분노의 막대기를 경험할 것이다. "간음하는 자"라는 말은 말라기 2장 16절에 언급된 바 아마 히브리 부인들과 이혼하고 이방인 부인들과 함께 사는 사람들에게 적용된다.

거짓 증언을 하는 거짓 맹세자들에게도 심판이 내려질 것이다. 위증은 출애굽기 20장 16절; 레위기 19장 12절; 신명기 19장 16-20절; 예레미야 29장 23절; 잠언 19장 5절에서 비난받고 있다. 품군들의 삯을 제대로 지불하지 않는 자들도 행악자의 무리로 분류된다.

마지막으로 심판받는 자들은 고아와 과부와 나그네들—하나님께서 특별히 돌보시고 사랑하시는 계층—을 압제하는 자들이다.

이러한 모든 변절의 근원이 나타나 있다. 이러한 일들은 모두 하나님을 경외하지 않았기 때문에 일어났다. 그러나 하나님은 이루셔야 할 일들에 대하여 자비를 베푸시려 하는 불변하고 신실하신 분이기 때문에, 그들의 방종에도 불구하고 하나님의 은혜로운 목적을 실현하실 것이다. 그들은 징계를 받아야 마땅하지만 하나님은 언약의 약속에 신실하시기 때문에 그들을 완전히 멸하지는 않겠다고 선포하신다.

이 민족은 족장 야곱과 맺었던 하나님의 연약과 관련하여 "야곱의 자손들"로 불린다. 간단히 말해서, 이스라엘이 죄에도 불구하고 존속하는 것은 이스라엘에게 풍성한 자비와 은혜를 베푸시려는 하나님의 불변하시는 목적 때문이다. 오늘날 우리를 포함한 모든 나라들의 소망은 언약을 지키시는 하나님의 불변하시는 속성에 근거를 둔다.

하나님의 것을 도둑질하다.

하나님의 선하심이 불변하시듯이, 그들도 악한 행위로부터 돌이키지 않았다. 오랫동안 그들은 선조들 때부터도 하나님의 규례를 벗어나서 행했다. 그들의 이러한 행위는 결코 새로운 행동이 아니었다. 그들은 악한 행위를 무수히 해왔다. 그들에 대한 하나님의 부르심은, 그들이 회개하고 돌아오면 하나님께서도 그들에게 돌아와 축복하시겠다는 것이다(슥 1:3). 하나님으로부터 그처럼 오랫동안 떠나 있었음에도 불구하고 그들이 참된 회개로 하나님께 돌아오면, 하나님은 그들을 기꺼이 받아들이신다.

신실하지 못한 대부분의 백성들은 스스로 의롭다고 하며, 자신의 방종한 일에 만족하여 진정으로 하나님께 돌아갈 필요를 느끼지 못하고, 무엇 때문에 자기들의 길을 수정해야 하느냐고 묻는다. 그 대답은 매우 분명하다. 미약한 인간이 무한하신 하나님의 것을 도둑질한다는 일이 도대체 가능한가? 그러나 그들은 하나님의 것을 도둑질했다. 그들은 하나님께 바칠 십일조와 제물을 도둑질했다. 아마 그들은 자신이 처한 어려운 형편 때문에 십일조와 제물을 줄여서 드렸을 것이며, 여기서는 이것을 하나님의 것을 도둑질했다고 표현한 것 같다(비교: 신 14:22-29, 26:12-15).

이스라엘에서 제물이란 처음 익은 곡식, 즉 옥수수, 포도주, 기름의 육십 분의 일 이상을 드려야만 했다(신 18:4). 십일조에는 여러 가지가 있었다: (1) 첫 곡식들이 수확된 후 남은 것의 십분의 일. 이것은 레위인들의 생계를 위해 주어진다(레 27:30-33); (2) 레위인들이 제사장들에게 바치는 십일조(민 18:26-28); (3) 레위인들과 그 가족들이 장막에서 사는 데 필요한 것들을 위해 회중이 바치는 두 번째 십일조(신 12:18); (4) 매 3년마다 가난한 자들을 위해 드리는 또 다른 십일조(신 14:28-29).

느헤미야와 말라기 시대의 백성들은 이러한 십일조들을 제대로 바치지 않았다(느 13:10). 따라서 백성들이 하나님의 것을 도둑질하고 있었다고 비난받는 것은 당연하다. 그들은 하나님의 것을 도둑질하면서 그들 자신의 것을 도둑질했다. 왜냐하면 그들은 기근을 당하여 추수하지 못해 자기들의 죄에 합당한 심판을 받았기 때문이다. 그들은 여전히 하나님을 속이고 있었기 때문에(분사가 쓰였다) 그와 같은 저주를 받았다. 이 악행은 모든 백성에 의해 저질러지고 있었다.

축복의 길

그러나 완전히 절망적인 것은 아니었다. 선지자 말라기는 하나님께서 사랑하시는 길을 제시한다. 모든 세대에 적용될 수 있는 중요한 영적 원리가 여기에 선포되어 있다. 즉, 하나님은 하나님께 전적으로 헌신하는 심령을 축복으로 맞아 주신다는 것이다. 하나님께서 하나님의 창고를 여시기를 원한다면, 먼저 우리가 우리의 창고를 열어야 한다. 이 민족은 온전한 십일조를 하나님의 창고에 들여 하나님의 집에 양식이 있게 하라는 권면을 받는다.

창고란 십일조를 가져다 두는 성전의 방이다(느 10:38, 13:12). 이 권면에 순종하여 하나님께서 하늘 문을 여시고 더 이상 쌓을 곳이 없도록 축복을 부어 주실지 실제로 시험하여 볼 수도 있을 것이었다.

하나님은 역대하 31장 10절에서처럼 실제로 시험되어지심을 즐겨 하신다. 하나님께서 풍성한 비를 내리실 것이다. 풍성한 축복이 비로 비유된다. 하나님은 조금도 주저하시는 것 없이 축복하실 것이다. 말라기 3장 11절에 기록된 바와 같이 그 땅은 분명히 가뭄으로 고통받고 있었다. 그런데 이제 넘치도록 풍성히 비가 내릴 것이다.

> "만군의 여호와가 이르노라 내가 너희를 위하여 메뚜기를 금하여 너희 토지 소산을 먹어 없애지 못하게 하며 너희 밭의 포도나무 열매가 기

한 전에 떨어지지 않게 하리니"(말 3:11).

하나님은 모든 해로운 것들, 메뚜기나 그와 비슷한 하나님으로부터의 재앙을 모두 거두어 가시리라고 약속하신다. 비가 들판을 적시게 되면, 그러한 재앙이 곡물을 망치지 않게 될 것이다. 특히 메뚜기는 그 만족할 줄 모르는 탐욕 때문에 "(게걸스레) 먹는 자"라고도 불린다. 순종하여 하나님의 축복이 그들에게 임한 결과 모든 이방인들이 그들을 복되다고 할 것이다. 하나님과 사람이 모두 이스라엘을 기뻐할 것이다. 그 때에 신명기 33장 29절; 이사야 62장 4절; 스가랴 8장 13절의 말씀들이 성취될 것이다.

"내게로 돌아오라."

이것은 구약성경 어느 곳에나 있는 이스라엘에 대한 하나님의 긍휼하신 외침이다. 그들이 민족적 삶에서 하나님의 축복을 받으려면, 구원자이신 주 예수 그리스도를 통하여 하나님께 돌아오기만 하면 된다. 이스라엘이 하나님께 돌아오도록 그들에게 계속 이 부름을 외치자.

하나님을 거스르는 완악한 말들

"만군의 여호와가 이르노라 나는 내가 정한 날에 그들을 나의 특별한 소유로 삼을 것이요 또 사람이 자기를 섬기는 아들을 아낌 같이 내가 그들을 아끼리니"(말 2:17).

말라기 2장 17절에서 신실하지 못한 제사장들이 보여준 것과 같은 형태의 회의주의가 이스라엘의 남은 자들에게도 퍼졌음이 나타난다. 그들의 말은 완악하고 하나님께서 참으실 수 없는 것이었다. 그러나 자만과 고집으로 가득 찬 무지한 심령의 무감각성 때문에, 그들은 자기들이 무슨 말로 하나님을 대적하였느냐고 묻는다.

실제로 그들은 하나님을 섬기는 것이 헛된 일이라고 말했다. 그들은 하나님의 규례를 지키고 하나님 앞에서 슬프게 행한 것이 아무런 이익도 쓸모도 없었다고 주장했다. 그들은 하나님을 섬기는 일에 대해 완전히 잘못되어 있었다. 그들이 상업적인 정신에서, 거기서 이익을 얻는 것이 주요하고 유일한 목적인 양 생각했기 때문이다. 그러나 하나님은 이익이 아니라 동기를 살피신다. 진정한 겸손 대신 외적인 형식으로 충분하다고 생각한 그들은 죄 때문에 슬퍼하는 체하며 베옷과 재를 쓰고 걸어 다녔다. 진정한 예배의 의미로 이사야 58장 3-8절을 보라.

그들은 자신의 운명을 불평하는 데 그치지 않고 행복하다고 했다. 그들은 하나님에 대해 온전하지 못한 예배를 드리지 못했음에도 하나님의 사랑을 받은 자들이라고 선포했다. 교만한 자들이란 이스라엘 밖의 신실하지 못한 이교도들이라고 보는 사람들도 있고, 이스라엘 안의 신실하지 못한 자들로 보는 사람들도 있다.

어느 견해도 다른 견해를 배제하지 않으며 두 주장이 모두 타당한 이유가 있다. 그들은 어느 곳의 교만한 자이든지 모두 하나님의 사랑을 받은 자로 평가했다. 그들은 외람된 말과 행동으로 하나님을 시험하고도 심판을 벗어나는 악인들의 번성과 번영을 소중히 여겼다.

여호와 앞에 있는 기념책

악인들이 뻔뻔스럽게도 하나님을 거슬러 감히 입에 담을 수 없는 모독의 말을 할 때, 경건한 자들은 하나님께 대한 이러한 비난에 어떻게 대응할 것인지 미리 주의를 받아야 한다. 모든 사람이 영적으로 실패하고 타락한 와중에서, 경건한 남은 자들은 하나님을 경외하며 서로의 영적 필요와 갈망에 의해 함께 모인다. 함께 모인 경건한 자들은 서로 진리와 경건함에 관하여 이야기하며 하나님에 대한 신뢰를 돈독히 한다. 흠정역에 있는 "자주"라는 말이 히브리 원문에는 없다.

남은 자들이 함께 하나님에 대해 말하는 것을 하나님은 귀 기울여 들으신다. 그리고 이러한 영적 친교의 행위가 하나님 앞에 있는 기념책에 기록된다. 이것은 외관에 대한 표현이다. 하나님께는 기억하지 못하시는 것이 없으므로 그러한 책들을 기록해야 할 필요가 없다. 책이 하늘에 보관되어 있다는 표현은 이미 시편 56편 8절에 증언되고 있다.

책에 대한 비유는 왕을 섬긴 사람들의 이름을 그 섬긴 일과 함께 기록하여 보관한 바사의 관습에서 취해졌다고 생각되고 있다(에 6:1-2). 그러나 반드시 그런 것은 아니다. 다니엘 12장 1절과 이미 인용된 시편 구절에 책에 대한 언급이 있기 때문이다. 하나님은 진실로 하나님을 경외하고 그 이름을 존중히 생각하는 자들을 자기 앞에 있는 기념책에 기록하신다.

말라기 3장 17절에서 하나님은 특별한 의미에서 그들을 자신의 것, 그의 소유라고 부르신다. 이것은 특별히 가치가 있는 것을 의미하는 말이다. 이 말은 출애굽기 19장 5절; 신명기 7장 6절, 14장 2절, 26장 18절에서 이스라엘에게 적용되었다. 그들은 하나님께서 자기의 뜻을 실행하기로 정하신 날, 하나님께서 다시 오시는 심판의 날에 특별히 기억될 것이다. 하나님은 사랑하는 아버지가 열심히 본분을 다한 아들에게 하듯이, 악인들에게 임하는 심판을 그들에게는 내리시지 않을 것이다(시 103:13). 그 때에 의인과 악인, 하나님을 섬긴 자들과 섬기지 않은 자들 사이에 커다란 차이가 분명히 나타날 것이다.

> "너희 땅이 아름다워지므로 모든 이방인들이 너희를 복되다 하리라 만군의 여호와의 말이니라"(말 3:12).

말라기 3장 12절의 "너희"가 이스라엘의 사악한 불평자들을 의미한다고 생각하는 사람들이 있으나, 여기서는 의인들에 관한 언급으로 보는 편이 더 낫다. 이제까지 경건한 사람들은 하나님께서 의인들과 경건하지 못한 자들을 동일하게 취급하지 않으시는 것을 볼 기회가 많았다. 그것은 하나님께서 신실한 자들을 영광스럽게 구원하시고 악인들을 주권적으로 멸하실 때 더욱 분명해질 것이다.

"의로운 해"

타오르는 진노의 날

대부분의 히브리 구약성경 원본과 사본들은 말라기 4장 1-6절을 3장의 연속으로 구성하고 있다. 모든 번역본들은 영어 번역과 같은 구분을 하고 있다. 장의 단절을 잘못된 것으로 보는 사람들이 있으나, 우리는 그것이 구절의 사상에 무리를 가한다는 사실을 깨닫지 못하고 있다.

우리는 이 마지막 말씀들을 근엄한 마음가짐을 가지고 대해야 한다. 말라기 4장은 구약성경 선지자들의 마지막 메시지를 우리에게 주고 있기 때문이다. 이 예언의 말씀이 있은 후, 메시야가 오신다는 관점에서 이스라엘에게 회개를 부르짖은 세례 요한의 목소리가 울릴 때까지 하늘은 4세기 동안 침묵했다.

여기서 언급되는 날은 구약성경 전체에서 매우 현저하게 나타나는 중요한 하나님의 날이다. 그것은 신약에 계시된 어린 양의 진노의 때이다.

이 구절의 문체는 짧고 갑작스러운 것으로서 예고의 무서운 실체를 나타내 준다. 하나님의 심판이 종종 불에 비교되기 때문에 그날이 풀무같이 타오른다고 말해진다(사 10:16, 30:27; 렘 21:14; 겔 20:45-48; 암 1:4; 습 1:18, 3:8을 주의 깊게 보라). 하나님의 심판의 불 앞에 악인들은 그루터기처럼 뿌리와 가지까지 완전히 타버릴 것이다. "용광로 불"은 하나님의 진노의 강도强度를 표현한다.

교만한 자들의 종말을 주시하라. 그것은 3장 15절에 표현된 그들의 생각과 전혀 다르다. 나무의 양 끝에 대한 언급으로서 전체를 나타내는 뿌리와 가지는 전체를 나타내는 격언적 표현이다.

모든 것이 완전히 파괴될 것이다. 그 나라에서 죄를 범한 모든 사람이 깨끗이 없어질 것이다(마 13:41-42).

> "만군의 여호와가 이르노라 보라 용광로 불 같은 날이 이르리니 교만한 자와 악을 행하는 자는 다 지푸라기 같을 것이라 그 이르는 날에 그들을 살라 그 뿌리와 가지를 남기지 아니할 것이로되"(말 4:1).

멸종주의자들은 이 절(말 4:1)을 중요시하여, 악인들이 그 존재를 완전히 잃을 것이라고 잘못 가르친다. 이 구절은 악인들의 육체에 대한 심판을 말하며, 혼과 영은 크고 흰 보좌Great White Throne 앞에서 심판받을 것이다. 성경에는 하나님의 심판을 통한 영의 죽음에 대한 기록이 없다. 신실한 사람들은 영원한 축복에 거하고 악인들은 영원한 화禍에 거한다(계 20:11-15).

다가올 심판의 날에 악인에게 임할 결과가 말라기 4장 1절에 나타나 있다. 말라기 4장 2-3절에는 그 날에 의인에게 임할 결과가 기록되어 있다. 성경의 다른 어느 구절도 하나님께서 세상을 심판하러 오실 때에 있을 신자와 불신자 간의 완전히 다른 운명을 이보다 분명하게 제시해 주지 않는다.

> "내 이름을 경외하는 너희에게는 공의로운 해가 떠올라서 치료하는 광선을 비추리니 너희가 나가서 외양간에서 나온 송아지같이 뛰리라 또 너희가 악인을 밟을 것이니 그들이 내가 정한 날에 너희 발바닥 밑에 재와 같으리라 만군의 여호와의 말이니라" (말 4:2-3).

의로운 태양

하나님의 이름을 경외하는 자들(말 3:16에 언급된 사람들)은 그들에게 배정된 복된 분깃을 갖는다. 그들에게는 용광로 불이 불어 닥치지 않고 공의로운 해의 온화한 열과 따뜻함이 치료하는 광선과 함께 임할 것이다. 악인에게 용광로가 되신 분이 의인에게는 태양과 같으시다.

"공의로운 해" 라는 구절 중에는 단지 경건한 자들에 대한 축복의 기간밖에 나타나 있지 않다고 주장하는 해석자들이 있다. 우리는 여기에서 태양이 하나님 자신, 특히 주 예수 그리스도, 이스라엘의 메시야에 관한 상징으로 쓰였다고 여긴다(시 84:11을 보라. 또한 23:4; 사 9:2, 49:6도 보라). 하나님께서 의로운 해로 불리는 것은 의로운 하나님이시기 때문이다(렘 23:5-6; 고전 1:30).

이 해에는 영적인 치료가 있다. 태양 광선이 식물의 성장과 동물의 생명을 위해 빛과 열을 주듯이 공의로운 해는 의인들이 받고 견딘 상처를 치유하실 것이다.

여기에는 태양 광선이 세상에 퍼지는 속력도 함축되어 있다. 이스라엘의 소망은 새벽별이다(벧후 1:19; 계 22:16).

새벽을 맞아들이는 새벽별과 밝은 날을 가져오는 의로운 해의 차이에 주의하라. 구원자의 구속 행위를 통하여 신실한 사람들은 행악자들에게 임하는 심판을 벗어나 앞으로 나아갈 것이다. 외적 속박으로부터 벗어난 자유, 생명력, 기쁨이 너무나 커서 그들은 외양간의 송아지처럼 뛰놀며 악인들을 짓밟을 것이다. 하나님께서 의인들과 악인들 사이에 있던 평소의 상태를 역전시키실 것이다. 신실하지 못한 자들은 하나님의 심판의 불의 결과로 재에 비유된다. 이 모든 것이 하나님께서 예정하신 날에 일어날 것이다.

모세와 엘리야

말라기 시대로부터 메시야의 선구자가 나타날 때에 이르기까지 선지자가 전혀 나타나지 않게 되었기 때문에, 그들은 모세의 율법에 보다 깊은 주의를 기울일 필요가 있었다. 모세는 백성들에게 율법을 주었다. 그러나 그것은 그 자신이 준 것이 아니었다. 다른 그의 모든 사역 활동에서처럼 이 일에서도 그는 하나님의 종이었다. 율법이 다른 백성들이 아닌 이스라엘에게 주어진 사실을 주목하라. 이에 반대하는 제7일 안식교의 생각은 잘못된 것이다.

모세는 변화산에서처럼 여기에서도(말 4:5) 엘리야와 연관되었으며, 많은 사람들이 믿듯이 최후 심판(계 11:3-12) 때에도 그러할 것이다.

> "보라 여호와의 크고 두려운 날이 이르기 전에 내가 선지자 엘리야를 너희에게 보내리니"(말 4:5).

말라기 4장 5절에는 말라기 예언의 후반부 중에서 세 번째 "보라"라는 언급이 있다(말 3:1, 4:1을 보라). 이 절이 시작되는 말을 말라기 3장 1절과 비교해 보라.

여기에 언급된 "엘리야"가 엘리야 자신을 의미하는가, 혹은 세례 요한을 상징하여 나타난 것인가 하는 문제에 대해 주석가들은 두 진영으로 분명히 나뉘어 있다. 이 구절을 세례 요한에 대한 이상적 언급으로 간주하는 사람들은 마태복음 11장 14절과 누가복음 1장 17절 등의 구절들을 지적하는데, 이 구절들에서 요한은 엘리야의 심령과 능력으로 왔다고 기록되었으며, 만일 그를 받아들이면 그들에게 엘리야를 대표한다고 하였다. 이 견해는 요한복음 1장 21절의 부인否認이 오직 그 말의 인물에 관한 의미만을 언급한 것으로 설명한다. 즉, 그는 자신이 실제로 엘리야가 아니라고 부정한 것이다. 마태복음 17장 10-13절도 엘리야가 세례 요한을 통하여 왔다는 사실을 증언하는 식으로 설명된다.

여호와의 크고 두려운 날이란 로마인들에 의한 예루살렘의 멸망이라는 결과를 가져온 무서운 심판의 때로 설명된다. 여호와의 날이 여기에서 언급된 것처럼 사용된 예는 구약성경의 예언에 없다. 유대 주석가들과 기독교 해석자들은 일반적으로 이것이 문자 그대로 디셉 사람 엘리야를 의미한다고 본다.

우리는 이러한 견해에 동의한다. 세례 요한은 자신이 엘리야가 아니라고 증언했다(요 1:21). 그는 성령을 통해 그가 어떤 의미에서 말라기 4장 5절에 언급된 사람임을 알았으나(눅 1:17), 하나님의 계시를 통하여 그가 이 예언의 모든 조건과 요구를 완전히 이루지 않으리라는 것도 알았다. 그 완성은 미래에 있다.

변화산에서의 경험이 있은 후 주님은(마 17:11) 엘리야가 세례 요한의 인격과 활동을 통해 어떤 의미로는 왔지만, 엘리야의 도래가 아직 미래적인 것으로 말씀하셨다. 여호와의 날에 대한 언급은 이것이 오직 요한을 의미할 수 없음을 보여준다. 그의 사역 활동은 그리스도의 은혜의 날을 예비한 것일 뿐 하나님의 심판의 날을 예비한 것이 아니었기 때문이다.

세례 요한이 엘리야의 심령과 능력으로 그리스도의 초림에 앞서 왔듯이, 엘리야는 그리스도의 재림에 앞서 올 것이다. 간단히 말해, 세례 요한이 온 것은 믿음에 대한 증언이지 이 예언의 성취는 아니다.

이스라엘에 대한 엘리야의 사역은 배교한 이스라엘을 하나님께로 돌아오게 하는 일이었다. 그는 이스라엘로부터 하나님의 저주를 돌리기 위해 다시 올 것이다. 요한은 그의 사역에서 이 일을 수행하지 못했다. 요한계시록 11장의 두 증인은 모세와 엘리야로서 이 예언을 성취한다고 생각하는 사람들이 있다.

여기에서 행해진 기적의 본질을 살펴보라. 엘리야가 여호와의 크고 두려운 날이 이르기 전에 와서 행할 사역의 목적은 아버지의 마음을 자녀에게, 자녀의 마음을 아버지에게, 돌이키게 하는 일로서 초림 때에 일어난 일과는 정반대이다(마 10:34-36). 이것은 하나님께서 오셔서 저주로 이 땅을 치지 않게 하기 위함이다. 화해(눅 1:16-17)는 불신앙의 자녀와 믿는 조상, 선조들 사이에 이루어질 것이다.

만약 이러한 회복이 일어나지 않으면, 메시야의 강림은 세상에 대한 축복이 아니라 저주가 될 것이다. 저주나 추방은 파괴에 멸절을 의미한다(레 27:28-29; 신 13:16-17).

구약성경의 마지막 선지자의 마지막 말이 "저주"인 반면, 산상수훈의 메시야의 첫 말씀은 "복되도다"(마 5:3)이며 신약성경의 마지막 말이 "은혜"인 것은 흥미롭고도 교훈적이다.

유대인들은 말라기 4장 6절 뒤에 4장 5절을 반복하는데, 이는 말라기가 저주의 선포로 끝나기 때문이다. 유대교 학자들은 구약성경 중 네 책에서 이 마지막 절을 반복하여 읽어야 한다고 지적하고 있다. 그것은 이사야, 12소선지(말라기로 끝나는 소선지서), 예레미야애가, 전도서이다. 이 책들의 마지막 절들을 비교하라.

저주를 치료하는 방법

창세기는 어떻게 저주가 인류에게 들어왔는지를 보여주고, 말라기는 아직도 저주가 위협하고 있음을 가르쳐 준다. 마태복음은 우리가 그의 이름을 믿음으로 말미암아 축복, 기쁨, 영생을 얻게 하기 위하여 하나님의 저주로 선포되어 십자가에 달림으로써 우리를 위한 저주가 되기 위해 오신 아브라함의 아들, 다윗의 아들로 시작된다. 오직 메시야이신 주 예수를 통해서만 이스라엘은 그 무서운 저주를 벗어날 수 있다.

색인

ⓢ

㉧